Windows Server 2016 テクノロジ入門 改訂新版

Windows Server 2016 & Windows 10 対応

山内 和朗 著

日経BP社

本書について

　本書『Windows Server 2016テクノロジ入門　改訂新版』は、マイクロソフトのサーバーOSであるWindows Server 2016の新機能の解説および実践的な評価ガイドです。本書の初版『Windows Server 2016テクノロジ入門　完全版』（日経BP社、2016年）の発行以降、2019年1月末までに変更された内容や最新情報、本書に掲載のURLリンクの変更をできるだけ反映し、さらにWindows Server, version 1709以降のWindows Server Semi-Annual Channel、および2018年10月にリリースされたWindows Server 2019（2018年11月13日に再リリース）についても加筆しています。

　本書は、Windows Server 2016の機能だけでなく、企業向けの最新クライアントおよびデバイス向けOSであるWindows 10と組み合わせた利用シナリオや、最新の運用管理製品であるSystem Center 2016との連携、およびMicrosoft AzureやOffice 365、Microsoft Intuneなどマイクロソフトのクラウドサービスとの連携についても解説しています。

　本書は入門書であり、Windows Server 2016の新機能のすべてを余すことなく説明しているものではありません。しかしながら、本書の内容を第1章から順番に評価環境で実践していけば、さまざまな用途に対応できる柔軟性の高いIT基盤を構築できることを目指しています。

本書の対象読者

　本書は、企業や組織において、IT基盤の選定、評価、および導入を行う、IT部門のスタッフやITプロフェッショナルを対象としています。WindowsやWebアプリケーションの開発に関する内容は含みませんが、アプリケーションの展開やコントロール、セキュリティなどに関して、開発者にとっても重要な内容を含みます。

　本書は、Windows 10に関する内容を含みますが、企業向けの機能が中心であり、これらのOSの基本的な機能や新しいユーザーインターフェイス（UI）の操作方法、コンシューマー向けの機能については説明しません。また、企業向け機能の一部は、最上位エディションであるEnterpriseエディションに限定される機能の場合があります。

本書の表記規則

　本書では、次の規則に従って表記しています。

■ 本書で使用する書体と記号

書体／記号	意味
太字	コマンドラインのコマンド名やパラメーター名を示します。また、記述されているとおりに入力する文字列、およびキーボードのキー名を示す場合があります。
プラス記号（+）	2つのキー名の間のプラス記号（+）は、2つのキーを同時に押すことを示しています。例えば、**Alt**＋**Tab**は、**Alt**キーを押しながら**Tab**キーを押すことを示します。
Monospace（等幅フォント）	コマンドの構文、スクリプト、入力例およびサンプル、出力結果を示します。➲は、紙面の都合上、1行が複数行にわたる場合に、実際には行が続いていることを表します。
［角かっこ］	ウィンドウ名、メニュー名、ボタン名、ダイアログボックス名など、GUI（グラフィカルユーザーインターフェイス）に表示される要素を示します。
＜山かっこ＞	変数名など、実際の状況に応じて内容が異なる要素を示します。例えば＜ファイル名＞は、その状況において有効なファイル名を表します。

■ 本書で使用するアイコン

アイコン	意味
メモ	ヒントや関連する参考情報を記載します。
注意	誤りやすい設定や操作について注意を喚起します。

本書に掲載されているURLについて

　本書に掲載されているWebサイトの情報は、本書の編集時点で確認済みのものです。Webサイトの内容やURLの変更は頻繁に行われるため、本書の発効後に内容の変更、追加、削除、URLの移動や閉鎖などが行われる場合があります。あらかじめご了承ください。

本書で使用したソフトウェアおよびサービス

　本書の執筆にあたって使用したソフトウェアおよびサービスを以下に示します。Windows 10は基本的に本書初版当時のバージョン1607に基づいています。企業においては以前のビルドを使用するケースもあるため、以前のビルドや後継のビルドで異なる仕様がある場合はその点についても本文で触れています。

- Windows Server 2016 日本語版および英語版（ビルド14393）
- Windows 10 バージョン1607（Anniversary Update、ビルド14393）Pro、Enterprise、およびEnterprise LTSB 2016
- Windows 10 バージョン1511（November Update、ビルド10586）ProおよびEnterprise
- Windows 10 初期リリース（ビルド10240）Pro、Enterprise、およびEnterprise LTSB 2015
- System Center 2016
- Microsoft Azure（Azure仮想マシン、Azure Active Directory Premium、Azure Information Protection、Azure Recovery Services）

- Office 365 Enterprise E3
- Microsoft Intune

改訂新版においては、さらに次のソフトウェアおよびサービスを使用しています。

- Windows Server 2019
- Windows Server Semi-Annual Channel version 1709、1803、1809
- Windows 10 バージョン 1809（October 2018 Update）Pro、Enterprise

評価版のダウンロード

Windows Server 2016を導入する前に機能を評価するにあたっては、無償の評価版を利用できます。

評価版のダウンロード：Windows Server 2016/2019（180日）、Microsoft Hyper-V Server（無料）、他
→https://www.microsoft.com/ja-jp/evalcenter/evaluate-windows-server

評価版のダウンロード：System Center（180日または90日）
→https://www.microsoft.com/ja-jp/evalcenter/evaluate-system-center

Windows 10 Enterprise評価版およびMicrosoft Azure無料評価版は、以下のURLより入手できます。

評価版のダウンロード：Windows 10 Enterprise（90日評価版）
→https://www.microsoft.com/ja-jp/evalcenter/evaluate-windows-10-enterprise

Microsoft Azure無料評価版（1か月間の無料評価版と12か月の無料サービス）
→https://azure.microsoft.com/ja-jp/free/

公式ドキュメント

Windows Server 2016の最新情報については、以下の公式ドキュメントで確認してください。

Get started with Windows Server 2016（Windows Server 2016を使ってみる）
→https://docs.microsoft.com/windows-server/get-started/server-basics

謝辞

関係者の皆様には、本書を出版する機会を与えていただいたことに心から感謝いたします。また、筆者がこれまで執筆してきたWindows Serverテクノロジ入門シリーズ『Windows Server 2008 R2テクノロジ入門』『Windows Server 2012テクノロジ入門』『Windows Server 2012 R2テクノロジ入門』『Windows Server 2016テクノロジ入門 Technical Previewエディション』に続いて、本書を手に取っていただいた読者の方にも心から感謝いたします。

2016年10月1日（初版）、2019年2月1日（改訂新版）
山内和朗（山市良）

目次

本書について .... (3)

第1章 製品概要 1

1.1 Windows Server 2016製品概要 1
- 1.1.1 主な新機能および強化点 1
- 1.1.2 削除または推奨されなくなる機能 8
- 1.1.3 Windows Server 2016のエディションとライセンス 9
- 1.1.4 スケーラビリティ 13

1.2 企業クライアントとしてのWindows 10 13
- 1.2.1 Windows 10の企業向け機能 13
- 1.2.2 Windows 10のバージョンによる機能差 14

1.3 System Center 2016 16

1.4 Microsoft Azureと一貫性のあるプライベートクラウド 18
- 1.4.1 Windows Azure Pack 18
- 1.4.2 Microsoft Azure Stack 19

1.5 Windows Server 2016リリース後の重要な変更点 【改訂】 19
- 1.5.1 長期サービスチャネル（LTSC）と半期チャネル（SAC） 19
- 1.5.2 Windows Server 2019の強化点 21
- 1.5.3 Windows Server 2019で削除または推奨されなくなる機能 22

第2章 インストールとアップグレード 27

2.1 インストールの前に 27
- 2.1.1 インストールオプションの変更 27
- 2.1.2 システム要件 28
- 2.1.3 既定のパーティション構成 31

2.2 Windows Server 2016のインストール 33
- 2.2.1 新規インストール 33
- 2.2.2 アップグレードインストール 37
- 2.2.3 クラスターのローリングアップグレード 41
- 2.2.4 SysprepによるWindowsインストールの一般化と展開 44

2.3 Nano Serverのインストール 50

2.3.1　Nano Serverとは ··· 50
2.3.2　Nano Serverのベースイメージとパッケージ ······················ 51
2.3.3　カスタムイメージ作成ツールによるイメージの作成 ············ 53
2.3.4　Nano Serverの起動とNano Server Recovery Console ········ 55
2.4　VHDブートによる展開 **59**
2.4.1　VHDブート環境への新規インストール ······························ 59
2.4.2　インストール済みVHDを使用したVHDブート環境の構成 ···· 61
2.4.3　ベアメタル環境へのVHDブート環境の展開 ······················· 62
2.5　Azure IaaS環境への展開 **63**
2.5.1　Azure Marketplaceのテンプレートからの展開 ··················· 63
2.5.2　オンプレミスで準備したイメージのAzureへのアップロード ··· 65

第3章　サーバーの初期構成と基本的な管理　**67**

3.1　サーバーの基本操作 **67**
3.1.1　サインインとサインアウト ··· 67
3.1.2　コマンドプロンプトとPowerShellウィンドウ ···················· 69
3.1.3　シャットダウンと再起動 ·· 73
3.2　標準の管理コンソール **73**
3.2.1　フルインストール環境の[サーバーマネージャー] ··············· 73
3.2.2　Server CoreインストールのSconfigユーティリティ ··········· 76
3.2.3　Windows 10用のリモートサーバー管理ツール (RSAT) ······· 78
3.2.4　MMC管理ツール ·· 80
3.3　コマンドラインからのリモート管理 **82**
3.3.1　リモート管理の準備 ·· 83
3.3.2　Windows Management Instrumentation (WMI) ············· 85
3.3.3　Windowsリモートシェル (WinRS) ·································· 87
3.3.4　PowerShell Remoting ·· 87
3.3.5　Hyper-V仮想マシンのホストからの管理 ··························· 89
3.3.6　PowerShell DSC ·· 90
3.4　その他のリモート管理ツール **93**
3.4.1　Windows Admin Center **改訂** ·· 93
3.4.2　Windows SysinternalsのPsTools ···································· 96
3.5　役割と機能の追加と削除 **97**
3.5.1　[役割と機能の追加ウィザード]の使用 ······························· 98
3.5.2　DISMコマンドの使用 ··· 100
3.5.3　PowerShellの使用 ··· 101
3.5.4　仮想ハードディスクのオフラインメンテナンス ················· 102
3.5.5　Nano Serverへの役割と機能の追加 ································ 103
3.6　セットアップおよびブートイベント収集 **104**
3.7　System Center 2016によるエージェント管理 **107**

第4章 ID管理 ... 111

4.1 Active Directoryの概要と最新情報 ... 111
4.1.1 オンプレミスのActive Directoryサービス群 ... 111
4.1.2 クラウドベースのAzure Active Directory ... 112
4.1.3 ハイブリッドID管理 ... 115
4.1.6 Active Directoryに関する重要な仕様変更 ... 119

4.2 Active Directoryドメインサービスの展開と管理 ... 120
4.2.1 フォレスト/ドメインの新規インストール ... 121
4.2.2 ドメインコントローラーの追加 ... 128
4.2.3 ドメインコントローラーの仮想化 ... 130
4.2.4 操作マスターの変更 ... 131
4.2.5 フォレスト/ドメインのアップグレード ... 133
4.2.6 Active Directoryドメインサービスの管理ツール ... 135
4.2.7 サーバーおよびクライアントのドメイン参加設定 ... 139
4.2.8 グループの管理されたサービスアカウント ... 145

4.3 グループポリシーの管理 ... 147
4.3.1 管理用テンプレートとセントラルストア ... 147
4.3.2 ポリシーの編集と適用 ... 148
4.3.3 標準的なポリシー設定 ... 153
4.3.4 グループポリシーの基本設定 ... 159
4.3.5 Windows 10クライアント向けポリシー設定 ... 161

4.4 Active Directory証明書サービスの展開と管理 ... 175
4.4.1 エンタープライズPKIの展開 ... 175
4.4.2 公開キーのポリシーの構成 ... 178
4.4.3 証明書テンプレートの管理 ... 179
4.4.4 失効サーバーの展開 ... 181
4.4.5 証明書の発行と管理 ... 185

4.5 Active Directoryフェデレーションサービスの展開とハイブリッドID管理 ... 189
4.5.1 エンタープライズモビリティ環境の概要 ... 189
4.5.2 Active Directoryフェデレーションサービスの導入 ... 192
4.5.3 デバイス登録サービス(DRS)の構成 ... 198
4.5.4 Webアプリケーションプロキシの導入 ... 205
4.5.5 Azure ADとのディレクトリ同期 改訂 ... 214
4.5.6 Windows Hello for Businessのオンプレミスへの展開 改訂 ... 229

4.6 Just Enough Administration (JEA) ... 235

第5章 ネットワーク基盤サービス ... 239

5.1 Windows Server 2016における変更点 ... 239

5.2 DNSサーバーの展開と管理 … 244
- 5.2.1 標準モードのDNSサーバー … 246
- 5.2.2 Active Directory統合モードのDNSサーバー … 251
- 5.2.3 条件付きフォワーダー … 253
- 5.2.4 DNSポリシーの適用例 … 254
- 5.2.5 DNSSECの構成 … 255

5.3 DHCPサーバーの展開と管理 … 259
- 5.3.1 DHCPサーバーのインストールと基本構成 … 259
- 5.3.2 DHCPサーバーの冗長化と負荷分散 … 264
- 5.3.3 DHCPポリシーによる割り当て制御 … 267
- 5.3.4 MACアドレスフィルター … 269
- 5.3.5 DHCPサーバーによるDNS動的更新 … 270

5.4 IPアドレス管理（IPAM）サーバーの展開と管理 … 271
- 5.4.1 IPAMの仕様と要件 … 272
- 5.4.2 IPAMサーバーのインストールと構成 … 272
- 5.4.3 IPAMによる管理の概要 … 278

5.5 リモートアクセス（DirectAccessとVPN）の展開と管理 … 280
- 5.5.1 DirectAccessとVPNの概要 … 280
- 5.5.2 リモートアクセスの役割のインストールと構成 … 284
- 5.5.3 DirectAccessとVPNの展開とカスタマイズ … 288
- 5.5.4 DirectAccessクライアントの展開と接続の監視 … 296
- 5.5.5 DirectAccessクライアントのリモート管理 … 301
- 5.5.6 自動VPN接続（Windows 10およびWindows 8.1クライアント） … 302

5.6 Windows Server Update Services（WSUS）の展開と管理 … 306
- 5.6.1 WSUSサーバーの役割のインストールと構成 … 308
- 5.6.2 WSUSクライアントの構成 … 315
- 5.6.3 コンピューターグループと更新プログラムの承認 … 317
- 5.6.4 ネットワーク使用帯域の最適化 改訂 … 321

第6章 ファイルサービスと記憶域サービス … 325

6.1 ファイルサービスと記憶域サービスの概要 … 325
- 6.1.1 ファイルサービス … 325
- 6.1.2 記憶域サービス … 327
- 6.1.3 Windows Server 2016の強化点 … 327

6.2 ディスクとボリュームの構成と管理 … 330
- 6.2.1 物理ディスクとボリュームの管理 … 331
- 6.2.2 記憶域スペース … 338
- 6.2.3 クラスター化された記憶域スペース … 348
- 6.2.4 記憶域スペースダイレクト … 352
- 6.2.5 データ重複除去 … 359

- 6.3 ファイルサーバーの構成と管理 — 365
  - 6.3.1 共有の作成と管理 — 365
  - 6.3.2 ファイルサーバー用BranchCache — 370
  - 6.3.3 リソース管理とFCI — 373
  - 6.3.4 スケールアウトファイルサーバー — 386
  - 6.3.5 ワークフォルダー — 398
- 6.4 記憶域レプリカ — 419
  - 6.4.1 記憶域レプリカの概要 — 420
  - 6.4.2 サーバー間の記憶域レプリカの構成 — 422
  - 6.4.3 クラスター内の記憶域レプリカの構成 — 426
- 6.5 iSCSIターゲットサーバー — 431
  - 6.5.1 iSCSIターゲットサーバーの概要 — 432
  - 6.5.2 iSCSIターゲットサーバーの展開 — 432
  - 6.5.3 iSCSIイニシエーターからの接続 — 436
  - 6.5.4 iSCSI仮想ディスクのスナップショットの管理 — 440
- 6.6 Active Directory Rights Managementサービスとの連携 — 441
  - 6.6.1 AD RMSの概要 — 441
  - 6.6.2 AD RMSサーバーの展開と構成 — 448
  - 6.6.3 権利ポリシーテンプレートの作成と展開 — 453
  - 6.6.4 ファイル管理タスクによる自動暗号化 — 455
- 6.7 ダイナミックアクセス制御 — 458
  - 6.7.1 ダイナミックアクセス制御の概要 — 458
  - 6.7.2 集約型アクセスポリシーの作成 — 460
  - 6.7.3 集約型アクセスポリシーのファイルサーバーへの展開 — 466

第7章 サーバーの仮想化－Hyper-V — 471

- 7.1 Hyper-Vの概要とインストール — 471
  - 7.1.1 Hyper-Vのアーキテクチャ — 471
  - 7.1.2 Windows Server 2016 Hyper-Vの新機能と強化点 — 473
  - 7.1.3 Hyper-Vホストのシステム要件 — 480
  - 7.1.4 サポート対象のゲストOS — 481
  - 7.1.5 Hyper-Vホストのインストール — 484
  - 7.1.6 入れ子構造の仮想化 (Nested Virtualization) — 489
- 7.2 Hyper-Vホストの管理 — 492
  - 7.2.1 Hyper-Vホストの設定 — 493
  - 7.2.2 Hyper-V仮想スイッチの作成 — 496
  - 7.2.3 管理の委任 — 504
  - 7.2.4 パフォーマンスの監視 — 504
  - 7.2.5 リソース計測 — 505
  - 7.2.6 System Centerによる管理 — 507

7.3 仮想マシンの作成 ... **509**
- 7.3.1 仮想マシンの世代と構成バージョン ... 509
- 7.3.2 仮想マシンの新規作成 ... 514
- 7.3.3 Windowsゲストのインストールと構成 ... 519
- 7.3.4 Linux/FreeBSDゲストのインストールと構成 ... 521

7.4 仮想マシンの管理 ... **527**
- 7.4.1 仮想マシンの設定の編集 ... 527
- 7.4.2 チェックポイントの管理 ... 535
- 7.4.3 仮想マシンのエクスポートとインポート ... 538
- 7.4.4 仮想マシングループ ... 541
- 7.4.5 仮想ハードディスクの管理 ... 543
- 7.4.6 記憶域と仮想マシンのライブマイグレーション ... 546
- 7.4.7 仮想マシンのバックアップ ... 555
- 7.4.8 Hyper-Vレプリカ ... 557
- 7.4.9 Azure Site Recovryによる仮想マシンの保護 ... 569

7.5 Hyper-Vとフェールオーバークラスター ... **577**
- 7.5.1 Hyper-Vホストクラスターの作成 ... 578
- 7.5.2 Hyper-Vホストクラスターの新機能 ... 588
- 7.5.3 Hyper-Vゲストクラスターの展開オプション ... 594

7.6 Host Guardianサービス ... **598**
- 7.6.1 Host Guardianサービスの概要 ... 598
- 7.6.2 Host Guardianサービスの導入 ... 601
- 7.6.3 シールドされた仮想マシンの作成と展開 ... 608

第8章 Windowsコンテナー ... **617**

8.1 コンテナーテクノロジの概要 ... **617**
- 8.1.1 従来の仮想化テクノロジとコンテナーテクノロジの違い ... 618
- 8.1.2 LinuxベースのコンテナーテクノロジとしてスタートしたDocker ... 619
- 8.1.3 Windowsコンテナーのための新しいコンテナーテクノロジ ... 621
- 8.1.4 Windowsコンテナー対応のDockerバイナリ ... 621

8.2 Windowsコンテナーの概要 ... **621**
- 8.2.1 Windows Serverコンテナー ... 622
- 8.2.2 Hyper-Vコンテナー ... 623
- 8.2.3 コンテナーホストとWindowsコンテナーの組み合わせ ... 623
- 8.2.4 コンテナーホストの展開オプション ... 625

8.3 コンテナーホストのセットアップ ... **627**
- 8.3.1 Windows Serverのコンテナーホストのセットアップ **改訂** ... 627
- 8.3.2 Windows 10のコンテナーホスト **改訂** ... 630
- 8.3.3 Dockerエンジンへのリモート接続の有効化 ... 631
- 8.3.4 Windows用Dockerクライアントのインストールとリモート接続 ... 635

8.3.5 コンテナー用の仮想スイッチ ... 637
8.4 Windowsコンテナーの作成と実行 ... 639
8.4.1 Windows Serverコンテナーの作成 ... 639
8.4.2 Hyper-Vコンテナーの作成 ... 643
8.4.3 イメージの作成 ... 646
8.4.4 コンテナーとイメージの削除 ... 647
8.5 Docker Hubの利用 ... 648
8.5.1 イメージの取得（Docker Pull） ... 648
8.5.2 イメージの共有（Docker Push） ... 650
8.6 この章の最後に ... 651
8.6.1 LinuxベースのDockerとの相似 ... 652
8.6.2 Docker Desktop for WindowsのLinuxコンテナー環境との違い 改訂 ... 653

第9章 リモートデスクトップサービス ... 655

9.1 リモートデスクトップサービスの概要 ... 655
9.1.1 リモートデスクトップサービスの役割サービス ... 655
9.1.2 シナリオベースの簡単な展開 ... 656
9.1.3 コレクションの種類 ... 657
9.1.4 リモートデスクトップ接続クライアント ... 658
9.1.5 リモートデスクトップサービスのライセンス ... 660
9.1.6 Windows Server 2016の強化点 ... 661
9.1.7 Remote Desktop Web Client 改訂 ... 664
9.2 リモートデスクトップサービスの展開 ... 665
9.2.1 セッションベースのデスクトップ展開 ... 666
9.2.2 仮想マシンベースのデスクトップ展開 ... 669
9.2.3 展開プロパティの編集 ... 671
9.2.4 RemoteFX仮想GPUの有効化 ... 674
9.3 セッションコレクションの作成 ... 677
9.3.1 セッションコレクションの作成 ... 678
9.3.2 セッションコレクションへの接続 ... 681
9.3.3 コレクションをRemoteAppプログラムとして公開する ... 685
9.3.4 個人用セッションデスクトップの作成 ... 687
9.3.5 RDセッションホストのシャドウセッション機能 ... 689
9.4 仮想デスクトッププールの作成 ... 691
9.4.1 仮想マシンテンプレートの作成 ... 692
9.4.2 仮想デスクトッププールの作成 ... 698
9.4.3 仮想デスクトップコレクションへの接続 ... 704
9.4.4 コレクションをRemoteAppプログラムとして公開する ... 706
9.4.5 仮想デスクトップコレクションの更新管理 ... 707
9.5 クライアントアクセスとデスクトップの最適化 ... 709

- 9.5.1 RD Webアクセスポータルのカスタマイズ ... 709
- 9.5.2 RemoteAppとリモートデスクトップ接続へのWebフィード ... 711
- 9.5.3 カスタムRDP設定 ... 712
- 9.5.4 RemoteAppプログラムのカスタマイズ ... 715
- 9.5.5 RDPファイルの作成とデジタル署名 ... 716
- 9.5.6 ユーザープロファイルディスク、UE-V、およびApp-V ... 719
- 9.6 リモートデスクトップ（RD）ゲートウェイの展開と管理 ... 722
  - 9.6.1 役割サービスのインストール ... 723
  - 9.6.2 RDゲートウェイの使用 ... 726
  - 9.6.3 RDゲートウェイの監視とゲートウェイメッセージング ... 728
  - 9.6.4 Webアプリケーションプロキシによる公開 ... 731
- 9.7 リモートデスクトップ（RD）ライセンスサーバーの展開とRDS CALの管理 ... 734
  - 9.7.1 役割サービスのインストール ... 734
  - 9.7.2 サーバーのアクティブ化とRDS CALのインストール ... 736

第10章 その他の役割と機能 ... 741

- 10.1 Windows Defender ... 741
  - 10.1.1 Windows DefenderのGUI ... 742
  - 10.1.2 コマンドラインによる管理 ... 743
  - 10.1.3 グループポリシーによる管理 ... 744
  - 10.1.4 クラウドベースの保護 ... 744
  - 10.1.5 Automatic Exclusions（自動除外設定） ... 745
- 10.2 仮想化ベースのセキュリティ ... 745
  - 10.2.1 仮想化ベースのセキュリティの概要 ... 746
  - 10.2.2 デバイスガード ... 749
  - 10.2.3 資格情報ガード ... 750
  - 10.2.4 仮想TPM ... 751
- 10.3 IIS 10.0 ... 752
  - 10.3.1 HTTP/2のサポート ... 752
  - 10.3.2 ワイルドカードホストヘッダーのサポート ... 753
  - 10.3.3 IISAdministration PowerShellコマンドレット ... 754
  - 10.3.4 Nano Serverのサポート ... 755
- 10.4 バックアップと回復 ... 756
  - 10.4.1 ローカルバックアップとオンラインバックアップ ... 757
  - 10.4.2 Windows Serverバックアップ ... 760
  - 10.4.3 Azure Backupによるクラウドバックアップ ... 768
- 10.5 フェールオーバークラスタリングのその他の機能 ... 775
  - 10.5.1 クラスター対応更新 ... 776
  - 10.5.2 クラウド監視 ... 781
  - 10.5.3 サイトの識別（フォルトドメイン） ... 784

10.5.4 ワークグループ構成のクラスター ……………………………………………… 786
10.6 Windows Server Essentials エクスペリエンス …………………………… **789**
10.6.1 Windows Server 2016 Essentials エディションの機能 ………………… 790
10.6.2 Windows Server Essentials エクスペリエンスの展開と構成 ………… 792
10.7 MultiPoint Services ……………………………………………………………… **794**
10.7.1 MultiPoint Services の概要 …………………………………………………… 795
10.7.2 MultiPoint Services の展開 …………………………………………………… 798
10.7.3 ユーザーの作成 …………………………………………………………………… 802
10.7.4 Windows 10 コンピューターのデスクトップ制御の統合 ……………… 802
10.7.5 ディスク保護の有効化 ………………………………………………………… 804
10.7.6 仮想デスクトップ機能の有効化 ……………………………………………… 805

あとがき ……………………………………………………………………………… **809**
索引 …………………………………………………………………………………… **810**
改訂 コラム索引 ……………………………………………………………………… **828**
著者紹介 ……………………………………………………………………………… **829**

第1章 製品概要

2016年9月末に米国アトランタで開催されたITプロフェッショナル向けイベント「Microsoft Ignite」において、最新バージョンのWindows Server 2016のリリースが発表され、2016年10月から製品の販売が開始されました。

最初の章では、Windows Server 2016の位置付けと、新機能および強化点、ライセンスを含む重要な変更点、Windows Server 2016と連携して動作するクライアントOSとしてのWindows 10およびクラウドサービスとの関連について概要を説明します。

1.1 Windows Server 2016製品概要

マイクロソフトは、"マイクロソフトクラウドプラットフォーム（Microsoft Cloud Platform）"というビジョンに基づいて、製品とサービスを開発および提供しています。Windows Serverはその中核となるクラウドOSであり、サーバーOSです。

Windows Serverはこれまで、その時々のIT環境を取り巻く課題やニーズに応える機能や、新しいハードウェア、新しい規格への対応を追加しながら、着実に、そして大きく進化しました。そしてWindows Serverは現在、物理サーバー、仮想化ホストのハイパーバイザー上で動く仮想マシン、パブリッククラウドのPaaS（Platform as a Service）のプラットフォームOSとして、あるいはIaaS（Infrastructure as a Service）のゲストOSとして、オンプレミス（社内設置型）からクラウドまでのさまざまな場所で稼働し、サービスを提供しています。

Windows Server 2016は、2012年9月リリースのメジャーバージョンであるWindows Server 2016、2013年10月リリースのマイナーバージョンであるWindows Server 2012 R2の次となる、4年ぶりのメジャーバージョンです。Windows Server 2016は、Windows Server 2012 R2をベースにしながら、さらなる改善が行われ、また、クラウドで生まれ育った新しいテクノロジがいくつも取り込まれています。

1.1.1 主な新機能および強化点

Windows Server 2016の主な新機能および強化点を以下に示します。

■ インストールオプションの変更

Windows Server 2012 R2のインストールオプションは、[Server Coreインストール]と[GUI使用サーバー]の2つがあり、インストール後にGUI（グラフィカルユーザーインターフェイス）の関連コンポーネントを追加または削除することで相互に切り替えることが可能でした。Windows Server

2016のインストールオプションは、次の3つになり、インストール後に切り替えることはできなくなっています。

- **Windows Server 2016** —— GUIのサポートを含まないCUI（キャラクターユーザーインターフェイス）のサーバー環境。従来のServer Coreインストールと同様。本書では便宜上、**Server Core インストール**または**Server Core**と呼ぶことがあります。
- **Windows Server 2016（デスクトップエクスペリエンス）** —— GUIを含むフルインストールのサーバー環境。従来のGUI使用サーバーに［デスクトップエクスペリエンス］の機能を追加したものと同様。ただし、Microsoft Edgeやビルトインのストアアプリは含みません。本書では便宜上、**フルインストール**と呼ぶことがあります。
- **Nano Server** —— Windows Server 2016で追加された最小インストールオプション。Windows Server 2016バージョンのNano Serverは物理サーバーや仮想マシンにインストールできましたが、このオプションはWindows Server 2016バージョン限りで廃止されました。現在、Nano ServerはWindowsコンテナーのベースOSイメージ（mcr.microsoft.com/windows/nanoserver:1809など）としてのみ、半期チャネル（SAC）のWindows Serverリリースのみで提供されています。

Server CoreインストールとフルインストールはWindowsセットアップ（インストールメディアのSetup.exe）を使用してインストールまたはアップグレードできます。Nano Serverはイメージ展開の方法でインストールします。インストールオプションの変更点と方法について詳しくは、第2章で説明します。

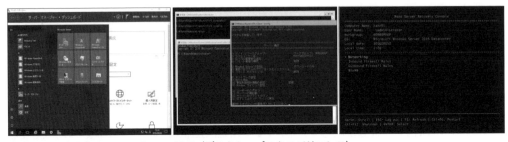

画面1-1-1　左からWindows Server 2016（デスクトップエクスペリエンス）、Windows Server 2016、Nano Server

Windows Server 2016は長期サービスチャネル（LTSC）、Nano Serverは半期チャネル（SAC）

Windows as a Service（サービス）として提供されるWindows 10には、既定のCurrent Branch（CB）、企業向けのCurrent Branch for Business（CBB）があり、さらにミッションクリティカルなシステムや組み込みシステム向けの固定化バージョンLong-Term Servicing Branch（LTSB）が用意されています。これらはその後、再編成され、現在は半期チャネル（Semi-Annual Channel：SAC）と長期サービスチャネル（Long-Term Servicing Channel：LTSC）に変更されました。Windows Server 2016は長期サービスチャネル（LTSC）であり、デスクトップエクスペリエンス環境においてもMicrosoft EdgeやCortana、ビルトインのストアアプリを含みません。また、新機能の追加は行われません。一方、Nano Serverについては半期チャネル（SAC）が適用されます。Nano ServerはWindows Serverのコンテナーテクノロジの要であり、短いサイクルのアプリケーション開発に対応できるように、新機能の提供が随時行われることになります。Windows Serverにおける長期サービスチャネル（LTSC）と半期チャネル（SAC）については、「1.5　Windows Server 2016リリース後の重要な変更点」で説明します。

■ コンピューティング

- **Hyper-V** —— 仮想マシンの構成バージョンが5.0から8.0にアップグレードされ、構成ファイルの形式がバイナリ化されます。これにより、仮想マシンの新機能のサポートと高速化が図られます。仮想マシンの新機能としては、固定メモリ割り当てのリサイズ、ネットワークアダプターのホットアド／リムーブ、運用チェックポイント、Linuxゲストのセキュアブートサポート、仮想TPM、およびPCI Expressデバイスのパススルー割り当て（Discrete Device Assignment）、Hyper-Vマネージャーの管理プロトコルの変更、入れ子構造の仮想化、PowerShell Directのサポート、ストレージQoS、ホストリソース保護、Hyper-Vホストクラスターにおけるワークグループ構成のサポート、仮想マシンの回復性、仮想マシンの自動均衡化（ノードフェアネス）、仮想マシンの開始順序などがあります。

- **Nano Server** —— Nano Serverは、Server Coreインストールよりもさらなる軽量化を実現したWindows Serverのリファクタリング版であり、すばやい展開と高速な起動／再起動、少ないリソース消費、少ない更新パッチという特長があります。Nano Serverは、Hyper-Vの役割、ファイルサーバーの役割、Webサーバー（IIS 10.0）の役割、フェールオーバークラスタリングの機能、DNSサーバーの機能、各種アプリケーションフレームワーク、およびコンテナーテクノロジのホストOSとして利用できます。なお、これはWindows Server 2016バージョンのNano Server（2018年10月で既にサポート終了）の仕様であり、Windows Server, version 1709以降、Nano Serverは半期チャネル（SAC）でWindowsコンテナーのベースOSイメージとしてのみ提供されます。それに伴い、インフラストラクチャ機能が削除され、イメージサイズがさらにコンパクトになります。

- **Windowsコンテナー** —— マイクロソフトとDocker社の提携に基づき、Windows Server 2016にはDockerと互換性のあるコンテナーテクノロジが搭載されます。Windows Server 2016上では、Windows ServerコンテナーおよびHyper-Vコンテナーを実行でき、ホスト環境から分離された、フットプリントの小さいアプリケーションの実行環境が利用可能になります。コンテナーテクノロジへの対応により、Microsoft Azureを含むクラウドインフラストラクチャの展開環境は、劇的に変わると予想されます。

- **クラスターのローリングアップグレード** —— Hyper-Vホストクラスターやスケールアウトファイルサーバーのサービスを停止することなく、クラスターメンバーをWindows Server 2012 R2からWindows Server 2016に移行するローリングアップグレードがサポートされます。

- **ワークグループおよびマルチドメインクラスター** —— Windows Server 2012 R2以前のフェールオーバークラスターは、クラスターに参加するすべてのノードがActive Directoryの同じドメインメンバーであることが必須でした。Windows Server 2016では、ドメインに参加していないワークグループ構成のノードによるワークグループクラスター、および別のドメインに参加しているノードによるマルチドメインクラスターの作成がサポートされます。これらのクラスターでは、SQL Server、ファイルサーバー、Hyper-Vの役割の実行がサポートされます。なお、ファイルサーバーとHyper-Vの役割は、機能の一部が制限されます。詳しくは、以下のドキュメントを参照してください。

    What' new in failover clustering: #04 Workgroup and multi-domain clusters
    https://cloudblogs.microsoft.com/windowsserver/2016/06/20/whats-new-in-failover-clustering-04-workgroup-and-multi-domain-clusters/

■ ネットワーキング

- **NICチーミングおよびHyper-V仮想スイッチでのRDMAのサポート** —— RDMA（Remote Direct Memory Access）対応のネットワークアダプターによるNICチーミング、およびHyper-V仮想スイッチでの使用がサポートされます。これまでは、NICチーミングやHyper-V仮想スイッチで使用する場合、RDMAの機能をオフにする必要がありました。詳しくは、以下のドキュメントを参照してください。

    Remote Direct Memory Access (RDMA) and Switch Embedded Teaming (SET)
    ➡ https://docs.microsoft.com/en-us/windows-server/virtualization/hyper-v-virtual-switch/rdma-and-switch-embedded-teaming

- **TCPの新規格への対応** —— Windows Server 2016およびWindows 10バージョン1607以降には、TCPの新規格であるTCP Fast Open（RFC 7413）、Increasing TCP's Initial Window（TFC 6928）、TCP RACK（IETFドラフト）、TLP（IETFドラフト）、TCP LEDBAT（RFC 6817）が実装されており、TCPコネクションの開始時間の短縮が図られています。

- **Windows Server Gateway** —— Windows Server Gatewayは、Hyper-Vネットワーク仮想化で構築された仮想ネットワークへの、サイトツーサイトおよびポイントツーサイトのVPN接続を可能にするWindows Serverベースのマルチテナント型ゲートウェイです。Windows Server 2016のWindows Server Gatewayでは、VPNプロトコルとして従来からのIPSec/IKEv2に加えて、Generic Routing Encapsulation（GRE）トンネルのサポートが追加されます。

- **Hyper-Vネットワーク仮想化** —— Hyper-Vネットワーク仮想化は、Hyper-V仮想スイッチに実装されたソフトウェア定義のネットワーク（Software-Defined Networking：SDN）機能です。仮想ネットワークのカプセル化テクノロジとして、従来からのGREベースのNVGREに加えて、Virtual Extensible Local Area Network（VXLAN、RFC 7348）のサポートが追加されます。

- **ネットワークコントローラー** —— ネットワークコントローラーは、ネットワークのファブリック管理、データセンターファイアウォール管理、ネットワーク監視、トポロジ管理、サービスチェーン管理（仮想アプライアンスへのトラフィックのリダイレクト）、ソフトウェアロードバランサー（SLB）管理、仮想ネットワーク管理、Windows Server Gateway管理といった、クラウドインフラストラクチャの物理および仮想ネットワークの包括的な管理を担う新しいサーバーの役割です。ネットワークコントローラーは、System Center Virtual Machine ManagerやWindows Azure Pack、Microsoft Azure Stackなどの上位の管理ツールに対して管理ポイントを提供します。

- **ソフトウェアロードバランサー** —— ソフトウェアロードバランサー（Software Load Balancer：SLB）は、Hyper-Vネットワーク仮想化で構築されたマルチテナントの仮想ネットワークにおいて、高可用性とスケーラビリティを実現するソフトウェアベースのレイヤ4ロードバランサーサービスです。

- **データセンターファイアウォール** —— データセンターファイアウォールは、Hyper-Vネットワーク仮想化で構築されたマルチテナントの仮想ネットワークのための、スケーラビリティの高い、ステートフルなファイアウォールサービスです。データセンターファイアウォールは、Hyper-V仮想スイッチのポートで動作するファイアウォールエージェントであり、ネットワークコントローラーから管理されます。

- **DNSポリシー** —— Windows Server 2016のDNSサーバーでは、DNSクエリに対してどのようにDNSサーバーが応答するかを、DNSポリシーを使用して制御できます。これにより、不正なトラフィックを効果的にブロックしたり、DNSクライアントのクエリを最適なデータセンターにリ

ダイレクトしたりできます。DNSポリシーは、Windows PowerShellのコマンドレットを使用して構成および管理できます。

■ ストレージ

- **ソフトウェア定義のストレージ（Software-Defined Storage：SDS）** —— Windows Server 2012で初めて導入された記憶域スペースは、コスト効率の良いディスクを束ねてストレージをプール化し、信頼性やパフォーマンス機能を付加して論理的なストレージ領域を提供するソフトウェア定義のストレージ機能です。Windows Server 2016に新たに追加される記憶域スペースダイレクトは、複数サーバーの個々のローカルディスクを束ねて、クラスター化された信頼性の高い記憶域スペースを提供します。
- **記憶域レプリカ** —— 記憶域レプリカは、ハードウェアに依存しないブロックレベルのボリュームのレプリケーション機能を、サーバー間、フェールオーバークラスターのノード間、2つのフェールオーバークラスター間で可能にします。記憶域レプリカを使用することで、ストレージの高可用性および迅速な災害復旧を実現できます。
- **ストレージQoS** —— ストレージQoS（Quality of Service：サービス品質）は、Windows Server 2012 R2以降のHyper-Vで利用可能な、仮想ハードディスクのIOPS（Input/Output per Second）最適化機能です。Windows Server 2016では、スケールアウトファイルサーバーの配置された仮想ハードディスクのQoSをポリシーで一元的に管理および監視できるようになります。
- **データ重複除去** —— Windows Server 2012 R2まで、データ重複除去は10TBより小さいサイズのボリュームで使用することが推奨されていました。Windows Server 2016では最大64TBまでのボリュームがサポートされます。また、数GBから最大1TBの大きなサイズのファイルの最適化のスループットが大幅に改善されます。さらに、これまでの汎用ファイルサーバー、VDIに加えて、仮想化されたバックアップサーバー（System Center Data Protection ManagerやAzure Backup Serverを想定）の配置先ボリュームにおけるデータ重複除去の利用シナリオがサポートされます。

■ リモートデスクトップサービス

- **RDP 10** —— Windows Server 2016およびWindows 10バージョン1607は最新のリモートデスクトッププロトコル（RDP）10.1に標準対応しています。バージョン1511以前のWindows 10は、RDP 10.0対応です。
- **ペン入力およびズーム機能** —— Windows 10およびWindows Server 2016のリモートデスクトップ接続クライアント（Mstsc.exe）では、Pen Remotingと呼ばれるペン入力のサポート強化、および縮小拡大表示（50～300%）機能が追加されます。
- **RemoteFX仮想GPU** —— Windows Server 2008 R2 SP1およびRDP 7.1から利用可能になったRemoteFX仮想GPUは、物理サーバーのGPU（Graphics Processing Unit）とビデオRAM（VRAM）を仮想化し、VDI（仮想デスクトップインフラストラクチャ）の仮想マシンに割り当て、リモートデスクトップセッションでDirectX 3Dなどの高精細なグラフィックス機能をサポートします。Windows Server 2016のRemoteFX仮想GPUは、4K解像度（3840×2160）の最大解像度のサポート、VRAMの調整、OpenGL 4.4およびOpenCL 1.1 APIのサポートが提供されます。
- **VDI仮想デスクトップにおける第2世代仮想マシンのサポート** —— RD仮想化ホストにおいて、第2世代仮想マシンのWindows仮想マシンの展開がサポートされます。
- **個人用セッションデスクトップ** —— 仮想化されたRDセッションホストベースのセッションコレクションを、個人専用に構成し、特定のユーザーに管理者権限付きで割り当てることができます。

- **マルチデバイス対応のリモートデスクトップ接続クライアント** ―― マイクロソフトは、Windows、Mac、Android、iOS向けに、リモートデスクトップ接続クライアントを各プラットフォームのオンラインストア経由で無償提供しており、継続的に更新しています。
- **RD接続ブローカーにおけるAzure SQLデータベースのサポート** ―― RD接続ブローカーの冗長化のためのデータベースとして、新たにMicrosoft AzureのPaaSであるAzure SQLデータベースの使用がサポートされます。これにより、Microsoft AzureのIaaSへのリモートデスクトップサービスの展開が簡素化されます。
- **MultiPoint Services** ―― Windows Server 2016には、マイクロソフトが教育機関向けに提供しているWindows MultiPoint Server 2012製品の後継機能が、新しいサーバーの役割として統合されます。MultiPoint Servicesを使用すると、教育現場や実習環境においてユーザーのデスクトップを集中的に監視およびリモート制御したり、ステートレスなデスクトップ環境を実現したりできます。なお、MultiPoint Servicesの役割をサポートするのは、Windows Server 2016が最後のバージョンになります。

■|セキュリティ

- **Windows Defender** ―― Windows Server 2016には、マルウェア対策機能としてWindows Defenderが標準搭載され、既定で有効です。Windows Defenderは早期起動マルウェア対策（Early Launch Anti-Malware）としてOSのブートプロセスの初期段階からマルウェアに対する保護を提供します。なお、Windows DefenderはWindows Server 2016バージョンのNano Server（2018年10月で既にサポート終了）でもサポートされ、オプションで追加することができました。
- **仮想化ベースのセキュリティ（Virtualization-Based Security：VBS）** ―― Windows Server 2016およびWindows 10 Enterprise/Educationは、デバイスガード（Device Guard）、資格情報ガード（Credential Guard）、および仮想TPM（Virtual TPM）という新しいセキュリティ機能を提供します。これにより、仮想化ベースのセキュリティと呼ばれる、Hyper-Vを利用した分離環境が実現します。
- **Host Guardian サービス（HGS）** ―― Host Guardian サービス（HGS）は、プライベートクラウドやサービスプロバイダーのクラウドインフラストラクチャとテナントの仮想マシンを保護する新しいセキュリティ機能を提供します。このサービスは、暗号化されシールドされた仮想マシン（Shielded Virtual Machine）を、HGSにより信頼されたホスト（Guarded Host）でのみ実行できるようにします。

■|ID管理

- **ハイブリッドID管理** ―― Active DirectoryフェデレーションサービスとWebアプリケーションプロキシにより、Azure Active Directory（Azure AD）とのディレクトリ統合、およびクラウドアプリのシングルサインオン（SSO）の実装が容易になります。
- **Azure AD参加** ―― Azure AD参加は、Windows 10でサポートされるAzure Active Directory（Azure AD）のIDおよびデバイス認証に基づいた新しいサインイン方法です。Azure AD参加は、オンプレミスのActive Directoryドメインに参加しないWindows 10でサポートされ、Windowsへのサインイン認証とクラウドアプリのシングルサインオン（SSO）を可能にします。
- **Windows Hello for Business** ―― Microsoft PassportおよびWindows Helloは、Windows 10で新たにサポートされたパスワードを使用しない新しい認証方法です。TPM（Trusted Platform Module）またはMicrosoft Passportが管理する安全な領域に保存された証明書と、それに紐づいたPINやWindows Helloと呼ばれる生体認証（指紋、色彩、顔認証）でパスワードなしの認証を

可能にします。Microsoft Passport は Microsoft アカウント、Azure AD アカウント、および Windows Server 2016 の Active Directory のアカウントを使用する Windows 10 の認証でサポートされます。Azure AD アカウントおよび Windows Server 2016 の Active Directory のアカウントにおける Microsoft Passport は、Windows Hello for Business（旧称、Microsoft Passport for Work）と呼ばれます。

- **特権アクセス管理** —— Microsoft Identity Manager 2016（2015年8月に正式リリースされた別製品）の特権アクセス管理により、特権アクセスの要求に対する許可をワークフローで管理し、特権アカウントの使用に伴うセキュリティ攻撃のリスクを軽減できます。
- **Just Enough Administration（JEA）** —— Just Enough Administration（JEA）は、Windows Management Framework（WMF）5.0 および Windows PowerShell 5.0 以降から利用可能になったセキュリティ機能です。JEA を利用すると、ユーザーに対して、Windows PowerShell のシェル環境（PowerShell Remoting のシェル環境）で実行可能なコマンドレットや外部コマンドを必要最低限のものに制限できます。

■ 構成と管理の自動化

- **WMF 5.1 および Windows PowerShell 5.1** —— Windows Server 2016 および Windows 10 バージョン 1607 には、WMF 5.1 および Windows PowerShell 5.1 が標準搭載されます。WMF 5.1 および Windows PowerShell 5.1 では、Workflow 機能や Desired State Configuration（DSC）の機能が強化され、システムの構成や管理タスクの自動化を促進します。
- **PowerShell Direct** —— **Enter-PSSession** および **Invoke-Command** に追加された **-VMName** オプションを使用すると、Hyper-V 上の仮想マシンのゲスト OS の Windows PowerShell 環境をホスト側から直接操作することができます。PowerShell Direct は、Hyper-V のホストとゲスト間の内部的なチャネルを使用しているため、ネットワーク接続や PowerShell Remoting の構成を必要としません。

PowerShellのオープンソース化

マイクロソフトは2016年8月、PowerShellのオープンソース化を発表し、Windows、Linux、Mac OS X向けのv6.0.0 alpha版を公開しました。PowerShellおよびPowerShell DSCは今後、マルチプラットフォーム対応のローカル/リモート管理環境の共通基盤へと進化していくでしょう。なお、このプロジェクトの成果は、PowerShell Core 6.0として2018年1月に最初のバージョンが一般提供されました。

PowerShell is open sourced and is available on Linux
⊖https://azure.microsoft.com/en-us/blog/powershell-is-open-sourced-and-is-available-on-linux/

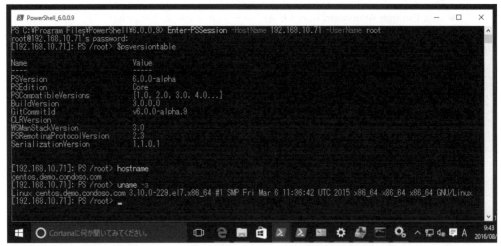

画面1-1-2　オープンソース版のPowerShell（画面はv6.0.0-alpha.9）で
　　　　　　WindowsからLinuxにリモート接続したところ。その逆も可能

1.1.2　削除または推奨されなくなる機能

以下に示すWindows Serverの役割や機能は、Windows Server 2016から削除されました。

- **［共有と記憶域の管理］スナップイン（StorageMgmt.msc）**──このスナップインが必要な場合は、Windows Server 2012 R2またはWindows 8.1用のリモートサーバー管理ツール（RSAT）のコンソールをリモート接続してください。
- **Journal.dll**──Journal.dll（Microsoft Tablet PC Journal Reader Platform Component）はWindows 10バージョン1511までのすべてのWindowsに搭載されていましたが、Windows Server 2016およびWindows 10バージョン1607から削除されました。代替の機能は提供されません。
- **セキュリティ構成ウィザード（SCW.exe）**──グループポリシーで代替できます。
- **カスタマーエクスペリエンス向上プログラム（CEIP）**──プログラムへの参加をオプトイン設定するコンポーネントは削除されました。Windows Server 2016では診断データと使用状況データが既定でマイクロソフトに送信されます。送信されるデータのレベルは選択可能（既定は基本）ですが、無効化（オプトアウト）することはできません。
- **Windows Server 2003のサポート**──Active DirectoryドメインサービスではWindows Server 2003フォレスト/ドメイン機能レベルのサポートが制限されます。この機能レベルには対応して

いますが、フォレスト／ドメインの新規作成はできません。また、Windows Server移行ツールにおいても、Windows Server 2003はサポートされなくなりました。

- **アプリケーションサーバーの役割** —— サーバーの役割としてのカテゴリは削除されましたが、以前のこの役割に含まれていた.NET Framework 4.x、TCPポート共有、Windowsプロセスアクティブ化サービスは個別の機能として引き続きサポートされます。
- **ネットワークアクセス保護（NAP）** —— NAPのサーバー機能およびクライアント機能は削除されました。DHCPサーバーおよびRDゲートウェイのNAP統合はサポートされなくなるため、これらを使用している場合にはアップグレード時に注意が必要です。NAPクライアント機能は、Windows 10からも削除されています。
- **ネットワーク情報サービス（NIS）のサポート** —— WindowsとUNIXのID管理を統合するためには、NISに代わるサードベンダーのツールを使用してください。
- **Telnetサーバー** —— 代わりに、PowerShell Remotingを使用してください。
- **SISフィルタードライバー（SIS-Limited）** —— SIS（Single Instance Storage）フィルタードライバーはSystem Center 2012 R2以前のData Protection Managerの管理サーバーの前提コンポーネントです。SISフィルタードライバーが削除されたため、Windows Server 2016には、System Center 2012 R2以前のData Protection Managerの管理サーバーをインストールすることはできません。System Center 2016以降のData Protection Managerは、このコンポーネントを必要としません。

以下に示す機能は、Windows Server 2016では利用できますが、推奨されなくなります。これらの機能は、将来のバージョンで削除される可能性があります。

- **SconfigおよびScregedit.wsf** —— 今後は、Windows PowerShellの使用を推奨します。
- **NetCfgカスタムAPI** —— NetCfg APIを使用したネットワーク機能のインストールと構成は推奨されません。
- **WinRM.vbs** —— 今後は、Windows PowerShellの使用を推奨します。
- **NetBIOS over TCP（139/TCP）におけるSMB 2以降のサポート** —— 代わりに、ダイレクトホスティングSMB（Microsoft-DS、445/TCP）を使用できます。

1.1.3 Windows Server 2016のエディションとライセンス

Windows Server 2016では、エディションの機能とライセンスについて重要な変更点があります。

Windows Server 2016のエディション

Windows Server 2016には、次の6つのエディションがあります。いずれも、x64（amd64）プロセッサ用の64ビット版のみで提供されます。

本書ではDatacenterおよびStandardエディションについて説明しますが、Essentials、Multipoint Premium Server、Storage Serverエディションの機能はDatacenterおよびStandardエディションにも搭載されています。

表1-1-3　Windows Server 2016のエディション

エディション	説明	ライセンスモデル	必要なCAL
Windows Server 2016 Datacenter	仮想化データセンターおよびクラウド環境向け	コア/CAL	Windows Server CAL
Windows Server 2016 Standard	物理サーバーまたは小規模な仮想化環境向け	コア/CAL	Windows Server CAL
Windows Server 2016 Essentials	25ユーザー/50デバイスまでの小規模ビジネス向け	特殊サーバー（インスタンス単位）	不要
Windows Server 2016 MultiPoint Premium Server	教育機関向けボリュームライセンスのみ	サーバー/CAL（インスタンス単位）	Windows Server CALおよびRDS CAL
Windows Storage Server 2016 Workgroup	OEM向けライセンスのみ	―	不要
Microsoft Hyper-V Server 2016	無償のHyper-Vハイパーバイザー	不要	不要

※当初、プロセッサベースとされていたライセンスモデルは、その後、変更されています。最新情報については、以下のページおよび製品条項で確認してください。なお、MultiPoint Premium Serverの提供とWindows Server Standard/DatacenterにおけるMultiPoint Servicesのサポートは、Windows Server 2016バージョンが最後になります。

Windows Server 2016エディションのライセンス
→https://www.microsoft.com/ja-jp/licensing/product-licensing/windows-server-2016.aspx

製品条項（PT）
→https://www.microsoft.com/ja-jp/licensing/product-licensing/products.aspx

■ コアベースのサーバーライセンス

　Windows Server 2012 R2以前のWindows Serverは、物理プロセッサ数に基づいて必要なサーバーライセンスの数が決まりました。DatacenterおよびStandardエディションはどちらも、物理プロセッサ2つごとに1つのサーバーライセンスが必要です。物理コア数や論理コア数はサーバーライセンスの数に影響しません。また、Standardエディションは1サーバーライセンスごとに2つの仮想インスタンスを実行する権利があり、サーバーライセンスを追加することで仮想化インスタンスの数を増やすことが可能でした。

　Windows Server 2016からは、物理プロセッサ数ではなく、物理コア数に基づいてDatacenterおよびStandardエディションのサーバーライセンスの数が決まります。コアベースの新しいライセンスは、2ライセンスパック（物理コア2つをカバー）単位で販売されます。必要なライセンス数は物理コア数から計算しますが、物理プロセッサごとに最低8コア（2コアパック×4）、物理サーバーごとに最低16コア（2コアパック×8）ぶんのライセンスを購入する必要があります。つまり、コアライセンスの最小の購入数は16コア（2コアパック×8）からとなります。

　また、Standardエディションで実行可能な2つの仮想化インスタンスは、物理サーバーをカバーするのに必要なすべてのコアライセンスを取得した場合に与えられます。仮想化インスタンスをさらに2つ追加するには、物理サーバーをカバーするすべてのコアライセンスをもう1セット購入する必要があるということです。

　購入可能な最小の16コア（2コアパック×8）は、従来のプロセッサベースの1ライセンスと同価格に設定されます。そのため、物理コア数がプロセッサあたり8コア以下であれば、サーバーライセンス

の価格に差はありません。物理コア数が10コア以上、物理プロセッサ数が2基以上の場合、従来のライセンスモデルに比べてコスト増になります。

表1-1-4　物理サーバーに必要なコアベースのライセンス数。かっこ内はWindows Server 2012/2012R2のプロセッサライセンスの場合に必要なライセンス数

		物理コア数/プロセッサ			
		2コア	4コア	8コア	10コア
プロセッサ数/ 物理サーバー	1基	2CP×8 (1L)	2CP×8 (1L)	2CP×8 (1L)	2CP×8 (1L)
	2基	2CP×8 (1L)	2CP×8 (1L)	2CP×8 (1L)	2CP×10 (1L)
	4基	2CP×16 (2L)	2CP×16 (2L)	2CP×16 (2L)	2CP×20 (2L)

■|クライアントアクセスライセンス（CAL）

Windows Server 2016の役割や機能にアクセスするためには、ユーザーまたはクライアントデバイスごとにクライアントアクセスライセンス（CAL）が必要になる場合があります。

- **Windows Server 2016 CAL** —— Windows Server 2016の役割や機能にアクセスするユーザーまたはクライアントデバイスごとに必要なCAL。デバイスには、PCやサーバーだけでなく、携帯電話などのモバイルデバイスも含まれます。ただし、サーバーの管理目的（2デバイスまたは2ユーザーまで）、WebやHPCワークロードへのアクセスにはCALは必要ありません。

- **Windows Server 2016 Remote Desktop Services CAL（RDS CAL）** —— セッションベースのリモートデスクトップサービス（RDS）へのリモートデスクトップ接続およびRemoteAppプログラムへの接続に必要なユーザーごとまたはデバイスごとのCALです。RDS CALにソフトウェアアシュアランス（SA）を付けると、「RDSの拡張された権利」を利用可能になり、Microsoft AzureのIaaSや他社クラウド環境に展開されたリモートデスクトップサービス（RDS）に接続することが許可されます。RDS CALは、MultiPoint Servicesを利用する場合にも必要です。

- **Windows Virtual Desktop Access（VDA）** —— Windows VDAは、仮想マシンベースのRDSの仮想デスクトップまたはRemoteAppプログラムへの接続に必要な、ユーザーごとまたはデバイスごとの権利です。Windows VDAの権利は、Windows 10 Enterprise E3（旧称、Windowsソフトウェアアシュアランス）/E5、Windows VDA、または同等のサブスクリプションライセンスで取得できます。

- **Windows Server 2016 Active Directory Rights Management Services CAL（RMS CAL）** —— RMS CALは、AD RMSを利用するために必要な、ユーザーごとまたはデバイスごとのCALです。Azure Information Protection（Azure Rights Management Premium）またはEnterprise Mobility + Security（旧称、Enterprise Mobility Suite）で取得することもできます。

- **Microsoft Identity Manager User CAL（MIM CAL）** —— Microsoft Identity Manager（MIM）をオンプレミスに展開して使用するためのCALです。Azure AD PremiumまたはEnterprise Mobility + Security（旧称、Enterprise Mobility Suite）で取得することもできます。

■|DatacenterとStandardエディションの機能差

Windows Server 2012および2012 R2では、DatacenterとStandardエディションの違いはサーバーライセンスに含まれるWindows Serverの仮想化インスタンス数の違いだけでした。Datacenterエ

ディションは高密度の仮想化データセンターやクラウド環境向け、Standardエディションは物理サーバーまたは小規模な仮想化環境向けです。Windows Server 2012 R2では、Datacenterエディションだけに仮想マシンの自動ライセンス認証（Automatic Virtual Machine Activation：AVMA）の機能が提供されましたが、それ以外の機能差はありません。

　Windows Server 2016では、DatacenterとStandardエディションに明確な機能差が設けられています。Datacenterエディションには、無制限の仮想化インスタンスの権利に加えて、クラウド向けのストレージ、ネットワーク、セキュリティ機能が提供されます。

表1-1-5　Windows Server 2016のDatacenterとStandardエディションの機能比較

機能	Datacenter	Standard
サーバーの基本機能	○	○
OSE※1/Hyper-Vコンテナーの数	無制限	2
Windows Serverコンテナーの数	無制限	無制限
Nano Server※2	○	○
ソフトウェア定義のストレージの新機能（記憶域スペースダイレクト、記憶域レプリカ）	○	×
ソフトウェア定義のネットワークの新機能（ネットワークコントローラー、ソフトウェアロードバランサー、データセンターファイアウォールなど）	○	×
Host Guardianサービス	○	○
シールドされた仮想マシンの実行	○	×

※1　OSE（Operating System Environment、オペレーティングシステム環境）とは、物理サーバーまたは仮想マシンにインストールされるWindows Server 2016またはNano Serverのインスタンスのこと。Hyper-Vコンテナーは1つのOSEとみなされる。
※2　Nano Serverは半期チャネル（SAC）で提供されるため、運用環境に展開し実行するためには、Windows Serverソフトウェアアシュアランス（SA）が必要になる。ただし、Windows Server 2016バージョンのNano Serverのサポートは、2018年10月で既に終了。

■│Windows Serverソフトウェアアシュアランス（SA）

　Windows Server 2016のコアライセンスに加えて、Windows Serverソフトウェアアシュアランス（SA）を契約することで、以下の権利を得ることができます。

- **Microsoft Azureハイブリッド使用特典** —— Windows ServerのプロセッサベースまたはコアベースのライセンスをMicrosoft AzureのIaaS環境に移行して実行できます。
- **Nano Serverの運用環境への展開と実行** —— Nano Serverを運用環境に展開し、実行できます。

　Windows Server 2016は、従来と同じく5年のメインストリームサポートと5年の延長サポートの、合計10年のサポートが提供されますが、Nano Serverについては半期チャネル（SAC）のサービスモデルで提供されます。このサービスモデルは、クラウドベースの短期間の開発ライフサイクルを想定したもので、新機能が継続的に提供されます。Nano Serverの半期チャネル（SAC）のサービスモデルを運用環境で利用するには、Windows Server 2016のコアライセンスに加え、Windows Serverソフトウェアアシュアランス（SA）を契約する必要があることに注意してください。

　Windows Serverソフトウェアアシュアランス（SA）の内容は変更されることがあります。最新情報については、毎月更新される製品条項（PT）で確認してください。

製品条項（PT）
→https://www.microsoft.com/ja-jp/Licensing/product-licensing/products.aspx

1.1.4　スケーラビリティ

　Windows Server 2016は、仮想化やクラウドのプラットフォームとして、あるいは極めて大きなデータベースの構築やデータ分析のための物理サーバーとして、業界最高レベルのスケーラビリティを提供します。

　サーバーあたりの物理メモリと物理プロセッサ数（論理プロセッサ数）は、最大24TB、最大512プロセッサまでサポートされます。Windows Server 2012/2012 R2と比較して、物理メモリで6倍、プロセッサ数で1.6倍のスケールアップです。

　Windows Server 2016をHyper-Vの仮想化サーバーとして利用する場合、仮想マシンあたり最大16TBまでのメモリと最大240までの仮想プロセッサのリソースを割り当てることが可能です。こちらはWindows Server 2012/2012 R2のHyper-Vと比較して、仮想マシンのメモリで12倍、仮想プロセッサ数で3.75倍のスケールアップです。

表1-1-6　Windows Server 2016とWindows Server 2012/2012 R2のスケーラビリティの比較

リソース	Windows Server 2012/2012 R2 Datacenterおよび Standard	Windows Sever 2016 Datacenterおよび Standard
物理メモリ	最大4TB	最大24TB
物理プロセッサ数（論理プロセッサ数）	最大320	最大512
仮想マシンのメモリ割り当て	最大1TB/仮想マシン	最大12TB/仮想マシン
仮想マシンの仮想プロセッサ割り当て数	最大64/仮想マシン	最大240/仮想マシン

1.2　企業クライアントとしてのWindows 10

　Windows Server 2016のクライアントとしては、Windows、Mac、Linux、およびモバイルデバイス（Windows Phone、Windows 10 Mobile、iPhone、Android）を利用できます。Windowsの場合、Windows 7 SP1以降の企業向けエディションをクライアントとしてサポートしていますが、Windows Server 2016との最適な組み合わせはWindows 10です。

1.2.1　Windows 10の企業向け機能

　Windows 10にはコンシューマー向けのHomeエディション、企業向けのPro、Enterpriseエディション、教育機関向けのEducationエディション、およびモバイルデバイス向けのMobileおよびMobile Enterpriseエディション（MobileおよびMobile Enterpriseのサポートは2019年12月10日をもってすべて終了し、後継製品はありません）が用意されています。

　企業のクライアントとしては、Windows 10 ProまたはEnterpriseエディションを使用するのがベストです。Windows 10 Enterpriseエディションは、Windows 10 Educationエディションと同様に、ボリュームライセンスのWindows 10 Enterprise E3（旧称、Windowsソフトウェアアシュアランス）を通じて提供されるものであり、Windows 10のすべての企業向け機能とさまざまな特典が提供されます。

　ここでは、Windows 10 Enterprise（およびEducation）だけの機能を紹介します。また、Windows 10の機能（Proエディションでも利用可能な機能も含む）の中には、Windows 10のバージョン（ビル

ド）によって未実装の場合や機能差があるものもあります。

Windows 10 Homeエディションを含む、完全な機能リストは以下で確認してください。

Windows 10エディションの比較
→https://www.microsoft.com/ja-jp/WindowsForBusiness/Compare

以下に示す機能は、Windows 10 Enterprise（およびEducation）だけに提供される機能および特典です。

- DirectAccess
- Windows To Goワークスペースの作成
- AppLocker
- BranchCache
- グループポリシーによる［スタート］画面の制御
- 資格情報ガード
- デバイスガード
- Windows To GoによるPCの起動
- Windows Virtual Desktop Accessの権利
- Microsoft Desktop Optimization Pack（MDOP）の使用権

画面1-2-1　Windows 10 Enterprise（バージョン1607）

1.2.2　Windows 10のバージョンによる機能差

以下の機能については、Windows 10のバージョンによる実装状況や機能差に注意してください。

- **TPM 1.2/2.0のサポート状況** —— Windows 10が備えるセキュリティ機能の一部は、TPM（Trusted Platform Module）セキュリティチップに依存します。TPM 2.0の使用が推奨され、TPM 2.0でなければ利用できない機能もあります。TPM 1.2でサポートされる機能もありますが、Windows 10のバージョンによってサポート状況が異なることに注意してください。例えば、

Windows 10 Enterprise/Educationエディションの資格情報ガードは、Windows 10初期リリースはTPM 2.0のみをサポートし、バージョン1511以降はTPM 1.2およびTPM 2.0をサポートしています。詳しくは、以下のドキュメントで最新情報を確認してください。

TPMの推奨事項
→https://docs.microsoft.com/ja-jp/windows/security/information-protection/tpm/tpm-recommendations

- **Windows Information Protection（旧称、Enterprise Data Protection）** —— Windows 10 Pro/Enterprise/Educationバージョン1607以降でサポートされます。
- **IEのエンタープライズモード** —— IE 11のエンタープライズモードの機能がWindows 10バージョン1511で強化されました。詳しくは、以下のブログ記事を参照してください。

Continuing to make it easier for Enterprise customers to upgrade to Internet Explorer 11 - and Windows 10
→https://blogs.windows.com/msedgedev/2015/11/23/windows-10-1511-enterprise-improvements/

- **ドメイン参加クライアントの自動デバイス登録** —— Windows 10 Pro/Enterprise/Educationバージョン1511以降でサポートされます。
- **Windows Hello for Business（旧称、Microsoft Passport for Business）** —— Windows 10 Pro/Enterprise/Educationバージョン1511以降でサポートされます。
- **グループポリシーによるストアの非表示、すべてのストアアプリの禁止** —— Windows 10 Enterprise/Educationバージョン1511以降でサポートされます。Windows 10 Proはサポートされません。詳しくは、以下のサポート技術情報を参照してください。

Can't disable Microsoft Store in Windows 10 Pro through Group Policy
→hhttps://support.microsoft.com/en-us/help/3135657/

- **グループポリシーによるMicrosoft Store for Businessのみの表示（一般向けストアの非表示）** —— Windows 10 Enterprise/Educationバージョン1607以降でサポートされます。
- **App-VおよびUE-V** —— Microsoft Application Virtualization（App-V）およびMicrosoft User Experience Virtualization（UE-V）のクライアント機能は、Windows 10のバージョンによって提供方法が異なります。Windows 10 Enterprise/Educationバージョン1511以前はMDOPのコンポーネントとして提供されます。Windows 10 Enterprise/Educationバージョン1607以降は、Windows 10に標準搭載され、新バージョンはバージョン1607以降を対象にWindows Updateを通じて提供されます。また、App-V SequencerおよびUE-V GeneratorツールはWindows ADKに同梱されます。今後、バージョン1511以前に対して、App-VおよびUE-Vの新バージョンが提供されることはありません。詳しくは、以下の公式ドキュメントを参照してください。

Getting started with App-V for Windows 10
→https://docs.microsoft.com/ja-jp/windows/application-management/app-v/appv-getting-started

Get Started with UE-V
→https://docs.microsoft.com/ja-jp/windows/configuration/ue-v/uev-getting-started

- **Windows Defenderブランド**　—— Windows 10バージョン1703以降では、Windows 10のセキュリティ機能がWindows Defenderブランドとしてまとめられ、以前のマルウェア対策機能を指していたWindows Defenderは、Windows Defender Antivirus（Windows Defenderウイルス対策）と呼ばれるようになります。また、デバイスガードはWindows Defenderアプリケーション制御（Windows Defender Application Control：WDAC）と呼ばれるようになりました。Windows 10バージョン1709ではマイクロソフトが以前提供していた「Enhanced Mitigation Experience Toolkit（EMET）」と同等の機能に加え、制御フローガード（Control Flow Guard：CFG）などの新しい軽減策を追加した、Windows Defender Exploit Protectionが搭載されています。
- **Windows AutoPilot**　—— Windows 10バージョン1703以降では、Windows AutoPilotによるクライアントの展開がサポートされます。Windows AutoPilotは、Microsoft Store for Business、Microsoft 365、およびMicrosoft Intuneなどで利用できます。
- **Windows Defender Application Guard（WDAG）**　—— Microsoft Edgeを分離環境で実行し、安全なWebブラウジングを行う機能です。Windows 10バージョン1709でEnterpriseに搭載され、Windows 10バージョン1803以降ではProエディションでも利用可能になりました。Windows 10バージョン1903（19H1）からは、Educationエディションでも利用可能になる予定です。
- **Windows Subsystem for Linux（WSL）**　—— Windows Subsystem for Linux（WSL）は、LinuxのネイティブなコマンドやツールをWindows上で直接実行できるサブシステムを提供します。WSLは、Windows 10バージョン1703でベータ版として提供され、Windows 10バージョン1709から正式版になりました。さまざまなLinuxディストリビューションのシェル環境を、Microsoft Storeから無料で入手できます。Windows Server 2019およびWindows Server, version 1809からはWindows Serverでも利用可能になりました。
- **OpenSSH、cURL、tar**　—— Windows 10バージョン1709には、ベータ版としてOpenSSHが提供されました。Windows 10バージョン1803以降およびWindows Server, version 1803以降では、OpenSSHやcURL、tarといったオープンソースツールがWindowsに標準搭載され、コマンドプロンプトやWindows PowerShellから実行できます。また、オプションでOpenSSHサーバーを追加できます。
- **ソフトウェアの制限のポリシー（SRP）**　—— Windows 10バージョン1703以降では、ソフトウェアの制限のポリシー（Software Restriction Policy：SRP）が期待どおりに動作しない場合があります。ソフトウェアの制限のポリシーはWindows 10バージョン1803で開発終了となり、Windows 10のすべてのバージョンでサポートされなくなりました。代わりに、Windows 10 EnterpriseのAppLockerまたはWindows Defenderアプリケーション制御（WDAC、以前のデバイスガード）を使用できます。
- **Windows サンドボックス**　—— Windows 10のアプリ実行環境を隔離された分離環境として提供し、終了時に状態を破棄する、信頼されていないアプリの実行を想定したサンドボックス環境を提供します。この機能は、仮想化ベースのセキュリティ（VBS）やWindowsコンテナーの技術を応用したもので、Windows 10バージョン1903（19H1）以降に搭載される予定です。

1.3 System Center 2016

　Windows Server 2016は豊富な管理機能を標準搭載していますが、System Center 2016を導入すると、中規模～大規模な環境の効率的な管理が可能になります。

　System Center 2016は、以下のコンポーネントで構成されており、管理対象のサーバー管理ライセンス（SML）またはクライアント管理ライセンス（CML）を用意することで利用可能です。

- **Virtual Machine Manager** —— 仮想化インフラストラクチャの管理とプライベートクラウドの構築を支援します。Azure Recovery Servicesと統合されたクラウドベースのレプリケーションが可能です。
- **Operations Manager** —— Windows、UNIX/Linux、ネットワーク、アプリ、プライベートおよびパブリッククラウドの稼働監視を行います。クラウドベースのMicrosoft Operations Management Suite（OMS、現在はAzureに統合）との統合が可能です。
- **Data Protection Manager** —— Windows Server、Windowsクライアント、およびマイクロソフトアプリケーション（Hyper-V、SQL Server、SharePoint、Exchange）のバックアップと復元を行います。Azure Recovery Servicesと統合された、ディスク・ツー・ディスク・ツー・クラウドバックアップに対応しています。Azure Recovery Servicesで提供されるAzure Backup Serverは、Data Protection Managerをベースに開発されたもので、Data Protection Managerの代わりに使用できます。
- **Orchestrator** および **Service Management Automation** —— Runbookによるプロセス統合と自動化を実現します。
- **Service Manager** —— ITILベースのサービスマネージメント環境を提供します。
- **Configuration Manager** —— Windows Server、Windows、UNIX、Linux、Mac、およびモバイルデバイスの管理に対応したシステム管理ツールです。
- **Endpoint Protection** —— Windows Server、Windows、Mac、Linuxに対応した企業向けマルウェア対策ソフトウェアです。Configuration Managerで統合的に管理します。

System Center 2016から削除されたコンポーネントと機能

System Center 2016では、System Center 2012 R2でサポートされていた以下のコンポーネントおよび機能が削除されています。

- App Controller
- Virtual Machine ManagerのCitrix XenServerのサポート
- Virtual Machine ManagerのVMware vCenter 4.1/5.1のサポート
- Virtual Machine ManagerのServer App-V
- Operations ManagerのVisio Management Pack Designer for System Center Operations Manager
- Service Managerのクラウドサービス用プロセスパックおよびIT GRC用プロセスパック
- Orchestratorのサービスレポート

改訂 System Centerの長期サービスチャネル（LTSC）と半期チャネル（SAC）、そしてSACの廃止

System Center 2016のリリース後、System Center製品についても半期チャネル（SAC）が導入されました。System Center 2016は長期サービスチャネル（LTSC）であり、次のLTSCリリースは2019年3月にリリースされたSystem Center 2019になります。
System CenterのSACは、2015年12月リリースのConfiguration Manager Current Branch（初期バージョンは1511）が先行で始まり、Configuration Managerは、Configuration Manager Current Branchバージョン1606に基づいて作成されています。2018年1月からは、System Centerの他のコンポーネントについてもSACが導入されました（初期バージョンは1801）。System CenterのSACには、WindowsのSACと同様に、リリース後18か月のサポートが提供されます。しかしながら、System Center 2019のリリースに合わせ、System CenterのSACはバージョン

1807を最後に廃止され、LTSCに対して6か月ごとの更新ロールアップ（Update Rollup）で新機能を追加していく方式に再び変更されます。なお、Configuration Manager Current Branchリリースに変更はありません。

Overview of System Center release options
→https://docs.microsoft.com/en-us/system-center/ltsc-and-sac-overview

　初版ではクラウドベースのOperations Management Suite（OMS）について言及していましたが、OMSは2018年8月末までにMicrosoft Azureに完全に統合されました（旧OMSポータルは2019年1月に提供終了）。詳しくは、以下のドキュメントを参照してください。

OMSポータルのAzureへの移行
→https://docs.microsoft.com/ja-jp/azure/azure-monitor/platform/oms-portal-transition

1.4　Microsoft Azureと一貫性のあるプライベートクラウド

　マイクロソフトは、Microsoft Azureと一貫性のあるプライベートクラウドおよびサービスプロバイダーのクラウド構築ツールとして、Windows Azure Packを提供しています。2017年7月には、Windows Azure Packの後継となるMicrosoft Azure Stackの一般提供が始まりました。

1.4.1　Windows Azure Pack

　Windows Azure Packは、Microsoft Azureのクラシックポータルおよびサービス管理APIと一貫性のあるクラウド構築ツールです。Windows Azure Packはもともと、Windows Server 2012 R2およびSystem Center 2012 R2ベースのクラウド構築ツールとして提供されましたが、Windows Server 2016にも対応します。メインストリームサポートは2017年7月11日まで、延長サポートは2022年7月12日まで提供されます。

　Windows Azure Packは、企業が自社で用意したハードウェアおよびソフトウェアで構築することも可能ですが、マイクロソフトとパートナーとの協力によりCloud Platform System（CPS）というアプライアンス製品として簡単に導入することも可能でした。

画面1-4-1　Azureクラシックポータル（左）とWindows Azure Pack（右）

1.4.2 Microsoft Azure Stack

Azureクラシックポータルと一貫性のあるWindows Azure Packに対して、Microsoft Azure StackはMicrosoft Azureの新しいポータルおよびAzureリソースマネージャーAPIと一貫性のあるクラウド環境を提供します。

Microsoft Azure Stackは、2016年1月にコンセプトを実証するための初めてのプレビューが公開され、2016年4月にTechnical Preview 1、2016年9月にTechnical Preview 2が一般提供されています。その後、Windows Server 2016のネットワーク定義のストレージの新機能、ネットワーク定義のソフトウェアの新機能、Host Guardianサービス、Windowsコンテナーのサポートなどが追加され、2017年7月に一般提供が開始されました。Azure Stackは、ソフトウェアと検証済みハードウェアの統合システムとしてパートナーベンダーを通じて販売されます。

Azure Stackとは
⮕https://azure.microsoft.com/ja-jp/overview/azure-stack/

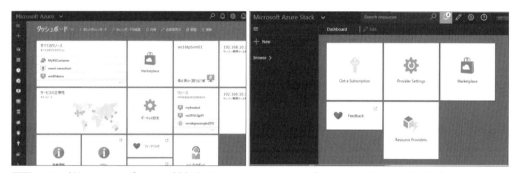

画面1-4-2　新しいAzureポータル（左）とMicrosoft Azure Stack（Technical Preview 1）のポータル（右）

1.5 Windows Server 2016リリース後の重要な変更点 改訂

この節は、本書の改訂新版で新たに追加しました。ここでは、本書の初版以降、つまりWindows Server 2016のリリース後に発表および実施されたWindows Serverに関する重要な変更点について説明します。また、Windows Server 2019の製品情報についても紹介します。Windows Server 2019の新機能や変更点については、第2章以降でも参考情報として追記している場合があります。

1.5.1 長期サービスチャネル（LTSC）と半期チャネル（SAC）

Windows Server 2016（ただし、Windows Server 2016バージョンのNano Serverは除く）までのWindowsサーバーOSは、最短5年のメインストリームサポートと最短5年の延長サポートの、合計10年の有料/無料のサポートサービスが提供されてきました（10年間のセキュリティ更新プログラムの提供は無料）。これは、2018年10月にリリースされたWindows Server 2019にも適用されます。現在、このサポートポリシーは「固定ライフサイクルポリシー」と呼ばれています。

Windows 10では、「サービスとしてのWindows（Windows as a Service）」という概念の下で、「半期チャネル（Semi-Annual Channel：SAC）」という、製品のリリースサイクルとサポートポリシーに

影響する新たなサービス体系が導入されました。半期チャネル（SAC）の対象製品およびサービスには、「モダンライフサイクルポリシー」が適用されます。Windows 10 Enterpriseには特定の用途での利用が想定された長期固定化バージョンである「長期サービスチャネル（Long-Term Servicing Channel：LTSC）」（バージョン2016以前はLTSB）も数年ごとにリリースされます。LTSCバージョンにはWindows 8.1以前と同様に、固定ライフサイクルポリシーが適用されます。

現在、Windows 10の半期チャネル（SAC）は、モダンライフサイクルポリシーに基づいて、年に2回（3月頃と9月頃）に新バージョンがリリースされ、各バージョンはリリース後18か月、品質更新プログラムのサポートが提供されます。なお、Windows 10バージョン1607 ～ 1803まで、およびWindows 10バージョン1809以降の9月リリースについては、EnterpriseおよびEducationエディションに限り、リリース後30か月のサポートが提供されます。

ライフサイクルに関するFAQ – Windows製品
→https://support.microsoft.com/ja-jp/help/18581/

Windowsライフサイクルのファクトシート
→https://support.microsoft.com/ja-jp/help/13853/

2018年10月からはWindows Serverについても半期チャネル（SAC）に基づいたバージョンの提供が始まりました。最初のバージョンは2018年10月リリースのWindows Server, version 1709、次のバージョンは2018年4月リリースのWindows Server, version 1803、2018年10月（11月再リリース）のWindows Server, version 1809と続きます。その後も、年に2回（3月頃と9月頃）のサイクルで新バージョンがリリースされます。これらのWindows Serverは、同時にリリースされたWindows 10の半期チャネル（SAC）と同一ビルドであり、共通のテクノロジと機能を備えています。一方、Windows Server 2019は長期サービスチャネル（LTSC）で提供されるバージョンであり、Windows Server 2016の後継バージョンはこちらになります。なお、Windows Server 2019とWindows Server, version 1809は共通のOSビルド17763です。

Windows Serverの長期サービスチャネル（LTSC）と半期チャネル（SAC）については、以下のドキュメントを参照してください。

Windows Serverの半期チャネルの概要
→https://docs.microsoft.com/ja-jp/windows-server/get-started/semi-annual-channel-overview

Windows Serverの長期サービスチャネル（LTSC）と半期チャネル（SAC）では、リリースサイクルやサポートポリシー／期間だけでなく、サポートされるインストールオプションやサーバーの役割と機能に関しても違いがあります（表1-1-7）。長期サービスチャネル（LTSC）は従来と同様に、GUIを持つデスクトップエクスペリエンスとGUIを持たないServer Coreインストールの両方をサポートしますが、半期チャネル（SAC）はServer Coreインストールのみで提供されます。また、Windows Server 2016から登場したNano Serverは、Windows Server, version 1709からはWindowsコンテナーのベースOSイメージとしてのみ、半期チャネル（SAC）で提供されています。Windows Server 2016バージョンのNano Serverもまた半期チャネル（SAC）扱いであり、2018年10月に既にサポートが終了しました。この最初のバージョンのNano Serverは、物理サーバーや仮想マシンにインストールすることができましたが、Windows Server, version 1709以降はそのオプションは削除されました。

表1-1-7 Windows Serverの長期サービスチャネル（LTSC）と半期チャネル（SAC）の比較

サービスモデル	インストールオプション	リリースサイクル	サポートポリシー／サポート期間
長期サービスチャネル（LTSC）	Server Coreインストール デスクトップエクスペリエンス	2～3年ごと	固定／10年（5＋5年）
半期チャネル（SAC）	Server Coreインストール Nano Server（コンテナーベースOSイメージとしてのみ）	半年ごと （3月頃と9月頃）	モダン／18か月

Windows 10とWindows Serverでは、それぞれが想定している半期チャネル（SAC）と長期サービスチャネル（LTSC）の用途に違いがあることに留意してください。

Windows 10の半期チャネル（SAC）はクライアントOSとしての利用が想定されており、長期サービスチャネル（LTSC/LTSB）は長期の運用が前提の専用端末のOSとしての利用が想定されています。これに対して、Windows Serverの半期チャネル（SAC）は、最新のテクノロジを用いた、クラウド（パブリッククラウド、プライベートクラウド、ハイブリッドクラウド）アプリケーションに迅速なイノベーションを図りたい用途に向いています。そして、Windows Serverの長期サービスチャネル（LTSC）は従来からのWindows Serverの位置付けと同様に、企業のオンプレミスやクラウドに、長期にわたり強固で安定したインフラストラクチャを提供することに向いています。

Windows 10の半期チャネル（SAC）に合わせて、オンプレミスのサーバーOSも半期チャネル（SAC）にしなければならないということはまったくありません。Windows 10の半期チャネル（SAC）の最新バージョンにベストな組み合わせとなるインフラストラクチャ向けサーバーOSは、長期サービスチャネル（LTSC）のWindows Serverの最新バージョンです。

1.5.2　Windows Server 2019の強化点

長期サービスチャネル（LTSC）の最新バージョンであるWindows Server 2019は、主に次の4つの分野が強化されています。Active Directory関連の役割やファイルサーバーの役割（ソフトウェア定義の機能を除く基本機能）、リモートデスクトップサービスの役割は、細かな変更はあるにしても、基本的にWindows Server 2016のものを踏襲しています。

- **ハイブリッド**── HTML5ベースのサーバー管理ツールであるWindows Admin Centerアプリを使用すると、オンプレミスとMicrosoft Azureのハイブリッド環境におけるWindows Serverの運用管理とサービスの構成を単一のコンソールで簡単に行うことができます。Windows Admin Centerは2018年4月にバージョン1804が一般提供され、2018年9月リリースのメジャーバージョン1809でWindows Server 2019に完全に対応しました（2019年1月に既知の問題を修正した更新バージョン1809.5がリリース）。最新のWindows Admin Centerは、Windows Server 2019の新機能（System InsightsやStorage Migration Services、ハイパーコンバージドクラスター向けの新機能など）に対応しているほか、Azure Site Recovery、Azure Backup、Azure Update Managementによるオンプレミスのサーバーの保護と更新、およびAzure仮想ネットワークとのVPN接続のセットアップを簡素化します。
- **セキュリティ**── Windows Server 2019には、最新のWindows 10バージョンに実装されているのと共通の高度なセキュリティ機能が組み込まれています。それには、Windows Defender Antivirus、Windows Defenderアプリケーション制御（WDAC）、制御フローガード（CFG）や任意のコードガード（ACG）など脆弱性に対するOSレベルでの軽減策を提供するWindows

Defender Exploit Protectionなどが含まれます。また、これまでWindowsクライアント向けに提供されていたクラウドベースのWindows Defender Advanced Threat Protection（ATP）は、現在、Windows Serverの保護にも対応しています。

- **アプリケーションプラットフォーム** —— Windows Server 2016では、Docker Enterprise Edition（EE）for Windows Serverと完全に統合された、Windowsコンテナー（Windows Serverコンテナーおよび Hyper-V コンテナー）のホスト環境が提供されました。Windows Serverのコンテナーテクノロジはその後、半期チャネル（SAC）の下で開発が進められ、その成果がWindows Server 2019に取り入れられています。インフラストラクチャ機能を削除するなど、Windowsコンテナー用のベース OSイメージの大幅なコンパクト化が進められた（特にNano Server）ほか、LinuxKitによるLinuxコンテナーのサポート（Linux Container on Windows：LCOW）、オーケストレーションエンジンとしてのKubernetesのサポートが追加されます（本書改訂版の制作時点でLCOWはプレビュー段階）。また、Windows 10で提供されていたWindows Subsystem for Linux（WSL）がWindows Server 2019でも利用可能になりました。さらに、Hyper-Vにおける Linux仮想マシンに対する拡張セッションモード接続のサポート、OpenSSH、cURL、tarといった標準的なオープンソースツールの標準搭載、メモ帳の表示/編集機能やコンソールウィンドウの表示がLinuxで主流のLF改行コード（WindowsはCR + LF）に対応するなど、WindowsとLinux環境の両方を扱うアプリケーション開発者の作業効率アップを支援します。

- **ハイパーコンバージドインフラストラクチャ（HCI）** —— 一般的にHCIとは、仮想化インフラストラクチャに必要なストレージ、ネットワーク、コンピューティング、およびソフトウェアを、検証済みのハードウェアに組み込んだ状態で提供するものです。Windows Server 2016はHCIに必要なソフトウェア定義（Software-Defined）のネットワーク機能、ストレージ機能、およびソフトウェア（Hyper-Vハイパーバイザーやフェールオーバークラスタリング機能など）を提供することができ、実際、Windows Server 2016やAzure StackベースのHCI製品が各社から提供されてきました。Windows Server 2019では、HCIのための機能がさらに強化されています。例えば、仮想マシンの格納先として最適なReFSボリューム（クラスターの共有ボリュームを含む）でデータ重複除去がサポートされ、信頼性とパフォーマンス、効率性に優れたストレージを実現できます。また、ワークグループ環境でのクラスターのサポートがさらに柔軟になります。Host Guardianサービスでは、公開キーによるホストの構成証明やLinux仮想マシンのシールドが可能になります。さらに、記憶域スペースダイレクトに追加されるパフォーマンス履歴機能を利用すると、HCIクラスターの稼働状況を時間、日、月、年単位で把握できます。Windows Admin CenterはWindows Server 2016以降のHCIクラスターを管理することができ、Windows Server 2019についてはパフォーマンス履歴やネットワークコントローラーの構成に対応しています。

1.5.3　Windows Server 2019で削除または推奨されなくなる機能

　Windows Server 2019から削除または非推奨になる役割や機能、システム構成について説明します。Windows Server 2016を導入する場合であっても、Windows Server 2016で非推奨になる機能（「1.1.2 削除または推奨されなくなる機能」を参照）に加えて、これらの機能についても使用を控えることをお勧めします。

- **インストールオプション**
  - **Nano Serverのインストールオプション** —— Windows Server, version 1709以降、Nano ServerはWindows Serverの半期チャネル（SAC）の下で、WindowsコンテナーのベースOSイメージ

（mcr.microsoft.com/windows/nanoserver:1709、:1803、:1809）としてのみ提供されます。物理サーバーや仮想マシンへのインストールオプションは廃止されました。Windows Server 2016バージョンのNano Serverは半期チャネル（SAC）扱いであり、物理サーバー、仮想マシン、コンテナーのいずれの形態であっても、2018年10月に既にサポートが終了しました。

■ セキュリティ

- **Windows DefenderのGUI** —— Windows DefenderのGUI（MSSACui.exe）の機能は、Windows Server 2019の［Windowsセキュリティ］アプリの［ウイルスと脅威の防止］に統合されました。
- **ソフトウェアの制限のポリシー（SRP）** —— ソフトウェアの制限のポリシー（Software Restriction Policy：SRP）はWindows XPやWindows Server 2003以前からあった、プログラムやスクリプトの実行を許可/禁止することができるものですが、Windows 7 EnterpriseおよびWindows Server 2008からはより洗練されたAppLockerのポリシーが利用可能になりました。エディションが限定されないため、SRPをその後も利用してきた企業は多いと思われます。Windows 10バージョン1607およびWindows Server 2016まではSRPが期待どおりに動作しましたが、Windows 10バージョン1703以降では期待どおりに動作しない場合があります。その後、SRPはWindows 10バージョン1803において、開発終了扱いとなりました。現在、動作するかしないかに関係なく、Windows 10およびWindows Server 2016以降ではSRPの機能はサポートされません。このことについては、以下のドキュメントに間接的に説明されています。代替として、Windows 10 EnterpriseおよびEducationではAppLockerグループポリシー（その他のエディションはAppLocker CSPでサポート）やWindows Defenderアプリケーション制御（WDAC）を利用できます。

Requirements to use AppLocker
➔ https://docs.microsoft.com/en-us/windows/security/threat-protection/windows-defender-application-control/applocker/requirements-to-use-applocker

■ ファイルサービス

- **SMB 1.0/CIFSファイル共有のサポート** —— マイクロソフトは2014年にCIFS（Common Internet File System）とも呼ばれるサーバーメッセージブロック（SMB）バージョン1.0プロトコルを非推奨と発表しました。Windows 10バージョン1709およびWindows Server, version 1709からは［SMB 1.0/CIFSファイル共有のサポート］機能がサーバー用の［SMB 1.0/CIFSサーバー］とクライアント用の［SMB 1.0/CIFSクライアント］のサブ機能に分割され、新規インストールではどちらも既定ではインストールされなくなりました。Windows Server 2019の新規インストールの場合も同様です。［SMB 1.0/CIFSファイル共有のサポート］機能は引き続き提供され、追加インストールすることは可能です。また、SMB 1.0/CIFSのサポートが有効な環境からのアップグレードでは、これらのサブ機能が無効化されることはありません。Windows 10バージョン1709以降のEnterpriseおよびEducationエディション以外は異なる挙動をします。詳しくは、以下のサポート情報で確認してください。

Windows 10 Fall Creators UpdateとWindows Serverバージョン1709以降のバージョンの既定ではSMBv1はインストールされません
➔ https://support.microsoft.com/ja-jp/help/4034314/

なお、Windows 10バージョン1709およびWindows Server, version 1709以降のWindows回復環境（Windows Recovery Environment：WinRE）のコマンドプロンプトでは、SMB 1.0/CIFSは完全にサポートされなくなります。

- **ファイルレプリケーションサービス（FRS）** ── Windows 2000 Serverから提供されてきたファイルレプリケーションサービス（File Replication Services：FRS）は、Windows Server, version 1709で削除されました。Windows Server 2019にも提供されません。FRSは、主にレガシなActive DirectoryドメインでSYSVOL共有の複製に使用されてきました。SYSVOL共有の複製にFRSを使用中の場合は、ドメイン機能レベルWindows Server 2008以上でサポートされる分散ファイルシステムレプリケーション（DFSR）に移行する必要があります。Windows Server 2016は、FRSをサポートする最後のバージョンになります。
- **共有SASストレージを使用したクラスター化された記憶域スペース** ── Windows Server 2016のフェールオーバークラスターでは、クラスターに参加するすべてのノードに接続された共有SASストレージを使用して記憶域スペースを作成することが可能でした。この構成は、Windows Server 2019ではサポートされなくなります。代替としては、共有SASストレージを非共有構成にし（特定のノードに直結させ）、記憶域スペースダイレクトのためのストレージの一部として使用します。

■| Hyper-V

- **RemoteFX 3Dビデオアダプター** ── Windows Server 2008 R2 SP1以降からWindows Server 2016までのリモートデスクトップ（RD）仮想化ホスト、およびWindows 10バージョン1511以降のクライアントHyper-Vでは、RemoteFX 3Dビデオアダプター（RemoteFX vGPU）をWindows仮想マシンに割り当て、リモートデスクトップセッションや拡張セッションモードで高度なグラフィックス機能を提供できました。RemoteFX 3Dビデオアダプターは、Windows Server 2019およびWindows 10クライアントHyper-Vからは新規の仮想マシンでサポートされなくなります。代替としては、Windows Server 2016のHyper-Vから利用できる個別のデバイスの割り当て（Discrete Device Assignment：DDA）があります。また、Microsoft Azureが提供する仮想デスクトップサービス、Windows Virtual Desktopにおいて、高度なグラフィックスソリューションが提供される可能性があります。

Windows Virtual Desktopプレビュー
→https://azure.microsoft.com/ja-jp/services/virtual-desktop/

RemoteFX 3Dビデオアダプターを割り当て済みの既存の仮想マシンではこのデバイスは引き続き利用可能であり、仮想マシンのゲストOSをWindows Server 2019以降およびWindows 10バージョン1803以降にアップグレードした場合でも、ゲストOS側でこのデバイスは正常に機能します。ただし、Hyper-Vホスト側の対応が開発終了となると、将来のバージョンでRemoteFX 3Dビデオアダプター用のデバイスドライバーが提供されなくなる可能性もあります。

- **キー回復ドライブ** ── Hyper-Vの第1世代仮想マシンでゲストOSの暗号化をサポートするキー記憶域ドライブは、Hyper-Vの今後のバージョンで削除される可能性があるため、推奨されません。暗号化のためには、UEFIセキュアブートと仮想TPMデバイスに対応した第2世代仮想マシンを使用してください。
- **Hyper-Vネットワーク仮想化（HVN）** ── この機能は、Windows Server 2019のソフトウェア定義のネットワーク（SDN）ソリューションの一部になりました。Windows Server 2019のSDNソ

リューションは、ネットワークコントローラーを中心に、ソフトウェアロードバランサー、ネットワーク仮想化、リモートアクセス（Azureゲートウェイ）などの役割と機能で実現されます。

■ リモートデスクトップサービス

- **Server Coreでサポートされるリモートデスクトップサービスの役割サービス** —— Windows Server 2016では、Server Coreインストール環境において、リモートデスクトップ（RD）接続ブローカー、リモートデスクトップ（RD）仮想化ホスト、リモートデスクトップ（RD）ライセンスがサポートされていました。Windows Server 2019のServer Coreインストール環境では、リモートデスクトップ（RD）ライセンスのみがサポートされます。
- **MultiPoint Servicesの削除** —— MultiPoint Servicesのサーバーの役割は、Windows Server 2019から削除されました。Windows Server 2016は、MultiPoint Premium Server製品およびMultiPoint Servicesの役割を提供する最後のバージョンになりました。

■ その他

- **分散スキャンサーバーの削除** —— ［印刷とドキュメントサービス］の役割サービスにあった［分散スキャンサーバー］のサブ機能は、Windows Server 2019から削除されました。
- **Windows Server Essentialsエクスペリエンスの削除** —— Windows Server 2019からはWindows Server Essentialsエクスペリエンスの役割は削除されました。Windows Server 2016 EssentialsおよびWindows Server 2016が、Windows Server Essentialsエクスペリエンスを提供する最後のバージョンになりました。Windows Server 2019 Essentialsは製品として提供されますが、サーバーライセンス（最大25ユーザー/50デバイスまでのCAL相当を含む）で低コストで導入できるという、小規模向けのライセンスオプションという位置付けです。Windows Server 2019 Essentialsにも、［Windows Server Essentialsダッシュボード］などのWindows Server Essentialsエクスペリエンスの機能は含まれません。ただし、ドメインコントローラーとして構成することが必須など、Windows Server 2016 Essentialsと同様の制限があります。

第2章
インストールとアップグレード

　Windows Serverのインストールやアップグレード作業は非常に簡単です。Windows Server 2016のインストールやアップグレードも同様ですが、Windows Server 2012 R2以前とは異なる重要な変更点がいくつか存在します。また、Windows Server 2016では、Nano Serverという新しいインストールオプションが追加されました（ただし、Windows Server 2016バージョンのNano Serverのサポートは2018年10月に既に終了しており、現在はサポートされないオプションです）。

2.1　インストールの前に

　Windows Server 2016のインストールオプション、最小および特定の機能向けのシステム要件、およびパーティション構成について説明します。インストールを開始する前に必ず確認してください。

2.1.1　インストールオプションの変更

　Windows Server 2012 R2のWindowsセットアップ（Setup.exe）では、インストールオプションとして［Windows Server 2012 R2（Server Coreインストール）］と［Windows Server 2012 R2（GUI使用サーバー）］の2つの選択肢がありました。推奨オプションであるServer Coreインストールは、エクスプローラーシェル（explorer.exe）やGUIを持たない、最小限のコンポーネントのみがインストールされるオプションで、少ないリソースで動作し、コンポーネントが少ないぶん攻撃面を縮小できるというメリットがあります。

　Windows Server 2016のWindowsセットアップ（Setup.exe）のインストールオプションの選択肢も2つであることに変わりはありませんが、GUI使用サーバーに相当するオプションは提供されなくなります。既定で選択される［Windows Server 2016］は従来のServer Coreインストールに相当するオプションです。もう1つのオプションの［Windows Server 2016（デスクトップエクスペリエンス）］は、完全なGUI環境を含むオプションです。また、Windows Server 2016には、Windowsセットアップを使用しないイメージ展開によるNano Serverという最小インストールオプションが用意されています。

- **Windows Server 2016** —— GUIのサポートを含まないCUI（キャラクターユーザーインターフェイス）のサーバー環境。従来のServer Coreインストールと同様。本書では便宜上、**Server Core**インストールまたは**Server Core**と呼ぶことがあります。
- **Windows Server 2016（デスクトップエクスペリエンス）** —— GUIを含むフルインストールのサーバー環境。従来のGUI使用サーバーに［デスクトップエクスペリエンス］の機能を追加したものと同様。本書では便宜上、**フルインストール**と呼ぶことがあります。

■ **Nano Server** —— Windows Server 2016で追加された最小インストールオプション（ただし、Windows Server 2016バージョンのNano Serverのサポートは2018年10月に既に終了しており、現在はサポートされないオプション）。

　Windows Server 2016では、Server Coreインストールからフルインストールへ、フルインストールからServer Coreインストールへ、インストール後に切り替えることはできません（図2-1-1）。Windows Server 2012 R2ではインストール後の切り替えは可能でした。Windows Server 2012 R2にあった［ユーザーインターフェイスとインフラストラクチャ］の機能、およびこの機能のサブコンポーネントの［グラフィック管理ツールとインフラストラクチャ］［サーバーグラフィックシェル］［デスクトップエクスペリエンス］は、Windows Server 2016には追加/削除可能な機能として存在しません。

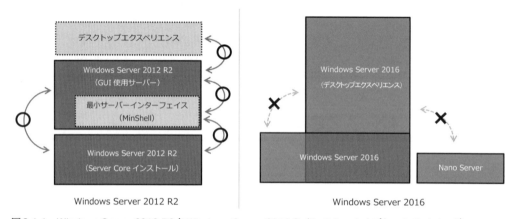

図2-1-1　Windows Server 2012 R2とWindows Server 2016のインストールオプションのイメージ

2.1.2　システム要件

　Windows Server 2016をインストールまたはアップグレードする物理または仮想サーバーのハードウェア要件を説明します。

■ **最小システム要件**

　Windows Server 2016の最小システム要件は、以下の表のとおりです。

表2-1-2　Windows Server 2016の最小システム要件

コンポーネント	最小要件
プロセッサ	1.4GHz 64ビットプロセッサ
メモリ	512MB
ハードディスク	32GB以上
その他	LANアダプター、DVDドライブ、Super VGA（1024×768）以上の解像度のモニター、キーボード、マウス

仮想マシンへのインストールには800MBのメモリが必要

Windows Server 2016は、物理サーバーの他に、Hyper-Vの第1世代および第2世代仮想マシン、他社ハイパーバイザー上の仮想マシン、Microsoft Azureや他社のIaaSクラウド上の仮想マシンにインストールすることが可能です。仮想マシンにインストールする場合は、最小システム要件である512MBではインストールに失敗することがあります。インストール時には800MB以上のメモリを割り当ててください。インストール完了後は、最小要件の512MBで動作可能です。

■ Hyper-Vのための追加要件

Windows Server 2016にHyper-Vの役割をインストールするには、プロセッサが以下の機能に対応しており、BIOSまたはUEFIセットアップユーティリティで有効化されている必要があります。

- ハードウェア仮想化支援 —— Intel VTまたはAMD-V
- ハードウェア強制データ実行防止（Hardware-enforced Data Execution Prevention：DEP）—— Intel XD bitまたはAMD NX bit
- 第2レベルアドレス変換拡張機能（Second Level Address Translation：SLAT）—— Intel EPTまたはAMD RVI（NPTやNPと呼ばれることもあります）

SLATはWindows Server 2012 R2以前のHyper-Vでは必須ではありませんでしたが、Windows Server 2016のHyper-Vでは必須要件となったことに注意してください。これまでSLATは、Windows 8/8.1搭載のクライアントHyper-V、およびWindows Server 2012 R2以前のHyper-VでRemoteFX仮想GPUをサポートするための必須要件でした。

Hyper-Vのプロセッサ要件の確認

Hyper-Vの役割のためのプロセッサ要件は、Windows 8またはWindows Server 2012以降の［システム情報］ユーティリティで確認することができます。このユーティリティは、コマンドライン版のSysteminfo.exeとGUI版のMsinfo32.exeがあります。どちらのユーティリティも、ローカルシステムの構成情報に加えて、リモートシステムに接続して構成情報を参照することができます。

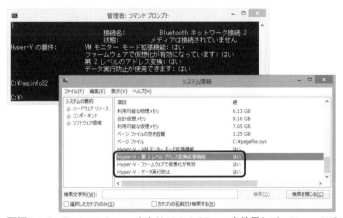

画面2-1-2　Systeminfo.exeまたはMsinfo32.exeを使用して、Hyper-Vのプロセッサ要件を確認する

■ RemoteFX仮想GPUのための追加要件

　Hyper-Vはリモートデスクトップサービスの仮想マシンベースのデスクトップ展開シナリオにおいて、仮想デスクトップの仮想マシンを実行するためのリモートデスクトップ仮想化ホストになります。リモートデスクトップ仮想化ホストではRemoteFX仮想GPUがサポートされ、物理的なGPU（Graphics Processing Unit）を仮想化して、RemoteFX 3Dビデオアダプターとして仮想マシンに割り当て、リモートデスクトップセッションに高度なグラフィックス機能を提供できます。RemoteFX仮想GPUの機能を利用するには、Hyper-Vのプロセッサ要件に加えて、以下の要件を満たすRemoteFX仮想GPU対応のGPUおよび専用ビデオRAMを搭載したグラフィックスカードが必要です。

- DirectX 11.0以降 —— DirectX 12を推奨
- WDDM 1.2以降のデバイスドライバー —— WDDM 1.3を推奨

■ Discrete Device Assignmentのための追加要件

　Windows Server 2016のHyper-Vでは、物理サーバーのPCI Express（PCIe）デバイスを仮想マシンにパススルー割り当てするDiscrete Device Assignmentがサポートされます。この機能を利用するには、Hyper-Vのプロセッサ要件に加えて、以下の要件を満たす必要があります。

- Intel VT-d2またはAMD I/O Memory Management Unit（IO MMU）の割り込み再割り当て、およびDMA再割り当ての機能
- PCI ExpressルートポートのAccess Control Service（ACS）

　Discrete Device Assignmentは専用のハードウェアに依存する機能であるため、本書では説明していません。詳しい情報は、以下の公式ドキュメントを参考にしてください。

Plan for Deploying Devices using Discrete Device Assignment
→ https://docs.microsoft.com/en-us/windows-server/virtualization/hyper-v/plan/plan-for-deploying-devices-using-discrete-device-assignment

■ セキュリティ機能のための追加要件

　Windows Server 2016の一部のセキュリティ機能は、UEFI（Unified Extensible Firmware Interface）ファームウェアおよびTPM（Trusted Platform Module）セキュリティチップに依存するものがあります。ほとんどの場合、UEFIおよびTPMは必須のハードウェアではありませんが、以下の機能を利用する場合に必要です。かっこ内の「必須」はその機能を利用する場合にこのハードウェアが必須であることを、「オプション」はこのハードウェアなしでも別の方法でその機能を利用できることを示しています。

- UEFI 2.3.1c —— セキュアブート（必須）、メジャーブート（必須）、デバイスガードおよび資格情報ガード（必須）
- TPM 1.2または2.0 —— メジャーブート（TPM 1.2/2.0、必須）、BitLockerドライブ暗号化（TPM1.2/2.0、オプション）、仮想スマートカード（TPM 1.2/2.0、必須）、資格情報ガード（TPM 1.2/2.0、オプション）、Host Guardianサービスの信頼されたホスト（TPM 2.0、オプション）

　TPMの推奨事項については、Windows 10向けの次のドキュメントが参考になります。

TPMの推奨事項
→https://docs.microsoft.com/ja-jp/windows/security/information-protection/tpm/tpm-recommendations

2.1.3 既定のパーティション構成

　Windows Server 2016を新規インストールした場合、インストール先のディスクが複数のパーティションに分割され、システムイメージの展開とブート環境の構成が行われます。

　既定のパーティション構成は、BIOS（Basic Input/Output System）ベースのシステムかUEFI（Unified Extensible Firmware Interface）ベースのシステムかによって異なります。本書の以降で説明するVHDブートやNano Serverの物理サーバーへのインストール、Windows展開サービスなどを使用したWindowsのイメージ展開をするうえで参考になる知識なので、ここで説明します。

画面2-1-3　BIOSベースのシステム（上）とUEFIベースのシステム（下）の既定のパーティション構成

　BIOSベースのシステムでは、ディスクはMBR（マスターブートレコード）ディスクとして初期化され、次の表のパーティション構成でWindowsがインストールされます。システムパーティションにはブート構成（¥BOOT¥BCDおよびBootmgr）とWindows回復環境（¥Recovery¥WindowsRE）が、ブートパーティションにはWindowsのシステム（¥Windows、¥Program Filesなど）がインストールされます。Windowsブートマネージャー（Bootmgr）はブート構成データ（¥BOOT¥BCD）で指定されたディスク固有のIDを使用してブートパーティションからWindowsブートローダー（¥Windows¥System32¥winload.exe）を開始し、Windowsを起動します。

　BIOSベースのシステムは単一のパーティション（システムとブートを兼用）で構成することも可能ですが、その場合、BitLockerドライブ暗号化によるブートパーティションの暗号化は利用できなくなります。

表2-1-4　BIOSベースのシステムの既定のパーティション構成パーティション

	番号	サイズ	種類	ボリューム形式	備考
システムパーティション	Partition 1	500MB	プライマリ（アクティブとしてマーク）	NTFS	ブート構成、Windows RE
ブートパーティション	Partition 2	残りの領域	プライマリ	NTFS	Windows

　UEFIベースのシステムでは、ディスクはGPT（GUIDパーティションテーブル）ディスクとして初期化され、次の表のパーティション構成でWindowsがインストールされます。4つのパーティションのうちWindowsの起動に関係するのはEFIシステムパーティション（ESP）とブートパーティションです。EFIシステムパーティションに格納されたファームウェアブートマネージャー（¥EFI¥Microsoft¥Boot¥bootmgfw.efi）は、ブート構成データ（¥EFI¥Microsoft¥Boot¥BCD）で指定されたブートパーティションからWindowsブートローダー（¥Windows¥System32¥Winload.efi）を開始し

ます。
　Microsoft予約パーティション（MSR）は、すべてのGPTディスクに必要であり、プライマリパーティションの前方に存在する必要があります。MSRディスクは、Windowsの起動や実行では使用されませんが、GPTには格納できない隠しセクターを必要とするソフトウェアによって使用されることがあります。

表2-1-5　UEFIベースのシステムの既定のパーティション構成

パーティション	番号	サイズ	種類	ボリューム形式	備考
回復パーティション	Partition 1	450MB	回復	NTFS	回復ツールやユーティリティ用のOEM向けパーティション
EFIシステムパーティション（ESP）	Partition 2	99MB	システム（EFI）	FAT32	ブート構成、Windows RE
Microsoft予約パーティション	Partition 3	16MB	予約（MSR）	なし	［ディスクの管理］スナップインでは非表示
ブートパーティション	Partition 4	残りの領域	プライマリ	NTFS	Windowsのインストール先

システムパーティションとブートパーティション

　Windowsのシステムパーティション（システムボリューム）とブートパーティション（ブートボリューム）という用語は、この用語が登場したWindows NTの時代からよく誤解されてきました。システムパーティションにはWindowsを起動（ブート）するときに使用するブートマネージャーやブート構成データが存在し、ブートパーティションにはWindowsのシステムファイルが存在します。
　システムパーティションはコンピューターに1つしか存在できません。ブートパーティションはマルチブート環境のように複数存在でき、システムパーティションのブートマネージャーによりブートパーティションを切り替えることができます。

改訂　現在の推奨パーティション構成

　画面2-1-3、表2-1-4、および表2-1-5は、Windows 10バージョン1607およびWindows Server 2016のリリース当時の新規インストールのパーティション構成であり、推奨のパーティション構成でした。現在のバージョンでも新規インストールでは同様のパーティション構成です。しかし、現在の推奨パーティション構成は、BIOSとUEFIの両方とも、OSディスクの最後尾に回復パーティションを配置する構成に変更されました。Windows 10のアップグレード時にはディスクの最後尾に追加の回復パーティションが作成される場合があるのはこのためです。
　現在の推奨パーティション構成について詳しくは、以下を参照してください。

BIOS/MBR-based hard drive partitions
→https://docs.microsoft.com/en-us/windows-hardware/manufacture/desktop/configure-biosmbr-based-hard-drive-partitions

UEFI/GPT-based hard drive partitions
→https://docs.microsoft.com/en-us/windows-hardware/manufacture/desktop/configure-uefigpt-based-hard-drive-partitions

> Windows 10やWindows ServerのバージョンによってWindows回復環境のイメージ（WinRE.wim）のサイズが大きく増減することがあります。しかし、Windowsセットアップの新規インストールで自動作成されるパーティション構成はWindows回復環境のイメージのサイズの増減を考慮しないため、バージョン1803以降ではWindows回復環境がシステムパーティションや回復パーティションに収まらず、Windowsドライブにセットアップ（C:¥Recovery¥WindowsRE）されてしまう場合があります。この問題を回避するには、推奨パーティション構成を手動で行い、回復パーティションに十分なサイズ（例：1GB）を割り当ててください。
>
> Windows 10 ver 1803のクリーンインストール
> （WinRE問題を回避しながら、シンプルなパーティション構成で）
> ⇒https://yamanxworld.blogspot.com/2018/08/windows-10-ver-1803-winre.html
>
> 11/13版 Windows 10 ver 1809 のクリーンインストールでWinRE問題再発か？
> （Server 2019/1809も同様）
> ⇒https://yamanxworld.blogspot.com/2018/11/1113-windows-10-ver-1809-winre.html

2.2 Windows Server 2016のインストール

Windows Server 2016をServer Coreインストールまたはフルインストールで物理または仮想マシンに新規インストールする標準的な方法、およびアップグレードインストールについて説明します。Nano Serverのインストール方法については、「2.3　Nano Serverのインストール」で説明します。

Windows Server 2016のリリースノート

Windows Server 2016をインストールまたはアップグレードする前に、必ずリリースノートで既知の問題や制限事項を確認してください。

リリースノート：Windows Server 2016に関する重要な問題
⇒https://docs.microsoft.com/ja-jp/windows-server/get-started/Windows-Server-2016-GA-Release-Notes

2.2.1 新規インストール

Windows Server 2016（日本語版）を物理または仮想マシンに新規インストールする標準的な方法を説明します。

1. Windows Server 2016のインストールメディア（DVD、USBメモリ、またはISOイメージ）を物理コンピューターまたは仮想マシンにセットし、インストールメディアから起動します。

2. ［Windowsセットアップ］の画面が表示されたら、言語やキーボードの種類が日本語になっていることを確認し、［次へ］をクリックします（画面2-2-1）。

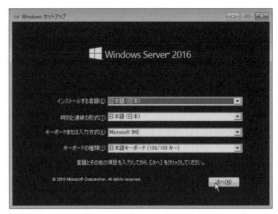

画面2-2-1　言語やキーボードの種類を確認して［次へ］をクリックする

3. 次のページで［今すぐインストール］をクリックします（画面2-2-2）。

4. ［Windowsのライセンス認証］ページでStandardまたはDatacenterエディションのプロダクトキーを入力して、［次へ］をクリックします。

画面2-2-2　［今すぐインストール］をクリックする

ここで［プロダクトキーがありません］をクリックすると、プロダクトキーを入力せずに続行し、次のページでインストールオプションからエディションを選択できます。プロダクトキーは、インストール後に［設定］の［更新とセキュリティ］-［ライセンス認証］から（フルインストールの場合）、またはslmgr.vbsツール（**cscript c:¥windows¥system32¥slmgr.vbs /ipk <プロダクトキー>**）を使用してインストールできます（画面2-2-3）。なお、Windows Server 2016評価版の場合は、プロダクトキーの入力を求められません。

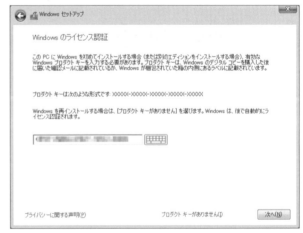

画面2-2-3　StandardまたはDatacenterエディションのプロダクトキー

仮想マシンの自動ライセンス認証（AVMA）キー

　Windows Server 2016を、Windows Server 2012 R2以降のDatacenterエディション上で動作するHyper-V仮想マシンにインストールする場合は、共通の仮想マシンの自動ライセンス認証（AVMA）キーを使用してWindows Server 2016をインストールすることができます。

DatacenterエディションAVMAキー　：TMJ3Y-NTRTM-FJYXT-T22BY-CWG3J
StandardエディションAVMAキー　　：C3RCX-M6NRP-6CXC9-TW2F2-4RHYD
EssentialsエディションAVMAキー　：B4YNW-62DX9-W8V6M-82649-MHBKQ

　ゲストOSとしてWindows Server 2012 R2をインストールする場合のAVMAキーは以下のとおりです。

DatacenterエディションAVMAキー　：Y4TGP-NPTV9-HTC2H-7MGQ3-DV4TW
StandardエディションAVMAキー　　：DBGBW-NPF86-BJVTX-K3WKJ-MTB6V
EssentialsエディションAVMAキー　：K2XGM-NMBT3-2R6Q8-WF2FK-P36R2

Automatic Virtual Machine Activation
→https://docs.microsoft.com/en-us/windows-server/get-started-19/vm-activation-19

5. ［インストールするオペレーティングシステムを選んでください］のページで、インストールオプションを選択し、［次へ］をクリックします。StandardとDatacenterのエディションごとに、2つのインストールオプションから選択できます。既定で選択される［Windows Server 2016 Standard（またはDatacenter）］は、GUIを含まないServer Coreインストールのオプションです。

画面2-2-4　インストールオプションを選択する

6. ［ライセンス条項］のページでマイクロソフトソフトウェアライセンス条項を確認し、問題がなければ［同意します］をチェックして、［次へ］ボタンをクリックします。

RAIDコントローラーの構成とドライバーのインストール

　Windows Server 2016は標準で、広範囲のデバイスドライバーをビルトイン（Nano ServerはOEMドライバーパッケージが提供）しており、特別なハードウェアを使用していない限り、ビルトインドライバーだけでインストールが完了します。ビルトインドライバーで対応できないものは、インストール完了後にWindows Updateから自動的にダウンロードされ、インストールされる場合もありますし、サードベンダーが提供するドライバーを手動でインストールすることもできます。
　ただし、Windowsのインストール先となる記憶域に関しては、インストール時に手動で追加インストールすることを要求される場合があります。RAIDコントローラーを使用している場合は、Windowsのインストールメディアから起動する前の段階で、RAID構成を完了しておく必要もあります。

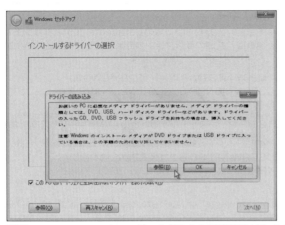

画面2-2-5　RAIDコントローラーなどの大容量記憶域ドライバーのインストールが必要な場合

7. ［インストールの種類を選んでください］のページで、［カスタム：Windowsのみをインストールする（詳細設定）］をクリックします（画面2-2-6）。

8. ［Windowsのインストール場所を選んでください］のページでインストール先となる未使用のドライブを選択し、［次へ］をクリックします。選択したドライブに「2.1.3　既定のパーティション構成」で説明したパーティションが作成および準備され、Windows Server 2016のファイルのコピーとインストールが始まります（画面2-2-7）。

9. ［Windowsをインストールしています］と表示されインストールが開始します。途中、再起動が行われ、最後にビルトインのAdministratorローカルアカウントのパスワードの設定が求められます。フルインストールとServer CoreインストールでパスワードをUIは異なりますが、指示に従ってパスワードを設定してください（画面2-2-8）。

画面2-2-6　［カスタム：Windowsのみをインストールする（詳細設定）］をクリックする

画面2-2-7　インストール先のドライブを選択し、［次へ］をクリックする

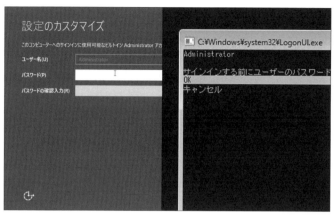

画面2-2-8　ビルトインのAdministratorアカウントのパスワードを設定する
（画面左がフルインストールの場合、画面右がServer Coreインストールの場合）

　以上でWindows Server 2016の新規インストールは完了です。ビルトインのAdministratorアカウントの資格情報を入力してWindowsにサインインしてください。インストールが完了したら速やかにWindows Updateを実行して、Windows Server 2016を最新の状態に更新することを推奨します。

2.2.2　アップグレードインストール

　以前のバージョンのWindows ServerからWindows Server 2016へのインプレースアップグレード、つまり、直接のアップグレードインストールの手順を説明します。

■│サポートされるアップグレードパス

　Windows Server 2016は、Windows Server 2012およびWindows Server 2012 R2からのアップグレードインストールをサポートしています。有効なアップグレードパスは次のとおりです。

表2-2-9　サポートされるアップグレードパス

アップグレード元	アップグレード先のWindows Server 2016	
	Standard	Datacenter
Windows Server 2012 Standard	○	○
Windows Server 2012 Datacenter	×	○
Windows Server 2012 R2 Standard	○	○
Windows Server 2012 R2 Datacenter	×	○

　いずれも、インストールオプションを変更してのアップグレードはできません。例えば、Windows Server 2012 R2（Server Coreインストール）からWindows Server 2016（デスクトップエクスペリエンス）へのアップグレードインストールはできません。この場合、アプリケーションや設定を引き継がない、新規インストールとなります。

アップグレードの前にフルバックアップを忘れずに
　アップグレードインストールを実行する前に、アップグレード前の環境に簡単にロールバックできるよう

に、アップグレードの失敗に備えてシステムのフルバックアップを取得しておきましょう。それには、Windows Serverの標準のバックアップツールである［Windows Serverバックアップ］のサーバーの機能を追加して利用できます。Server Coreインストールの場合は、**Wbadmin**コマンドラインツールを使用します。

■｜アップグレードインストールの実行

アップグレードインストールは、アップグレード元のOSが実行中の状態で、Windows Server 2016のインストールメディアからWindowsセットアップ（Setup.exe）を実行して開始します。Server Coreインストール、フルインストールのどちらの環境でも、この方法でアップグレードします。Windows Server 2016のインストールメディアは、DVDメディアやUSBメモリに書き込んでおかなくても、エクスプローラーでISOファイルをマウントして使用することもできます。

1. アップグレード元のOSに管理者アカウントでサインインし、Windows Server 2016のインストールメディアからWindowsセットアップ（Setup.exe）を起動します。

2. ［重要な更新プログラムをインストールします］のページで［更新プログラムをダウンロードしてインストールする（推奨）］または［今は実行しない］のいずれかを選択し、［次へ］をクリックします。アップグレード元がWindows Updateなどで最新の状態に更新されている場合は、［今は実行しない］の選択で問題ありません。

3. ［プロダクトキーを入力してください］のページでは、Windows Server 2016 StandardまたはDatacenterエディションのプロダクトキーを入力します。アップグレードインストールの場合、プロダクトキーの入力をスキップすることはできません（画面2-2-10）。

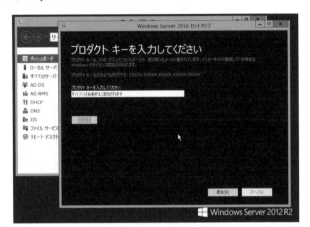

画面2-2-10　Windows Server 2016のプロダクトキーを入力し、［次へ］をクリックする

4. ［イメージの選択］のページで、インストールオプションを選択します。アップグレード元がServer Coreインストールの場合は［Windows Server 2016 StandardまたはDatacenter］、フルインストールの場合は［Windows Server 2016 StandardまたはDatacenter（デスクトップエクスペリエンス）］を選択します（画面2-2-11）。

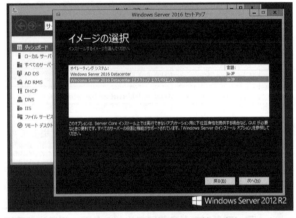

画面2-2-11　アップグレード元のOSの環境に合わせてインストールオプションを選択する

5. ［引き継ぐ項目を選んでください］のページで［個人用ファイルとアプリを引き継ぐ］を選択し、［次へ］をクリックします。この選択がアップグレードインストールになります。前の［イメージの選択］のページで、アップグレードがサポートされないインストールオプションを選択した場合、［個人用ファイルとアプリを引き継ぐ］を選択することはできません（画面2-2-12）。

画面2-2-12　［個人用ファイルとアプリを引き継ぐ］を選択して［次へ］をクリックする

6. ［インストールに必要な作業を確認しています］のページが表示され、アップグレードを阻む問題が検出されなければ、アップグレードインストールが始まります。

■ ドメインコントローラーのインプレースアップグレード

Active Directoryドメインサービスのドメインコントローラーとして稼働中のサーバーは、インプレースアップグレードでWindows Server 2016のドメインコントローラーにアップグレードすることが可能です。その場合、事前に現在のActive Directoryのフォレストおよびドメインをアップグレード用に準備しておく必要があります。

Active Directoryのフォレストおよびドメインの準備ができていない場合、Windowsセットアップの［インストールに必要な作業を確認しています］の次に、［次の作業が必要です］のページが表示され、「このドメインコントローラー上のActive Directoryには、Windows Server 2016のADPREP /FORESTPREP（または/DOMAINPREP）の更新が適用されていません」と表示され、アップグレードインストールを続行できません。

Active Directoryフォレスト/ドメインをアップグレード用に準備するには、まず、既存のドメインコントローラーのすべてがWindows Server 2008以降のバージョンであり、フォレストおよびドメインの機能レベルがWindows Server 2008以降であることを確認してください。その上で、任意のドメインコントローラーでコマンドプロンプトを開き、Windows Server 2016のインストールメディアの¥Support¥Adprepフォルダーから次の2つのコマンドラインを実行します。1つ目のコマンドラインはフォレストで1回だけ実行します。2つ目のコマンドラインはWindows

画面2-2-13　adprep /forestprepおよびadprep /domainprepを実行する

Server 2016にアップグレードするドメインコントローラーのドメインごとに実行する必要があります。

```
インストールメディアのドライブ：¥Support¥adprep> adprep /forestprep
インストールメディアのドライブ：¥Support¥adprep> adprep /domainprep
```

　Active Directoryフォレスト／ドメインは、ドメインコントローラーのインプレースアップグレードの方法の他に、Windows Server 2016のドメインコントローラーと入れ替えながらアップグレードを行うローリングアップグレードの方法もあります。ローリングアップグレードの手順については、「第4章　ID管理」で説明します。

> **改訂** Windows Server 2016はFRSをサポートする
> 最後のバージョンであることに注意
>
> 　「1.5　Windows Server 2016リリース後の重要な変更点」で説明したように、Windows Server 2016の次の長期サービスチャネル（LTSC）リリースであるWindows Server 2019は、ファイルレプリケーションサービス（FRS）をサポートしません。移行したドメインがSYSVOL共有の複製にFRSを使用している場合は、Windows Server 2016である間にドメイン機能レベルWindows Server 2008以上で利用可能な分散ファイルシステムレプリケーション（DFSR）に移行してください。その手順については、以下の公式ドキュメントで説明されています。
>
> Migrate SYSVOL replication to DFS Replication
> ⊖https://docs.microsoft.com/ja-jp/windows-server/storage/dfs-replication/migrate-sysvol-to-dfsr

■ Hyper-Vホストのインプレースアップグレード

　Hyper-Vホストとして稼働中のサーバーは、Windows Server 2016にインプレースアップグレードすることで、Windows Server 2016のHyper-Vホストに移行できます。ただし、「2.1.2　システム要件」で説明したように、Windows Server 2012 R2以前のHyper-VとWindows Server 2016のHyper-Vでは、システム要件が変更になっていることに注意してください。

　アップグレード元のHyper-Vホストのプロセッサが第2レベルアドレス変換拡張機能（Second Level Address Translation：SLAT）に対応していない場合、アップグレード後にHyper-Vのハイパーバイザーは起動しなくなります。ハードウェアのシステム要件を満たしていないからであり、回避方法はありません。

　Hyper-Vホストをインプレースアップグレードすると、既存の仮想マシンは自動的にWindows Server 2016のHyper-Vに移行され、すぐに実行できる状態になります。ただし、Windows Server 2016のHyper-Vの新機能に対応するためには、仮想マシンの構成バージョンのアップグレードとゲストコンポーネントである統合サービスの更新が必要です。詳しくは、「第7章　サーバーの仮想化－Hyper-V」で説明します。

■ その他の役割を実行するサーバーのインプレースアップグレード

　アップグレード元のOSで現在有効な役割や機能によっては、アップグレードがサポートされない場合があります。例えば、ネットワークアクセス保護（NAP）のサーバーや、NAPと連携するDHCPサーバーやリモートデスクトップ（RD）ゲートウェイがある場合、Windows Server 2016からはNAPが削除されているため、アップグレードはサポートされません。

Windows Server移行ツールによる設定、役割、ファイルの移行

　Windows Server 2016への移行の機会にサーバーをリプレースする場合、あるいはWindows Server 2016がサポートするアップグレードパスの範囲外である場合など、インプレースアップグレードを行えない場合は、Windows Server 2016の機能である［Windows Server移行ツール］を使用する方法があります。

　［Windows Server移行ツール］はWindows PowerShellのコマンドレット（**Export/Import-SmigServerSetting**、**Send/Receive-SmigServerData**）であり、既存のサーバーの役割や機能、設定、データを新しいWindows Server 2016サーバーに転送して移行することができます。

2.2.3　クラスターのローリングアップグレード

　Windows Server 2012 R2ベースのフェールオーバークラスターは、その上で稼働する高可用性が構成されたサービスを停止することなく、Windows Server 2016に移行する「クラスターのローリングアップグレード」をサポートしています。クラスターのローリングアップグレードは、Windows Server 2012 R2のノードで構成されたHyper-Vホストクラスターおよびスケールアウトファイルサーバーの移行でサポートされます。

■ クラスターのローリングアップグレードの概要

　Windows Server 2016のフェールオーバークラスタリング機能は、Windows Server 2012 R2ベースのフェールオーバークラスターとの互換モード（クラスター機能レベル）をサポートしており、旧バージョンのフェールオーバークラスターの新しいノードとして追加することが可能です。この方法

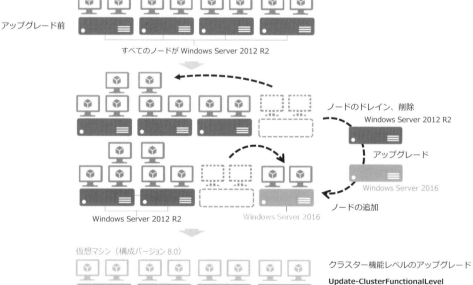

図2-2-14　Hyper-Vホストクラスターのローリングアップグレード

でクラスターのノードを順次、Windows Server 2016ベースのノードとリプレースして入れ替えることができます。また、クラスターから削除したノードの同じハードウェアにWindows Server 2016をインストールして、元のクラスターに戻す方法で、すべてのノードをWindows Server 2016に移行することが可能です。

Hyper-Vホストクラスターの場合、稼働中の仮想マシンはアクティブな別のノードにライブマイグレーションで退避することができるため、ローリングアップグレードの作業中に仮想マシンを停止する必要はありません。Windows Server 2016のHyper-Vは、Windows Server 2012 R2の仮想マシン（構成バージョン5.0）をサポートしており、双方向で移動やライブマイグレーションを行うことが可能です。クラスターのすべてのノードがWindows Server 2016に入れ替わった時点で、仮想マシンの構成バージョンをアップグレードできます。

スケールアウトファイルサーバーは、アクティブ・アクティブクラスターであり、SMB 3.xの透過的フェールオーバーによる継続的なアクセスができるため、ノードの追加や削除によって共有フォルダーへのファイルアクセスが断絶することはありません。

クラスターに参加するすべてのノードがWindows Server 2016に入れ替わったら、クラスター機能レベルをアップグレードして、混在モードからWindows Server 2016のネイティブなモードに移行します。クラスター機能レベルをアップグレードしたあとは、新たにWindows Server 2012 R2のノードをクラスターに参加させることはできなくなります（図2-2-14）。

なお、スケールアウトファイルサーバーについては「第6章 ファイルサービスと記憶域サービス」にて、Hyper-Vホストクラスターおよび仮想マシンの構成バージョンについては「第7章 サーバーの仮想化 – Hyper-V」にて詳しく説明します。

■│クラスターのローリングアップグレードの手順

クラスターのローリングアップグレードは、次の手順で実行します。クラスターのノードの削除や追加は、1ノードずつ実施する必要があります。

1. Windows Server 2016またはWindows Server 2012 R2の［フェールオーバークラスターマネージャー］を開き、Windows Server 2012 R2ベースのクラスターに接続します。

2. アップグレード対象の1台のノードを選択し、［一時停止］－［役割のドレイン］を実行します。Hyper-Vホストクラスターの場合は、役割のドレインを実行することで、対象のノード上からアクティブな別のノードに仮想マシンがライブマイグレーションで退避されます。

3. 次に、対象のノードを選択して［他のアクション］－［削除］を実行し、クラスターからノードを削除します。

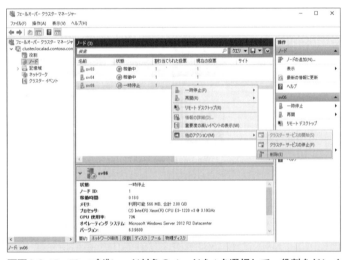

画面2-2-15 アップグレード対象のノードを1台選択して、役割をドレインしたあと、クラスターから削除する

4. 削除したノードで使用していた物理サーバー、またはリプレース用の物理サーバーにWindows Server 2016を新規インストールします。ノードのアップグレードは、アップグレードインストールではなく、新規インストールで実行します。インストール完了後にネットワークの設定やコンピューター名の設定、ドメイン参加設定、共有ストレージへの接続、フェールオーバークラスタリング機能のインストール、Hyper-V（Hyper-Vホストクラスターの場合）またはファイルサーバー（スケールアウトファイルサーバーの場合）の役割をインストールします。

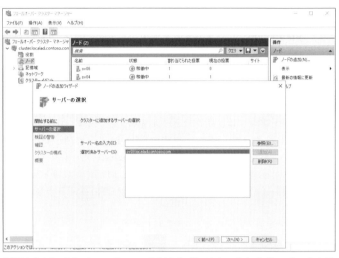

画面2-2-16　Windows Server 2016をインストールしたサーバーをクラスターに追加して復帰させる

5. Windows Server 2016をインストールしたサーバーをクラスターの新しいノードとして追加します。

6. 同様の手順を1ノードずつ繰り返します。すべてのノードがWindows Server 2016に入れ替わったら、Windows PowerShellのシェルを開き、以下のコマンドラインを実行してクラスター機能レベルをアップグレードします。

```
PS C:¥> Update-ClusterFunctionalLevel
```

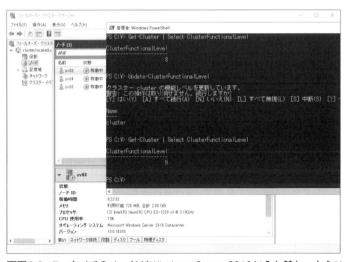

画面2-2-17　すべてのノードがWindows Server 2016に入れ替わったらUpdate-ClusterFunctionalLevelコマンドレットを実行してクラスター機能レベルをアップグレードする

アップグレード前の混在モードのクラスター機能レベルは8、アップグレード後のネイティブモードのクラスター機能レベルは9になります。クラスター機能レベル8では、仮想マシンのライブマイグレーションや移動で問題がないように仮想マシンの構成バージョンのアップグレードはブロックされます。クラスター機能レベル9にアップグレードしたあとは、［Hyper-Vマネージャー］または**Update-VMVersion**コマンドレットを使用して仮想マシンの構成バージョンのアップグレードを実行できます。

2.2.4 SysprepによるWindowsインストールの一般化と展開

　Windowsセットアップを使用した対話形式の新規インストールは非常に簡単です。実は、Windowsセットアップは、インストール先のディスクのパーティションを構成し、インストールメディア内のWIMイメージ「￥Sources￥Install.wim」を展開して、コンピューターを起動しているに過ぎません。人が対話する必要がある部分は、無人応答ファイル（Unattend.xml）を使用して完全に自動化することが可能です。Windows 8.1 Update 1以降では、「￥Sources￥Install.wim」の代わりに、より圧縮率の高い「￥Sources￥Install.esd」形式が使用される場合があります。

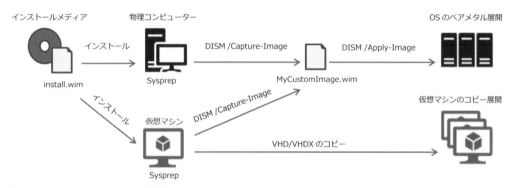

図2-2-18　Windowsのイメージ展開

■│SysprepによるWIMまたはESDイメージの作成

　Windowsが標準で備える「システム準備ツール（C:￥Windows￥System32￥Sysprep￥Sysprep.exe）」を使用すると、更新プログラムやアプリケーション（ただし、Sysprepに対応していること）を含むWindowsイメージを一般化して、OSのイメージ展開用のハードウェアに依存しないイメージにすることが可能です。Sysprepでイメージを一般化すると、セキュリティ識別子（SID）などのコンピューター固有の情報、ライセンス認証をリセットし、次回起動時にハードウェアの検出とインストール、およびコンピューター固有の情報のセットアップを行うように構成されます。

　Sysprepを実行してイメージを一般化するには、コマンドプロンプトを管理者として開き、以下のコマンドラインを実行します。2行目のコマンドラインを実行すると、Sysprepの一般化が行われたあとにコンピューターがシャットダウンされ停止します。1行目のコマンドは、前回のセットアップで使用された無人応答ファイル（Unattend.xml）を削除するためのものです。Sysprepを一度も実行したことがない場合は省略可能です。

```
C:¥> DEL C:¥Windows¥Panther¥Unattend.xml
C:¥> C:¥Windows¥System32¥Sysprep¥Sysprep.exe /oobe /generalize /shutdown
```

Sysprepの対象がHyper-VやMicrosoft Azure、他社の仮想化テクノロジ上の仮想マシンであり、一般化した仮想ハードディスク（VHD、VHDX、またはその他の仮想化テクノロジの形式）を同じ仮想化テクノロジ上の仮想マシンでのみ使用する場合は、Sysprepを**/mode:vm**オプション付きで実行します。**/mode:vm**オプションにより、次回起動時のハードウェアの検出とインストールが省略され、仮想マシンのセットアップが高速化されます。

```
C:¥> C:¥Windows¥System32¥Sysprep¥Sysprep.exe /oobe /generalize /shutdown ○
/mode:vm
```

画面2-2-19　Sysprepを実行してWindowsインストールを一般化する

　仮想マシンをSysprepで一般化すれば、一般化したイメージを含むVHDまたはVHDXのコピーから同一構成の仮想マシンを次々に作成することが可能です。その際、一般化によってリセットされた構成は、仮想マシンの起動時に構成するか、無人応答ファイル（Unattend.xml）を使用して自動構成することが可能です。また、一般化したイメージを**DISM**コマンドでキャプチャすることで、Windows展開サービスなどを使用したネットワーク経由のOS展開のためのWIMイメージやESDイメージを準備することができます。

　VHDまたはVHDXに含まれる一般化されたイメージからWindowsイメージング（WIM）形式のイメージを作成するには、VHDまたはVHDXをローカルマウント（エクスプローラーでダブルクリック、または**DISKPART ATTACH**コマンド）して、コマンドプロンプトを管理者として開き次のコマンドラインを実行します。この例では、W:ドライブにマウントされたVHDまたはVHDX内のブートパーティション（¥Windowsを含むパーティション）をキャプチャし、「C:¥Temp¥MyCustomImage.wim」ファイルを作成しています。

```
C:¥> DISM /Capture-Image /ImageFile:C:¥Temp¥MyCustomImage.wim ○
/CaptureDir:W:¥ /Name:"My Custom Windows Server 2016 Image"
```

　物理サーバーからイメージを作成するには、Windowsプレインストール環境（Windows PE、Windows 10やWindows Server 2016のインストールメディアなど）で物理サーバーを起動してコマ

ンドプロンプトを開き、同様の方法でC:¥ドライブ（またはオンライン時にC:¥だったドライブ）をキャプチャします。

　作成したWIMイメージをESD（Electric Software Delivery）形式のイメージに変換するには、次のコマンドラインを実行します。この例では、「C:¥Temp¥MyCustomImage.wim」から「C:¥Temp¥MyCustomImage.esd」を作成しています。

```
C:¥> DISM /Export-Image /SourceImageFile:C:¥Temp¥MyCustomImage.wim ⏎
 /SourceIndex:1 /DestinationImageFile:MyCustomImage.esd /Compress:recovery
```

　Windows 10 Enterpriseの仮想マシンテンプレートを作成する場合も、同じ手順です。Windows 10 Enterpriseの仮想マシンテンプレートは、リモートデスクトップサービスの仮想マシンベースのデスクトップ展開シナリオ、あるいはMultiPoint Servicesの仮想デスクトップ機能で使用します。また、Windows 10 EnterpriseのWindows To Goワークスペースの作成に使用するWIMファイルの準備にも応用できます。

Windows 10 EnterpriseでSysprepを実行する場合の注意点

　Windows 10 EnterpriseでSysprepを実行する場合、新規インストール直後であれば問題なくSysprepの実行を完了できますが、Windows Updateに時間がかかるような場合や、ストアアプリのインストールと更新などが影響して、Sysprep実行時に「致命的なエラーが発生しました」や「SysprepでWindowsのインストールを検証できませんでした」と表示され失敗することがあります。この問題を回避するには、次の手順でイメージを作成します。なお、既にSysprepがエラー状態となったイメージは、新規インストールから作成し直す必要があります。

1. ネットワーク（インターネット）から切断した状態でWindows 10 Enterpriseを新規インストールします。
2. コマンドプロンプトを管理者として開き、以下のコマンドラインを実行します。

```
C:¥> Schtasks.exe /change /disable /tn⏎
 "¥Microsoft¥Windows¥AppxDeploymentClient¥Pre-staged app cleanup"
```

3. ［ローカルグループポリシーエディター］（Gpedit.msc）を開き、以下のポリシーを有効にします。

```
コンピューターの構成¥管理用テンプレート¥Windows コンポーネント¥クラウド コンテンツ¥
Microsoft コンシューマー エクスペリエンスを無効にする：有効
コンピューターの管理¥管理用テンプレート¥Windows コンポーネント¥ストア¥更新プログラムの
自動ダウンロードおよび自動インストールをオフにする：有効（バージョン1803以降の場合）
コンピューターの管理¥管理用テンプレート¥Windows コンポーネント¥ストア¥最新バージョンの
Windows への更新プログラム提供をオフにする：有効（バージョン1803以降の場合）
```

4. 管理者として開いたコマンドプロンプトで、以下のコマンドラインを実行します。

```
C:¥> gpupdate
```

5. ネットワーク（インターネット）に接続し、［設定］－［更新とセキュリティ］－［Windows Update］を開いて、Windows Updateによる更新プログラムの確認とインストールを行い、インストール後にコンピューターを再起動します。
6. ［ローカルグループポリシーエディター］（Gpedit.msc）を開き、手順3で有効化したポリシーを未構成に戻します。
7. コマンドプロンプトを管理者として開き、以下のコマンドラインを実行します。

```
C:¥> DEL C:¥Windows¥Panther¥Unattend.xml
```

```
C:¥> C:¥Windows¥System32¥sysprep¥sysprep /oobe /generalize /shutdown
(/mode:vmは必要に応じて)
```

SysprepによるWindows 10のイメージの一般化については、マイクロソフトのWindowsプラットフォームサポートチームの以下のフォーラム記事も参考にしてください。

Windows 10でのSysprepを用いたマスターイメージの作成に関する注意点・推奨事項
➲https://social.technet.microsoft.com/Forums/ja-JP/604d9226-f697-4278-bc3d-9a044044f652/sysprep?forum=Wcsupportja

■ WIMまたはESDイメージをベアメタルサーバーに展開する

作成したWIMまたはESDイメージは、Windows展開サービスなどで物理コンピューターにOS展開するのに使用できますが、手動でベアメタル環境に展開することもできます。

それには、Windowsプレインストール環境（Windows PE、Windows 10やWindows Server 2016のインストールメディアなど）で物理コンピューターを起動して、**DISKPART**コマンドでパーティションを構成し、**DISM**コマンドでWIMイメージを展開します。BIOSベースおよびUEFIベースのコンピューターの推奨されるパーティション構成については、「2.1.3　既定のパーティション構成」を参照してください。

Windows 10やWindows Server 2016のインストールメディアからWindowsプレインストール環境のコマンドプロンプトを起動するには、インストールメディアを使用して物理コンピューターを起動し、［Windowsセットアップ］の画面で**Shift + F10**キーを押してコマンドプロンプトを開きます。

BIOSベースのコンピューターの場合は、次のコマンドラインを実行して、ディスク（この例ではディスク0）のパーティションを構成し、ブートパーティションにWIMまたはESDイメージを展開して、システムパーティションにブート環境（ブート構成データとブートマネージャー）を作成します。

```
X:¥Sources> DISKPART
DISKPART> SELECT DISK 0
DISKPART> CREATE PARTITION PRIMARY SIZE=500
DISKPART> FORMAT QUICK FS=NTFS LABEL="SYSTEM"
DISKPART> ASSIGN LETTER="S"
DISKPART> ACTIVE
DISKPART> CREATE PARTITION PRIMARY
DISKPART> FORMAT QUICK FS=NTFS LABEL="Windows"
DISKPART> ASSIGN LETTER="W"
DISKPART> EXIT
X:¥Sources> DISM /Apply-Image /ImageFile:<パス>¥MyCustomImage.wim /Index:1 ↵
  /ApplyDir:W:¥
X:¥Sources> BCDBOOT W:¥Windows /l ja-jp /s S: /f BIOS  (/f BIOSは省略可能)
X:¥Sources> BCDEDIT /Store S:¥BOOT¥BCD /set {default} ↵
  hypervisorlaunchtype Auto  (Hyper-Vの役割をサポートする場合にのみ実行)
X:¥Sources> WPEUTIL REBOOT
```

UEFIベースのコンピューターの場合は、次のコマンドラインを実行して、ディスク（この例ではディスク0）のパーティションを構成し、ブートパーティションにWIMまたはESDイメージを展開して、システムパーティションにブート環境（ブート構成データとブートマネージャー）を作成します。

```
X:¥Sources> DISKPART
DISKPART> SELECT DISK 0
DISKPART> CLEAN
DISKPART> CONVERT GPT
DISKPART> CREATE PARTITION EFI SIZE=100
DISKPART> FORMAT QUICK FS=FAT32 LABEL="SYSTEM"
DISKPART> ASSIGN LETTER="S"
DISKPART> CREATE PARTITION MSR SIZE=16
DISKPART> CREATE PARTITION PRIMARY
DISKPART> SHRINK MINIMUM=500    （回復パーティション用に縮小）
DISKPART> FORMAT QUICK FS=NTFS LABEL="Windows"
DISKPART> ASSIGN LETTER="W"
DISKPART> CREATE PARTITION PRIMARY    （回復パーティション用）
DISKPART> FORMAT QUICK FS=NTFS LABEL="RECOVERY"    （回復パーティション用）
DISKPART> ASSIGN LETTER="R"    （回復パーティション用）
DISKPART> EXIT
X:¥Sources> DISM /Apply-Image /ImageFile:<パス>¥MyCustomImage.wim /Index:1 ↩
   /ApplyDir:W:¥
X:¥Sources> BCDBOOT W:¥Windows /l ja-jp /s S: /f UEFI    (/f UEFIは省略可能)
X:¥Sources> BCDEDIT /Store S:¥EFI¥Microsoft¥Boot¥BCD /set {default} ↩
   hypervisorlaunchtype Auto    (Hyper-Vの役割をサポートする場合にのみ必要)
X:¥Sources> WPEUTIL REBOOT
```

　WIMイメージはUSBメモリを使用して物理コンピューターにコピーできます。**WPEUTIL InitializeNetwork**コマンドを実行すれば、Windows PEでネットワークを初期化し、**NET USE**コマンドやUNC名でネットワーク共有からコピーすることもできます。

■ 無人応答ファイル（Unattend.xml）による自動展開

　Sysprepを実行して一般化したイメージは、初回起動時にWindowsセットアップの最終段階（Mini-Setupと呼ばれます）が始まり、少ない対話でセットアップを完了することができます。Mini-Setupの部分は、無人応答ファイル（Unattend.xml）を使用して完全に自動化できます。

　無人応答ファイル（Unattend.xml）は、フロッピーディスクのルート、ブートボリューム（Windowsディレクトリのあるドライブ）のルート、ブートボリュームの¥Windows¥System32¥Syspirepにコピーしておくことで、初回起動時に読み込ませることができます。**DISM**コマンドの **/Apply-Unattend** パラメーターを使用して、オフラインのイメージに無人応答ファイル（Unattend.xml）を適用することもできます。

リスト2-2-20　無人応答ファイル（Unattend.xml）のサンプル。ワークグループ構成の場合はMicrosoft-Windows-UnattendJoinのIdentificationセクションでJoinDomainの代わりにJoinWorkgroupを構成する。その場合、Credentialsの部分は不要。

```
<?xml version="1.0" encoding="utf-8"?>
<unattend xmlns="urn:schemas-microsoft-com:unattend">
    <settings pass="specialize">
        <component name="Microsoft-Windows-Shell-Setup" ↩
processorArchitecture="amd64" publicKeyToken="31bf3856ad364e35" language=↩
"neutral" versionScope="nonSxS" xmlns:wcm="http://schemas.microsoft.com/↩
WMIConfig/2002/State" xmlns:xsi="http://www.w3.org/2001/XMLSchema-instance">
```

```xml
            <ComputerName>コンピューター名</ComputerName>
            <ProductKey>プロダクトキー</ProductKey>
        </component>
        <component name="Microsoft-Windows-UnattendedJoin" ⏎
processorArchitecture="amd64" publicKeyToken="31bf3856ad364e35" language=⏎
"neutral" versionScope="nonSxS" xmlns:wcm="http://schemas.microsoft.com/⏎
WMIConfig/2002/State" xmlns:xsi="http://www.w3.org/2001/XMLSchema-instance">
            <Identification>
                <Credentials>
                    <Domain>NETBIOSドメイン名</Domain>
                    <Password>ドメインユーザーのパスワード</Password>
                    <Username>ドメインユーザーのユーザー名</Username>
                </Credentials>
                <JoinDomain>Active Directoryドメイン名</JoinDomain>
            </Identification>
        </component>
    </settings>
    <settings pass="oobeSystem">
        <component name="Microsoft-Windows-Shell-Setup" ⏎
processorArchitecture="amd64" publicKeyToken="31bf3856ad364e35" language=⏎
"neutral" versionScope="nonSxS" xmlns:wcm="http://schemas.microsoft.com/⏎
WMIConfig/2002/State" xmlns:xsi="http://www.w3.org/2001/XMLSchema-instance">
            <OOBE>
                <HideEULAPage>true</HideEULAPage>
                <SkipUserOOBE>true</SkipUserOOBE>
            </OOBE>
            <UserAccounts>
                <AdministratorPassword>
                    <Value>ローカルAdministartorのパスワード</Value>
                    <PlainText>true</PlainText>
                </AdministratorPassword>
            </UserAccounts>
            <TimeZone>Tokyo Standard Time</TimeZone>
        </component>
        <component name="Microsoft-Windows-International-Core" ⏎
processorArchitecture="amd64" publicKeyToken="31bf3856ad364e35" language=⏎
"neutral" versionScope="nonSxS" xmlns:wcm="http://schemas.microsoft.com/⏎
WMIConfig/2002/State" xmlns:xsi="http://www.w3.org/2001/XMLSchema-instance">
            <InputLocale>ja-JP</InputLocale>
            <SystemLocale>ja-JP</SystemLocale>
            <UILanguage>ja-JP</UILanguage>
            <UserLocale>ja-JP</UserLocale>
        </component>
    </settings>
</unattend>
```

WIMまたはESDイメージをディスク上に展開したら、**COPY**コマンドまたは**DISM**コマンドの**/Apply-Unattend**パラメーターで無人応答ファイル（Unattend.xml）を適用します。

```
X:¥Sources> DISM /Apply-Image /ImageFile:<パス>¥MyCustomImage.wim /Index:1 ⏎
 /ApplyDir:W:¥
X:¥Sources> BCDBOOT W:¥Windows /l ja-jp /s S:
X:¥Sources> COPY <パス>¥Unattend.xml W:¥Windows¥System32¥Sysprep
 (または、DISM /Image:W:¥ /Apply-Unattend:<パス>¥Unattend.xml)
X:¥Sources> WPEUTIL REBOOT
```

2.3 Nano Serverのインストール

改訂 Windows Server 2016バージョンのNano Serverはサポート終了

　Windows Server 2016バージョンのNano Serverは半期チャネル（SAC）扱いであり、2018年10月に既にサポートが終了しています。そのため、物理サーバーや仮想マシンへのNano Serverのインストールは、現在、サポートされていません。「2.3　Nano Serverのインストール」で説明する内容は、サポートが終了した環境を再現する必要がある場合に備えて、初版のままの状態で残しています。現在ではサポートされない利用シナリオであることに留意してください。現在、Nano Serverは「第8章 Windowsコンテナー」で説明するベースOSイメージとしてのみ提供されます（Windows Server 2016バージョンのNano Serverイメージであるmicrosoft/nanoserver:sac2016またはlatestもまた、既にサポートが終了しました）。

　Windows Server 2016では、「Nano Server」という新しいインストールオプションが初めて提供されます。Nano ServerはWindowsセットアップではインストールできません。Nano Serverはイメージをカスタマイズして、物理サーバーまたは仮想マシンとして展開する形になります。

Nano Serverの展開には英語版のインストールメディアの使用を推奨
　Nano Serverの展開用イメージは、Windows Server 2016日本語版のインストールメディアに収録されたマスターイメージ（NanoServer.wim）およびパッケージから作成することができますが、英語版のインストールメディアを使用することを推奨します。日本語版のNano Serverは、Nano Server Recovery Consoleの表示の一部の文字化け、Windows Updateの実行時エラーなど、現時点では回避できない問題が確認されています。

2.3.1 Nano Serverとは

　Nano Serverは、特定の役割および機能のみを実行できる、Windows Server 2016のリファクタリング版です。Nano Serverは、パブリッククラウドや企業のプライベートクラウドにおけるアプリケーション開発および展開において、リソース使用の最適化、スケールアウトの容易性、短いライフサイクルの開発に最適化された、新しいクラウドおよびアプリケーションのためのプラットフォームです。Nano Serverは、Server Coreインストールと同じようにフットプリントやリソース使用の削減、攻

撃面の縮小、更新や再起動の機会の削減を目指していますが、Server Coreインストールよりもさらに軽量化されています。例えば、OSが占有するディスク使用は1GB以下で、イメージ展開によるインストールや起動/再起動は数十秒で完了します。

　Nano Serverはヘッドレスサーバーを想定しており、ローカルログオン可能なローカルコンソールを持ちません。また、リモートデスクトップ接続のサポートもありません。Nano Serverは、リモート管理を前提としており、その方法としてWMI（Windows Management Instrumentation）、Windowsリモート管理（Windows Remote Management：WinRM）、またはPowerShell Remotingによるネットワーク経由でのリモート管理、およびWindows緊急管理サービス（Emergency Management Services：EMS）のSAC（System Administration Console）コンソールによるシリアルポート経由の管理方法があります。また今後、Visual Studio開発環境での完全なサポート（リモートデバッグや互換性のないAPIの使用の通知など）と、Visual StudioやSystem Center、Chefを含むDevOps環境でのサポートが提供されます。

　短いサイクルの開発に対応するために、Nano Serverは機能アップグレードが継続的に追加提供されるCurrent Branch for Business（CBB）のサービスモデルで提供されます。Windows Server 2016のリリース時点のNano Serverは、Windows Serverの以下の役割および機能のサブセットをサポートします。このほか、Python、PHP、Node.js、GO、Java、Ruby、MySQLなどOSS（オープンソースソフトウェア）のアプリケーションフレームワークを実行可能です。これらは、物理サーバー、仮想マシン、あるいはWindowsコンテナーとして実行可能です。

- Hyper-V
- ファイルサーバー
- フェールオーバークラスタリング
- コンテナー
- Webサーバー（IIS）
- DNSサーバー
- アプリケーションサーバー（ASP.NET 5および.NET Core）

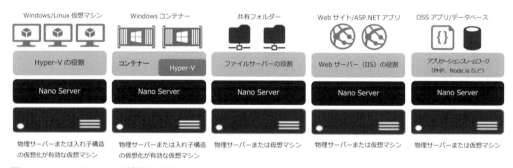

図2-3-1　Nano Serverの利用シナリオ

2.3.2 Nano Serverのベースイメージとパッケージ

　Nano Serverは、通常のWindows Serverのように［Windowsセットアップ］を使用したインストール方法は提供されません。Nano Serverは、Windows Server 2016のインストールメディアの¥NanoServerに収録されているWIMイメージ「NanoServer.wim」にオフラインでカスタマイズを行

い、VHDイメージに変換してHyper-V仮想マシンとして実行する、あるいは物理コンピューターのハードディスクにWIMイメージを展開（またはVHDブートを構成）してインストールするという手順で導入します。

　Nano Serverでサポートされる役割や機能のバイナリはWIMイメージ「NanoServer.wim」には含まれておらず、¥NanoServer¥Packagesフォルダーにキャビネット圧縮ファイル形式（.cab）で提供されます。また、各パッケージに対応する言語パックが¥NanoServer¥Packages¥＜言語名＞（日本語版の場合はja-jp、英語版の場合はen-us）フォルダーに収録されています。

画面2-3-2
Nano Serverのベースイメージ（NanoServer.wim）とパッケージ、およびカスタマイズツールはWindows Server 2016インストールメディアの¥NanoServerフォルダーにある

表2-3-3　Nano Serverに追加可能なパッケージ

役割または機能	パッケージファイル名	New-NanoServerImageのパラメーター
Hyper-V	Microsoft-NanoServer-Compute-Package.cab	-Compute
ファイルサーバー	Microsoft-NanoServer-Storage-Package.cab	-Storage
フェールオーバークラスタリング	Microsoft-NanoServer-FailoverCluster-Package.cab	-Clustering
OEMドライバー	Microsoft-NanoServer-OEM-Drivers-Package.cab	-OEMDrivers
Windows Defender	Microsoft-NanoServer-Defender-Package.cab	-Defender
コンテナー	Microsoft-NanoServer-Containers-Package.cab	-Containers
Webサーバー（IIS）	Microsoft-NanoServer-IIS-Package.cab	-Package パッケージ名（.cabは省略）
DNSサーバー	Microsoft-NanoServer-DNS-Package.cab	-Package パッケージ名（.cabは省略）
PowerShell DSC	Microsoft-NanoServer-DSC-Package.cab	-Package パッケージ名（.cabは省略）
System Center Virtual Machine Managerエージェント	Microsoft-NanoServer -SCVMM-Compute-Package.cab Microsoft-NanoServer-SCVMM-Package.cab	-Package パッケージ名（.cabは省略）

役割または機能	パッケージファイル名	New-NanoServerImage のパラメーター
データセンターブリッジング	Microsoft-NanoServer-DCB-Package.cab	-Package パッケージ名 (.cabは省略)
セキュアスタートアップ (TPM、BitLocker)	Microsoft-NanoServer-SecureStartup-Package.cab	-Package パッケージ名 (.cabは省略)
シールドされた仮想マシンのサポート（Datacenterのみ）	Microsoft-NanoServer-ShieldedVM-Package.cab	-Package パッケージ名 (.cabは省略)
ソフトウェアインベントリのログ記録	Microsoft-NanoServer-SoftwareInventoryLogging-Package.cab	-Package パッケージ名 (.cabは省略)
Hyper-V仮想マシンとしての展開	Microsoft-NanoServer-Guest-Package.cab	-DeploymentType Guest
物理サービスへの展開	Microsoft-NanoServer-Host-Package.cab	-DeploymentType Host

2.3.3 カスタムイメージ作成ツールによるイメージの作成

WIMイメージに対するオフライン操作やパッケージ、ドライバーの追加は、Windowsの**DISM**コマンドを使用して行うのが一般的です。NanoServer.wimのカスタマイズもその方法で行うことは可能ですが、Windows Server 2016のインストールメディアの¥NanoServer¥NanoServerImageGeneratorフォルダーに収録されているツールを使用すると、仮想マシンやVHDブート用の仮想ハードディスクや物理展開用のWIMイメージを簡単に行えます。

まず、Windows Server 2016のインストールメディア（英語版のインストールメディアの使用を推奨）の¥NanoServer¥NanoServerImageGeneratorフォルダーにある以下の3つのファイルを作業用フォルダー（C:¥Workなど）にコピーします。

- NanoServerImageGenerator.psm1
- NanoServerImageGenerator.sd1
- Convert-WindowsImage.ps1

ファイルをコピーしたら、PowerShellウィンドウを開き、作業用フォルダーに移動して次の要領で**New-NanoServerImage**コマンドレットを実行します。

```
PS C:¥Work> Set-ExecutionPolicy -ExecutionPolicy RemoteSigned -Force
PS C:¥Work> Import-Module .¥NanoServerImageGenerator.psm1
PS C:¥Work> New-NanoServerImage -Edition <DatacenterまたはStandard> ⏎
 -DeploymentType <GuestまたはHost> -MediaPath <インストールメディアのパス> ⏎
 -BasePath <作業用一時フォルダーのパス> -TargetPath <VHD/VHDX/WIMファイルのパス> ⏎
 -ComputerName <コンピューター名> <その他のパラメーター>
```

-EditionパラメーターはライセンスされたWindows Server 2016のエディション（DatacenterまたはStandard）の指定、**-DeploymentType**はHyper-V仮想マシン（Guest）への展開か、物理サーバーまたは他社ハイパーバイザーへの展開（Host）かの指定、**-MediaPath**はWindows Server 2016のインストールメディアの指定、**-BasePath**は一時フォルダーのパス、**-TargetPath**はカスタムイメージの保存先パス、**-ComputerName**パラメーターはNano Serverのコンピューター名の指定です。**-Administ**

ratorPasswordパラメーターにビルトインAdministratorアカウントのパスワードを指定することもできますが、省略した場合はパスワードの入力が要求されます。

以下に、汎用的なコマンドラインの実行例を示します。この他にもActive Directoryドメイン参加設定（Nano Serverはオフラインドメイン参加のみサポート）、固定IPアドレスの設定、EMSの有効化、パッケージやドライバーの追加などのパラメーターがありますが、いずれもNano Serverの展開後に構成できるものなので省略します。

第1世代仮想マシン用のVHDの作成：

```
PS C:\Work> New-NanoServerImage -Edition Datacenter -DeploymentType Guest
 -MediaPath D:\ -BasePath .\Base -TargetPath .\nano01.vhd -ComputerName
 nano01
```

第2世代仮想マシン用のVHDの作成：

```
PS C:\Work> New-NanoServerImage -Edition Datacenter -DeploymentType Guest
 -MediaPath D:\ -BasePath .\Base -TargetPath .\nano02.vhdx -ComputerName
 nano02
```

物理サーバー展開用のWIMイメージの作成：

```
PS C:\Work> New-NanoServerImage -Edition Datacenter -DeploymentType Host
 -MediaPath D:\ -BasePath .\Base -TargetPath .\nano03.wim -ComputerName
 nano03 -OEMDrivers
```

WIMイメージの展開方法については、「2.2.4 SysprepによるWindowsインストールの一般化と展開」を参照してください。

物理サーバーのVHDブート展開用のVHDイメージの作成：

```
PS C:\Work> New-NanoServerImage -Edition Datacenter -DeploymentType Host
 -MediaPath D:\ -BasePath .\Base -TargetPath .\nano04.vhd -ComputerName
 nano04 -OEMDrivers
```

VHDブート環境への展開方法については、「2.4 VHDブートによる展開」を参照してください。

Hyper-Vのサポート：

```
PS C:\Work> New-NanoServerImage … -Compute
```

Hyper-Vおよびコンテナーのサポート：

```
PS C:\Work> New-NanoServerImage … -Compute -Containers
```

スケールアウトファイルサーバーのサポート：

```
PS C:\Work> New-NanoServerImage … -Storage -Clustering
```

VHDまたはVHDXファイルのサイズ指定（既定は4GB）：

```
PS C:\Work> New-NanoServerImage … -MaxSize 100GB
```

Nano Server Image Builder

　Nano Serverの展開用のイメージは、Windows Server 2016のインストールメディアに含まれる**New-NanoServerImage**コマンドレットだけで作成できますが、Nano Server Image Builderを使用するとウィザードを使用してエディションの選択、役割や機能の選択、VHD/VHDXのサイズ、コンピューター名、パスワード、タイムゾーンを指定してイメージを作成することができます。また、物理サーバーにNano Serverを展開するための起動可能なUSBメモリを作成することもできます。

Nano Server Image Builder
→https://www.microsoft.com/en-us/download/details.aspx?id=54065

2.3.4 Nano Serverの起動とNano Server Recovery Console

　Nano Serverのインストールを完了するには、カスタマイズしたイメージを含むVHDまたはVHDXをHyper-V仮想マシンに接続して起動するか、VHDブートやWIMイメージの展開で構成した物理サーバーを起動します。初回起動時にインストールが完了しますが、わずか数十秒（スペックによっては10秒以内）で完了します。2回目以降はさらに高速に起動するようになります。

　前述のようにNano Serverはローカルログオンして操作するための対話的なローカルコンソールを持ちませんが、Nano Serverの起動が完了するとローカル接続のディスプレイ（または仮想マシン接続ウィンドウ）に認証画面が表示されます。これは、Nano Server Recovery Consoleを表示するための認証画面です。

　Nano Server Recovery Consoleという名前が示すように、このコンソールは日常的に利用するものではありません。ネットワーク接続ができないなど何か問題が発生したとき、あるいは初回起動時のネットワーク構成の確認のために使用するコンソールです。

　Nano Server Recovery Consoleでは、コンピューター名やドメイン構成、現在のネットワーク設定（DHCPにより割り当てられたIPアドレスなど）を確認できます。また、固定IPアドレスの設定やDNSサーバーの参照設定、Windowsファイアウォールの編集、Windowsリモート管理（WinRM）のリセット、シャットダウンや再起動の操作が可能です。コマンドプロンプトやPowerShellにアクセス機能はありません。Nano ServerでHyper-Vの役割が有効になっている場合は、仮想マシンの動作状況や仮想スイッチの情報を参照する機能が追加されます。

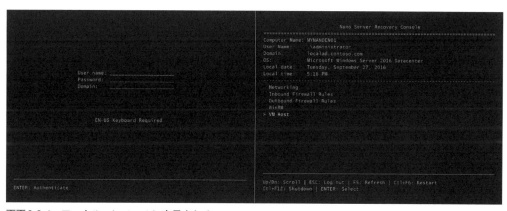

画面2-3-4　ローカルコンソールに表示されるNano Server Recovery Consoleの認証画面（左）とトップ画面（右）

画面2-3-5　Nano Server Recovery ConsoleによるIP設定の変更（左）とHyper-Vの動作状況の表示（右）

　Nano ServerのIPアドレスがわかれば、WMI、Windowsリモートシェル（WinRS）、PowerShell Remoting、PowerShell Directなどの方法でNano Serverにリモート接続し、初期構成を行えます。また、Nano Serverの初期構成が完了すれば、その他のリモート管理ツール（サーバーマネージャーやMMC管理コンソールなど）を使用して、通常のWindows Serverと同じように管理できるようになります。Nano Serverへのリモート接続およびリモート管理の方法については、通常のWindows Serverとほぼ共通であるため、「第3章　サーバーの初期構成と基本的な管理」で説明します。

Nano Serverの初期構成に役立つコマンド

　対話的なローカルコンソールを持たないNano Serverのサーバーの初期構成は、コマンドラインツールやPowerShellを使用して行います。初期構成に必要となる主なコマンドラインをまとめました。

Nano Serverのオフラインドメイン参加：
・ドメインメンバーのWindows Serverでプロビジョニングファイルを作成する

```
djoin /provision /domain <ドメイン名> /machine <Nano Serverに設定するコンピューター名>
 /savefile <パス>¥djoin.txt
```

・Nano Serverでオフラインドメイン参加を実行し、再起動する

```
djoin /requestodj /loadfile <パス>¥djoin.txt /windowspath c:¥windows
 /localos
shutdown /r /t 0
```

Nano Server展開後のパッケージの追加：

```
DISM /Online /Add-Package /PackagePath:<パス>¥<パッケージファイル名.cab>
DISM /Online /Add-Package /PackagePath:<パス>¥<言語名>¥<パッケージファイル名.cab>
```

ビルトインのAdministratorのパスワードを変更する：

```
net user Administrator <新しいパスワード>
```

ローカル管理者アカウントを追加する：

```
net user <ユーザー名> <パスワード> /add
net localgroup Administrators <ユーザー名> /add
```

タイムゾーンを日本時間（UTC＋9）に設定する：

```
tzutil /s "Tokyo Standard Time"
```

コンピューター名を変更する：

```
wmic ComputerSystem where name="<現在のコンピューター名>"
 call rename name="<新しいコンピューター名>"
```

ネットワークインターフェイス名を確認し、固定IPアドレスを設定する：

```
netsh interface ipv4 show interface
netsh interface ipv4 set address "<インターフェイス名>" static <新しいIPアドレス>
 <サブネットマスク> <デフォルトゲートウェイのIPアドレス>
```

プライマリDNSサーバーを設定する：

```
netsh interface ipv4 add dnsserver "<インターフェイス名>" address=<DNSサーバー
 のIPアドレス> index=1
```

Windowsファイアウォールを設定する（ファイルとプリンター共有の許可）：

```
netsh advfirewall firewall set rule group="File and Printer Sharing" new
 enable=yes
```

日本語版の場合：

```
netsh advfirewall firewall set rule group="ファイルとプリンターの共有" new
 enable=yes
```

Windowsファイアウォールを設定する（ファイアウォールの無効化または有効化）：

```
netsh advfirewall set allprofile state offまたはon
```

EMSを有効にする：

```
bcdedit /ems {current} on
bcdedit /emssettings EMSPORT:1 EMSBAUDRATE:115200
```

EMSを有効にする（PowerShell）：

```
bcdedit /ems `{current`} on
bcdedit /emssettings EMSPORT:1 EMSBAUDRATE:115200
```

Nano Serverで使用できるPowerShellコマンドレットの一覧を表示する（PowerShell）：

```
Get-Command
```

Windows Updateによる更新プログラムの確認とインストール（PowerShell）：

```
$sess = New-CimInstance -Namespace root/Microsoft/Windows/WindowsUpdate
 -ClassName MSFT_WUOperationsSession
$scanResults = Invoke-CimMethod -InputObject $sess -MethodName ScanForUpdates
 -Arguments @{SearchCriteria="IsInstalled=0";OnlineScan=$true}
$scanResults
$scanResults = Invoke-CimMethod -InputObject $sess -MethodName
 ApplyApplicableUpdates
```

Windows Updateによる更新プログラムの最後のインストール履歴の表示（PowerShell）：

```
$sess = New-CimInstance -Namespace root/Microsoft/Windows/WindowsUpdate ↵
 -ClassName MSFT_WUOperationsSession
$scanResults = Invoke-CimMethod -InputObject $sess -MethodName ↵
 ScanForUpdates -Arguments @{SearchCriteria="IsInstalled=1";OnlineScan=$true}
$scanResults
```

シャットダウンまたは再起動する：

```
shutdown /s /t 0またはshutdown /r /t 0
```

シャットダウンまたは再起動する（PowerShell）：

```
Stop-ComputerまたはRestart-Computer
```

緊急管理サービス（EMS）のSAC（Special Administration Console）

　Nano Serverで緊急管理サービス（Emergency Management Services：EMS）を有効にすると、シリアルポート（COM1、COM2など）経由で端末ソフトウェアを使用してシリアルコンソールに接続できます。
　EMSは、Nano Server専用のコンソール機能ではなく、Windows Server 2003以降のWindows Serverでサポートされる帯域外管理機能です。EMSでは、コンピューターの再起動やシャットダウン、ネットワーク情報の表示、プロセスの表示と終了、システム時刻の設定、クラッシュダンプの作成、SAC（Special Administration Console）と呼ばれるコマンドプロンプトへの接続機能を提供します。
　Nano ServerをHyper-V仮想マシンとして展開した場合は、仮想マシンのシリアルポートを名前付きパイプにリダイレクトすることで、名前付きパイプ経由（￥￥.￥pipe￥名前付きパイプ名）で端末ソフトウェアを接続することができます。フリーの端末ソフトウェアであるPuTTYは、シリアルポートに加えて、名前付きパイプでの接続に対応しています。

画面2-3-6　EMSへのターミナル接続とSACによるコマンドプロンプトへのローカルアクセス

PuTTYのダウンロード
→https://www.chiark.greenend.org.uk/~sgtatham/putty/latest.html

2.4 VHDブートによる展開

　Windows 7およびWindows Server 2008 R2以降のWindowsでは、仮想ハードディスク内のWindowsインストールから物理コンピューターを起動する「ネイティブブート仮想ハードディスク（Virtual Hard Disks with Native Boot、以下、VHDブート）」がサポートされています。

　VHDブートは、Windowsの仮想ハードディスクのローカルマウント機能を利用して、仮想ハードディスク内のWindowsを起動します。仮想ハードディスクの形式としては、Windows 7およびWindows Server 2008 R2はVHD（拡張子.vhd）、Windows 8およびWindows Server 2012以降はVHDおよびVHDX（拡張子.vhdx）をサポートしています。

　VHDブートは、ボリュームシャドウコピーによるボリュームのバックアップ（システムイメージの作成）や休止状態、OSのアップグレードインストールが利用できないなどの一部の制約を除き、物理コンピューターにローカルインストールしたWindowsと同じように動作します。専用のパーティションを用意しなくても簡単にデュアル/マルチブート環境を構築でき、ファイルを削除するだけで簡単に環境を削除できます。そのため、既存の物理環境に影響することなく、その物理環境上に評価環境やテスト環境を準備するのに適しています。

2.4.1　VHDブート環境への新規インストール

　ここでは、既にWindows 7またはWindows Server 2008 R2以降のWindowsがローカルにインストールされた物理コンピューターに、空のVHDまたはVHDXを作成して、そこにWindows Server 2016をインストールし、デュアルブート環境を作成する手順で説明します。

1. Windows Server 2016のインストールメディアを物理コンピューターまたは仮想マシンにセットし、インストールメディアから起動します。［Windowsセットアップ］の画面が表示されたら、インストールを開始する前に**Shift** + **F10**キーを押してコマンドプロンプトウィンドウを開きます。

2. コマンドプロンプトで**DISKPART**コマンドを使用して仮想ハードディスクを作成し、ローカルにマウントします。次の例は、G:¥VMフォルダーにWS2016.vhdxというファイル名で容量可変タイプ、40GBのVHDXファイルを作成し、ローカルマウントしています。

```
X:¥Sources> DISKPART
DISKPART> CREATE VDISK FILE=G:¥VM¥WS2016.vhdx MAXIMUM=40960 TYPE=EXPANDABLE
DISKPART> SELECT VDISK FILE=G:¥VM¥WS2016.vhdx
DISKPART> ATTACH VDISK
DISKPART> EXIT
X:¥Sources>
```

画面2-4-1　Shift+F10キーを押してコマンドプロンプトを開き、
　　　　　DISKPARTコマンドでVHDまたはVHDXを作成してローカルマウントする

 VHDブートに必要な空き領域

　仮想ハードディスクの配置先のボリュームには、仮想ハードディスクに割り当てたサイズ（容量可変タイプの場合は最大サイズ）に物理メモリ容量を加えた以上の空き領域が必要です。容量可変タイプを使用する場合でも、VHDブートで起動する際に最大割り当てサイズまで拡張します。また、VHDブートで起動したWindowsのページファイル（pagefile.sys）は、C:ドライブのルートではなく仮想ハードディスクの配置先のボリュームのルートに作成されます。十分な空き領域を確保できない場合、VHDブートはVHD_BOOT_HOST_VOLUME_NOT_ENOUGH_SPACEのSTOPエラーで失敗します。

3. コマンドプロンプトを閉じ、［Windowsセットアップ］に戻り、［今すぐインストールする］をクリックしてインストールを開始します。［Windowsのインストール場所を選んでください］のページでインストール先のディスクドライブとして、ローカルマウントした仮想ハードディスクを指定してください。それ以外のインストール手順は通常の手順と変わりません。

画面2-4-2　事前に準備しておいた仮想ハードディスクである「ドライブ#の割り当てられていない領域」をインストール先に指定

4. デュアルブート環境が構成され、最後にインストールしたWindows Server 2016が既定で起動するOSとして設定されます。起動するOSは、起動直後に30秒間表示されるWindowsブートマネージャーで選択することができます。

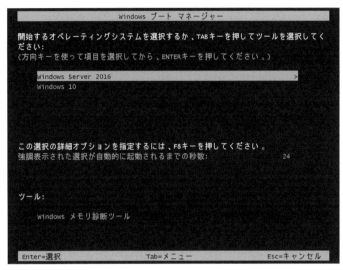

画面2-4-3 デュアルブート環境が構成され、コンピューターの起動時に起動するOSを選択できるように

VHDブート環境の削除

VHDブートを使用したデュアル/マルチブート環境からは、簡単にVHDブート環境を削除できます。Windowsブートマネージャーを使用して物理コンピューターに残すOSを選択して起動したら、コマンドプロンプトを開いて次のように操作します。

1. 現在実行中のOSエントリをブート構成データ（BCD）の既定のエントリに設定します。

```
C:\> BCDEDIT /default {current}
```

2. 削除対象のVHDブート環境の起動エントリのGUIDを確認します。

```
C:\> BCDEDIT
```

3. VHDブート環境の起動エントリをブート構成データ（BCD）から削除します。

```
C:\> BCDEDIT /delete {GUID}
```

4. VHD/VHDXファイルを削除します。

```
C:\> DEL D:\VM\WS2016.vhdx
```

2.4.2 インストール済みVHDを使用したVHDブート環境の構成

Sysprepで一般化されたWindowsインストールを含むVHD/VHDXファイルが既にある場合は、次

の方法でデュアルブート環境を作成できます。Hyper-Vの環境がある場合は、Hyper-Vの仮想マシンにWindows Server 2016をインストールしてSysprepで一般化することで、OSイメージを含むVHD/VHDXファイルを準備できます。

1. OSイメージを含むVHD/VHDXファイルを、十分な空き領域のあるローカルディスクの任意のパスにコピーします。以降では、C:¥VHD¥MYVHD.vhdにコピーしたことを前提に説明します。

2. コマンドプロンプトを管理者として開き、以下のコマンドを実行してブート構成データ（BCD）の現在起動中のOSの起動エントリをコピーします。「エントリは{GUID}に正常にコピーされました。」と表示されるので、{GUID}を控えておきます。

```
C:¥> BCDEDIT /copy {current} /d "Windows Server 2016 VHD Boot"
```

3. 起動エントリのdeviceおよびosdeviceパラメーターにVHDまたはVHDXファイルのパスを指定します。{GUID}の部分には、コピーした起動エントリの{GUID}を指定します。

```
C:¥> BCDEDIT /copy {current} /d "Windows Server 2016 VHD Boot"
C:¥> BCDEDIT /set {GUID} device vhd=[C:]¥VHD¥MYVHD.vhd
C:¥> BCDEDIT /set {GUID} osdevice vhd=[C:]¥VHD¥MYVHD.vhd
```

4. コンピューターを再起動し、WindowsブートマネージャーでVHDブート用の起動エントリを選択して起動します。

2.4.3 ベアメタル環境へのVHDブート環境の展開

　VHDブート環境を構成するコンピューターのハードディスクにOSがインストールされていないベアメタル環境の場合は、Windowsプレインストール環境（Windows PE、Windows 10やWindows Server 2016のインストールメディアなど）でコンピューターを起動して、次の手順でVHDブート環境を構成できます。

　Windowsプレインストール環境のコマンドプロンプトを起動したら、「2.2.4　SysprepによるWindowsインストールの一般化と展開」を参考に、DISKPARTコマンドを使用して、空のハードディスク上にBIOSベースまたはUEFIベースのシステムに適切なパーティションを準備します。ここでは、システムパーティションがS:、プライマリパーティションがW:になるようにDISKPARTコマンドでパーティションを作成し、フォーマットして、ドライブ文字を割り当ててあるものとします。

　パーティションを準備したら、プライマリパーティション（この例ではW:）にVHDまたはVHDXをコピーし、DISKPARTコマンドでVHDまたはVHDXをローカルマウントしてドライブ文字（この例ではV:）を割り当て、bcdbootコマンドを使用してシステムパーティション（この例ではS:）にブート構成を作成します。ブート構成を作成したら、VHDまたはVHDXを切断し、コンピューターを再起動します。

```
X:¥Sources> COPY <パス>¥MYVHD.vhd W:¥MYVHD.vhd
X:¥Sources> DISKPART
DISKPART> SELECT VDISK FILE=W:¥MYVHD.vhd
DISKPART> ATTACH VDISK
DISKPART> LIST VOLUME
```

```
DISKPART> SELECT VOLUME <VHDマウント先のボリューム番号>
DISKPART> ASSIGN LETTER=V
DISKPART> EXIT
X:\Sources> cd V:\Windows\System32
X:\Sources> bcdboot V:\Windows /s S:
X:\Sources> DISKPART
DISKPART> SELECT VDISK FILE=W:\MYVHD.vhd
DISKPART> DETACH VDISK
DISKPART> EXIT
DISKPART> WPEUTIL REBOOT
```

2.5 Azure IaaS環境への展開

Microsoft Azureの有効なサブスクリプション（30日間の無料評価版を含む）をお持ちの場合は、Windows Server 2016をMicrosoft AzureのIaaS機能に展開して、クラウド上に評価環境や運用環境を構築することができます。

2.5.1 Azure Marketplaceのテンプレートからの展開

AzureポータルのMarketplaceには、Windows Server 2016の仮想マシンをクラウド上に簡単にデプロイできるテンプレートが用意されています（初版で紹介したAzureクラシックポータルは、2018年1月に提供が終了しました）。

Azureポータル
→https://portal.azure.com/

2019年1月末時点では、Windows Server 2016の標準的なテンプレートとして以下の5つを利用可能です。このほかにもSQL Serverを含むイメージやリモートデスクトップサービス展開用のイメージもあります。なお、初版当時からしばらくはWindows Server 2016 - Nano Serverのテンプレートもありましたが（画面2-5-1を参照）、既にMarketplaceから削除されました。

- **Windows Server 2016 Datacenter** —— デスクトップエクスペリエンス環境のテンプレート。OSディスクは127GB
- **Windows Server 2016 Datacenter - Server Core** —— Server Coreインストールのテンプレート。OSディスクは127GB
- **Windows Server 2016 Datacenter with Containers** —— デスクトップエクスペリエンス環境のテンプレート。Windows Serverコンテナーのためのコンテナーホストの環境（Docker Enterprise Edition for Windows ServerおよびベースOSイメージを含む）がセットアップ済み。入れ子構造の仮想化をサポートする仮想マシンのシリーズ（Dv3、Ev3など）を選択すれば、Hyper-Vコンテナーの実行も可能
- **[smalldisk] Windows Server 2016 Datacenter** —— デスクトップエクスペリエンス環境のテンプレート。OSディスクは32GB
- **[smalldisk] Windows Server 2016 Datacenter - Server Core** —— Server Coreインストールの

テンプレート。OSディスクは32GB

　Marketplaceまたはギャラリーからデプロイした仮想マシンは英語版の環境ですが、日本語のサポートを追加することで、表示言語の日本語化や、システムロケールの日本語化が可能です。フルインストール環境の場合は、[設定]の[時刻と言語] − [地域と言語]から日本語および日本語言語パックを追加することで、表示言語やシステムロケールを[日本語（日本）] (ja-jp) に切り替えることができます。

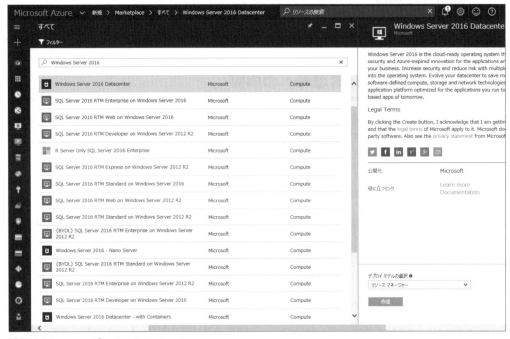

画面2-5-1　AzureポータルのMarketplace

リソースマネージャーデプロイモデルとクラシックデプロイモデル

　Azure IaaS環境は現在、Azureリソースマネージャー（ARM）デプロイモデルとクラシックデプロイモデルの2つのデプロイ方法が用意されています。ARMデプロイモデルは、2015年12月から正式提供されている新しい方式であり、これからAzure IaaS環境を構築する場合はARMデプロイモデルの使用を推奨します。
　Azureポータルは両方のデプロイモデルに対応しています。2018年1月まで提供されていたAzureクラシックポータルは、クラシックデプロイモデルにのみ対応していました。なお、クラシックデプロイモデルが廃止される予定はないため、既にクラシックデプロイモデルで運用中の環境がある場合は、その環境（仮想ネットワーク、ストレージアカウント、オンプレミスとのS2Sサイト間VPN接続やExpressRoute接続、DNS名など）を引き続き利用できます。

2.5.2 オンプレミスで準備したイメージのAzureへのアップロード

オンプレミスのHyper-V環境でWindows Server 2016のインストールを含む仮想マシンイメージ（VHD）を準備し、Azure IaaSにアップロードして仮想マシンを展開することもできます。

Windows Serverのイメージの準備方法およびアップロード方法については、以下のドキュメントで確認してください。

汎用化したVHDをアップロードしてAzureで新しいVMを作成する
→https://docs.microsoft.com/ja-jp/azure/virtual-machines/windows/upload-generalized-managed

また、Azure Recovery ServicesのAzure Site Recoveryを利用して、オンプレミスのHyper-V仮想マシンやVMware仮想マシンをAzure IaaSにレプリケーションしてバックアップしたり、Azure IaaS上の仮想マシンを別のリージョンにレプリケーションしたり、あるいはオンプレミスの仮想マシンや物理サーバーをクラウドに移行することもできます。その方法については、以下のドキュメントで説明されています。

Site Recoveryのドキュメント
→https://docs.microsoft.com/ja-jp/azure/site-recovery/

第3章

サーバーの初期構成と基本的な管理

Windows Serverは直観的に使用できるGUI管理ツールが充実していますが、コマンドラインツールやWindows PowerShellによるCUI管理環境も充実しています。GUI管理ツールとCUI管理環境のどちらも大部分はリモート管理に対応しており、小規模の環境であればWindowsクライアントから、標準の管理ツールを用いてインフラストラクチャ全体を集中的に管理できます。中規模から大規模環境の場合は、System Centerまたは他社の管理ソリューションを導入して管理の効率化を図るべきでしょう。

Windows Server 2008以降、GUIを持たないServer Coreインストールがサポートされるようになりました。リモートデスクトップサービスなどGUIに依存する一部のサーバーの役割を除き、主要なサーバーはServer Coreインストールとリモート管理環境で十分に管理できます。Windows Server 2016では新たにNano Serverが利用可能になりました（2018年10月に既にサポート終了）。物理サーバーや仮想マシンにインストールされたWindows Server 2016バージョンのNano Serverはリモート管理を前提としています。

Windows Server 2016ではServer Coreインストールとフルインストールの切り替えは不可

Windows Server 2012および2012 R2では、Server CoreインストールとGUI使用サーバーをインストール後に相互に切り替えることができました。そのため、初期はGUI使用サーバーでインストールし、サーバーの構成が完了した後に、Server Coreインストールに切り替え、リソースを節約するという対応が可能でした。Windows Server 2016では、Server Coreインストールとフルインストールのインストール後の切り替えはサポートされないため、この方法は利用できなくなりました。

3.1 サーバーの基本操作

Windows Server 2016のフルインストール環境は、直感的に操作できるGUIがあるため、サインインやサインアウト、シャットダウン、再起動などの基本的な操作で迷うことはないでしょう。しかし、GUIが存在しないServer Coreインストールの場合、初めての場合は戸惑うことがあると思います。ここでは、サーバーの最も基本的な操作について説明します。

3.1.1 サインインとサインアウト

Windows 8およびWindows Server 2012以降のWindowsでは、それまでログオン（Log on）／ログオフ（Log off）と呼ばれていたものを、サインイン（Sign in）／サインアウト（Sign out）と呼ぶよう

になりました。呼び方が変わっただけで、Windows Serverでは従来のログオン/ログオフから方式が大きく変わったわけではありません。

ただし、Nano ServerのローカルコンソールはNano Server Recovery Consoleであり、対話的にサインインして管理操作を実行できるローカルコンソールを提供しません。

■ サインイン

Server CoreインストールとフルインストールTでは、サインイン画面が異なります。どちらも**Ctrl + Alt + Del**キーを押してサインインを開始するのは同じですが、Server Coreインストールはコマンドプロンプトに表示されるテキストベースのサインイン画面（LogonUI.exe）を使用してサインインします。一方、フルインストールの場合は、GUIのサインイン画面を使用できます。

Server Coreインストールのテキストベースのサインイン画面で**Ctrl + Alt + Del**キーを押すと、前回サインインしたユーザーアカウントのパスワードを要求されます。別のユーザーアカウントでサインインしたい場合は、パスワードの入力画面で**Esc**キーを押して［他のユーザー］を選択し、別のユーザーアカウントの資格情報を入力します。

画面3-1-1　Server Coreインストールのサインイン（左）とフルインストールのサインイン（右）

■ サインアウト

フルインストールの場合は、Windows 10と同様のGUI操作でサインアウトできます。具体的には、タスクバーのWindowsロゴをクリックまたは**Windows**キーで表示される［スタート］メニューを開き、ユーザー名をクリックして［サインアウト］を選択します。または、Windowsロゴを右クリックまたは**Windows**キー+**X**キーで表示されるクイックリンクメニュー（WinX メニュー）から［シャットダウンまたはサインアウト］-［サインアウト］をクリックします。

Server Coreインストールとフルインストールのどちらの場合でも、**Ctrl + Alt + Del**キーを押すと表示されるセキュリティオプション画面（セキュリティで保護されたWindowsデスクトップ）から［サインアウト］を選択してサインアウトすることも可能です（画面3-1-2）。

コマンドプロンプトまたはPowerShellウィンドウで作業している場合は、**Logoff**コマンドを実行することで、すばやくサインアウトできます。

```
C:\> Logoff
```

画面3-1-2　Server Coreインストール（左）とフルインストール（右）の
　　　　　セキュリティで保護されたWindowsデスクトップ

　この他、Server Coreインストールの場合は、Sconfigユーティリティの［12）ユーザーのログオフ］
を使用したサインアウトも可能です。

3.1.2　コマンドプロンプトとPowerShellウィンドウ

　ローカルコンソールにサインインしてのCUI管理は、コマンドプロンプトまたはPowerShellウィンドウで行うことになります。

　フルインストールの場合は、［スタート］メニュー、クイックリンクメニュー（Windows + Xキー）、［ファイル名］（Windows + Rキー）に cmd または powershell と入力して、コマンドプロンプトまたはPowerShellウィンドウを開くことができます。クイックリンクメニューにコマンドプロンプトとPowerShellのどちらのメニューを表示するかは、タスクバー上で右クリックして［設定］を選択すると、［設定］の［個人用設定］-［タスクバー］でカスタマイズすることが可能です。

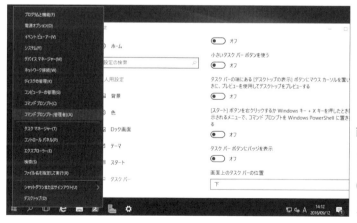

画面3-1-3
クイックリンクメニューにコマンドプロンプトとPowerShellのどちらのメニューを表示するかは、［設定］-［個人用設定］-［タスクバー］でカスタマイズすることができる

　Server Coreインストールの場合、サインインすると1つのコマンドプロンプトウィンドウが表示されます。このコマンドプロンプトウィンドウで start cmd または start powershell を実行すれば、新しいコマンドプロンプトウィンドウまたはPowerShellウィンドウを開くことができます。

```
C:\Users\ユーザー名> start cmd
C:\Users\ユーザー名> start powershell
```

画面3-1-4　Server Coreインストールのコマンドプロンプトウィンドウから、
新しいコマンドプロンプトまたはPowerShellウィンドウを開始する

　コマンドプロンプトでは任意のコマンドラインツールを使用したり、アプリケーションやGUI管理ツールを起動したりできますが、PowerShellのコマンドレットは直接実行することはできません。次のように、**powershell** の引数にコマンドレットやPowerShellスクリプトを指定して実行することは可能です。

```
C:\> powershell コマンドレットまたはPowerShellスクリプト（.ps1など）
```

　一方、PowerShellウィンドウではPowerShellのコマンドレットやスクリプト、外部コマンド、任意の実行可能ファイルを実行できます。ただし、スクリプトやPATH環境変数外部の実行可能ファイルを実行する場合は、次のように相対パスや絶対パスで指定する必要があります。カレントディレクトリで操作する場合は、.\に続けてファイル名を記述します。

```
PS C:\work> .\procexp.exe  または  C:\work\procexp.exe
```

■ PowerShellコマンドレットの確認とヘルプの参照

　Windows PowerShellには膨大なコマンドレットがありますが、コマンドレットの命名規則（動詞-名詞）や構文には一貫性があり、ローカルおよびオンラインのヘルプも充実しています。
　どのようなコマンドレットが存在するのかは、**Get-Command** コマンドレットで確認できます。コマンドレットの一部の名称がわかるのであれば、次のようにワイルドカード（*）を指定できます。

```
PS C:\> Get-Command *-VM*
```

サーバーの役割や機能に対応したコマンドレットは、モジュール単位で追加されます。例えば、次のコマンドレットを実行すると、Hyper-Vの役割に関連するすべてのコマンドレットの一覧を取得できます。

```
PS C:\> Get-Command -Module HyperV
```

コマンドレットのヘルプを参照するには、**Get-Help**コマンドレットの引数としてヘルプを参照したいコマンドレットの名称を指定します。**-Online**パラメーターを指定すると、TechNetライブラリで公開されている最新のヘルプを既定のWebブラウザーで表示することができます。

```
PS C:\> Get-Help New-VM
PS C:\> Get-Help New-VM -Online
```

コマンドレットのヘルプは更新されることがあります。**Update-Help**コマンドレットを実行すると、最新のヘルプおよびローカライズ版のヘルプをダウンロードして、ローカルヘルプを更新できます。インターネットに接続されていないコンピューターのローカルヘルプを更新するには、インターネットに接続されたコンピューター上で**Save-Help**コマンドレットでヘルプを保存し、対象のサーバー上で**Update-Help**コマンドレットに**-SourcePath**パラメーターで保存先のパスを指定して更新します。

```
PS C:\> Update-Help
```

EMSのSACでPowerShellを使用するには

Nano Serverで対話的に利用できるCUI環境は、PowerShell RemotingまたはPowerShell DirectのPowerShellセッション、またはEMCのSACです。EMSのSACはコマンドプロンプトへのローカル接続です。PowerShellのシェル環境に切り替えるには、コマンドプロンプトで**powershell**と入力します。

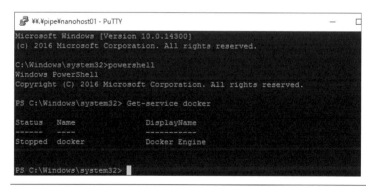

画面3-1-5
EMSのSACはコマンドプロンプトへの接続。**powershell**と入力すると、PowerShell環境に切り替えることができる

ブラウザーを使用しないWebからのダウンロード

Server CoreインストールおよびNano Serverのサーバー環境には、Internet Explorerがインストールされません。Webから更新プログラムやその他のファイルをダウンロードする必要がある場合は、Webブラウザーを利用できる別のコンピューターでダウンロードしたものをサーバーにコピーする方法があります。

Server Coreインストールの場合、ダウンロード元のURL（URI）がわかっている場合は、コマンドプロンプトやPowerShellのコマンドレットを使用して、WebブラウザーなしでWebからファイルをダウンロードすることが可能です。

　コマンドプロンプトの場合は、**BITSADMIN**コマンドを利用できます。次の例は、Windows SysinternalsのProcess Explorer（Procexp.exe）をC:¥Workにダウンロードします。なお、**BITSADMIN**コマンドはWindows Server 2016で利用可能ですが、将来のバージョンのWindowsから削除される予定のため、使用は推奨されていません。

```
C:¥> BitsAdmin /transfer "mybitsjob" https://live.sysinternals.com/procexp.exe C:¥work¥procexp.exe
```

　PowerShellの場合は、**Invoke-WebRequest**コマンドレットを使用できます。**Invoke-WebRequest**コマンドレットは、**iwr**、**wget**、**curl**というエイリアス（別名）で使用することもできます。

```
PS C:¥> Invoke-WebReuest -uri https://live.sysinternals.com/procexp.exe -OutFile C:¥work¥procexp.exe
```

　Windows 10バージョン1803およびWindows Server, version 1803以前では、**Invoke-WebRequest**コマンドレットでTLS 1.2が強制されたサイトにアクセスすると、「Invoke-WebRequest：接続が切断されました：送信時に、予期しないエラーが発生しました。」や「Invoke-WebRequest：接続が切断されました：SSL/TLSのセキュリティで保護されているチャネルを作成できませんでした。」と表示され失敗することがあります。その場合は、次のようにTLS 1.2の使用を明示的に指定してから実行してください。Windows 10バージョン1809、Windows Server 2019、Windows Server, version 1809以降では、この指定は不要です。

```
PS C:¥> [Net.ServicePointManager]::SecurityProtocol = [Net.SecurityProtocolType]::Tls12
PS C:¥> Invoke-WebReuest -uri https://live.sysinternals.com/procexp.exe-OutFile C:¥work¥procexp.exe
```

　BITSADMINに代わるPowerShellコマンドレットとして、**Start-BitsTransfer**コマンドレットがあります。

```
PS C:¥> Start-BitsTransfer -Source https://live.sysinternals.com/procexp.exe -Destination C:¥work¥procexp.exe
```

　なお、Windows Server 2016のNano Serverでは**Invoke-WebRequest**を利用できますが、**iwr**、**wget**、**curl**のエイリアスは使用できません。

改訂 Windows Server 2019ではcURLツールによるダウンロードが可能に

　Windows Server, version 1803以降およびWindows Server 2019では、コマンドプロンプトやWindows PowerShellでcURLツールを使用したダウンロードが可能です。これは、**Invoke-WebRequest**コマンドのエイリアスではありません。これらのOSには、標準的なオープンソースツールであるOpenSSH（%Windir%¥System32¥OpenSSH¥ssh.exeなど）、cURL（%Windir%¥System32¥curl.exe）、tar（%Windir%¥System32¥tar.exe）が標準搭載されています。なお、Windows PowerShellからcURLツールを実行する場合は、**Invoke-WebRequest**の**curl**エイリアスと区別するために、**curl.exe**と拡張子までを含めて実行する必要があります。

> Windows Server 2019のServer Coreインストールでは、後述するServer Core App Compatibility Feature of Demand（FoD）からInternet Explorer 11をインストールして使用することもできます。

3.1.3 シャットダウンと再起動

　フルインストールの場合は、［スタート］メニューやクイックリンクメニュー、セキュリティオプション画面から、Windows 10と同様のGUI操作でシャットダウンや再起動を実行できます。

　Server Coreインストール、フルインストールのどちらの場合でも、shutdownコマンドを使用してシャットダウンおよび再起動できます。

```
C:\> shutdown /s /t 0またはshutdown /r /t 0
```

　PowerShellの場合は、Stop-Computerでシャットダウン、Restart-Computerコマンドレットで再起動を実行できます。-Forceパラメーターを付けると、シャットダウンや再起動を確認なしですぐに開始します。-Forceパラメーターを付けない場合、確認のプロンプトが表示されます。

```
PS C:\> Stop-ComputerまたはRestart-Computer
```

　また、Stop-ComputerおよびRestart-Computerコマンドレットに-ComputerNameパラメーターおよび-Credentialパラメーターを指定することで、リモートコンピューターを指定した資格情報を使用してシャットダウンまたは再起動できます。

```
PS C:\> Restart-Computer -CompurerName <コンピューター名> -Credential <ドメイン名
またはコンピューター名\ユーザー名> -Force
```

　この他、Sconfigユーティリティの［13）サーバーの再起動］［14）サーバーのシャットダウン］を使用する方法があります。［サーバーマネージャー］を利用できる場合は、［すべてのサーバー］ページからローカルコンピューターのシャットダウンとリモートコンピューターの再起動を実行できます。

3.2 標準の管理コンソール

　Windows Server 2016はリモートから管理できますが、リモートから管理する前にローカル環境で初期構成を行っておく必要があります。具体的には、ネットワークの設定、コンピューター名の設定、Windows Updateによる更新プログラムの適用、リモート管理やリモートデスクトップ接続の構成などです。

3.2.1 フルインストール環境の［サーバーマネージャー］

　［サーバーマネージャー］は、フルインストール環境に標準でインストールされるローカルおよびリモートのサーバー管理の起点となるGUI管理コンソールです。［サーバーマネージャー］を閉じてしまった場合は、コマンドプロンプトでServerManager.exeを実行することで開始できます。

■|ローカルサーバーの初期構成

[サーバーマネージャー]の[ローカルサーバー]ページでは、ローカルサーバーの初期構成を行えます。具体的には、コンピューター名の設定、Active Directoryの参加設定、ネットワークの設定、Windowsファイアウォールの設定、リモート管理の有効化、リモートデスクトップの有効化、Windows Updateの実行などです。

画面3-2-1 [サーバーマネージャー]によるローカルサーバーの初期構成

リモート管理は既定で有効です。このリモート管理とは、Windows Management Instrumentation（WMI）およびPowerShell RemotingによるこのサーバーへのHTTPベースのリモート接続です（TCPポート5985を使用）。Active Directoryドメインの参加設定が未構成の場合（ワークグループ構成の場合）、同一のIPサブネットからの接続が許可されます。Active Directoryドメインに参加済みの場合は任意のサブネットからのリモート接続が許可されます。これらのサブネットの制限は、[セキュリティで許可されたWindowsファイアウォール]の受信の規則[Windowsリモート管理（HTTP受信）]のプロファイル（パブリックまたはドメイン、プライベート）で制御されています。

リモートデスクトップ接続は既定で無効であり、[サーバーマネージャー]またはコントロールパネルの[システム]を開いて有効化できます。既定でAdministratorsローカルグループのメンバーは管理目的によるリモートからの接続が可能です。管理目的によるリモートデスクトップ接続には、RDS CALは不要です。

■|リモートサーバーの管理

[サーバーマネージャー]は、ローカルサーバーだけでなく、1台以上のリモートサーバーの管理に対応しています。[サーバーマネージャー]で別のサーバーを管理するには、[ダッシュボード]ページの[③ 管理するサーバーの追加]をクリックするか、[管理]メニューから[サーバーの追加]をクリックして、[サーバーの追加]ダイアログボックスで管理対象のサーバーを追加します。Active Directoryドメイン環境の場合は、Active Directoryからコンピューター名で検索して追加できます。Active

Directoryに参加していないワークグループ構成のサーバーは、［DNS］タブに切り替え、IP（IPv4）アドレスを指定して追加できます。

なお、ワークグループ環境では、WinRMの信頼されるホスト（TrustedHosts）に管理対象を追加する必要があります。詳しくは、「3.3.1　リモート管理の準備」の「ワークグループ環境におけるTrustedHostsの構成」で説明します。TrustedHostsを構成しないと、［サーバーマネージャー］は「WinRMのネゴシエート認証エラー」を表示します。

画面3-2-2　［サーバーの追加］ダイアログボックスで管理対象のリモートサーバーを追加する

［サーバーマネージャー］は、現在、ローカルコンピューターにサインイン中の［サーバーマネージャー］を実行しているユーザーの資格情報を使用してリモートサーバーへの接続を試みます。現在の資格情報でアクセスが拒否される場合は、［管理に使用する資格情報］に別の資格情報としてローカル管理者の資格情報を指定してください。

画面3-2-3　現在、ローカルコンピューターにサインイン中の資格情報でアクセスが拒否される場合は、［管理に使用する資格情報］に別の資格情報としてローカル管理者の資格情報を指定する

[サーバーマネージャー]やSconfig以外のリモート接続の許可

　[サーバーマネージャー]やSconfigによるリモート接続の許可または拒否は、[ローカルサーバー]の[リモート管理]で行う方法とは別に、コマンドプロンプトで次のコマンドラインを実行することでも構成できます。

```
C:\> Configure-SMRemoting.exe -enable または -disable
```

　既定では、管理対象のサーバーにAdministratorsローカルグループの権限を持つユーザーが、[サーバーマネージャー]をリモート接続して管理することができます。PowerShellで以下のコマンドラインを実行すると、標準ユーザーに対して[サーバーマネージャー]によるリモート接続を許可できます。このコマンドラインは、標準ユーザーをRemote Management Users、Event Log Readers、Performance Log Usersローカルグループに追加し、さらにroot\cimv2 WMI名前空間に対するアクセス許可と、サービスコントロールマネージャーに対するアクセス許可を与えます。

```
PS C:\> Enable-ServerManagerStandardUserRemoting -User <ユーザー名>
```

3.2.2　Server Coreインストール環境のSconfigユーティリティ

　Sconfigユーティリティ（%Windir%\System32\Sconfig.cmd）は、Windows Server 2016のインストールオプションに関係なく利用できる（Nano Serverは除く）、テキストメニュー形式のローカルサーバーの構成ツールです。Sconfigユーティリティを使用すると、サーバーの以下の構成および操作を実行できます。

- Active Directoryドメインの参加設定
- コンピューター名の設定
- ローカル管理者の追加
- リモート管理の構成（リモート管理の有効化/無効化、WindowsファイアウォールのPing応答許可/禁止）
- Windows Updateの自動更新の設定
- Windows Updateの手動実行
- リモートデスクトップ接続の有効化/無効化
- ネットワークの設定（DHCP構成、固定IPアドレスの設定、およびDNSサーバーの設定）
- 製品利用統計情報の設定（診断データと使用状況データのレベルの設定）
- 日付と時刻の設定
- Windowsライセンス認証
- ログオフ/シャットダウン/再起動

　Sconfigユーティリティを開始するには、コマンドプロンプトまたはWindows PowerShellで以下のコマンドラインを実行します。

```
C:\> sconfig または start sconfig
```

第3章 サーバーの初期構成と基本的な管理

画面3-2-4　Sconfigユーティリティによるサーバーの初期構成

Sconfigからコマンドライン管理を学ぶ

　Sconfigユーティリティはメニューを数字で選択したり、値を入力したりすると、システム構成を変更するためのコマンドラインを作成して実行します。Sconfigから実行されるコマンドラインは、サーバーのコマンドラインに役立つものばかりです。Sconfig.cmdから呼び出される%Windir%¥System32¥%language%¥Sconfig.vbsの内容を確認してみるとよいでしょう。

　例えば、Windows Updateによる更新プログラムの検索とインストールは、次のコマンドラインで実行できます。WUA_SearchDownloadInstall.vbsは、Windows Update Agent APIを利用してVBScriptで記述されたWindows Updateクライアントです。

```
C:¥> cscript %Windir%¥System32¥%language%¥WUA_SearchDownloadInstall.vbs
```

改訂 Windows Server 2019のServer CoreインストールにはGUI管理ツールやIEを追加可能

　Windows Server 2019のServer Coreインストールでは、OSとは別のISOイメージとしてServer Core App Compatibility Feature of Demand（FoD）が提供されます。Server Core App Compatibility FoDからは、次に示すGUIツールおよびアプリケーションをインストールすることができ、Server Coreインストール環境のローカル管理に利用できます。

- イベントビューアー（Eventvwr.msc）
- パフォーマンスモニター（PerfMon.exeおよび.msc）
- リソースモニター（ResMon.exe）
- デバイスマネージャー（DevMgmt.msc）
- フェールオーバークラスターマネージャー（CluAdmin.msc）

- Microsoft管理コンソール（mmc.exe）およびその他のスナップイン（WF.msc、Gpedit.mscなど）
- エクスプローラー（Explorer.exe）
- Windows PowerShell ISE（PowerShell_ISE.exe）
- Internet Explorer 11（iexplore.exe）

3.2.3　Windows 10用のリモートサーバー管理ツール（RSAT）

　Windows Server 2016のリモート管理用のツールセットは、Windows 10用のリモートサーバー管理ツール（Remote Server Administration Tool：RSAT）として、Windows 10 Pro/Enterprise/Education向けにダウンロード提供されています。

Windows 10用のリモートサーバー管理ツール
🠖 https://www.microsoft.com/ja-jp/download/details.aspx?id=45520

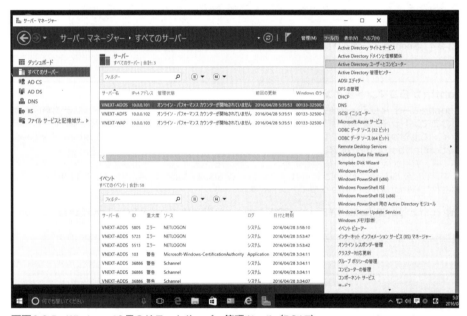

画面3-2-5　Windows 10用のリモートサーバー管理ツール（RSAT）

　Windows 10用のリモートサーバー管理ツール（RSAT）には、[サーバーマネージャー] およびサーバーの役割と機能に対応したMMC管理ツールが含まれています。ただし、Hyper-VおよびIIS Webサーバーのリモート管理のための[Hyper-Vマネージャー] および[インターネットインフォメーションサービス（IIS）マネージャー] は含まれません。これらの管理ツールは、Windows 10に含まれており、コントロールパネルの[プログラムと機能] の [Windowsの機能の有効化または無効化] を使用してインストールできます（画面3-2-6）。

　ただし、Windows 10（および以前のバージョン）に含まれる[インターネットインフォメーションサービス（IIS）マネージャー] はそのままではリモート管理に対応できません。リモート管理に対応させるには、次の拡張機能（inetmgr1.2¥inetmgr_amd64_ja-JP.msiまたはinetmgr1.2¥inetmgr_x86_ja-JP.msi）を追加でインストールする必要があります。

画面3-2-6
Hyper-VとIISの管理ツールは、Windows 10が提供するものを使用する

IIS Manager for Remote Administration 1.2
→https://www.iis.net/downloads/microsoft/iis-manager

以前のバージョン向けのリモートサーバー管理ツール（RSAT）

　［サーバーマネージャー］およびサーバーの役割や機能に対応したMMC管理ツールは、Windows Server 2012 R2、Windows Server 2012、Windows Server 2008 R2、およびWindows Server 2008のそれぞれに同梱されています。また、Windows Serverの各バージョンに対応したリモートサーバー管理ツール（RSAT）が、それぞれWindows 8.1、Windows 8、Windows 7、およびWindows Vista向けに提供されています。

Remote Server Administration Tools (RSAT) for Windows operating systems
→https://support.microsoft.com/en-us/kb/2693643

　ほとんどの場合、新しいバージョンの管理ツールは、古いバージョンのサーバーの管理が可能ですが、古いバージョンの管理ツールは新しいバージョンのサーバーの管理に対応していなかったり、新機能の管理ができなかったりします。そのため、古いバージョンとの混在環境におけるリモート管理では、Windows Server 2016に同梱される管理ツールを使用するか、Windows 10用のリモートサーバー管理ツール（RSAT）を使用することをお勧めします。

改訂 Windows 10バージョン1809以降は RSATがWindows 10のオンデマンド機能に

　Windows Server 2019のリモート管理に完全に対応したWindows 10用リモートサーバー管理ツールは、Windows 10バージョン1809のオプション機能（RSAT:＜ツール名＞）として［設定］アプリの［アプリ］を使用してオンデマンドで追加できる機能になりました。Windows 10バージョン1803以前の場合は、前述のWindows 10用リモートサーバー管理ツールのダウンロードサイトからWindows Server, version 1803用のインストーラーをダウンロードしてインストールしてください。

3.2.4 MMC管理ツール

Windows Server 2016のサーバーの役割や機能の多くには、MMC（Microsoft Management Console）スナップインベースの管理ツールが用意されており、［サーバーマネージャー］からリモート接続するか、スタンドアロンのMMC管理ツールをリモート接続してリモートサーバー上の役割や機能を管理できます。

ほとんどのMMC管理ツールは適切な資格情報で起動していれば、追加の構成なしでリモートサーバーの管理に対応できますが、一部のMMC管理ツールは接続元および接続先の一方、あるいは両方で追加の構成が必要になる場合があります。

■ Hyper-Vのリモート管理プロトコルの変更

Windows Server 2016およびWindows 10のHyper-Vは、従来のDCOM/RPCポート（TCPポート135およびランダムポート）を使用するWMI接続に加えて、新たにWindowsリモート管理のWS-Management（WS-MAN）プロトコル（TCPポート5985）を使用する接続に対応しました。

Windowsリモート管理による接続は、［サーバーマネージャー］や他のMMC管理ツールの多くと共通しているため、ファイアウォールの構成やリモート接続の構成が簡素化されます。また、WS-MANプロトコルでは、CredSSP、Kerberos、およびNTLM認証を利用できるようになり、これまでは難しかった別の資格情報を使用したローカルおよびリモート接続がサポートされます。

画面3-2-7
Windows Server 2016およびWindows 10の［Hyper-Vマネージャー］は、別の資格情報による接続を標準でサポート

Windows Server 2016およびWindows 10の［Hyper-Vマネージャー］はWindows Server 2016およびWindows 10のHyper-Vに対して、Windowsリモート管理のWS-MANプロトコルで接続するように変更されました。また、以前のバージョンのHyper-Vについては、管理互換を提供するために、従来のWMIで接続します。これにより、複数のバージョンのHyper-Vが混在する環境を、1つの［Hyper-Vマネージャー］で管理できるようになります。

 別の資格情報で接続するためのWS-MANプロトコルの構成

　　［Hyper-Vマネージャー］は既定で現在の資格情報を使用してリモートのHyper-Vホストに接続します。リモートのHyper-Vホストに接続して管理するためには、現在の資格情報がHyper-Vホスト側のAdministratorsローカルグループまたはHyper-V Administratorsローカルグループの権限を持つ必要があります。

　　現在とは別の資格情報を指定してリモートのHyper-Vホストに接続するためには、［Hyper-Vマネージャー］を実行する接続元のコンピューターと、リモートのHyper-VホストでWS-MANのCredSSP認証の

サポートについて追加の構成が必要です。

1. 接続元と接続先の両方で、コマンドプロンプトで以下のコマンドラインを実行し、Windowsリモート管理の構成が行われていなければ構成します。

```
C:¥> winrm quickconfig
```

2. 接続先のHyper-VホストでPowerShellコマンドレットを実行し、WS-MANプロトコルのCredSSP認証のサーバーの役割を有効化します。

```
PS C:¥> Enable-WSManCredSSP -Role Server
```

3. 接続元のコンピューターで［ローカルグループポリシーエディター］（Gpedit.msc）を開き、以下のポリシーを有効化して、**WS-MAN/***をサーバーの一覧に追加します。

コンピューターの構成¥システム¥資格情報の委任¥NTLMのみのサーバー認証で新しい資格情報の委任を許可する

4. 接続元のコンピューターで以下のPowerShellコマンドレットを実行し、WS-MANプロトコルのCredSSP認証のクライアントの役割を有効化します。

```
PS C:¥> Enable-WSManCredSSP -Role Client -DelegateComputer <接続先のコンピューター名>
```

5. ［Hyper-Vマネージャー］を［管理者として実行］オプションで開き、別の資格情報を指定してリモートのHyper-Vホストに接続します。［委任を有効にする］ダイアログボックスが表示されたら、［はい］をクリックしてください。

■ Webサーバー（IIS）のリモート管理

　Webサーバー（IIS）のリモート管理機能は、［Webサーバー（IIS）］の役割サービスの1つである［管理サービス（Webサーバー（IIS）¥管理ツール¥管理サービス）］が提供し、HTTPSベース（TCPポート8172を使用）に対応しています。

　［Webサーバー（IIS）］の役割の既定のインストールに役割サービス［管理サービス］は含まれないため、役割のインストール時、あるいはインストール後に明示的に追加する必要があります。また、役割サービス［管理サービス］を追加しても、既定ではリモート接続は許可されません。

　ローカルの［インターネットインフォメーションサービス（IIS）マネージャー］を利用できる場合は、［管理サービス］のプロパティを開き、［リモート接続を有効にする］を有効にして、WMSVCサービスを開始します。

　［インターネットインフォメーションサービス（IIS）マネージャー］をローカルにインストールしていない、あるいはServer Coreインストールのサーバーで［インターネットインフォメーションサービス（IIS）マネージャー］を利用できない場合は、コマンドプロンプトで次のコマンドラインを実行することで、役割サービス［管理サービス］の追加と構成が可能です。なお、3つ目のコマンドラインのstart=の後ろには必ず半角スペースを入れてください。

```
C:¥> DISM /Online /Enable-Feature /FeatureName:IIS-ManagementService
C:¥> REG ADD HKLM¥Software¥Microsoft¥WebManagement¥Server ⤶
 /v EnableRemoteManagement /t REG_DWORD /d 1 /f
C:¥> SC CONFIG WMSVC start= auto
C:¥> NET START WMSVC
```

画面3-2-8　ローカルの［インターネットインフォメーションサービス（IIS）マネージャー］で
　　　　　［管理サービス］を構成する

画面3-2-9　［インターネットインフォメーションサービス（IIS）マネージャー］から
　　　　　リモートのIIS Webサーバーに接続して管理する

3.3 コマンドラインからのリモート管理

　サーバーの初期構成が完了したら、管理用のコンピューターのGUI管理ツールやコマンド、Windows PowerShellを使用して、複数のサーバーをリモートから統合的に管理できるようになります。
　特に、Active Directoryのドメインを構成してあれば、ドメイン管理者（Domain Adminsのメンバーアカウント）はKerberos認証の資格情報の委任により、資格情報を明示的に指定することなくドメイン内のサーバーをリモート管理できます。Active Directoryドメインについては、「第4章　ID管理」で説明します。
　ここで説明するコマンドラインによるリモート管理方法は、Windows Server 2016のServer Coreインストール、フルインストール、およびNano Serverのすべてに利用できます。Nano Serverの初期構成は、事実上、コマンドラインによるリモート管理で行うことになります。

3.3.1 リモート管理の準備

Windowsリモート管理（WinRM）によるリモートコンピューターからの接続を可能にするには、コマンドプロンプトを管理者として実行し、次のコマンドラインを実行してWindowsリモート管理（WinRM）を構成します。このコマンドラインは、Windows Remote Management（WS-Management）サービスの有効化、WS-Management要求を受け付けるためのHTTPリスナーの作成、およびWindowsファイアウォールの許可設定を行います。Windowsリモート管理の許可は、Windowsリモートシェル（WinRS）を使用したコマンドのリモート実行や［サーバーマネージャー］のリモート接続のために必要です。

Windows Server 2016ではWindowsリモート管理は既定で有効化されていますが、念のため実行して確認してみてください。Windows 10などWindowsクライアントでは既定で無効です。Windowsクライアントをリモート管理の対象にするには、Windowsクライアント側でこのコマンドラインを実行してください。

```
C:¥> winrm qc または winrm quickconfig
WinRM サービスを開始します。

変更しますか [y/n]? y

...
リモート要求を許可するようにサービスを構成します。

変更しますか [y/n]? y

C:¥> winrm qc  （既に有効化されている場合）
WinRM サービスは、既にこのコンピューターで実行されています。
このコンピューター上でのリモート管理には、WinRM が既に設定されています。
```

■ PowerShell Remotingの有効化

PowerShell Remotingによるリモートコンピューターからの操作を可能にするためには、次のコマンドレットを実行します。このコマンドレットは、Windows PowerShellをPowerShell Remoting用に構成します。また、WinRMが未構成の場合は、**winrm quickconfig**と同様のWinRMの構成も行います。

```
PS C:¥> Enable-PSRemoting -Force
```

Nano Serverインストールでは既定で有効

物理または仮想マシン環境にインストールされたWindows Server 2016バージョンのNano Server（2018年10月に既にサポート終了）では、Windowsリモート管理およびWindows Remotingは既定で有効です。リモートからWinRSやPowerShell Remotingを可能にするために、Nano Server側で有効化する操作は不要です。

■ ワークグループ環境における TrustedHosts の構成

　Active Directoryのドメイン環境がある場合、［サーバーマネージャー］、WinRSコマンド、PowerShell Remotingによるリモート管理の認証には、Kerberos認証の資格情報の委任が使用されます。これは、リモート管理に対応したMMCスナップインベースのGUI管理ツールやPowerShellコマンドレットの多くも同様です。

　一方、ワークグループ構成のサーバーをリモート管理するには、NTLM認証が使用されます。NTLM認証を利用可能にするには、管理する側のコンピューターにおいて、TrustedHostsという信頼されたホストの一覧に、ワークグループ構成のサーバーのコンピューター名、FQDN、またはIPアドレスを事前に登録しておく必要があります。管理対象のサーバーを Active Directoryドメインに参加させる前に作業する必要がある場合は、一時的にこの構成を行ってください。

　コマンドプロンプトでTrustedHostsを構成するには、次のコマンドラインを使用します。＜管理対象＞の部分には、コンピューター名、FQDN、またはIPアドレスを指定します。すべてまたはFQDNの一部をワイルドカード(*)で指定することも可能です。このコマンドラインは、現在のTrustedHostsの設定値を上書きします。

```
C:\> winrm set winrm/config/client @{TrustedHosts="<管理対象>"}
```

　指定管理対象が複数ある場合は、次のようにカンマ(,)で区切って列挙します。

```
C:\> winrm set winrm/config/client @{TrustedHosts="<管理対象1>,<管理対象2>"}
```

　PowerShellでTrustedHostsを構成するには、次のコマンドラインを使用します。このコマンドラインは、現在のTrustedHostsの設定値を上書きします。

```
PS C:\> Set-Item WSMan:\localhost\Client\TrustedHosts ↩
 "<管理対象1>,<管理対象2>" -Force
```

　-Concatenate オプションを使用すると、現在のTrustedHostsの設定値に新しい値を追加することが可能です。

```
PS C:\> Set-Item wsman:\localhost\Client\TrustedHosts "<管理対象1>" -Force
PS C:\> Set-Item wsman:\localhost\Client\TrustedHosts "<管理対象2>" ↩
 -Concatenate -Force
```

■ DNSの名前解決ができない場合

　サーバーが接続された現在のネットワーク上に名前解決のためのDNSサーバーが存在しない場合は、Hostsファイル（%Windir%\System32\Drivers\etc\hosts）にIPv4アドレスとコンピューター名やFQDNの対応を記述して、名前解決できるようにしておくとよい場合があります。

画面3-3-1　HostsファイルにIPv4アドレスとコンピューター名の対応を記述して、名前解決を可能にする

■ PING応答の許可

　Windows Server 2016は、セキュリティが強化されたWindowsファイアウォールが有効であり、既定でICMPエコー要求（**Ping**コマンド）への応答はブロックされます。ネットワークの接続性を確認するために、**Ping**コマンドを使えるようにするには、ICMPエコー要求への応答を許可するように受信の規則を構成する必要があります。

　コマンドプロンプトで次のコマンドラインを実行し、現在のファイアウォールプロファイルで［ファイルとプリンターの共有］グループの規則を有効化すれば、その中にICMPエコー要求の応答許可が含まれます。

```
C:¥> netsh advfirewall firewall set rule group="ファイルとプリンターの共有" ↩
new enable=yes
```

　ICMPエコー要求への応答のみを許可するには、次のコマンドラインを実行します。なお、このコマンドラインを実行すると「ただし、"netsh firewall" は、使用されなくなりました。代わりに "netsh advfirewall firewall" を使用してください。」と表示されますが、「重要: コマンドは正常に実行されました」と表示されていれば問題ありません。

```
C:¥> netsh firewall set icmpsetting 8
重要： コマンドは正常に実行されました。
ただし、"netsh firewall" は、使用されなくなりました。
代わりに "netsh advfirewall firewall" を使用してください。
```

3.3.2 ｜ Windows Management Instrumentation（WMI）

　WMI（Windows Management Instrumentation）は、Windows標準の管理インターフェイスです。WindowsはWMIの名前空間（標準のroot¥cimv2など）を通じて、システム管理情報へのアクセスを提供します。WMIの名前空間には、プログラムやスクリプト、**WMIC**コマンド、**Get-WMIObject**コマンドレットなどを使用してアクセスできます。

　例えば、次の**WMIC**コマンドおよび**Get-WMIObject**コマンドレットのコマンドラインは、いずれもリモートコンピューターのWMIに接続してBIOS情報を取得します。

```
C:\> WMIC /NODE:"<コンピューター名>" BIOS GET Manufacturer, Name, ⏎
SMBIOSBIOSVersion
```

```
PS C:\> Get-WMIObject -ComputerName <コンピューター名> WIN32_BIOS | ⏎
Format-Table Manufacturer,Name,SMBIOSBIOSVersion
```

　WMIの名前空間へのリモート接続には、TCPポート135および動的ポートを使用するMicrosoft RPCプロトコルが使用されます。Microsoft RPCのポートのWindowsファイアウォールにおける許可は、サーバーにインストールされる役割や機能によって、必要に応じて自動構成されます。明示的に許可するには、Windowsファイアウォールで［Windows Management Instrumentation（WMI）］ルールグループを許可します。コマンドラインから許可するには、次のコマンドラインを実行します。

```
C:\> netsh advfirewall firewall set rule ⏎
group="Windows Management Instrumentation (WMI)" new enable=yes
```

Hyper-Vの管理用の名前空間

　Windows Server 2016およびWindows 10のHyper-Vは、WMIの名前空間root\virtualization\v2を通じて管理機能を提供します。Windows Server 2008 R2以前はroot\virtualizationという名前空間を使用していました。Windows Server 2012は、root\virtualization\v2とroot\virtualizationの両方を提供していましたが、Windows Server 2012 R2以降はroot\virtualization\v2のみを使用するように変更されています。

　この名前空間の変更の影響により、Windows Server 2012以降のHyper-Vマネージャーは、root\virtualizationを使用するWindows Server 2008 R2以前のHyper-Vに接続して管理することができません。一方、Windows Server 2008 R2以前のHyper-Vマネージャーは、root\virtualization\v2のみを使用するWindows Server 2012 R2以降のHyper-Vに接続することができません。

　名前空間の変更は、以前のバージョンのHyper-V向けに作成されたスクリプトにも影響する場合があります。例えば、次のVBScriptコードは、仮想マシンの一覧を取得する簡単なサンプルです（このテキストをvmlist.vbsというファイル名で保存し、**cscript vmlist.vbs**を実行）。このサンプルはWindows Server 2012のHyper-Vまでは対応できますが、Windows Server 2012 R2以降のHyper-Vではエラーになります。このサンプルをWindows Server 2012 R2以降のHyper-Vに対応させるにはコードの**root\virtualization**を**root\virtualization\v2**に変更する必要があります。

```
Option Explicit
Dim WMIService, VMs, VM
Set WMIService = GetObject("winmgmts:\\.\root\virtualization")
Set VMs = WMIService.ExecQuery("SELECT * FROM Msvm_ComputerSystem")
WScript.Echo "Caption, ElementName, EnabledState"
For Each VM In VMs
  WScript.Echo VM.Caption & ", " & VM.ElementName & ", " & VM.EnabledState
Next
```

　なお、以前のHyper-VマネージャーはローカルおよびリモートのHyper-VにWMIで接続していましたが、Windows Server 2016およびWindows 10のHyper-Vマネージャーは、Windows Server 2016およびWindows 10のHyper-Vに接続する場合にWinRMのWS-Managementを使用するように変更されました。Windows Server 2012 R2のHyper-Vに接続する際には、従来のWMIが使用されます。

3.3.3 Windowsリモートシェル（WinRS）

Windowsリモートシェル（WinRS）は、Windowsリモート管理（WinRM）のサービスと対で動作する、Windowsが古くから備えるコマンドのリモート実行機能です。WinRSからWinRMへのリモート接続には、TCPポート5985を使用するHTTPベースのWS-Managementプロトコルを使用します。なお、Windows VistaおよびWindows Server 2008以前は、WS-ManagementプロトコルはTCPポート80を使用していました。

WinRSコマンドを次のように実行すると、リモートのサーバーで任意のコマンドラインを実行することができます。実行することができるコマンドラインは、リモートのサーバー側にあるコマンドやプログラム、スクリプトです。

```
C:¥> winrs -r:<コンピューター名> -u:<ドメイン名またはコンピューター名>¥<ユーザー名>↵
 -p:<パスワード> <リモート実行するコマンドライン>
```

Active Directoryドメイン環境で、WinRSを実行するユーザーが適切な権限を持つアカウントであれば、-uおよび-pパラメーターは省略できます。

```
C:¥> winrs -r:<コンピューター名> <リモート実行するコマンドライン>
```

接続先がWindows Server 2016バージョンのNano Server（2018年10月に既にサポート終了）の場合は、**CHCP**コマンドを実行してコマンドプロンプトのコードページを65001（UTF-8）に切り替えてからWinRSコマンドを実行する必要があります。日本語のコードページ932や英語のコードページ（432）では「Winrs error: WinRS クライアントは要求を処理できません。サーバーがコード ページを設定できません。」と表示され、コマンドをリモート実行できません。

```
C:¥> CHCP 65001
C:¥> winrs -r:<Nano Serverのコンピューター名> …
```

WinRMが使用するポートは、**winrm quickconfig**コマンドや**Enable-PSRemoting**コマンドレットの実行により、Windowsファイアウォールで許可されます。明示的に許可するには、Windowsファイアウォールで［Windows Remote Management］ルールグループを許可します。コマンドラインから許可するには、次のコマンドラインを実行します。

```
C:¥> netsh advfirewall firewall set rule group="Windows リモート管理" ↵
 new enable=yes
```

3.3.4 PowerShell Remoting

Windows PowerShellのPowerShell Remoting機能は、WinRMサービスを介して、リモートコンピューターのWindows PowerShellとセッション（PSセッション）を確立し、対話的なシェルの操作またはスクリプトブロックの実行を可能にします。

PowerShell Remotingで対話的にリモートコンピューターを操作するには、Windows PowerShellで次のコマンドラインを実行してPSセッションを作成します。PSセッションは、**exit**または**Exit-PSSession**コマンドレットで終了します。

```
PS C:\> Enter-PSSession -ComputerName <コンピューター名>
[コンピューター名]: PS C:\> ～PowerShellを対話的に実行～
[コンピューター名]: PS C:\> ExitまたはExit-PSSession
PS C:\>
```

または

```
PS C:\> Enter-PSSession -ComputerName <コンピューター名> ↩
 -Credential <ドメイン名またはコンピューター名\ユーザー名>
```

　スクリプトブロックをリモート実行してその結果を取得するには、Windows PowerShellで次のコマンドラインを実行します。

```
PS C:\> Invoke-Command -ScriptBlock {<スクリプトブロック>} ↩
 -ComputerName <コンピューター名>
～スクリプトブロックの実行結果～
PS C:\>
```

または

```
PS C:\> Invoke-Command -ScriptBlock {<スクリプトブロック>} ↩
 -ComputerName <コンピューター名> ↩
 -Credential <ドメイン名またはコンピューター名\ユーザー名>
```

　PowerShell Remotingは、以下のように**New-PSSession**コマンドレットで固定的なセッションを作成し、**Invoke-PSSession**や**Enter-PSSession**の**-Session**パラメーターにセッションを指定して再利用することも可能です。

```
PS C:\> $mypssession = New-PSSession -ComputerName <コンピューター名> ↩
 -Credential <ドメイン名またはコンピューター名\ユーザー名>
PS C:\> Invoke-Command -Session $mypssession -ScriptBlock {<スクリプトブロック>}
PS C:\> Enter-PSSession -Session $mypssession
[コンピューター名]: PS C:\> Exit-PSSession
PS C:\> Get-PSSession                                    (利用可能な固定セッションの確認)
PS C:\> Disconnect-PSSession -Session $mypssession       (固定セッションの切断)
PS C:\> Connect-PSSession -Session $mypssession          (固定セッションの再接続)
PS C:\> Remove-PSSession -Session $mypssession           (固定セッションの削除)
```

　なお、PowerShellのコマンドレットで**-ComputerName**パラメーターをサポートするものは、PowerShell Remotingを使用することなく、リモートコンピューターを対象にコマンドレットを実行することが可能です。このようなコマンドレットは、リモートコンピューターのWMIにアクセスして、システム管理情報の取得や変更操作を行います。例えば、次の2つのコマンドラインはどちらもリモートコンピューターを再起動します。

```
PS C:\> Invoke-Command -ScriptBlock {Restart-Computer -Force} ↩
 -ComputerName <コンピューター名>
PS C:\> Restart-Computer -ComputerName <コンピューター名> -Force
```

3.3.5 Hyper-V仮想マシンのホストからの管理

管理対象のリモートサーバーがHyper-Vの仮想マシンで動作している場合は、Hyper-Vが提供する、ネットワークを経由しないホストとゲスト間の連携機能を利用できます。

■ Copy-VMFileによるゲストへのファイルコピー

Copy-VMFileコマンドレットは、Hyper-Vホストと仮想マシンのゲストとの内部通信チャネル（仮想マシンバス）を介して仮想マシンのゲストサービス（Hyper-VのゲストOS側コンポーネントの1つ）と連携し、Hyper-Vのホストから仮想マシンのゲストOSへのファイルコピーを可能にします。この機能はWindows Server 2012 R2以降のHyper-Vホストで利用でき、Hyper-VがサポートするWindowsゲスト、およびLinuxゲストの一部（hv_fcopy_daemonをサポートするLinuxゲスト）に対してファイルのコピーが可能です。仮想マシンのゲストとして動作するNano Serverは、この機能に対応しています。

Copy-VMFileコマンドレットを使用してファイルをコピーするには、対象の仮想マシンの設定で統合コンポーネントの［ゲストサービス］が有効になっている必要があります。ゲストサービスは、仮想マシンの既定の設定では無効です。仮想マシンの設定でゲストサービスを有効にすると、仮想マシンのゲストOS側でゲストサービスをサポートするためのゲストコンポーネント（WindowsゲストのHyper-V Guest Service InterfaceサービスやLinuxゲストのhv_fcopy_daemon）が有効になります。

コマンドラインから仮想マシンのゲストサービスを有効にするには、Hyper-VホストのWindows PowerShellで次のコマンドラインを実行します。ゲスト側は、Hyper-VでサポートされるWindows Server、Windows、Nano Server、および一部のLinuxゲストで利用できます。

```
PS C:\> Enable-VMIntegrationService -VMName "<仮想マシン名>"
 "ゲスト サービス インターフェイス"
```

Copy-VMFileコマンドレットによるファイルコピーは、次のコマンドラインで実行します。なお、ファイルコピーの方向は、Hyper-Vホストから仮想マシンのゲストへの一方向のみがサポートされます。また、Windowsゲストに対するファイルコピーでは、C:\Windowsフォルダーのような保護されたシステムパスへのコピーはブロックされます。

```
PS C:\> Copy-VMFile -Name "<仮想マシン名>" -SourcePath "<コピー元のファイルパス>"
 -DestinationPath "<ゲスト側のコピー先のファイルパス>" -FileSource Host
```

画面3-3-2
Copy-VMFileコマンドレットによる、Hyper-Vホストから仮想マシンのゲストへのネットワークを使用しないファイルコピー

■ PowerShell Direct

　Windows Server 2016では、新機能としてHyper-V仮想マシンへのPowerShell Directがサポートされます。

　PowerShell Directは、Hyper-Vホストと仮想マシンのゲストとの内部通信チャネル（仮想マシンバス）を使用して、ゲストのPowerShellのセッションに接続する機能であり、Enter-PSSessionやInvoke-Commandコマンドレットにはそのための-VMNameオプションが追加されています。この機能は、ネットワークを使用しないだけでなく、通常のPowerShell Remotingの有効化（Enable-PSRemoting）やWindowsファイアウォールの設定に関係なく使用できます。なお、仮想マシンのゲストOSとしては、Windows Server 2016およびWindows 10がサポートされます。もちろん、Nano Serverでも利用可能です。

　Enter-PSSessionコマンドレットで仮想マシンに接続するには、次のコマンドラインを実行します。資格情報の指定は必須であり、-Credentialオプションを省略した場合は資格情報を要求されます。

```
PS C:\> Enter-PSSession -VMName <仮想マシン名>
 -Credential <ドメイン名またはコンピューター名\ユーザー名>
```

　Invoke-Commandコマンドレットでスクリプトブロックを実行するには、次のコマンドラインを実行します。資格情報の指定は必須であり、-Credentialオプションを省略した場合は資格情報を要求されます。

```
PS C:\> Invoke-Command -ScriptBlock {<スクリプトブロック>} -VMName
 <仮想マシン名> -Credential <ドメイン名またはコンピューター名\ユーザー名>
```

　なお、New-PSSessionコマンドレットは、-VMNameパラメーターをサポートしていません。

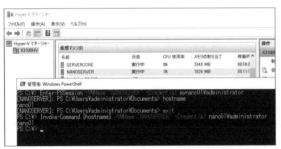

画面3-3-3　Windows Server 2016のPowerShell Remotingは、ネットワークを経由しない仮想マシンのゲストへのPSセッション接続をサポート

3.3.6 PowerShell DSC

　仮想化やクラウドの普及により、以前にも増して仮想マシンやサービスのプロビジョニングの自動化や高速化が求められるようになりました。Windows PowerShell Desired State Configuration（DSC）は、Windows PowerShell 4.0から提供されている、サービスの構成と管理の自動化を支援する新しい管理プラットフォームです。PowerShell DSCを使用すると、1か所から1台以上のコンピューターに対して、次のような管理タスクの実行を自動化できます。

- サーバーの役割と機能の追加または削除
- レジストリ設定の管理
- ファイルとフォルダーの管理
- プロセスとサービスの実行制御
- ユーザーアカウントとグループの管理
- 新しいソフトウェアの展開
- 環境変数の管理
- Windows PowerShellスクリプトの実行
- 望ましい状態（Desired State）と異なる構成（Configuration）の修正
- 実際の構成状態の調査

PowerShell DSCの対象は広範囲であるため、ここでは1つの簡単なサンプルでPowerShell DSCの機能を紹介します。PowerShell DSCに関するより詳細な情報は、以下のドキュメントを参考にしてください。

Windows PowerShell Desired State Configuration Overview
→https://docs.microsoft.com/en-us/powershell/dsc/overview/overview

なお、PowerShell DSCはWindows Server 2016バージョンのNano Server（2018年10月に既にサポート終了）でもMicrosoft-NanoServer-DSC-Package.cabパッケージを追加することでサポートされていました。

■ 構成スクリプトによるMOFの作成

"Desired State Configuration"とは、文字通り"望ましい状態の構成"という意味です。PowerShell DSCを使用すると、管理者は望ましい状態の構成（DSC構成）のベースラインを定義し、それを1台以上のターゲットコンピューターに展開することで、システム構成を自動化できます。未構成のシステムをDSC構成に基づいて構成することもできますし、DSC構成との違いを修正してベースラインに準拠させることもできます。DSC構成を定期的に繰り返し適用することで、常に"望ましい状態"を維持できます。

DSC構成はPowerShellのスクリプト（.ps1）で記述し、構成データをMOFファイル（Microsoft Operations Frameworkに基づいた定義ファイル）として出力します。サンプルスクリプトDscDemo.ps1は、Webサーバーを自動展開する以下のタスクを定義したものです。

1. ターゲットコンピューターに［Webサーバー（IIS）］の役割が存在するかどうかをチェックし、存在しなければインストールします。
2. ［Webサーバー（IIS）］の役割が存在する場合は、C:¥inetpub¥wwwrootが存在するかどうかをチェックし、存在しなければ作成します。
3. 共有フォルダーからC:¥inetpub¥wwwrootにWebコンテンツをコピーします。
4. 以上の構成を、指定した1台以上のコンピューターに展開するためのMOFファイルを指定した保存先パスに出力します。

このサンプルスクリプトを実行すると、指定したパスにターゲットコンピューターごとのMOFファイル（＜ターゲットコンピューターのFQDN＞.mof）が作成されます。

サンプルスクリプトDscDemo.ps1（太字の部分は環境に合わせて変更してください）

```
Configuration MyWebConfig
{
    param ($MachineName, $WebsiteFilePath)
    Node $MachineName
    {
        WindowsFeature IIS
        {
            Ensure = "Present"
            Name = "Web-Server"
        }
        File WebDirectory
        {
            Ensure = "Present"
            Type = "Directory"
            Recurse = $true
            Force = $true
            SourcePath = $WebsiteFilePath
            DestinationPath = "C:\inetpub\wwwroot"
            DependsOn = "[WindowsFeature]IIS"
        }
    }
}
MyWebConfig -MachineName "<ターゲットコンピューター1のFQDN>" ⏎
 -WebsiteFilePath "\\<ファイルサーバー名>\<共有名>" ⏎
 -OutputPath "<MOFファイルの保存先パス>"
MyWebConfig -MachineName "<ターゲットコンピューター2のFQDN>" ⏎
 -WebsiteFilePath "\\<ファイルサーバー名>\<共有名>" ⏎
 -OutputPath "<MOFファイルの保存先パス>"
```

■ Start-DscConfigurationによる構成の展開

　MOFファイルを作成したら、Start-DscConfigurationコマンドレットにMOFファイルのパスを指定して実行します。-Waitオプションを省略すると構成がバックグラウンドで実行されます。-Waitオプションを使用すると、構成をフォアグラウンドで実行し、進行状況を表示させることができます。また、さらに-WhatIfオプションを追加すると、実際には構成を実行せずに、DSC構成に基づいてどのような処理が行われるのかを確認できます。

```
PS C:\> Start-DscConfiguration -Path "<MOFファイルのパス>" -Wait
```

　構成が完了し、ターゲットコンピューターにWebブラウザーでアクセスすると、PowerShell DSCで展開したWebサイトとWebコンテンツを確認できます。

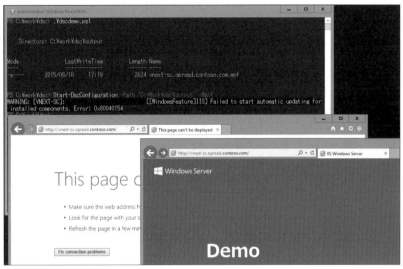

画面3-3-4　PowerShell DSCを使用してリモートサーバーをWebサーバーとして構成

3.4 その他のリモート管理ツール

　Windows Server 2016のリモート管理に利用できるその他のツールとして、2018年に登場した新しいWindows Admin Center、およびWindows SysinternalsのPsToolsについて紹介します。

3.4.1 Windows Admin Center 改訂

　Windows Admin Centerは、マイクロソフトが無料でダウンロード提供している新しいサーバー管理ツールです。この管理ツールはProject Honoluluとして開発が進められ2018年4月に最初のバージョンWindows Admin Center 1804の一般提供が始まりました。次のメジャーバージョンであるWindows Admin Center 1809は2018年9月にリリースされています（2019年1月に既知の問題を修正した更新バージョン1809.5がリリースされています）。このように、Windows Admin Centerは、半期チャネル（SAC）のサイクルで新バージョンが提供されます。

Windows Admin Center
⇒https://docs.microsoft.com/ja-jp/windows-server/manage/windows-admin-center/overview

　Windows Serverの標準の管理ツールとして、［サーバーマネージャー］やMicrosoft管理コンソール（MMC）の各種スナップインが提供されており、System Center製品やサードベンダーのソリューションを導入しない場合、これらの標準の管理ツールを使い分ける必要があります。Windows Admin Centerは、このような従来から使われてきた管理環境の進化系であり、使い慣れた管理ツールの多くが1つのコンソールに統合されています。Windows Admin Centerは、従来の標準的な管理ツールやSystem Centerの管理ソリューションを置き換えるものではなく、これらを補完して管理を効率化するものです。

Windows Admin Centerは、Windows 10（バージョン1709以降）またはWindows Server 2016以降に簡単にインストールできる、HTML5で作成されたWebベースの管理ツールアプリです。IIS Webサーバーに依存することなく軽量に動作し、Windows Admin Center 1809時点では、HTML5対応のWindows 10のMicrosoft Edge、Google Chrome、Mozilla Firefox（ただしテストされていません）から利用可能です。

　Windows 10にインストールする場合、デスクトップモードとしてインストールされ、ローカルのWindows 10コンピューターをローカルのブラウザーで管理することができます。

　Windows Server 2016以降のWindows Server（Server Coreインストールも可）にインストールする場合、ゲートウェイモードとしてインストールされ、リモートコンピューターのブラウザー（Windows ServerのローカルのInternet Explorer 11はサポートされません）からゲートウェイに接続し、ゲートウェイのWindows Serverを管理することができます。

　どちらの場合も、リモートのWindows 10コンピューター、Windows Server 2008 R2以降のWindows Server、Windows Server 2012以降のフェールオーバークラスター、およびWindows Server 2016以降のハイパーコンバージドクラスター（少なくとも記憶域スペースダイレクトが構成されたフェールオーバークラスター）を追加して、次のいずれかのツールを使用してエージェントレスでリモート管理することができます（画面3-4-1）。なお、Windows Server 2012 R2以前を管理するためには、管理対象にWindows Management Framework 5.1のインストールが必要です。

- サーバーマネージャー
- コンピューター管理
- フェールオーバークラスターマネージャー
- ハイパーコンバージドクラスターマネージャー

画面3-4-1　Windows Admin Centerアプリのトップページ

　Windows Admin CenterにWindows 10コンピューターや、サーバー、フェールオーバークラスターを追加すると、管理対象ごとのページでさまざまな管理機能を利用できます。イベントビューアーやサービス、タスクスケジューラー、タスクマネージャー、Hyper-Vマネージャー、役割の追加と削除といった、使い慣れたMMCスナップインの管理ツールや［サーバーマネージャー］と同等の管理機能が、1つのコンソールに統合されています。また、ブラウザー内でPowerShellのセッションやリモー

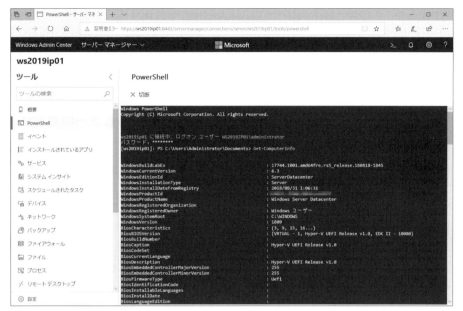

画面3-4-2 Windows Admin Centerの［サーバーマネージャー］でPowerShellを操作しているところ

トデスクトップセッションにアクセスすることができます（画面3-4-2）。

　Windows Admin Centerはオンプレミスと Microsoft Azure とのハイブリッド環境の管理が強化されており、Azure インテグレーションをセットアップすることで、Azure Active Directory の ID 認証に基づいたWindows Admin Centerへのアクセスの許可や多要素認証を簡単に実装できます。また、Microsoft Azure の各種管理サービス（Windows Admin Center 1809の時点では、Azure Backupに

画面3-4-3 Windows Admin Centerは、管理対象に必要な更新プログラムを評価し、インストールや再起動をスケジューリングできる。この機能を、Azure Update Managemenetで行うように簡単にセットアップすることも可能

よるファイルのスケジュールバックアップ、Azure Site RecoveryによるHyper-V仮想マシンのAzureへのレプリケーション、Azure Update Managementによる更新プログラムと再起動の管理）やAzure仮想ネットワークとのポイント対サイトVPN接続（Azureネットワークアダプター）のセットアップを簡単に行えるようになります（画面3-4-3）。

> **改訂 Microsoft Azureのサーバー管理ツールはプレビューのまま終了**
>
> 初版のこの項は「3.4.1　Microsoft Azureのサーバー管理ツール」でしたが、2016年2月からプレビュー提供されたAzureのサーバー管理ツール（Server Management Tool）サービスは、一般提供されることなく2017年6月末に終了しました。

3.4.2　Windows SysinternalsのPsTools

　Windows Sysinternalsは、マイクロソフトが無償で提供している、Windowsの管理やトラブルシューティングに役立つユーティリティ群です。Windows Sysinternalsにはさまざまなユーティリティがありますが、PsToolsに分類されるツールの多くはリモート管理に対応しており、Windowsファイアウォールの［ファイルとプリンターの共有］グループの受信規則だけでリモート接続ができ、かつ別の資格情報を指定して実行できるという手軽さがあります。

Windows Sysinternals | PsTools
→https://docs.microsoft.com/ja-jp/sysinternals/downloads/pstools

　例えば、次のコマンドラインを実行すれば、指定した資格情報で任意のコマンドを実行できます。また、-sオプションを指定することで、システムアカウント（NT AUTHORITY¥SYSTEM）でプロセスを実行させることも可能です（画面3-4-4）。

```
C:¥> PsExec ¥¥<コンピューター名> -u <資格情報> <リモート実行したいコマンド>
```

画面3-4-4
Windows SysinternalsのPsExecを利用したコマンドのリモート実行

Sysinternals Suite for Nano Server

　PsToolsの多くのツールは、リモートのNano Serverに対しても実行可能ですが、ツールによっては64ビット版のバイナリを明示的に使用する必要があります。例えば、PsGetSid.exe、PsKill.exeをNano Serverに対して実行すると、「この種類のイメージのサポートに必要なサブシステムがありません」と表示され、失敗します。PsToolsを含むWindows Sysinternalsのユーティリティは1つのバイナリで32ビットと64ビットの両方に対応していますが、Nano ServerはWOW64の32ビットサポートを含まないため、通常のバイナリは実行できないのです。リモートのNano Serverに対しては、PsGetSid.exe、PsKill.exeではなく、PsGetSid64.exe、PsKill64.exeを使用してください。

　マイクロソフトはWindows Sysinternalsのユーティリティ群を1つにまとめた通常版のSysinternals Suiteとは別に、Sysinternals Suite for Nano Serverを提供しています。Sysinternals Suite for Nano Serverは、Nano Server上でのローカル実行およびNano Serverからのリモート実行に対応した、64ビット版のユーティリティをまとめたものです。

Windows Sysinternals | Sysinternals Suite
→https://docs.microsoft.com/ja-jp/sysinternals/downloads/sysinternals-suite

画面3-4-5　Sysinternals Suite for Nano Serverに含まれるAutoruns（Autorunsc64.exe）

3.5 役割と機能の追加と削除

　Windows Server 2016のServer Coreインストールおよびフルインストールでサポートされるサーバーの役割および機能は、一部を除いてバイナリ（インストールソース）がWindowsのインストール（%Windir%¥WinSxS）に含まれているため、インストールメディアなしで簡単に追加/削除できます。その方法について、［役割と機能の追加ウィザード］を使用する方法、**DISM**コマンドを使用する方法、およびPowerShellを使用する方法で説明します。

　Windows Server 2016バージョンのNano Server（2018年10月に既にサポート終了）の場合は、イメージ作成時にオフラインで、または展開後にオンラインでインストールメディア（またはインストールメディアに含まれるパッケージのコピー）からパッケージ（.cab）を追加/削除します。Nano Serverについては、オンラインでパッケージを追加/削除する方法について説明します。

3.5.1 [役割と機能の追加ウィザード]の使用

ローカルコンピューターへのサーバーの役割と機能の追加と削除は、[サーバーマネージャー]の[ダッシュボード]ページから起動する[役割と機能の追加ウィザード]と[役割と機能の削除ウィザード]から実行できます。

[役割と機能の追加ウィザード]を起動するには、[ダッシュボード]ページの[② 役割と機能の追加]をクリックします。[役割と機能の削除ウィザード]は、[役割と機能の追加ウィザード]の最初の[開始する前に]ページにある[役割と機能の削除ウィザードの起動]から切り替えます。あるいは、[サーバーマネージャー]の[管理]メニューから[役割と機能の追加]または[役割と機能の削除]を選択して、それぞれのウィザードを開始します。

これらのウィザードは、ローカルコンピューター、リモートコンピューター、およびVHD/VHDXファイル内のオフラインイメージに対して役割の追加や削除を実行できます。また、Windows Server 2016だけでなく、Windows Server 2012以降のWindows Server、Microsoft Hyper-V Server 2012以降、およびWindows Server 2016バージョンのNano Server（2018年10月に既にサポート終了）に対して役割の追加と削除を実行できます。ただし、Nano Serverについては、追加済みパッケージの役割と機能の有効化、無効化に限定されます。

画面3-5-1
[役割と機能の追加ウィザード]を使用した役割や機能のインストール

■ リモートデスクトップサービスのインストール

Windows Server 2016のリモートデスクトップサービスのインストールには、後述するDISMコマンドやPowerShellコマンドレットではなく、[役割と機能の追加ウィザード]を使用する必要があります。

リモートデスクトップサービスには、セッションベースと仮想マシンベースのデスクトップ展開が可能ですが、リモートデスクトップサービスの複数の役割サービスを適切に構成するには、ウィザードに用意されているリモートデスクトップサービス専用のインストールオプションを使用する必要があります。詳しくは、「第9章 リモートデスクトップサービス」で説明します。

第**3**章 サーバーの初期構成と基本的な管理　99

画面3-5-2　リモートデスクトップサービスのためのシナリオベースのインストールウィザード

■ .NET Framework 3.5 Featuresのインストール用バイナリ

　サーバーの機能である.NET Framework 3.5 Featuresは、Windowsのインストールにバイナリが含まれません。この機能をインストールするには、インストール時にインターネットからバイナリをダウンロードさせるか、Windows Server 2016のインストールメディアの場所を代替ソースパスとして指定する必要があります。.NET Framework 3.5 Featuresのバイナリは、Windows Server 2016のインストールメディアの¥Sources¥SxSフォルダーに収録されています。

　バイナリが削除されている機能のことは「オンデマンド機能」と呼ばれ、Windows Server 2012 R2以前のServer Coreインストールではいくつかの機能がオンデマンド機能で提供されていました。Windows Server 2016では.NET Framework 3.5 Featuresの機能のみ、バイナリが削除されています。

画面3-5-3
インターネット接続を利用できないサーバーに.NET Framework 3.5 Featuresの機能をインストールするには、代替ソースパスを指定する必要がある

3.5.2 DISMコマンドの使用

コマンドラインからローカルコンピューターに対してサーバーの役割と機能を追加または削除するには、DISMコマンドまたはPowerShellコマンドレットを使用します。はじめに、DISMコマンドによる方法を説明します。

DISMコマンドを使用してインストール可能な役割と機能の機能名、およびインストール状況を確認するには、次のコマンドラインを実行します。

```
C:\> DISM /Online /Get-Features
```

役割や機能を追加または削除するには、機能名を確認した上で次のコマンドラインを実行します。

```
C:\> DISM /Online /Enable-Feature /FeatureName:<機能名>
C:\> DISM /Online /Disable-Feature /FeatureName:<機能名>
```

例えば、フルインストールのサーバーにHyper-Vの役割と関連するすべての管理ツールをインストールするには、次のコマンドラインを実行して、サーバーを再起動します。

```
C:\> DISM /Online /Enable-Feature /FeatureName:Microsoft-Hyper-V ↵
 /FeatureName: RSAT-Hyper-V-Tools-Feature
C:\> shutdown /r /t 0
```

関連するすべての管理ツールのインストールは、次のように/Allオプションで指定することもできます。

```
C:\> DISM /Online /Enable-Feature /FeatureName:Microsoft-Hyper-V /All
C:\> shutdown /r /t 0
```

Server CoreインストールのサーバーにHyper-Vの役割をインストールする場合は、Hyper-Vの役割に加え、GUI管理ツールを除くPowerShellの管理機能サポートのみを追加します。

```
C:\> DISM /Online /Enable-Feature /FeatureName:Microsoft-Hyper-V ↵
 /FeatureName: Microsoft-Hyper-V-Management-PowerShell
C:\> shutdown /r /t 0
```

.NET Framework 3.5 Featuresの代替ソースパスを指定してのインストールは、次のコマンドラインを実行します。この例は、Windows Server 2016のインストールメディアがD:\ドライブに接続済みの場合です。

```
C:\> DISM /Online /Enable-Feature /FeatureName:NetFX3 ↵
 /Source:D:\Sources\SxS /LimitAccess
```

3.5.3 PowerShellの使用

PowerShellを使用する場合は、Get/Install/Uninstall-WindowsFeatureコマンドレットを使用します。Install/Uninstall-WindowsFeatureコマンドレットは、Add/Remove-WindowsFeatureエイリアスを使用することもできます。

PowerShellを使用してインストール可能な役割と機能の機能名、およびインストール状況を確認するには、次のコマンドラインを実行します。

```
PS C:\> Get-WindowsFeature
```

役割や機能を追加または削除するには、機能名を確認した上で次のコマンドラインを実行します。機能名は、DISMコマンドの場合とは異なるので注意してください。

```
PS C:\> Install-WindowsFeature -Name <機能名>
PS C:\> Uninstall-WindowsFeature -Name <機能名>
```

例えば、フルインストールのサーバーにHyper-Vの役割と関連するすべての管理ツールをインストールするには、次のコマンドラインを実行して、サーバーを再起動します。

```
PS C:\> Install-WindowsFeature -Name Hyper-V, RSAT-Hyper-V-Tools -Restart
```

関連するすべての管理ツールのインストールは、次のように-IncludeManagementToolsパラメーターで指定することもできます。

```
PS C:\> Install-WindowsFeature -Name Hyper-V -IncludeManagementTools ↩
 -Restart
```

Server CoreインストールのサーバーにHyper-Vの役割をインストールする場合は、Hyper-Vの役割に加え、GUI管理ツールを除くPowerShellの管理機能サポートのみを追加します。

```
PS C:\> Install-WindowsFeature -Name Hyper-V, Hyper-V-PowerShell -Restart
```

.NET Framework 3.5 Featuresの代替ソースパスを指定してのインストールは、次のコマンドラインを実行します。この例は、Windows Server 2016のインストールメディアがD:\ドライブに接続済みの場合です。

```
PS C:\> Install-WindowsFeature NET-Framework-Core -Source D:\Sources\SxS
```

不要なバイナリを削除する

コンピューターにインストールされていない役割や機能は、次のコマンドラインでバイナリを削除できます。

```
PS C:\> Uninstall-WindowsFeature <機能名> -Remove
```

次の2行のコマンドラインを実行すると、現在インストールされていないすべての役割と機能のバイナリを一括で削除して、ディスク領域を解放できます。

```
PS C:¥> $targets = (Get-WindowsFeature | Where {$_.InstallState -eq ↵
 "Available"})
PS C:¥> ForEach ($target in $targets) { Uninstall-WindowsFeature ↵
 $target.Name -Remove }
```

役割や機能のバイナリを削除しても、Windows Server 2016のインストールメディアのSources¥Install.wimをインストールソースとして指定すればインストール可能です。それには、［役割と機能の追加ウィザード］の［代替ソースパスの指定］ページ、**DISM**の**/Source**パラメーター、または**Install-WindowsFeature**の**-Source**パラメーターに、**WIM:D:¥Sources¥Install.wim:2**（Standardエディションの場合）または**WIM:D:¥Sources¥Install.wim:4**（Datacenterエディションの場合）を指定します。

3.5.4 仮想ハードディスクのオフラインメンテナンス

　Windows Server 2016の［サーバーマネージャー］の［役割と機能の追加ウィザード］および［役割と機能の削除ウィザード］、DISMコマンド、Install/Uninstall-WindowsFeatureコマンドレットはすべて、Windows Server 2012以降のWindows ServerがインストールされたHyper-V仮想マシンのVHDまたはVHDX形式の仮想ハードディスクに対して、オフラインで役割や機能を追加することができます。

　この方法を使用すると、仮想マシンを起動せずにWindows Serverの役割と機能を管理できます。例えば、Sysprepで一般化した仮想マシンテンプレートに対して、Sysprepに影響されない役割や機能を追加することができます。Nano Serverのイメージを展開した仮想ハードディスクも、この方法でインストール済みパッケージのオプションの役割や機能を有効化することが可能です。

画面3-5-4
メンテナンス用のサーバーとメンテナンス対象の仮想ハードディスク（VHDまたはVHDX）を指定する

　DISMコマンドを使用する場合は、次のようにVHD/VHDXファイルをローカルマウントし、役割や機能をインストールしてから、マウントを解除します。

```
C:¥> DISM /Mount-Image /ImageFile:<VHD/VHDXファイルのパス> /Index:1 ↵
 /MountDir:<マウントポイント>
C:¥> DISM /Image:<マウントポイント> /Enable-Feature /FeatureName:<機能名>
C:¥> DISM /Unmount-Image /MountDir:<マウントポイント> /Commit
```

Install-WindowsFeatureコマンドレットを使用する場合は、-VhdパラメーターにVHDまたはVHDXファイルのパスを指定します。

```
PS C:\> Install-WindowsFeature -Vhd "<VHD/VHDXファイルのパス>" -Name <機能名>
```

3.5.5 │ Nano Serverへの役割と機能の追加

> **改訂** **Windows Server 2016バージョンのNano Serverはサポート終了**
>
> Windows Server 2016バージョンのNano Serverは半期チャネル（SAC）扱いであり、2018年10月に既にサポートが終了しています。この節の内容は、「2.3　Nano Serverのインストール」と同様に、サポートが終了した環境を再現する必要がある場合に備えて、初版のままの状態で残しています。現在ではサポートされない利用シナリオであることに留意してください。

　Windows Server 2016バージョンのNano Serverがサポートする役割や機能は、Nano Serverのイメージには含まれず、Windows Server 2016のインストールメディアの¥NanoServer¥Packagesに収録されているパッケージおよび言語パック（.cab）をイメージ作成時にオフラインで、または物理サーバーまたは仮想マシン環境に展開済みのNano Serverにオンラインで追加することでインストールします。イメージ作成時のオフラインでのインストールについては、「第2章　インストールとアップグレード」で説明しました。ここでは、展開後のNano Serverにオンラインで追加する方法を説明します。

　WinRSやPowerShell Remoting、PowerShell Direct、EMSのSAC、いずれかの方法でNano Serverにリモート接続し、Windows Server 2016のインストールメディアの¥NanoServer¥Packagesフォルダーから役割や機能のパッケージおよび対応する言語パックをインストールします。¥NanoServer¥Packagesフォルダーの内容を共有フォルダーにコピーして共有フォルダーのUNCパスを指定することもできます。

```
DISM /Online /Add-Package /PackagePath:<パッケージのパス>
DISM /Online /Add-Package /PackagePath:<言語パックのパス>
```

　次の例は、[Webサーバー（IIS）]の役割をインストールし、World Wide Web Publishing Service（w3svc）サービスを開始する例です。役割のインストールがエラーで失敗する場合は、パッケージ、言語パックの順番で再実行してください。

```
DISM /Online /Add-Package /PackagePath:D:\NanoServer\Packages\↵
 Microsoft-NanoServer-IIS-Package.cab
DISM /Online /Add-Package /PackagePath:D:\NanoServer\Packages\en-us\↵
 Microsoft-NanoServer-IIS-Package_en-us.cab
NET START W3SVC
```

　[Webサーバー（IIS）]の役割は、無人応答ファイルを作成し、DISMコマンドの**/Apply-Unattend**

パラメーターに指定してインストールすることも可能です。その方法については、第10章で説明します。

3.6 セットアップおよびブートイベント収集

「セットアップおよびブートイベント収集 (Setup and Boot Event Collection：Sbec)」は、Windows Server 2016に新たに追加されたトラブルシューティング機能であるBoot Event Collectorサービスを提供します。この機能を利用すると、通常は収集することができない、物理コンピューターや仮想マシンの起動（ブート）時あるいはセットアップ時の重要なイベントを、ネットワーク経由で収集できます。Boot Event Collectorサービスは、Windows Server 2016、Windows Server 2016バージョンのNano Server、およびWindows 10を実行するコンピューターからブートイベントを収集できます。

セットアップおよびブートイベント収集は、Boot Event Collectorサービスを実行するWindows Server 2016の1台のイベントコレクター（ブートイベントを収集する）サーバーと、Windows Server 2016、Nano Serverを実行する1台以上のターゲット（ブートイベントを送信する）コンピューターで構成されます。

■ イベントコレクターの構成

イベントコレクターのサーバーを構成するには、Windows Server 2016に［セットアップおよびブートイベント収集］の機能をインストールします。DISMコマンドまたはInstall-WindowsFeatureコマンドレットを使用する場合は、次のいずれかのコマンドラインでインストールできます。

```
C:\> DISM /Online /Enable-Feature /FeatureName:SetupAndBootEventCollection
```

または

```
PS C:\> Install-WindowsFeature Setup-and-Boot-Event-Collection
```

機能をインストールすると、Boot Event Collector（BootEventCollector）サービスが空の構成で開始します。C:\ProgramData\Microsoft\BootEventCollector\Configフォルダーに新しい構成ファイルを作成し、サービスを構成します。構成ファイルのサンプルnewconfig.xmlを以下に示します。構成ファイルには、イベントを受信するUDPポート、イベントログファイルの最大サイズ、ターゲットコンピューターのIPアドレス、コンピューター名、および暗号化キー（4つのアルファベットと数字をドットで区切ったもの、自由に決定できる）を指定します。

構成ファイルnewconfig.xmlの例（太字の部分は環境に合わせて変更してください）

```xml
<collector configVersionMajor="1" statuslog="c:\ProgramData\Microsoft\BootEventCollector\Logs\statuslog.xml">
  <common>
    <collectorport value="50000"/>
    <forwarder type="etl">
      <set name="file" value="c:\ProgramData\Microsoft\BootEventCollector\Etl\{computer}\{computer}_{#3}.etl"/>
      <set name="size" value="10mb"/>
      <set name="nfiles" value="10"/>
```

```xml
        <set name="toxml" value="none"/>
    </forwarder>
    <target>
        <ipv4 value="<ターゲットコンピューター1のIPアドレス>"/>
        <key value="a.b.c.d"/>
        <computer value="<ターゲットコンピューター1のコンピューター名>"/>
    </target>
    <target>
        <ipv4 value="<ターゲットコンピューター2のIPアドレス>"/>
        <key value="a.b.c.d"/>
        <computer value="<ターゲットコンピューター2のコンピューター名>"/>
    </target>
  </common>
</collector>
```

構成ファイルを作成したら、PowerShellを管理者として開き、次のコマンドラインを実行してサービスを構成します。

```
PS C:\> cd C:\ProgramData\Microsoft\BootEventCollector\Config
PS C:\...\Config> $result = (Get-Content .\newconfig.xml | ↵
 Set-SbecActiveConfig); $result
PS C:\...\Config> Stop-Service BootEventCollector
PS C:\...\Config> Start-Service BootEventCollector
```

Windowsファイアウォールが有効な場合は、Windowsファイアウォールでイベントを受信するUDPポートを許可します。コマンドラインから許可する場合は、次のように実行します。

```
C:\> netsh advfirewall firewall add rule name="EventCollectorUdpPort" ↵
 dir=in action=allow protocol=UDP localport=50000
```

画面3-6-1
構成ファイルを作成して
イベントコレクターの
サーバーを構成

■ ターゲットコンピューターの構成

　続いて、ブートイベントを送信する側のターゲットコンピューターを構成します。イベントコレクターのサーバーからターゲットコンピューターに対してPowerShell Remotingを実行できる環境にある場合は、イベントコレクターのサーバー側からターゲットコンピューターをリモートで構成できます。それには、イベントコレクターのサーバーでWindows PowerShellを管理者として開き、ターゲットコンピューターごとに次のコマンドラインを実行します。a.b.c.dの部分は、構成ファイルで指定した暗号化キーと一致させてください。ターゲットコンピューターが再起動し、次回起動時からブートイベントの送信が始まります。

```
PS C:\> Enable-SbecBcd -ComputerName <ターゲットコンピューターのコンピューター名>
 -CollectorIP <ターゲットコンピューターのIPアドレス> -CollectorPort 50000
 -Key a.b.c.d
PS C:\> Enable-SbecAutoLogger -ComputerName <ターゲットコンピューターのコンピュー
ター名>
PS C:\> Restart-Computer -ComputerName <ターゲットコンピューターのコンピューター名>
 -Force
```

　PowerShell Remotingを利用できない場合は、ターゲットコンピューター側でコマンドプロンプトを管理者として開き、次のコマンドラインを実行します。

```
C:\> bcdedit /event yes
C:\> bcdedit /eventsettings net hostip:<イベントコレクターのIPアドレス>
 port:<ポート番号> key:a.b.c.d
C:\> reg add HKLM\SYSTEM\CurrentControlSet\Control\WMI\AutoLogger\
EventLog-System /v LogFileMode /t REG_DWORD /d 0x10080180 /f
C:\> shutdown /r /t 0
```

■ 収集したイベントの参照

　ターゲットコンピューターから収集されたイベントは、イベントコレクターのサーバーのC:\ProgramData\Microsoft\BootEventCollector\Etlフォルダーの下にイベントトレースログ形式のログファイル（拡張子.etl）に記録されます。このログは、イベントビューアーやMicrosoft Message Analyzer、**Wevtutil**コマンド、またはWindows PowerShellなどを使用して開くことが可能です。

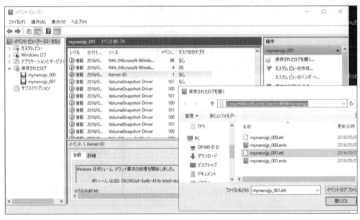

画面3-6-2
イベントコレクターが
収集したブートイベント

3.7 System Center 2016によるエージェント管理

改訂 Windows Server 2016バージョンのNano Serverはサポート終了

　この節では、System Center 2016を使用したWindows Server 2016バージョンのNano Serverのエージェント管理について触れていますが、Windows Server 2016バージョンのNano Serverは半期チャネル（SAC）扱いであり、2018年10月に既にサポートが終了しています。この節の内容は、「2.3　Nano Serverのインストール」と同様に、サポートが終了した環境を再現する必要がある場合に備えて、初版のままの状態で残しています。現在ではサポートされない利用シナリオであることに留意してください。

　Windows Server 2016は、System Center 2016のVirtual Machine Manager、Operations Manager、Data Protection Manager、Configuration Managerでエージェント管理することが可能です。Virtual Machine ManagerおよびOperations Managerについては、Windows Server 2016バージョンのNano Serverのエージェント管理も可能です。ここでは、Nano Serverへのエージェントの展開と管理について説明します。

■ Operations ManagerのWindows Server 2016対応管理パック

　Operations ManagerでWindows Server 2016を詳細に監視するには、Operations Consoleの［管理パックのインポート］ウィザードを使用してオンラインカタログでWindows Serverを検索し、検索結果からCore OS、Core OS 2016、および監視したい役割や機能に対応した管理パックを追加してインポートします。Core OS 2016には、Windows Server 2016およびNano Serverを監視するための管理パックが含まれます。

　Operations Managerに管理パックをインポートする方法については以下のドキュメントを参照してください。また、利用可能な管理パックのリスト（Windows Server 2016以外を含む）についてはTechNet Wikiの情報を参考にしてください。

How to import, export, and remove an Operations Manager management pack
→https://docs.microsoft.com/en-us/system-center/scom/manage-mp-import-remove-delete?view=sc-om-2016

Microsoft Management Packs（TechNet Wiki）
→https://social.technet.microsoft.com/wiki/contents/articles/16174.microsoft-management-packs.aspx

■ Operations ManagerによるNano Serverのエージェント管理

　Operations Managerは、Windows ServerやUNIX/Linuxと同様に、Nano Serverについてもエージェントのプッシュインストールをサポートしています。

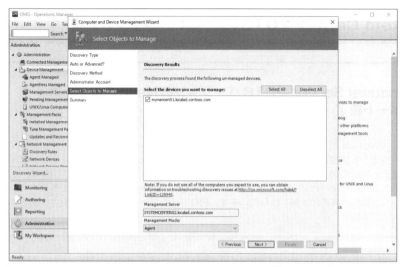

画面3-7-1　Operations ManagerはNano Serverへのエージェントのプッシュインストールに対応

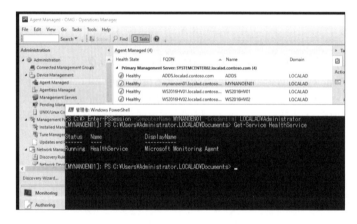

画面3-7-2
エージェントを展開すると、Nano ServerでMicrosoft Monitoring Agent（HealthService）サービスが開始する

■ | Virtual Machine ManagerによるNano Serverのエージェント管理

　Nano Server用のVirtual Machine Managerエージェントは、Windows Server 2016のインストールメディアの¥NanoServer¥PackagesフォルダーにMicrosoft-NanoServer-SCVMM-Package.cabおよびMicrosoft-NanoServer-SCVMM-Compute-Package.cabパッケージとして収録されています。

　Nano ServerベースのファイルサーバーをVirtual Machine Managerで管理するには、Microsoft-NanoServer-SCVMM-Package.cabパッケージをインストールします。Hyper-Vホストとして管理するには、Microsoft-NanoServer-SCVMM-Package.cabおよびMicrosoft-NanoServer-SCVMM-Compute-Package.cabパッケージをインストールします。Nano Serverへのパッケージのインストール方法については、「第2章　インストールとアップグレード」および「3.5.5　Nano Serverへの役割と機能の追加」で説明しました。

Nano ServerにVirtual Machine Managerのエージェントをインストールしたら、Active Directoryへのドメイン参加設定を構成の上で、Virtual Machine Managerにホストを追加し、エージェントを接続します。

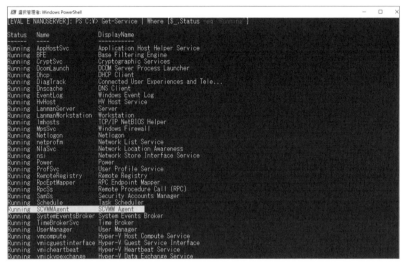

画面3-7-3
Virtual Machine Managerエージェントがインストールされた Nano Server

画面3-7-4
Nano ServerベースのHyper-Vホストまたはファイルサーバーをファブリックリソースとして追加する

第4章
ID管理

　Windows Serverは、Active Directoryドメインサービス（AD DS）という企業内のID管理のための基盤サービスを提供します。また、マイクロソフトはクラウドサービスとしてAzure Active Directory（Azure AD）を提供しています。これらはどちらもID管理の基盤サービスを提供するものですが、カバーする範囲や機能が異なります。そして、両者は密接に統合することが可能です。

　この章では、Active Directoryドメインサービス（AD DS）を中心とした企業内のID管理基盤の構築と管理について説明するとともに、Azure ADと統合されたハイブリッドなID管理環境についても説明します。

4.1　Active Directoryの概要と最新情報

　Active DirectoryはWindows 2000 Serverに初めて実装され、その後、企業のID管理の中心的な基盤サービスとして、下位互換性を提供しながら、機能強化や新機能の追加、関連するサービスとの再編や統合が行われてきました。最初に、クラウド関連を含め、Windows Server 2016ベースのActive Directoryの最新状況や主要な新機能、および重要な変更点について説明します。

4.1.1　オンプレミスのActive Directoryサービス群

　Active Directoryは、企業または組織内のWindowsプラットフォームにおいて、認証や証明、信頼、アクセス制御の中核となる基盤サービスです。Windows Server 2016のActive Directoryは、次の5つのサービスで構成され、オンプレミス（社内設置）のユーザー、Windowsコンピューター、アプリケーション、およびiOS、Android、Windows Phoneといった主要なモバイルデバイスに対してサービスを提供します。

- **Active Directoryドメインサービス（AD DS）**──IDとアクセス管理の集中管理のためのディレクトリサービスです。ユーザー認証、アクセス制御、グループポリシーの管理のほか、暗号化キーのバックアップやアプリケーションのためのデータストアとしても機能します。このサービスに関しては、この章で詳しく説明します。
- **Active Directory証明書サービス（AD CS）**──企業や組織内にスタンドアロンまたはエンタープライズの公開キー基盤（Public Key Infrastructure：PKI）を提供し、証明書の発行と失効を集中管理します。このサービスに関しては、この章で詳しく説明します。
- **Active Directoryライトウェイトディレクトリサービス（AD LDS）**──アプリケーションのために使用できるLDAP（Lightweight Directory Access Protocol）対応のディレクトリサービスで

す。本書では、このサービスについて説明していません。

- **Active Directory Rights Management サービス（AD RMS）**────Officeドキュメントや PDF、電子メールなどのデジタル情報を無断使用や情報漏えいから永続的に保護する、高度なデータ保護機能を提供します。同様の機能をオンプレミスのサーバーなしで導入できる、クラウドベースのAzure Information Protection（旧称、Azure Rights Management、Azure RMS）もあります。このサービスは、ファイルサービスにも関係があるため、この章では触れず、「第6章　ファイルサービスと記憶域サービス」で説明します。
- **Active Directory フェデレーションサービス（AD FS）**────オンプレミスのActive Directoryドメインサービスで管理される組織のIDと、他のシステムやアプリケーション、Azure Active Directory（Azure AD）との間で、IDのフェデレーション（統合、連携）やシングルサインオン（SSO）、個人デバイスの社内参加（ワークプレース参加）、多要素認証（Multi-Factor Authentication：MFA）、Windows Hello for Business などの機能を提供します。このサービスに関しては、この章で詳しく説明します。

> **改訂 Windows Server 2019 の Active Directory ドメイン環境**
>
> 　Windows Server 2019に含まれるオンプレミス向けのActive Directory関連のサービスと機能は、Windows Server 2016からほとんど変更されていません。例えば、フォレスト／ドメインの機能レベルの最上位は［Windows Server 2016］のままです。この章で説明しているActive Directoryドメインサービス（ADDS）、Active Directory証明書サービス（ADCS）、およびActive Directoryフェデレーションサービス（ADFS）のセットアップ手順は、Windows Server 2019でも有効です。
> 　AD FSについては、Windows Server 2019 で細かな新機能が追加されています。詳しくは、以下のドキュメントで確認してください。
>
> What's new in Active Directory Federation Services > What's new in Active Directory Federation Services for Windows Server 2019
> ➡ https://docs.microsoft.com/en-us/windows-server/identity/ad-fs/overview/whats-new-active-directory-federation-services-windows-server
>
> 　また、最新のWindows 10バージョンで関連する部分、Azure Active Directory（Azure AD）とのハイブリッド環境については、Windows Server 2016であるか、Windows Server 2019であるかに関わらず、仕様や手順、機能が変更されている可能性があります。最新の公式ドキュメントに従ってください。

4.1.2　クラウドベースの Azure Active Directory

　マイクロソフトは、Office 365やMicrosoft Intune、その他のクラウドアプリ向けにクラウドベースのID管理サービスとしてAzure Active Directory（Azure AD）を提供しています。Azure ADは、オンプレミスのWindows ServerのActive Directoryドメインサービスのクラウド版というわけではありません。

　オンプレミスのActive Directoryドメインサービスは、企業内でドメイン参加、LDAP、NTLM、Kerberos認証、グループポリシー管理などの機能を提供します。一方、Azure ADはクラウドベースのアプリに対して、SAML 2.0、WS-Federation 1.2、OAuth 2.0/OpenID Connect 1.0といった、クラ

ウド標準の認証プロトコルを提供し、広範囲のクラウドアプリとのシングルサインオン（SSO）をサポートします。また、Windows 10に関しては、Azure ADのIDを使用したAzure AD参加（Azure AD Join）という新しいローカルサインイン方法がサポートされます。

　Azure ADはオンプレミスのActive Directoryドメインサービスとディレクトリ統合することができます。ディレクトリ統合によるハイブリッドID環境は、ID管理タスクの簡素化、シングルサインオン（SSO）の実現、多要素認証（Multi-Factor Authentication：MFA）によるID保護の強化など、さまざまなメリットをもたらします。

　例えば、マイクロソフトのSaaSであるOffice 365は、ID（オンラインの組織ID）の管理のためにAzure ADのディレクトリを使用しています。このディレクトリをオンプレミスのActive Directoryドメインのディレクトリと統合することで、IDのプロビジョニングやパスワードリセット、グループ管理など、ID管理の一元化が可能です。また、オンプレミスのActive DirectoryのID（社内ID）の資格情報を使用して、社内リソースとOffice 365のアプリケーションおよびサービスの両方の環境にシングルサインオン（SSO）でアクセスすることができます。さらに、オンプレミスのExchange ServerやSharePointサイトと統合されたハイブリッド環境を実現することができます。

■ Azure ADのエディション

　Azure ADには、以下の3つのエディションがあります。Microsoft Azureのサブスクリプション契約者は、Azure AD Freeエディションを追加料金なしで利用できます。Microsoft IntuneおよびOffice 365のID管理基盤はAzure AD Freeエディションまたはそれに近いものであり、BasicまたはPremiumエディションにアップグレードすることが可能です。Azure AD BasicおよびPremiumエディションは、エンタープライズ契約（Enterprise Agreement：EA）を通じて、またはオンラインでの簡単な手続きで、購入することが可能です。

- **Azure AD Free**（無料）────Azure ADの基本機能。ディレクトリオブジェクトの上限は50万までです。
- **Azure AD Basic**（有料）────Azure AD Freeの全機能に加えて、99.9%のサービス品質保証（SLA）、無制限の数のディレクトリオブジェクト、グループベースのアクセス管理、セルフサービスのパスワードリセット、サインインポータルの企業ブランドのカスタマイズ、アプリケーションプロキシなどの機能が提供されます。
- **Azure AD Premium**（有料）────Azure AD Basicの全機能に加えて、無制限の数のアプリのシングルサインオン（SSO）、詳細なセキュリティレポート、セルフサービスによるグループとアプリの管理、変更またはリセットされたパスワードのオンプレミスへの書き戻し、MDMの自動登録（Microsoft Intuneが必要）、登録デバイスのオンプレミスへの書き戻し、ハイブリッド環境の多要素認証（AD FSにおけるAzure MFAのサポート）、Cloud App Discovery、Microsoft Identity Managerユーザー CAL、Enterprise State Roaming（Windows 10向け機能）などの機能が提供されます。

　Azure ADの各エディションに含まれる機能の詳細については、以下のAzure ADの価格表で確認できます。

Azure Active Directoryの価格
➡ https://azure.microsoft.com/ja-jp/pricing/details/active-directory/

Azure AD PremiumはAzure AD Premium P1とP2の2つに

マイクロソフトは2016年9月より、Azure AD PreimumをAzure AD Premium P1に名称変更し、さらにAzure AD Premium P2を追加しました。

Azure AD Premium P2は、Azure AD Premium P1（これまでのAzure AD Premium）の機能に加えて、以下の2つの機能（ID保護および特権アクセス管理）を提供します。

- **Azure AD Identity Protection** —— IDの不正使用を検出して保護する機能。オンプレミスのMicrosoft Advanced Threat Analytics（Microsoft ATA）のクラウド版に相当します。
- **Azure AD Privileged Identity Management（PIM）** —— Azure ADのアカウントの特権アクセス管理機能。オンプレミス向けのMicrosoft Identity Manager 2016のPrivileged Access Management（PAM）のクラウド版に相当します。

■ Azure ADの関連サービス

Azure ADと統合されたマイクロソフトの主なクラウドサービスを紹介します。

- **企業向けOffice 365** —— Office 365 BusinessおよびOffice 365 Enterpriseは、クラウドベースのコラボレーションおよびメッセージングサービスであり、Exchange Onlineの電子メール環境、SharePoint Onlineの共有環境、Skype for Business（旧称、Lync）の電子会議環境を提供します。また、WindowsおよびMac向けのOffice 2016デスクトップアプリ（Office 365 Business、Office 365 ProPlus）を提供します（Office 365 Business EssentialsおよびOffice 365 Enterprise E1を除く）。Office 365 Enterprise E3およびE5は、Azure Information Protectionの情報保護機能を含みます。このOffice 365のID管理基盤には、Azure AD Freeエディションが利用されています。

製品サイト
→ https://products.office.com/ja-jp/business/office

- **Microsoft 365** —— Microsoft 365は、Office 365の企業向けサービスにWindows 10へのアップグレードをセットした、2017年11月から提供されている比較的新しいサブスクリプションです。Microsoft 365 Businessは、300ユーザーまでの中小規模企業を対象にしたもので、Windows 7 ProfessionalまたはWindows 8.1 Proを最新のWindows 10 Pro（Windows 10 Business）にアップグレードし、最新のOfficeアプリを展開したり、デバイスのセットアップや管理を簡素化できます。Microsoft 365 Enterprise（E3/E5）は300ユーザー以上の大企業を対象にしたもので、Office 365 Enterprise（E3/E5）とEnterprise Mobility + Security（E3/E5）に、Windows 10 Enterprise E3/E5サブスクリプション、Windows Defender ATP、Azure Information Protectionなどのサービスをセットにしたものです。

製品サイト（Microsoft 365 Business）
→ https://www.microsoft.com/ja-jp/microsoft-365/business

- **Microsoft Intune** —— Windowsクライアントおよびモバイルデバイスに対応したクラウドベースのシステム管理ツールです。資産管理、更新管理、アプリ管理、Microsoft Intune Endpoint Protectionのマルウェア対策、ポリシー管理、およびモバイルデバイス管理（Windows 10、Windows Phone、Android、iOS）機能を提供します。Microsoft IntuneのID管理基盤には、Azure AD Freeエディションが利用されており、Office 365と統合できます。

製品サイト
⊖ https://www.microsoft.com/ja-jp/cloud-platform/microsoft-intune

- **Azure Information Protection**（旧称、Azure Rights Management、Azure RMS）—— Azure Information Protectionは、OfficeのIRM（Information Rights Management）機能またはAzure Information Protectionクライアントアプリと連携して、ドキュメントやメッセージを暗号化して保護する情報保護ソリューションです。Azure Information Protectionは、Azure ADのIDおよびAzure ADに統合されたオンプレミスのIDに対してアクセス権を付与することができ、Exchange OnlineやSharePoint Onlineとの連携、オンプレミスのActive Directory Rights Managementサービス（AD RMS）との連携が可能です。また、従来のAzure RMSの機能に加えて、分類ラベルの手動選択または自動分類による保護機能が利用可能になりました。

製品サイト
⊖ https://azure.microsoft.com/ja-jp/services/information-protection/

- **Azure RemoteApp**（既に提供終了）—— Windowsデスクトップアプリケーションを、WindowsおよびMacコンピューター、およびモバイルデバイスにリモートデスクトッププロトコル（RDP）で配信するAzureのサービスとして2017年8月31日まで提供されていました。このサービスの代替として、「Citrix Virtual Apps Essentials」（旧称、XenApp "express"）がCitrix社より提供されています。また、Azureの新サービス「Windows Virtual Desktops」の提供が予定されています（2019年3月21日にプレビュー開始）。

- **Azure ADドメインサービス** —— Azure ADのディレクトリと統合されたActive Directoryドメインサービスを Azure IaaS環境に対して提供し、ドメイン参加やNTLM認証、Kerberos認証、グループポリシー管理機能を提供します。このサービスは、顧客自身がAzure IaaS上にドメインコントローラーを展開するよりも簡単に導入でき、メンテナンスの手間を省くことができます。

製品サイト
⊖ https://azure.microsoft.com/ja-jp/services/active-directory-ds/

4.1.3 ハイブリッドID管理

　Azure ADのディレクトリは、オンプレミスのActive Directoryドメインとディレクトリ統合することで、ハイブリッドなID管理を実現します。

　Azure ADは、クラウドベースのアプリの認証に使用する以外に、次のクライアントからのデバイス登録およびデバイス認証に基づく条件付きアクセスや、Windows認証からのシングルサインオン（Azure AD参加のみ）をサポートします。

- 社内参加（Windows 10、Windows 8.1、Android、iOS）
- Azure AD参加（Windows 10）

　一方、オンプレミスのActive Directoryは、ドメイン参加の中心となるサービスですが、Windows Server 2012以降、Active Directoryフェデレーションサービス（AD FS）のデバイス登録サービスによって、Windows 8.1およびモバイルデバイスの社内参加（ワークプレース参加、Workplace Join）を

サポートしました。ドメイン参加済みWindows 10クライアントのデバイス登録およびデバイス認証は、Windows Server 2016で初めてサポートされた機能です。

- ドメイン参加（Windows、Mac、Linux）
- 社内参加（Windows 8.1、Mac、Android、iOS）
- ドメイン参加PCのデバイス登録（Windows 10、Windows 8.1、Windows 7）

オンプレミスのActive Directoryドメインに、Active Directoryフェデレーションサービス（AD FS）およびWebアプリケーションプロキシ（WAP）とともに、Azure AD Connectツールを展開することで、Active DirectoryドメインをAzure ADのディレクトリに統合し、ID管理の統合やオンプレミスのIDを用いたクラウドアプリのシングルサインオン（SSO）アクセス、Azure ADのIDを用いた社内リソースへのアクセスなど、ハイブリッドなID管理および利用環境を実現することができます。

ディレクトリ統合は、Azure AD Freeを含むAzure ADのすべてのエディションで利用可能ですが、一部の機能を利用するには有料のAzure AD Premium（P1またはP2）が必要です。具体的には、変更またはリセットされたパスワードのオンプレミスへの書き戻し、およびAzure ADに登録されたデバイスのオンプレミスへの書き戻しは、Azure AD Premiumで可能になります（図4-1-1）。

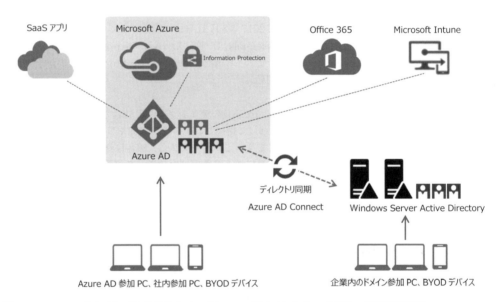

図4-1-1　Azure ADとオンプレミスのActive Directoryドメインとのハイブリッド ID管理環境

4.1.4 Windows Hello for Business（旧称Microsoft Passport for Work）

Windows 10では、パスワード認証を、パスワードを使用しない安全な2要素認証に置き換えるMicrosoft Passportがサポートされます。MicrosoftアカウントまたはAzure AD参加によるAzure ADのアカウントでMicrosoft Passportをセットアップすると、アカウントのパスワードと、電話、SMS（ショートメールメッセージ）、またはモバイルアプリを利用した本人確認の2段階認証に基づいてユーザーの使用するデバイスをクラウドに登録し、PINの設定を要求します。

Microsoft Passportの資格情報はデバイスに厳重に保管され、PINがそれを取り出す鍵となります。ユーザーはWindowsにサインインする際に、パスワードの代わりにPINを使用でき、パスワードを一度も入力することなくクラウドアプリにシングルサインオン（SSO）アクセスできます。Microsoft Passportによる認証では、ネットワーク上をパスワードがやり取りされることがないため、パスワードを使用するよりも安全です。また、Windows Hello対応の指紋リーダーやカメラを搭載したデバイスでは、PINを入力する代わりに、Windows Helloの生体認証を使用することができます。

　Azure ADのアカウントでセットアップされたMicrosoft Passportは、Microsoft Passport for Workと呼ばれてきました。Windows Server 2016のActive Directoryドメインでは、Microsoft Passport for Workをオンプレミスの環境に実装することができるようになります。Windows Server 2016およびWindows 10バージョン1607以降では、Microsoft Passport for WorkはWindows Hello for Businessという名称に変更されています。

　オンプレミスでのWindows Hello for Businessの実装は、Azure ADとディレクトリ統合されたハイブリッドID管理環境でサポートされます。Windows Hello for Businessを展開すると、PINまたは生体認証でドメインアカウントによるWindowsへのサインインが可能になり、その資格情報で社内リソースとクラウドアプリの両方にシングルサインオン（SSO）アクセスできます（画面4-1-2）。

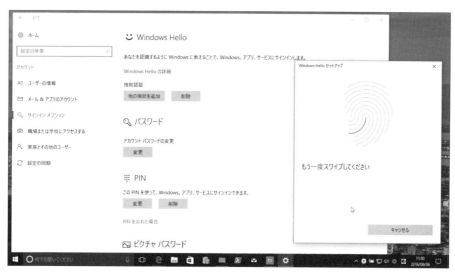

画面4-1-2　Windows 10バージョン1607のWindows Helloのセットアップ。Windows Server 2016のActive Directoryドメインでは、Windows Hello for Businessがサポートされる

4.1.5　特権アクセス管理（PAM）と Just Enough Administration（JEA）

　Windows Server 2016のActive Directoryドメインでは、特権アクセス管理（Privileged Access Management：PAM）およびJust Enough Administration（JEA）という2つの特権管理機能が新たにサポートされます。これらの機能は、Windows Server 2012 R2のActive Directoryドメインにおいても追加でサポートされていますが、Windows Server 2016ではリリース時点で利用可能な機能になります。

■│ 特権アクセス管理（PAM）

　特権アクセス管理（PAM）は2015年8月にリリースされたオンプレミス向けサーバー製品、Microsoft Identity Manager 2016に追加された新機能であり、Windows Server 2012 R2以降のActive Directoryドメインに展開できます。Azure AD Premiumに含まれるMicrosoft Identity Manager 2016ユーザーCALは、オンプレミスにMicrosoft Identity Manager 2016を展開し、利用する権利を提供するものです。

　従来のACL（アクセス制御リスト）ベースのアクセス許可管理では、特定のユーザーやグループに特権的なアクセス許可を付与する場合、ユーザーやグループに対してACLを設定します。これは、そのユーザーやグループに永続的なアクセス許可を付与していることを意味します。例えば、共有フォルダーに対するフルコントロールアクセス許可を与えたり、サーバーへのリモートデスクトップ接続を許可するためにユーザーをAdministratorsローカルグループのメンバーにしたりといった具合です。

　特権許可が不要になったらACLから削除する、グループのメンバーからユーザーを削除するなど、運用で対応することは可能ですが、管理が煩雑になり、意図せず残ってしまった特権が原因でマルウェア感染の被害が広がるといったリスクがあります。

　Microsoft Identity Manager 2016の特権アクセス管理（PAM）機能を利用すると、ユーザーの特権的なアクセス許可を削除して、非永続化できます。ユーザーは、日常的には一般ユーザーの権限で作業をし、特権が必要になったときに、セルフサービスで、かつ時間制限付きで特権をアクティブ化して取得することができます（画面4-1-3）。

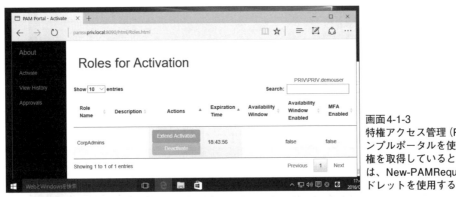

画面4-1-3
特権アクセス管理（PAM）のサンプルポータルを使用して、特権を取得しているところ。通常は、**New-PAMRequest**コマンドレットを使用する

　特権アクセス管理（PAM）は、Microsoft Identity Manager 2016に完全に依存する機能であるため、本書ではこれ以上説明しません。詳しくは、以下のドキュメントで確認してください。

Active Directory Domain ServicesのPrivileged Access Management
⇒https://docs.microsoft.com/ja-jp/microsoft-identity-manager/pam/privileged-identity-management-for-active-directory-domain-services

■│ Just Enough Administration（JEA）

　特権アクセス管理（PAM）が特権を時間制限付きでアクティブ化して付与するのに対して、Just Enough Administration（JEA）は、必要最低限（必要十分）な特権だけをユーザーやグループに付与することができます。

　Just Enough Administration（JEA）は、PowerShell Remotingセッションのエンドポイントに対して適用することができ、ユーザーは事前に許可されたPowerShellコマンドレットや外部コマンドだけ

を、許可された対象に対してのみ、セッション内で実行できます。詳しくは、「4.6 Just Enough Administration（JFA）」で説明します。

画面4-1-4
Just Enough Administration（JEA）の適用例。このユーザーには、DNSサーバー関連の管理操作のみが許可されている

4.1.6 Active Directoryに関する重要な仕様変更

Windows Server 2016のActive Directoryでは、以下の重要な仕様変更が行われています。

- **Windows Server 2003機能レベルのサポートの削除** —— Windows Server 2003のフォレスト/ドメイン機能レベルは、Windows Server 2016で新規にインストールするActive Directoryフォレスト/ドメインではサポートされません。この機能レベルの既存のフォレスト/ドメインにWindows Server 2016のドメインコントローラーを追加することは可能です（ただし、非推奨）。この仕様変更は、旧バージョンのActive Directoryフォレスト/ドメインをWindows Server 2016ベースに移行する際に注意する必要があります。
- **SYSVOLとNETLOGON共有のセキュリティ強化** —— ドメインに参加するWindows 10およびWindows Server 2016は、SYSVOL共有およびNETLOGON共有への接続時にSMB署名およびKerberos認証による相互認証が既定で要求されます。この仕様変更は、2015年2月のセキュリティ更新MS15-011に対応したものです。

マイクロソフトセキュリティ情報 MS15-011 - 緊急
　グループポリシーの脆弱性により、リモートでコードが実行される（3000483）
　⇒https://docs.microsoft.com/ja-jp/security-updates/securitybulletins/2015/ms15-011

- **セキュリティフィルターの仕様変更** —— 2016年6月のセキュリティ更新MS16-072により、ユーザーの構成とコンピューターの構成の両方のポリシーがコンピューターのセキュリティコンテキストで処理されるように変更されました。従来はユーザーの構成についてはログオンユーザーのセキュリティコンテキストで処理されていました。この仕様変更により、グループポリシーオブジェクト（GPO）の［スコープ］タブでセキュリティフィルターからAuthenticated Usersを削除し、特定のユーザーやグループを追加する場合、GPOを読み取れずにポリシーが適用されない場

合があります。この問題を回避するには、GPOの[委任]タブでDomain Computersに対する[読み取り]アクセス許可を追加します。

[MS16-072]グループポリシーのセキュリティ更新プログラムについて（2016年6月14日）
→https://support.microsoft.com/ja-jp/help/3159398/

画面4-1-5
セキュリティフィルターから既定のAuthenticated Usersを削除し、特定のユーザーやグループを追加。従来はこれだけでよかったが、MS16-072の影響でこれだけではクライアントはGPOを読み取れなくなった

画面4-1-6
特定のユーザーやグループとセキュリティフィルターに設定する場合は、合わせて[Domain Computers：読み取り]アクセス許可を追加する必要がある

4.2 Active Directoryドメインサービスの展開と管理

　Windows Server 2016を企業や組織内に導入してそのネットワーク機能を利用する場合、Active Directoryフォレスト/ドメインの導入は必須と考えたほうがよいでしょう。既に以前のバージョンのActive Directoryフォレスト/ドメインにWindows Server 2016のサーバーを追加する場合でも、Windows Server 2016の新機能を制限なく利用するためにはActive Directoryフォレスト/ドメインをWindows Server 2016バージョンに移行し、フォレスト/ドメインの機能レベルをWindows Server 2016にアップグレードすることが必要になります。

4.2.1 フォレスト/ドメインの新規インストール

Active Directoryのフォレスト/ドメインを新規作成するには、企業や組織のネットワークに最初の1台のドメインコントローラーをインストールして、企業や組織全体で1つのフォレストと、そのフォレスト内の最初のドメインを作成します。ドメインコントローラーのインストールは、Active Directoryドメインサービスの役割のインストールとドメインコントローラーのインストール（ドメインコントローラーへの昇格）という2つのステップで行います。

最初のドメインを作成したら、負荷分散や冗長化、操作マスターの分散配置（既定では最初のドメインコントローラーがすべての操作マスターの役割を持つ）、WANやVPNで接続される拠点への対応のために、同じドメインに2台目以降のドメインコントローラーまたは読み取り専用ドメインコントローラー（RODC）を追加します。

Active Directoryでは、IPサブネットに対応した「サイト」を構成することで、レプリケーションや認証のトラフィックを最適化できるため、拠点ごとにドメインを分割する必要はまったくありません。管理境界の必要な大企業でない限り、ほとんどの場合はシングルドメインで十分に対応可能です。以前は異なるパスワードポリシーを適用するためにドメインを分割するということもありましたが（パスワードポリシーはドメインに1つであるため）、Windows Server 2008以降のActive Directoryドメイン機能レベルでは「細かい設定が可能なパスワードポリシー」を作成できるようになり、シングルドメインで複数のパスワードポリシーを利用できるようになりました。

■｜ウィザードによる最初のドメインコントローラーのインストール

ドメインコントローラーをインストールするサーバーを管理可能な［サーバーマネージャー］を利用可能な場合は、次の手順でドメインコントローラーをインストールします。

1. ドメインコントローラーをインストールするサーバーにAdministratorローカルアカウント（または同等の権限を持つローカル管理者アカウント）でサインインし、［サーバーマネージャー］の［役割と機能の追加ウィザード］を使用して、［Active Directoryドメインサービス］の役割および依存関係にある機能（管理ツール）をインストールします。

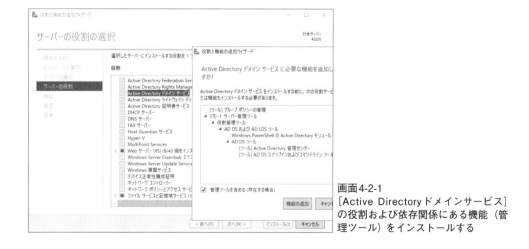

画面4-2-1
［Active Directoryドメインサービス］の役割および依存関係にある機能（管理ツール）をインストールする

2. 役割と機能のインストールが完了すると、ウィザードの最後の［インストールの進行状況］ページに［このサーバーをドメインコントローラーに昇格する］というリンクが表示されるので、このリンクをクリックして［Active Directory ドメインサービス構成ウィザード］を開始します。ウィザードを閉じてしまった場合は、［サーバーマネージャー］の［通知］アイコンに表示される［展開後構成］という通知から構成ウィザードを開始することができます。

画面4-2-2
［Active Directory ドメインサービス］の役割をインストールしたら、ドメインコントローラーへの昇格を開始する

3. ［Active Directory ドメインサービス構成ウィザード］の最初の［配置構成］ページでは、［新しいフォレストを追加する］を選択し、フォレストの最初のドメイン（ルートドメイン）に付けるDNS（Domain Name System）ドメイン名をFQDN（Fully Qualified Domain Name：完全修飾ドメイン名）形式で入力します。なお、DNSサーバーの役割はドメインコントローラーのインストール時に自動的にインストールされるので、この時点でこのドメイン名を名前解決可能なDNSサーバーが存在していなくても問題ありません。

画面4-2-3
［新しいフォレストを追加する］を選択し、ルートドメインのDNSドメイン名を入力する

Active Directory用のDNSドメイン名

　Active DirectoryのDNSドメイン名としては、インターネットで有効なパブリックなドメイン名を使用できます。企業や組織でパブリックなDNSドメイン名を取得済みの場合は、そのドメイン名（contoso.comなど）またはサブドメイン名（intranet.contoso.comなど）を使用できます。Azure Active Directoryとのディレクトリ統合やWebアプリケーションプロキシのリモートアクセス環境、DirectAccessやVPNのリモートアクセス環境を展開する予定がある場合は、パブリックなDNSドメイン名が必要です。なお、DirectAccessのためには、DNSサフィックスによる社内と社外の識別のためにパブリックなDNSドメイン名のサブドメインにする必要があります。

　パブリックなDNSドメイン名を取得しておらず、Azure Active Directoryとのディレクトリ統合やリモートアクセス環境を展開する予定がない場合は、内部的な利用を前提として.localラベルや.localhostラベルなどを使用できます（ただし、第5章で説明するように.localラベルの使用は現在では推奨されません）。その場合でも、後でパブリックなDNSドメインを取得したときに、このActive Directoryフォレスト／ドメインで使用する追加のUPNサフィックスとしてパブリックなDNSドメイン名を追加構成できます。それには、［Active Directoryドメインと信頼関係］スナップインで、［Active Directoryドメインと信頼関係］コンテナーのプロパティを開き、［UPNサフィックス］タブの［代わりのUPNサフィックス］にUPNサフィックスを追加します。

画面4-2-4　パブリックなDNSドメイン名を後から追加する

4. ［ドメインコントローラーオプション］ページでは、フォレストの機能レベル、ドメインの機能レベル、およびディレクトリサービス復元モード（DSRM）のパスワードを指定します。また、ドメインコントローラーの機能としてDNSサーバーの役割のインストールを選択します（既定で選択されます）。フォレストおよびドメインの機能レベルは、それぞれフォレストとドメインがサポートする機能を規定するとともに、フォレストやドメインに存在できるドメインコントローラーのWindows Serverバージョンを規定します。Windows Server 2016は、Windows Server 2008以上の機能レベルをサポートしています。Windows Server 2016のフォレスト／ドメインを新規に作成する場合は、機能レベルとして既定で選択される［Windows Server 2016］を選択してください。

画面4-2-5　フォレストおよびドメインの機能レベルとディレクトリサービス復元モード（DSRM）のパスワードを指定する

ディレクトリサービス復元モード（DSRM）のパスワードは、ドメインコントローラーのWindows Serverのシステムやディレクトリデータベースをバックアップから復元する際に使用するAdministratorアカウントのパスワードです。なお、ドメインでビルトインのAdministrartorアカウントを無効にしている場合でも、ディレクトリサービス復元モードでは自動的に有効化されます。

フォレストとドメインの機能レベル

フォレストおよびドメインの機能レベルは、Active Directoryのフォレストとドメインに追加できるドメインコントローラーのWindows Serverバージョンの最小要件と、フォレストおよびドメインの機能を規定するものです。

フォレスト機能レベルは、フォレスト内でサポートされるドメインコントローラーのWindows Serverバージョンの最小要件を規定し、以下の機能を提供します。例えば、Windows Server 2016がサポートする最小のフォレスト機能レベルであるWindows Server 2008を選択した場合、ドメイン機能レベルWindows Server 2008、Windows Server 2008 R2、Windows Server 2012、Windows Server 2012 R2、Windows Server 2016のドメインがフォレスト内でサポートされます。フォレスト機能レベルをWindows Server 2012 R2にした場合、ドメイン機能レベルWindows Server 2012 R2およびWindows Server 2016のドメインがサポートされます。

既存のActive Directoryフォレスト/ドメインに新しいバージョンのドメインコントローラーを追加すると、ディレクトリスキーマが拡張されます。Azure ADとのディレクトリ統合はWindows Server 2012 R2のディレクトリスキーマでサポートされます。さらにドメイン参加済みWindows 10の自動デバイス登録およびWindows Hello for Businessに対応するためには、Windows Server 2016のディレクトリスキーマへの拡張が必要です。これらの機能は、フォレスト/ドメインの機能レベルには影響されません。

フォレスト機能レベル	利用可能な機能
Windows 2000	Windows Server 2016では非サポート。Active Directoryの基本的な機能
Windows Server 2003	Windows Server 2016では非サポート。読み取り専用ドメインコントローラー（RODC）のサポート
Windows Server 2008	Windows Server 2003機能レベルと同じ
Windows Server 2008 R2	Active Directoryごみ箱のサポート
Windows Server 2012	Windows Server 2008 R2機能レベルと同じ
Windows Server 2012 R2	Windows Server 2008 R2機能レベルと同じ
Windows Server 2016	Microsoft Identity Manager（MIM）を使用した特権アクセス管理（PAM）のサポート

ドメイン機能レベルは、ドメイン内でサポートされるドメインコントローラーのWindows Serverバージョンの最小要件を規定し、以下の機能を提供します。

ドメイン機能レベル	利用可能な機能
Windows 2000ネイティブ	Windows Server 2016では非サポート。Active Directoryの基本的な機能
Windows Server 2003	Windows Server 2016では非サポート。NETDOMコマンド、ログオンタイムスタンプ更新、userPassword属性、制約付き委任などの機能をサポート
Windows Server 2008	DFS-RによるSYSVOLレプリケーションのサポート（Windows Server 2003以前はFRSによるレプリケーション）、Kerberos認証におけるAES 128および256のサポート、前回の対話ログオンに関する情報の記録、細かい設定が可能なパスワードポリシーのサポート、個人用仮想デスクトップのサポート
Windows Server 2008 R2	Kerberos認証における認証メカニズム保証、管理されたサービスアカウントのサポート
Windows Server 2012	ダイナミックアクセス制御とKerberos防御のサポート
Windows Server 2012 R2	Protected Usersグループ、認証ポリシーとサイロのサポート

ドメイン機能レベル	利用可能な機能
Windows Server 2016	公開キーのみのユーザーのNTLMシークレットのローリングのサポート。ユーザーが特定のドメイン参加デバイスに制限される場合、ネットワークNTLMを許可できる。KerberosクライアントがPKInit Freshness Extensionで正常に認証されると、新しい公開鍵識別子のSIDを取得できる

　Windows Server 2016では［Windows Server 2003］フォレスト/ドメイン機能レベルは完全にサポートされないわけではありません。［Active Directoryドメインサービス構成ウィザード］やInstall-ADDSForestコマンドレットを使用して新規のフォレスト/ドメインを［Windows Server 2003］機能レベルで作成することはできませんが、この機能レベルの既存のフォレスト/ドメインにWindows Server 2016のドメインコントローラーを追加可能です（ただし、非推奨であり警告されます）。Windows Server 2016は、［Windows Server 2003］フォレスト/ドメイン機能レベル、およびFRSによるSYSVOLレプリケーションを利用可能な最後のバージョンです。フォレスト/ドメイン機能レベルの最新情報については、以下のドキュメントで確認してください。

Forest and Domain Functional Levels（フォレストとドメインの機能レベル）
→https://docs.microsoft.com/ja-jp/windows-server/identity/ad-ds/active-directory-functional-levels

5. ［DNSオプション］ページに「権限のある親ゾーンが見つからないか、Windows DNSサーバーが実行されていないため、このDNSサーバーの委任を作成できません」という警告メッセージが表示されるはずです。ルートドメインを作成する場合、この警告メッセージは正常です。

6. ［追加オプション］ページで、NetBIOSドメイン名を確認します。NetBIOSドメイン名は、ドメインの認証やリソースへのアクセスに、DNSドメイン名の代わりにNBT（NetBIOS over TCP/IP）のNetBIOS名の使用をサポートするためのものです。NetBIOSドメイン名は、DNSドメイン名の最初のラベルから自動生成されますが、必要に応じて変更可能です。なお、NetBIOS名は15文字以内という制限があります。

画面4-2-6
自動設定されたNetBIOSドメイン名を確認する

7. ［パス］ページでは、ディレクトリデータベース、ログファイル、およびSYSVOL共有用のローカルパスを設定します。これらのファイルはActive Directoryで特に重要なファイルであり、電源障害などからデータの不整合を回避するために、格納先のパスのあるボリュームの書き込みキャッ

シュ機能は無効化されます。既定のパスは、それぞれC:¥Windows¥NTDS、C:¥Windows¥NTDS、C:¥Windows¥SYSVOLです。C:ドライブの書き込み性能を劣化させないために、書き込みキャッシュを無効にできる専用のボリュームを準備して、これらのファイルの格納先パスとして指定することを推奨します。仮想マシン環境の場合は、これらのファイルを配置する仮想ハードディスクを、書き込みキャッシュを無効にしたボリュームに配置するようにしてください。

画面4-2-7
ディレクトリデータベース、ログファイル、SYSVOL共有のパスを設定する。指定したパスのボリュームでは、データ保護のために書き込みキャッシュが無効化されるため、C:¥ドライブとは別のドライブ上のパスに設定することを推奨

8. ［オプションの確認］ページで構成内容を確認します。このページにある［スクリプトの表示］をクリックすると、ドメインコントローラーへの昇格を実行するPowerShellスクリプトのコードを確認できます。［Active Directoryドメインサービス構成ウィザード］をここで終了し、PowerShellスクリプトを実行して昇格を実行することもできます。

画面4-2-8
ここで［スクリプトの表示］をクリックすると、ウィザードがこれから実行する処理のPowerShellコードを確認できる

9. ［前提条件のチェック］ページで問題が報告されなければ、［インストール］をクリックしてドメインコントローラーのインストールを開始します。インストールの途中でコンピューターが自動的に再起動され、ドメインコントローラーとして起動します。次にサインインする際には、ドメインの

Active Directoryアカウントの資格情報を使用します。以前のローカルアカウントは使用できませんが、インストールに使用したローカル管理者アカウントのユーザー名とパスワードは、ドメイン管理者のアカウントに引き継がれます。

■ PowerShellによる最初のドメインコントローラーのインストール

Server Coreインストールで導入したWindows Server 2016のサーバーを最初のドメインコントローラーにする場合、サーバーマネージャーやウィザードを使用できる環境がまだないかもしれません。そこで、PowerShellを使用してActive Directoryフォレスト/ドメインを導入する方法についても説明します。その方法は非常に簡単です。次の2行のコマンドラインを実行することで、役割と機能のインストールと既定の設定によるドメインコントローラーのインストールを実行できます。

```
PS C:¥> Install-WindowsFeature AD-Domain-Services, RSAT-AD-PowerShell
PS C:¥> Install-ADDSForest -DomainName "<FQDN形式のドメイン名>" -InstallDNS
```

Install-ADDSForestコマンドレットでインストールオプションを詳細に指定したい場合は、例えば次のようなコマンドラインを使用します。この例は、先ほどのウィザードでインストールしたのと同じ構成でドメインコントローラーをインストールします。

```
PS C:¥> Install-ADDSForest -CreateDnsDelegation:$false ◐
 -DatabasePath "D:¥ADDS¥NTDS"  -DomainMode "WinThreshold" ◐
 -DomainName "localad.contoso.com" -DomainNetbiosName "LOCALAD" ◐
 -ForestMode "WinThreshold" -InstallDns:$true -LogPath "D:¥ADDS¥NTDS" ◐
 -NoRebootOnCompletion:$false -SysvolPath "D:¥ADDS¥SYSVOL"
```

注意

フォレストおよびドメインの機能レベルとしての**WinThreshold**の指定は、機能レベル［Windows Server 2016］の指定です。この他の機能レベルとして、**Win2008**、**Win2008R2**、**Win2012**、**Win2012R2**を指定できます。

画面4-2-9 PowerShellコマンドレットによるドメインコントローラーの昇格

4.2.2　ドメインコントローラーの追加

　Active Directoryの1つのドメインには、複数のドメインコントローラーを設置することが推奨されます。複数のドメインコントローラーを設置することで、障害やメンテナンスのためにドメインコントローラーの1台が利用できなくなった場合でも、ログオン認証やディレクトリの検索、グループポリシーの機能を引き続き提供できます。

　また、WANやVPNで接続されたリモート拠点にドメインコントローラーまたは読み取り専用ドメインコントローラー（RODC）を配置し、サイトを適切に構成することで、拠点内の認証の応答性を高めたり、WANやVPNのレプリケーショントラフィックを最適化できます。ディレクトリの変更ができない読み取り専用ドメインコントローラー（RODC）は、BitLockerドライブ暗号化と組み合わせることで、専任の管理者を配置できない拠点に配置することのセキュリティリスクを軽減します。

■│ウィザードによる2台目以降のドメインコントローラーの追加

　既存のドメインに2台目以降のドメインコントローラーを追加するには、次の手順で操作します。ここでは、ローカルのサーバーマネージャーを使用できることを前提に、サーバーにサインインして操作していますが、別のコンピューターのサーバーマネージャーをリモート接続して構成することもできます。

1. 追加のドメインコントローラーにするサーバーにローカル管理者アカウントでサインインします。追加先のドメインに参加している場合は、ローカル管理者アカウントまたはドメイン管理者アカウントでサインインします。なお、サーバーのネットワークが既存のドメインコントローラーをDNSサーバーとして参照していればよく、ドメインへの参加設定は必須ではありません。

2. サーバーにActive Directoryドメインサービスの役割をインストールし、［Active Directoryドメインサービス構成ウィザード］を開始します。

3. ［Active Directoryドメインサービス構成ウィザード］の最初の［配置構成］ページでは、［既存のドメインにドメインコントローラーを追加する］を選択し、追加先のドメインのDNSドメイン名とドメイン管理者アカウントの資格情報を指定します。

画面4-2-10　既存のドメインの追加のドメインコントローラーとしてインストールする

4. ［ドメインコントローラーオプション］ページでは、ドメインコントローラーの機能とドメインコントローラーを配置するサイトを選択し、ディレクトリサービス復元モード（DSRM）のパスワードを指定します。ドメインコントローラーの機能としては、既定でDNSサーバーとグローバルカタログ（GC）が選択されます。読み取り専用ドメインコントローラー（RODC）としてインストールする場合は、ここで選択します。Active Directoryのサイトは、レプリケーションのトポロジと認証トラフィックを最適化するためのオプション構成です。最初のドメインコントローラーをインストールすると、Default-First-Site-Nameという名前のサイトが1つ作成されます。リモート拠点がある場合は、事前に［Active Directoryサイトとサービス］スナップインを使用して、リモート拠点のIPサブネットを関連付けたサイトを作成しておくことで、ドメインコントローラーの配置先として選択できます。

画面4-2-11
ドメインコントローラーを配置するサイトを選択し、ディレクトリサービス復元モード（DSRM）のパスワードを指定する

5. ［追加オプション］ページでは、初期レプリケーションに使用するレプリケーション元のドメインコントローラーを明示的に指定できます。既定では、自動選択されたドメインコントローラーから初期レプリケーションが行われます。帯域幅の狭いWANで接続されるリモート拠点向けに、レプリケーションデータを事前に作成しておいたインストールメディアから取り込む方法もサポートされます。レプリケーションデータを含むインストールメディアは、既存のドメインコントローラーでNTDSUTILユーティリティのIFMサブコマンドを使用して作成します。

6. ウィザードの残りの部分は、新規にドメインコントローラーをインストールする場合と変わりません。ドメインコントローラーのインストールは、サーバーが再起動して完了します。

■ PowerShellによる2台目以降のドメインコントローラーの追加

PowerShellを使用してActive Directoryドメインに2台目以降のドメインコントローラーを追加するには、Install-ADDSDomainControllerコマンドレットを使用します。

```
PS C:¥> Install-ADDSDomainController -NoGlobalCatalog:$false ↩
 -CreateDnsDelegation:$false -CriticalReplicationOnly:$false ↩
 -DatabasePath "D:¥ADDS¥NTDS" -DomainName "localad.contoso.com" ↩
 -InstallDns:$true -LogPath "D:¥ADDS¥NTDS" -NoRebootOnCompletion:$false ↩
 -SiteName "Default-First-Site-Name" -SysvolPath "D:¥ADDS¥SYSVOL"
```

2台目のドメインコントローラーを［Active Directoryドメインサービス構成ウィザード］を使用してインストールし、その際にウィザードの［オプションの確認］ページで［スクリプトの表示］をクリックしてスクリプトをコピーすると、3台目以降のドメインコントローラーを同一構成で簡単かつ確実に追加することができます。

4.2.3　ドメインコントローラーの仮想化

Active Directoryのドメインコントローラーを仮想マシンとして実行することは以前から可能でしたが、以下のドキュメントで説明されているようにいくつかの制約がありました。例えば、チェックポイント（スナップショット）の作成と適用、ホストレベルの仮想マシンのバックアップと復元は、更新シーケンス番号（USN）のロールバックを発生させ、ディレクトリデータベースの不整合といった重大な問題を引き起こします。

Virtualizing Domain Controllers using Hyper-V
→https://docs.microsoft.com/en-us/windows-server/identity/ad-ds/get-started/virtual-dc/virtualized-domain-controllers-hyper-v

Windows Server 2012およびWindows 8以降のHyper-Vでは、仮想マシンの属性の1つとして「世代ID（Generation ID）」（Windows Server 2012およびWindows 8では「生成ID」と訳されていました）が提供され、ドメインコントローラーの仮想化対応が強化されました。仮想化されたドメインコントローラーが世代IDをサポートするHyper-V上で実行される場合、仮想マシンのチェックポイントの適用やバックアップからの復元の使用は制限されません。また、仮想ハードディスクの複製によるドメインコントローラーのクローン展開もサポートされます。

仮想マシンの世代IDは、チェックポイントの適用や仮想マシンのインポート、仮想マシンのバックアップからの復元などのタイミングで新しい値に更新されます。Windows Server 2012以降のドメインコントローラーは、世代IDの不一致を検出して仮想マシンの状態がロールバックされたことを自己認識することができ、正常なドメインコントローラーから最新のディレクトリデータベースのレプリケーションを受信して、USNロールバックを自動的に回避します。

世代IDは、Windows Server 2012およびWindows 8以降のHyper-Vの他、VMware vSphere 5.0 Update 2、vSphere 5.1、およびvSphere 5.5以降でもサポートされます。

VMWare Knowledge Base
　vSphere での VM-Generation ID のサポートについて（2041872）
→https://kb.vmware.com/s/article/2041872?lang=ja

仮想マシンの世代、バージョン、世代ID

仮想マシンの「世代ID（Generation ID）」は、Windows Server 2012およびWindows 8以降のHyper-Vでサポートされ、その値は仮想マシンのゲストOSに対して公開されます。
Windows Server 2012 R2およびWindows 8.1 Hyper-V以降では、仮想マシンの「世代（Generation）」と「バージョン（Version）」という新しい区別もあります。
仮想マシンの世代には、Windows Server 2012およびWindows 8以前の仮想マシンと互換性のあるBIOSベースの「第1世代（Generation 1）仮想マシン」と、Windows Server 2012 R2およびWindows 8.1 Hyper-V以降でサポートされるUEFIベースの「第2世代（Generation 2）仮想マシン」の2種類があります。
仮想マシンのバージョンは、Windows Server 2012 R2およびWindows 8.1 Hyper-Vで作成された仮想マシンがバージョン「5.0」、Windows Server 2016およびWindows 10 バージョン1607

Hyper-Vで作成された仮想マシンがバージョン「8.0」です。また、バージョン「6.0」〜「7.1」までが、Windows 10の以前のバージョン（ビルド）や、Windows Server 2016 Technical Previewで使用されていました。

4.2.4　操作マスターの変更

　Active Directoryのドメインでは、読み取り専用ドメインコントローラー（RODC）を除くすべてのドメインコントローラーは基本的に同等であり、各ドメインコントローラーに対して行われたディレクトリの変更は、マルチマスターレプリケーションによりドメイン全体に同期されます。ただし、FSMO（Flexible Single Master Operation）操作マスターと呼ばれる次の5つの役割については、フォレストまたはドメインごとに1台のドメインコントローラーが担当します。

- **RIDプールマスター** ── ドメインに1台存在し、SID（セキュリティ識別子）の生成に使用するRID（相対識別子）を管理します。
- **PDCエミュレーター** ── ドメインに1台存在し、Active Directoryの前身であるWindows NTドメインのプライマリドメインコントローラーをエミュレートします。また、ドメイン内のすべてのドメインコントローラーの時刻を同期するタイムソースとしての役割も持ちます。
- **インフラストラクチャマスター** ── ドメインに1台存在し、ドメイン内オブジェクトから他のオブジェクトへの参照を更新する役割を持ちます。インフラストラクチャマスターは、グローバルカタログ（GC）とデータを比較して、最新でないデータを発見し、ドメイン内のドメインコントローラーに更新データをレプリケーションします。マルチドメイン構成の場合、インフラストラクチャマスターとグローバルカタログ（GC）を同じサーバーが兼任できないことに注意が必要です。なお、グローバルカタログ（GC）は、フォレスト内のActive Directoryオブジェクトのコピーを格納しており、ローカルドメインのすべてのオブジェクトの完全なコピーとフォレスト内の別のドメインのオブジェクトの部分的なコピーを持ちます。
- **ドメイン名前付けマスター** ── フォレストに1台だけ存在し、フォレスト内でのドメインの追加と削除を制御します。
- **スキーママスター** ── フォレストに1台だけ存在し、スキーマに対するすべての更新と変更を制御します。

　既定では、フォレストのルートドメインを作成した最初のドメインコントローラーがすべての操作マスターの役割を持ちます。ドメインにドメインコントローラーを追加した場合は、操作マスターを別のドメインコントローラーに変更して分散配置することで、ドメインコントローラーの負荷を軽減できます。また、ドメインコントローラーを降格して削除する場合には、降格する前にドメインコントローラーが担っていた操作マスターを、別のドメインコントローラーに変更する必要があります。

　ドメインに1台存在するRIDプールマスター、PDCエミュレーター、インフラストラクチャマスターは、［Active Directoryユーザーとコンピューター］スナップインを使用して、現在の操作マスターの確認と変更ができます。ドメイン名前付けマスターの確認と変更には、［Active Directoryドメインと信頼関係］スナップインを使用します。スキーママスターの確認と変更には、［Active Directoryスキーマ］スナップインを使用します。

　操作マスターを変更するには、スナップインを変更先のドメインコントローラーに接続した上で、各スナップインの［操作マスター］ダイアログボックスから実行します。

画面4-2-12
RIDプールマスターを別のドメインコントローラーに変更しているところ

現在の操作マスターは、NETDOMコマンドを使用して確認することもできます。

```
C:¥> NETDOM QUERY FSMO
```

操作マスターの変更には、**Move-ADDirectoryServerOperationMasterRole**コマンドレットや**NTDSUTIL**ユーティリティを使用することもできます。

 外部タイムソースを使用した時刻同期

　Kerberos認証を使用するActive Directoryドメインでは、ドメインコントローラー、メンバーサーバー、およびクライアントが正確な時刻（許容範囲は5分以内のずれ）に基づいて稼働している必要があります。時刻の差異が大きいと、Kerberosチケットが無効になり、ログオンに失敗するといったトラブルが発生します。

　時刻の差異が発生しないように、Active DirectoryではドメインコントローラーがNTP（Network Time Protocol）サーバーとして動作し、ドメイン内のメンバーサーバーおよびクライアントの時刻を同期するようになっています。また、ドメインに参加するWindowsコンピューターでは、インターネットとの時刻同期機能は無効化されます。

　ドメイン内に複数のドメインコントローラーが存在する場合、すべてのドメインコントローラーはドメイン内に1台だけ存在するPDCエミュレーターの役割を持つドメインコントローラーと時刻を同期します。フォレストに複数のドメインが存在する場合、各ドメインのPDCエミュレーターは、ドメインの階層をたどって最終的にルートドメインのPDCエミュレーターとの間で時刻を同期します。

　フォレスト全体の時刻を正確にするためには、ルートドメインのPDCエミュレーターが正しい時刻を提供する必要があります。それには、ルートドメインのPDCエミュレーターを、外部のパブリックなNTPサーバーをタイムソースとして時刻同期を行うように構成します。具体的には、コマンドプロンプトで次のコマンドラインを実行してWindows Timeサービス（w32time）を構成します。この例では、日本標準時を決定および維持している情報通信研究機構（http://www.nict.go.jp/）の公開NTPサーバー ntp.nict.jpと時刻同期するように構成しています。

```
C:¥> w32tm /config /manualpeerlist:ntp.nict.jp /syncfromflags:manual ↻
 /reliable:yes /update
C:¥> net stop w32time
C:¥> net start w32time
```

　既定では、外部タイムソースとの時刻同期は構成されないため、ドメインコントローラーのシステムログにイベントソース「Microsoft-Windows-Time-Service」、イベントID「12」の警告イベントが繰り返し記録されます。

4.2.5 フォレスト/ドメインのアップグレード

フォレストおよびドメインの機能レベルがWindows Server 2008以上の既存のActive Directoryフォレスト/ドメインは、インプレースアップグレードまたはローリングアップグレードのいずれかの方法でWindows Server 2016ベースのActive Directoryに移行することが可能です。

■ インプレースアップグレード

「第2章　インストールとアップグレード」で説明したように、現在、Windows Server 2012またはWindows Server 2012 R2を実行しているドメインコントローラーは、Windows Server 2016にアップグレードインストールすることで、Windows Server 2016のドメインコントローラーに移行できます。

ドメインコントローラーをWindows Server 2016にアップグレードインストールする場合は、アップグレードインストールを開始する前に、Windows Server 2016のインストールメディアの¥Support¥Adprepフォルダーにある**adprep.exe**コマンドを実行してフォレストおよびドメインをアップグレード用に準備します。これらのコマンドラインは、アップグレード用にActive Directoryスキーマの拡張やアクセス許可の変更を行います。

以下のコマンドラインは、フォレストのスキーママスターの役割を持つドメインコントローラーで実行します。Enterprise Adminsグループのメンバーアカウントの資格情報を使用して、フォレストで1回だけ実行します。

```
C:¥> adprep /forestprep
```

以下のコマンドラインは、**adprep /forestprep**を実行したあとに、ドメインのインフラストラクチャマスターの役割を持つドメインコントローラーで実行します。Domain Adminsグループのメンバーアカウントの資格情報を使用して、ドメインごとに1回実行します。

```
C:¥> adprep /domainprep
```

以下のコマンドラインは、**adprep /forestprep**を実行したあとに、ドメインのインフラストラクチャマスターの役割を持つドメインコントローラーで実行します。Domain Adminsグループのメンバーアカウントの資格情報を使用して、ドメインごとに1回実行します。

```
C:¥> adprep /domainprep /gpprep
```

以下のコマンドラインは、**adprep /forestprep**を実行したあとに、任意のドメインコントローラーで1回実行します。Enterprise Adminsグループのメンバーアカウントの資格情報を使用して、フォレストで1回だけ実行します。なお、読み取り専用ドメインコントローラー（RODC）をサポートする予定がない場合は、実行する必要はありません。

```
C:¥> adprep /rodcprep
```

ドメインおよびフォレストの準備ができたら、Windows Server 2016のインストールメディアからWindowsセットアップ（Setup.exe）を起動して、アップグレードインストールを行います。すべてのドメインコントローラーをWindows Server 2016にアップグレードしたら、［Active Directoryドメインと信頼関係］スナップインまたは［Active Directory管理センター］を使用して、ドメインおよび

フォレストの機能レベルを最上位のWindows Server 2016に昇格することができます。

機能レベルの昇格は、ドメインの機能レベル、フォレストの機能レベルの順番で実行します。［Active Directoryドメインと信頼関係］スナップインを使用する場合は、ドメインのノードを右クリックして［ドメインの機能レベルの昇格］を実行することでフォレスト内のすべてのドメインの機能レベルを昇格したあと、［Active Directoryドメインと信頼関係］のノードを右クリックして［フォレストの機能レベルの昇格］を実行します。［Active Directory管理センター］の場合は、ドメインを選択して［タスク］ペインから実行します。

画面4-2-13 Windows Server 2012 R2以前のドメインコントローラーが存在しないことを確認した上で、ドメインとフォレストの機能レベルを昇格する

■│ローリングアップグレード

　Windows Server 2008およびWindows Server 2008 R2はWindows Server 2016に直接アップグレードインストールすることができませんが、フォレストおよびドメインの機能レベルがWindows Server 2008以上であれば、ローリングアップグレードの方法でWindows Server 2016のActive Directoryに移行することが可能です。Windows Server 2012やWindows Server 2012 R2の場合でも、ローリングアップグレードの方法でActive Directoryを移行することが可能です。確実性や安全性、移行中のダウンタイムの回避が求められる実運用環境においては、インプレースアップグレードよりもローリングアップグレードのほうが現実的な方法です。

　ローリングアップグレードは、既存のドメインにWindows Server 2016の新しいドメインコントローラーを追加して、操作マスターを新しいドメインコントローラーに転送し、旧バージョンのドメインコントローラーをメンバーサーバーに降格して撤去していくという、段階的なアップグレード方法です。すべてのドメインコントローラーをWindows Server 2016にリプレースしたら、ドメインおよびフォレストの機能レベルを昇格できます。

　なお、アップグレード前の**adprep**コマンドによるフォレストおよびドメインの準備作業は、事前に実施する必要はありません。Windows Server 2016のドメインコントローラーを追加する際に、必要であればドメインコントローラーのインストール中に自動実行されます。

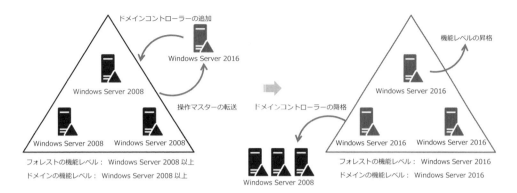

図4-2-14　ローリングアップグレードによるActive Directoryの移行

Windows Server 2003ベースのActive Directoryからの移行
　Windows Server 2016のActive Directoryドメインサービスは、フォレストおよびドメインの機能レベル「Windows Server 2003」と、「ファイルレプリケーションサービス（FRS）」によるSYSVOL共有のレプリケーションをサポートする最後のバージョンであり、ローリングアップグレードの方法でWindows Server 2016のActive Directoryフォレスト/ドメインにアップグレードすることができます。FRSを使用している場合は、移行後に「分散ファイルシステムレプリケーション（DFSR）」に移行してください。後継バージョンへのアップグレードのためには、DFSRに移行済みであることが必要です。

4.2.6　Active Directoryドメインサービスの管理ツール

　Active Directoryドメインサービスには、GUIおよびコマンドラインベースのさまざまな管理ツールがあります。

■|MMCスナップイン

　Active DirectoryドメインサービスのMMCスナップイン形式のGUI管理ツールは、Active Directoryが初めて実装されたWindows 2000 Serverから存在するもので、基本的な管理操作もほとんど変わりません。

- **Active Directoryユーザーとコンピューター** ── このスナップイン（Dsa.msc）では、ユーザー、グループ、コンピューター、共有プリンターなど、ドメイン内のディレクトリオブジェクトの管理と組織単位（OU）による階層化、パスワードのリセットなどを実行できます（画面4-2-15）。
- **Active Directoryドメインと信頼関係** ── このスナップイン（Domain.msc）では、フォレストに含まれるドメインとフォレスト外のドメインとの信頼関係を管理します。
- **Active Directoryサイトとサービス** ── このスナップイン（Dssite.msc）では、Active Directoryのサイトの作成とサイト内およびサイト間のレプリケーショントポロジを管理します。
- **Active Directoryスキーマ** ── このスナップインでは、Active Directoryのスキーマの表示とセキュリティを管理します。

画面4-2-15 ［Active Directory ユーザーとコンピューター］スナップインによるユーザー、グループ、コンピューターの管理

［Active Directory スキーマ］スナップインの有効化

　［Active Directory スキーマ］スナップインを利用するには、次のコマンドラインを実行してスナップインを有効化した上で、空のMMCコンソールにスナップインを追加する必要があります。

```
C:\> regsvr32 schmmgmt.dll
C:\> mmc
```

- **グループポリシーの管理**――このスナップイン（Gpmc.msc）は、グループポリシーオブジェクト（GPO）の作成と編集、ポリシー設定の結果セットのレポートを行うためのツールです。GPOの編集には、［グループポリシー管理エディター］を使用します。なお、ローカルコンピューターでは［ローカルセキュリティポリシー］スナップイン（Secpol.msc）や［ローカルグループポリシーエディター］スナップイン（Gpedit.msc）を利用できますが、これらのスナップインの編集機能は［グループポリシー管理エディター］と共通であり、編集対象がGPOであるか、ローカルコンピューターポリシーであるかの違いです（画面4-2-16）。
- **ADSI Edit（ADSIエディター）**――このスナップイン（Edsiedit.msc）は、フォレストに含まれるすべてのディレクトリオブジェクトのすべての属性の参照と編集が可能なLDAP編集ツールです。
- **DNS**――このスナップイン（Dnsmgmt.msc）はActive Directoryドメインサービスの管理ツールではありませんが、DNSサーバーはActive Directoryドメインサービスの発見と名前解決に重要な役割を持ちます。Active Directoryのドメインコントローラーは、既定でDNSサーバーとして構成されます。このDNSサーバーは、動的更新が有効であり、ドメインコントローラー、サービス、およびクライアントの情報を自動的に管理します。また、Active Directory統合モードで構成され、ゾーン情報はディレクトリデータベースに格納されてドメインコントローラー間でレプリケーションされます。このDNSサーバーは、通常のDNSサーバーと同様に、A（AAAA）レコードやCNAME（別名）レコード、MX（Mail eXchange）レコード、TXTレコードを手動で登

録することが可能です。

画面4-2-16 ［グループポリシーの管理］スナップインと［グループポリシー管理エディター］

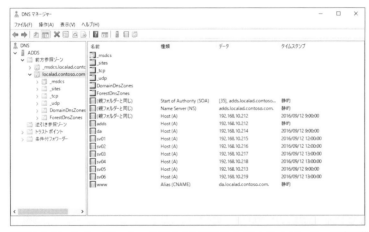

画面4-2-17 Active Directoryのドメイン用にドメインコントローラーに自動構成されたDNSサーバー

■| Active Directory管理センター

［Active Directory管理センター］は、Windows PowerShell用のActiveDirectoryモジュールが初めて提供されたWindows Server 2008 R2から提供されている、Active Directoryドメインサービスのための新しいGUI管理ツールです。

この管理ツールの特長は、Windows PowerShellのテクノロジに基づいて作成されており、タスク指向型のナビゲーションで一般的な管理タスクを実行できることにあります。例えば、［Active Directoryユーザーとコンピューター］スナップインを使用して新しいユーザーを作成する場合、ユー

ザー名やパスワードといった必要最小限の情報でユーザーを作成してから、ユーザーのプロパティを開いてグループメンバーシップや組織の情報を編集するという手順が必要です。[Active Directory管理センター]を使用すると、[ユーザーの作成]ページ1つだけで、これらの操作をすべて実行できます。

[Active Directory管理センター]で管理タスクを実行すると、[Windows PowerShell履歴]ペインにGUIで操作した管理タスクを実際に実行したWindows PowerShellのコマンドレットが記録されます。この機能を利用して、Windows PowerShellの操作を学んだり、繰り返し作業をスクリプト化して自動実行したりできます。

この他、[Active Directory管理センター]を使用すると、Windows Server 2008以降の「細かい設定が可能なパスワードポリシー」、Windows Server 2008 R2以降の「Active Directoryごみ箱」、Windows Server 2012以降の「ダイナミックアクセス制御」、Windows Server 2012 R2以降の「認証ポリシーサイロ」といった新しいセキュリティ管理機能をGUIで操作することができます。

画面4-2-18 [Active Directory管理センター]を使用したユーザーの作成

■|コマンドラインツール

Active Directoryドメインサービスには、Active Directoryのフォレスト/ドメインの管理とトラブルシューティングに対応した、豊富なコマンドラインツールが用意されています。

- **Dcdiag.exe**——ドメインコントローラーの状態を総合的に診断するテストツールです。
- **Dsacls.exe**——ディレクトリオブジェクトのACL（アクセス制御リスト）の表示と変更を行います。
- **Dsdbutil.exe**——Active DirectoryドメインサービスまたはActive Directoryライトウェイトディレクトリサービスのディレクトリデータベースのメンテナンスを行います。このツールは、**Ntdsutil.exe**のサブセットです。
- **Dsmgmt.exe**——Active DirectoryドメインサービスまたはActive Directoryライトウェイトディレクトリサービスのアプリケーションパーティションの管理、ディレクトリのスナップショットの管理、FSMO操作マスターの管理、ディレクトリオブジェクトや重複したSIDのク

リーンアップ、ディレクトリサービス復元モード（DSRM）のパスワードのリセットなどを行います。このツールの機能の多くは、**Ntdsuitil.exe**と共通しています。

- **Ldp.exe** —— Active Directoryドメインサービスまたは Active Directoryライトウェイトディレクトリサービスのインスタンスに接続して、参照や変更操作を実行できるLDAPユーティリティです。
- **Netdom.exe** —— コンピューターアカウントやユーザーアカウントの追加、削除、リセット、ドメイン参加設定を行います。
- **Nltest.exe** —— ドメインコントローラーの一覧取得、リモートシャットダウンの強制、信頼情報の清代を行います。
- **Ntdsutil.exe** —— Active DirectoryドメインサービスまたはActive Directoryライトウェイトディレクトリサービスのアプリケーションパーティションの管理、ディレクトリのスナップショットの管理、FSMO操作マスターの管理、ディレクトリオブジェクトや重複したSIDのクリーンアップ、ディレクトリサービス復元モード（DSRM）のパスワードのリセットなどを行います。このツールの機能の多くは、**Dsmgmt.exe**と共通しています。
- **Repadmin.exe** —— ドメインコントローラー間のレプリケーション問題の診断やレプリケーションの手動実行を行います。例えば、**Repadmin /showrepl**は入力方向のレプリケーションを最後に実行したときの状態を表示します。**Repadmin /syncall**はすべてのレプリケーションパートナーとの同期を開始します。
- **Gpfixup.exe** —— ドメイン名を変更した場合に、グループポリシーオブジェクト（GPO）とリンクのドメイン名の依存関係を修正します。
- **Dcgpofix.exe** —— 既定のグループポリシーオブジェクト（GPO）であるDefault Domain PolicyおよびDefault Domain Controllers Policyを初期状態に戻します。
- **Windows PowerShellコマンドレット** —— Windows PowerShellのActiveDirectoryモジュールは、Active Directoryドメインサービスの管理に対応した147のコマンドレットを提供します。

```
PS C:¥> Get-Command -module ActiveDirectory

CommandType     Name                            Version     Source
-----------     ----                            -------     ------
Cmdlet          Add-ADCentralAccessPolicyMember 1.0.0.0     ActiveDirectory
Cmdlet          Add-ADComputerServiceAccount    1.0.0.0     ActiveDirectory
...
```

4.2.7　サーバーおよびクライアントのドメイン参加設定

　Windowsベースのサーバーやクライアントを、Active Directoryドメインのメンバーとして参加させる方法について説明します。本書では説明しませんが、macOSやLinuxをActive Directoryドメインに参加させることも可能です。

　Active Directoryドメインでは、DNSによる名前解決が可能であることが必須です。Active Directoryドメインに参加させようとするコンピューターでは、優先DNSサーバーとしてドメインコントローラーを参照するように、ネットワークの設定でDNSサーバーを直接指定するか、DHCP（動的ホスト構成プロトコル）でDNSサーバーの設定を配布するようにしてください。

　コンピューターをActive Directoryドメインに参加させるには、ドメインアカウントの資格情報が

必要になります。ドメイン管理者アカウント（Domain AdminsまたはEnterprise Adminsグループのメンバー）およびアカウントオペレーター（Account Operatorsグループのメンバー）は無制限の数のサーバーまたはクライアントをドメインに参加させることができます。一般ユーザーアカウント（Domain Usersグループのメンバー）は10台までのクライアントをドメインに参加させることができます。

■ ［システムのプロパティ］からのオンラインドメイン参加

Windowsコンピューターのドメイン参加設定の最も標準的な方法は、コントロールパネルの［システムのプロパティ］を使用する方法です。この方法は、ドメイン参加をサポートしていないHomeエディションを除く、すべてのバージョンのWindowsクライアント、およびGUIがインストールされたWindows Serverで共通です。

［システムのプロパティ］の［コンピューター名］タブを開き、［変更］ボタンをクリックして［ドメイン］を選択し、DNSドメイン名またはNetBIOSドメイン名を入力します。ドメイン参加設定と同時にコンピューター名を変更することもできます。ドメインに参加するための資格情報を入力し、［システムのプロパティ］を閉じてコンピューターを再起動すれば、そのコンピューターのドメイン参加設定は完了です。ドメインに参加したコンピューターは、ディレクトリの［Computers］コンテナーに登録されます。

画面4-2-19　［システムのプロパティ］の［コンピューター名］タブからドメイン参加設定を行う

■ Sconfigユーティリティによるオンラインドメイン参加

Windows Server 2008以降のServer Coreインストール、Windows Server 2012以降のServer Coreインストールおよびフルインストール環境では、Sconfigユーティリティの［1）ドメイン/ワークグループ］を使用して、ドメインの参加設定とコンピューター名の変更が可能です。なお、Sconfigユーティリティは、次に説明するNETDOMコマンドを使用してドメイン参加設定を行っています。

■ コマンドラインからのオンラインドメイン参加

ドメイン参加設定をコマンドプロンプトから実行するには、**NETDOM**コマンドを使用します。次の例は、コンピューターをドメインに参加させ、コンピューター名を変更してからコンピューターを再起動し、ドメイン参加設定を完了します。リモートサーバー管理ツール（RSAT）をインストールすると、Active Directoryドメインサービス用ツールの1つとしてインストールされ、利用可能になります。

```
C:¥> netdom join %ComputerName% /Domain:<ドメイン名>
 /UserD:<ドメイン名¥ユーザー名> /passwordD:*
C:¥> netdom renamecomputer %ComputerName% /NewName:<新しいコンピューター名>
 /UserD:<ドメイン名¥ユーザー名> /passwordD:* /Force /Reboot
```

ドメイン参加設定をWindows PowerShellから実行するには、**Add-Computer**コマンドレットを使用します。次の例は、コンピューターをドメインに参加させ、コンピューター名を変更してからコンピューターを再起動し、ドメイン参加設定を完了します。

```
PS C:¥> Add-Computer -DomainName <ドメイン名>
 -Credential <ドメイン名¥ユーザー名>
PS C:¥> Rename-Computer -NewName <新しいコンピューター名>
 -DomainCredential <ドメイン名¥ユーザー名> -Restart
```

■ Windows 10のオンラインドメイン参加の新しい方法

［システムのプロパティ］を使用したドメイン参加設定は、最新のWindows 10でも同様に行えますが、Windows 10では［設定］アプリにある新しいUIから設定することも可能です。具体的には、［設定］アプリの［アカウント］から［職場または学校にアクセスする］を開き、［＋接続］をクリックして［職場または学校アカウントのセットアップ］ウィザードを開始します。ウィザードの最初のページで［このデバイスをローカルのActive Directoryドメインに参加させる］をクリックして、ドメイン参加を構成します。

なお、Windows 10初期リリース（ビルド10240）、Windows 10 Enterprise LTSB 2015（ビルド10240）、およびバージョン1511（ビルド10586）の場合は、［設定］アプリの仕様が異なることに注意

画面4-2-20
Windows 10バージョン1607
（ビルド14393）の［設定］アプリを使用したドメイン参加設定

してください。これらのバージョンでは、［設定］の［システム］-［バージョン情報］にある［ドメインに参加］ボタンをクリックして、ドメイン参加を構成します。

　Homeエディションを除くWindows 10は、ローカルアカウント、Microsoftアカウント、Azure AD参加、またはローカルのActive Directoryドメインへのドメイン参加の3つの方法のいずれかで、Windowsのサインインを構成することができます。

　Windows 10 Proバージョン1607を新規インストールする場合、［このPCはだれが所有していますか？］と表示されるので、ローカルのドメインに参加させる場合は［職場または学校が所有しています］を選択してください。その後、［接続方法を選択する］で［ローカルのActive Directoryドメインに参加する］を選択し、ローカル管理者アカウントをセットアップします。

　Windows 10 EnterpriseおよびEducationバージョン1607を新規インストールする場合は、［このPCはだれが所有していますか？］の画面は表示されず、［接続方法を選択する］から始まるので、同様に［ローカルのActive Directoryドメインに参加する］を選択し、ローカル管理者アカウントをセットアップします。

　ローカル管理者アカウントをセットアップしたら、Windows 10のインストール完了後にそのアカウントでWindowsにサインインし、［システムのプロパティ］または［設定］アプリからドメイン参加を構成します。

画面4-2-21　Windows 10 Proバージョン1607の新規インストール時のアカウント設定画面。Enterprise/Educationの場合、最も左の画面は表示されない

■│オフラインドメイン参加

　Windows 7およびWidows Server 2008 R2以降では、**DJOIN**コマンドを使用したオフラインドメイン参加という新しいドメイン参加設定の方法がサポートされました。オフラインドメイン参加は、ネットワークに接続されていないコンピューター（ネットワークから切断されたコンピューターやオフラインイメージなど）に対して、Active Directoryのドメイン参加設定をオフラインで行い、次回のネットワーク接続時やオフラインイメージからの起動時に参加設定を完了させることができます。なお、Nano Serverはオフラインドメイン参加のみをサポートしています。

　次の手順は、ネットワークに接続されていないコンピューターまたはオフラインのイメージに対して、オフラインドメイン参加の方法でドメイン参加設定を行う手順です。

1. Windows 7またはWindows Server 2008 R2以降を実行するドメインメンバーまたはドメインコントローラーにドメインアカウントでサインインし、次のコマンドラインを実行します。これにより、コンピューターをオフラインドメイン参加でドメインに参加させるためのプロビジョニングデータが作成されます。なお、コンピューター名が現在のコンピューター名と異なる場合、オフラインドメイン参加時に新しいコンピューター名に変更されます。また、コンピューターアカウントが既

にドメインの［Computers］コンテナーに作成済みの場合は、コマンドラインに**/reuse**オプションを追加する必要があります。

```
C:¥> djoin /provision /domain <DNSドメイン名> /machine <参加対象のコンピューター名>
/savefile <プロビジョニングデータの保存先パス（.txt）>
```

2. 社内ネットワークに接続されていないコンピューターや、オフラインイメージに対してオフラインドメイン参加を行うには、**djoin /requestodj**を実行して、プロビジョニングデータを読み込ませます。対象のコンピューターが起動している場合は、プロビジョニングデータを対象のコンピューターにコピーして、次のコマンドラインを実行します。

```
C:¥> djoin /requestodj /loadfile <プロビジョニングデータのパス（.txt）>
/windowspath %Windir% /localos
```

対象のコンピューターがローカルマウントされたオフラインイメージの場合は、次のコマンドラインを実行します。

```
C:¥> djoin /requestodj /loadfile <プロビジョニングデータのパス（.txt）>
/windowspath <オフラインイメージのマウントポイント>¥Windows
```

3. オフラインドメイン参加の設定が行われたコンピューターは、次に社内ネットワークに接続された状態で起動した際に、ドメインコントローラーとオンラインになると、オフラインドメイン参加を要求してドメイン参加を完了します。

プロビジョニングデータにグループポリシー設定とルート証明書を含める

　Windows 8およびWindows Server 2012以降の**DJOIN**コマンドでは、**/policynames**および**/rootcerts**オプションを利用可能です。これらのオプションを使用すると、プロビジョニングデータにグループポリシーオブジェクト（GPO）やルート証明書を格納することができます。この機能は、主にDirectAccessクライアントの構成に使用します。
　DirectAccessクライアントの構成は、ドメインメンバーのクライアントに対してグループポリシーオブジェクトを使用して行われます。**/policynames**および**/rootcerts**オプションを使用したオフラインドメイン参加を行うと、インターネットに接続されたコンピューターを、社内ネットワークに一度も持ち込むことなく、DirectAccessクライアントとして構成し、DirectAccessで社内ネットワークにリモートアクセスすることが可能です。次の例は、日本語環境において、DirectAccessクライアント用のプロビジョニングデータを準備するためのコマンドラインです。

```
C:¥> djoin /provision /domain <DNSドメイン名> /machine <参加対象のコンピューター名>
/policynames "DirectAccess クライアントの設定" /rooptcerts
/savefile <プロビジョニングデータの保存先パス（.txt）>
```

■ 無人応答ファイル（Unattend.xml）を使用したオンライン／オフラインドメイン参加

　無人応答ファイル（Unattend.xml）を使用してWindowsセットアップやイメージ展開を自動化する場合は、無人応答ファイルにドメイン参加設定を含めることで、初回起動時にオンラインまたはオフラインドメイン参加を行わせることができます。次の例は、オンラインドメイン参加設定を含む無人応

答ファイル（Unattend.xml）からコンピューター名とドメイン参加設定の部分を抜き出したものです。

```xml
<settings pass="specialize">
    <component name="Microsoft-Windows-Shell-Setup" processorArchitecture="x86またはamd64" publicKeyToken="31bf3856ad364e35" language="neutral" versionScope="nonSxS" xmlns:wcm="http://schemas.microsoft.com/WMIConfig/2002/State" xmlns:xsi="http://www.w3.org/2001/XMLSchema-instance">
        <ComputerName>コンピューター名</ComputerName>
    </component>
    <component name="Microsoft-Windows-UnattendedJoin" processorArchitecture="x86またはamd64" publicKeyToken="31bf3856ad364e35" language="neutral" versionScope="nonSxS" xmlns:wcm="http://schemas.microsoft.com/WMIConfig/2002/State" xmlns:xsi="http://www.w3.org/2001/XMLSchema-instance">
        <Identification>
            <Credentials>
                <Domain>NetBIOSドメイン名</Domain>
                <Password>パスワード</Password>
                <Username>ユーザー名</Username>
            </Credentials>
            <JoinDomain>DNSドメイン名</JoinDomain>
        </Identification>
    </component>
</settings>
```

次の例は、オフラインドメイン参加設定を含む無人応答ファイル（Unattend.xml）からコンピューター名とドメイン参加設定の部分を抜き出したものです。「プロビジョニングデータ」の部分には、**djoin /provision**コマンドで保存したファイルの内容を記述します。

```xml
<settings pass="specialize">
    <component name="Microsoft-Windows-Shell-Setup" processorArchitecture="x86またはamd64" publicKeyToken="31bf3856ad364e35" language="neutral" versionScope="nonSxS" xmlns:wcm="http://schemas.microsoft.com/WMIConfig/2002/State" xmlns:xsi="http://www.w3.org/2001/XMLSchema-instance">
        <ComputerName>コンピューター名</ComputerName>
    </component>
    <component name="Microsoft-Windows-UnattendedJoin" processorArchitecture="x86またはamd64" publicKeyToken="31bf3856ad364e35" language="neutral" versionScope="nonSxS" xmlns:wcm="http://schemas.microsoft.com/WMIConfig/2002/State" xmlns:xsi="http://www.w3.org/2001/XMLSchema-instance">
        <Identification>
            <Provisioning>
                <AccountData>プロビジョニングデータ</AccountData>
            </Provisioning>
        </Identification>
    </component>
</settings>
```

4.2.8 グループの管理されたサービスアカウント

　Windows Server 2008 R2およびWindows 7では、「管理されたサービスアカウント（Managed Service Accounts）」および「仮想アカウント（Virtual Accounts）」という、新しいアカウントの種類が導入されました。管理されたサービスアカウントは、Active Directoryのドメインで準備し、ドメインメンバーにインストールするという作業を経て利用可能になります。仮想アカウントは、作成や管理は不要で、「NT SERVICE¥サービス名」というアカウント名で使用できます。どちらも、システムサービスの実行アカウントとして専用で利用できるもので、Windowsのログオンアカウントとしては機能せず、パスワードが自動管理（30日ごとにランダムなパスワードにリセット）されるという特徴を持ちます。管理されたサービスアカウントは、サービスの実行アカウントにドメインアカウントを使用しながら、不適切なパスワード管理によりセキュリティが低下するというリスクを軽減します。

　Windows Server 2012およびWindows 8以降では、管理されたサービスアカウントが拡張され、同様のサービスアカウント機能が「グループの管理されたサービスアカウント（Group Managed Service Accounts：gMSAs）」に変更されました。従来の管理されたサービスアカウント（スタンドアロンの管理されたサービスアカウント）は、ドメインで準備しますが、使用できるのはドメインメンバー1台のみで、パスワードの自動管理もサービスアカウントを使用するドメインメンバー側で行われていました。グループの管理されたアカウントは、Windows Server 2012以降のドメインコントローラーでパスワードが自動管理され、複数のドメインメンバーで同じサービスアカウントを使用できます。これにより、IISのサーバーファームやActive Directoryフェデレーションサービス（AD FS）のAD FSファームなど、単一のサービスアカウントを使用したい場合でも、通常のドメインアカウントを使用することなく、グループの管理されたサービスアカウントを使用して展開できます。

■ ルートキーの作成

　グループの管理されたサービスアカウントで、パスワードの生成を開始するには、キー配布サービス（KDS）のルートキーが必要です。ドメインコントローラーは展開後、最大10時間待機してからルートキーの作成を実行します。これは、ドメインコントローラー間でレプリケーションが完了、収束し、すべてのドメインコントローラーがグループの管理されたサービスアカウントのパスワード生成要求に応えることができるようにするための仕様です。ルートキーの作成が完了する前にグループの管理されたサービスアカウントを作成しようとすると、ルートキーの準備が完了していないため、「キーがありません」というエラーが発生して失敗します。

　エラーを回避して、グループの管理されたサービスアカウントの作成をすぐに開始したい場合は、**Add-KdsRootKey**コマンドレットを次のように実行することで、ルートキーを直ちに作成させることができます。

```
PS C:¥> Add-KdsRootKey -EffectiveTime (Get-Date).AddHours(-10)
```

■ グループの管理されたサービスアカウントの準備

　グループの管理されたサービスアカウントは、**New-ADServiceAccount**コマンドレットを使用して、Windows Server 2012以降のドメインコントローラー上で準備します。このサービスアカウントは、Windows Server 2012またはWindows 8以降を実行するドメインメンバーから使用できます。なお、Windows Server 2008 R2およびWindows 7で使用可能な管理されたサービスアカウントとして準備するには、**-RestrictToSingleComputer**オプションを追加します。

```
PS C:¥> New-ADServiceAccount -Name "<サービスアカウント名>"
 -DNSHostName "<サービスのDNS名>" -Enabled $true
```

例えば、グループの管理されたサービスアカウントservice01を作成し、同時にサービスプリンシパル名（SPN）としてhttp/service01.demo.contoso.comを登録するには、次のように実行します。

```
PS C:¥> New-ADServiceAccount -Name "service01"
 -DNSHostName "service01.demo.contoso.com"
 -ServicePrincipalNames http/service01.demo.contoso.com -Enabled $true
```

グループの管理されたサービスアカウントのプロパティを変更するには、**Set-ADServiceAccount**コマンドレットを使用します。例えば、サービスアカウント名service02を作成したあと、サーバーSERVER01とSERVER02専用に構成するには、次のコマンドレットを実行します。複数のサーバーを指定する場合は、ドメイングループで指定することもできます。

```
PS C:¥> New-ADServiceAccount service02
 -DNSHostName service02.demo.contoso.com -Enabled $true
PS C:¥> Set-ADServiceAccount -Identity service02
 -PrincipalsAllowedToRetrieveManagedPassword server01$,server02$
```

■| グループの管理されたサービスアカウントの使用

グループの管理されたサービスアカウントの使用が許可されたメンバーサーバーでは、「<ドメイン名>¥<サービスアカウント名>$」または「<サービスアカウント名>$@<DNSドメイン名>」の形式でサービスの実行アカウントに指定できます。その際に、アカウントのパスワードを入力する必要はありません。グループの管理されたサービスアカウントが対象のメンバーサーバーで利用できるかどうかは、**Test-ADServiceAccount**コマンドレットで確認できます。

画面4-2-22
グループの管理されたサービスアカウントの作成および使用例。パスワードの入力や設定は不要

Windows Server 2008 R2のときは、スタンドアロンの管理されたサービスアカウントをメンバーサーバー側で使用する際に、サーバー側で**Install-ADServiceAccount**コマンドレットを実行して、明

示的にサービスアカウントをインストールする必要がありました。Windows Server 2012以降のグループの管理されたサービスアカウントでは**Install-ADServiceAccount**コマンドレットの明示的な実行は不要です。グループの管理されたサービスアカウントを指定して**Install-ADServiceAccount**コマンドレットを実行した場合、サービスアカウントのインストールではなく、サービスアカウントの資格情報がキャッシュされるだけです。このコマンドレットを明示的に実行しなくても、サービスコントロールマネージャーなどのUIからサービスアカウントを設定した時点で資格情報のキャッシュは行われます。ただし、グループの管理されたサービスアカウントをドメインから削除した場合や再作成した場合は、そのサービスアカウントを使用していたサーバーで次のコマンドラインを実行し、資格情報のキャッシュを削除してください。

```
PS C:\> Uninstall-ADServiceAccount -Identity <サービスアカウント名>
```

なお、**Install-ADServiceAccount**、**Uninstall-ADServiceAccount**、および**Test-ADServiceAccount**コマンドレットは、Windows PowerShellのActiveDirectoryモジュール（RSAT-AD-PowerShell）に含まれているため、サーバー側にモジュールが存在しない場合はインストール（**Install-WindowsFeature RSAT-AD-PowerShell**）する必要があります。

4.3 グループポリシーの管理

Active Directoryドメインサービスをインストールし、フォレスト/ドメインを作成すると、ドメイン内でグループポリシーを利用できるようになります。グループポリシーは、ドメインのパスワードポリシー、サーバーやクライアントのセキュリティ設定、システム設定、デスクトップ環境、ハードウェアやアプリケーションの制御、ソフトウェアの配布、スクリプトの自動実行などを、企業や組織全体で集中管理できる、強力なポリシー管理基盤です。

4.3.1 管理用テンプレートとセントラルストア

GPOの［コンピューターの構成￥ポリシー￥管理用テンプレート］および［ユーザーの構成￥ポリシー￥管理テンプレート］は、管理用テンプレート（.admxおよび.adml）の追加により拡張することができます。

［グループポリシー管理エディター］は既定でローカルコンピューターの%Windir%￥PolicyDefinitionsフォルダーに存在する管理用テンプレート（.admxおよび.adml）を読み込み、ポリシー設定を表示して編集可能にします。管理用テンプレートを追加するには、%Windir%￥PolicyDefinitionsフォルダーに.admxファイルを、%Windir%￥PolicyDefinitions￥<言語名>フォルダーに.admlファイルを保存します。例えば、Office 2016およびOffice 2019（Office 365 ProPlusおよびボリュームライセンス製品）の管理用テンプレートは、次のURLからダウンロードできます。

Administrative Template files（ADMX/ADML）and Office Customization Tool for Office 365 ProPlus, Office 2019, and Office 2016
↪ https://www.microsoft.com/en-us/download/details.aspx?id=49030

［グループポリシー管理エディター］を使用してグループポリシーを編集するすべてのコンピューターで、同じ管理用テンプレートを使用できるようにするには、管理用テンプレートのセントラルス

トアを構成します。セントラルストアを構成するには、最新の管理テンプレートを含む%Windir%¥PolicyDefinitionsフォルダーの内容を、ドメインコントローラーのSYSVOL共有のローカルパス（既定は%Windir%¥SYSVOL）の¥domain¥Policies¥PolicyDefinitionsにコピーします。1台のドメインコントローラーでセントラルストアを構成すれば、自動的に他のドメインコントローラーにレプリケーションされます。

　Windows Updateによる更新によりローカルの管理用テンプレートが更新された場合や、管理用テンプレートを追加する場合は、セントラルストアを更新することを忘れないでください。また、Windows 10はバージョン（ビルド）によって管理用テンプレートが異なります。実際に使用しているWindows 10のバージョンに合わせるか、最新の管理用テンプレートを使用してください。

　Windows 10バージョン1607およびWindows Server 2016の管理用テンプレートは、次のURLからダウンロードできます。

Administrative Templates (.admx) for Windows 10 (1607) and Windows Server 2016 - 日本語
⊖ https://www.microsoft.com/ja-JP/download/details.aspx?id=53430

　Windows 10バージョン1607より前、および後のバージョンの管理用テンプレートは、次のURLからダウンロードできます。このように、Windows 10の各バージョンに対応した管理用テンプレートが提供されるため、適切な管理用テンプレートを使用するようにしてください。

Administrative Templates (.admx) for Windows 10 - 日本語
⊖ https://www.microsoft.com/ja-JP/download/details.aspx?id=48257

Administrative Templates (.admx) for Windows 10 Creators Update - 日本語
⊖ https://www.microsoft.com/ja-JP/download/details.aspx?id=55080

Administrative Templates (.admx) for Windows 10 Fall Creators Update (1709) - 日本語
⊖ https://www.microsoft.com/ja-jp/download/details.aspx?id=56121

Administrative Templates (.admx) for Windows 10 April 2018 Update (1803) - 日本語
⊖ https://www.microsoft.com/ja-jp/download/details.aspx?id=56880

Administrative Templates (.admx) for Windows 10 October 2018 Update (1809)
⊖ https://www.microsoft.com/en-us/download/details.aspx?id=57576

4.3.2　ポリシーの編集と適用

　Windows ServerおよびWindowsクライアント（企業向けエディション）には、［ローカルコンピューターポリシー］スナップイン（Gpedit.msc）があり、スタンドアロン環境でポリシー設定が可能ですが、グループポリシーはこれをドメインレベルに拡張し、集中的な管理を可能にします。
　グループポリシーの管理には、GUI使用サーバーのドメインコントローラーにインストールされる［グループポリシーの管理］スナップイン（Gpmc.msc）を使用します。このスナップインは、ドメインメンバーのサーバーやクライアントに追加して使用することもできます。

■ ポリシーの優先順位

　IT管理者は、複数のグループポリシーオブジェクト（GPO）を作成し、サイトやドメイン、組織単位（OU）にリンクすることができます。また、クライアントPCは、ローカルに格納されている1つの

GPO（ローカルコンピューターポリシー）を持ちます。GPOは次の順番で処理され、同じポリシーに異なる設定がある場合、後に処理されたGPOの設定が上書きされ、有効になります。

1. ローカルコンピューターポリシー
2. サイトにリンクされたGPO
3. ドメインにリンクされたGPO
4. ドメイン内の組織単位（OU）にリンクされたGPO

　GPOをOUにリンクした場合、そのGPOの設定はドメインの階層に従い下位のOUに継承されます。同じ階層に複数のGPOがリンクされている場合は、「リンクの順序」という優先順位に従ってGPOが順番に処理されます。リンクの順序の番号が大きければ、そのGPOは後に処理されるため、その階層での優先順位が高くなります。

■ コンピューターの構成とユーザーの構成
　［グループポリシーの管理］から特定のGPOを選択して編集画面を開くと、［グループポリシー管理エディター］が開き、GPOのポリシー設定を編集できます。すべてのGPOには、［コンピューターの構成］と［ユーザーの構成］の大きく2つのポリシー設定が存在します。［コンピューターの構成］は、コンピューターに適用されるポリシー設定を含みます。一方、［ユーザーの構成］は、ログオン中のユーザーに適用されるポリシー設定を含みます。
　［コンピューターの構成］と［ユーザーの構成］のいずれか一方のポリシー設定だけを行うGPOの場合は、ポリシー設定を含まないほうを無効化することで、GPOを軽量化し、適用処理のパフォーマンスを向上させることができます。それには、［グループポリシー管理エディター］で最上位のコンテナー（ポリシー名）のプロパティを開き、［全般］タブで［コンピューターの構成の設定を無効にする］または［ユーザーの構成の設定を無効にする］にチェックを入れます。

画面4-3-1
このGPOでポリシー設定を行っていない［ユーザーの構成］を無効にする

■ セキュリティフィルターとWMIフィルター
　グループポリシーのGPOは、サイト、ドメイン、および組織単位（OU）に対してリンクすることができますが、さらにGPOの適用対象をフィルターで絞ることができます。フィルターには、セキュリティフィルターとWMIフィルターの2種類があります。

セキュリティフィルターは、Active Directoryのユーザーやグループ、コンピューターアカウントを指定して、GPOの適用対象をフィルターするものです。既定でAuthenticated Usersが設定されているため、GPOがリンクされたサイト、ドメイン、組織単位（OU）の配下にある、ドメインで認証されたすべてのユーザーおよびコンピューターが適用対象になります。セキュリティフィルターを使用する場合は、既定のAuthenticated Usersを削除して、適用対象のユーザー、グループ、またはコンピューターアカウントを追加します。セキュリティフィルターに指定されたユーザーには、GPOの［ユーザーの構成］が適用されます。セキュリティフィルターに指定されたコンピューターには、GPOの［コンピューターの構成］が適用されます。

セキュリティフィルターはコンピューターのコンテキストで処理される
　「4.1.6　Active Directoryに関する重要な仕様変更」で説明したように、ユーザーの構成とコンピューターの構成の両方のポリシーは、コンピューターのセキュリティコンテキストで処理されます。従来は、ユーザーの構成についてはログオンユーザーのセキュリティコンテキストで、コンピューターの構成についてはコンピューターのセキュリティコンテキストで処理されていました。
　この仕様変更により、グループポリシーオブジェクト（GPO）の［スコープ］タブでセキュリティフィルターからAuthenticated Usersを削除し、特定のユーザーやグループを追加する場合、GPOを読み取れずにポリシーが適用されない場合があります。この問題を回避するには、GPOの［委任］タブでDomain Computersに対する［読み取り］アクセス許可を追加します。

［MS16-072］グループポリシーのセキュリティ更新プログラムについて（2016年6月14日）
→https://support.microsoft.com/en-us/help/3159398/

　WMIフィルターは、WMI（Windows Management Instrumentation）のクエリ結果に基づいて、適用対象を決定するフィルターです。WMIとクエリの作成方法についてここで詳しくは説明しませんが、汎用的に使えそうなWMIフィルターの例を以下に示します。

すべてのクライアントPC：
```
select * from Win32_OperatingSystem where ProductType = "1"
```

すべてのノートブックPC：
```
select * from Win32_ComputerSystem where ProductType = "2"
```

すべての32ビットWindows：
```
select * from Win32_OperatingSystem where OSArchitecture like "32%"
```

すべての64ビットWindows：
```
select * from Win32_OperatingSystem where OSArchitecture like "64%"
```

すべてのWindows 8およびWindows 8.1：
```
select * from Win32_OperatingSystem where Caption like "Microsoft Windows 8%"
```

すべてのWindows 10：
```
select * from Win32_OperatingSystem where Caption like "Microsoft Windows 10%"
```

すべてのWindows 10初期リリース（LTSB 2015を含む）：

```
select * from Win32_OperatingSystem where Caption like↩
 "Microsoft Windows 10%" AND Version = "10.0.10240"
```

すべてのWindows 10バージョン1511：

```
select * from Win32_OperatingSystem where Caption like↩
 "Microsoft Windows 10%" AND Version = "10.0.10586"
```

すべてのWindows 10バージョン1607（LTSB 2016を含む）：

```
select * from Win32_OperatingSystem where Caption like↩
 "Microsoft Windows 10%" AND Version = "10.0.14393"
```

すべてのWindows Enterprise（評価版を除く）：

```
select * from Win32_OperatingSystem where OperatingSystemSKU = "4"
```

すべてのWindows 10 Enterprise LTSB：

```
select * from Win32_OperatingSystem where Caption like↩
 "Microsoft Windows 10%" AND OperatingSystemSKU = "125"
```

すべてのWindows 10バージョン1607およびWindows Server 2016：

```
select * from Win32_OperatingSystem where Version = "10.0.14393"
```

すべての仮想マシン（Hyper-VまたはVirtual PC）：

```
select * from Win32_ComputerSystem where Manufacturer like↩
 "Microsoft Corporation" AND Model like "Virtual Machine"
```

コンピューターやユーザーに適用されたGPOを確認する方法

コンピューターやユーザーに適用されたGPOを確認するには、対象のコンピューターでコマンドプロンプトを管理者として開き、**gpresult**コマンドを実行します。**gpresult**コマンドは、RSoP（Resultant Set of Policy）と呼ばれるポリシーの結果セットをレポートするOS標準コマンドです。**/r**オプションは標準出力にレポートを表示します。**/h**オプションを使用すると、HTML形式の詳細なレポートを作成できます。レポートでは、セキュリティフィルターやWMIフィルターの評価結果や、最終的なポリシー設定となった優勢GPOを確認できます。

```
C:\> gpresult /r
C:\> gpresult /h <ファイル名>.html
```

■ 既定のGPO

　Active Directoryのドメインには、既定のGPOとしてDefault Domain PolicyとDefault Domain Controllers Policyが作成されます。Default Domain Policyはドメインにリンクされ、ドメイン全体に適用されます。Default Domain Controllers Policyはドメインのすべてのドメインコントローラーを含

む組織単位（OU）［Domain Controllers］にリンクされ、ドメインコントローラーにのみ適用されます。

GPOのドメイン階層に基づいた継承と、リンクの順序について知っていれば、どの場所のどのGPOでポリシー設定を行ってもかまいません。ただし、既定の2つのGPOについては、既定の設定が含まれることに注意が必要です。Default Domain Policyは、パスワードポリシーを含むアカウントポリシーの既定値を含みます。Default Domain Controllers Policyは、ユーザー権利の割り当ての既定値を含みます。これらの既定のGPOについては、同じ階層あるいは下位の階層の別のGPOで既定値を意図せず上書きしてしまわないように注意してください。

例えば、ドメインの既定のパスワードポリシーは、ドメインコントローラーに適用されたGPOのパスワードポリシー設定で決まります。そして、ドメインのパスワードポリシーの既定値はDefault Domain Policyに含まれます。Default Domain Controllers Policyでパスワードポリシーを変更した場合、GPOの優先順位の仕組みから、Default Domain Controllers Policyのパスワードポリシー設定が優先されることになります。ドメインに1つしか存在しないパスワードポリシーが複数の場所で設定されてしまうと、どのGPOのポリシー設定がドメインのパスワードポリシーに影響しているのかを判断するのが難しくなります。そのため、パスワードポリシーについては「Default Domain Policyの既定値を直接変更する」というように、その企業や組織内のルールを決めておくと良いでしょう。

また、すべてのポリシー設定を既定の2つのGPOだけで設定することは、決してお勧めしません。既定の2つのGPOの変更は、パスワードポリシーなどの既定値を含むポリシーを変更する場合に限り、他のポリシーは別に同じ階層にGPOを作成して設定することをお勧めします。ポリシー設定の目的ごとにGPOを作成し、同じ階層にリンクすることで、GPOのバックアップや復元、特定の目的のポリシーの削除、ポリシー設定のトラブルシューティングが簡単になります。

画面4-3-2　既定で作成される2つのGPO

■ **GPOのバックアップとリセット**

GPOが、編集のミスやレプリケーションの問題など何らかの理由で破損してしまった場合、グループポリシーが正常に機能しなくなります。特に既定の2つのGPOであるDefault Domain PolicyおよびDefault Domain Controllers Policyは、ユーザー権利の設定など重要なポリシー設定を含むため、これらのGPOの破損の影響は重大になります。［グループポリシーの管理］スナップインには、既定のGPOおよび作成済みGPOをファイルにバックアップする機能があるので、既定のGPOとカスタムGPOを定期的にバックアップすることを強くお勧めします。GPOのバックアップは、［グループポリシーの管理］スナップインの［グループポリシーオブジェクト］コンテナーから実行できます。

画面4-3-3
GPOをセキュリティで保護された
安全な場所にバックアップする

　万が一、GPOの適切なバックアップが存在しない状態でGPOが破損してしまった場合は、**dcgpofix**コマンドを使用して既定の2つのGPOを初期状態にリセットするという最終手段があります。

```
C:¥> dcgpofix /target:bothまたはdcまたはdomain
```

　ただし、既定のGPOにはアプリケーションが自動的に構成するポリシー設定が追加されることがあるため、GPOを初期状態にリセットしても正常な状態に回復できるとは限りません。また、**dcgpofix**コマンドは、最初のドメインコントローラーのインストール直後の既定のGPOの状態を復元しますが、Default Domain Controllers Policyについては若干の相違があることにも注意が必要です。詳しくは、以下のサポート技術情報で説明されています。

Dcgpofixツールを使用しても既定のドメインコントローラポリシーのセキュリティ設定が元の状態に復元されない
→https://support.microsoft.com/ja-jp/help/833783/

4.3.3 標準的なポリシー設定

　ここでは、どのような企業や組織にも関係する、標準的なポリシー設定について説明します。ここで取り上げるのは、Windows Server 2016のActive Directoryの新機能ではなく、以前のバージョンから利用可能なものばかりです。Windows 10のクライアントPCを対象とした新しいポリシーについては、「4.3.5 Windows 10クライアント向けポリシー設定」で説明します。

■ ドメインの既定のパスワードポリシー

　Active Directoryのドメインの最初のドメインコントローラーをインストールした直後の状態では、ドメインの既定のパスワードポリシーとして、Default Domain Policyの次の場所に設定済みのポリシーが有効になります。

コンピューターの構成¥ポリシー¥Windows の設定¥セキュリティの設定¥アカウント ポリシー¥パスワードのポリシー

　前述のように、ドメインのパスワードポリシーは、1つのドメインに1つしか持てません。例外は、

細かな設定が可能なパスワードポリシーを使用する場合だけです。ドメインのパスワードポリシーは、ドメインコントローラーに適用されたポリシー設定に従います。パスワードポリシーのトラブルを回避するため、パスワードポリシーはDefault Domain PolicyのGPOだけで管理することをお勧めします。

■ ローカルセキュリティポリシー

次の場所にあるローカルポリシーは、ローカルコンピューターの監査設定、ユーザー権利の割り当て（ログオンの権利と特権）、およびWindowsネットワークにおけるセキュリティオプションを制御します。

```
コンピューターの構成¥ポリシー¥Windows の設定¥セキュリティの設定¥ローカル ポリシー¥監査ポリシー
コンピューターの構成¥ポリシー¥Windows の設定¥セキュリティの設定¥ローカル ポリシー¥ユーザー権利の割り当て
コンピューターの構成¥ポリシー¥Windows の設定¥セキュリティの設定¥ローカル ポリシー¥セキュリティオプション
```

ローカルコンピューターにおけるこれらの既定の設定は、各コンピューターの［ローカルセキュリティポリシー］（Secpol.msc）に設定されています。ドメインのGPOによるローカルポリシーの設定は、ローカルの既定値よりも優先されることに留意してください。ドメインコントローラーのローカルポリシーの既定の設定は、Default Domain Controllers Policyに設定されており、ドメインのGPOよりも常に優先されます。

セキュリティオプションの中で、次の2つのポリシー設定について触れておきます。既定（これらのポリシーが未構成）では、ドメインメンバーのコンピューターアカウントのパスワードは30日ごとに変更されます。

```
ドメイン メンバー：コンピューター アカウント パスワード：定期的な変更を無効にする
ドメイン メンバー：最大コンピューター アカウントのパスワードの有効期限
```

コンピューターアカウントのパスワードは、ドメインコントローラーとメンバーとの間のセキュリティで保護されたチャネルを確立するために使用されます。何らかの理由で期間内にパスワードが変更されなかった場合、ドメインアカウントでWindowsにサインインしようとしても「このワークステーションとプライマリドメインとの信頼関係に失敗しました」というエラーでサインインできなくなります。その場合、対象のコンピューターをドメインからいったんワークグループ構成に戻し、再度、ドメインに参加設定する必要があります。

この既定の動作はセキュリティを維持するために重要です。定期的な変更を無効にするとセキュリティが低下します。そのため、評価目的の環境以外では無効にするべきではありません。しかし、仮想マシンやモバイルPCの増加により、既定の設定（未構成）のままでは30日の有効期限が切れる可能性のある状況が増えてきました。例えば、VDIの仮想デスクトップ用の仮想マシンをロールバックする構成にした場合、ロールバックするイメージが30日より古いと、パスワードの有効期限が切れてしまいます。社外に持ち出されるモバイルPCは、30日以上ドメインに接続しないかもしれません。

セキュリティを維持しつつ、コンピューターアカウントのパスワードの期限切れ問題を回避するには、実際の利用状況に応じて有効期限を調整するか、あるいは既定の30日以上、ドメインとオフラインにならない状況を整備することが重要です。例えば、VDI用の仮想マシンのイメージは、毎月最新状態に更新してリフレッシュする、モバイルユーザーにはDirectAccessやVPNのリモートアクセス環境を提供して定期的な接続を義務付ける、などです。

■ セキュリティが強化されたWindowsファイアウォール

Windows Vista以降およびWindows Server 2012以降の［セキュリティが強化されたWindowsファイアウォール］の設定は、グループポリシーを使用して完全に制御できます。次の場所で、Windowsと同等のGUIを使用して、ファイアウォールプロファイルの設定（有効化や無効化）、受信の規則および送信の規則の作成、接続セキュリティの規則の作成（IPSecの設定）が可能です。

> コンピューターの構成¥ポリシー¥**Windows** の設定¥セキュリティの設定¥セキュリティが強化された **Win
dows** ファイアウォール

■ ソフトウェアのインストール

グループポリシーは、簡易的な電子ソフトウェア配布（Electronic Software Delivery：ESD）の基盤としても利用できます。次の場所にソフトウェアのパッケージ（Windowsインストーラーパッケージのみ）を登録すると、GPOが適用されるタイミングでコンピューターやユーザーを対象にソフトウェアを自動インストールしたり、ユーザーに公開してオンデマンドでインストールさせたりできます。GPOからパッケージが削除された、あるいはGPOの適用対象外になったタイミングで、ソフトウェアを自動的にアンインストールすることもできます。

> コンピューターの構成¥ポリシー¥ソフトウェアの設定¥ソフトウェアのインストール
> ユーザーの構成¥ポリシー¥ソフトウェアの設定¥ソフトウェアのインストール

ソフトウェアを配布するには、共有フォルダーにWindowsインストーラーパッケージ（.msi）を配置し、そのUNCパスを指定して［ソフトウェアのインストール］にパッケージを作成します。そして、ソフトウェアの展開方法として［公開］または［割り当て］を選択します。［公開］はユーザーに利用可能なパッケージを公開してオンデマンドでインストールを開始させる方法、［割り当て］はユーザーの同意なしでインストールを自動開始する方法です。［コンピューターの構成］では［割り当て］のみを選択でき、［ユーザーの構成］では［公開］または［割り当て］のいずれかを選択できます。

なお、ユーザーに公開されたソフトウェアはコントロールパネルの［プログラムと機能］に追加される［ネットワークからプログラムをインストールする］に表示されます。ユーザーはセルフサービスでソフトウェアのインストールを開始できます。

■ スクリプト（スタートアップ/シャットダウン）

次のポリシーにスクリプトを設定すると、コンピューターのスタートアップ時またはシャットダウン時にスクリプトを自動実行させることができます。スクリプトは、ローカルシステムアカウント（LocalSystem）の権限で非同期に実行されます。スクリプトとしては、バッチファイル（.cmd、.bat）、Windows Script Host（WSH）エンジンで動作するVBScript（.vbs）またはJscript（.js）を使用できます。対象がWindows 7以降およびWindows Server 2008 R2以降の場合は、Windows PowerShellスクリプト（.ps1）もサポートされます。

> コンピューターの構成¥ポリシー¥**Windows** の設定¥スクリプト（スタートアップ/シャットダウン）¥ス
タートアップ
> コンピューターの構成¥ポリシー¥**Windows** の設定¥スクリプト（スタートアップ/シャットダウン）¥シ
ャットダウン

スクリプトファイルは、SYSVOL共有の<DNSドメイン名>¥Policies¥|GPOのGUID|¥Machine
¥Scripts¥StartupまたはShutdownフォルダーに配置しておく必要があります。この場所に配置した
スクリプトファイルは、すべてのドメインコントローラーにレプリケーションされます。

■| スクリプト（ログオン/ログオフ）

次のポリシーにスクリプトを設定すると、ユーザーのサインイン（ログオン）時またはサインアウト
（ログオフ）時にスクリプトを自動実行させることができます。スクリプトは、ログオンユーザーの権
限で非同期に実行されます。スクリプトとしては、バッチファイル（.cmd、.bat）、VBScript（.vbs）、
JScript（.js）を使用できます。対象がWindows 7以降およびWindows Server 2008 R2以降の場合は、
Windows PowerShellスクリプト（.ps1）もサポートされます。

```
ユーザーの構成¥ポリシー¥Windows の設定¥スクリプト（ログオン/ログオフ）¥ログオン
ユーザーの構成¥ポリシー¥Windows の設定¥スクリプト（ログオン/ログオフ）¥ログオフ
```

スクリプトファイルは、SYSVOL共有の<DNSドメイン名>¥Policies¥|GPOのGUID|¥Users¥
Scripts¥LogonまたはLogoffフォルダーに配置しておく必要があります。これらのパスを使用する代
わりに、NETLOGON共有（SYSVOL共有の<DNSドメイン名>¥Scriptsフォルダー）を使用するこ
ともできます。これらの場所に配置したスクリプトファイルは、すべてのドメインコントローラーに
レプリケーションされます。

なお、Windows 8.1およびWindows Server 2012 R2以降は、既定でログオンスクリプトの実行開始
が5分間遅延することに注意してください。これは、ユーザーのデスクトップの読み込みを高速化する
ための仕様です。以前のバージョンのWindowsではログオン直後にログオンスクリプトが実行されま
す。Windows 8.1およびWindows Server 2012 R2以降においても、ログオンスクリプトをすぐに実行
させたい場合は、次のポリシーを無効にする、または有効にして遅延時間を「0」分に設定します。

```
コンピューターの構成¥ポリシー¥管理用スクリプト¥システム¥グループ ポリシー¥ログオン スクリプト
の遅延を構成する
```

■| Windows UpdateおよびWSUSのポリシー

Windows ServerおよびWindowsクライアントのWindows Updateの更新オプションは、以下のポ
リシーで構成できます。

```
コンピューターの構成¥ポリシー¥管理用テンプレート¥Windows コンポーネント¥Windows Update¥自
動更新を構成する
  有効
    自動更新の構成： 2 － ダウンロードとインストールを通知、3 － 自動ダウンロードしインストール
    を通知（既定）、4 － 自動ダウンロードしインストール日時を指定、5 － ローカル管理者の選択を
    許可
    インストールを実行する日： 0 － 毎日（既定）、1～7 － 毎週日曜～毎週土曜
    インストールを実行する時間： 03:00（既定）、00:00～23:00
```

社内にWindows Server Update Services（WSUS）を導入する場合は、以下のポリシーで利用する
WSUSサーバーのURLを指定します。WSUSの導入と管理については、「第5章　ネットワーク基盤
サービス」で説明します。

```
コンピューターの構成¥ポリシー¥管理用テンプレート¥Windows コンポーネント¥Windows Update¥イ
ントラネットの Microsoft 更新サービスの場所を指定する
  有効
    更新を検出するためのイントラネットの更新サービスを設定する：WSUSのURL（例 https://
FQDN:8531/）
    イントラネット統計サーバーの設定：WSUSのURL（例 https://FQDN:8531/）
```

■ 公開キーのポリシー

次の場所にあるポリシーを使用すると、信頼されたルート証明機関やエンタープライズの信頼に使用するCA証明書の配布や、Active Directory証明書サービスを使用した証明書の自動発行、自動要求を構成することができます。

```
コンピューターの構成¥ポリシー¥Windows の設定¥セキュリティの設定¥公開キーのポリシー
ユーザーの構成¥ポリシー¥Windows の設定¥セキュリティの設定¥公開キーのポリシー
```

■ ソフトウェアの制限のポリシー

次の場所にあるポリシーは、既知の不正なソフトウェアや信頼性のないソフトウェアの実行を規制するために使用できます。ホワイトリストまたはブラックリストとして、ソフトウェアのパスやハッシュ、証明書、ネットワークゾーンの規則を作成し、実行を許可または禁止できます。なお、クライアントがWindows 7（Enterpriseエディションが必要）以降およびWindows Server 2008 R2以降の場合は、次に説明するアプリケーション制御ポリシー（AppLocker）の使用を推奨します。

```
コンピューターの構成¥ポリシー¥Windows の設定¥セキュリティの設定¥ソフトウェアの制限のポリシー
```

> **改訂** ソフトウェアの制限のポリシー（SRP）はWindows 10でサポートされなくなった
>
> 第1章の「1.5.3 Windows Server 2019で削除または推奨されなくなる機能」で説明したように、ソフトウェアの制限のポリシー（SRP）は、Windows 10バージョン1803で開発終了扱いとなり、動作するかどうかに関係なく、Windows 10の全バージョンでサポートされなくなりました。Windows 10バージョン1607およびWindows Server 2016までは期待どおりに動作しますが、Windows 10バージョン1703以降では期待どおりに動作しない場合があります。代替としてAppLockerグループポリシーまたはWindows Defenderアプリケーション制御（WDAC）がありますが、これらはEnterpriseおよびEducationエディションでのみ利用可能です。

■ アプリケーション制御ポリシー（AppLocker）

次の場所にあるアプリケーション制御ポリシーは、AppLockerと呼ばれるWindows 7およびWindows Server 2008 R2以降からのアプリケーション制御機能です。AppLockerは、規則の定義や保守が複雑なソフトウェアの制限のポリシーの問題点を改善し、より柔軟かつ簡単にアプリケーションの実行を許可または拒否または監査できるようにしたものです。

コンピューターの構成¥ポリシー¥Windows の設定¥セキュリティの設定¥アプリケーション制御ポリシー

　AppLockerは、Windows 7 Enterprise、Windows 7 Ultimate、Windows 8 Enterprise、Windows 8.1 Enterprise、Windows Thin PC、Windows Embedded Standard 7、Windows 10 Enterprise、Windows 10 Education、およびWindows Server 2008 R2以降のサーバーOSで利用できます。クライアントOSは、原則としてEnterpriseエディションの機能であることに注意してください。また、AppLockerによるアプリケーションの制御のためには、対象のコンピューターでApplication Identity（AppIDSvc）サービスが実行中である必要があります。このサービスのスタートアップ設定は既定で［手動］になっています。

　AppLockerを使用すると、実行ファイル（.exe）、Windowsインストーラー（.msi）、スクリプト、パッケージアプリのそれぞれについて、規則を作成し、クライアントに強制または監査することができます。パッケージアプリの規則は、Windows Server 2012およびWindows 8で新たに追加されたもので、ストアアプリを対象に、アプリの実行を制御できます。

　AppLockerでは、パス、発行元、ファイルハッシュに基づいてアプリケーションの実行を許可または拒否する規則を作成します。管理者は、［既定の規則の作成］や［規則の自動生成］を利用して、簡単に規則を作成することができます。［規則の自動生成］は、［グループポリシー管理エディター］を実行中のコンピューターのディスクを検索して規則を自動生成するものです。

　AppLockerの規則により許可されていないアプリケーションの実行が要求されると、「システム管理者によりこのプログラムはブロックされています。詳細はシステム管理者に問い合わせてください。」と表示され、起動がブロックされます。

　AppLockerは許可または拒否の規則を強制する以外に、監査の目的で使用することができます。AppLocker監査モードは、規則を強制する前にその影響を分析するために活用できます。AppLockerの規則を強制するか、監査のみを行うかは、［AppLocker］ノードを開いて、［規則の実施の構成］で指定します。監査のみを行うようにした場合、規則の評価結果はクライアントのイベントログのAppLocker（アプリケーションとサービスログ¥Microsoft¥Windows¥AppLocker）ログにイベントID 8000番台で記録されます。監査ログを1箇所に集めるには、Windowsイベントログのサブスクリプション機能を利用できます（画面4-3-4、画面4-3-5）。

画面4-3-4　AppLockerによるストアアプリの許可/禁止規則の構成

画面4-3-5　AppLockerの規則の実施（強制）または監査の構成

4.3.4 グループポリシーの基本設定

　グループポリシーの［コンピューターの構成］と［ユーザーの構成］には、［ポリシー］とは別に［基本設定］という項目があります。この設定項目は、Windows Server 2008から利用可能になった比較的新しい機能で、「グループポリシーの基本設定」（Group Policy Preferences）と呼ばれます。通常のポリシー設定は、GPOの適用対象外になると設定が解除される**非永続的**なものですが、グループポリシーの基本設定は、システム設定やユーザーの個人設定を**永続的**に変更するものです。

　通常のポリシー設定では、レジストリキーを変更する場合、レジストリキーのオリジナルを変更するのではなく、ポリシー設定用の特別なキーを使用します。例えば、ソフトウェアの設定を変更するのにHKEY_LOCAL_MACHINE¥SOFTWARE¥Microsoftの下のキーを書き換えることはせずに、HKEY_LOCAL_MACHINE¥SOFTWARE¥Policies¥Microsoftを変更します。これにより、GPOで該当のポリシーが削除されたり、GPOの対象外になったりしたとき、Policies以下のレジストリキーが削除され、オリジナルのレジストリキーの設定に戻ります。

　これに対し、グループポリシーの基本設定は、Windowsの環境変数やファイルシステム、レジストリ、コントロールパネルの各種設定、ユーザーの個人設定を直接変更します。そのため、グループポリシーの基本設定の設定を削除しても、以前の設定に戻ることはありません。これを、「入れ墨（Tattooing）効果」と呼ぶことがあります。なお、グループポリシーの基本設定による変更は、ユーザーによる設定の上書きを防止することはできませんが、GPOが適用されるたびに繰り返し設定を配布することは可能です。

　例えば、前述したアプリケーション制御ポリシー（AppLocker）を機能させるためには、対象のコンピューターでApplication Identity（AppIDSvc）サービスを開始する必要がありますが、グループポリシーの基本設定を使用すると、サービスのスタートアップを［自動］に変更したり、サービスを開始したりできます。

画面4-3-6 グループポリシーの基本設定を使用した、サービスのスタートアップの構成

　グループポリシーの基本設定の中には、下線付きの設定や円アイコンが付いた設定を含むものがあります。［インターネット設定］はその例です。［インターネット設定］では、Internet Explorerのインターネットオプションのダイアログボックスを使用して設定をカスタマイズできますが、下線や円アイコンの状態で設定が有効であるかどうかが個別に決まります。例えば、緑色の実線および緑色の円アイコン（〇）は設定が有効ですが、赤色の実線および赤色の円アイコン（〓）は設定が無視されます。これらは、**F5**キー（すべて有効）、**F6**キー（選択項目を有効）、**F7**キー（選択項目を無効）、**F8**キー（すべて無効）で切り替えます。詳しくは、以下のドキュメントで確認してください。

Enable and Disable Settings in a Preference Item
➔ https://docs.microsoft.com/en-us/previous-versions/windows/it-pro/windows-server-2008-R2-and-2008/cc754299(v=ws.11)

画面4-3-7 緑色の実線になっている［ホームページ］は適用対象であるが、赤色の破線部分は設定が無視される

[Internet Explorerメンテナンス]の廃止とIE設定のポリシー管理

　[ユーザーの構成￥基本設定￥コントロールパネルの設定￥インターネット設定]では、Internet Explorer 5以降のインターネットオプションの構成が可能です。UI上はInternet Explorer 10までの設定しかありませんが、Internet Explorer 10の設定でInternet Explorer 11の設定も可能です。また、[コンピューターの構成｜ユーザーの構成￥ポリシー￥Windowsコンポーネント￥Internet Explorer]にあるポリシー設定も使用できます。

　以前は[ユーザーの構成￥ポリシー￥Windowsの設定￥Internet Explorerのメンテナンス](Internet Explorer Maintenance：IEM)というポリシーがありましたが、このポリシー設定はInternet Explorer 10から廃止されました。Windows Server 2016のグループポリシーでIEMのポリシーを編集することはできなくなっています。代わりに、グループポリシーの基本設定やInternet Explorerポリシー設定を使用してください。ただし、IEMで管理できたすべての項目を代替できるわけではありません。

4.3.5　Windows 10クライアント向けポリシー設定

　Windows Server 2016のActive Directoryのグループポリシーには、Windows 10バージョン1607に対応した新しいポリシー設定が数多く利用可能になっています。その中から、特徴的なものをいくつか紹介します。

複数バージョンのWindows 10が混在する環境でのポリシー管理

　Windows 10はバージョンごとに更新された管理用テンプレートが提供されます。Windows 10の各バージョンの%Windir%￥PolicyDefinitionsディレクトリには、そのバージョンに対応した最新の管理用テンプレートが格納されており、品質更新プログラムによって更新される場合もあります。

　セントラルストアには同じ管理用テンプレートの複数バージョンを格納することはできません。そのため、Active Directoryドメイン環境に複数バージョンのWindows 10が混在する場合は、セントラルストアの管理用テンプレートを使用してWindows 10の各バージョンのポリシーを適切に管理することは困難です。その場合は、セントラルストアを用意せずに、管理対象と同じバージョンのWindows 10コンピューターにリモートサーバー管理ツール(RSAT)をインストールし、ローカルの管理用テンプレートを用いてドメインのグループポリシーを編集します。その際、管理対象のWindows 10のバージョンごとにグループポリシーオブジェクト(GPO)を分け、WMIフィルターなどを利用して、適切なGPOが適切なWindows 10バージョンのコンピューターに適用されるようにします。

■│Cortanaの有効化/無効化

　Cortana(コルタナ)はWindows 10に標準搭載されている音声に対応したパーソナルアシスタント機能です。日本および日本語環境では、Windows 10バージョン1511からサポートされています。

　Windows 10バージョン1511まではCortanaの設定からCortanaをオフにすることができましたが、Windows 10バージョン1607ではCortanaをオフにする設定が削除されました。以下のポリシー設定を使用すると、Windows 10のバージョンに関係なく、Cortanaをオフにできます。

　コンピューターの構成￥ポリシー￥管理用テンプレート￥Windows コンポーネント￥検索￥Cortana を許可する
　　有効または未構成：Cortanaを使用可能(既定)
　　無効：Cortanaを無効化

　Windows 10バージョン1511以前でCortanaをオフにすると、タスクバー上の検索ボックスには[WebとWindowsの検索]と表示され、この検索ボックスを使用してWebおよびローカルコンピュー

ターを対象に検索できます。Windows 10バージョン1607では［Windowsの検索］と表示され、Webを検索することはできなくなります。

画面4-3-8　Windows 10は標準でCortanaがオン（画面左）、ポリシー設定で無効化できる（画面右）

■| Microsoft Storeの制御

　Microsoftアカウントを使用すると、［ストア］アプリを使用してMicrosoft Store（旧称、Windowsストア）から無料アプリの取得や有料アプリの購入が可能です。しかし、個人が企業のPCに勝手にアプリをインストールすることは不適切な場合があります。そこで企業の管理者は、次のポリシーを使用して［ストア］アプリの使用を禁止することが可能です。

　なお、このポリシーは、Windows 10バージョン1511以降のEnterpriseおよびEducationエディションでサポートされます。Windows 10 Proには適用されない（ストアをポリシーでブロックできない）ことに注意してください（画面4-3-9）。

```
コンピューターの構成¥ポリシー¥管理用テンプレート¥Windows コンポーネント¥ストア¥ストア アプリ
ケーションをオフにする
　有効：ストアをブロック
　無効または未構成：ストアを利用可能（既定）
　　※このポリシーは、Windows 10バージョン1511以降のEnterpriseおよびEducationエディション
　　　で有効
　　※このポリシーの名称は、Windows 10バージョン1803で「Microsoft Store アプリケーションを
　　　オフにする」に変更
```

画面4-3-9 「ストア アプリケーションをオフにする:無効」ポリシーによりブロックされたストア

［ストア］アプリから取得したアプリのすべての利用を禁止することもできます。それには、次の「Windows ストアからすべてのアプリを無効にする」ポリシーを使用します。このポリシーを「無効」にすると、ストアアプリの起動がブロックされるようになります。

「Windows ストアからすべてのアプリを無効にする」ポリシーを「無効」にすると、ストアから取得したアプリに加えて、Windows 10にビルトインされているアプリ（電卓、メール、予定表など）もブロックされることになることに注意してください。ただし、Microsoft Edgeはブロックされません。

なお、このポリシーは、Windows 10バージョン1511以降のEnterpriseおよびEducationエディションでサポートされます。Windows 10 Proには適用されない（ストアアプリをポリシーでブロックできない）ことに注意してください。

```
コンピューターの構成¥ポリシー¥管理用テンプレート¥Windows コンポーネント¥ストア¥Windows ス
トアからすべてのアプリを無効にする
    有効または未構成：アプリをブロックしない（既定）
    無効：アプリをブロックする
    ※このポリシーは、Windows 10バージョン1511以降のEnterpriseおよびEducationエディション
      で有効
    ※このポリシーの名称は、Windows 10バージョン1803で「Microsoft Store のすべてのアプリを
      無効にする」に変更
```

画面4-3-10
「Windows ストアからすべてのアプリを無効にする:無効」ポリシーによりブロックされたアプリ

マイクロソフトは企業向けに「ビジネス向けMicrosoft Store（Microsoft Store for Business）」（旧称、ビジネス向けWindowsストア）を提供しています。ビジネス向けMicrosoft Storeは、Microsoftアカウントではなく、Azure ADのディレクトリ管理者のアカウントを使用してアプリをボリューム購入し、Azure ADのユーザーアカウントやローカルのActive Directoryのユーザーアカウントに対して、自社専用の「プライベートストア」を通じてアプリを提供できるものです。無料アプリ、有料アプリの他、自社開発の基幹業務アプリ（LOB）のサイドローディング展開や、デバイスガード用の証明書やポリシーの配布ポイントとして利用することもできます。

ビジネス向けMicrosoft Store
→ https://businessstore.microsoft.com/ja-jp/store/

画面4-3-11　ビジネス向けMicrosoft Store（旧称、ビジネス向けWindowsストア）

ビジネス向けMicrosoft Storeのプライベートストアは、Windows 10のバージョン1511以降の［ストア］アプリに統合されます。Windows 10バージョン1607以降のEnterpriseおよびEducationエディションについては、以下のポリシーを構成することで、［ストア］アプリにプライベートストアのみを表示させることが可能です。

> コンピューターの構成¥ポリシー¥管理用テンプレート¥Windows コンポーネント¥ストア¥Windows ストア アプリ内にプライベート ストアのみを表示する
> 　有効：プライベートストアのみを表示
> 　無効または未構成：小売りストアとプライベートストアの両方を表示（既定）
> 　※このポリシーは、Windows 10バージョン1607以降のEnterpriseおよびEducationエディションで有効
> 　※このポリシーの名称は、Windows 10バージョン1803で「Microsoft Store 内のプライベートストアのみを表示する」に変更

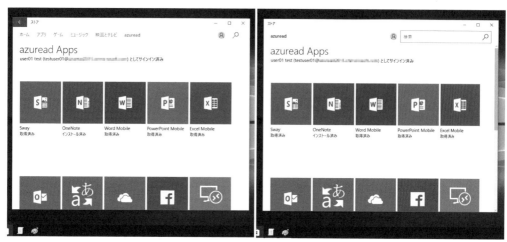

画面4-3-12 ［Windows ストア アプリ内にプライベート ストアのみを表示する：有効］ポリシーの適用前（画面左）と適用後（画面右）

■ Windows Update

　Windows 10およびWindows Server 2016のフルインストールでは、以前のバージョンのWindowsのコントロールパネルにあった［Windows Update］アプレット（wuapp.exeで開くことが可能）が削除されました。Windowsの標準のインターフェイスでは、Windows Updateの更新オプションを［設定］アプリの［更新とセキュリティ］ー［Windows Update］ー［詳細オプション］でのみ構成することが可能です。

　Windows 10においても、以下のポリシーによるWindows Updateの更新オプションの構成とWSUSサーバーの指定は引き続き可能です。

```
コンピューターの構成￥ポリシー￥管理用テンプレート￥Windows コンポーネント￥Windows Update￥自
動更新を構成する
コンピューターの構成￥ポリシー￥管理用テンプレート￥Windows コンポーネント￥Windows Update￥イ
ントラネットの Microsoft 更新サービスの場所を指定する
```

　Windows 10初期リリースおよびバージョン1511では、［自動更新を構成する］ポリシーの［自動更新の構成］の値によって、［設定］アプリの［更新とセキュリティ］ー［Windows Update］ー［詳細オプション］の［更新プログラムのインストール方法を選ぶ］は以下のように切り替わります。また、「一部の設定は組織によって管理されています」と表示され、ユーザーによる設定の変更はできなくなります。

```
2 - ダウンロードとインストールを通知        ダウンロードを通知する
3 - 自動ダウンロードしインストールを通知    インストール前に通知する
4 - 自動ダウンロードしインストール日時を指定  自動（推奨）
5 - ローカル管理者の選択を許可              自動（推奨）
```

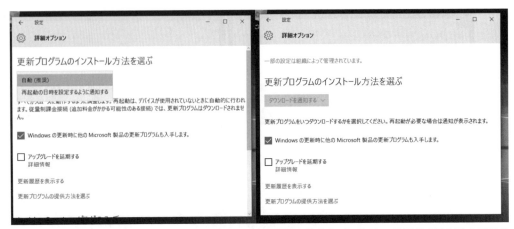

画面4-3-13　Windows 10バージョン1511の場合の［自動更新を構成する］ポリシー適用前（画面左）と適用後（画面右）

　Windows 10バージョン1607およびWindows Server 2016のフルインストールでは、［更新プログラムのインストール方法を選ぶ］オプションから［自動（推奨）］と［再起動の日時を設定するように通知する］の選択オプションは削除され、標準のインターフェイスでは［自動（推奨）］を変更できなくなりました。「一部の設定は組織によって管理されています」という表示もなくなり、ポリシーによる管理状態がわかりにくくなっていますが、Windows 10バージョン1511以前と同じように自動更新を構成する］ポリシーによる、通知によるダウンロードやインストールは機能します。

画面4-3-14　Windows 10バージョン1607の場合の［自動更新を構成する］ポリシー適用後

■ Windows Update for Business

　Windows 10はWindows as a Service（サービスとしてのWindows）という方針に従って、新機能が随時追加されるという新しいサービスモデルを採用しています。Windows 10バージョン1607およびWindows Server 2016がリリースされた当時、このサービスモデルには、次の3つの更新ブランチ

が用意されており、既定はCurrent Branchでした。

- **Current Branch（CB）** —— 既定の更新ブランチ。緊急のセキュリティ更新や累積的な更新プログラム（品質更新プログラム）が随時提供され、機能更新プログラム（機能アップグレード）が年に複数回提供されます。Windows 10バージョン1607以降は、Current Branch for Businessと同様に機能更新プログラムを最大180日、品質更新プログラムを最大30日延期できます。Windows 10 HomeエディションはCurrent Branchのみで提供されます。

- **Current Branch for Business（CBB）** —— Current Branchからおおむね4か月後に機能更新プログラムが開始される企業向け更新ブランチです。さらに、機能更新プログラムを最大180日間延期できます。また、品質更新プログラムについても最大30日延期できます。Windows 10 Pro/Enterprise/EducationはCurrent Branch for Businessを選択できます。

- **Long-Term Servicing Branch（LTSB）** —— 1～複数年に一度のタイミングで提供される、組み込みシステムやミッションクリティカルなシステム向けの固定化モデル。Windows 10 Enterprise LTSB 2015やLTSB 2016など、別のSKU（エディション）という形で提供されます。特定のバージョンに対して機能更新プログラム（新機能の追加）は行われず、バージョンアップしないままでも、5年のメインストリームサポートと5年の延長サポートの長期サポートが提供されます。Windows 10 Enterprise E3/E5（旧称、Windowsソフトウェアアシュアランス）の契約者は、非永続ライセンスであるEnterpriseエディションの代わりに、Enterprise LTSBを永続ライセンスとしてインストールして使用することができます。

サービスとしてのWindowsのサービスモデルは、Windows 10のバージョンとともに調整されてきました。現在、サービスとしてのWindowsは、次の2つの更新チャネルに変更されました。この変更については、第1章の「1.5　Windows Server 2016リリース後の重要な変更点」も参照してください。

- **半期チャネル（Semi-Annual Channel：SAC）** —— 半年ごと（3月頃と9月頃）に新バージョン（機能更新プログラム）がリリースされ、各バージョンはモダンライフサイクルポリシーに基づいて、18か月、品質更新プログラムのサポートを受けることができます。例外的に、Windows 10バージョン1607からバージョン1803まで、EnterpriseおよびEducationユーザーは30か月の更新サポートを受けることができます。バージョン1809以降は、9月頃リリースのバージョン（YY09）について、EnterpriseおよびEducationユーザーは30か月の更新サポートを受けることができます。

- **長期サービスチャネル（Long-Term Servicing Channel：LTSC）** —— LTSBはLTSCに名称が変更されます。固定ライフサイクルポリシーに基づいて、5年のメインストリームサポートと5年の延長サポートの長期サポートが提供されます。Windows 10 Enterprise 2019 LTSCは、新名称で提供される最初のバージョンです。

Windows 10 Homeエディションに更新チャネルの考えは適用されません。新しい機能更新プログラムや品質更新プログラムが利用可能になり次第、配布されます。Windows 10 Pro以上のエディションでは、半期チャネル（SAC）で機能更新プログラムや品質更新プログラムを受け取るタイミングを延期することができます。それには、Windows Server Update Services（WSUS）を使用して管理者が承認に基づいて配布する更新プログラムを決定するか、Windows Update for Businessポリシーを利用します（画面4-3-15）。

Windows 10バージョン1709以降の管理用テンプレートでは、Windows Update for Businessポリシーは次の場所にあります。

> コンピューターの構成¥ポリシー¥管理用テンプレート¥Windows コンポーネント¥Windows Update¥
> Windows Update for Business¥プレビュービルドや機能更新プログラムをいつ受信するかを選択し
> てください
> コンピューターの構成¥ポリシー¥管理用テンプレート¥Windows コンポーネント¥Windows Update¥
> Windows Update for Business¥品質更新プログラムをいつ受信するかを選択してください

　1つ目のポリシーでは、Windows準備レベル（ブランチ準備レベル）の選択と、機能更新プログラムの延期日数（0日～最大365日）を指定できます。2つ目のポリシーでは、品質更新プログラムの延期日数（0日～最大30日）を指定できます。Windows準備レベルには複数の選択肢が用意されていますが、通常は［半期チャネル（対象指定）］と［半期チャネル］のいずれかを選択します。これらは以前のCBとCBBを単純に置き換えるものではありません。同じ半期チャネル（SAC）リリースの中で先行的に小規模にテストしたあと、全社展開に進めるための対象化のために用意されているにすぎません。［半期チャネル（対象指定）］に対しては、機能更新プログラムがリリースされ利用可能になるとすぐに受け取ります（延期日数0日の場合）。［半期チャネル］に対しては、マイクロソフトが判断したタイミング（数か月遅れ）で配布が始まります。

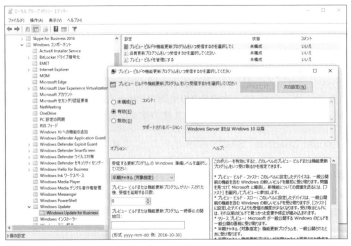

画面4-3-15　Windows 10 バージョン1803のWindows Update for Business ポリシー

　Windows 10バージョン1703以降では、Windows 10の［設定］アプリの［更新とセキュリティ］－［Windows Update］－［詳細オプション］で、エンドユーザー自身で延期設定することもできます。［詳細オプション］で機能更新プログラムと品質更新プログラムのいずれか、または両方を受け取るのを1日以上延期するように構成した場合、それはWindows Update for Businessポリシーが有効であると同様に扱われます（ブランチ準備レベルの選択だけの場合は影響ありません）。

　2019年4月にリリース予定のWindows 10バージョン1903では、Windows Update for Businessの［半期チャネル（対象指定）］が廃止され、ポリシー設定およびクライアント側の［設定］アプリの［詳細オプション］から削除されます。Windows 10バージョン1903以降では、次の機能更新プログラムの一般提供開始日からの日数（最大365日）でのみ、機能更新プログラムの延期を制御できるようになります。

[画面]

画面4-3-16 Windows 10バージョン1703以降の［設定］アプリにある［詳細オプション］（日本語表現はバージョンにより異なる）。延期日数を指定するとWindows Update for Businessポリシーが有効とみなされることに注意

　Windows Update for Businessポリシーが有効な場合、毎月第2火曜日（日本では翌水曜日）に定例でリリースされる累積更新プログラムのインストール対象となり、自動または手動（［更新プログラムのチェック］ボタンをクリックして開始）でインストールされますが、それ以外にリリースされる累積更新プログラムは、自動でも手動でも検出されなくなります。対象の累積更新プログラムには、翌月の第2火曜日リリースの累積更新プログラムのためのプレビューとして第3週または第4週にリリースされる新たなセキュリティ修正を含まない累積更新プログラム、または累積更新プログラムの不具合を修正するために随時リリースされる累積更新プログラムがあります。Windows Update for Businessポリシーを維持しながら、不具合にすばやく対処しなければならない場合、Microsoft Update CatalogからMSIファイルをダウンロードしてインストールする必要があります。

　なお、サービスとしてのWindowsのサービスモデルは、Windows 10のバージョンによって設定や仕様が異なります。また、今後も変更される可能性があります。以下のドキュメントで最新の情報を確認してください。

サービスとしてのWindowsの概要
→https://docs.microsoft.com/ja-jp/windows/deployment/update/waas-overview

Windowsライフサイクルのファクトシート
→https://support.microsoft.com/ja-jp/help/13853/

Windows Update for BusinessとWSUS

　Windows Update for Businessによる更新プログラムの制御は、単体で使用することも、Windows Server Update Services（WSUS）と併用することも可能です。ただし、WSUSと併用する場合は、管理が複雑になることに注意してください。併用は可能と言いましたが、WSUSからの機能更新プログラムや品質更新プログラムの取得をWindows Update for Businessのポリシーで制御するということはできません。機能更新プログラムと品質更新プログラムをWindows Update for BusinessでMicrosoft Updateから取得し、それ以外の更新プログラム（Windows以外のマイクロソフト製品の更新やドライバーの更新）をWSUSで配布するというシナリオのみがサポートされます。Windows Update for Businessのポリシーは常にMicrosoft Updateにアクセスし、WSUSクライアントはWSUSで承認されたすべての更新を受信します。

■ Windows Updateの手動スキャンの無効化

　Windows Server Update Services（WSUS）やWindows Update for Businessが詳細に構成されていたとしても、ユーザーは［設定］アプリの［更新とセキュリティ］－［Windows Update］にある［更新プログラムのチェック］ボタンをクリックして、いつでも手動でスキャンを開始することができます。管理者は以下のポリシーを有効に設定することで、ユーザーの［更新プログラムのチェック］ボタンのクリックによる手動スキャンの開始をブロックすることができます。

　このポリシーは2016年10月末にWindows 10バージョン1607およびWindows Server 2016向けにリリースされた累積的な更新プログラムKB3197954（ビルド14393.351）で追加されました。このポリシーはこれらのバージョン以降のWindowsでのみサポートされます。

> コンピューターの構成￥ポリシー￥管理用テンプレート￥Windows コンポーネント￥Windows Update￥Windows Updateのすべての機能へのアクセスを削除する

■ WSUSクライアントのデュアルスキャン問題の回避

　Windows Server Update Services（WSUS）クライアントとして構成されたWindows 10は、WSUSサーバー側で管理者が承認（および自動承認）された機能更新プログラムや品質更新プログラムをすべて受け取り、インストールします。しかし、次のような状況では、意図せずMicrosoft Updateを検索してしまい、管理者が承認していない更新プログラムを検出してインストールされてしまうことがあります。WSUSとMicrosoft Updateの両方を意図せず検索してしまうこの動作を、デュアルスキャン（Dual Scan）問題と呼ぶことがあります。

- ［オンラインでMicrosoft Updateから更新プログラムを確認します］をクリックした場合（前出の［Windows Updateのすべての機能へのアクセスを削除する］ポリシーを有効にした場合、非表示になるためデュアルスキャン問題は発生しません）。
- Windows 10バージョン1607でユーザーがWindows Updateの［詳細オプション］で［更新を延期する］をオンにした場合（Windows 10バージョン1703以降のWSUSクライアントでは更新チャネルの選択ができなくなるためデュアルスキャン問題は発生しません）。

　Windows 10バージョン1607（ビルド14393.1532以降）およびWindows 10バージョン1703（ビルド15063.674以降）には、デュアルスキャン問題を回避するための次のポリシーが品質更新プログラムにより追加提供されました。Windows 10バージョン1709以降は最初からこのポリシーをサポートしています。

> コンピューターの構成￥ポリシー￥管理用テンプレート￥Windows コンポーネント￥Windows Update￥Windows Update に対するスキャンを発生させる更新遅延ポリシーを許可しない

　デュアルスキャン問題については、筆者の個人ブログの以下の記事も参考にしてください。

WSUSとWUfBの関係とデュアルスキャン問題がわかった（気がする）＋ KB4023057の謎
🔗 https://yamanxworld.blogspot.com/2018/02/wsus-wufb-kb4023057.html

■ Internet Explorer のエンタープライズモード

　Internet Explorer のエンタープライズモードは、Internet Explorer 11 に追加された企業向けの互換機能です。Internet Explorer のエンタープライズモードを使用すると、［ツール］メニューから手動で、もしくは事前に管理者が作成、配布する Web サイト一覧に従って自動的に IE 8 や IE 7 の互換モードでの表示に切り替えることができます。また、Windows 10 バージョン 1511 以降は、特定の URL を Microsoft Edge に自動的にリダイレクトしたり、イントラネットはすべて Intenet Explorer 11 で開いたりといった細かな制御が可能になっています。

　エンタープライズモードで開くサイトの一覧は、以下の Enterprise Mode Site List Manager を使用して作成できます。

Enterprise Mode Site List Manager（schema v.2）
→https://www.microsoft.com/en-us/download/details.aspx?id=49974

　エンタープライズモードの［ツール］メニューからの使用許可や、サイト一覧の配布は、以下のポリシーを使用して構成します。

```
コンピューターの構成またはユーザーの構成¥ポリシー¥管理用テンプレート¥Windows コンポーネント¥
Internet Explorer¥［ツール］メニューからエンタープライズ モードを有効にして使用できるように
する
  有効
  ※Windows 10バージョン1511でこのポリシーを有効にする場合は、［エンタープライズ モード IE
    の Web サイトの一覧を使用する］ポリシーの設定も必要。Windows 10バージョン1607では不要。
コンピューターの構成またはユーザーの構成¥ポリシー¥管理用テンプレート¥Windows コンポーネント¥
Internet Explorer¥エンタープライズ モード IE の Web サイトの一覧を使用する
  有効
    エンタープライズ モード IE の Web サイト一覧の場所（URL）：サイト一覧のXMLファイルへのU
    RLパス
コンピューターの構成またはユーザーの構成¥ポリシー¥管理用テンプレート¥Windows コンポーネント¥
Internet Explorer¥エンタープライズ モード サイト一覧に含まれてないサイトを Microsoft Ed
geに送信します。
  有効：サイト一覧に含まれないURLはMicrosoft Edgeで開く
  未構成または無効：サイト一覧に含まれないURLは制御しない（既定）
コンピューターの構成またはユーザーの構成¥ポリシー¥管理用テンプレート¥Windows コンポーネント¥
エンタープライズ モードを使用して Microsoft Edge でサイトを開くときにメッセージを表示する
  有効：「このWebサイトにはMicrosoft Edgeが必要です」とInternet Explorerに表示し、Mic
  rosoft Edgeを開く
  未構成または無効：メッセージを表示しない（既定）
```

画面4-3-17
Internet Explorer 11 のエンタープライズモード。Windows 10 では、エンタープライズモードを使用して Internet Explorer 11 と Microsoft Edge の自動選択を制御できる

■ 仮想化ベースのセキュリティ（資格情報ガード、デバイスガード）

64ビット版のWindows 10 EnterpriseおよびEducationエディション、およびWindows Server 2016では、Hyper-Vの仮想化テクノロジを利用した「資格情報ガード（Credential Guard）」および「デバイスガード（Device Guard）」という高度なセキュリティ機能を利用できます。これらの機能は、「仮想化ベースのセキュリティ（Virtualization-Based Security：VBS）」という新しいテクノロジが提供します。この機能については、第10章で詳しく説明します。なお、Windows 10の新機能としてのデバイスガード（Windows 10バージョン1709からは「Windows Defenderアプリケーション制御（WDAC）」と呼ばれます）はVBSで保護された「ハイパーバイザーコード整合性（Hypervisor Code Integrity：HVCI）」のことを指しますが、VBSを使用しないコード整合性は以前から存在しました。Windows 8.1 x64の「カーネルモードのコード整合性（Kernel Mode Code Integrity：KMCI）」、Windows RTおよびWindows Phoneの「ユーザーモードのコード整合性（User Mode Code Integrity：UMCI）」です。Windows 10はKMCIとUMCIの両方に対応し、KMCIについてはHVCIでさらにメモリ保護を強化できます。ちなみに、Windows 10バージョン1703で登場したWindows 10 S（Windows 10バージョン1803以降はSモード）は、VBSを使用しないコード整合性ポリシーで実現されています。

仮想化ベースのセキュリティ（VBS）は、Hyper-Vのシステム要件を満たす、Hyper-Vの役割が有効になっている64ビット版のWindows 10 EnterpriseおよびEducationエディション（バージョン1607以降）、またはWindows Server 2016を実行している場合に有効（実行中）になります。また、仮想化ベースのセキュリティ（VBS）を実行中のコンピューターが、セキュアブートが有効なUEFIベースのコンピューターの場合、資格情報ガード、およびデバイスガードを以下のポリシーを構成することで有効化できます。現在の状態は、［システム情報］ユーティリティ（Msinfo32.exe）の［Device Guard 仮想化ベースのセキュリティ］の項目で確認することができます。

```
コンピューターの構成¥ポリシー¥管理用テンプレート¥システム¥Device Guard¥仮想化ベースのセキュリティを有効にする
  有効
    プラットフォームのセキュリティレベル：セキュアブート、またはセキュアブートとDMA保護
    コードの整合性に対する仮想化ベースの保護：UEFIロックで有効化、ロックなしで有効化、無効
    Credential Guardの構成：UEFIロックで有効化、ロックなしで有効化、無効
  ※デバイスガードはコードの整合性に対する仮想化ベースの保護、資格情報ガードはCredential Guardを構成する。［UEFIロックで有効化］はポリシーの無効化による保護の無効化をサポートしない。Windows 10バージョン1511以前はこの設定のみをサポートする。［ロックなしで有効化］は、Windows 10バージョン1607およびWindows Server 2016でサポートされ、ポリシーの無効化により、デバイスガードや資格情報ガードの無効化が可能。
```

Windows 10バージョン1511以前は［分離ユーザーモード］の機能が必要

Windows 10初期リリースおよびバージョン1511で仮想化ベースのセキュリティを有効にするには、コントロールパネルの［Windowsの機能の有効化または無効化］を使用して、［分離ユーザーモード］を有効化する必要があります。Windows 10バージョン1607およびWinodws Server 2016では、Hyper-Vを有効化すると仮想化ベースのセキュリティも自動的に有効になります。

画面4-3-18　仮想化ベースのセキュリティ（VBS）を実行中のコンピューターで、デバイスガードと資格情報ガードを有効化する

■| Windows Hello for Business

　Windows 10では、ドメイン参加済みコンピューターの自動デバイス登録およびWindows Hello for Business（旧称、Microsoft Passport for Work）がサポートされます。これらの機能に対応したポリシー設定を以下に示します。

　なお、これらの機能を利用するには、Active DirectoryフェデレーションサービスやAzure ADとのディレクトリ統合などの準備が必要です。その手順については、「4.5　Active Directoryフェデレーションサービスの展開とハイブリッドID管理」で説明します。

```
コンピューターの構成¥ポリシー¥管理用テンプレート¥Windows コンポーネント¥デバイスの登録¥ドメインに参加しているコンピューターをデバイスとして登録する
　有効：ドメイン参加コンピューターは自動的にデバイス登録される
　無効または未構成：何もしない（既定）
コンピューターの構成¥ポリシー¥管理用テンプレート¥Windows コンポーネント¥Windows Hello for Business¥Windows Hello for Businessの使用
　有効：Windows Hello for Businessのプロビジョニングがデバイスで自動実行される
　無効または未構成：ユーザー自身でWindows Hello for Businessをプロビジョニングできる（既定）
　※Windows Hello for Businessは、Windows 10バージョン1511以降でサポートされる
コンピューターの構成またはユーザーの構成¥ポリシー¥管理用テンプレート¥Windows コンポーネント¥Windows Hello for Business¥PINの複雑さ（Windows 10バージョン1709以前）
コンピューターの構成またはユーザーの構成¥ポリシー¥管理用テンプレート¥システム¥PINの複雑さ（Windows 10バージョン1803以降）
　※PINの複雑さのポリシー（文字数、英字、特殊文字、履歴、有効期限など）を構成できる
```

■ App-VとUE-V

　Windows 10 EnterpriseおよびEducationのバージョン1607以降には、Microsoft Application Virtualization（App-V）およびMicrosoft User Experience Virtualization（UE-V）のクライアント機能が標準搭載されています。これらのクライアント機能は、Windows PowerShell用のAppvClinetモジュール、UEVモジュールのコマンドレットで構成します。また、次の場所にあるポリシーを使用して、グループポリシーで構成することもできます。

```
コンピューターの構成¥ポリシー¥管理用テンプレート¥システム¥App-V
コンピューターの構成またはユーザーの構成¥ポリシー¥管理用テンプレート¥Windowsコンポーネント¥
Microsoft User Experience Virtualization
```

App-VとUE-Vの提供方法の変更

　App-VおよびUE-Vはこれまで、Windowsソフトウェアアシュアランス（現在のWindows 10 Enterprise E3）またはWindows Virtual Desktop Access（Windows VDA）ライセンスの特典として無償（2015年8月から無償）で提供されるMicrosoft Desktop Optimization Pack（MDOP）のコンポーネントとして提供されてきました。Windows 10バージョン1607以降は、クライアント機能がEnterpriseおよびEducationエディションに標準で組み込まれています。

　MDOPに含まれるWindows 10対応のApp-V 5.1およびUE-V 2.1 SP1は、Windows 10初期リリースおよびバージョン1511で引き続き利用できますが、Windows 10バージョン1607以降はEnterpriseおよびEducationエディションに組み込まれたもののみを利用できます。Windows 10 Proバージョン1607で利用可能なApp-VおよびUE-Vが提供されることはありません。また、App-V SequencerおよびUE-V Template Generatorは、Windows 10バージョン1607以降に対応したWindowsアセスメント＆デプロイメントキット（Windows ADK）の一部として提供されます。

Download and install the Windows ADK
→ https://docs.microsoft.com/ja-jp/windows-hardware/get-started/adk-install

画面4-3-19
App-V Sequencerおよび
UE-V Template Generator
は、Windows ADKの一部として提供される

4.4 Active Directory証明書サービスの展開と管理

　Active Directory証明書サービスは、Active Directoryドメインサービスと並ぶ、企業や組織内の重要なインフラストラクチャサービスです。Active Directory証明書サービスを展開すると、企業や組織内に公開キー基盤（Public Key Infrastructure：PKI）のための証明機関（Certificate Authority：CA、認証局とも呼ばれます）を設置して、企業や組織内および社外に持ち出された企業や組織のクライアントに対して、信頼できる証明書を提供できます。

　Windows Serverの役割や機能の中には、信頼された証明機関（CA）から発行された証明書を必要とするものが数多くあります。例えば、IISのWebサイトのSSL/TLSサポート、リモートデスクトップ接続のネットワークレベル認証（サーバー認証）、リモートデスクトップWebアクセスのシングルサインオン（SSO）、リモートデスクトップゲートウェイ、スマートカード認証、DirectAccess、IPSec、VPN、暗号化ファイルシステム（EFS）、アプリケーションやスクリプトのコード署名などです。

　評価やテストの目的であれば、証明機関（CA）を必要としない自己署名証明書（Self-Signing Certificate）を使用できる場合もありますが、運用環境のためにはActive Directory証明書サービスを使用してエンタープライズPKI環境を導入することを推奨します。本書で説明するいくつかの機能は、エンタープライズPKI環境を導入済みの環境を想定して解説しています。

自己署名証明書の作成

　Windows 8.1およびWindows Server 2012 R2以降では、**New-SelfSignedCertificate**コマンドレットを使用して自己署名証明書を作成できます。例えば、次のコマンドラインを実行すると、www.contoso.comとwww.opread.contoso.comの2つのDNSドメイン名（サブジェクト代替名）を持つ自己署名証明書をローカルコンピューターの個人ストア内に作成することができます。

```
PS C:\> New-SelfSignedCertificate -DnsName www.contoso.com,
 www.opread.contoso.com -CertStoreLocation cert:\LocalMachine\My
PS C:\> dir cert:\LocalMachine\My
```

4.4.1 エンタープライズPKIの展開

　Active Directory証明書サービスでは、Active Directoryドメインサービスと統合された「エンタープライズCA」と、Active Directoryドメインサービスに依存しない「スタンドアロンCA」のいずれかの証明機関を展開して、企業や組織内で証明書の発行と失効管理をサービスします。Active Directoryのフォレスト/ドメインにエンタープライズCAを設置するエンタープライズPKIは、証明書のルートCA証明書の配布や証明書の発行、失効状態の確認、セルフサービスによる証明書の発行がActive Directoryと統合され簡素化されます。

■ 役割のインストールとエンタープライズPKIの構成

　既存のActive DirectoryドメインにエンタープライズPKIを導入するには、次の手順で操作します。

1. サーバーマネージャーの［役割と機能の追加ウィザード］を使用して、ドメインのメンバーサーバーまたはドメインコントローラーの1台に［Active Directory証明書サービス］の役割および依存関係にあ

る機能（管理ツール）をインストールします。［Active Directory証明書サービス］には6つの役割サービスがありますが、少なくとも［証明機関］の役割サービスをインストールしてください。ドメインに参加しないコンピューターやユーザーに対して証明書を発行する必要がある場合や、スマートカード認証をサポートする場合は、［証明機関Web登録］の役割サービスも追加でインストールします。

画面 4-4-1
［Active Directory証明書サービス］の［証明機関］の役割サービスをインストールする

2. 役割と機能のインストールが完了すると、ウィザードの最後のページに［対象サーバーにActive Directory証明書サービスを構成する］というリンクが表示されるので、このリンクをクリックして［AD CSの構成］ウィザードを開始します。インストールウィザードを閉じてしまった場合は、サーバーマネージャーの［通知］アイコンに表示される［展開後構成］という通知から構成ウィザードを開始することができます。

画面 4-4-2
［Active Directory証明書サービス］の役割をインストールしたら、サービスの構成を開始する

3. ［AD CSの構成］ウィザードでは、［役割サービス］ページで［証明機関］が選択されていることを確認し、［次へ］をクリックします。

4. ［セットアップの種類］ページで［エンタープライズCA］を選択し、［CAの種類］ページで［ルー

トCA]を選択します。その他のパラメーター（秘密キーの種類、暗号化アルゴリズムの選択、キー長、CA名、証明書の有効期限など）は、特にカスタマイズする必要がない限り、既定値のまま進んでかまいません。

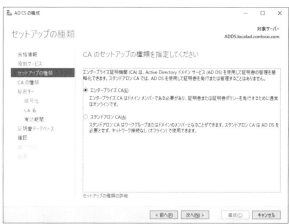

画面4-4-3
[エンタープライズCA]の[ルートCA]として証明機関（CA）を構成する

5. [確認]ページで[構成]ボタンをクリックし、[結果]ページに[証明機関：構成に成功しました]と表示されたら、[閉じる]ボタンをクリックしてウィザードを終了します。

■ Active Directory証明書サービスと証明書の管理ツール

Active Directory証明書サービスの管理ツールと、ローカルコンピューターやローカルユーザーの証明書を管理するためのツールについて説明します。

- **証明機関** —— このスナップイン（Certsrv.msc）は、証明機関（CA）のプロパティの構成と、証明書の発行および失効を管理するための管理ツールです。
- **証明書テンプレートコンソール** —— このスナップイン（Certtmpl.msc）では、証明書テンプレートの作成と管理ができます。
- **エンタープライズPKI** —— このスナップイン（Pkiview.msc）では、エンタープライズPKI階層の正常性を監視できます。
- **グループポリシーの管理** —— このスナップイン（Gpmc.msc）は、コンピューターまたはユーザーの[公開キーのポリシー]を構成するために使用します。
- **証明書 - ローカルコンピューター** —— このスナップイン（Certlm.msc）は、ローカルコンピューターの証明書ストアの参照と新しい証明書の発行要求、証明書のエクスポート/インポートなどを行うための、Windows標準の管理ツールです。Windows PowerShellでは、Cert:ドライブの¥LocalMachine¥Myパスで証明書の情報を参照できます。
- **証明書 - 現在のユーザー** —— このスナップイン（Certmgr.msc）は、サインイン中のユーザーの証明書ストアの参照と新しい証明書の発行要求、証明書のエクスポート/インポートなどを行うための、Windows標準の管理ツールです。Windows PowerShellでは、Cert:ドライブの¥CurrentUser¥Myパスで証明書の情報を参照できます。

4.4.2 公開キーのポリシーの構成

グループポリシーの［公開キーのポリシー］を構成すると、証明書の配布や自動登録（自動発行）の動作をドメイン全体で一元的に管理できます。公開キーのポリシーは、ドメインにリンクされたGPO（Default Domain Policyまたは同じ階層にあるGPO）で構成します。

■ 証明書登録ポリシー

ドメインメンバーのWindowsコンピューターでは、［Active Directory登録ポリシー］を使用した証明書の発行が既定で利用可能になります。次のポリシーで証明書登録ポリシーを構成できますが、［未構成］のままでもかまいません。

```
コンピューターの構成¥ポリシー¥Windowsの設定¥セキュリティの設定¥公開キーのポリシー¥証明書サー
ビスクライアント － 証明書登録ポリシー
ユーザーの構成¥ポリシー¥Windowsの設定¥セキュリティの設定¥公開キーのポリシー¥証明書サービスク
ライアント － 証明書登録ポリシー
```

■ 証明書の自動登録

次のポリシーを有効にすると、コンピューターやユーザーに対する証明書の発行を自動化できます。証明書が未発行の場合は、コンピューター起動時やユーザーのサインイン時に証明書が自動発行され、適切な証明書ストア（ローカルコンピューター¥個人または現在のユーザー¥個人）に証明書がインストールされます。

```
コンピューターの構成¥ポリシー¥Windowsの設定¥セキュリティの設定¥公開キーのポリシー¥証明書サー
ビスクライアント － 自動登録
ユーザーの構成¥ポリシー¥Windowsの設定¥セキュリティの設定¥公開キーのポリシー¥証明書サービスク
ライアント － 自動登録
```

証明書の自動登録を有効にする場合は、次の場所にコンピューターやユーザーに対して発行する証明書のテンプレートを追加しておきます。例えば、クライアント認証やサーバー認証に使用する証明書を自動発行するには、証明書テンプレートとして［コンピューター］を追加します（画面4-4-4）。

画面4-4-4 コンピューター証明書を自動発行するように証明書テンプレートを登録する

コンピューターの構成¥ポリシー¥Windowsの設定¥セキュリティの設定¥公開キーのポリシー¥証明書の自動要求の設定

■ 証明書の配布

次の場所に証明書をインポートすることで、グループポリシーのインフラストラクチャを利用して第三者のルートCA証明書や無効化したい証明書などをクライアントに配布することができます。なお、エンタープライズCAのルートCA証明書は、ドメインメンバーに自動配付されるため、このポリシーを利用して配布する必要はありません。

コンピューターの構成¥ポリシー¥Windowsの設定¥セキュリティの設定¥公開キーのポリシー¥信頼されたルート証明機関
コンピューターの構成¥ポリシー¥Windowsの設定¥セキュリティの設定¥公開キーのポリシー¥エンタープライズの信頼
コンピューターの構成¥ポリシー¥Windowsの設定¥セキュリティの設定¥公開キーのポリシー¥中間証明機関
コンピューターの構成¥ポリシー¥Windowsの設定¥セキュリティの設定¥公開キーのポリシー¥信頼された発行元
コンピューターの構成¥ポリシー¥Windowsの設定¥セキュリティの設定¥公開キーのポリシー¥信頼されていない証明書
ユーザーの構成¥ポリシー¥Windowsの設定¥セキュリティの設定¥公開キーのポリシー¥エンタープライズの信頼
ユーザーの構成¥ポリシー¥Windowsの設定¥セキュリティの設定¥公開キーのポリシー¥信頼されたユーザー

4.4.3 証明書テンプレートの管理

Active Directory証明書サービスの証明機関（CA）では、［証明機関］スナップインの［証明書テンプレート］コンテナーに登録された種類の証明書を発行できます。

■ 発行する証明書テンプレートの追加

既定で多数の証明書が用意されているので、［証明書テンプレート］コンテナーを右クリックして［新規作成］-［発行する証明書テンプレート］を選択し、この証明機関（CA）で発行する証明書の証

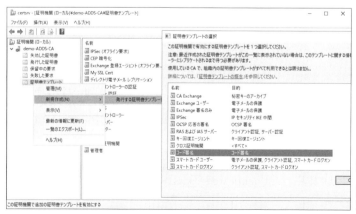

画面4-4-5
この証明機関（CA）で発行する証明書の証明書テンプレートを追加する

明書テンプレートを追加します。例えば、PowerShellスクリプトに署名するためのコード署名証明書を発行できるようにするには、［コード署名］という証明書テンプレートを追加します（画面4-4-5）。

■ TLS/SSL用証明書テンプレートの作成

既定の証明書テンプレートをカスタマイズして、新たな証明書テンプレートを作成することもできます。例えば、WebサーバーやWebサーバーファームでは、WebサーバーのコンピューターのFQDNだけでなく、「www.<DNSドメイン名>」のようなURLでSSL/TLSでアクセスさせたい場合があります。あるいは、社内アクセス用にFQDNに加えて、「www」のようなコンピューター名によるSSL/TLSアクセスを可能にしたい場合があるでしょう。自動発行されたコンピューター証明書は、Webサイト用のSSL/TLS証明書として利用できますが、証明書の共通名（サブジェクト名）およびDNS名はActive Directoryの情報から取得したコンピューターのFQDNに固定されます。コンピューターのFQDNとは別の共通名（サブジェクト名）やFQDNをサポートする、Webサイト用のTLS/SSL証明書の発行に対応するには、次の手順で［Webサーバー］証明書テンプレートを基に新しいテンプレートを作成します。

1. ［証明機関］スナップインの［証明書テンプレート］コンテナーを右クリックして［管理］を選択するか、Certtmpl.mscを直接実行して、［証明書テンプレートコンソール］スナップインを開きます。

2. ［証明書テンプレートコンソール］スナップインで証明書テンプレートの一覧から［Webサーバー］を選択し、右クリックして［テンプレートの複製］を選択します。

3. ［新しいテンプレートのプロパティ］ダイアログボックスが開きます。［全般］タブを開き、［テンプレート表示名］にわかりやすいテンプレート名を入力します。［テンプレート名］は、表示名の入力に基づいて自動設定されますが、必要があれば変更できます。

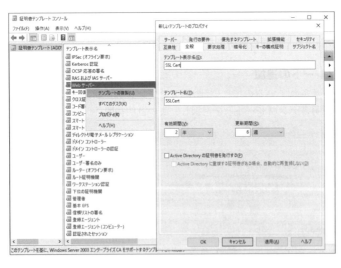

画面4-4-6
［Webサーバー］テンプレートを複製してカスタマイズし、新しいテンプレートを作成する

4. ［要求処理］タブに切り替え、［秘密キーのエクスポートを許可する］にチェックを入れます。

5. ［セキュリティ］タブに切り替え、［Authenticated Users］の既定のアクセス許可に［登録：許可］のアクセス許可を追加します。［Authenticated Users］は、ドメインで認証されたユーザーアカウントおよびコンピューターアカウントのことです。

第**4**章 ID管理　**181**

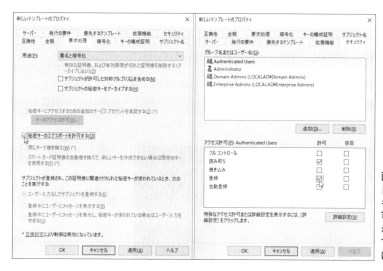

画面4-4-7
［要求処理］タブで［秘密キーのエクスポートを許可する］にチェックを入れ、［セキュリティ］タブでAuthenticated Usersに登録を許可する

6. ［OK］ボタンをクリックしてダイアログボックスを閉じると、新しい証明書テンプレートが作成されます。この証明書テンプレートを使用して証明書を発行できるように、［証明機関］スナップインの［証明書テンプレート］コンテナーに証明書テンプレートを追加します。

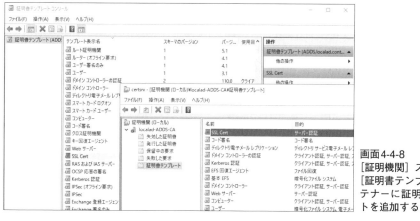

画面4-4-8
［証明機関］スナップインの［証明書テンプレート］コンテナーに証明書テンプレートを追加する

4.4.4 失効サーバーの展開

　公開キー基盤（PKI）における証明機関（CA）の役割は、証明書の信頼チェーンの起点となるルートCA証明書の提供、証明書の発行要求の処理、および証明書の失効（有効期限または破棄）を管理することです。
　Active Directory証明書サービスでエンタープライズCAを展開した場合、ルートCA証明書はドメインメンバーに自動的に配布され、証明書の発行はActive Directoryや証明機関Web登録のポータルを通じて自動またはセルフサービスで簡単に行えます。また、企業や組織内ネットワークのドメインメンバーは、証明書の失効状態の確認に使用される証明書失効リスト（Certificate Revocation List：

CRL）を、LDAPを使用してルートCAから取得できます。

　ドメインメンバーのコンピューター、非ドメインメンバーのコンピューター、あるいはデバイスが、DirectAccess、SSTP/L2TP/IKEv2などのVPN、Webアプリケーションプロキシ、リモートデスクトップ（RD）ゲートウェイなど、証明書ベースの認証に基づいたリモートアクセス手段を用いて社外から社内リソースにアクセスする場合、社外から証明書の失効状態の確認ができるようにしておくことが重要です。社外から失効状態を確認できない場合、その接続は安全でないと判断され、拒否されることがあります。

画面4-4-9
リモートデスクトップ（RD）ゲートウェイ経由のリモートデスクトップ接続は、サーバー認証に使用された証明書の失効状態を確認できないと接続が拒否される

　証明書の失効状態を提供する方法は、いくつかあります。一般的には、CRL配布ポイント（CRL Distribution Point：CDP）となるWebサイトを社外に公開してCRLおよびDelta CRLを提供する方法と、オンライン証明書状態プロトコル（Online Certificate Status Protocol：OCSP）応答を使用する方法があります。

　ここでは、Windows Server 2016のIIS Webサーバーを利用して、CRL配布ポイントを準備する手順を説明します。本書では、企業や組織内のネットワークにCRL配布ポイント用のWebサーバーを設置し、「4.5　Active Directoryフェデレーションサービスの展開とハイブリッドID管理」で説明するWebアプリケーションプロキシを使用して社外に公開することを想定します。Webアプリケーションプロキシを使用しない場合は、インターネットとの境界に設置したWebサーバーを構成するなど、別の方法を検討してCRL配布ポイントを社外に公開してください。

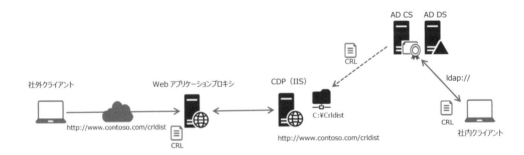

図4-4-10　内部ネットワークに設置したCRL配布ポイント（CDP）を、Webアプリケーションプロキシを使用して外部に公開するイメージ

1. Windows Server 2016を実行するドメインメンバーのサーバーに、［Webサーバー（IIS）］の役割をインストールします。CRLの公開のためには、［Webサーバー（IIS）］の役割の既定の役割サービスだけで対応可能です。なお、［ディレクトリの参照］と［要求フィルター］の役割サービスは必ずインストールしてください。これらは、［Webサーバー（IIS）］の役割の既定の役割サービスに含まれます。

2. サーバーのローカルディスクにC:¥Crldistなど、CRLのファイルを格納するためのフォルダーを作成し、共有フォルダーとして構成します。このフォルダーには、共有のアクセス許可とファイルシステムのアクセス許可の両方で、証明機関（CA）のサーバーのコンピューターに対してフルコントロールのアクセス許可と、Everyoneに対して読み取り許可を設定します。

3. CRL公開用のフォルダーを「crldist」という名前でIISの仮想ディレクトリとして構成します。この仮想ディレクトリでは、［ディレクトリの参照］を有効にし、［要求フィルター］の［機能設定の編集］で［ダブルエスケープを許可する］を有効にします。

画面4-4-11 CRL公開用のフォルダーをIISの仮想ディレクトリとして構成し、［ディレクトリの参照］を有効化し、［要求フィルター］で［ダブルエスケープを許可する］を有効化する

4. 証明機関（CA）のサーバーの［証明機関］スナップインでルートCAのプロパティを開き、［拡張機能］タブに切り替えます。［CRL配布ポイント（CDP）］として、次の2つの場所を追加し、オプションを設定します。

```
http://<CRL配布ポイントの外部アクセス用FQDN>/crldist/<CaName><CRLNameSuffix>⏎
<DeltaCRLAllowed>.crl
    ☑ CRLに含め、クライアントはこれを使ってDelta CRLの場所を検索する
    ☑ 発行された証明書のCDP拡張機能に含める
¥¥<コンピューター名>¥<共有名>¥<CaName><CRLNameSuffix><DeltaCRLAllowed>.crl
    ☑ この場所にCRLを公開する
    ☑ Delta CRLをこの場所に公開する
```

画面4-4-12　CRLの発行先のUNCパスとCRLの検索パスを構成する

5. ［証明機関］スナップインで［失効した証明書］コンテナーを右クリックし、［すべてのタスク］ー［公開］を選択します。［CRLの公開］ダイアログボックスが開くので、［新しいCRL］を選択し、［OK］ボタンをクリックします。

画面4-4-13　CRL配布ポイントにCRLを発行する

6. 企業や組織内のネットワーク上の任意のコンピューターからWebブラウザーでhttp://<Webサーバーのコンピューター名またはIPアドレス>/crldist/を、エクスプローラーで¥¥<Webサーバーのコンピューター名>¥crldistを開き、<ルートCA名>.crlと<ルートCA名>+.crlの2つのCRLファイルが存在し、参照できることを確認します。

第4章 ID管理

画面4-4-14
http://<コンピューター名またはIPアドレス>/crldist/および¥¥<コンピューター名>¥crldistにアクセスし、CRLを参照できることを確認する

この時点ではインターネットからこのCRL配布ポイントを参照することはできません。インターネットから参照できるようにするには、「4.5 Active Directoryフェデレーションサービスの展開とハイブリッドID管理」で説明するWebアプリケーションプロキシを使用して、CRL配布ポイントへのアクセス用FQDNを使用して、このWebサーバーにHTTPでアクセスできるように構成します。

 新しいCRL配布ポイントで検証可能な証明書
新しいCRL配布ポイントを展開した場合、新しく発行された証明書の失効確認にこのCRL配布ポイントを使用できるようになります。CRL配布ポイントを展開する前に発行された証明書に対しては、CRL配布ポイントとして機能しないことに留意してください。

4.4.5 証明書の発行と管理

エンタープライズCAによりコンピューターやユーザーに対して自動発行された証明書は、Windows標準の[証明書]スナップインを使用して確認できます。また、Active Directoryを通じて新たな証明書の発行を要求し、取得することができます。

Windows 8およびWindows Server 2012以降であれば、ローカルコンピューターの証明書ストアはCertlm.mscで、サインイン中のユーザーの証明書はCertmgr.mscですばやく開くことができます。それ以前のWindowsの場合は、空のMMCスナップインに[証明機関]スナップインを追加して、ローカルコンピューターまたは現在のユーザーの証明書ストアを開きます。また、Windows PowerShellでは、Cert:パスを使用することで、ローカルコンピューターや現在のユーザーの証明書ストアにアクセスすることが可能です（例：dir Cert:¥LocalMachine¥My）。

■│新しい証明書の発行要求とインストール

エンタープライズCAを利用できるドメインメンバーでは、[証明書]スナップインを使用して、Active Directory登録ポリシーを使用した証明書の発行とインストールが可能です。例えば、「4.4.3 証明書テンプレートの管理」で作成したWebサーバー用の証明書テンプレートを使用して証明書を発行およびインストールするには次の手順で操作します。

1. Certlm.mscを実行し、［証明書］スナップインでローカルコンピューターの証明書ストアを開きます。別のコンピューターの証明書を発行するには、スナップインのルートを右クリックして［別のコンピューターに接続］を選択し、対象のコンピューターにリモート接続して操作します。
2. ［個人］コンテナーを右クリックして［すべてのタスク］－［新しい証明書の要求］を選択します。
3. ［証明書の登録］ウィザードが開始します。［証明書の登録ポリシーの選択］ページで［Active Directory登録ポリシー］を選択し、次に進みます。

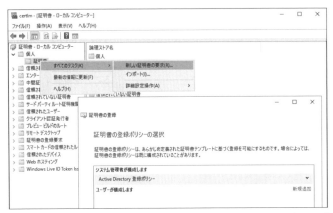

画面4-4-15　証明書登録ウィザードで［Active Directory登録ポリシー］を選択する

4. ［証明書の要求］ページに使用可能な証明書テンプレートの一覧が表示されるので、目的の証明書テンプレートにチェックを入れます。［この証明書を登録するには情報が不足しています。設定を構成するには、ここをクリックしてください］と表示される場合は、リンクをクリックして不足している情報を設定します。SSL/TLS用証明書の場合は、少なくともサブジェクト名の［共通名］とサブジェクト代替名の［DNS］を設定してください。

画面4-4-16　証明書の発行に不足している情報を設定する

改訂 Windows 10バージョン1803での証明書要求に関する既知の問題

　Windows 10バージョン1803では、［証明書 - ローカルコンピューター］スナップイン（CertIm.msc）を使用して［新しい証明書の要求］を実行し、［Active Directory登録ポリシー］を選択すると、「利用できない証明書の種類です」と表示され、利用可能なテンプレートを選択できないという問題がありました。この問題は、Windows 10バージョン1803のリリース後、しばらく続きましたが、2018年8月30日（米国時間）にリリースされた累積更新プログラムKB4346783（ビルド17134.254）以降でようやく修正されました。Active DirectoryドメインにWindows 10バージョン1803を新規に追加する機会がある場合は、この既知の問題に注意してください。

5. ［証明書の要求］ページで［登録］ボタンをクリックすると、エンタープライズCAに証明書の要求がオンラインで送信され、すぐに証明書が発行されます。発行された証明書は、証明書ストアの［個人］－［証明書］にインストールされます。

6. 発行された証明書を別のコンピューターで利用したい場合や、ファイル形式でアプリケーションに証明書を設定しなければならない場合には、証明書をファイルにエクスポートします。秘密キーのエクスポートに対応した証明書の場合は［Personal Information Exchange - PKCS #12（.PFX)］形式で、その他の証明書は［DER encoded binary X.509（.CER)］［Base-64 encoded X.509（.CER)］または［Cryptographic Message Syntax Standard - PKCS #7 Certificates（.P7B)］形式でファイルにエクスポートできます。

画面4-4-17　発行された証明書をファイルにエクスポートする

■ ルートCA証明書のインストール

　エンタープライズCAのルートCA証明書は、ドメインメンバーのコンピューターに自動的に配布され、ローカルコンピューターおよび現在のユーザーの［信頼されたルート証明機関］証明書ストアにインストールされます。

　ドメインメンバーではないコンピューターやユーザーでエンタープライズCAが発行した証明書を利用するには、事前にルートCA証明書をローカルコンピューターや現在のユーザーの［信頼されたルート証明機関］証明書ストアにインストールしておく必要があります。

　ルートCA証明書は、［証明機関］スナップインでルートCAのプロパティを開き、［全般］タブにある［証明書の表示］をクリックすると証明書のプロパティを表示できます。証明書のプロパティの［詳細］タブにある［ファイルにコピー］ボタンをクリックすると、［証明書エクスポートウィザード］を使用してルートCA証明書の公開キー証明書をファイルにエクスポートすることが可能です。エクスポートする際には、［DER encoded binary X.509（.CER）］形式を選択してファイル（拡張子.cer）にエクスポートします。

画面4-4-18　ルートCA証明書をファイル（.cer）にエクスポートする

　エクスポートしたルートCA証明書のファイル（拡張子.cer）は、エクスプローラーでダブルクリップすることでインポートウィザードを開始し、ローカルコンピューターや現在のユーザーの証明書ストアにインストールすることができます。

　証明機関（CA）のサーバーに［証明機関Web登録］の役割サービスをインストールしてある場合は、Webブラウザーでhttp://＜ルートCAのコンピューター名＞/certsrv/にアクセスして、ルートCA証明書をダウンロードし、ローカルコンピューターまたは現在のユーザーの証明書ストアにインストールすることが可能です。なお、証明機関Web登録のポータルにアクセスするには、ドメインユーザーアカウントの資格情報によるWindows認証が要求される場合があります。

第4章 ID管理

画面4-4-19　証明機関Web登録のWebポータルからルートCA証明書（certnew.cer）を
ダウンロードしてインストールする

4.5 Active Directoryフェデレーションサービスの展開とハイブリッドID管理

次に、Active Directoryフェデレーションサービス（AD FS）の展開と管理について説明します。このサービスは単体で機能するものではなく、Active Directoryドメインサービス（AD DS）、Active Directory証明書サービス（AD CS）、およびWebアプリケーションプロキシと連携して機能します。また、Azure ADとのディレクトリ統合のための前提にもなります。ここでは、これらのサービスが実現するエンタープライズモビリティ環境の展開シナリオを例に解説します。

4.5.1　エンタープライズモビリティ環境の概要

「エンタープライズモビリティ（Enterprise Mobility）」とは、企業や組織のIT環境における"モビリティ(可動性、移動性)"のことを指します。現在の企業や組織では、クライアントとしてコンピューターだけでなく、さまざまな種類のタブレット端末やスマートフォンが利用されるようになりました。また、会社所有のデバイスだけでなく、個人所有のデバイスの業務利用という「BYOD（Bring Your Own Device）」のニーズもあります。

Windows Server 2016のActive Directoryフェデレーションサービス（AD FS）および関連サービスは、マイクロソフトのクラウドサービスであるMicrosoft AzureのAzure Active Directory（Azure AD）、Office 365、Microsoft Intuneと連携して、自由度がありながら、管理性と安全性の高いエンタープライズモビリティ環境を実現します。クライアントとしては、Windowsコンピューターやタブレットは当然のこと、Macコンピューター(macOS)、iPad（iOS）のAndroidのタブレット端末、iPhone（iOS）、Android、Windows Phoneのスマートフォンに対応することが可能です。

この章の以降では、次の図に示すエンタープライズモビリティ環境の導入手順を解説します。

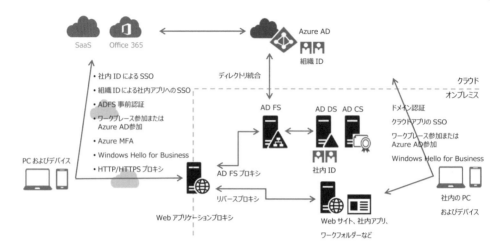

図4-5-1　エンタープライズモビリティのためのインフラストラクチャのイメージ

このエンタープライズモビリティ環境では、次のようなことを実現できます。

- 社内ID（オンプレミスのActive Directoryドメインのユーザーアカウント）によるクラウドアプリ（Office 365、その他のSaaSアプリ）へのシングルサインオン（SSO）アクセス
- 組織ID（Azure ADのユーザーアカウント）によるオンプレミスのアプリへのアクセス
- 社内および社外デバイスのワークプレース参加（Windows 8.1、Windows 7）、Azure AD参加（Windows 10）、およびデバイス認証による条件付きアクセス
- オンプレミスのドメイン参加済みWindows 10デバイスの自動デバイス登録、およびWindows Hello for Businessのオンプレミスでの展開
- Azure多要素認証（MFA）を使用したAD FS事前認証
- 社外クライアントへのオンプレミスのWebサイトのパススルーによるHTTPおよびHTTPS公開
- 社外クライアントへのオンプレミスのWebアプリやサービスのAD FS事前認証を使用したHTTPS公開（オンプレミスのExchange、SharePoint、Windows Serverのワークフォルダーやリモートデスクトップサービスはこの方法で社外に公開できます）

　本書ではMicrosoft Intuneについては取り上げませんが、この環境にさらにMicrosoft Intuneを導入することで、モバイルデバイス管理（MDM）、モバイルアプリケーション管理（MAM）、モバイルコンテンツ管理（MCM）が可能になります。例えば、ユーザーが業務に使用する会社所有および個人所有のモバイルデバイスの情報を収集、把握し、デバイスロックなどのセキュリティポリシーを強制できます。紛失時にはリモートロックやリモートワイプで不正使用や情報漏えいを回避することができます。また、個人利用のアプリと業務利用のアプリの境界を明確にし、個人アプリへの業務データの保存をブロックしたりできます。

　同様のエンタープライズモビリティ環境は、Windows 10デバイスのサポートを除き、現行のWindows Server 2012 R2でも構築可能です。Windows Server 2016では、Active Directoryフェデレーションサービスとウェブアプリケーションプロキシに、次に示すような新機能の追加および改善が行われています。

Active Directoryフェデレーションサービスの新機能および改善点：
- アクセス制御ポリシーによる証明書利用者信頼の構成の簡素化
- OpenID ConnectおよびOAuth 2.0のサポート強化
- デバイス登録サービスの構成の簡素化
- ドメイン参加済みWindows 10デバイスの自動デバイス登録

Webアプリケーションプロキシの新機能および改善点：
- HTTP基本認証アプリ（Exchange Active Syncなど）のAD FS事前認証
- ワイルドカードによるSharePointアプリの公開
- HTTPからHTTPSへのリダイレクト
- HTTPアプリケーションのパススルー公開
- リモートデスクトップ（RD）ゲートウェイの公開

ネットワーク構成情報（参考）およびAzure ADについて

次の表は、本書で構築する環境で使用するネットワークの構成情報です。<dnssuffix>の部分は、オンプレミスのActive DirectoryドメインのDNSドメイン名に置き換えてください。企業や組織がパブリックなDNSドメイン名を取得済みであり、そのDNSドメイン名またはサブドメイン名でActive Directoryのドメインが構成されている必要があります。そのドメイン名が<dnssuffix>の部分です。

表4-5-2 本書で構成した環境のネットワーク設定情報。<dnssuffix>の部分は、オンプレミスのActive DirectoryドメインのDNSドメイン名

サーバー	役割	追加発行のSSL/TLS証明書		追加登録のDNSレコード	
		共通名（CN）	サブジェクト代替名（DNS）	内部用DNS	外部用DNS
adds.<dnssuffix>	ADドメインサービス	−	−	不要	不要
adcs.<dnssuffix>	AD証明書サービス	−	−	不要	不要
adfs.<dnssuffix>	ADフェデレーションサービス	adfs.<dnssuffix>	sts.<dnssuffix> enterpriseregistration.<dnssuffix>	ローカルIPをサブジェクト代替名のAレコード（またはCNAMEレコード）として登録	wap.<dnssuffix>の外部IPをサブジェクト代替名のAレコードとして登録
wap.<dnssuffix>	Webアプリケーションプロキシ	−	−	不要	不要
iis.<dnssuffix>	IIS Webサーバー（CRL配布ポイント用）	iis.<dnssuffix>	www.<dnssuffix>	ローカルIPをサブジェクト代替名のAレコード（またはCNAMEレコード）として登録	wap.<dnssuffix>の外部IPをサブジェクト代替名のAレコードとして登録

Active DirectoryフェデレーションサーバーのDNS名およびWebアプリケーションプロキシで公開する内部のWebサイトやアプリケーションのDNS名は、インターネット上でWebアプリケーションプロキシの外部IPアドレスに名前解決できる必要があります。そのためには、オンプレミスのActive Directory用のDNSとは別に、境界ネットワークに設置したDNSサーバーや外部のDNSサーバーに外部にAレコードを登録する必要があります。

Azure ADとのディレクトリ統合を構成するには、Microsoft Azureの有効なサブスクリプション契約（1か月無料評価版を含む）が必要です。Microsoft Azureの他のサービスとは異なり、Azure ADの主要な機能は無料で利用できます。Azure AD Premiumだけの機能は有料であり、Azure AD Premium（P1またはP2）サブスクリプションの購入が必要です。Azure AD Premiumだけの機能としては、パスワードのオンプレミスへの書き戻し（パスワードのライトバック）、デバイスのオンプレミスへの書き戻し（デバイスのライトバック）、無制限の数のSaaSアプリのサポート、詳細なセキュリティレポート機能などがあります。

Microsoft Azure無料評価版（1か月間の無料評価版と12か月の無料サービス）
➲http://azure.microsoft.com/ja-jp/free/

なお、Office 365およびMicrosoft Intuneは、組織IDの管理のためにAzure ADのディレクトリを利用しています。Office 365およびMicrosoft Intuneで構成されたAzure ADのディレクトリとの間でディレクトリ統合を構成することが可能です。既にOffice 365および（または）Microsoft Intuneのサブスクリプションがある場合は、その管理者の組織IDでMicrosoft Azureにサインアップすることができ、Office 365および（または）Microsoft Intune用に作成されたAzure ADのディレクトリを管理できます。

4.5.2　Active Directoryフェデレーションサービスの導入

企業や組織のネットワーク内に、次の手順でActive Directoryフェデレーションサービスのサーバーを設置します。この手順は、Active DirectoryドメインサービスおよびActive Directory証明書サービスが導入済みであることを前提としています。なお、Active Directoryフェデレーションサービスでは、Windows 10のデバイス登録をサポートするために、フォレストおよびドメイン機能レベルを昇格する必要はありません。Active Directoryスキーマのバージョンが Windows Server 2016のもの（87以上）である必要はあります。

■│サービスアカウントの準備

Active Directoryのドメインコントローラーの1台でWindows PowerShellのシェルを開き、次の2つのコマンドラインを実行します。

```
PS C:¥> Add-KdsRootKey -EffectiveTime (Get-Date).AddHours(-10)
PS C:¥> New-ADServiceAccount FsGmsa -DNSHostName sts.<dnssuffix>↵
 -ServicePrincipalNames http/sts.<dnssuffix>
```

このコマンドラインを実行すると、Active DirectoryドメインにActive Directoryフェデレーションサービス用のサービスアカウントがFsGmsa（<ドメイン名>¥FsGmsa$）という名前で作成されます。このサービスアカウントは、「グループの管理されたサービスアカウント（Group Managed Service Accounts：gMSAs）」という特別な種類のアカウントであり、1台以上のドメインメンバーのサービスアカウントとして利用でき、パスワードはドメインコントローラーで自動管理されます。詳しくは、「4.2.8　グループの管理されたサービスアカウント」で説明しました。ここでは、sts.<dnssuffix>という名前のコンピューターおよびサービス用にサービスアカウントを構成しています。sts.<dnssuffix>の名前は自由に設定できますが、この名前がActive Directoryフェデレーションサービスの「フェデレーションサービス名」になります。

■ 証明書の準備

　[証明書] スナップイン（Certlm.msc）を使用して、Active Directoryフェデレーションサービスの役割をインストールするサーバーに、サービス用のSSL/TLS証明書を発行します。

　SSL/TLS証明書を発行するための証明書テンプレートは、「4.4.3　証明書テンプレートの管理」で作成したものを使用できます。証明書を発行するための情報として、サブジェクト代替名に以下の2つのFQDNを含めるようにします。共通名（CN）には、コンピューターの現在のFQDNまたはsts.<dnssuffix>を設定します。

```
sts.<dnssuffix>
enterpriseregistration.<dnssuffix>
```

　sts.<dnssuffix>は、フェデレーションサービス名として決めたものです。enterpriseregistration.<dnssuffix>は、オンプレミスでWindows 8.1以前のWindowsクライアントやモバイルデバイス（Android、iOS）のワークプレース参加（社内参加、Workplace Join）をサポートするために必要です。ワークプレース参加のクライアントは、enterpriseregistration.<dnssuffix>を名前解決することでデバイス登録サービスを発見します。そのため、enterpriseregistrationの部分に別の名前を使用することはできません。

画面4-5-3
フェデレーションサービス名とenterpriseregistration.<dnssuffix>をサブジェクト代替名に持つSSL/TLS証明書を発行する

　Active Directory証明書サービスにより証明書が発行されると、ローカルコンピューターの[個人]証明書ストアに証明書がインストールされます。Active Directoryフェデレーションサービスの構成は、この証明書を使用して行います。

　またこの証明書は、後述するWebアプリケーションプロキシの構成にも使用します。そのため、証明書のエクスポートウィザードを使用して、[秘密キーのエクスポート]で[Personal Information Exchange - PKCS #12（.PFX）]形式を選択し、ファイル（拡張子.pfx）にエクスポートしておきます。エクスポートする際には、秘密キーを保護するためのパスワードの設定が必要です。

画面4-5-4
フェデレーションサービス用の証明書を秘密キー付きでファイルにエクスポートする。エクスポートしたファイルは、あとでWebアプリケーションプロキシの構成に使用する

■ DNSのレコード登録

　Active Directoryドメイン用のDNSサーバー、つまりドメインコントローラーのDNSサーバーの前方参照ゾーンに、次の2つのA（アドレス）レコードを登録します。IPアドレスは、Active Directoryフェデレーションサービスにするサーバーの IPアドレスです。Aレコードの代わりに、サーバーの別名としてCNAMEレコードを登録してもかまいません。

```
sts.<dnssuffix>                       A    AD FSサーバーのIPv4アドレス
enterpriseregistration.<dnssuffix>    A    AD FSサーバーのIPv4アドレス
```

　enterpriseregistration.<dnssuffix>は、オンプレミスでWindows 8.1以前のWindowsクライアントやモバイルデバイス（Android、iOS）のワークプレース参加をサポートする場合に必要です。オンプレミスでこれらのデバイスのワークプレース参加をサポートしない場合は、enterpriseregistration.<dnssuffix>のレコードの登録は不要です。Windows 8.1以前のWindowsクライアントやモバイルデバイス（Android、iOS）のワークプレース参加のために、Azure ADのデバイス登録機能を利用する場合は、enterpriseregistration.<dnssuffix>に対して別のDNSレコードが必要ですが、それについては後述します。

画面4-5-5
Active Directory用のDNSドメインの前方参照ゾーンにstsとenterpriseregistrationのAまたはCNAMEレコードを登録する

■ 役割のインストール

サービスアカウントと証明書の準備ができたら、Active Directoryフェデレーションサービスの役割をインストールします。

1. サーバーマネージャーの［役割と機能の追加ウィザード］を使用して、ドメインの対象のメンバーサーバーに［Active Directory Federation Services］の役割および依存関係にある機能（管理ツール）をインストールします。

Active Directoryフェデレーションサービスの役割とPowerShell Remotingの有効化

Active Directoryフェデレーションサービス（AD FS）の役割のインストール後に実行する**Enable-PSRemoting -Force**は、「remove-item：アクセスが拒否されました」というエラーで失敗します。そのため、**Enable-PSRemoting -Force**は、Active DirectoryフェデレーションサービスAD FS)の役割をインストールする前に実行しておいてください。既に役割をインストールしてしまった場合は、いったん役割を削除してから実行する必要があります。

2. 役割と機能のインストールが完了すると、ウィザードの最後のページに［このサーバーにフェデレーションサービスを構成します］というリンクが表示されるので、このリンクをクリックして［Active Directoryフェデレーションサービスの構成ウィザード］を開始します。インストールウィザードを閉じてしまった場合は、サーバーマネージャーの［通知］アイコンに表示される［展開後構成］という通知から構成ウィザードを開始することができます。

画面4-5-6　役割のインストールが完了したら、続いて構成ウィザードを開始する

3. 構成ウィザードの［ようこそ］ページで［フェデレーションサーバーファームに最初のフェデレーションサーバーを作成します］を選択し、［次へ］ボタンをクリックします。

画面4-5-7　［フェデレーションサーバーファームに最初のフェデレーションサーバーを作成します］を選択する

4. ［Active Directoryドメインサービスへの接続］ページで、ドメイン管理者アカウント（Domain Adminsのメンバー）が指定されていることを確認します。別のユーザーでサインイン中の場合は、［変更］ボタンをクリックして、ドメイン管理者の資格情報を入力します。

5. ［サービスのプロパティの指定］ページで、先ほど準備しておいたSSL/TLS証明書を指定し、フェデレーションサービス名がsts.<dnssuffix>となっていることを確認します。また、［フェデレーションサービスの表示名］にわかりやすいサービス名（会社名など）を入力します。この表示名は、AD FS認証のサインインページに表示されます。

画面4-5-8
事前に準備しておいた証明書を指定し、サービスの表示名を設定する

6. ［サービスアカウントの指定］ページで、［既存のドメインユーザーアカウントまたはグループの管理されたサービスアカウントを使用してください］を選択し、［選択］ボタンをクリックして事前に準備しておいたグループの管理されたサービスアカウント（<ドメイン名>¥FsGmsa$）を指定します。

画面4-5-9
事前に準備しておいたグループの管理されたサービスアカウントを指定する

7. ［構成データベースの指定］ページで［Windows Internal Databaseを使用してサーバーにデータベースを作成します］を選択します。または、ローカルまたはリモートのサーバーで利用可能なSQL Serverインスタンスがある場合は、そのSQL Serverインスタンスにデータベースを作成するように構成することもできます。Active Directoryフェデレーションサービスをサーバーファームとして構成する予定がある場合はSQL Serverデータベースを指定してください。なお、Windows Internal Database（WID）の機能は、サーバーの構成中に自動的にインストールされます。

8. ［オプションの確認］ページで構成内容を確認し、［前提条件の確認］ページでチェックに合格したら、［構成］ボタンをクリックしてサーバーの構成を開始します。［結果］ページに［このサーバーは正常に構成されました］と表示されたら、［閉じる］ボタンをクリックしてウィザードを終了します。

9. Webブラウザーで次のURLを開き、FederationMetadata.xmlのXMLの内容を参照できることを確認します。内容は文字化けしますが、それで正常です。

```
https://sts.<dnssuffix>/FederationMetadata/2007-06/FederationMetadata.xml
```

10. PowerShellで次のコマンドラインを実行し、フェデレーションサービスの組織のサインインページを有効化します。

```
PS C:\> Set-AdfsProperties -EnableIdPInitiatedSignonPage $True
```

11. Webブラウザーを使用で以下のURLを開き、組織のサインインページが表示されることを確認します。なお、サインインページを有効化する前にこのURLにアクセスすると、「不明なエラーが発生しました」と表示されます。

```
https://sts.<dnssuffix>/adfs/ls/idpinitiatedsignon
```

画面4-5-10　FederationMetadata.xmlと組織のサインインページが表示されることを確認する

4.5.3　デバイス登録サービス（DRS）の構成

　ワークプレース参加（社内参加、Workplace Join）は、Windows Server 2012 R2のActive Directoryフェデレーションサービスに追加された、Windows 8.1以前のWindowsクライアントおよびモバイルデバイス（Android、iOS）の企業や組織のネットワークへの新しい参加方法です。ワークプレース参加（社内参加）をサポートするために、Active Directoryフェデレーションサービスにはデバイス登録サービス（Device Registration Service：DRS）が追加されました。

　Windows Server 2016のデバイス登録サービスは、Windows 8.1以前のWindowsクライアントおよびモバイルデバイス（Android、iOS）のワークプレース参加（社内参加）に加えて、ドメイン参加済みWindows 10の自動デバイス登録をサポートします。ドメイン参加済みWindows 10の自動デバイス登録は、Windows Hello for Businessをオンプレミスに展開するために必要です。

Windows 10のワークプレース参加（社内参加）について

　Windows 10のワークプレース参加（社内参加）機能は、Windows 8.1以前とは大きく変更されていることに注意してください。

　Windows 10のワークプレース参加（社内参加）は、Azure AD参加またはオンプレミスのActive Directoryドメインに参加していない場合に、Azure ADに対してのみ可能です。Azure ADにワークプレース参加またはAzure AD参加によって登録されたデバイス情報は、Azure ADとディレクトリ統合されたオンプレミスのActive Directoryに、Azure AD Premiumのデバイスのライトバック機能を利用して同期することが可能です。

　オンプレミスのActive Directoryドメインでは、ドメイン参加済みのWindows 10の自動デバイス登録がサポートされます。オンプレミスに登録されたドメイン参加済みWindows 10のデバイス情報は、Azure ADに同期することが可能です。この方向の同期には、Azure AD Premiumを必要としません。

■│ワークプレース参加（社内参加）と対応クライアント

　ワークプレース参加（社内参加）はActive Directoryドメインのユーザー資格情報に基づいて、ユーザーが使用するコンピューターやモバイルデバイスを、ドメイン参加とは別の方法でActive Directoryに登録します。登録済みデバイスは、社内リソースやアプリケーションへのアクセスを許可する際のAD FS認証の条件に含めることができます。例えば、インターネットから社内リソースやアプリケーションにアクセスできるデバイスを登録済みデバイスに限定したり、社内に持ち込まれた個人所有デバイスを使用したアクセスにデバイス登録を要求したりできます。

　ワークプレース参加（社内参加）はAzure ADにおいても、Azure AD参加と同じ機能でサポートされており、オンプレミスにActive Directoryフェデレーションサービスを設置しなくても利用でき、Office 365のアプリケーションにアクセスできるデバイスを制限したりできます。オンプレミスのActive DirectoryのドメインとAzure ADをディレクトリ統合する場合は、Active Directoryフェデレーションサービスではなく、Azure ADのデバイス登録サービスで構成することもできます。

　なお、本書では、Azure ADのデバイス登録サービスの具体的な展開手順については説明しません。オンプレミスのActive Directoryフェデレーションサービスのデバイス登録サービスで、企業や組織のネットワーク内のデバイスと、インターネットから社内リソースにアクセスするデバイスの両方をサポートできるように構成します。

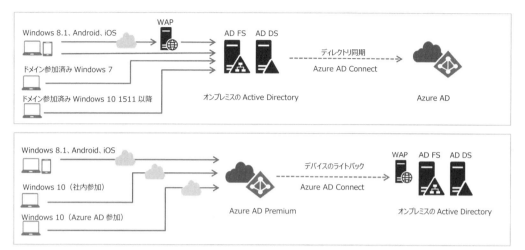

図4-5-11 ワークプレース参加（社内参加）をオンプレミスとクラウドのどちらでサービスするか、オンプレミスやクラウドで利用したい機能（Windows 10のWindows Hello for Business）によって導入シナリオを選択する必要がある

画面4-5-12 Azure ADにおけるWindows 8.1向けのワークプレース参加とAzure AD参加のサポートは共通の設定。ディレクトリの［デバイス-デバイスの設定］を開き、［ユーザーはデバイスをAzure ADに参加させることができます］で［すべて］を選択する（またはユーザーを選択）

　オンプレミスおよびAzure ADのデバイス登録サービスは、以下のコンピューターまたはデバイスからのワークプレース参加（社内参加）をサポートしています。Windows 10はAzure ADを使用したワークプレース参加（社内参加）をサポートしていますが、オンプレミスのActive Directoryフェデレーションサービスに対するワークプレース参加（社内参加）はサポートしていません。

- **Windows 8.1のすべてのエディション** —— Windows 8.1は標準で［PC設定］－［ネットワーク］－［社内ネットワーク］－［社内ネットワークへの参加］からワークプレース参加（社内参加）をセットアップできます。ただし、Azure ADを使用してワークプレース参加を行う場合は、次に説明するWorkplace Join for non-Windows 10 computersをインストールしてください。

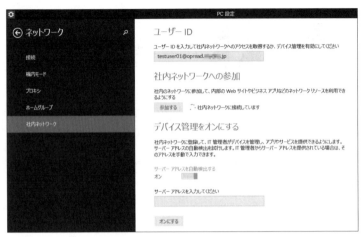

画面4-5-13　Windows 8.1のワークプレース参加のセットアップ

- **Active DirectoryドメインにAnactive参加しているWindows 7 Pro/Ultimate/Enterpriseコンピューター** —— Workplace Join for non-Windows 10 computersをインストールすることで、ワークプレース参加（社内参加）に対応できます。ただし、ワークプレース参加をセットアップできるのは、Active Directoryドメインに参加済みのWindows 7コンピューターに限定されます。

  Microsoft Workplace Join for non-Windows 10 computers
  ➔ https://www.microsoft.com/en-us/download/details.aspx?id=53554

- **iOS 6 以降のiPhoneおよびiPad** —— 以下のURLにアクセスし、ワークプレース参加（社内参加）に必要なプロファイルをダウンロードしてワークプレース参加をセットアップします。sts.<dnssuffix>の部分はオンプレミスのActive Directoryのフェデレーションサービス名です。<dnssuffix>はAzure ADまたはディレクトリ統合されたオンプレミスのActive Directoryのドメイン名です。

オンプレミスのワークプレース参加（社内参加）：

```
https://enterpriseregistration.<dnssuffix>/enrollmentserver/otaprofile/
```

Azure ADのワークプレース参加（社内参加）：

```
https://enterpriseregistration.windows.net/enrollmentserver/otaprofile/<dnssuffix>
```

- **Android 4.2 以降のスマートフォンおよびタブレット** —— Google Playストアから無料で入手できるAndroid用のMicrosoft Authenticatorアプリを使用してワークプレース参加をセットアップします。

  Microsoft Authenticator
  ➔ https://play.google.com/store/apps/details?id=com.azure.authenticator&hl=ja

画面4-5-14
Androidデバイスのワークプレース参加は、Microsoft Authenticator（旧称、Azure Authenticator）アプリでサポート。Azure ADとオンプレミスの両方のワークプレース参加に対応

■ **Azure ADおよびオンプレミスのドメインに参加していないWindows 10バージョン1607** ── ［設定］アプリの［アカウント］－［職場または学校にアクセスする］の［＋接続］ボタンをクリックして、Azure ADへのワークプレース参加（社内参加）をセットアップできます。オンプレミスのActive Directoryフェデレーションサービスを使用したワークプレース参加（社内参加）はサポートされません。ただし、Azure ADとのディレクトリ統合でデバイスのライトバックを構成することにより（Azure AD Premiumが必要）、Azure ADに登録された社内参加済みデバイスの情報をオンプレミスのActive Directoryに同期することは可能です。

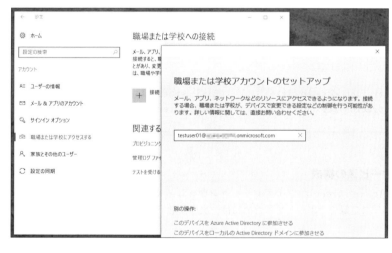

画面4-5-15
Windows 10バージョン1607は、Azure ADに対してワークプレース参加（社内参加）をセットアップ可能

■ **Azure ADおよびオンプレミスのドメインに参加していないWindows 10バージョン1511以前** ── ［設定］アプリの［アカウント］－［メールとアカウント］にある［職場または学校アカウントを追加］をクリックして、Azure ADへのワークプレース参加（社内参加）をセットアップできます。オンプレミスのActive Directoryフェデレーションサービスを使用したワークプレース参加（社

内参加）はサポートされません。ただし、Azure ADとのディレクトリ統合でデバイスのライトバックを構成することにより（Azure AD Premiumが必要）、Azure ADに登録された社内参加済みデバイスの情報をオンプレミスのActive Directoryに同期することは可能です。

画面4-5-16
Windows 10バージョン1511以前は、［設定］アプリの［メールとアカウント］からセットアップする

ワークプレース参加のトラブルシューティング

Windows 8.1以前のWindowsクライアントおよびモバイルデバイス（Android、iOS）でワークプレース参加（社内参加）に失敗する場合は、次の点を確認してください。また、Windowsコンピューターの場合は、イベントログのMicrosoft-Windows-Workplace Join/Adminログを確認してください。

- フェデレーションサービス名（sts.<dnssuffix>など）およびenterpriseregistration.<dnssuffix>が適切なIPアドレス（AD FSサーバーまたは外部アクセス用プロキシのIPアドレス）に名前解決できること。
- ルートCA証明書がインストール済みであること。
- CRL配布リストへのHTTPアクセスやOCSPによる証明書の失効状態を確認できること。

なお、Azure ADのデバイス登録サービスを利用する場合は、次のCNAMEレコードが名前解決できるように公開DNSサーバーに登録されている必要があります。Windows 10のワークプレース参加（社内参加）には、これらのDNSレコードは必要ありません。

```
enterpriseregistration.<dnssuffix>            CNAME  enterpriseregistration.windows.net
enterpriseregistration.region.<dnssuffix>     CNAME  enterpriseregistration.windows.net
```

■｜デバイス登録サービスの構成

オンプレミスのActive Directoryフェデレーションサービスでワークプレース参加（社内参加）やWindows 10のデバイス登録をサポートするためには、次の手順でデバイス登録サービスを構成します。

1. ［AD FS］スナップインを開き、ナビゲーションペインのツリーから［AD FS］-［サービス］-［Device Registration］を開きます。

2. ［Device Registrationの概要］ページが開くので、［Device Registrationの構成］をクリックしてデバイス登録サービスを有効化します。なお、サービスの有効化処理には、Active Directoryスキー

マの拡張が含まれるため、Enterprise Adminsグループのメンバーアカウントの資格情報が必要です。

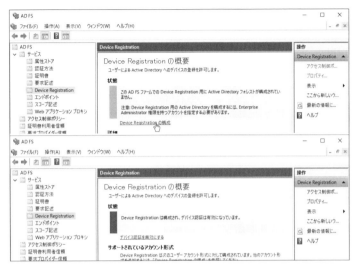

画面4-5-17　［AD FS］スナップインを使用してデバイス登録サービスを有効化する

　デバイス登録サービスの構成の簡素化
　　Windows Server 2012 R2では、PowerShellの**Initialize-ADDeviceRegistration**および**Enable-AdfsDeviceRegistration**コマンドレットを使用してデバイス登録サービスを有効化する必要がありました。Windows Server 2016では、［AD FS］スナップインからGUIで有効化できるようになっています。

3. ローカルネットワーク上のWindows 8.1以前のWindowsクライアントやモバイルデバイス（Android、iOS）でワークプレース参加（社内参加）をセットアップします。

　コンピューターやデバイスのワークプレース参加をセットアップすると、デバイス登録サービスにより、Active Directoryの［RegisteredDevices］コンテナーにデバイスが登録され、デバイスを識別するための証明書がデバイスに設定されます。Active Directoryには、デバイスの情報とともに、ワークプレース参加をセットアップしたユーザーのSID（msDS-RegisteredOwner）やデバイスに関連付けられたシングルサインオンユーザーのSID（msDS-RegisteredUsers）の属性も保存されます。
　なお、この時点では、デバイス登録サービスはローカルネットワークでのみ機能します。インターネット上のデバイスに対してサービスするには、Webアプリケーションプロキシを構成します。Webアプリケーションプロキシについては、「4.5.3　Webアプリケーションプロキシの導入」で説明します。
　また、Windows 10のデバイス登録をサポートするためには、Azure ADとのディレクトリ統合とWindows Hello for Businessのための追加の構成が必要です。これらの手順については、「4.5.4　Azure ADとのディレクトリ同期」および「4.5.5　Windows Hello for Businessのオンプレミスへの展開」で説明します。

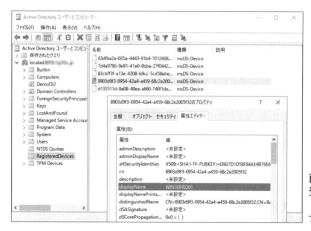

画面4-5-18
登録済みのデバイスは、Active Directory ドメインの［RegisteredDevices］コンテナーに情報が格納される

■ デバイス認証の有効化とアクセス制御ポリシー

　デバイス登録サービスによりワークプレース参加でActive Directoryドメイン（またはAzure ADドメイン）に登録されたデバイス情報は、Active Directoryフェデレーションサービスに対応したアプリケーションや、Webアプリケーションプロキシで AD FS事前認証により公開されたアプリケーションへのアクセスを許可するための認証要素（デバイス認証）の1つとして使用できます。

　Active Directoryフェデレーションサービスの認証方法としてデバイス認証を利用可能にするには、［AD FS］スナップインでナビゲーションペインのツリーから［AD FS］－［サービス］－［認証方法］コンテナーを開き、［操作］ペインの［プライマリ認証方法の編集］または［多要素認証方法の編集］をクリックします。

　既定では、エクストラネット（インターネットからのアクセス）向けの認証方法として［フォーム認証］が、イントラネット向けの認証方法として［フォーム認証］と［Windows認証］が有効になっています。デバイス認証サービスを構成した場合は、エクストラネットとイントラネットのそれぞれに対して、［デバイス認証］およびWindows 10向けの［Microsoft Passport認証］を有効化できます。

画面4-5-19　プライマリ認証方法として［デバイス認証］と［Microsoft Passport認証］を有効化

アプリケーションへのアクセスにデバイス認証を要求する（登録済みデバイスからのアクセスのみを許可する）には、デバイス認証を要求するアクセス制御ポリシーを選択または作成し、アプリケーションの証明書利用者信頼に割り当てます。アクセス制御ポリシーは、Windows Server 2016のActive Directoryフェデレーションサービスの新機能であり、既定で用意されている8つのポリシーとカスタムポリシーにより証明書利用者信頼の認証方法の構成を簡素化します。これは、証明書利用者信頼ごとに構成する必要があったWindows Server 2012 R2以前の認証ポリシーを置き換えるものです。

画面4-5-20　インターネットからのアクセスに対してデバイス認証を要求するカスタムポリシーの例

4.5.4　Webアプリケーションプロキシの導入

　Webアプリケーションプロキシ（Web Application Proxy：WAP）は、Windows Server 2012 R2においてリモートアクセスの役割に追加された、新しい役割サービスです。

　インターネットとの境界ネットワークに設置するWebアプリケーションプロキシは、企業や組織の内部ネットワークで稼働するWebサイトやアプリケーションをインターネットに公開するリバースプロキシとして機能します。また、Active Directoryフェデレーションサービスのプロキシ（AD FSプロキシ）としても機能し、インターネット上のユーザーやデバイスを認証します。リバースプロキシ機能は、Active Directoryフェデレーションサービスによる事前認証（AD FS事前認証）に基づいてアプリケーションへのアクセスを許可することができるため、企業や組織のユーザーやデバイスに対してインターネットから社内リソースへのアクセスを安全に公開することができます。

　次の項で説明するAzure ADとのディレクトリ統合においては、Office 365などのクラウドアプリの認証にオンプレミスのActive Directoryのユーザーアカウント（社内ID）の資格情報を使用する場合、その認証はWebアプリケーションプロキシのAD FSプロキシにリダイレクトされ、オンプレミスのActive Directoryのユーザーアカウントによる認証を可能にします。

■|証明書のインポートと公開DNSへの登録

　Webアプリケーションプロキシは、既にActive Directoryフェデレーションサービスを導入済みの内部ネットワークとインターネットとの境界に設置します。Webアプリケーションプロキシは、AD FSプロキシとしても構成されます。

Webアプリケーションプロキシの役割サービスをインストールする前に、次の手順でフェデレーションサービスの証明書と公開DNSサーバーを準備しておきます。

1. 「4.5.2　Active Directoryフェデレーションサービスの導入」の手順でファイルにエクスポートしておいたフェデレーションサービス用の秘密キー付き証明書（拡張子.pfx）を、Webアプリケーションプロキシにするサーバーのローカルコンピューターの［個人］証明書ストアにインポートします。

2. 外部に公開するDNSサーバーに、次の2つのA（アドレス）レコードを登録し、フェデレーションサービスとデバイス登録サービス用のDNS名がWebアプリケーションプロキシのサーバーの外部向けネットワークに割り当てられたパブリックIPアドレスに名前解決されるようにします。デバイス登録サービス用のDNS名（enterpriseregistration.<dnssuffix>）は、オンプレミスのデバイス登録サービスでインターネット上のWindows 8.1クライアントやモバイルデバイス（Android、iOS）からワークプレース参加（社内参加）を受け付ける場合にのみ必要になります。

```
sts.<dnssuffix>                        A    Webアプリケーションプロキシの外部IPアドレス
enterpriseregistration.<dnssuffix>     A    Webアプリケーションプロキシの外部IPアドレス
```

■ 役割のインストール

　フェデレーションサービスの証明書のインポートと公開DNSサーバーの構成が完了したら、次の手順でActive Directoryドメインのメンバーサーバーに Webアプリケーションプロキシの役割サービスをインストールします。

1. サーバーマネージャーの［役割と機能の追加ウィザード］を使用して、ドメインの対象のメンバーサーバーに［リモートアクセス］の役割の［Webアプリケーションプロキシ］の役割サービス、および依存関係にある機能（管理ツール）をインストールします。

2. 役割と機能のインストールが完了すると、ウィザードの最後のページに［Webアプリケーションプロキシウィザードを表示する］というリンクが表示されるので、このリンクをクリックして［Webアプリケーションプロキシ構成ウィザード］を開始します。インストールウィザードを閉じてしまった場合は、サーバーマネージャーの［通知］アイコンに表示される［展開後構成］という通知から構成ウィザードを開始することができます。

画面 4-5-21
［リモートアクセス］の役割の［Webアプリケーションプロキシ］の役割サービスをインストールし、構成ウィザードを開始する

3. 構成ウィザードの［フェデレーションサーバー］のページで、フェデレーションサービス名（本書の例ではsts.<dnssuffix>）を入力し、Active Directoryフェデレーションサービスのサーバーのローカル管理者権限のあるユーザー（ローカル管理者、ドメイン管理者など）の資格情報を指定します。

画面4-5-22
既に展開済みのActive Directoryフェデレーションサービスのフェデレーションサービス名とローカル管理者アカウントの資格情報を設定する

4. ［AD FSプロキシの証明書］ページで、ドロップダウンリストの証明書の一覧から、先ほどインポートしておいたフェデレーションサービスの証明書を選択します。

画面4-5-23
事前にインポートしておいたフェデレーションサービスの証明書を選択する

5. ［確認］ページにWebアプリケーションプロキシの構成に使用されるPowerShellのInstall-WebApplicationProxyコマンドレットのコマンドラインが表示されます。［構成］ボタンをクリックすると、このコマンドラインが実行され、Webアプリケーションプロキシが構成されます。

Install-WebApplicationProxy コマンドレットのコマンドライン

　　［確認］ページに表示される**Install-WebApplicationProxy**コマンドレットのコマンドラインは、テキストファイルにコピーして控えておくことをお勧めします。運用中、何らかの原因（長期起動しないなど）でWebアプリケーションプロキシの構成にエラーが発生した場合、次のようなコマンドラインを実行することで簡単に復旧できます。なお、コマンドラインを控えていない場合、Webアプリケーションプロキシの役割サービスの削除と再インストールが必要になる場合があります。

```
PS C:¥> Install-WebApplicationProxy -CertificateThumbprint '証明書の拇印' 
-FederationServiceName 'フェデレーションサービス名'
```

6. ［結果］ページに［Webアプリケーションプロキシが正常に構成されました］と表示されたら、ウィザードを終了します。

　この時点で、このWebアプリケーションプロキシは、インターネットに対してAD FSプロキシとしてサービスを開始します。例えば、インターネット上のコンピューターやデバイスのWebブラウザーで次のURLにアクセスすると、Active Directoryフェデレーションサービスの組織のサインインページが表示されます。また、インターネット上のWindows 8.1コンピューターやモバイルデバイス（Android、iOS）からワークプレース参加をセットアップすることができます。

```
https://sts.<dnssuffix>/adfs/ls/idpinitiatedsignon
```

画面4-5-24　インターネットに接続されたコンピューターやデバイスから
　　　　　　　組織のサインインページにアクセスできることを確認する

■ CRL配布ポイントのHTTPパススルー公開

　「4.4.4　失効サーバーの展開」で説明したように、パブリックなCAを使用しないエンタープライズCAを使用する場合、クライアントのコンピューターやデバイスから証明書の失効状態を確認できる環境を準備しておくことが重要です。証明書の失効状態を確認した場合、認証や接続を拒否するサービスがあるからです。

Active Directory証明書サービスで展開したエンタープライズCAは、内部ネットワークでは証明書失効リスト（Certificate Revocation List：CRL）を、LDAPを使用してルートCAから取得できます。インターネット上のコンピューターやデバイスはこの方法でCRLを取得することができません。そのため、「4.4.4　失効サーバーの展開」では、IISのWebサーバーをCRL配布ポイント（CDP）として構成する方法を説明しました。

Webアプリケーションプロキシを利用できる場合、内部ネットワーク上に設置されたCRL配布ポイント（CDP）のWebサイトを、リバースプロキシで簡単にインターネットに公開することができます。Windows Server 2012 R2のWebアプリケーションプロキシはHTTPSベースのWebサイトやアプリケーションをパススルーまたはAD FS事前認証で公開することができましたが、Windows Server 2016のWebアプリケーションプロキシは、新たにHTTPベースのWebサイトやアプリケーションのパススルー公開をサポートしました（図4-5-25）。

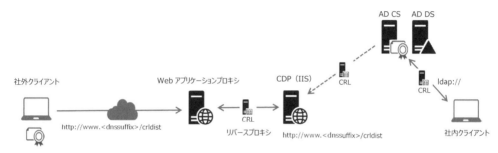

図4-5-25　Windows Server 2016のWebアプリケーションプロキシを使用した、CRL配布ポイント（CDP）のWebサイトの公開

「4.4.4　失効サーバーの展開」で準備したCRL配布ポイント（CDP）をWebアプリケーションプロキシでインターネット公開するには、次の手順で操作します。

1. 外部に公開するDNSサーバーに、WebサーバーのA（アドレス）レコードを登録し、内部ネットワークに設置したWebサーバーのDNS名（この例ではwww.<dnssuffix>）がWebアプリケーションプロキシのサーバーの外部向けネットワークに割り当てられたパブリックIPアドレスに名前解決されるようにします。

```
www.<dnssuffix>    A    Webアプリケーションプロキシの外部IPアドレス
```

2. Webアプリケーションプロキシの管理ツールである［リモートアクセスの管理］スナップインを開きます。

3. ナビゲーションペインで［構成］-［Webアプリケーションプロキシ］ページを開き、［タスク］ペインの［公開］をクリックして、［新しいアプリケーションの公開ウィザード］を開始します。

4. 公開ウィザードの［事前認証］ページで、［パススルー］を選択します。パススルーの事前認証とは、WebアプリケーションプロキシでAD FS事前認証を行わないという選択です。インターネット側からのHTTPSまたはHTTP要求は、バックエンドのサーバーにそのまま転送されます。

画面 4-5-26 事前認証として［パススルー］（事前認証しない）を選択する

5. ［公開設定］ページで、［名前］にわかりやすい公開名を入力し、［外部 URL］と［バックエンドサーバー URL］の両方に、CRL 配布ポイント（CDP）として構成した Web サーバーの HTTP ベースのURL（社内における URL と同じもの）を仮想ディレクトリ名を含めて設定します。「http://」から始まる URL は安全でないため「HTTP を使用してインターネット上に公開しようとしています。すべてのアプリケーションデータは、暗号化されずに転送されることに注意してください」という警告メッセージが表示されますが、今回はそのままウィザードを進めます。

画面 4-5-27 Web サーバーの HTTP ベースの URL を仮想ディレクトリ名を含めて設定する

6. ［確認］ページで［構成］ボタンをクリックし、構成が完了したらウィザードを終了します。

7. インターネットに接続されたコンピューターやモバイルデバイスのWebブラウザーでCRL配布ポイント（CDP）のURLにアクセスし、CRL（拡張子.crl）を参照できることを確認します。

画面4-5-28　インターネットに接続されたコンピューターからCRL配布ポイントを参照できることを確認する

■ AD FS事前認証による社内リソースの公開

　Webアプリケーションプロキシは、クレーム（Claim、要求）対応のHTTPSアプリケーションやサービス、およびクレームに非対応のHTTPSアプリケーションやサービスを、AD FS事前認証に基づいてインターネット上のクライアントに公開できます。具体的な手順は省略しますが、ここまでにセットアップした環境で、さまざまなアプリケーションやサービスの公開に対応できます。

　例えば、Windows Serverのサーバーの役割やマイクロソフトサーバー製品であれば、次に示すクレーム対応のアプリケーションやサービスを公開できます。

- Windows Server 2012 R2以降のワークフォルダー（Work Folders）
- SharePointサイト
- Exchange ServerのOutlook Web App
- IIS Webサーバーでホストされるクレーム対応アプリケーション

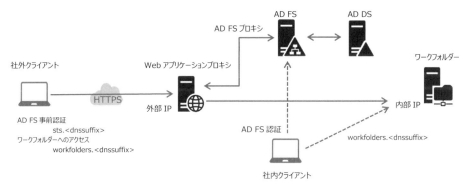

図4-5-29　ワークフォルダー（クレーム対応）をWebアプリケーションプロキシで公開するイメージ

クレーム非対応のアプリケーションやサービスの例としては、次のようなものがあります。

- IIS WebサーバーでホストされるWebサイトやアプリケーション
- リモートデスクトップ（RD）Webアクセスおよびリモートデスクトップ（RD）ゲートウェイを使用したリモートデスクトップ接続およびRemoteAppプログラム
- Exchange ServerのExchange ActiveSync、Outlook Anywhere

一般的なクレーム対応およびクレーム非対応アプリケーションをWebアプリケーションプロキシで公開する方法については、次のドキュメントが参考になります。

Publishing Applications using AD FS Preauthentication
（AD FS事前認証を使用してアプリケーションを公開する）
⇨https://docs.microsoft.com/ja-jp/windows-server/remote/remote-access/web-application-proxy/Publishing-Applications-using-AD-FS-Preauthentication

SharePointサイト、Exchange Server、およびリモートデスクトップサービスをWebアプリケーションプロキシで公開する方法については、次のドキュメントが参考になります。

Publishing Applications with SharePoint, Exchange and RDG
（SharePoint、Exchange、およびRDGによるアプリケーションの発行）
⇨https://docs.microsoft.com/ja-jp/windows-server/remote/remote-access/web-application-proxy/publishing-applications-with-sharepoint%2C-exchange-and-rdg

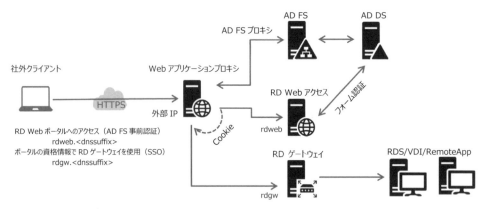

図4-5-30　リモートデスクトップサービス（クレーム非対応）をWebアプリケーションプロキシで公開するイメージ

ワークフォルダーおよびリモートデスクトップサービスをWebアプリケーションプロキシで公開する方法については、「第6章　ファイルサービスと記憶域サービス」および「第9章　リモートデスクトップサービス」で説明します。

改訂 リモートデスクトップサービスの Webアプリケーションプロキシによる公開は非推奨に

「第9章　リモートデスクトップサービス」の「9.6.4　Webアプリケーションプロキシによる公開」では、RD WebアクセスおよびRDゲートウェイをパススルー公開またはAD FS事前認証による公開の両方の手順を説明していますが、現在、オンプレミスのリモートデスクトップサービスの公開には、WebアプリケーションプロキシではなくAzure AD Application Proxy（Azure AD Premiumが必要）の使用が推奨されています。

How to provide secure remote access to on-premises applications
→https://docs.microsoft.com/en-us/azure/active-directory/manage-apps/application-proxy

クレーム非対応アプリケーションの公開でHTTP 500エラーが表示される

AD FSとWebアプリケーションプロキシを組み合わせると、クレーム非対応アプリケーションに対してAD FS事前認証を要求することが可能です。それには、［AD FSの管理］スナップインの［証明書利用者信頼の追加ウィザード］で［要求に対応しない］を選択し、［証明書利用者信頼の識別子］としてアプリケーションのHTTPS URLを追加します。Webアプリケーションプロキシでは、［新しいアプリケーションの公開ウィザード］でこの証明書利用者信頼を選択し、公開設定を行います。

実は、この方法でクレーム非対応アプリケーションを公開しただけでは、AD FS事前認証のあと、クライアントにはHTTP 500エラーが返され、アプリケーションへのアクセスに失敗します。これを回避するには、次の追加の構成をしてください。

1. ［Active Directoryユーザーとコンピューター］を開き、［表示］メニューの［拡張機能］を選択します。
2. ［Active Directoryユーザーとコンピューター］の［Computers］コンテナーからWebアプリケーションプロキシのコンピューターのプロパティを開き、［属性エディター］タブでservicePrincipalName属性の編集画面を開いて、次の2つの値が存在することを確認します。存在しない場合は追加してください。

   HTTP/<WebアプリケーションプロキシのNetBIOSコンピューター名>
   HTTP/<WebアプリケーションプロキシのFQDN>

3. Webアプリケーションプロキシのコンピューターのプロパティの［委任］タブに切り替え、［指定されたサービスへの委任でのみこのコンピューターを信頼する］と［任意のプロトコル］を選択して、Webアプリケーションプロキシのhttpサービスを追加します。
4. Webアプリケーションプロキシで公開するアプリケーションをホストするコンピューターのプロパティを開き、［属性エディター］タブでservicePrincipalName属性の編集画面を開いて、次の2つの値が存在することを確認します。存在しない場合は追加してください。

   HTTP/<アプリケーションサーバーのNetBIOSコンピューター名>
   HTTP/<アプリケーションサーバーのFQDN>

5. Webアプリケーションプロキシのアプリケーション公開設定で、バックエンドURLとして**HTTP/<アプリケーションサーバーのNetBIOSコンピューター名>**または**HTTP/<アプリケーションサーバーのFQDN>**を設定します。

4.5.5　Azure ADとのディレクトリ同期 改訂

　マイクロソフトは、Office 365やMicrosoft Intune、その他のクラウドアプリ向けにクラウドベースのID管理サービスとしてAzure Active Directory（Azure AD）を提供しています。Azure ADはオンプレミスのWindows ServerのActive Directoryドメインサービスとディレクトリ統合することができます。ディレクトリ統合によるハイブリッドID環境は、ID管理タスクの簡素化、シングルサインオン（SSO）、Windows 10のWindows Hello for Businessのオンプレミスでの実装など、さまざまなメリットをもたらします。

　例えば、マイクロソフトのSaaSであるOffice 365は、ユーザーおよびグループ（オンラインの組織ID）の管理のためにAzure ADのディレクトリを使用しています。このディレクトリをオンプレミスのActive Directoryドメインのディレクトリと統合することで、IDのプロビジョニングやパスワードリセット、グループ管理など、ID管理の一元化が可能です。また、オンプレミスのActive Directoryのユーザーアカウント（社内ID）の資格情報を使用して、社内リソースとOffice 365のアプリケーションおよびサービスの両方の環境にシングルサインオン（SSO）でアクセスすることができます。さらに、オンプレミスのExchange ServerやSharePointサイトと統合されたハイブリッド環境を実現することができます。

　Azure ADのオンプレミスとのディレクトリ統合に関する公開ドキュメントを見ると、非常に複雑な作業だと感じるかもしれません。しかし、この章のここまでで説明した、Active Directoryドメインサービス、Active Directory証明書サービス、Active Directoryフェデレーションサービス、およびWebアプリケーションプロキシを展開済みの環境であれば、簡単にAzure ADとのディレクトリ統合をセットアップできます。

　なお、Microsoft AzureやOffice 365といったクラウドサービスは、機能の拡張やポータルの変更が繰り返し行われています。本書では、2018年10月時点のクラウドサービスおよび関連ツールを使用した手順で説明します。この手順はサービスの拡張や変更、新しいツールの提供により変更になる可能性があることをご了承ください。

改訂 ハイブリッドID環境の最新情報とチュートリアル

　Azure ADとのディレクトリ統合のためのツールやAzure側のポータルの仕様、操作手順は、Windows Server 2016リリース当時とは大きく異なるため、この節の初版の内容は、2018年10月時点の手順に差し替えました。ただし、クラウドの変化は目まぐるしいため、この手順もまた変更されている可能性があります。最新情報については、以下のサイトにまとめられているドキュメントを参照してください。ドキュメントの中には、仮想環境で小規模に評価環境を展開するためのチュートリアルもあります。

ハイブリッドIDのドキュメント
→https://docs.microsoft.com/ja-jp/azure/active-directory/hybrid/

■ Azure ADのディレクトリの準備

Microsoft AzureのAzureポータルを使用して、オンプレミスのActive Directoryドメインの同期相手となるAzure ADのディレクトリを準備します。

1. Azureポータル（https://portal.azure.com）で［＋新しいリソース］をクリックし、「Azure Active Directory」を検索して、Azureサブスクリプションに新しいディレクトリを作成します。既定では＜ドメイン名＞.onmicrosoft.comというパブリックなDNS名を持つディレクトリを無料で取得し、作成することができます。Office 365やMicrosoft Intuneで使用しているディレクトリなど、既にディレクトリが存在する場合はこの手順はスキップしてください。

画面4-5-31　Microsoft AzureにAzure ADのディレクトリを作成する

2. ディレクトリを作成したら、このディレクトリに［全体管理者］のディレクトリロールを持つ管理用のユーザーを作成します。ユーザーを作成する際に一時パスワードが設定されます。この一時パスワードは、最初にサインインしたときに変更する必要があります。

3. ［Azure Active Directory］ブレードを開き、Azure ADのディレクトリの［カスタムドメイン名］を展開して、［＋カスタムドメインの追加］をクリックします。

画面4-5-32　オンプレミスのActive DirectoryのDNSドメイン名を追加する

4. 追加したカスタムドメインのページに移動します。このページに、Azure ADがドメイン名を確認するために使用するTXT（TeXT）またはMX（Mail eXchange）をドメイン名レジストラーに登録するように指示されます。

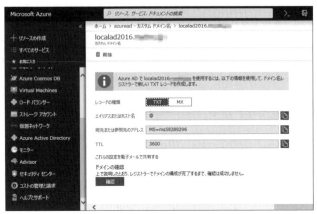

画面4-5-33 Azure ADがオンプレミスのDNSドメイン名を確認するためのリソースレコードを確認し、インターネットから検索可能なDNSサーバーに登録する

ここで、[確認]をクリックする前に、適切なDNSサーバーにTXTまたはMXレコードを登録する作業を行います。例えば、Bind形式のゾーンファイルであれば次のように登録します。

```
@    IN    TXT    MS=ms58289296
または
@    IN    MX    32767    ms58289296.msv1.invalid
```

5. DNSにリソースレコードを登録したら、コマンドプロンプトで**nslookup**を実行し、参照先のDNSサーバーをインターネット上のDNSサーバーに変更して、ドメイン名に対応するTXT（またはMX）レコードを検索し、登録した情報が得られることを確認します。登録情報が検索結果に反映されるまで、しばらく時間がかかることがあります。

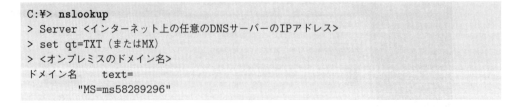

6. リソースレコードの検索が可能になったら、先ほどのAzureポータルのページで［確認］ボタンをクリックし、［確認に成功しました］と表示されることを確認します。

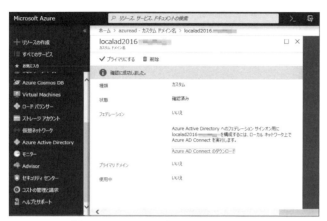

画面4-5-34　［確認に成功しました］と表示されることを確認する

■ディレクトリ同期の構成

　Azure AD側のディレクトリを準備したら、Azureポータルの［カスタムドメイン名］のページ（画面4-5-34）の［Azure AD Connectのダウンロード］リンクをクリックするか、以下のURLからAzure AD Connectのインストーラー（AzureADConnect.msi）をダウンロードします。

Microsoft Azure Active Directory Connect
➔https://www.microsoft.com/en-us/download/details.aspx?id=47594

　Active Directoryドメインのメンバーサーバーにドメイン管理者アカウントの資格情報を使用してサインインし、次の手順でAzure AD Connectのコンポーネントのインストールとディレクトリ同期の設定を行います。

1. ダウンロードしたAzureADConnect.msiを実行して、Azure AD Connectのコンポーネントをインストールします。Azure AD Connectにはいくつかの前提コンポーネントがありますが、Windows Server 2012 R2以降にインストールする場合は、前提コンポーネントはOSに標準で備わっています。

2. コンポーネントのインストールが完了すると、［Microsoft Azure Active Directory Connect］ウィザードが開始します。［Azure AD Connectへようこそ］ページでは、［ライセンス条項およびプライバシーに関する声明に同意します］にチェックを入れ、［続行］をクリックします。

3. ［簡単設定］のページが表示されるので［カスタマイズ］をクリックします。

画面4-5-35 ［Microsoft Azure Active Directory Connect］ウィザードが開始したら
［カスタマイズ］をクリック

4. ［必須コンポーネントのインストール］では、何も選択せずに、［インストール］をクリックします。なお、運用環境の場合は、［既存のサービスアカウントを使用する］にチェックを入れ、必要最小限の権限を持つ、無期限のパスワードが設定されたサービスアカウントを準備して、Azure AD Connectのサービス用に構成することをお勧めします。

5. ［ユーザーサインイン］ページでは［構成しないでください］を選択し、［次へ］をクリックします。AD FSとのフェデレーションの構成の手順については、後述します。

画面4-5-36 ［構成しないでください］を選択する

6. ［Azure ADに接続］ページで、Azure ADのディレクトリに［全体管理者］ディレクトリロールを持つAzure ADアカウントの資格情報を入力し、［次へ］をクリックします。

7. ［ディレクトリの接続］ページでは、正しいフォレストが選択されていることを確認し、［ディレクトリの追加］をクリックします。［ADフォレストアカウント］ダイアログボックスが表示されるので、オンプレミスのActive Directoryドメインの管理者アカウント（Enterprise Adminsグループのメンバー）の資格情報を入力してディレクトリを追加します。［構成済みディレクトリ］にオンプレミスのActive Directoryドメインが追加されたことを確認し、［次へ］をクリックします。

画面4-5-37　Azure ADに同期するオンプレミスのドメインを追加する

8. ［Azure AD サインインの構成］ページで、オンプレミスのActive DirectoryドメインのUPNサフィックスが［確認済み］になっていることを確認し、［次へ］をクリックします。この［確認済み］状態は、Azure ADのディレクトリにカスタムドメインを追加した際に、TXTレコード（またはMXレコード）で確認したものです。

画面4-5-38　オンプレミスのActive DirectoryのDNSドメイン名が［確認済み］となっていることを確認する

9. ［ドメインとOUのフィルタリング］ページでは、［すべてのドメインとOUの同期］を選択して［次へ］をクリックします。Active Directoryの特定のコンテナーや組織単位（OU）のみを同期するように構成することもできます。

10. ［一意のユーザー識別］ページおよび［ユーザーおよびデバイスのフィルタリング］ページは、既定の設定のまま［次へ］をクリックします。

11. ［オプション機能］ページで、［パスワードハッシュの同期］にチェックを入れます。また、オプションで他の拡張機能にチェックを入れてください。ただし、［パスワードの書き戻し］と［デバイスライトバック（デバイスの書き戻し）］は、Azure AD Premium（P1またはP2）の機能であることに注意してください。これらのセットアップ手順については後述します。

画面4-5-39　少なくとも［パスワードハッシュの同期］にチェックを入れる。
　　　　　　［パスワードの書き戻し］と［デバイスライトバック］はこの時点ではチェックを入れないこと

12. ［構成の準備完了］ページで［構成が完了したら、同期プロセスを開始してください］にチェックが入っていることを確認し、［インストール］をクリックします。

13. ［構成が完了しました］と表示されたら、［終了］をクリックします。これで、Azure ADのディレクトリ側にオンプレミスのActive Directoryのオブジェクトが同期されました。この時点で、オンプレミスのActive Directoryのユーザーの資格情報を使用してクラウドアプリ（Office 365など）を認証することができます。また、次のフェデレーションの構成を行うと、オンプレミス側のActive Directoryによる認証に基づいた、クラウドアプリのシングルサインオン（SSO）が可能になります。

■│フェデレーションドメインのアクティブ化

オンプレミスのActive DirectoryをAzure ADのフェデレーションドメインとして構成すると、オンプレミスのActive Directoryの認証に基づいて、Office 365やMicrosoft Intune、その他のSaaSアプリのシングルサインオン（SSO）アクセスが可能になります。なお、古いバージョンのAzure AD Connectではこの手順に**New-MsolFederationDomain**コマンドレットを使用する必要がありましたが、現在はAzure AD Connectのウィザードからセットアップできます。

1. Azure AD Connectをインストールしたサーバーで、デスクトップに追加された［Azure AD Connect］アイコンをダブルクリックし、［Microsoft Azure Active Directory Connect］ウィザードを再実行します。
2. ［Azure AD Connectへようこそ］のページで［構成］をクリックします。
3. ［追加のタスク］のページで［ユーザーサインインの変更］を選択し、［次へ］をクリックします。

画面4-5-40　［ユーザーサインインの変更］をクリックして［次へ］をクリックする

4. ［Azure ADに接続］ページで、Azure ADのディレクトリに［全体管理者］ディレクトリロールを持つAzure ADアカウントの資格情報を入力し、［次へ］をクリックします。
5. ［ユーザーサインイン］ページで［AD FSとのフェデレーション］を選択し、［次へ］をクリックします。

画面4-5-41　［AD FSとのフェデレーション］を選択する

6. ［ドメイン管理者の資格情報］のページでオンプレミスのActive Directoryドメインの管理者アカウント（Enterprise Adminsグループのメンバー）の資格情報を入力します。

7. ［AD FSファーム］ページで、［既存のAD FSファームを使用する］を選択し、［参照］をクリックしてAD FSサーバーを指定して［次へ］をクリックします。

画面4-5-42　［既存のAD FSファームを使用する］を選択し、AD FSファームのプライマリサーバーを指定する

8. ［Azure ADドメイン］のページで、Azure ADのディレクトリに同期されたオンプレミスのActive Directoryドメインを選択し、［次へ］をクリックします。

9. ［構成の準備完了］ページで［構成が完了したら、同期プロセスを開始してください］にチェックが入っていることを確認し、［構成］をクリックします。

10. 構成が完了したら、［フェデレーションの接続性の検証］ページに進み、イントラネット向けのDNSレコードとエクストラネット向けのDNSレコードが適切に構成されているかどうかを検証することができます。両方の構成が［正常に検証されました］と表示された場合は、［終了］をクリックします。検証が失敗する場合は、DNSレコードの登録を確認し、調整してください。また、Azure AD Connectがインストールされたサーバーの状況によってはエクストラネット構成を検証できない場合があります。その場合は、**nslookup**コマンドでインターネット上のDNSサーバーに接続し、フェデレーションサービスのFQDN（本書ではsts.<DNSサフィックス>）のリソースレコードを検索してください。

画面4-5-43 ［確認］ボタンをクリックして［正常に検証されました］と表示されれば問題ない

11. Azure ポータルで［Azure Active Directory］ブレードの［カスタムドメイン名］を開き、オンプレミスのドメイン名のフェデレーションが有効になっていることを確認します。また、AD FSサーバーで［AD FSの管理］を開き、［証明書利用者信頼］として、表示名「Microsoft Office 365 Identity Platform」が追加されていることを確認します。

画面4-5-44 Azure AD側でフェデレーションが有効になったこと、AD FS側で証明書利用者信頼に［Microsoft Office 365 Identiy Pratform］が追加されたことを確認する

Azure AD Directory Connect Healthによる正常性の監視

Microsoft AzureのAzure Active Directory Connect Healthサービスを利用すると、Azure AD Connectによる同期サービス、Active Directoryドメインサービス、およびActive Directoryフェデレーションサービスの正常性を監視することができます。この機能を利用するには、Azure AD Premium（P1またはP2）の購入が必要です。

■| ディレクトリ同期とSSOの確認

　Azure ADとオンプレミスのActive Directoryのディレクトリ同期が完了すると、オンプレミスのActive Directoryで認証されたユーザーは、現在のサインインに使用されたオンプレミスのIDの資格情報でOffice 365のポータルやOffice 365のアプリケーション（アプリケーションの利用にはOffice 365のサブスクリプションが必要）にシングルサインオン（SSO）でアクセスすることができます。また、インターネット上のユーザーは、Office 365の認証にオンプレミスのIDの資格情報を使用することができます。オンプレミスのIDの認証は、WebアプリケーションプロキシのAD FSプロキシが提供する組織のサインインページにリダイレクトされます。

画面4-5-45　オンプレミスの資格情報を使用して、Office 365にサインインする

　オンプレミス側では、Active Directoryフェデレーションサービスの認証方法として、Azure ADの多要素認証（Azure MFA）の機能を利用できるようになります。また、オンプレミスでデバイス登録サービスを展開する代わりに、Azure ADのデバイス登録サービスを構成して、デバイス認証に利用することもできます。

画面4-5-46　オンプレミスのIDのAD FS認証にAzure MFAの多要素認証を強制した例

Azure ADに登録されたデバイス情報をオンプレミスのデバイス認証を行うには、Azure AD Premiumによるデバイスライトバックを構成する必要があります。これについては、次の項で説明します。

Azure MFAの有効化

　Windows Server 2016のAD FSは、プライマリ認証方法と多要素認証方法の両方でAzure MFAを標準でサポートしています。Azure MFAを利用可能にするには、Azure AD Connectでディレクトリ同期をセットアップした上で、以下の手順を実施します。なお、Azure MFAを利用するには、Azure AD PremiumまたはOffice 365のサービスを購入する必要があります。以前はAzure MFAを単体サービスとして購入することもできましたが、2018年9月1日以降、新規に購入できなくなりました。

Configure AD FS 2016 and Azure MFA
→https://docs.microsoft.com/en-us/windows-server/identity/ad-fs/operations/configure-ad-fs-and-azure-mfa

1. AD FSフェデレーションサーバーにWindows PowerShell用Azure Active Directoryモジュール（AzureADおよびMSOnline）がインストールされていない場合は、Windows PowerShellで次のコマンドラインを実行してインストールします。モジュールをインストールしたら、Windows PowerShellのウィンドウを開き直します。

```
PS C:¥> Install-Module AzureAD
PS C:¥> Install-Module MSOnline
```

2. Windows PowerShellで次のコマンドラインを実行し、Azure MFAを有効化します。

```
PS C:¥> $certbase64 = New-AdfsAzureMfaTenantCertificate -TenantID 
<Azure ADのドメイン名>
PS C:¥> $aadAdminCred = Get-Credential
PS C:¥> Connect-MsolService -Credential $aadAdminCred
PS C:¥> New-MsolServicePrincipalCredential -AppPrincipalId 981f26a1-
7f43-403b-a875-f8b09b8cd720 -Type asymmetric -Usage verify -Value 
$certBase64
PS C:¥> Set-AdfsAzureMfaTenant -TenantId <Azure ADのドメイン名> -ClientId 
981f26a1-7f43-403b-a875-f8b09b8cd720
PS C:¥> Restart-Service adfssrv
```

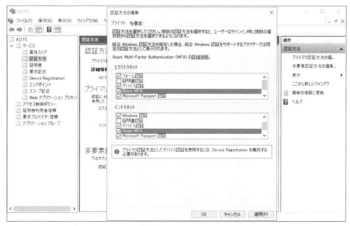

画面4-5-47　プライマリ認証方法としてAzure MFAを選択できるようになる

これで、Azure ADのディレクトリに同期されたオンプレミスのユーザーIDごと、または一括で、Azure MFAを要求できるようになります。それには、Azureポータルでディレクトリの［ユーザー - すべてのユーザー］の［･･･ その他］－［Multi－Factor Authentication］を開いて構成します。

なお、Windows Server 2012 R2のAD FSでAzure MFAの機能を利用するには、オンプレミスにAzure MFA Serverを展開および構成する必要があります。詳しくは、以下のドキュメントで確認してください。Windows Server 2016ではこの手順は不要です。

Azure Multi-Factor Authentication Server の概要
⊖https://docs.microsoft.com/ja-jp/azure/active-directory/authentication/howto-mfaserver-deploy

■│同期オプションのカスタマイズ（パスワードの書き戻し、デバイスライトバック）

　Azure AD Premium（P1またはP2）を購入している場合、Azure AD Connectでパスワードの書き戻しおよびデバイスライトバックを有効化することができます。パスワードの書き戻しを有効化すると、Azure AD側で変更またはリセットされたパスワードをオンプレミス側に同期することができます。一方、デバイスライトバックは、次に説明するWindows Hello for Businessのために必要な設定であり、Azure AD側に登録されたデバイス情報をオンプレミスに同期します。

　Azure AD Connectでデバイスライトバックおよびパスワードの書き戻しを有効化するには、次の手順で操作します。

1. Azure AD Connectをインストールしたサーバーで、デスクトップ上の［Azure AD Connect］アイコンをダブルクリックし、［Microsoft Azure Active Directory Connect］ウィザードを開始します。［追加のタスク］ページで［現在の構成を表示する］を選択し、［ソリューションのレビュー］ページで［ACCOUNT］に表示されるサービスアカウント名を確認します。

画面4-5-48　［ACCOUNT］に表示されるサービスアカウント名を確認する

2. AD FSサーバーでWindows PowerShellウィンドウを開き、次のコマンドラインを実行します。

```
PS C:\> Set-AdfsDeviceRegistration -MaximumInactiveDays 0
```

3. Azure AD Connectをインストールしたサーバーで Windows PowerShellのウィンドウを開き、次のコマンドラインを実行します。Install-WindowsFeatureとInstall-Moduleコマンドレットは、Active Directoryの管理ツールとコマンドライン、およびWindows PowerShellの必要なモジュールをインストールします。モジュールをインストールしたら、Windows PowerShellのウィンドウをいったん閉じ、再び開いてください。

```
PS C:\> Install-WindowsFeature -Name RSAT-ADDS-Tools, RSAT-AD-PowerShell
PS C:\> Install-Module AzureAD
PS C:\> Install-Module MSOnline
```

4. Azure AD ConnectをインストールしたサーバーでWindows PowerShellウィンドウで次のコマンドラインを実行します。**Get-Credential**コマンドレットでは、Azure ADのディレクトリの管理者アカウントの資格情報を入力してください。**Initialize-ADSyncDomainJoinedComputerSync**、**Initialize-ADSyncDeviceWriteBack**、**Initialize-ADSyncNGCKeysWriteBack**コマンドレットのサービスアカウント名の部分には、［Microsoft Azure Active Directory Connect］ウィザードの［ソリューションのレビュー］ページで確認したユーザー名を指定します。

```
PS C:\> Import-Module "C:\Program Files\Microsoft Azure Active
Directory Connect\AdPrep\AdSyncPrep.psm1"
PS C:\> $aadAdminCred = Get-Credential
PS C:\> Initialize-ADSyncDomainJoinedComputerSync -AdConnectorAccount
<オンプレミスのドメイン名>\<サービスアカウントのユーザー名>  -AzureADCredentials
$aadAdminCred
PS C:\> Initialize-ADSyncDeviceWriteBack -DomainName <オンプレミスのDNS
ドメイン名> -AdConnectorAccount <オンプレミスのドメイン名>\<サービスアカウントの
ユーザー名>
PS C:\> Initialize-ADSyncNGCKeysWriteBack -AdConnectorAccount
<オンプレミスのドメイン名>\<サービスアカウントのユーザー名>
```

5. Windows 10をサポートする必要がある場合は、ここで「4.5.6　Windows Hello for Businessのオンプレミスへの展開」手順を実行してください。

6. Azure AD Connectをインストールしたサーバーで、デスクトップにある［Azure AD Connect］アイコンをダブルクリックして、［Microsoft Azure Active Directory Connect］ウィザードを開始します。

画面4-5-49　パスワードの書き戻しのためには［同期オプションのカスタマイズ］、デバイスライトバックのためには［デバイスオプションの構成］を選択し、［次へ］をクリックする

7. パスワードの書き戻しをセットアップする場合は、[追加のタスク]のページで[同期オプションのカスタマイズ]をクリックして選択し、[次へ]をクリックします。その他の同期オプションについても必要に応じて有効化できます。なお、Azure AD Connectの古いバージョンではデバイスライトバックもこのページで構成できましたが、現在のAzure AD Connectでは次に説明する場所に移動しました。

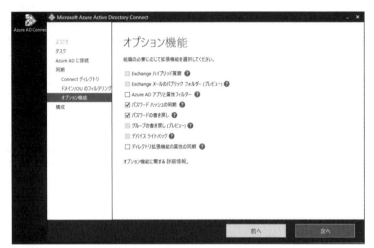

画面4-5-50 [パスワードの書き戻し](デバイスライトバックは現在のバージョンでは次に説明する場所に移動)

8. デバイスライトバックをセットアップする場合は、[追加のタスク]のページで[デバイスオプションの構成]を選択し、[次へ]をクリックします。[デバイスオプション]のページが表示されるので、[デバイスライトバックの構成]を選択し、[次へ]をクリックします。さらに、ライトバック先のActive Directoryフォレストとコンテナーを指定します。

画面4-5-51 [デバイスライトバックの構成]を選択し、[次へ]をクリックする

削除できない同期オブジェクトを削除するには

Azure ADのディレクトリにオンプレミスのActive Directoryドメインを同期した環境において、オンプレミス側の環境が削除（ドメイン環境の撤去やAzure AD Connectのアンインストールなど）されると、Azure AD側に同期されたオブジェクトが削除不能な状態で残ってしまいます。

Azure ADのカスタムドメインは、オンプレミス側のUPNサフィックスを使用するユーザーが残っている限り、削除することはできません。Office 365/Microsoft 365管理センター（https://portal.office.com/の［管理］）を使用すると、ユーザーのUPNサフィックスをユーザーごとに変更することができます。すべてのユーザーのUPNサフィックスをオンプレミスのActive Directoryとは別のDNSドメイン名（Azure ADのドメイン名など）に変更することで、Azureポータルでカスタムドメイン名を削除することができます。

その後、Azure ADのディレクトリに同期されたオンプレミス側のユーザーを削除できます。削除できない場合は、Windows PowerShellで次のコマンドラインを実行して、しばらく待ってからポータルからの削除を再実行してみてください。

```
PS C:¥> Install-Module AzureAD
PS C:¥> Install-Module MSOnline
（Windows PowerShellウィンドウを開きなおす必要がある）
PS C:¥> Connect-AzureAD
PS C:¥> Connect-MsolService
PS C:¥> Set-MsolDirSyncEnabled -EnableDirSync $false
```

同期されたオンプレミス側のグループを削除するには、Windows PowerShellで次のように実行します。

```
PS C:¥> Connect-AzureAD
PS C:¥> Connect-MsolService
PS C:¥> Get-MsolGroup
（削除したいグループのオブジェクトIDを確認する）
PS C:¥> Remove-MsolGroup -ObjectID <オブジェクトID>
```

削除できないオブジェクトを削除する方法については、以下のサポート情報も参考にしてください。

You can't manage or remove objects that were synchronized through the Azure Active Directory Sync tool
⇒https://support.microsoft.com/en-us/help/2619062/

4.5.6 Windows Hello for Businessのオンプレミスへの展開 改訂

　Azure AD参加でセットアップされたWindows 10（初期バージョン以降）は、標準でWindows Hello for Business（旧称、Microsoft Passport for Work）を利用できます。Windows Hello for Business は、パスワードの代わりに、PIN入力や生体認証を使ってWindowsのサインイン認証を行い、そのままクラウドアプリにシングルサインオン（SSO）アクセスできるようにするものです。

■｜ドメイン参加済みWindows 10コンピューターの自動デバイス登録

　Windows 10バージョン1511以降を実行するドメイン参加済みコンピューターは、ここで説明する手順でオンプレミスのデバイス登録サービスへデバイス登録することにより、Windows Hello for Business（旧称、Microsoft Passport for Work）をオンプレミスで利用可能になります。

　ここでは、「4.3.3　デバイス登録サービス（DRS）の構成」で説明した手順に従って、Active Directoryフェデレーションサービスを実行するサーバーでデバイス登録サービス（DRS）とデバイス認証が有効化されていることを前提に説明します。

1. Active Directoryフェデレーションサービス（AD FS）のフェデレーションサーバーで、次のスクリプトを記述したPowerShellスクリプト（拡張子.ps1）を作成し、Windows PowerShellウィンドウで実行します。なお、このスクリプトは、以下のドキュメントの「Helper script to create the AD FS issuance transform rules」からコピーできます。

   Tutorial: Configure hybrid Azure Active Directory joined devices manually
   ➲ https://docs.microsoft.com/en-us/azure/active-directory/devices/hybrid-azuread-join-manual-steps

```
$multipleVerifiedDomainNames = $false
$immutableIDAlreadyIssuedforUsers = $false
$oneOfVerifiedDomainNames = '<オンプレミスのActive DirectoryのDNSドメイン名>'
   # Replace example.com with one of your verified domains

$rule1 = '@RuleName = "Issue account type for domain-joined computers"
c:[
    Type == "http://schemas.microsoft.com/ws/2008/06/identity/claims/groupsid",
    Value =~ "-515$",
    Issuer =~ "^(AD AUTHORITY|SELF AUTHORITY|LOCAL AUTHORITY)$"
]
=> issue(
    Type = "http://schemas.microsoft.com/ws/2012/01/accounttype",
    Value = "DJ"
);'
$rule2 = '@RuleName = "Issue object GUID for domain-joined computers"
c1:[
    Type == "http://schemas.microsoft.com/ws/2008/06/identity/claims/groupsid",
    Value =~ "-515$",
    Issuer =~ "^(AD AUTHORITY|SELF AUTHORITY|LOCAL AUTHORITY)$"
]
&&
c2:[
    Type == "http://schemas.microsoft.com/ws/2008/06/identity/claims/windowsaccountname",
    Issuer =~ "^(AD AUTHORITY|SELF AUTHORITY|LOCAL AUTHORITY)$"
]
=> issue(
    store = "Active Directory",
    types = ("http://schemas.microsoft.com/identity/claims/onpremobjectguid"),
    query = ";objectguid;{0}",
    param = c2.Value
);'

$rule3 = '@RuleName = "Issue objectSID for domain-joined computers"
c1:[
```

```
        Type == "http://schemas.microsoft.com/ws/2008/06/identity/claims/↩
groupsid",
        Value =~ "-515$",
        Issuer =~ "^(AD AUTHORITY|SELF AUTHORITY|LOCAL AUTHORITY)$"
    ]
    &&
    c2:[
        Type == "http://schemas.microsoft.com/ws/2008/06/identity/claims/↩
primarysid",
        Issuer =~ "^(AD AUTHORITY|SELF AUTHORITY|LOCAL AUTHORITY)$"
    ]
    => issue(claim = c2);'
$rule4 = ''
if ($multipleVerifiedDomainNames -eq $true) {
$rule4 = '@RuleName = "Issue account type with the value User when it ↩
is not a computer"
NOT EXISTS(
[
    Type == "http://schemas.microsoft.com/ws/2012/01/accounttype",
    Value == "DJ"
]
)
=> add(
    Type = "http://schemas.microsoft.com/ws/2012/01/accounttype",
    Value = "User"
);
@RuleName = "Capture UPN when AccountType is User and issue the IssuerID"
c1:[
    Type == "http://schemas.xmlsoap.org/claims/UPN"
]
&&
c2:[
    Type == "http://schemas.microsoft.com/ws/2012/01/accounttype",
    Value == "User"
]
=> issue(
    Type = "http://schemas.microsoft.com/ws/2008/06/identity/claims/↩
issuerid",
    Value = regexreplace(
      c1.Value,
      ".+@(?<domain>.+)",
      "http://${domain}/adfs/services/trust/"
    )
);
@RuleName = "Issue issuerID for domain-joined computers"
c:[
    Type == "http://schemas.microsoft.com/ws/2008/06/identity/claims/↩
groupsid",
    Value =~ "-515$",
```

```
            Issuer =~ "^(AD AUTHORITY|SELF AUTHORITY|LOCAL AUTHORITY)$"
]
=> issue(
    Type = "http://schemas.microsoft.com/ws/2008/06/identity/claims/⮐
issuerid",
    Value = "http://' + $oneOfVerifiedDomainNames + '/adfs/services/⮐
trust/"
);'
}
$rule5 = ''
if ($immutableIDAlreadyIssuedforUsers -eq $true) {
$rule5 = '@RuleName = "Issue ImmutableID for computers"
c1:[
    Type == "http://schemas.microsoft.com/ws/2008/06/identity/claims/⮐
groupsid",
    Value =~ "-515$",
    Issuer =~ "^(AD AUTHORITY|SELF AUTHORITY|LOCAL AUTHORITY)$"
]
&&
c2:[
    Type == "http://schemas.microsoft.com/ws/2008/06/identity/claims/⮐
windowsaccountname",
    Issuer =~ "^(AD AUTHORITY|SELF AUTHORITY|LOCAL AUTHORITY)$"
]
=> issue(
    store = "Active Directory",
    types = ("http://schemas.microsoft.com/LiveID/Federation/2008/05/⮐
ImmutableID"),
    query = ";objectguid;{0}",
    param = c2.Value
);'
}
$existingRules = (Get-ADFSRelyingPartyTrust -Identifier ⮐
urn:federation:MicrosoftOnline).IssuanceTransformRules
$updatedRules = $existingRules + $rule1 + $rule2 + $rule3 + $rule4 + ⮐
$rule5
$crSet = New-ADFSClaimRuleSet -ClaimRule $updatedRules
Set-AdfsRelyingPartyTrust -TargetIdentifier ⮐
urn:federation:MicrosoftOnline -IssuanceTransformRules $crSet.⮐
ClaimRulesString
```

2. 次に、Windows PowerShellウィンドウで次の3つのコマンドラインを実行します。

```
PS C:¥> Enable-AdfsEndpoint -TargetAddressPath "/adfs/services/trust/⮐
13/windowstransport"
PS C:¥> Enable-AdfsEndpoint -TargetAddressPath "/adfs/services/trust/⮐
2005/windowstransport"
PS C:¥> Restart-Service adfssrv
```

3. 最後に、Active Directoryのドメインコントローラー（またはRSATが利用可能なコンピューター）で［グループポリシーの管理］スナップインを使用して、Windows 10コンピューターを対象としたグループポリシーオブジェクト（GPO）を作成し、以下のポリシーを有効化します。

```
コンピューターの構成¥ポリシー¥管理用テンプレート¥Windows コンポーネント¥デバイスの登録¥ド
メインに参加しているコンピューターをデバイスとして登録する
    有効：ドメイン参加コンピューターは自動的にデバイス登録される
    無効または未構成：何もしない（既定）
コンピューターの構成¥ポリシー¥管理用テンプレート¥Windows コンポーネント¥Windows Hello
for Business ¥Windows Hello for Businessの使用
    有効：Windows Hello for Businessのプロビジョニングがデバイスで自動実行される
    無効または未構成：ユーザー自身でWindows Hello for Businessをプロビジョニングできる
（既定）
※Windows Hello for Businessは、Windows 10バージョン1511以降でサポートされる
```

また、オプションで以下のポリシーを構成します。Windows Hello for Businessでは、数字以外の文字を含む複雑なPINの使用をユーザーに強制することができます。

```
コンピューターの構成またはユーザーの構成¥ポリシー¥管理用テンプレート¥Windows コンポーネン
ト¥Windows Hello for Business¥PINの複雑さ（Windows 10バージョン1709以前）
コンピューターの構成またはユーザーの構成¥ポリシー¥管理用テンプレート¥システム¥PINの複雑さ
（Windows 10バージョン1803以降）
※PINの複雑さのポリシー（文字数、英字、特殊文字、履歴、有効期限など）を構成できる
```

4. Azure ADのデバイス登録サービスで登録された、ワークプレース参加（社内参加）デバイスやAzure AD参加のWindows 10デバイスをオンプレミスでデバイス認証するためには、Azure AD Connectの同期オプションでデバイスライトバックを構成します。

■ デバイス登録の確認

　Windows 10バージョン1511以降のドメイン参加コンピューターに［Windows Hello for Businessの使用：有効］ポリシーが適用されると、ドメインユーザーアカウントを使用した次回のWindowsへのサインイン時に［PINのセットアップ］ページが表示され、PINの設定が要求されます。また、PINを設定する前に、Azure ADのWindows Hello for Businessの場合と同じように、電話、SMS（ショートメールメッセージ）、またはモバイルアプリによる本人確認が要求されます。

　なお、コンピューターが生体認証デバイスを搭載している場合は、PINの設定の前に［Windows Helloへようこそ！］ページが表示され、生体認証のセットアップが始まります。

画面4-5-52　Windows Hello for BusinessのためのPINのセットアップが要求される

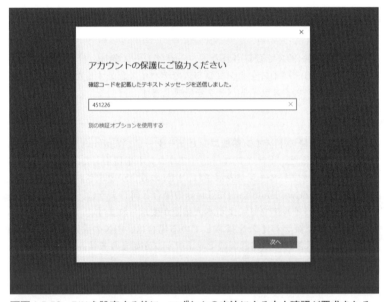

画面4-5-53　PINを設定する前に、いずれかの方法による本人確認が要求される

　Windows Hello for Businessの［PINの複雑さ］ポリシーを構成している場合は、ポリシーを満たすPINの設定が要求されます。Windows Hello対応の指紋リーダーやカメラを搭載している場合、PINの設定後にWindows Helloをセットアップできます。
　ローカルコンピューターのデバイスとデバイスに紐づくユーザーの登録状況は、コマンドプロンプトを管理者として開き、次のコマンドラインを実行することで確認できます。また、デバイスの登録

と Windows Hello for Business（Microsoft Passport for Work）の状況については、イベントログの Microsoft-Windows-User Device Registration/Admin ログに記録されます。

```
C:¥> dsregcmd /status
```

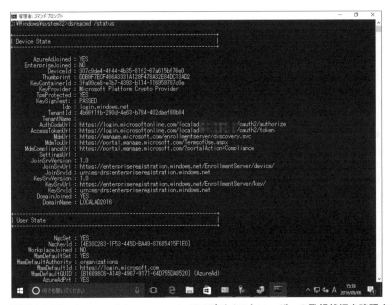

画面4-5-54 dsregcmd /status コマンドでデバイスとユーザーの登録状況を確認する

　ドメイン参加コンピューターのデバイスの自動登録が完了すると、Azure ADに同期されたオンプレミスのユーザーアカウントの情報として、［ドメイン参加済み］の状態のデバイスが登録されます。ワークプレース参加（社内参加）やAzure AD参加でクラウドに登録されたデバイスは、それぞれ［社内参加］［Azure AD参加］と表示されます。

4.6 Just Enough Administration（JEA）

　Just Enough Administrationは、Windows PowerShell 5.0以降およびWindows Management Framework（WMF）5.0以降でサポートされる、PowerShellの特権管理機能です。Windows Server 2016はWindows PowerShell 5.1およびWMF 5.1を標準搭載しているため、最初からJEAを利用可能です。

　JEAを使用すると、PowerShell Remotingでリモート接続するシェル環境で、ユーザーが実行可能な管理操作（コマンドレットや操作対象の範囲、外部コマンドなど）を詳細に委任できます。通常、PowerShell Remotingでサーバーに接続するには、サーバーのAdministratorsローカルグループのメンバーである必要がありますが、JEAを利用するとAdministratorsローカルグループのメンバーでない一般ユーザーに対してリモート接続を許可することができ、許可された管理操作のみを委任できます。

　JEAの構成はPowerShellで行うため難解に思えるかもしれません。次のドキュメントの手順に従ってデモ環境を構築し、試してみることが、JEAの概念や展開方法を理解する上で役に立つはずです。

Just Enough Administration
→https://docs.microsoft.com/ja-jp/powershell/jea/overview

　ここでは一例として、NonAdmin_DnsOperatosというグループのメンバーに、DNSサーバーに対する管理者権限をJEAで委任してみます。
　まず、DNSサーバーを実行する管理対象のサーバーで、PowerShell Remotingを有効化します。

```
PS C:\> Enable-PSRemoting -Force
```

　管理対象のサーバーで、**New-PSRoleCapabilityFile**コマンドレットを使用して、Role Capability File（ロールの機能の定義ファイル）を作成します。このファイルは、このロールに対して許可された管理操作を定義するものです。DnsAdminRoleというロールで、**Restart-Service**コマンドレットによるDNSサービスの制御、PowerShellのDNSServerモジュールのすべてのコマンドレット、および外部コマンドとして**ipcoinfig.exe**と**nslookup.exe**の使用を許可しています。

```
PS C:\> $DnsAdminRoleCapabilityParams = @{
 Author = 'Contoso Admin'
 CompanyName = 'Contoso'
 VisibleCmdlets = 'Restart-Service',
       @{
           Name = 'Restart-Service'
           Parameters = @{ Name = 'Name'; ValidateSet = 'DNS' }
       },
       'DNSServer\*'
 VisibleExternalCommands =
       'C:\Windows\System32\ipconfig.exe','C:\Windows\System32\nslookup.exe',
 FunctionDefinitions =
       @{ Name = 'Get-UserInfo'; ScriptBlock = { $PSSenderInfo } }
}
PS C:\> New-Item -Path◯
 "$env:ProgramFiles\WindowsPowerShell\Modules\Demo_Module"◯
 -ItemType Directory
PS C:\> New-ModuleManifest -Path◯
 "$env:ProgramFiles\WindowsPowerShell\Modules\Demo_Module\Demo_Module.psd1"
PS C:\> New-Item -Path◯
 "$env:ProgramFiles\WindowsPowerShell\Modules\Demo_Module\RoleCapabilities"◯
 -ItemType Directory
PS C:\> New-PSRoleCapabilityFile -Path◯
 "$env:ProgramFiles\WindowsPowerShell\Modules\Demo_Module\RoleCapabilities\◯
 DnsAdminRole.psrc" @DnsAdminRoleCapabilityParams
```

　New-PSRoleCapabilityFileコマンドレットで作成されるRole Capability File（.psrc）はテキスト形式であり、メモ帳などのテキストエディターで編集できます。この方法で、許可する管理操作を追加したり、削除したりできます。
　次に、管理対象のサーバーで**New-PSSessionConfigurationFile**コマンドレットを使用して、管理者権限を持たないドメイングループNonAdmin_DNSOperatorsに対して、DnsAdminRoleのロールを委任し、PowerShellセッションのエンドポイント（この例では「JEA_Demo」）を作成し、**Register-**

PSSessionConfigurationコマンドレットでエンドポイントをサーバーに登録します。

```
PS C:\> $domain = (Get-CimInstance -ClassName Win32_ComputerSystem).Domain
PS C:\> $NonAdministrator = "$domain\NonAdmin_DNSOperators "
PS C:\> $JEAConfigParams = @{
    SessionType = 'RestrictedRemoteServer'
    RunAsVirtualAccount = $true
    RoleDefinitions = @{
        $NonAdministrator = @{ RoleCapabilities = 'DnsAdminRole' }
    }
    TranscriptDirectory = "$env:ProgramData\JEAConfiguration\Transcripts"
}
PS C:\> if (-not (Test-Path "$env:ProgramData\JEAConfiguration"))
{
    New-Item -Path "$env:ProgramData\JEAConfiguration" -ItemType Directory
}
PS C:\> $sessionName = 'JEA_DnsAdmins'
PS C:\> if (
    Get-PSSessionConfiguration -Name $sessionName -ErrorAction SilentlyConti
nue)
{
    Unregister-PSSessionConfiguration -Name $sessionName -ErrorAction Stop
}
PS C:\> New-PSSessionConfigurationFile -Path↩
 "$env:ProgramData\JEAConfiguration\DnsAdminRole.pssc" @JEAConfigParams
PS C:\> Register-PSSessionConfiguration -Name $sessionName -Path↩
 "$env:ProgramData\JEAConfiguration\DnsAdminRole.pssc"
```

これで準備は完了です。リモートコンピューターのPowerShellウィンドウで、次のコマンドラインを実行し、JEAエンドポイントにドメイングループNonAdmin_DNSOperatorsのメンバーの資格情報で接続します。**Get-Command**コマンドレットを実行すると、PowerShell Remotingのセッションで利用可能なコマンドレットや外部コマンドが、Role Capability Fileで許可されたものだけであることがわかります。

```
PS C:\> Enter-PSSession↩
 -ComputerName <コンピューター名> -ConfigurationName <エンドポイント名>↩
 -Credential <役割が付与されたドメイングループのメンバーの資格情報>
```

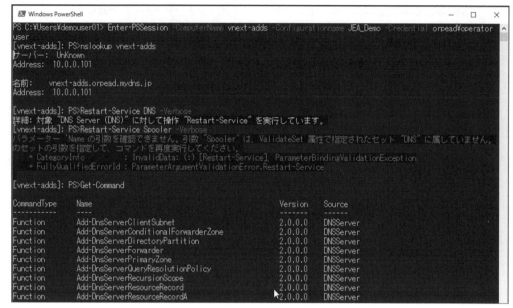

画面4-6-1 JEAのエンドポイントにPowerShell Remotingで接続したところ。このセッションでは、Role Capability Fileで定義された管理操作のみを実行できる

第5章
ネットワーク基盤サービス

　Windows Server 2016のDNS（Domain Name System：ドメインネームシステム）およびDHCP（Dynamic Host Configuration Protocol：動的ホスト構成プロトコル）のサーバーの役割は、第4章で説明したActive Directoryのサービス群と並び、企業のIT基盤を構成する重要で基本的なネットワーク基盤サービスです。これらの役割は、RFC（Request for Comments）をはじめとする各種インターネット標準に準拠しているため、企業の内部ネットワークだけでなく、インターネットに対しても、あるいはWindowsだけでなく、Windows以外のネットワークデバイスに対してもサービスを提供できます。

　第5章では、DNSおよびDHCPのサーバーの役割を中心に、企業の内部ネットワークへのリモートアクセス環境、企業の内部ネットワークにおける更新および展開の管理基盤サービスであるWindows Server Update Services（WSUS）についても説明します。

5.1 Windows Server 2016における変更点

　Windows Server 2016のネットワーク基盤サービスは、さまざまな利用シナリオに対応できるオンプレミス向けおよびクラウド向けのネットワーク機能を提供します。Windows Server 2016における主な新機能や変更点を以下に示しますが、この章ではオンプレミス向けのネットワーク基盤サービスの基本的な展開および管理についてのみ説明します。

■ DNSサーバーの役割の変更点

- **DNSポリシー** —— DNSサーバーのクエリに対する応答をDNSポリシーで制御できます。DNSポリシーを使用すると、不審なIPアドレスからのクエリをブロックしたり、時間帯によるクエリのリダイレクトを制御したり、ゾーンの範囲を分割してクエリを分散させたりできます。DNSポリシーは、PowerShellコマンドレット（**Enable/Disable-DnsServerPolicy**、**Add/Set/Get/Remove-DnsServerQueryResolutionPolicy**、**Add/Set/Get/Remove-DnsServerZoneTransferPolicy**など）を使用して作成および適用できます。

- **RPLのサポート** —— DNSサーバーの反復的な応答を悪用したサービス不能（DoS）攻撃であるDNSリフレクター攻撃（アンプ攻撃）を緩和する、DNSサーバーの新しい技術であるRPL（Response Rate Limiting）をサポートします。この機能は既定で無効になっていますが、PowerShellコマンドレット（**Get/Set-DnsServerResponseRateLimiting**、**Get/Add/Set/Remove-DnsServerResponseRateLimitingExceptionlist**）を使用して構成できます。例えば、RPLを有効化するには、次のコマンドレットを実行します。

```
PS C:\> Set-DnsServerResponseRateLimiting -Mode Enable
```

- **DANEのサポート** —— DNSSEC（DNS Security Extensions）の新しい仕様であるDANE（DNS-based Authentication of Named Entities、RFC 6394およびRFC 6698）をサポートします。
- **Unknownレコードのサポート** —— DNSSECの新しいレコードの種類であるUnknownレコード（RFC 3597）をサポートします。
- **IPv6ルートヒントのサポート** —— IPv6アドレスの名前解決のためのIPv6ルートサーバーの使用をサポートします。
- **Nano Serverのサポート** —— Windows Server 2016のNano Server（2018年10月に既にサポート終了）はDNSサーバーの役割をサポートします。

DHCPサーバーの役割の変更点

- **ネットワークアクセス保護（NAP）の非サポート** —— Windows Server 2016からはネットワークアクセス保護（NAP）の役割が削除されました。これには、DHCPサーバーにおけるNAP統合も含まれており、Windows Server 2016のDHCPサーバーをWindows Server 2012 R2以前のNAPの強制方法として利用することはできません。

IPアドレス管理（IPAM）サーバーの機能の変更点

- **/31、/32、/128サブネットのサポート** —— IPv4の単一アドレスを示す/32サブネット、2アドレスを示す/31サブネット、およびIPv6の単一アドレスを示す/128サブネットの管理をサポートします。
- **DNS管理の拡張** —— 標準モードおよびActive Directory統合モードのDNSサーバーのゾーンで管理されるリソースレコードをIPAMで管理できるようになりました。
- **Active Directoryの複数フォレストのサポート** —— 双方向の信頼関係があるActive Directoryの複数のフォレストの管理をサポートします。
- **データベースのクリーンアップ** —— IPアドレスの利用状況の古いデータを削除する機能が追加されました。
- **PowerShellによる役割ベースのアクセス制御** —— PowerShellのコマンドレットによる役割ベースのアクセス制御が可能になりました。

Windows Server Update Services（WSUS）サーバーの役割の変更点

- **Windows 10の更新のサポート** —— Windows 10の品質更新プログラム（セキュリティ更新、累積的な更新プログラム、定義更新プログラム）に加えて、機能更新プログラム（旧称、機能アップグレード）の配信をサポートします。

Windows Server 2012/2012 R2のWSUSにおけるWindows 10のサポート

Windows Server 2012およびWindows Server 2012 R2のWSUSは、標準でWindows 10の品質更新プログラムの配信に対応していますが、機能更新プログラムの配信については更新プログラムKB3095113によりサポートされました。また、その後の更新プログラムで発生したWSUSの不具合、および2016年5月以降の機能更新プログラムの配信に対応した更新プログラムKB3159706がリリースされています。これらの更新プログラムの内容は、Windows Server 2016のWSUSに最初から実装されています。

Update to enable WSUS support for Windows 10 feature upgrades
🔗 https://support.microsoft.com/en-us/help/3095113/

Update enables ESD decryption provision in WSUS in Windows Server 2012 and Windows Server 2012 R2
→https://support.microsoft.com/en-us/help/3159706/

WSUSによるWindows 10の更新管理については、以下の公式ドキュメントが参考になります。

Windows Server Update Services（WSUS）を使ったWindows 10更新プログラムの展開
→https://docs.microsoft.com/ja-jp/windows/deployment/update/waas-manage-updates-wsus

■| Windows展開サービス（WDS）の役割の変更点

- **Windows 10の展開のサポート** —— Windows Server 2016のWindows展開サービス（WDS）は、企業内でのWindows Server 2016およびWindows 10のインプレースアップグレードやベアメタル展開に使用できます。展開の自動化には、最新のMicrosoft Deployment Toolkit（MDT）2013 Update 2以降、および展開対象のWindows 10のバージョンに一致するWindowsアセスメント＆デプロイメントキット（Windows ADK for Windows 10, version YYMM）が必要です。

Microsoft Deployment Toolkit documentation | Download MDT
→https://docs.microsoft.com/ja-jp/sccm/mdt/

Download and install the Windows ADK
→https://docs.microsoft.com/ja-jp/windows-hardware/get-started/adk-install

プロビジョニングパッケージを使用したWindows 10の新しい展開方法

　Windows Server 2016のWindows展開サービス（WDS）を使用したOSのインプレースアップグレードやベアメタル展開のテクノロジや手順は、Windows Server 2012 R2以前と基本的には変わりません。前著の『Windows Server 2012 R2テクノロジ入門』ではWindows 8.1のベアメタル展開について説明しましたが、本書では省略します。

　Windows展開サービス（WDS）は、参照コンピューターをSysprepで一般化して、ディスクイメージをキャプチャし、無人応答ファイルとともに対象のコンピューターに配布してOSを自動展開します。Windows 10バージョン1511以降は、この方法に加えて、プロビジョニングパッケージを使用したOS設定の展開が可能になりました。

　プロビジョニングパッケージ（.ppkg）は、Windows ADKに含まれる［Windowsイメージングおよび構成デザイナー］(Windows ICD)を使用して簡単に作成でき、ローカル管理者の作成、コンピューター名の設定、ドメイン参加構成、更新プログラム、アプリやドライバー、機能のインストール、Wi-Fi接続設定など、Windows 10の広範囲の設定をカバーできます。作成したプロビジョニングパッケージ（.ppkg）はSysprep済みイメージとともに展開することもできますし（イメージの¥ProgramData¥Microsoft¥Provisioningフォルダーにプロビジョニングパッケージをコピー）、リムーバブルメディアに保存して、インストール済みのWindows 10に読み込ませて自動構成することもできます。例えば、プレインストールPCを購入し、プロビジョニングパッケージですばやく企業クライアントとしての構成を完了するということが可能です。

How provisioning works in Windows 10
→https://docs.microsoft.com/en-us/windows/configuration/provisioning-packages/provisioning-how-it-works

画面5-1-1　Windows ICDを使用したプロビジョニングパッケージ（.ppkg）の作成

画面5-1-2　リムーバブルメディアのプロビジョニングパッケージ（.ppkg）をWindows 10に読み込ませ、企業用クライアントとしてすばやく構成する

■|ソフトウェア定義のネットワーク（SDN）について

　Windows Server 2016には、Microsoft Azureというパブリッククラウド生まれのソフトウェア定義のネットワーク（Software-Defined Networking：SDN）の豊富な機能が搭載されており、プライベートクラウドやサービスプロバイダーのクラウドの物理および仮想ネットワーク基盤の構築を支援します。Windows ServerのSDN機能は、Windows Server 2012のHyper-Vネットワーク仮想化（Hyper-V仮想スイッチの一部）およびWindows Server Gateway（ルーティングとリモートアクセスサービスの一部）として初めて提供されました。

　Windows Server 2016が提供するSDNの機能を以下に示します。これらの機能は、主にHyper-Vの役割、リモートアクセスの役割、および新たにDatacenterエディションに追加されたネットワークコントローラーの役割およびネットワークロードバランサーの機能が提供し、System Center Virtual Machine Manager、Windows Azure Pack、またはMicrosoft Azure Stackを使用して構成および管理します。

- **ネットワークコントローラー** —— 物理ネットワークと仮想ネットワークの両方の集中的な構成、管理、監視を自動化する、Windows Server 2016 Datacenter エディションの新しいサーバーの役割です。ネットワークコントローラーは、高可用性があり、スケーラブルなサーバーの役割であり、ネットワークコントローラーが物理および仮想ネットワークの機能（Hyper-V 仮想マシン、Hyper-V 仮想スイッチ、物理スイッチ、物理ルーター、ファイアウォールソフトウェア、VPN ゲートウェイ、ロードバランサー）と対話する API（サウスバウンド API）と、ネットワークコントローラーと対話するための API（ノースバウンド API）を提供します。
- **Hyper-V ネットワーク仮想化（Hyper-V Network Virtualization：HNV）** —— Hyper-V ネットワーク仮想化は、物理ネットワークを抽象化するネットワークの仮想化テクノロジです。
- **Hyper-V 仮想スイッチ** —— Hyper-V 仮想スイッチは、レイヤ2イーサネットスイッチとして動作するソフトウェアベースのスイッチです。このスイッチは、Hyper-V マネージャーを使用して簡単に作成できます。

Hyper-V 仮想スイッチでの NIC チーミングと RDMA の併用サポート

NIC チーミングは、複数のネットワークアダプターを束ねて論理的な単一のネットワークアダプターを構成し、帯域幅の集約や負荷分散、リンク障害に対する冗長性を提供するテクノロジです。NIC チーミングは Windows Server 2012 から標準でサポートされますが、Windows Server 2012 R2 以前では NIC が備えるハードウェアオフロードテクノロジ（SR-IOV、RDMA、TCP Chimney オフロード）とは併用できませんでした。Windows Server 2016 では、RDMA（Remote Direct Memory Access）対応の NIC による NIC チーミングを、Hyper-V 仮想スイッチで利用できるようになりました。詳しくは、以下のドキュメントで説明されています。

Remote Direct Memory Access (RDMA) and Switch Embedded Teaming (SET)
→https://docs.microsoft.com/en-us/windows-server/virtualization/hyper-v-virtual-switch/rdma-and-switch-embedded-teaming

- **データセンターブリッジング（Data Center Bridging：DCB）** —— DCB は、データセンターにおいて、記憶域、ネットワーク、クラスター IPC、管理用トラフィックで共有する同じイーサネットネットワークを、ハードウェアベースの帯域幅割り当てによりトラフィックの転送を制御する IEEE 標準です。
- **ソフトウェアロードバランサー（SLB）およびネットワークアドレス変換（NAT）** —— Hyper-V ネットワーク仮想化は、TCP および UDP トラフィックの負荷分散、ネットワークアドレス変換（NAT）、VLAN に対応したレイヤ4のソフトウェアベースのロードバランサーを提供できます。
- **データセンターファイアウォール** —— Hyper-V 仮想マシンのネットワークインターフェイスレベル、またはサブネットレベルで、ポリシーベース（プロトコル、ソース／宛先ポート番号、ソース／宛先 IP アドレス）のファイアウォール管理を可能にします。
- **ゲートウェイ** —— Windows Server Gateway および物理ゲートウェイのサイト間 VPN 接続、GRE（Generic Routing Encapsulation：GRE）トンネル、多対多サイトのサイト間接続の構成と接続性を提供します。

Windows Server 2016 の具体的な SDN 機能について、本書では説明しません。詳しくは、以下のドキュメントを参考にしてください。

SDN in Windows Server overview
→https://docs.microsoft.com/en-us/windows-server/networking/sdn/software-defined-networking

> **改訂 Windows Server 2019のSDNソリューション**
>
> 　Windows Server 2019では、Hyper-Vネットワーク仮想化（Hyper-V Network Virtualization：HNV、HNVv1とも呼ばれます）は廃止され、サーバーの機能「ネットワーク仮想化（Network Virtualization）」（SDNv2とも呼ばれます）に置き換えられて、「ネットワークコントローラー」や「ソフトウェアロードバランサー」、「リモートアクセス」とともにSDNソリューションの一部となります。また、Virtual Machine ManagerなしでSDNを構築できるSDNExpressスクリプトの無料提供や、Windows Admin Centerによるネットワークコントローラーの構成が可能になります。

5.2　DNSサーバーの展開と管理

　DNSは、FQDN（Fully Qualified Domain Name：完全修飾ドメイン名）とIPv4あるいはIPv6アドレスの対応を管理し、DNSクライアント（リゾルバー）からのクエリ要求に対して応答を返す、TCP/IPネットワークおよびインターネットにおける標準的な名前解決サービスです。

　実際には、DNSはFQDNとIPアドレス（AまたはAAAAレコード）の対応だけでなく、ホストに関する情報（HINFOレコード）の公開や、電子メールの配送（MXレコード）、サービスのロケーション情報（SVRレコード）など、さまざまな情報を管理でき、問い合わせに応答します。例えば、Active Directoryドメインでは、クライアントとサーバーの名前解決にDNSを使用しますが、ドメインコントローラーやグローバルカタログ（GC）の情報をクライアントに公開するためにSRVレコードを利用しています。

　Windows Server 2016のDNSサーバーの構成と管理の話に入る前に、DNSの基本をおさらいしておきましょう。

　DNSは空のラベルを持つルートを基点とした、ツリー型の階層構造を持ちます。FQDNは、ホスト名に続けて、ドメインの下位階層から上位へと順にドメインのラベルをドット（.）で連結した形式になります。よく誤解されるのですが、FQDNの最後のドット（省略できる）はルートを示すものではありません。ドットは区切り文字であり、ルートは空のラベルです。「com」「edu」「gov」「org」など、ルート直下の最上位ドメインはトップレベルドメイン（Top Level Domain：TLD）と呼ばれ、その下にドメインのツリーがぶら下がる形になります。上位ドメインは下位ドメインに管理を委任（Delegation）することで、ドメインごとに管理されるゾーン情報（リソースレコードのデータベース）を、インターネット規模の分散データベースの一部に組み込みます。

　DNSクライアント（リゾルバーとも呼びます）は、最寄りのDNSサーバーに名前解決の問い合わせ（再帰的なクエリ）を送信し、DNSサーバーは要求されたレコードが自身の管理するローカルのゾーンに存在する場合は、そのデータを応答として返します。ローカルのゾーンで解決できない場合は、ドメイン階層の上部から反復的にクエリを実行し、最終的に対象レコードの管理権限を持つDNSサーバーから応答を受け取り、クライアントに返します。これがDNSの基本的な動作です。実際には名前解決の応答性を向上するために、DNSサーバーとDNSクライアントの両方、および反復クエリの途中でもキャッシュが活用されます。

　インターネットで最も普及しているDNSサーバーは、おそらくBIND（Berkeley Internet Name Domain）ソフトウェアですが、Windows Server 2016（および以前のバージョン）のDNSサーバーもまたRFCインターネット標準に準拠しているため、インターネットのDNSサーバーとしても使用できます。

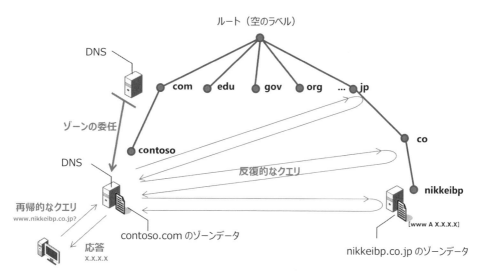

図5-2-1　インターネットにおけるDNSの階層と名前解決の仕組み

　Windows Server 2016（および以前のバージョン）のDNSサーバーは、Active Directoryのドメインコントローラーをインストールすることで、自動的に組み込まれます。Active Directory用のDNSサーバーは、内部ネットワークの情報を含むため、外部に公開するべきではありません。そのため、インターネット用のDNSとは別々に運用するべきです。インターネットのパブリックな名前空間と一貫性のあるドメイン（またはサブドメイン）をActive Directoryのドメイン名に使用することは可能ですが、その場合、インターネット側から検索できないように分離することが重要です。それには、サブドメインを委任するのではなく、フォワーダーという仕組みを利用します。

改訂 内部ネットワーク用ドメイン名のベストプラクティス

　社内ネットワークや評価用のネットワークでActive Directoryドメインサービスを導入する場合、内部用のTLDを使用してください。以前は内部用のTLDとして.localを使用することがありましたが、.localはWindowsのマルチキャストDNSやmacOSのBonjourの名前解決で使用されることがあるため、使用するべきではありません。以下のTechNet Wikiにベストプラクティスがまとめられています。

Active Directory: Best Practices for Internal Domain and Network Names
⮕https://social.technet.microsoft.com/wiki/contents/articles/34981.active-directory-best-practices-for-internal-domain-and-network-names.aspx

　RFC2606では、.test、.example、.invalid、.localhostの4つのドメイン名が内部用に安全に利用できる名前として予約されています。

Reserved Top Level DNS Names
⮕https://tools.ietf.org/html/rfc2606

5.2.1 標準モードのDNSサーバー

最初に、Active Directoryドメインとは関係のない、標準的なDNSサーバーの構成について説明します。インターネットに公開する目的でDNSサーバーを準備する場合は、この手順に従います。Active Directoryドメイン用のDNSサーバーについては、「5.2.2 Active Directory統合モードのDNSサーバー」で説明します。

［サーバーマネージャー］の［役割と機能の追加ウィザード］を使用して、DNSサーバーにするサーバーに［DNSサーバー］の役割をインストールしたら、次の手順でゾーンと委任、フォワーダーの設定を行います。

■ 前方参照ゾーンの作成

前方参照ゾーンは、FQDNをIPアドレスに名前解決するローカルのデータベースです。DNSサーバーで新しいドメインを管理するためには、前方参照ゾーンを作成します。

1. ［サーバーマネージャー］の［ツール］メニューから［DNS］を選択し、［DNSマネージャー］スナップイン（dnsmgmt.msc）を開きます。

2. ［前方参照ゾーン］コンテナーを右クリックして［新しいゾーン］を選択し、［新しいゾーンウィザード］を開始します。［ゾーンの種類］ページで作成するゾーンの種類として、プライマリゾーン（マスター）、セカンダリゾーン（スレーブ）、またはスタブゾーン（BIND 4.9およびBIND 8以降でサポートされた委任方式）のいずれかを選択します。1台目のDNSサーバーで新しいゾーンを作成する場合は、［プライマリゾーン］を選択してください。ここではプライマリゾーンの作成について説明しますが、インターネットサービスプロバイダー（ISP）がゾーンを保守し、社内にセカンダリ（スレーブ）を配置する場合は、［セカンダリゾーン］を選択して、ウィザードの以降のページでマスターサーバーとしてISPに指定されたIPアドレスを設定します。

画面5-2-2
ゾーンの種類として
［プライマリゾーン］
を選択する

3. ［ゾーン名］ページで、このDNSサーバーで管理するゾーンのDNSドメイン名を入力します。次の［ゾーンファイル］ページで、既定の設定（＜ドメイン名＞.dns）を受け入れます。ゾーンファイルは、ゾーンの定義とリソースレコードを保持するテキストファイルであり、%Windir%¥System32

¥Dnsフォルダーに格納されます。

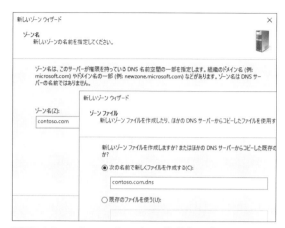

画面5-2-3　このDNSサーバーで管理するゾーンのドメイン名を入力する

4. ［動的更新］ページでは、通常、既定の［動的更新を許可しない］を選択します。動的更新が必要な場合は、［非セキュリティ保護およびセキュリティ保護の両方による動的更新を許可する］のみを選択できます。もう1つの選択できないオプションは、Active Directory統合モードでのみサポートされます。

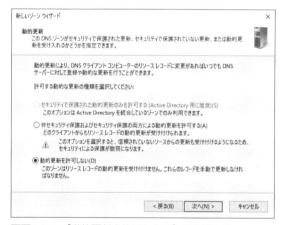

画面5-2-4　［動的更新を許可しない］を選択する

■ 逆引き参照ゾーンの作成

　前方参照ゾーンを作成すると、DNSサーバーはクライアントからのゾーン内のFQDNの名前解決要求に対して、対応するIPアドレスを解決できるようになります。必要に応じて、IPアドレスからFQDNへの名前解決のための逆引き参照ゾーンを作成します。DNSサーバーでは、IPv4逆引き参照ゾーンとIPv6逆引き参照ゾーンを作成できます。IPv4逆引き参照ゾーンは作成しておくことをお勧めします。IPv6逆引き参照ゾーンは、IPv6グローバルアドレスの割り当てを受け、IPv6インターネット

に接続しているのでない限り、必要ありません。

逆引き参照ゾーンを作成するには、[逆引き参照ゾーン]コンテナーを右クリックして[新しいゾーン]を選択し、IPv4アドレスのネットワークアドレスまたはIPv6アドレスのプレフィックスを入力してゾーンを作成します。逆引き参照ゾーンは、サブネットごとに作成します。

画面5-2-5　IPv4逆引き参照ゾーンを作成する

 クラスレス（クラスC未満）の逆引きゾーンの作成について
　255.255.255.240（/28）など、クラスレス（クラスC未満）のIPv4グローバルアドレスのブロックを逆引きゾーンで管理する必要がある場合は、[逆引き参照ゾーンの名前]を選択して、**0/25.1.168.192.in-addr.arpa.**（192.168.1.0/28の場合の例）のように指定します。なお、クラスレスの逆引き参照ゾーンでは、動的更新を利用できません。また、クラスレスの逆引き参照ゾーンが正しく機能するには、親ドメインのDNSサーバー（通常、ISPのDNSサーバー）での委任設定が必要です。

■ リソースレコードの登録

　ゾーンを作成したら、ゾーンにリソースレコードを登録します。
　FQDNとIPアドレスの対応は、アドレス（A）レコードとして登録します。前方参照ゾーンを右クリックして[新しいホスト（AまたはAAAA）]（AAAAはIPv6を示します）を選択し、[新しいホスト]ダイアログボックスにホスト名とIPアドレスを入力します。このとき、[関連付けられたポインター（PTR）レコードを作製する]オプションを有効にしておくと、逆引き参照ゾーンへのポインター（PTR）レコードの登録も同時に行えます。
　前方参照ゾーンの右クリックメニューからは、アドレス（A）レコードのほか、別名を登録するCNAMEレコード、電子メールの配信情報であるMXレコードの登録を行えます。また、[その他の新しいレコード]を選択すると、Windows Server 2016のDNSサーバーがサポートするすべての種類のリソースレコードに対応できます。

画面5-2-6　前方参照ゾーンにアドレス（A）レコードを登録する

■ サブドメインの委任

　ドメインを複数のサブドメインに分割する場合、つまり現在のドメイン階層のさらに下の階層に位置するドメインを作成する場合は、サブドメインにDNSサーバーを設置し、プライマリゾーンを構成したあと、親ドメインでドメインの委任を設定します。

　サブドメインを委任するには、前方参照ゾーンを右クリックして［新しい委任］を選択し、委任するドメインのラベルとそのドメインのDNSサーバー（ネームサーバー）のFQDNおよびIPアドレスを指定します。

画面5-2-7　親ドメインでゾーンの委任を構成する

■ ゾーン転送の許可

このDNSサーバーのセカンダリサーバー（セカンダリゾーンのDNSサーバー）やキャッシュサーバー（スタブゾーンのDNSサーバー）を作成する場合は、対象のDNSサーバーにゾーンのコピーを転送できるように転送の許可設定が必要です。ISPにセカンダリサーバーを設置してもらう場合も、ISP側のDNSサーバーに対するゾーン転送の許可設定が必要です。

ゾーン転送の許可設定は、前方参照ゾーンと逆引き参照ゾーンのゾーンごとに設定します。ゾーンを右クリックして［プロパティ］を選択し、［<ゾーン名>のプロパティ］ダイアログボックスの［ゾーン転送］タブで、特定のDNSサーバーまたはすべてのDNSサーバーにゾーン転送を許可します。

画面5-2-8 セカンダリサーバーやキャッシュサーバーに対するゾーン転送を許可する

■ フォワーダーの設定

DNSサーバーは、DNSクライアントからのクエリに対して、ローカルのゾーン情報で解決できない場合は、ルートヒントを使用して上位階層から反復クエリを行い、対象のゾーンに権限を持つDNSサーバー（またはキャッシュ）からの回答をクライアントに返します。DNSサーバーでフォワーダーを構成すると、DNSサーバー自身が反復クエリを実行する代わりに、指定したDNSサーバーにクエリを転送して、転送先のDNSサーバーに名前解決の処理を任せ、結果を受け取り、クライアントに返すことができます。フォワーダーを設定した場合、クライアントからの再帰クエリを受け取ったDNSサーバーは、自身がDNSクライアントとなって、フォワーダーで指定されたDNSサーバーに対して再帰クエリを行います。

フォワーダーは、DNSサーバーとインターネットとの間に設置されたファイアウォールによる制限などで、DNSサーバーが反復クエリを実行できない場合に利用できます。インターネットに公開するDNSサーバーと、内部用のDNSサーバーを分離する際によく利用される方法です。また、インターネット上の名前解決を特定のDNSサーバーに集中させることで、DNSキャッシュによる応答速度の改善のために利用することもできます。

フォワーダーを設定するには、［DNSマネージャー］でDNSサーバーのプロパティを開き、［フォワーダー］タブにある［編集］ボタンをクリックして、クエリを転送するDNSサーバーのIPアドレスを指定します。［フォワーダー］タブにある［フォワーダーが利用できない場合にルートヒントを使用する］の設定は、フォワーダーの設定がある場合にのみ評価されます。このオプションが有効の場合

（既定）、フォワーダーが利用できない場合にこのDNSサーバーがルートヒントを使用して反復クエリを行い、名前解決を試みます。このオプションを無効にすると、フォワーダーが利用できない場合に名前解決を失敗させます（クライアントにSERVER_FAILURE応答が返されます）。

DNSサーバーのプロパティでのフォワーダーの設定は、DNSサーバー全体の設定です。このほかに、条件付きフォワーダーを利用して、クエリに含まれるDNSサフィックスに基づいて、クエリの転送先のDNSサーバーを切り替えることもできます。詳しくは、「5.2.3　条件付きフォワーダー」で説明します。

画面5-2-9　別ドメインの名前解決を転送するフォワーダーを指定する

5.2.2　Active Directory統合モードのDNSサーバー

Active Directoryドメインサービスをインストールし、ドメインコントローラーに昇格すると、既定でDNSサーバーが同時にインストールされ、Active Directoryドメイン用に自動構成されます。Active Directoryのドメインメンバーにするサーバーやクライアントでは、このDNSサーバーを参照するようにネットワーク設定を手動またはDHCPオプションで構成する必要があります。Active Directoryドメインでは、ドメインコントローラーやグローバルカタログ（GC）の情報を、DNSのサービスロケーション（SRV）レコードを使用して公開します。また、DNSはActive Directoryドメインにおける Kerberos認証のためにも重要ですし、サーバーやクライアント、その他のリソースの名前解決の標準的な方法を提供します。

後述しますが、Active Directoryのドメイン名としてインターネットのパブリックなDNSドメイン名を使用する場合でも、パブリックなDNSのドメイン階層には含めず（階層に含まれるドメイン名を使用する場合であっても上位ドメインからの委任は構成せず）、企業内のネットワーク専用のDNS名前解決環境を構築することを強く推奨します。

■ 自動構成されるDNSサーバー

Active Directory用に構成されたDNSサーバーには、前方参照ゾーンとしてActive Directoryのドメイン名に対応したゾーンと、「_msdcs.<ドメイン名>」という名前のゾーンの2つのゾーンが作成さ

れ、いずれも動的更新（セキュリティ保護のみ）が有効になります。また、DNSのゾーンは、通常の[プライマリゾーン]ではなく、[Active Directory統合]の種類でセットアップされ、ゾーンファイル（%Windir%¥System32¥Dns¥＜ドメイン名＞.dns）ではなく、Active Directoryのディレクトリにゾーン情報が格納されます。[Active Directory統合]のゾーンに、プライマリやセカンダリ、スタブといった種類はなく、DNSサーバーとともに展開されるすべてのドメインコントローラーにマルチマスターレプリケーションで複製されます。

■ 動的更新

Active Directory用のゾーンでは、動的更新が有効であることが重要です。Active Directoryのドメインメンバーは、ドメインコントローラーやグローバルカタログのサービスを検出するために、「_msdcs.＜ドメイン名＞」ゾーンに登録されているSRVレコードを参照します。必要なSRVレコードは、Windowsの既定のネットワーク設定で有効な動的更新機能（[この接続のアドレスをDNSに登録する]が有効）によって、ドメインコントローラーへの昇格時に自動登録されます。ドメイン名に対応したゾーンは、ドメインコントローラーやドメインメンバーの名前解決に使用されます。そのためのAレコードおよびAAAAレコード（リンクローカルIPv6アドレスは除く）も、Windowsの既定のネットワーク設定により、動的更新で最新の状態に維持されます。

ゾーンの動的更新のオプションは、既定で[セキュリティ保護のみ]で構成されます。[セキュリティ保護のみ]はActive Directory統合モードでのみ選択可能なオプションで、Active Directoryのドメインコントローラーおよびドメインメンバーだけが、自身のリソースレコードを登録、更新することができます。ドメインメンバーではないホストに対して動的更新を許可する必要がある場合は、このオプションを[非セキュリティ保護およびセキュリティ保護]に変更します。

画面5-2-10
Active Directoryのドメインコントローラーのインストールで自動構成されたDNSサーバー。動的更新が既定で有効

■ 逆引き参照ゾーン

ドメインコントローラーのインストールで自動構成されたDNSサーバーには、逆引き参照ゾーンは自動作成されません。逆引きクエリに対応するには、逆引き参照ゾーンを作成し、動的更新を有効にします。その際、ゾーンの種類として［Active Directoryにゾーンを格納する］を選択して、Active Directory統合モードでセットアップし、動的更新を有効にすることを推奨します。

■ フォワーダーと委任

　Active Directoryのフォレストのルートドメインの最初のドメインコントローラーをインストールした場合は、ドメインコントローラーに昇格する前に参照していたDNSサーバーのIPアドレスが、フォワーダーに自動設定されます。フォワーダーの設定は、DNSサーバーのプロパティの［フォワーダー］タブにて確認、変更することができます。

　フォレストのルートドメイン用のDNSゾーンに対しては、上位ドメインからのドメインの委任設定は、通常、必要ありません。Active Directoryのフォレストに新しいドメイン（ルートドメインのサブドメイン）を追加するようにドメインコントローラーをインストールすると、ルートドメインのDNSサーバーに自動的にゾーンの委任が作成されます。このように、Active Directoryのフォレスト／ドメインにおけるDNSサーバーは、導入や構成が自動化され、動的更新によりリソースレコードが自動管理されるようになっています。

　Active Directory用のDNSサーバーのゾーンには、重要な内部情報が膨大に含まれます。そのため、インターネットドメインの階層には含めず、インターネット側からの検索要求に応答することがないように、インターネットから隔離してください。インターネットドメインの階層に含めないというのは、パブリックなドメイン名を使用しないということではありません。Active Directoryのフォレストのルートドメインをパブリックなドメインまたはサブドメインとして作成したとしても、親ドメインからの委任を行わないということです。インターネット上のリソースの名前解決については、パブリックなドメイン階層に含まれるDNSサーバーに対してフォワーダー設定を行うことで対応可能です。

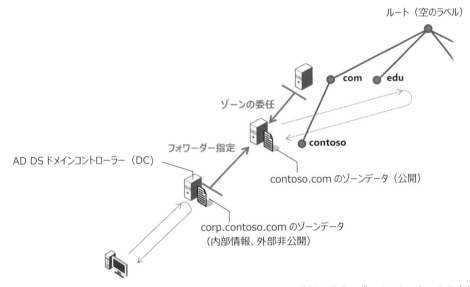

図5-2-11 Active Directory用のドメインには親ドメインからの委任は構成せず、インターネットの名前解決はフォワーダー設定で対応するのがセキュリティ面からも重要

5.2.3 条件付きフォワーダー

　条件付きフォワーダーを構成すると、DNSのサフィックスに基づいて、クエリの転送先のフォワーダーを選択的に切り替えることができます。条件付きフォワーダーは、Windows Server 2003のDNS

サーバーで初めてサポートされました。

例えば、条件付きフォワーダーを使用すると、テストや評価環境のために一時的に作成したドメインに対する名前解決を、テスト用のDNSサーバーに転送するように構成できます。条件付きフォワーダーを利用して、.localなどのインターネットでは不適切な存在しないTLDに対するクエリがインターネットに送信されるのを防止することもできます。

条件付きフォワーダーは、[DNSマネージャー] スナップインの [条件付フォワーダー] コンテナーにDNSサフィックスごとに複数設定できます。Active Directory統合モードのDNSサーバーの場合は、条件付きフォワーダーの設定をActive Directoryに格納し、フォレスト内のすべてのDNSサーバーまたはドメイン内のすべてのDNSサーバーに複製するように構成することができます。

画面5-2-12
条件付きフォワーダーは、クエリに含まれるDNSサフィックスに基づいてクエリを転送するフォワーダーを切り替える

5.2.4 DNSポリシーの適用例

Windows Server 2016のDNSサーバーで新たにサポートされたDNSポリシーを利用すると、DNSクライアントからのクエリをさまざまな条件に基づいてブロックしたり、特定のDNSサーバーに要求をリダイレクトしたりできます。

例えば、DNSサーバー上のPowerShellで次のコマンドレットを実行すると、IPv4アドレス「172.22.10.0/24」サブネット上のクライアントからのDNSクエリを不審なクエリとみなし、ブロック（クエリを無視）することができます。

```
PS C:¥> Add-DnsServerClientSubnet -Name "MaliciousSubnet01"
 -IPv4Subnet 172.22.10.0/24
PS C:¥> Add-DnsServerQueryResolutionPolicy -Name "DnsPolicy01"
 -Action IGNOR E -ClientSubnet  "EQ,MaliciousSubnet01"
```

次の例は、DNSクライアントから特定のFQDN（この例ではnikkeibp.comで終わるFQDN）に対するクエリをブロックします。

```
PS C:¥> Add-DnsServerQueryResolutionPolicy -Name "DnsPolicy02"
 -Action IGNOR E -FQDN "EQ,*.nikkeibp.com "
```

このほかのDNSポリシーの利用例については、以下のドキュメントで確認してください。

DNS Policy Scenario Guide
→https://docs.microsoft.com/en-us/windows-server/networking/dns/deploy/dns-policy-scenario-guide

画面5-2-13　DNSポリシーを利用して、特定のFQDNの検索要求を無視する例

5.2.5　DNSSECの構成

　DNSは、インターネットの初期からあるレガシなプロトコルであり、DNSサーバー間のゾーンのデータ転送やDNSクライアントへの応答データに対して整合性チェックが行われないため、DNSスプーフィング（応答の偽装）攻撃やキャッシュポイジング攻撃、中間者（man-in-the-middle）攻撃に対して脆弱です。DNSセキュリティ拡張機能（Domain Name System Security Extensions：DNSSEC）は、DNSプロトコルのセキュリティを向上するための、比較的新しいRFC標準です。DNSSECでは、ゾーンにデジタル署名を行うことで、DNSサーバーでデータを検証し、データの改ざんや変更がないことをDNSクライアントに証明します。

　WindowsにおけるDNSSECのサポートは、Windows Server 2008のDNSサーバーで初めて行われました。ただし、初期のサポートはDNSSEC固有のリソースレコード（KEY、SIG、TXT）に対する対応に限定され、ゾーンやリソースレコードに対する署名や検証の機能はありませんでした。DNSSECのサポートはWindows Server 2008 R2で大幅に強化されましたが、ゾーンの署名はコマンドライン（**Dnscmd.exe**）から、ゾーンをオフラインにして実行する必要があったり、動的更新が有効なゾーンをサポートしていなかったり、NSEC3やRSA/SHA-2といった新しいRFC標準の暗号化アルゴリズムに対応していなかったりと、多くの制約がありました。そのため、動的更新が重要なActive Directory統合モードでは事実上、利用できない機能でした。

　Windows Server 2012以降のDNSサーバーにおけるDNSSECサポートは、Windows Server 2008 R2で残っていた制約を取り除きました。具体的には、オンラインでのゾーンへの署名、動的更新が有効なゾーンへの署名、NSEC3およびRSA/SHA-2のサポート、キーの自動的なロールオーバーへの対応などです。これにより、Active Directory統合モードのゾーンにおいても、DNSSECによるセキュリティ強化が可能になりました。

■｜ゾーンへの署名

　DNSSECでは、KSK（キー署名キー）およびZSK（ゾーン署名キー）を使用してゾーンに署名を行い

ます。ゾーンに対する署名により、ゾーンに含まれるすべてのリソースレコードが署名されたことになります。ゾーンの署名は、RRSIG（Resource Record Signature）というリソースレコードとしてゾーンに登録されます。また、DNSクライアントが署名を検証するために、KSKおよびZSKの公開キーが必要になりますが、これらの公開キーもまた、DNSKEYレコードとしてゾーンに登録されます。そして、すべてのキーのチェーンの起点としてトラストアンカーが使用されます。

　Windows Server 2012以降のDNSサーバーでは、この複雑なゾーンの署名を、［DNSマネージャー］スナップインから開始する［ゾーン署名ウィザード］を使用して簡単に行えます。

画面5-2-14　ゾーンを右クリックして、［DNSSEC］から［ゾーンへの署名］を選択

画面5-2-15　［既定の設定を使用してゾーンに署名する］を選択して簡単に署名できる

■│トラストアンカーとキーの管理

　トラストアンカーは、ゾーンやリソースレコードの署名を検証するための、信頼チェーンの基点となる公開キーです。トラストアンカーは、［既定の設定を使用してゾーンに署名する］を選択してゾーンに署名する際に［このゾーンに対するトラストアンカーの配布を有効にする］オプションを有効にすることで構成できます。あとから構成する場合は、キーマスターのDNSサーバーでゾーンのDNSSEC

のプロパティを開き、[トラストアンカー]タブで[このゾーンに対するトラストアンカーの配布を有効にする]にチェックを入れます。

Active Directory統合モードのDNSサーバーの場合、トラストアンカーはActive Directoryのディレクトリ（フォレストのディレクトリパーティション）に格納され、フォレスト内で実行されるすべてのドメインコントローラーのDNSサーバーにディレクトリの複製を通じて配布されます。そのため、トラストアンカーに関してこれ以上の作業は必要ありません。

標準モードのDNSサーバーで、同じゾーンの複製を持つ複数のDNSサーバーがある場合は、ゾーンに署名を行ったキーマスターのDNSサーバーから、トラストアンカーを対象のDNSサーバーに配布する必要があります。トラストアンカーは、キーマスターのDNSサーバーの「%Windir%¥System32¥Dns¥TrustAnchors.dns」というファイルに保存されます。ゾーンの複製を持つ他のDNSサーバーには、「%Windir%¥System32¥Dns¥keyset-<ゾーン名>」をコピーします。また、そのDNSサーバーの[DNSマネージャー]で[トラストポイント]コンテナーを右クリックし、[インポート]から[DNS KEY]を選択して、キーマスターのDNSサーバーからコピーした「%Windir%¥System32¥Dns¥keyset-<ゾーン名>」のファイルをインポートします。

画面5-2-16　標準モードのDNSサーバーの場合、キーマスターのDNSサーバーからゾーンの複製を持つDNSサーバーにトラストアンカーを配布する必要がある

■ DNSSECキーの管理（キーロールオーバー）

DNSSECを利用する場合、署名に使用されるキーの生成、キーの保管、キーの期限切れ、キーの交換が必要です。キーの期限切れとキーの交換のことを、キーロールオーバーと呼びます。Windows Server 2012以降のDNSサーバーは既定で、RFC 5011標準に基づいてキーロールオーバーを自動管理します。キーロールオーバーの自動更新の設定は、ゾーンのDNSSECのプロパティの[トラストアンカー]タブで確認できます。

■ DNSSEC対応クライアント

DNSSECはDNSサーバー側での検証機能であるため、DNSクライアントがDNSSECに対応していなくても、基本的に影響はありません。DNSSEC非対応のDNSクライアントであっても、DNSSECが有効なDNSサーバーにクエリを送信すれば、通常どおり応答が返されます。

Windows 7以降およびWindows Server 2008 R2以降のDNSクライアントは、DNSSECに対応しています。ただし、クライアント側での検証には対応していません。Windows 7以降およびWindows Server 2008 R2以降のDNSクライアントは、クエリを送信する際に自身がDNSSEC対応であることをクエリ送信先のDNSサーバーに提示することができ、DNSサーバー側で検証が成功したことを判定することができます。Windows 7以降およびWindows Server 2008 R2以降のDNSクライアントでは、DNSサーバー側での検証に失敗した場合に結果を返さないように、DNSクライアントの動作を構成できます。DNSSECに対するDNSクライアントの動作の構成には、グループポリシーの名前解決ポリシーテーブル（NRPT）を使用します。

コンピューターの構成¥ポリシー¥Windows の設定¥名前解決ポリシー

NRPTを使用すると、DNSSECに対するDNSクライアントの動作の設定や、DirectAccessのためのDNSの参照設定が可能です。例えば、特定のDNSサフィックスに対してDNSSECを有効にし、リソースレコードの検証の確認をDNSクライアントに要求（強制）することができます。

クライアント側でDNSクライアントがNRPTを参照するように構成されているかどうかは、Windows 8以降およびWindows Server 2012以降の場合は**Get-DnsClientNrptPolicy**コマンドレットで確認できます。Windows 7およびWindows Server 2008 R2の場合は、コマンドプロンプトで**netsh namespace show policy**または**netsh namespace show effectivepolicy**を実行します。

Windows 8およびWindows Server 2012以降では、Windows PowerShellの**Resolve-DnsName**コマンドレット（DnsClientモジュール）を使用して、DNSSECのDNSサーバーによる検証が成功または失敗したかを確認することができます。クエリの応答に検証結果を含めるには、**-DnssecOK**オプションを付加してクエリを実行します。

```
PS C:¥> Resolve-DnsName -Name <検索対象のFQDNまたはIPアドレス>
 -Server <DNSサーバー名> -DnssecOK
```

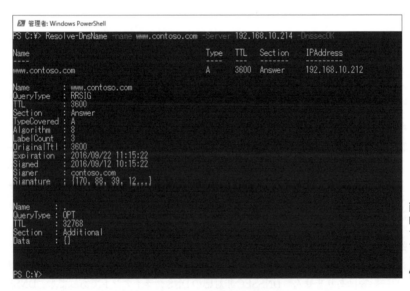

画面5-2-17
Resolve-DnsNameコマンドレットを使用して応答に含まれるリソースレコードの信頼性を検証する

5.3 DHCPサーバーの展開と管理

　DHCP（動的ホスト構成プロトコル）は、IPネットワークにおいてコンピューターやネットワークデバイスのネットワーク設定の自動構成を行うプロトコルです。IPネットワークに接続可能な機器は、ほとんどすべてがDHCPクライアントとして機能でき、DHCPサーバーからIPアドレスやDNSサーバーなどの設定パラメーターを取得して、ネットワーク接続を自動構成できます。

　Windows Server 2016のDHCPサーバーは、IPv4とIPv6の両方のアドレスを管理できますが、多くの場合、DHCPサーバーで管理するのはIPv4アドレスです。IPV6はプロトコル自身に自動構成のメカニズムが備わっており、近隣ルーターとの間でルーター要請（Router Solicitation：RS）やルーターアドバダイズ（Router Advertisement：RA）メッセージをやり取りすることで、DHCPを使用することなく、パブリックなIPv6アドレスを自動構成（ステートレスモード）できます。また、同一のIPサブネットにおいては、リンクローカルIPv6アドレスが自動構成されます。

　Windows Server 2016のDHCPサーバーには、マルチキャストアドレスの動的クライアント割り当てプロトコル（MADCAP）のサポートが含まれており、登録済みのクライアントにMADCAPを使用して動的にマルチキャストアドレスを割り当て、リアルタイムのビデオやオーディオのストリーム配信に参加できるようになります。

5.3.1 DHCPサーバーのインストールと基本構成

　DHCPサーバーは、通常、IPサブネットごとに1台設置します。これは、DHCPプロトコルによるIPアドレスの取得がブロードキャスト（IPサブネット内でのみ有効）に依存しているからです。リモートのIPサブネットにDHCPリレーエージェントを設置することで、1台のDHCPサーバーで複数のIPサブネットをサービスすることもできますが、その方法については本書では説明しません。

■ DHCPサーバーのインストールと承認

　ここからの手順は、Active Directoryのドメインを導入済みのIPサブネット「192.168.30.0/24」に、DHCPサーバーを設置する手順です。

1. ［サーバーマネージャー］の［役割と機能の追加ウィザード］を使用して、DHCPサーバーにするサーバーに［DHCPサーバー］の役割をインストールします。

2. ［DHCPサーバー］の役割のインストールが完了すると、［役割と機能の追加ウィザード］の最後のページに［DHCP構成を完了する］というリンクが提供されるので、このリンクをクリックして［DHCPインストール後の構成ウィザード］を開始します。ウィザードを閉じてしまった場合は、［サーバーマネージャー］の［通知］アイコンをクリックして［展開後構成］から開始できます。

3. ［DHCPインストール後の構成ウィザード］では、DHCPサーバーの管理用のセキュリティグループ（DHCP AdministratorsおよびDHCP Users）の構成と、Active DirectoryによるDHCPサーバーの承認を構成します。このウィザードは、ドメイン管理者（Enterprise Adminsグループのメンバー）の資格情報を入力して、［コミット］ボタンをクリックするだけで完了します。

画面5-3-1　[DHCPインストール後の構成ウィザード]の[コミット]ボタンをクリックして構成を完了する

DHCPサーバーの承認について

　Active Directoryのフォレスト/ドメイン環境のドメインコントローラーやドメインメンバーである Windows Serverは、Active Directoryに承認されたDHCPサーバーのみが、ネットワーク上でサービスを提供できます。これは、許可されていないDHCPサーバーによりネットワーク設定が勝手に書き換えられることを回避するセーフガード機能です。Active Directoryを導入していない場合は、承認なしでスタンドアロン構成のDHCPサーバーを設置することができます。なお、Active Directoryのフォレスト/ドメイン環境において、承認が必要なのはドメインのWindows ServerベースのDHCPサーバーだけです。ワークグループ構成のWindows Serverやその他のDHCPサーバーは常に承認なしでDHCPのサービスを提供できます。

■| DHCPスコープの作成

　DHCPサーバーのインストールとActive Directoryによる承認が完了したら、DHCPスコープを作成して、DHCPクライアントに割り当てるIPアドレス範囲と構成オプションを構成します。作成したDHCPスコープをアクティブ化することで、DHCPクライアントへのIPアドレスの割り当て（リース）が開始します。

1. [サーバーマネージャー]の[ツール]メニューから[DHCP]を選択し、[DHCP]スナップイン（Dhcpmgmt.msc）を開いて、DHCPサーバーに接続します。

2. [IPv4]コンテナーを右クリックして[新しいスコープ]を選択し、[新しいスコープウィザード]を開始します。[スコープ名]ページで、DHCPスコープに適当な名前を付けます。

画面5-3-2 ［新しいスコープウィザード］でDHCPスコープの作成を開始する

3. ［IPアドレスの範囲］ページで、IPアドレス範囲を開始IPアドレスと終了IPアドレスで指定し、サブネットマスクを設定します。ここで、IPサブネットの全範囲（/24サブネットの場合は1〜254）を設定し、次の［除外と遅延の追加］ページで固定割り当てに使用済みまたは使用予定のIPアドレス範囲を除外設定することもできますし、［IPアドレスの範囲］ページで最初から除外済みの範囲を設定することもできます。

画面5-3-3
DHCPクライアントに割り当てる
IPアドレスの範囲とサブネットマスクを指定する

4. ［遅延と除外の追加］と［リース期間］のページは、必要に応じて設定します。既定のリース期間は8日ですが、モバイルデバイスを主体とするネットワークの場合は、リース期間を短くすると便利です。

5. ［DHCPオプションの構成］ページでは、［今すぐオプションを構成する］を選択します。［今すぐオプションを構成する］を選択すると、［ルーター（デフォルトゲートウェイ）］［ドメイン名およびDNSサーバー］［WINSサーバー］の3つのスコープオプションについて、このウィザード内で設定することができます。

6. ［ルーター（デフォルトゲートウェイ）］ページでは、IPサブネットのデフォルトゲートウェイのIPアドレスを指定します。

画面5-3-4
IPサブネットのデフォルトゲートウェイのIPアドレスを指定する

7. ［ドメイン名およびDNSサーバー］ページでは、Active DirectoryドメインのDNSドメイン名と、ドメインコントローラー兼DNSサーバーのIPアドレスを指定します。

画面5-3-5
Active DirectoryドメインのDNSドメイン名と、ドメインコントローラー兼DNSサーバーのIPアドレスを指定する

8. ［WINSサーバー］ページは、何も指定せずに進みます。現在のWindowsネットワークでは、WINS（Windows Internet Name Service）サーバーを利用することはほとんどありません。

9. ［スコープのアクティブ化］のページで［今すぐアクティブにする］を選択し、ウィザードを完了します。

10. ［DHCP］スナップインの［IPv4］コンテナーの下に、［スコープ［＜スコープ名＞］］コンテナーが追加されます。追加のオプションを構成する場合は、スコープ内の［スコープオプション］を右クリックして［オプションの構成］を選択します。

■ DHCPクライアントの構成

　DHCPサーバーからIPアドレスと構成オプションの割り当てを受けるには、コンピューターやデバイスをDHCPクライアントとして構成します。

　Windowsは既定でIPv4およびIPv6のDHCPクライアントとして構成されています。Windowsのインストール後にネットワーク接続の設定を変更していない限り、DHCPクライアントとして動作します。DHCPクライアントの構成を確認するには、ネットワーク接続のプロパティから［インターネットプロトコルバージョン4（TCP/IPv4）］のプロパティを開きます。［全般］タブで［IPアドレスを自動的に取得する］と［DNSサーバーのアドレスを自動的に取得する］が選択されていれば、DHCPクライアントとして動作します。

　IPv6の場合は、［インターネットプロトコルバージョン6（TCP/IPv6）］のプロパティで設定します。なお、IPv6における［IPアドレスを自動的に取得する］の設定は、DHCPv6対応のDHCPサーバーが存在するIPサブネットではDHCPクライアントとして動作（ステートフル設定）しますが、それ以外の場合はIPv6のプロトコル自身に備わる自動構成機能によって構成（ステートレス設定）されます。

画面5-3-6　クライアントのネットワーク設定でIPアドレスとDNSサーバーのアドレスの自動取得を
　　　　　　有効にする（Windowsの既定値）

　DHCPクライアントのネットワーク設定は、コンピューター起動時など、ネットワーク接続がアクティブになったときに、DHCPプロトコルによって自動構成されます。DHCPサーバーの動作確認やトラブルシューティングのために、すぐにIPアドレスの割り当てや更新を行いたい場合は、コマンドプロンプトで次の3つのコマンドラインを実行します。1行目のコマンドラインは、現在のリースを解放します。2行目のコマンドラインは新しいIPアドレスのリースを取得して、設定を更新します。3つ目のコマンドラインは、動的更新が有効になっているDNSサーバーに対して、自身のリソースレコードの更新を要求します。

```
C:\> ipconfig /release
C:\> ipconfig /renew
```

```
C:¥> ipconfig /registerdns
```

DHCPサーバーにより自動構成されたIPアドレスや構成オプションは、コマンドプロンプトまたはPowerShellで**ipconfig /all**コマンドを実行して確認できます。PowerShellの場合は、**Get-NetIPAddress**コマンドレットを使用することもできます。GUIで確認したい場合は、ネットワーク接続の状態を開き、[詳細]ボタンをクリックします。

```
C:¥> ipconfig /all
```

または

```
PS C:¥> Get-NetIPAddress
```

自動設定された169.254.0.0/16のIPv4アドレスについて
　WindowsがDHCPクライアントとして構成されている状態で、IPサブネット上にDHCPサーバーが存在しない場合や障害などで利用できない場合、[インターネットプロトコルバージョン4（TCP/IPv4）]のプロパティの[代替の構成]タブの設定に従ってネットワークが構成されます。
　[代替の構成]タブの既定の設定は、[自動プライベートIPアドレス]です。自動プライベートIPアドレス（Automatic Private IP Addressing：APIPA）とは、プライベートなネットワークを自動構成する機能で、RFC 3927で予約された169.254.0.0/16のIPアドレス範囲からIPアドレスがランダムに選択されます。

5.3.2　DHCPサーバーの冗長化と負荷分散

　Windows Server 2012以降のDHCPサーバーでは、従来のスコープの分割、DHCPサーバーのフェールオーバークラスターという方法に加えて、DHCPフェールオーバーというDHCPサーバーの新しい高可用性機能が利用可能になりました。DHCPフェールオーバーは、IPアドレス範囲が効率的でないスコープの分割、ホットスタンバイが必要でコスト高なDHCPサーバーのフェールオーバークラスターの両方の欠点を解決します。

■│スコープの分割

　スコープの分割は、同じIPアドレス範囲を80:20などの割合で2つのスコープに分割し、分割したスコープを2台のDHCPサーバーで別々にサービスする方法です。
　Windows ServerのDHCPサーバーでは、[DHCP分割スコープ構成ウィザード]を使用して、スコープを追加のDHCPサーバーに分割することができます。スコープを分割する方法では、一方のDHCPサーバーがダウンした場合でも、もう一方のDHCPサーバーが引き続きサービスを提供できます。また、平常時にはDHCPクライアントの要求の負荷分散が可能です。
　この方法の課題は、DHCPサーバーの一方がダウンしてもIPアドレスが足りなくならないように、十分な数のIPアドレス範囲を準備しておく必要があるため、IPアドレス管理の面からは効率的でないということです。

画面5-3-7　スコープの分割はDHCPサーバーの負荷分散と冗長化の以前からある方法であるが、十分な数のIPアドレス範囲が必要

■ DHCPサーバーのフェールオーバークラスター

　DHCPサーバーのフェールオーバークラスターは、Windows Serverのフェールオーバークラスタリング機能を使用して、複数サーバーでフェールオーバークラスターを構成し、DHCPサーバーの役割を高可用性サービスとして実行する方法です。クラスター内でDHCPサーバーの役割を実行しているサーバーが障害でダウンしたとしても、正常なノードに役割が自動的にフェールオーバーされ、短時間でサービスの提供を再開します。

　この方法の課題は、DHCPサーバーの役割を実行していないサーバーが、ホットスタンバイする形になるため、インフラストラクチャ全体のコストが余計にかかることです。

■ DHCPフェールオーバー

　DHCPフェールオーバーは低コストで導入でき、IPアドレス範囲の効率的な使用が可能であり、これまでの2つの冗長化方法の課題を解決します。DHCPフェールオーバーは、フェールオーバークラスタリング機能を使用せず、2台のDHCPサーバーで簡単に構成することができます。

1. DHCPフェールオーバーを構成するには、既にスコープを作成し、運用中のDHCPサーバーとは別のサーバーに、新たにDHCPサーバーの役割をインストールし、Active Directoryによる承認を行います。この2台目のDHCPサーバーにはスコープを作成しないでおきます。

2. ［DHCP］スナップインを開き、スコープが存在する1台目のDHCPサーバーに接続します。対象のスコープを含む［IPv4］または［IPv6］コンテナー、またはスコープを右クリックして［フェールオーバーの構成］を選択し、［フェールオーバーの構成］ウィザードを開始します。

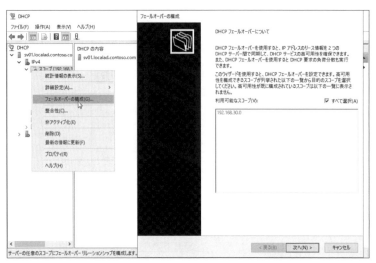

画面5-3-8 既存のスコープに対して［フェールオーバーの構成］ウィザードを開始する

3. ［DHCPフェールオーバーについて］ページで対象のスコープを選択し、次の［フェールオーバーに使用するパートナーサーバーを指定します］ページでパートナーサーバーとしてスコープを持たない2台目の承認済みDHCPサーバーを指定します。

4. ［新しいフェールオーバーリレーションシップの作成］ページでは、モードとして［負荷分散］または［ホットスタンバイ］を選択し、共有シークレットとして任意のパスワードを設定します。［負荷分散］を選択すると、2台のDHCPサーバーがアクティブ/アクティブで動作し、指定した負荷の割合でDHCP要求を処理します。［ホットスタンバイ］を選択した場合は、アクティブ/スタンバイで動作し、アクティブなDHCPサーバーがダウンしたときにスタンバイのDHCPサーバーに切り替わり、サービスを継続します。

画面5-3-9 動作モードと共有シークレットを設定する

5. ウィザードの最後のページで[完了]ボタンをクリックし、フェールオーバーの構成を開始します。進行状況に「フェールオーバーを構成しました」と表示されたら、[閉じる]ボタンをクリックして、ウィザードを終了します。

6. フェールオーバーの構成が完了すると、パートナーサーバーとして指定したDHCPサーバーにスコープが複製され、アクティブまたはスタンバイ状態でサービスの提供を開始します。フェールオーバーの構成は、スコープのプロパティの[フェールオーバー]タブで読み取り専用で確認できます。構成を変更する場合は、いったんフェールオーバーの構成を解除してスタンドアロンのDHCPサーバーに戻し、改めて[フェールオーバーの構成]ウィザードを実行してください。

画面5-3-10 フェールオーバーの構成は、スコープのプロパティの[フェールオーバー]タブで読み取り専用で確認できる

5.3.3 DHCPポリシーによる割り当て制御

　Windows ServerのDHCPサーバーでは、特定のMACアドレスを持つDHCPクライアントに対してスコープから特定のIPアドレスを固定的に割り当てるように予約する機能が以前からあります。Windows Server 2012以降のDHCPサーバーからは、このMACアドレスによる予約とは別に、クライアントの属性（MACアドレスもその1つ）に基づいて、ポリシーベース（このポリシーはグループポリシーのことではありません）でIPアドレスの割り当てとスコープオプションの構成が可能になりました。

　Windows Server 2012以降のDHCPサーバーでは、IPv4とIPv6ごとに、サーバーレベルとスコープレベルのDHCPポリシーを作成することができます。いずれも、複数のDHCPポリシーを作成して、優先順位を設定できます。サーバーレベルとスコープレベルの両方にDHCPポリシーが存在する場合、DHCPサーバーはまずスコープレベルのDHCPポリシーを優先順位に従って評価し、次にサーバーレベルのDHCPポリシーを優先順位に従って評価します。

　DHCPポリシーを作成するには、次の手順で操作します。

1. ［DHCP］スナップインで［IPv4］または［IPv6］の下にある［ポリシー］コンテナー、またはスコープの下にある［ポリシー］コンテナーを右クリックして、［新しいポリシー］を選択します。すると、［DHCPポリシーの構成ウィザード］が開始するので、最初のページで適当なポリシー名を設定します。

画面5-3-11　サーバーレベルまたはスコープレベルに新しいポリシーを作成する

2. 次に、［ポリシーの条件を構成］ページで［ポリシーの条件］ページでDHCPクライアントを評価するための条件を定義します。条件としては、ネットワークアダプターのベンダークラス、ユーザークラス、MACアドレス、クライアント識別子、クライアントのリレーエージェントの情報および完全修飾ドメイン名（FQDN）を使用でき、ワイルドカード（*）の使用やAND/ORによる連結評価が可能です。

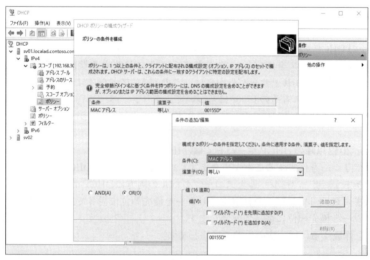

画面5-3-12　DHCPクライアントを識別する条件を定義する

3. スコープレベルのDHCPポリシーを作成する場合は、続いて［ポリシーの設定を構成］ページが表示されるので、クライアントに割り当てるスコープ内のIPアドレスの範囲やスコープオプションを構成します。サーバーレベルのDHCPポリシーを作成する場合は、スコープ関連の構成はありません。

画面5-3-13 このポリシーで割り当てるスコープ内のIPアドレス範囲やスコープオプションを構成する

4. ウィザードの最後のページで設定内容を確認し、［完了］ボタンをクリックしてDHCPポリシーを作成します。

5. ［ポリシー］コンテナーに作成されたポリシーが表示されるので、DHCPポリシーのプロパティを開いて追加の構成を行います。ウィザードで設定したもの以外にも、リース期間の設定やDNS動的更新のオプションの構成が可能です。なお、スコープの下の［ポリシー］コンテナーには、サーバーレベルのDHCPポリシーもリストされます。これは、ポリシーの優先順位を視覚的に表すもので、サーバーレベルのDHCPポリシーの編集や削除は、サーバーレベルの［ポリシー］コンテナーから行う必要があります。

5.3.4　MACアドレスフィルター

　Windows Server 2008 R2以降のDHCPサーバーでは、MACアドレスフィルターを利用できます。MACアドレスフィルターは、［DHCP］スナップインの［フィルター］にある［許可］または［拒否］で設定します。

　これらのコンテナーにMACアドレスを登録しておくことで、既知のMACアドレスからのDHCP要求の許可または拒否を構成できます。コンテナーを右クリックして［新規のフィルター］を選択し、MACアドレスを入力する方法と、［アドレスのリース］コンテナーに存在するリース済みの情報からMACアドレスを許可または拒否フィルターに追加することもできます。

画面5-3-14
許可または拒否フィルターを使用して、特定のMACアドレスからの要求を明示的に許可または禁止する

画面5-3-15
リース済みの情報からMACアドレスフィルターを設定することもできる

5.3.5 DHCPサーバーによるDNS動的更新

　Windowsは、DNSの動的更新に対応しており、既定で有効になっています。ネットワーク接続のIPv4およびIPv6のプロパティで、[TCP/IP詳細設定]の[DNS]タブを開くと、[この接続のアドレスをDNSに登録する]が既定で有効になっていることを確認できます。参照先のDNSサーバーが動的更新に対応している場合、この設定に従って、コンピューターはネットワーク接続を開始する際、DNSサーバーにAレコードおよびPTRレコードを登録または更新しようとします。Active Directoryフォレスト/ドメイン環境においては、この既定の設定はドメインコントローラーによるサービスロケーション（SRV）レコードの登録と、Windowsネットワークの名前解決のために特に重要です。

　Windowsのサーバーやクライアントに静的なIPアドレスが割り当てられている場合、DNSクライアントがDNSサーバーに対してAレコードおよびPTRレコードを登録しようとします。これに対して、DHCPで自動構成されたサーバーやクライアントの場合は、DHCPクライアントがレコードの更新を行います。このときDHCPクライアントの既定の動作では、DHCPクライアントはAレコードをDNSサーバーに登録しようとしますが、PTRレコードの登録は行いません。PTRレコードは、IPアドレスをリースしたDHCPサーバーが代理で行う仕様になっています。この機能は、Windows Server 2003以降のDHCPサーバーから提供されている、DNS動的更新という機能に基づいています。

　DNS動的更新は、[DHCPスナップイン]の[IPv4]または[IPv6]コンテナー、またはスコープごとに設定します。[IPv4]または[IPv6]コンテナー、またはスコープのプロパティの[DNS]タブを開くと、DHCPサーバーの既定の動作を確認、変更できます。

　既定ではDNS動的更新が有効になっており、[DHCPクライアントから要求があったときのみDNS

のA（AAAA）およびPTRレコードを動的に更新する］と［リースが削除されたときにA（AAAA）レコードおよびPTRレコードを破棄する］オプションが選択されています。DHCPサーバーのこの既定の設定では、DHCPクライアントで動的更新が有効な場合、PTRレコードの動的更新をDHCPサーバーが行います。

　AレコードとPTRレコードの両方をDHCPサーバー側で動的更新させるには、［DNSのAおよびPTRレコードを常に動的に更新する］オプションを有効にします。Windows Server 2012 R2以降のDHCPサーバーでは、DNS動的更新のオプションに［DNS PTRレコードの動的更新を無効にする］オプションが追加されました。これらを組み合わせることで、DHCPサーバーでAレコードの登録を行い、PTRレコードの登録は行わないという構成が可能になります。

　なお、動的更新に対応していないDHCPクライアント（Windows NT 4.0以前のWindowsなど）のために、動的更新をDHCPサーバーで代行する場合は、［更新を要求しないDHCPクライアントのDNSレコードを動的に更新する］オプション（IPv4のみ）を有効にします。

画面5-3-16　DNS動的更新の既定の設定。［DNS PTRレコードの動的更新を無効にする］オプションは、Windows Server 2012 R2で追加された

5.4　IPアドレス管理（IPAM）サーバーの展開と管理

　IPアドレス管理（IP Address Management：IPAM）は、Windows Server 2012から追加された新しいサーバーの機能です。企業ネットワークにIPAMサーバーを導入すると、IPアドレスに関連するネットワーク基盤サービスを実行するサーバーの自動検出、IPアドレス空間の管理、サーバー構成の変更管理、およびDNSサーバーとDHCPサーバーの管理と監視を一元的に行えるようになります。Windows Server 2012 R2以降では、Virtual Machine Managerと連携した仮想アドレス空間の管理と役割（ロール）ベースの管理の委任機能が追加されました。IPAMは、特に大規模なネットワークインフラストラクチャや、Virtual Machine Managerベースのマルチテナントクラウドのネットワーク管理に役立ちます。

5.4.1 IPAMの仕様と要件

IPAMサーバーを導入して、IPAMによるIPアドレス空間と関連するネットワーク基盤サービスの管理を行う場合は、次に示すIPAMの仕様と要件に留意してください。

- IPAMサーバーは、単一のActive Directoryフォレスト、あるいは双方向の信頼関係がある複数のActive Directoryフォレストに存在する、ドメインメンバーのネットワークインフラストラクチャサーバーの管理が可能です。
- IPAMサーバーは、ドメインコントローラー、DNSサーバー、DHCPサーバーとは別のサーバーにインストールすることを推奨します。ドメインコントローラーへのIPAMサーバーのインストールはサポートされません。また、IPAMサーバーと同じサーバーにDHCPサーバーがインストールされている場合、DHCPサーバーを正しく検出できません。
- IPAMサーバーは、Windows Server 2008以降のドメインコントローラー、DNSサーバー、DHCPサーバー、およびネットワークポリシーサーバー（NPS）の管理をサポートします。
- Windows Server 2012 R2以降のIPAMサーバーは、Windows Internal Database（WID）に加えて、SQL Server 2008 R2以降のデータベースを使用できます。なお、IPAMサーバーは10万ユーザーの3年分のデータをデータベースに保持します。Windows Server 2012 R2以前はデータベースのクリーンアップ機能は提供されませんでしたが、Windows Server 2016のIPAMサーバーからは指定した日付の以前のレコードを削除できるようになりました。
- 1台のIPAMサーバーで、最大150台のDHCPサーバーと最大500台のDNSサーバーの管理がテストされています。また、1台のIPAMサーバーで、最大6,000のDHCPスコープおよび最大150のDNSゾーンのサポートがテストされています。
- IPアドレスの使用率の傾向およびIPアドレスの回収機能は、IPv4のみでサポートされます。また、IPv6のステートレスアドレスの監査と追跡はサポートされません。
- Virtual Machine Managerとの統合による、VMネットワークの仮想アドレス空間の管理機能を利用するには、System Center 2012 R2以降のVirtual Machine Managerが必要です。

5.4.2 IPAMサーバーのインストールと構成

ここでは、Active Directoryフォレスト/ドメイン環境に1台のIPAMサーバーを設置して、ドメイン内のドメインコントローラーやDNSサーバー、DHCPサーバーをIPAMで管理できるようにする手順を説明します。

■ 機能のインストールとIPAMサーバーのプロビジョニング

1. ［サーバーマネージャー］の［役割と機能の追加ウィザード］を使用して、IPAMサーバーにするサーバーに［IPアドレス管理（IPAM）サーバー］の機能をインストールします。［IPアドレス管理（IPAM）サーバー］の機能を選択すると、同時に［Windows Internal Database］および関連する管理ツールが追加されます。

2. ［役割と機能の追加ウィザード］によるインストールが完了したら、ウィザードを閉じ、［サーバーマネージャー］のナビゲーションペインに追加された［IPAM］をクリックして、［IPAM］-［概要］ページを開きます。このページの［IPAMサーバータスク］にある［② IPAMサーバーをプロビジョニングする］をクリックします。なお、IPAMサーバーに接続し、IPAMサーバーを管理す

るためには、ドメインの管理者アカウントの資格情報でサインインする必要があります。サーバーのローカル管理者やその他の資格情報で接続した場合、プロビジョニングに失敗します。

画面5-4-1　［② IPAMサーバーをプロビジョニングする］をクリックする

3. ［データベースの構成］ページで、データベースのオプションを選択します。Windows Internal Databaseを使用する場合（既定）は、［Windows Internal Database (WID)］を選択して、データベースのパスを必要に応じて変更します。ローカルまたはリモートのSQL Serverデータベースを使用する場合は、サーバー名とTCPポート番号（既定は1443）を指定し、IPAM用に作成するデータベースの名前を入力します。SQL Serverデータベースを指定した場合は、次に［データベースの資格情報］のページが表示されるので、Windows統合認証またはSQL Server認証の資格情報を指定してください。

画面5-4-2　Windows Internal Database（既定）またはSQL Serverデータベースを指定する

4. [プロビジョニング方法の選択] ページで、[手動] または [グループポリシーベース] のいずれかを選択します。[手動]を選択する場合、共有やグループ設定、各サーバーの設定を手動で行う必要があります。その手順については、本書では説明しません。[グループポリシーベース]を選択すると、Active Directoryのグループポリシーオブジェクト（GPO）で構成をサーバーに配布して自動構成できるため、こちらのオプションを推奨します。[グループポリシーベース] を選択した場合は、[GPO名のプレフィックス] に、GPOの名前の先頭に付ける名前を入力します。

画面5-4-3 [グループポリシーベース] を選択し、[GPO名のプレフィックス] を設定する

5. [要約] ページに、ウィザードがこれから実行するプロビジョニングタスクの概要が示されます。[適用] ボタンをクリックすると、プロビジョニングが開始します。[完了] ページに [IPAMのプロビジョニングが正常に完了しました]と表示されたら、[閉じる]ボタンをクリックしてウィザードを終了します。

■ サーバーの検出とサーバーデータの取得

[IPAMのプロビジョニング]ウィザードを終了したら、続いて、ネットワークインフラストラクチャサーバーの検出と構成、およびサーバーからDNSやDHCPのデータの取得を行います。

1. PowerShellのコマンドシェルを開き、次のコマンドラインを実行します。Active Directoryフォレストに複数のドメインが存在する場合は、すべてのドメインに対してこのコマンドラインを実行します。これにより、[<GPO名のプレフィックス>_DHCP] [<GPO名のプレフィックス>_DNS] [<GPO名のプレフィックス>_DC_NPS]の3つのGPOが作成され、ドメインにリンクされます。作成されたGPOは、[グループポリシーの管理] スナップインで確認できます。なお、[グループポリシーの管理] スナップインは、[IPアドレス管理（IPAM）サーバー] の機能のインストールと同時に、IPAMサーバーにインストールされています。

```
PS C:\> Invoke-IpamGpoProvisioning -Domain <ドメイン名>
 -GpoPrefixName <GPO名のプレフィックス> -IpamServerFqdn <IPAMサーバーのFQDN>
```

2. [サーバーマネージャー] の [IPAM] – [概要] ページに戻り、[IPAMサーバータスク] の [③ サーバー検出を構成する] をクリックします。[サーバー検出の構成] ダイアログボックスが開くので、フォレストとドメインを選択し、[追加] をクリックします。フォレストやドメインが表示されない場合は、[フォレストの取得] をクリックしたあと、いったんダイアログボックスを閉じ、もう一度、[③ サーバー検出を構成する] をクリックします。

画面5-4-4 [サーバー検出の構成] で検出対象のドメインを追加する

3. [サーバーマネージャー] の [IPAM] – [概要] ページに戻り、[IPAMサーバータスク] の [④ サーバー検出を開始する] をクリックします。すると、[IPAMサーバータスク] の上部に [1つ以上のIPAMタスクがタスクスケジューラで実行されています。これらのタスクが完了するまで待機してください。] という通知が表示されます。この通知の [その他…] のリンクをクリックすると、[Discoveryタスクの詳細] ウィンドウが開くので、[IPAMサーバー検出タスク] の [ステージ] が [実行中] から [完了] に変わるのを待ちます。

4. [IPAMサーバー検出タスク] が完了したら、[サーバーマネージャー] の表示をリフレッシュし、[IPAM] – [サーバーインベントリ] ページを開きます。ここに検出されたサーバーがリストされます。初期状態はすべての検出サーバーについて、推奨される操作が [管理の状態の設定]、管理の状態が [未指定]、IPAMアクセスの状態が [禁止] なっているはずです。ここで推奨される操作を実行するために、検出された各サーバーを右クリックして [サーバーの編集] を選択し、[サーバーの追加または編集] ダイアログボックスで [管理の状態] を [未指定] から [管理されている] に変更します。なお、検出されたサーバーをIPAMサーバーの管理から除外したい場合は、[管理されていない] に設定してください。

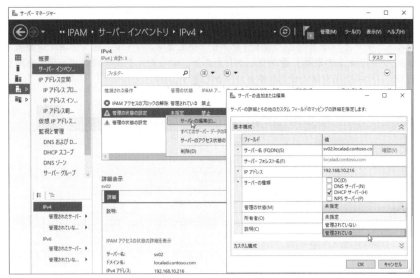

画面5-4-5 検出された各サーバーの編集画面を開き、[管理の状態]を[管理されている]に変更する

5．各サーバーの推奨される操作が[IPAMアクセスのブロック解除]、管理の状態が[管理されている]に変わります。この時点で、[<GPO名のプレフィックス>_DHCP] [<GPO名のプレフィックス>_DNS] [<GPO名のプレフィックス>_DC_NPS]の適切なGPOに、サーバーのセキュリティフィルターが設定されます。各サーバーでgpupdate /forceを実行し、セキュリティフィルターで対象になったIPAMのGPOを適用します。**Invoke-GPUpdate**コマンドレットを利用すると、リモートからgpupdate /forceを実行できるので便利です。

```
PS C:¥> Invoke-GPUpate -Computer <サーバー名> -Force
```

6．[サーバーマネージャー]の[IPAM] - [サーバーインベントリ]ページで、各サーバーを右クリックして[サーバーのアクセス状態の更新]をクリックします。推奨される操作が[IPAMアクセスのブロックは解除されました]に、管理の様態が[管理されている]に、IPAMアクセスの状態が[ブロック解除]に変わることを確認します。

画面5-4-6 各サーバーに対して[サーバーのアクセス状態の更新]を実行して、ブロックが解除され、管理対象になったことを確認する

7. 最後に、［サーバーマネージャー］の［IPAM］-［サーバーインベントリ］ページで、任意のサーバーを右クリックして［すべてのサーバーデータの取得］を選択します。または、［サーバーマネージャー］の［IPAM］-［概要］ページに戻り、［IPAMサーバータスク］の［⑥管理されているサーバーからデータを取得する］をクリックします。これにより、IPAMのさまざまなデータ収集タスクが開始します。すべてのデータの収集が完了するまでにはしばらく時間がかかりますが、その進行状況は［Discoveryタスクの詳細］ウィンドウで確認できます。

画面5-4-7 ［すべてのサーバーデータの取得］を開始し、すべてのタスクが完了するのを待つ

■ Virtual Machine Managerとの統合

　Windows Server 2012 R2以降のIPAMサーバーは、System Center 2012 R2以降のVirtual Machine Managerと統合できます。IPAMサーバーをVirtual Machine Managerに統合することで、論理ネットワークと仮想ネットワーク（VMネットワーク）のIPアドレス設定を関連付け、Hyper-Vネットワーク仮想化の仮想IPアドレス空間をIPAMの管理対象にできます。

　IPAMサーバーをVirtual Machine Managerに統合するには、Virtual Machine Managerの管理コンソールで［ファブリック］ペインを開き、［ホーム］タブの［リソースの追加］から［ネットワークサービス］を選択して［ネットワークサービスの追加ウィザード］を開きます。ウィザードの［製造元とモデル］ページで［Microsoft Windows Server IP Address Management］を選択し、［接続文字列］ページでIPAMサーバーのFQDNを指定します。

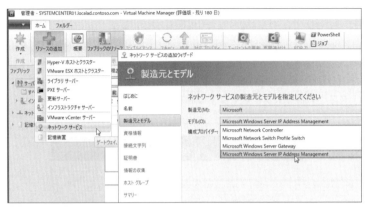

画面5-4-8　[Microsoft Windows Server IP Address Management] の構成プロバイダーを追加し、IPAMサーバーを指定する

5.4.3　IPAMによる管理の概要

　IPアドレスの割り当てやIPアドレス空間の使用状況など、IPアドレス管理は、ネットワーク管理の基本であるとともに、非常に重要な部分です。小規模であれば、IPアドレスをExcelワークシートで管理しても問題ないでしょう。しかし、仮想化の普及やモバイルデバイスの増加、リモートアクセス環境の整備などにより、ネットワークはますます動的で複雑なものになっています。

　IPAMサーバーを導入することで、IPアドレス管理の煩雑さやヒューマンエラーを排除しながら、IPアドレスの割り当てや使用状況の把握、IPアドレス個数の需要予測などが可能です。IPAMで具体的にどのような管理ができるのかは、[サーバーマネージャー]に統合された[IPAM]の管理コンソールの[IPアドレス空間]および[監視と管理]のトップで説明されています。

画面5-4-9　IPAMによるIPアドレス空間の管理の概要

■ DNSレコード、ゾーン、条件付きフォワーダーの管理

　Windows Server 2016のIPAMの新機能の1つは、DNSの管理機能の拡張です。これまでは［DNS］スナップインを使用しなければならなかった、DNSゾーンの作成、条件付きフォワーダーの設定、およびDNSリソースレコードの作成を、［サーバーマネージャー］に統合されたIPAMの管理コンソールから実行できます。

画面5-4-10　DNSゾーンの作成、条件付きフォワーダー、リソースレコードの作成は、Windows Server 2016のIPAMからの新機能

■ 使用率データの削除

　Windows Server 2016のIPAMのもう1つの新機能に、データベースからの過去データの削除機能があります。Windows Server 2012 R2以前のIPAMでは、過去データを削除するためにSQLステートメントを実行するなど、手動で行う必要がありました。

画面5-4-11　過去データの日付指定による削除は、Windows Server 2016のIPAMからの新機能

5.5 リモートアクセス（DirectAccessとVPN）の展開と管理

Windows Serverはソフトウェアベースのルーター機能を提供することができ、社外やモバイルクライアントからオンプレミスの企業ネットワークへのリモートアクセス、企業のリモート拠点の相互接続、オンプレミスの企業ネットワークとクラウドの相互接続、クラウドのテナント間の接続など、専用のネットワーク装置を使用せず、ソフトウェアだけでさまざまなリモートアクセス環境のシナリオを実現できます。

社外やモバイルクライアントから企業ネットワークのリモートアクセスに関しては、古くはダイヤルアップ接続による企業内サブネットへの接続が主流でしたが、インターネットの普及に伴いインターネットVPN接続へと置き換えられました。Windows Server 2008 R2からは「DirectAccess」というIPv6ベースのシームレスでセキュアな接続方法が追加されました。

サブネット間を接続するルーター機能に関しては、現在は、インターネットを介したサイト間VPN接続や、オンプレミスのクライアントに対してインターネットアクセスを提供するNAT機能が主な利用形態です。Virtual Machine Managerで管理されるWindows Server Gatewayは、Windows ServerのルーターのVPNおよびNAT機能を利用したものです。Microsoft Azureの仮想ネットワークへのオンプレミス側の機器として、Windows Serverのルーター機能を使用することもできます。

Windows Serverのルーター機能は、Windows Server 2008 R2までは［ルーティングとリモートアクセスサービス（RRAS）］のサーバーの役割が提供していました。Windows Server 2012以降は、［リモートアクセス］というサーバーの役割が提供します。そのような経緯から、現在でもRRASやRASと呼ぶことがあります。

本書のこの節では、［リモートアクセス］のサーバーの役割を使用して、DirectAccessとVPN接続環境を構築し、社外やモバイルクライアントをインターネット経由で企業ネットワークに接続するポイントツーサイトのリモートアクセス環境について説明します。ただし、企業ネットワークへのフルアクセスを可能にするリモートアクセス環境は、レガシーなアプローチと言わざるを得ません。第4章で説明したエンタープライズモビリティの環境や、第9章で説明するリモートデスクトップサービスの環境、あるいはクラウドサービスを活用して、ユーザーの利便性は維持しながら、企業ネットワークに対する外部からの攻撃面をできるだけ狭めるアプローチを採用するべきです。

5.5.1 DirectAccessとVPNの概要

Windows Server 2012以降のリモートアクセスサーバーは、リモートユーザーに対するVPN接続、またはリモートコンピューターに対するDirectAccess接続による、企業ネットワークへのリモートアクセス手段を提供します。このほか、従来と同様に、電話回線を用いたダイヤルアップ接続や、拠点間のVPN相互接続およびルーティングにも対応します。

■ DirectAccessとVPNの違い

VPNは、ダイヤルアップ接続で用いられるPPP（Point to Point）プロトコルをカプセル化することで、インターネット上に実装したものです。ユーザーにとっては、ダイヤルアップ接続と同じように接続を開始し、リモートのネットワークセグメントにネットワークプロトコル（一般的にはIPv4）レベルで直接接続するイメージです。そのため、VPN接続のためには、事前に接続先やVPNプロトコルを構成した接続設定をクライアント側に作成または配布しておく必要があります。

Windows Server 2016のリモートアクセスサーバーは、次の4つのVPNプロトコルに対応します。

- **Point to Point トンネリングプロトコル（PPTP）**――古くからあるマイクロソフトが開発したVPNプロトコル。TCPポート1723（PPTP）とIPプロトコル番号47のGRE（Generic Routing Encapsulation）を使用します。
- **IPSecを利用したレイヤ2トンネリングプロトコル（L2TP/IPSec）**――IPSecベースの標準的なVPNプロトコル。UDPポート1701（L2TP）、UDPポート500（キー交換）、IPプロトコル番号50のESP（Encapsulating Security Payload）を使用します。
- **Secure Socket トンネリングプロトコル（SSTP）**――SSLベースのVPNプロトコル。TCPポート443（HTTPS）のみを使用するため、ファイアウォールやNAT越えが容易です。SSTPは、Windows Server 2008以降およびWindows Vista以降でサポートされます。
- **Internet Key Exchange version 2（IKEv2）**――RFC 4555のIKEv2モビリティおよびマルチホーミングプロトコル（MOBIKE）を実装したVPNプロトコル。ネットワーク接続が変更されても再接続をサポートします。使用するポートはL2TP/IPSecと共通です。IKEv2は、Windows Server 2008 R2以降およびWindows 7以降でサポートされます。

VPN接続は、電話回線を用いたダイヤルアップ接続と同じように、ユーザーの指示による接続の開始と切断操作が必要です。また、SSTPを除く一般的なVPNプロトコルは、使用するTCP/UDPポートやIPプロトコルが複雑であり、あらゆるインターネット接続環境で確実な接続性を提供できるわけではありません。例えば、ビジネスホテルのインターネット接続サービスを利用して、会社にVPN接続をしようとしたら、ファイアウォールでブロックされるというトラブルはよくあることです。VPN接続を行うと、デフォルトゲートウェイが接続先のネットワークのゲートウェイに変更され、その影響で通常のインターネット利用の応答性が低下するというトラブルもよくあります。

画面5-5-1 VPNはユーザーが接続を開始して、リモートのIPサブネットに接続する

なお、Windows 8.1以降では、特定のアプリケーションの開始や接続先のDNSサフィックスに連動して自動的にVPN接続を開始する、自動VPN接続（Auto-triggered VPN）という機能のサポートが追加されています。この機能については、「5.5.6　自動VPN接続（Windows 10およびWindows 8.1クライアント）」で説明します。

DirectAccessは、Windows 7以降のActive Directoryドメインメンバーに限定されるリモートアクセス環境であり、VPN接続の課題の多くを解決します。DirectAccessは、コンピューター起動時にネットワーク接続の状態に応じて自動接続されるため、ユーザーによる接続や切断は必要ありません。また、接続方法はネットワーク接続の状態によって、複数の方法から自動選択されるため、接続性に

優れています。例えば、グローバルなIPv6アドレスが利用可能な場合、グローバルなIPv4アドレスが利用可能な場合、NATの背後にあってプライベートIPアドレスが割り当てられている場合、ファイアウォールのセキュリティが厳しい場合といった状況に応じて、適切な接続方式が自動選択されます。さらに、DirectAccessのクライアントは、インターネットに接続した時点で、ユーザーのログオン状況に関わらず企業ネットワークに接続されるため、企業ネットワーク側の管理者は企業内のクライアントと同じように、社外のクライアントをリモート管理の対象にできます。

画面5-5-2 DirectAccessクライアントのネットワーク状態に応じて接続方法を自動選択し、社内であれば直接、インターネット経由であればIPv6 over IPSecまたはIP-HTTPSで接続を確立する

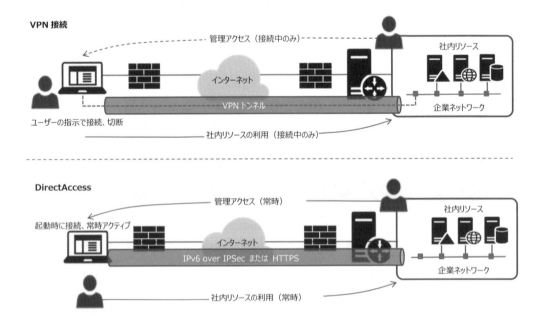

図5-5-3 VPN接続とDirectAccess接続のリモートアクセスのイメージ

■ DirectAccessはIPv6とIPv6移行テクノロジの応用

　DirectAccessは、IPv6およびIPv6移行テクノロジに基づいたリモートアクセステクノロジです。その基本は、クライアントとリモートアクセスサーバー（DirectAccessサーバー）との間のIPSecトンネルを使用した、IPv6による通信です。

　インターネットではIPv4アドレスの枯渇問題が深刻化し、IPv6への移行促進が課題となっていますが、ネットワークの末端に位置する企業の多くは、まだパブリックなIPv6ネットワークとの接続を済ませていないでしょう。しかしながら、DirectAccessはIPv6のテクノロジに依存していますが、ネイティブなIPv6への移行は必須ではありません。WindowsはIPv4とIPv6のデュアルスタックに標準対応しており、さまざまなIPv6移行テクノロジを備えています。DirectAccessは、これらのテクノロジを利用して、IPv4インターネット接続の環境にも導入することができます。

　例えば、クライアントと企業ネットワーク側のサーバーの両方がパブリックなIPv6アドレスを持つなら、ネイティブなIPv6通信が行われます。クライアントがパブリックなIPv6アドレスを持たず、パブリックなIPv4アドレスを持つ場合は6to4が使用されます。パブリックなIPv6アドレスを持たないサーバーは、DirectAccessサーバーがISATAP（Intra-Site Automatic Tunneling Addressing Protocol）サーバーとして機能し、IPv6による通信を可能にします。IPv4とIPv6のデュアルスタックを持たないIPv4専用サーバーに対しては、NAT64とDNS64がプロトコル変換と名前解決を行い、IPv4による通信を可能にします。クライアントがファイアウォールの背後にある場合、あるいはDirectAccessサーバーがファイアウォールの背後にある場合は、IPSecトンネル（IPプロトコル番号50のESP）を確立することができません。その場合は、IP-HTTPSを用いて、HTTPSトンネル（TCPポート443）を構築し、接続します。

　なお、NAT64とDNS64は、Windows Server 2012でDirectAccessに追加されました。Windows Server 2008 R2のDirectAccessでは、IPv4専用サーバーへの接続はサポートされませんでした（ただし、別途、NAT-PTデバイスを設置することで対応可能でした）。また、Windows Server 2008 R2のDirectAccessでは、IPv6テクノロジとしてTeredoも利用していましたが、Windows Server 2012以降のDirectAccessでは、既定では使用されなくなりました。Teredoでサポートされていたプライベートなど IPv4アドレスからの接続には、IP-HTTPSが使用されます。オプションでTeredoを有効化することもできます。

　DirectAccessが使用するIPv6およびIPv6移行テクノロジについて、急ぎ足で触れました。詳しい説明をしないのは、これらのテクノロジの知識がなくても、DirectAccessを導入できるからです。エンドユーザーはもちろん、テクノロジについて意識する必要はまったくありません。重要なのは確実につながることです。どのようなテクノロジが使用されているかは、エンドユーザーにとっては、実はどうでもよいことなのです。

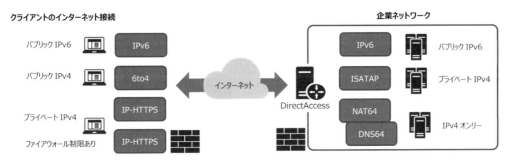

図5-5-4　DirectAccessが使用するIPv6およびIPv6移行テクノロジ。
　　　　　オプションでTeredoを使用することも可能

■ DirectAccessのクライアント要件

DirectAccessクライアントは、Active Directoryドメインのメンバーであることが必須です。また、DirectAccessクライアントは次のWindowsバージョンおよびエディションを実行している必要があります。デスクトップOSはEnterpriseエディション限定の機能であることに留意してください。

- Windows 10 EnterpriseおよびEducation
- Windows 8.1 Enterprise
- Windows 8 Enterprise
- Windows 7 EnterpriseおよびUltimate（機能制限あり）
- Windows Server 2016のすべてのエディション
- Windows Server 2012 R2のすべてのエディション
- Windows Server 2012のすべてのエディション
- Windows Server 2008 R2のすべてのエディション（機能制限あり）

5.5.2　リモートアクセスの役割のインストールと構成

Windows Server 2012以降のDirectAccessは、特に、小中規模環境への展開が非常に簡素化されました。Windows Server 2008 R2のDirectAccessでは必要だったPKI要件は必須ではなくなり、代わ

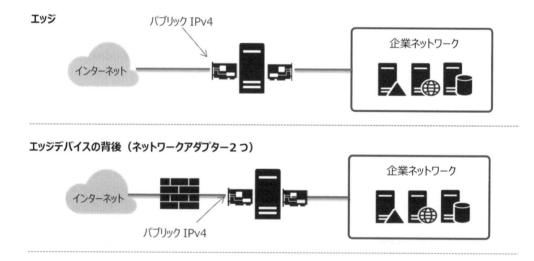

図5-5-5　パブリックIPv4アドレスによるインターネット接続環境におけるDirectAccessサーバーの3つの設置パターン

りにDirectAccessが提供する自己署名証明書で簡単にセットアップすることができます。

　Windows Server 2008 R2のDirectAccessでは、2つのネットワークアダプターを持つサーバーを、一方をインターネットに、他方を企業ネットワークに接続するように設置することが必須でしたが、Windows Server 2012以降のDirectAccessは、他の境界デバイス（ファイアウォールなど）の背後に設置することもできますし、1つのネットワークアダプターしか持たないサーバーもサポートされます。また、Windows Server 2008 R2のDirectAccessで必須であった2つの連続したパブリックIPv4アドレスの要件はなくなりました。パブリックIPv4アドレスは、Teredoをサポートするために必要だったものです。

　DirectAccessに対応していないコンピューターやデバイスをサポートするためにVPNサーバーとともに展開することが可能です。ここでは、エッジデバイスの背後の設置パターンでDirectAccessとVPNを展開する場合の手順で説明します。

　DirectAccessとVPNを展開するサーバーにはWindows Server 2016がインストールされており、1つのネットワークアダプターにプライベートIPv4アドレスが割り当てられており、エッジデバイスであるNAT対応のゲートウェイ経由でインターネットに接続されます。エッジデバイスにはパブリックなIPv4アドレスが1つ割り当てられており、エッジデバイスのポートフォワーディング（IPマスカレード）機能を用いてHTTPS（TCPポート443）トラフィックをDirectAccessのサーバーに転送するように構成してあります。同じ環境で、SSTPのVPNサーバーを展開することが可能です。SSTP以外のVPNプロトコルに対応するためのポートフォワーディングの構成については、「5.5.1 DirectAccessとVPNの概要」を参考にしてください。ただし、一般的なポートフォワーディングではSSTP以外の許可は困難です。

1. ［サーバーマネージャー］の［役割と機能の追加ウィザード］を使用して、［リモートアクセス］の役割と関連する役割サービス（管理ツールやWindows Internal Database、Webサーバー（IIS）の役割など）をインストールします。DirectAccessとVPNを展開するには、［リモートアクセス］の役割の中の、［DirectAccessおよびVPN（RAS）］をインストールします。［ルーティング］は、拠点間のVPN接続やIPサブネット間のルーティングで必要になる役割サービスです。

画面5-5-6　［リモートアクセス］の役割サービス［DirectAccessおよびVPN（RAS）］をインストールする

2. 役割のインストールが完了すると、［役割と機能の追加ウィザード］の最後のページまたは［サーバーマネージャー］の通知に［作業の開始ウィザードを表示する］というリンクが提供されます。このリンクをクリックして、［リモートアクセスの構成］ウィザードを開始します。ウィザードを閉じてしまった場合は、［サーバーマネージャー］の［通知］アイコンをクリックし、［展開後構成］の通知から開始できます。

3. ［リモートアクセスの構成］ウィザードが開始します。最初のページで、［DirectAccessとVPNを両方展開します（推奨）］または［DirectAccessのみを展開します］のいずれかをクリックします。DirectAccessはWindows 7以降のEnterpriseエディションを実行するクライアントでサポートされます。それ以外のコンピューターやデバイスに対してもリモートアクセスを提供するには、DirectAccessとともにVPNを展開します。

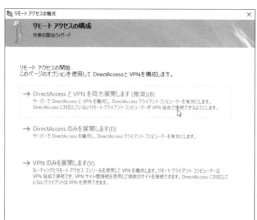

画面5-5-7
［DirectAccessとVPNを両方展開します（推奨）］
をクリックする

4. ［リモートアクセスサーバーのセットアップ］ページで、ネットワークトポロジとして［エッジデバイスの背後（ネットワークアダプター1つ）］を選択し、リモートアクセスサーバー（DirectAccess）サーバーへのポートフォワーディングを構成したパブリックIPv4アドレスまたは、パブリックなIPアドレスに対応するFQDNを入力します。パブリックなIPv4アドレスを直接指定する場合、IPv4アドレスをサブジェクト名（共通名）に持つ証明書が必要になります（DirectAccessサーバーが生成する自己署名証明書を使用できます）。

 DNSサフィックスによる社内の区別

リモートアクセスサーバーとしてパブリックIPv4アドレスではなく、FQDNを使用する場合、そのFQDNのDNSサフィックスはインターネットアクセスと社内アクセスを区別するために使用されるため、社内のActive DirectoryドメインのFQDNと一致しないようにすることをお勧めします。例えば、DirectAccessサーバーの社内のFQDNがda.demo.contoso.comの場合、社外のFQDNはda.contoso.comにするなど、社内ネットワークのDNSサフィックスと区別できる必要があります。社内外で同じDNSサフィックスを使用することも不可能ではありませんが、その場合、名前解決ポリシーテーブルの構成が複雑になります。

画面 5-5-8
実際のネットワークトポロジに合わせて適切なオプションを選択し、インターネットからアクセス可能な DirectAccess サーバーの FQDN またはパブリック IPv4 アドレスを指定する

5. ウィザードの次のページで［完了］ボタンをクリックします。これで、DirectAccess サーバーと DirectAccess クライアントの構成が行われます。［ウィザード設定を編集するにはここをクリックしてください］のリンクをクリックすると、構成を開始する前に構成内容をカスタマイズできます。設定はあとからでも変更できるので、まずはウィザードがお勧めする既定の構成のまま進めましょう。

画面 5-5-9
［完了］ボタンをクリックして、DirectAccess サーバーとクライアントの構成を開始する

6. ［リモートアクセスの構成］ウィザードが行うのは、主にグループポリシーオブジェクト（GPO）と自己署名証明書の作成です。実は、DirectAccess には、DirectAccess 専用のサーバーコンポーネントやクライアントエージェントというものは存在しません。DirectAccess は、IPSec、名前解決ポリシー、IPv6 移行テクノロジといった、Windows 標準のネットワーク機能で実現されるものだからです。作成された GPO がサーバーとクライアントに適用されると、DirectAccess サーバーおよび DirectAccess クライアントとして振る舞うようになります。

画面5-5-10
ウィザードによりGPOが作成され、自己署名証明書で構成がセットアップされる

7. 構成が完了すると、[リモートアクセス管理コンソール]が起動します。DirectAccessおよびVPNの構成の変更と、正常性の監視、リモートアクセス状況の監視、レポートは、このコンソールで一元管理できます。[リモートアクセス管理コンソール]は、[サーバーマネージャー]の[ツール]メニューの[リモートアクセス管理]から開くこともできます。構成内容のカスタマイズは、[構成]の[DirectAccessとVPN]ページにあるビジュアルな構成図から行えます。

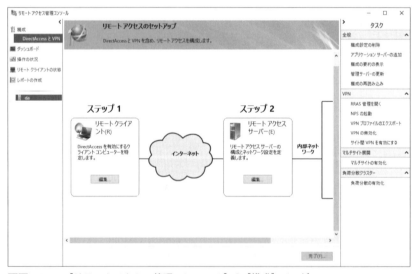

画面5-5-11　[リモートアクセス管理コンソール]の[構成]ページ

5.5.3　DirectAccessとVPNの展開とカスタマイズ

DirectAccessの構成を完了すると、Active Directoryのドメインに[DirectAccess サーバーの設定]と[DirectAccess クライアントの設定]（DirectAccessの後ろに半角スペースが入ります）の2つのGPOが作成され、ドメインのレベルにリンクされます。これらのGPOには、セキュリティが強化され

たWindowsファイアウォールの規則、IPSecの構成、名前解決ポリシー、IPv6移行テクノロジの構成、証明書（自己署名証明書を使用する場合）などのポリシー設定が定義されています。ポリシーの内容を詳しく見ていくと、DirectAccessがどのような仕組で実装されているのかを具体的に見ることができます。Windows Server 2012以降のDirectAccessでは、PKI要件が必須ではなくなりましたが、自動生成された自己署名証明書がGPOを通じてDirectAccessクライアントに配布されるので、通常、自己署名証明書を使用する場合の課題である証明書のインストールについて心配する必要はありません。

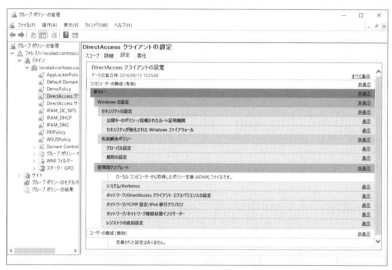

画面5-5-12　［DirectAccessクライアントの設定］GPOのポリシー設定

既定で作成されるDirectAccess - Laptop only WMI filterについて

既定では、［DirectAccess クライアントの設定］GPOには、セキュリティフィルターとしてDomain Computersグループが設定され、［DirectAccess - Laptop only WMI filter］という名前のWMIフィルターが設定されます。セキュリティフィルターは、この後説明する［DirectAccess クライアントのセットアップ］から変更できます。また、［モバイルコンピューターに対してのみDirectAccessを有効にする］のチェックをはずすと、［DirectAccess - Laptop only WMI filter］の設定は解除されます。

［DirectAccess - Laptop only WMI filter］には、次の2つのWMIクエリが定義されています。1つ目のクエリは、モバイルコンピューターを識別するものです。2つ目のクエリは、ドメインコントローラーではないWindows ServerまたはWindows 7以降のDirectAccessに対応したエディション（Enterprise、Ultimate、Enterprise評価版など）を識別します。

```
select * from Win32_ComputerSystem where PCSystemType = 2
select * from Win32_OperatingSystem where (ProductType = 3) OR
 (((Version LIKE '6.[2-3]%') OR (Version LIKE '[1-9][0-9].%')) AND
 (OperatingSystemSKU = 4 OR OperatingSystemSKU = 27 OR
 OperatingSystemSKU = 72 OR OperatingSystemSKU = 84)) OR
 (Version LIKE '6.1' AND (OperatingSystemSKU = 4 OR
 OperatingSystemSKU = 27 OR OperatingSystemSKU = 70 OR
 OperatingSystemSKU = 1 OR OperatingSystemSKU = 28 OR
 OperatingSystemSKU = 71))
```

[リモートアクセス管理コンソール]の[構成]の[DirectAccessとVPN]ページにあるステップ1〜4の[編集]ボタンをクリックすると、[リモートアクセスの構成]ウィザードによる既定の構成をカスタマイズできます。[DirectAccess サーバーの設定]と[DirectAccess クライアントの設定]のGPOを直接変更したり、セキュリティフィルターやWMIフィルターを変更したりすることは、決してお勧めしません。これらは、[リモートアクセス構成ウィザード]により自動構成されたもので、変更が必要な場合は、[リモートアクセス管理コンソール]から構成を変更し、GPOを更新するという手順で行ってください。

■ ステップ1 – DirectAccessクライアントの構成

ドメイン内のすべてのモバイル（ノートブック）コンピューターという、既定のDirectAccessクライアントの範囲は、現実的ではないかもしれません。小規模なリモート拠点のデスクトップコンピューターをDirectAccessクライアントとして構成したい場合もあるでしょう。DirectAccessクライアントにするコンピューターを明示的に管理したい場合は、Active Directoryのグループを作成して、対象のコンピューターアカウントをメンバーに登録することです。例えば、DirectAccessClientsというグループをドメインに新規作成し、DirectAccessクライアントとして構成したいコンピューターをグループに登録します。

グループを作成したら、次の手順でDirectAccessクライアントの構成を変更します。

1. [リモートアクセス管理コンソール]の[構成]の[DirectAccessとVPN]ページを開き、[ステップ1 リモートクライアント]にある[編集]ボタンをクリックします。

2. [DirectAccessクライアントのセットアップ]ウィザードが開始します。最初の[展開シナリオ]のページで[クライアントアクセスとリモート管理用に完全なDirectAccessを展開する]を選択します。DirectAccessには、[リモート管理用にのみDirectAccessを展開する]というオプションも用意されており、リモートアクセスではなく、企業ネットワーク側からのリモート管理のためだけにDirectAccessを展開することができるようになっています。

画面5-5-13 [クライアントアクセスとリモート管理用に完全なDirectAccessを展開する]を選択する

3. [グループの選択]のページで、既定のDomain Computersグループを削除し、事前に準備したグループを追加します。[モバイルコンピューターに対してのみDirectAccessを有効にする]オプ

ションは、GPOにWMIフィルター［DirectAccess - Laptop only WMI filter］を設定するかしないかの選択です。［強制トンネリングを使用する］オプションは、DirectAccess接続環境において、Webブラウジングなどのインターネットアクセスを、クライアントのローカルからアクセスさせるか、すべて企業ネットワークを経由するように強制するかを制御するものです。

画面5-5-14 既定のDomain Computersを削除し、事前に準備しておいたグループに変更する

4. ［Network Connectivity Assistant］のページで［完了］ボタンをクリックします。なお、Network Connectivity Assistant（NSA）は、企業ネットワークにローカル接続したDirectAccessクライアントで、DirectAccessの構成を診断するときに接続性の判断に使用されるURLです。このページでは、ヘルプデスクの電子メールアドレスや、DirectAccess接続の名称（既定は［職場の接続］）、DirectAccessクライアント側のローカルのhostsファイルを使用した社内リソースの名前解決の許可を設定できます。

画面5-5-15 ［完了］ボタンをクリックして、クライアントの構成を完了する

5. ウィザードを終了すると、[リモートアクセス管理コンソール]の[構成]ページの下部に[一部の構成の変更が適用されていません。変更を適用するには、[完了]をクリックしてください。]と表示されます。[完了]ボタンをクリックすると、[リモートアクセスの確認]ダイアログボックスが表示されます。[リモートアクセスの確認]ダイアログボックスのウィンドウサイズを変更すると[適用]ボタンが出現します。[適用]ボタンをクリックすると、GPOやセキュリティフィルター、WMIフィルターが更新されます。[適用]ボタンをクリックする前であれば、[タスク]ペインの[構成の再読み込み]を実行することで、変更内容を破棄して、元の状態に戻すことができます。

画面5-5-16 [リモートアクセス管理コンソール]で[完了]ボタンをクリック後、[リモートアクセスの確認]で[適用]ボタンをクリックする

ステップ2 − DirectAccessとVPNサーバーの構成

　DirectAccessクライアントと同じように、DirectAccessサーバーやVPNサーバー、その他のサーバーの構成も[リモートアクセス管理コンソール]の[構成]の[DirectAccessとVPN]ページから編集できます。DirectAccessサーバーとVPNサーバーの構成を編集するには、[ステップ2 リモートアクセスサーバー]にある[編集]ボタンをクリックします。

　DirectAccessサーバーの設定では、ネットワークトポロジの変更はできませんが、[ネットワークアダプター]のページで、クライアントがアクセスするFQDNの変更や証明書の変更、ネットワークインターフェイスの変更が可能です。既定では、DirectAccessサーバーは自己署名証明書を使用するように構成されます。Active Directory証明書サービスのエンタープライズCAで発行した証明書を利用するには、[参照]ボタンをクリックしてローカルコンピューターの[個人]証明書ストアにインストールされている、適切な証明書に変更します。なお、証明書のサブジェクト名(共通名)は、DirectAccessサーバーへの外部からのアクセスに使用するFQDNと一致している必要があります。

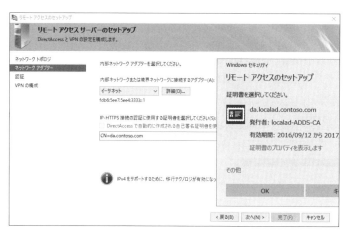

画面5-5-17 自己署名証明書をエンタープライズCAで発行した適切な証明書に変更する。
自己署名証明書のまま運用することも可能

　［認証］ページでは、DirectAccessクライアントとDirectAccessサーバー間の認証方法を構成できます。既定の認証方法は、［Active Directoryの資格情報（ユーザー名/パスワード）］、つまりKerberos認証です。Windows Server 2008 R2のDirectAccessでは、コンピューター証明書による認証のみがサポートされていました。そのため、Windows 7およびWindows Server 2008 R2のDirectAccessクライアントをサポートする必要がある場合は、［コンピューターの証明書を使用する］を有効にして、企業ネットワーク内のPKIまたはパブリックなCAのルート証明書を指定する必要があります。［2要素認証（スマートカードまたはワンタイムパスワード（OTP）］をサポートする必要がある場合も、コンピューター証明書の使用が必要になります。

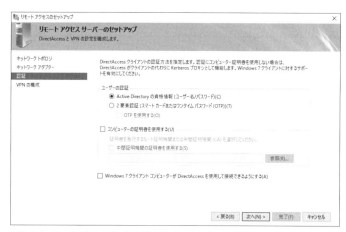

画面5-5-18 既定はPKIを必要としないKerberos認証。Windows 7をサポートするには、PKIの展開が必要

　DirectAccessサーバーとともにVPNサーバーを展開した場合は、［VPNの構成］ページでIPアドレスの割り当て方法と認証方法を構成できます。既定は、［アドレスを自動的に割り当てる］と［Windows認証を使用する］の設定です。それぞれ［静的アドレスプールからアドレスを割り当てる］と［RADIUS認証を使用する］に変更することができます。

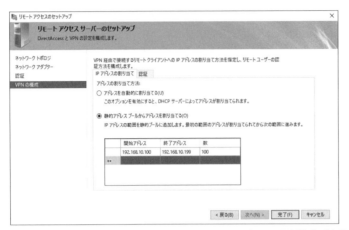

画面5-5-19　VPNサーバーのクライアントへのIPアドレスの割り当て方法と認証方法を構成する

 PKIの展開が不要なライト展開

　DirectAccessの既定のユーザー認証はKerberos認証です。スマートカードを使った2要素認証やWindows 7クライアントのサポートを必要としない場合は、DirectAccessのためにPKIを構築する必要がありません。また、DirectAccessで使用するその他の証明書（IP-HTTPS用の証明書など）は、[DirectAccess クライアントの設定] GPOの[公開キーのポリシー￥信頼されたルート証明機関]を使用して、必要な証明書がDirectAccessクライアントに配布されます。このように、DirectAccessを既定の設定でシンプルに展開する場合、PKIといったインフラストラクチャサービスをDirectAccess用に展開せずに済みます。これはWindows Server 2008 R2のDirectAccessとの大きな違いであり、ライト展開と呼ぶことができます。

　コンピューター証明書を必要とする場合で、Active Directory証明書サービスのPKIを使用する場合は、証明書失効リスト（CRL）に外部のDirectAccessクライアントがアクセスできるように、CRL公開用のWebサーバーをインターネットに公開する必要があります。その方法については、第4章で説明しました。

■| ステップ3 − インフラストラクチャサーバーの構成

　DirectAccessにおいてインフラストラクチャサーバーは、DirectAccessクライアントの現在の場所の判断や、社内リソースの名前解決、DirectAccessクライアントのリモート管理（オプション）に使用されます。インフラストラクチャサーバーは、[ステップ3 インフラストラクチャサーバー]にある[編集]ボタンで変更できます。

　インフラストラクチャサーバーの1つは、ネットワークロケーションサーバーです。DirectAccessクライアントがDirectAccessの接続なしで、ネットワークロケーションサーバーに接続できる場合、内部ネットワークに直接接続されているとみなされ、DirectAccess接続は使用されません。既定では、DirectAccessサーバーがネットワークロケーションサーバーとしてセットアップされ、アクセスには内部ネットワーク上のFQDNを使用したHTTPSアクセスが使用されます。ネットワークロケーションサーバーは必須であり、内部ネットワーク上の任意のWebサーバーを使用できますが、HTTPSでアクセスでき、内部ネットワーク内でCRL（証明書失効リスト）を取得できる必要があります。

　必須のインフラストラクチャサーバーとしてはもう1つ、社内リソースの名前解決用のDNSサーバーがあります。既定では、DirectAccessサーバーが参照しているActive DirectoryドメインのDNSサーバーのIPv6アドレス（パブリックIPv6アドレスまたは2002:から始まる6to4 IPv6アドレス）が設

定され、内部ネットワーク（Active Directoryドメイン）の名前解決に使用されるように構成されます。［DNS］および［DNSサフィックス検索一覧］の設定に基づいて、［DirectAccessクライアント設定］GPOの［名前解決ポリシー］の名前解決ポリシーテーブルが構成されます。名前解決ポリシーテーブルは、インターネット上のDirectAccessクライアントが通常のインターネットアクセスと、DirectAccess接続によるリモートアクセスを区別するために使用する重要な設定です。

　DirectAccessクライアントのリモート管理に使用する管理サーバーの構成はオプションです。管理サーバーからは、ユーザーがWindowsにサインインしているかどうかに関係なく、管理用のトンネルを介してインターネット上のDirectAccessクライアントにリモート接続することが可能です。

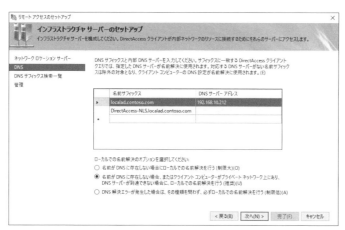

画面5-5-20　ネットワークロケーションサーバー、社内リソース用のDNSサーバー、
　　　　　　管理用のサーバー（オプション）を設定する

■｜ステップ4 − アプリケーションサーバーの構成（オプション）

　［ステップ4　アプリケーションサーバー］の構成はオプションです。DirectAccessでは、DirectAccessクライアントとDirectAccessサーバー間でのみIPSecによる認証と暗号化が行われます。アプリケーションサーバーを構成すると、IPSec認証と暗号化を、アプリケーションサーバーのエンドポイントにまで拡張することができます。この構成は、内部ネットワークでIPSecを展開する場合に必要になります。

Teredoのサポート
　Windows Server 2012以降のDirectAccessは、標準でIPv6ネイティブ、またはIPv6移行テクノロジの6to4またはIP-HTTPSの3つの中からいずれかの方法を選択して、リモートアクセスを実現します。DirectAccessクライアントでパブリックなIPv6アドレスが利用できず、パブリックなIPv4アドレスが利用できる場合は、6to4が選択されます。NATの背後など、プライベートなIPv4アドレスが割り当てられた場合は、IP-HTTPSを選択します。Windows Server 2008 R2のDirectAccessは、これに加えてTeredoも利用できました。Teredoはクライアントがプライベートな IPv4アドレスで接続されている場合にIP-HTTPSよりも先に試行される方法でした。そして、ファイアウォールなどでTeredoがブロックされる場合に、IP-HTTPSが選択されました。
　実は、Windows Server 2012以降のDirectAccessでもオプションでTeredoを有効化できます。Teredoを有効化するには、DirectAccessサーバーのインターネット側のネットワークアダプターに、2つの連続したパブリックなIPv4アドレスが割り当てられている必要があります。つまり、エッジタイプの配置で構成する必要があります。また、Windowsファイアウォールの規則をActive Directoryのドメインメン

バーのすべてのコンピューターに対して構成し、ICMPv4エコー要求およびICMPv6エコー要求の送信および受信を許可する必要があります。これらの条件を準備したら、DirectAccessサーバーで次のコマンドレットを実行し、Teredoを有効にします。

```
PS C:¥> Set-DAServer -Teredo Enabled
```

このコマンドレットにより、［DirectAccess サーバーの設定］および［DirectAccess クライアントの設定］GPOにTeredoの設定が書き込まれるので、DirectAccessサーバーとDirectAccessクライアントの両方にGPOを再適用します。

■| VPNサーバーの詳細構成

VPNサーバーの詳細な構成は、［サーバーマネージャー］の［ツール］メニューから［ルーティングとリモートアクセス］スナップインを開いて行います。このスナップインは、［リモートアクセス管理コンソール］の［構成］の［DirectAccessとVPN］ページの［操作］ペインにある［RRAS管理を開く］から開くことができます。

ユーザーに対してVPN接続を許可するには、［Active Directoryユーザーとコンピューター］でユーザーのプロパティを開き、［ダイヤルイン］タブでリモートアクセスを許可する必要もあります。

画面5-5-21　VPN接続をユーザーに許可する

5.5.4 | DirectAccessクライアントの展開と接続の監視

DirectAccessのサーバーを構成し、GPOが作成された段階で、既にDirectAccessの環境の準備はできています。DirectAccessクライアントの構成、および認証や暗号化に使用される証明書は、自動作成される［DirectAccess クライアントの設定］GPOにすべて含まれます。

■| ドメインクライアントをDirectAccessクライアントとして構成する

DirectAccessクライアント機能をサポートするActive Directoryドメインメンバーのコンピューターに［DirectAccess クライアントの設定］GPOが適用されると、そのコンピューターはDirectAccessクライアントとして動作するようになります。Active Directoryドメインへの参加設定

以外に、クライアント側で行う作業はありません。なお、**gpupdate**コマンドでGPOを更新した場合は、コンピューターを再起動してください。

■ オフラインドメイン参加設定で外部のクライアントを構成する

　Windows 8以降およびWindows Server 2012以降では、オフラインドメイン参加の方法で、グループポリシーやルートCA証明書とともにドメイン参加設定を行うことが可能です。［DirectAccess クライアントの設定］GPOとルートCA証明書をオフラインドメイン参加のプロビジョングデータに含めることで、社外にあるコンピューターを一度も社内に持ち込むことなく、Active Directoryのドメインに参加させ、同時にDirectAccessクライアントとしてセットアップして、DirectAccessによるリモートアクセスを開始することができます。

1. ［Active Directoryユーザーとコンピューター］を開き、コンピューターアカウントを作成して、［DirectAccess クライアントの設定］GPOのセキュリティフィルターに設定したグループに追加します。

2. Active Directoryのドメインコントローラーまたはドメインメンバーのコンピューターでコマンドプロンプトを管理者として開き、次のコマンドラインを実行して［DirectAccess クライアントの設定］GPOとルートCA証明書を含むプロビジョニングファイルを作成します。

```
C:¥> djoin /provision /domain <Active DirectoryのDNSドメイン名>
    /machine <コンピューター名> /reuse /policynames "DirectAccess クライアントの設定"
    /ROOTCACERTS /savefile <プロビジョニングファイルのパス>
```

3. インターネットに接続されたコンピューターでコマンドプロンプトを管理者として開き、次のコマンドラインを実行してオフラインドメイン参加設定を実行し、コンピューターを再起動します。

```
C:¥> djoin /requestodj /loadfile <プロビジョニングファイルのパス>
    /windowspath %Windir% /localos
C:¥> shutdown /r /t 0
```

■ DirectAccessクライアントの動作

　DirectAccessクライアントとして構成されたWindows 8以降のコンピューターには、［職場の接続］（既定の名前）というネットワーク接続が追加され、企業ネットワークへの接続状況が示されます。Windows 7 EnterpriseおよびUltimateの場合は、このようなUIは提供されません。

　DirectAccessクライアントが企業ネットワークに直接接続されている場合、ネットワークロケーションサーバーを検出してローカル接続であることを判断し、DirectAccessのトンネルを確立することなく、そのまま企業ネットワーク上のリソースにアクセスできます。このとき、［職場の接続］の状態には、次のように表示されます。

> **ローカルまたはVPN経由でネットワークに接続されました。**

　DirectAccessクライアントがネットワークに接続されていないオフラインの状態の場合、［職場の接続］の状態には、次のように表示されます。

インターネット接続がありません。

　オフラインのDirectAccessクライアントでインターネット接続を開始すると、［職場の接続］の状態は［接続中］となり、ネットワークロケーションサーバーにアクセスできないことを検出すると、DirectAccessのトンネルを確立します。このとき、［職場の接続］の状態には、次のように表示され、企業ネットワーク上のリソースにアクセスできるようになります。

接続済み

　DirectAccess接続経由では社内リソースにFQDNやUNC名などの名前を使用してアクセスできます。Windows Server 2012以降のDirectAccessサーバーは、NAT64とDNS64により、IPv4でのみ提供されるリソースにも接続できますが、IPv4アドレスを直接指定してアクセスすることはできません。IPv4のリソースにアクセスする場合でも、DirectAccessクライアントとDirectAccessサーバー間のトンネルでは、IPv6による通信が行われるからです。

画面5-5-22　DirectAccessクライアントはネットワークロケーションサーバーにアクセスできないことを検出すると、DirectAccessによる接続を自動的に開始する（画面は、Windows 10 Enterpriseの場合）

画面5-5-23　DirectAccessによる接続が確立すると、社内と同じURLやUNC名で社内リソースにアクセスできる（画面は、Windows 8.1 Enterpriseの場合）

■ 接続のトラブルシューティング

Windows 8.1 Enterprise および Windows 10 Enterprise には、DirectAccess 接続の問題をトラブルシューティングする方法がいくつか用意されています。

Windows 8.1 Enterprise の場合は [PC設定] の [ネットワーク] - [接続] - [DirectAccess] を開き、DirectAccess の接続のプロパティを開いて [収集] ボタンをクリックします。Windows 10 Enterprise の場合は [設定] の [ネットワークとインターネット] - [DirectAccess] を開いて [収集] ボタンをクリックします。すると、DirectAccess 接続に関連するログを収集して、DirectAccess クライアントの設定で構成したヘルプデスクの電子メールアドレス宛てに収集したログを自動送信できます。

Windows 標準の [問題のトラブルシューティング] にも、[DirectAccess を使用した職場への接続] という項目が用意されており、これを使用して問題を調査することができます。

Windows PowerShell では、次のコマンドレットを使用して、DirectAccess クライアントの構成情報や接続状態を確認できます。

- **Get-DAClientExperienceConfiguration** —— DirectAccess クライアントの設定を表示します。
- **Get-DAConnectionStatus** —— DirectAccess 接続の接続状態を表示します。ローカル接続の場合は [ConnectedLocally]、リモートからの DirectAccess 接続の場合は [ConnectedRemotely] と表示します。
- **Reset-DAClientExperienceConfiguration** —— DirectAccess クライアント構成を既定の状態にリセットします。
- **Get-DnsClientNrptPolicy** —— クライアントに適用された名前解決ポリシーテーブルを確認できます。
- **Get-NCSIPolicyConfiguration** —— 企業ネットワークとの接続性の確認に使用される設定（ネットワークロケーションサーバーのURLなど）を確認できます。
- **Get-DAEntryPointTableItem** —— マルチサイト展開におけるエントリポイントを表示します。
- **Reset-DAEntryPointTableItem** —— エントリポイントを既定の構成にリセットします。

画面5-5-24　DirectAccess に対応した問題のトラブルシューティングツール

■ 監視とレポート

　DirectAccessのサーバーの正常性と、クライアントの接続状況は、VPN接続と合わせて、［リモートアクセス管理コンソール］を使用して一元的に監視できます。

　［リモートアクセス管理コンソール］の［ダッシュボード］では、サーバーの正常性とクライアントの状態の概要を確認できます。サーバーの正常性は、［操作の状況］に切り替えることで、コンポーネントごとの詳細な情報を参照できます。例えば、エラーが発生している場合は、その原因や対象方法が示されます。また、［リモートクライアントの状態］に切り替えると、現在アクティブなDirectAccess接続のユーザー名、ホスト名、IPアドレス（ISPアドレス）、トンネリングプロトコル（6to4やIP-HTTPS、Teredo）、接続期間、接続品質（bps）、使用したプロトコルとポート、送受信バイト数などの詳細情報を確認できます。

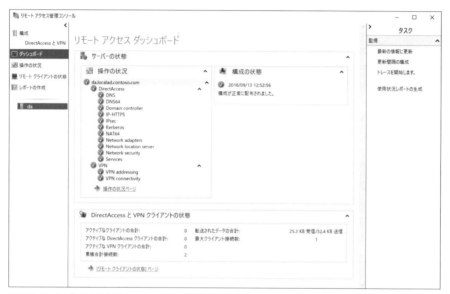

画面5-5-25　［リモートアクセス管理コンソール］の［ダッシュボード］では、DirectAccessとVPNの正常性とクライアント接続の概要を確認できる

　Windows Server 2012以降のリモートアクセスサーバーでは、既存のRADIUSサーバー（ネットワークポリシーサーバーはRADIUSサーバーとして機能します）およびWindows Internal Database（WID）を利用して、DirectAccessおよびVPN接続に関するアカウンティング情報を記録して、レポートを作成できます。アカウンティング情報には、ユーザーの統計情報、サーバーのパフォーマンスおよび構成履歴データが含まれます。

　アカウンティングを有効にするには、［リモートアクセス管理コンソール］の［レポートの作成］を開き、［アカウンティングの構成］をクリックして、［受信トレイアカウンティングを使用する］にチェックを入れます。このオプションを選択すると、Windows Internal Database（WID）にユーザーの統計情報、サーバーのパフォーマンスデータ、および構成変更のログが保存され、レポートの作成が可能になります。［RADIUSアカウンティングを使用する］にチェックを入れると、ローカルまたはリモートのネットワークポリシーサーバーのアカウンティングログまたはデータベースにもログを保存することができます。

画面5-5-26 ［アカウンティングの構成］で［受信トレイアカウンティングを使用する］にチェックを入れ、レポート作成用のログの収集を開始する

5.5.5 DirectAccessクライアントのリモート管理

　社外にあってインターネット経由でリモートアクセスしているDirectAccessクライアントは、VPNクライアントとは異なり、リモートから社内のIPサブネットに直接接続しているわけではありません。DirectAccessクライアントは社内リソースへアクセスするたびに、IPSecトンネルを介してリモートのサーバーとIPv6でピアツーピアで通信します。社内ネットワーク側の任意のコンピューターから、インターネット上のDirectAccessクライアントに接続を開始することは、原則としてはできません。

　例外は、管理サーバーとして登録されているサーバーからのアクセスです。管理サーバーからは、リモートのDirectAccessクライアントにユーザーがサインインする前でも、管理用のトンネルを使用して接続することができます。

　DirectAccessクライアントに社内の管理サーバーからリモート接続するには、接続に使用するアプリケーションやポートをWindowsファイアウォールで許可しておく必要があります。具体的には、［セキュリティが強化されたWindowsファイアウォール］で受信の規則を作成し、規則の［詳細設定］タブで［エッジトラバーサルを許可する］を設定します。なお、DirectAccessクライアントの接続には、そのときのネットワーク接続状況に応じて、［ドメイン］［プライベート］［パブリック］のどのプロファイルが適用されるかわからないため、すべてのプロファイルで許可が必要です。ただし、［パブリック］に受信の許可規則を設定した場合、インターネットにポートを開放してしまうことになるため危険です。リスクを最小化するために、［スコープ］タブでリモートIPアドレスに管理サーバーのパブリックなIPv6アドレスまたは6to4 IPv6アドレスを指定して、アクセス元を限定してください。

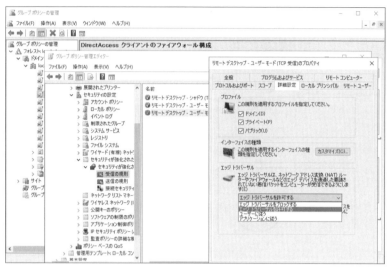

画面5-5-27　DirectAccessのトンネルを介した接続を許可するためには、エッジトラバーサルを許可する必要がある

なお、DirectAccessクライアントの［セキュリティが強化されたWindowsファイアウォール］の設定は、グループポリシーを使用して構成できますが、［DirectAccess クライアントの設定］GPOは、［リモートアクセス管理コンソール］による構成の変更で上書きされてしまうことがあるので、別のGPOを作成してDirectAccessクライアントに展開してください。

DirectAccessクライアントのファイアウォールプロファイルについて

　DirectAccessクライアントがDirectAccess接続で社内ネットワークに接続したとしても、VPN接続のようにWindowsファイアウォールのドメインプロファイルが適用されることはありません。DirectAccess接続は、VPN接続のようなリモートのIPネットワークセグメントへの接続とは異なり、IPv6によるピアツーピア通信を行います。インターネットに直接接続されたDirectAccessクライアントには、通常、パブリックプロファイルが適用されます。

5.5.6　自動VPN接続（Windows 10およびWindows 8.1クライアント）

　DirectAccessに対応していないWindowsを実行するコンピューター、およびドメインに参加していないWindowsコンピューターは、DirectAccessのリモートアクセス環境を利用できません。DirectAccess非対応のコンピューターやデバイスに対して、社内ネットワークへのリモートアクセスを提供するには、DirectAccessとともに展開できるVPNサーバーやサードベンダーのVPNゲートウェイデバイスを利用できます。

　Windowsは標準でVPNクライアント機能を搭載していますが、VPN接続は原則としてユーザー自身が必要時に開始する必要があります。Windows 8.1からは新たに、自動VPN接続（Auto-triggered VPN）という機能を利用して、VPN接続の開始を自動化できるようになりました。自動VPN接続は、ドメインに参加していないWindows 8.1およびWindows 10のすべてのエディションでサポートされます。

ドメインメンバーの自動VPN接続は非サポート

自動VPN接続を利用できるのは、Active Directoryに参加していないワークグループ構成のコンピューターに限定されます。ドメインメンバーのWindows 8.1やWindows 10で自動VPN接続の構成を行っても機能しません。

自動VPN接続を構成すると、特定のデスクトップアプリやストアアプリを開始した際に、ユーザーの操作なしでVPN接続を開始させることができます。VPN接続の認証情報を保存している場合は、自動的にVPN接続が完了します。認証情報の入力が必要な場合は、その旨が通知されるので、認証情報を入力します。

■│特定のアプリの開始時に自動VPN接続する

自動VPN接続をセットアップするには、作成済みのVPN接続に対してSet-VPNConnectionコマンドレットで自動VPN接続を利用可能にします。それには、PowerShellのウィンドウ(管理者権限は不要)を開き、次のコマンドラインを実行します。"VPN接続"の部分は、実際の接続名に置き換えてください。

```
PS C:\> Set-VPNConnection -ConnectionName "VPN接続" -SplitTunneling $true
```

自動VPN接続は自動切断の機能を提供しません。自動切断させたい場合には、VPN接続に対してSet-VPNConnectionコマンドレットでアイドルタイムアウトを設定します。既定のタイムアウトは0(自動切断しない)です。

```
PS C:\> Set-VPNConnection -ConnectionName "VPN接続" -IdleDisconnectSeconds 60
```

自動VPN接続を使用するデスクトップアプリケーション(実行可能ファイル)やストアアプリを設定するには、Add-VPNConnectionTriggerApplicationコマンドレットを次のように実行します。ストアアプリのプロダクトファミリー名は、Get-AppxPackageコマンドレットの実行結果のPackage FamilyNameの値から取得してください。

```
PS C:\> Add-VPNConnectionTriggerApplication -ConnectionName "VPN接続"⤸
 -ApplicationId "<デスクトップアプリのフルパス>"
PS C:\> Add-VPNConnectionTriggerApplication -ConnectionName "VPN接続"⤸
 -ApplicationId "<ストアアプリのプロダクトファミリー名>"
```

例えば、リモートデスクトップ接続クライアント(Mstsc.exe)とリモートデスクトップアプリで自動VPN接続を使用するには、次のように実行します。

```
PS C:\> Add-VPNConnectionTriggerApplication -ConnectionName "VPN接続"⤸
 -ApplicationId "C:\Windows\System32\mstsc.exe",⤸
 "Microsoft.RemoteDesktop_8wekyb3d8bbwe"
```

以上の設定により、Add-VPNConnectionTriggerApplicationコマンドレットで指定したデスクトップアプリケーションやストアアプリを開始すると、自動VPN接続が実行されるようになります。

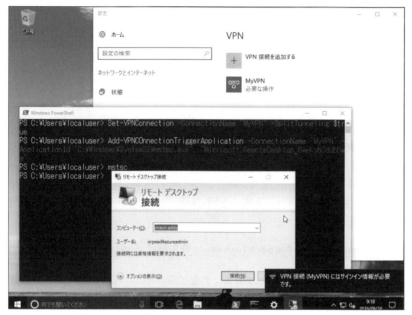

画面5-5-28　自動VPN接続の構成とテスト

 VPN接続に追加される自動VPN接続のオプション

　特定のVPN接続に対して自動VPN接続を構成すると、そのVPN接続のプロパティに［アプリケーションがこのVPN接続を自動的に利用できるようにする］（Windows 8.1の場合は［このVPN接続を自動的に使用する］）という設定項目が追加されます。自動VPN接続が正しく機能するには、このオプションが有効になっている必要があります。このオプションは、VPN接続の失敗やキャンセル、複数のVPN接続に対する自動VPN接続の構成などで無効になることがあるので注意してください。

画面5-5-29
自動VPN接続が機能するためには［アプリケーションがこのVPN接続を自動的に利用できるようにする］が有効になっている必要がある

■|接続されるローカルネットワークに応じて自動VPN接続を抑制する

　コンピューターがインターネットアクセス可能な状態、つまりVPN接続を利用できる状態にある場合、Add-VPNConnectionTriggerApplicationコマンドレットで指定したデスクトップアプリケーションやストアアプリを開始すると、常に自動VPN接続を開始しようとします。

しかし、例えば、クライアントコンピューターがインターネットではなく、企業ネットワークに直結接続され、VPN接続を必要としない場合には、自動VPN接続の開始を抑制したいでしょう。その場合は、**Add-VPNConnectionTriggerTrustedNetwork**コマンドレットを使用して、自動VPN接続を抑制したいネットワークのDNSサフィックスを構成します。

```
PS C:\> Add-VPNConnectionTriggerTrustedNetwork -ConnectionName "VPN接続"
 -DNSSuffix <自動VPN接続を抑制するネットワークのDNSサフィックス>
```

例えば、次のコマンドラインを実行すると、クライアントコンピューターがtokyo.contoso.com, osaka.contoso.com, ad.localのDNSサフィックスを持つネットワークに接続した場合に、自動VPN接続を行わせないように構成できます。

```
PS C:\> Add-VPNConnectionTriggerTrustedNetwork -ConnectionName "VPN接続"
 -DNSSuffix contoso.com, ad.local
```

なお、自動VPN接続の抑制が正しく機能するためには、クライアントコンピューターのネットワークインターフェイス（アダプター）がDHCPの自動構成などでDNSサフィックス名を取得して、DNSサフィックスを識別できる必要があります。ネットワークインターフェイスの［インターネットプロトコルバージョン4（TCP/IPv4）］プロパティの［詳細設定］にある［DNS］タブで［この接続のDNSサフィックス］にDNSサフィックスを設定する方法では正しく機能しません。

■ 現在の自動VPN接続の設定を確認する

現在の設定内容を確認するには、次のコマンドラインを実行します。

```
PS C:\> Get-VPNConnection
PS C:\> Get-VPNConnectionTrigger -ConnectionName "VPN接続"
ConnectionName  : VPN接続
ApplicationID   : {Microsoft.RemoteDesktop_8wekyb3d8bbwe, C:\Windows\System32\mstsc.exe}
TrustedNetwork  : {.ad.local, .contoso.com}
```

■ 自動VPN接続の設定を削除する

ここまでの設定を削除して、元の状態に戻すには、次のコマンドラインを実行します。

```
PS C:\> Remove-VPNConnectionTriggerApplication -ConnectionName "VPN接続"
 -ApplicationId "<デスクトップアプリのフルパス>または<ストアアプリのプロダクトファミリー名>"
PS C:\> Remove-VPNConnectionTriggerApplication -ConnectionName "VPN接続"
 -ApplicationId "<ストアアプリのプロダクトファミリー名>"
PS C:\> Remove-VPNConnectionTriggerTrustedNetwork -ConnectionName "VPN接続"
 -DNSSuffix <DNSサフィックス>
PS C:\> Set-VPNConnection -ConnectionName "VPN接続" -IdleDisconnectSeconds 0
PS C:\> Set-VPNConnection -ConnectionName "VPN接続" -SplitTunneling $false
```

> **DNSサフィックスによる自動VPN接続の制御について**
>
> 　自動VPN接続に関連するその他のPowerShellコマンドレットとして、DNSサフィックスに基づいて自動VPN接続を開始するための構成を行う**Add-VPNConnectionTriggerDNSConfiguration**コマンドレットがありますが、Windows 8.1のリリース直後は期待どおりに機能していたものの、更新されたWindows 8.1やWindows 10では以前のように動作しない場合があるようです。
>
> 　なお、以前の動作に戻す方法については、筆者の個人ブログで紹介しています。これはWindows Server 2016リリース当時に確認したものです。現在のWindows 8.1やWindows 10でも同様であるかは確認していません。
>
> 自動VPN接続の仕様が変わった？　変わってた？
> ⇒https://yamanxworld.blogspot.com/2016/08/vpn.html

5.6　Windows Server Update Services（WSUS）の展開と管理

　Windowsには、Windows UpdateやMicrosoft Updateとして知られる、Windowsおよびマイクロソフト製品の自動更新機能が組み込まれています。Windows Updateは、Windows Updateエージェント（WUA）を使用してインターネット上のMicrosoft Updateサービスと連携し、ローカルコンピューターに未適用の更新プログラムやマルウェア対策の定義ファイルをスキャンおよびダウンロードして、自動またはユーザーの指示でインストールします。Windows 10からは、Windows 10の新しいバージョン（ビルド）もまたMicrosoft Updateを通じて提供されるようになりました。Windows 10では、従来の更新プログラムは「品質更新プログラム」、新しいバージョン（OSビルド）は「機能更新プログラム」と呼びます（Windows 10バージョン1511までは「機能アップグレード」または「アップグレード」と呼ばれていました）。

　大量のWindowsベースのクライアントとサーバーが稼動する、中規模〜大規模環境において、すべてのWindowsコンピューターが個別にMicrosoft Updateから更新プログラムをダウンロードするのは効率的ではありません。更新プログラムのリリーススケジュール（日本時間の毎月第2火曜日の翌日）を迎えると、ダウンロードのためにネットワーク帯域が占有されてしまうおそれがあります。Windows 10の機能更新プログラムは数GBのサイズになるため、その影響は大きくなる可能性があります。また、公開された更新プログラムを検証せずに無条件で適用するのは、システムの安定稼働を阻害するおそれがあります。

　Windows Server Update Services（WSUS）は、Microsoft Updateサービスと製品カタログおよび更新プログラムのコンテンツを同期して、更新プログラムのオンプレミス（社内設置型）の供給元サーバー（アップストリームサーバー）として運用できます。オンプレミスに1台のWSUSサーバーを設置してアップストリームサーバーを提供することもできますし、負荷分散やリモート拠点のサポートのために、レプリカサーバーやダウンストリームサーバーを追加配置することもできます。また、WSUSを導入すると、次のような機能が提供され、更新対象の対象化や承認に基づいたインストール、レポート機能を利用して、組織内の更新管理を一元化できます（画面5-6-1）。

- ■ 製品カタログおよび更新プログラムのスケジュールに従った同期
- ■ 更新プログラムの管理者による承認
- ■ 更新プログラムの承認の自動化
- ■ 更新状態の監視とレポート

　Windowsの更新テクノロジは一貫性があり、Windowsに標準で組み込まれたWindows Updateエージェント（WUA）は、Windows Update、Microsoft Update、またはWSUSから更新プログラムを取

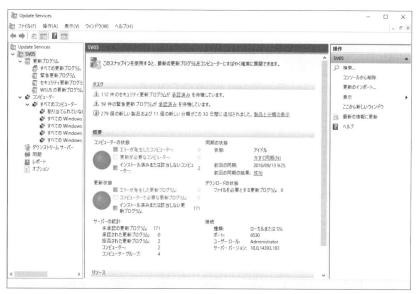

画面5-6-1　WSUSの管理コンソール

得できます。またWSUSは、System Center Configuration ManagerやVirtual Machine Managerに対してOSやアプリケーションの更新機能を提供します。

ここでは、次の図に示すような1台のWSUSサーバーをActive Directoryドメイン環境に展開する手順について説明します。大規模環境におけるマルチサーバーの階層構成については、次のドキュメントを参考にしてください。

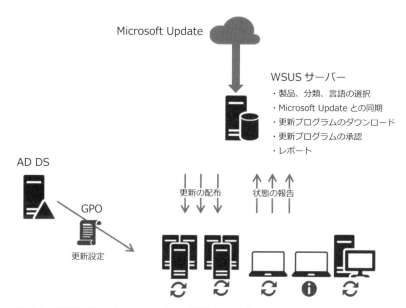

図5-6-2　WSUSサーバーのシンプルな展開イメージ

Deploy Windows Server Update Services（Windows Server Update Servicesを組織に展開する）
→https://docs.microsoft.com/ja-jp/windows-server/administration/windows-server-update-services/deploy/deploy-windows-server-update-services

WSUSとWindows Update for Businessとの共存について

　Windows Update for Businessは、Windows 10バージョン1511からサポートされる企業向けのWindows 10の更新ブランチの1つであるCurrent Branch for Businessを詳細に制御する機能として登場しました。Current BranchとCurrent Branch for Businessのサービスモデルは、現在は半期チャネル（Semi-Annual Channel：SAC）に置き換えられました（新しいサービスモデルの開始はWindows 10バージョン1703から、WindowsのUIへの反映はバージョン1709から）。現在は、Windows 10の半期チャネル（SAC）において、企業内でパイロット展開を経て全社展開するのに利用できるオプションの1つという位置付けです。Windows Update for Businessを使用しなくても、WSUS、System Center Configuration Manager、Microsoft Intune、サードベンダーのソリューションを利用して、同様のことを実現できます。

　Windows Update for Businessはグループポリシー設定であり、先行展開用の「半期チャネル（対象限定）」とブロード展開用の「半期チャネル」のそれぞれのWindows準備レベル（ブランチ準備レベル）において、機能更新プログラムのインストールを最大365日（バージョン1511は最大180日）、品質更新プログラムのインストールを最大30日間、さらに延期させることができます。また、一時的に更新プログラムの提供を停止することも可能です（最大35日）。Windows 10バージョン1703からは、[設定]アプリの[更新とセキュリティ]-[Windows Update]-[詳細オプション]からユーザーが構成できるようにもなっています。なお、Windows 10バージョン1903以降は「半期チャネル（対象指定）」は廃止され、一般向けリリース日からの日数による延期（最大365日）のみとなります。

　WSUSは、Windows Update for Businessとの併用は推奨されません。WSUSを利用する場合は、Windows Update for Businessを利用しなくても、更新プログラムを管理者の承認に基づいて、特定のコンピューターグループに配布することを制御できるからです。WSUSクライアントはWSUSで承認された更新プログラムを受け取ります。Windows Update for Businessは、WSUSから更新プログラムを受け取ることはなく、常にMicrosoft Updateを検索します。WSUSとWindows Update for Businessの併用は不可能ではありませんが、想定されている併用シナリオはWindows 10の機能更新プログラムと品質更新プログラムをWindows Update for Businessで受け取り、それ以外の更新プログラム（Office製品やドライバーなど）をWSUSで配布するシナリオに限られます。また、Windows 10の一部のバージョンではデュアルスキャンの問題に気を付ける必要があります（第4章の「4.3.5　Windows 10クライアント向けポリシー設定」の「WSUSクライアントのデュアルスキャン問題の回避」で説明しました）。

　Windows 10の新しいサービスオプションおよびWindows Update for BusinessやWSUS、System Center Configuration Managerとの関係、Windows 10の各リリースのサポート期限については、以下のドキュメントが参考になります。

Overview of Windows as a service（サービスとしてのWindowsの概要）
→https://docs.microsoft.com/ja-jp/windows/deployment/update/waas-overview

エンタープライズ展開でのWindows 10の更新
→https://docs.microsoft.com/ja-jp/windows/deployment/update/

Windowsライフサイクルのファクトシート
→https://support.microsoft.com/ja-jp/help/13853/

5.6.1　WSUSサーバーの役割のインストールと構成

　WSUSサーバーのインストールは、他の役割と同様に[サーバーマネージャー]の[役割と機能の追加ウィザード]から行います。

1. [サーバーマネージャー]の[役割と機能の追加ウィザード]を使用して、WSUSサーバーにする

サーバーに［Windows Server Update Services］の役割をインストールします。［Windows Server Update Services］の役割を選択すると、この役割の前提となる［Webサーバー（IIS）］の役割や［Windows Internal Database］の機能、および管理ツールとPowerShellコマンドレットがインストール対象として追加されます。WSUSはWindows Internal Databaseのほか、SQL Serverデータベースを使用してセットアップすることもできます。その場合は、［Windows Internal Database］をインストール対象から削除できます。

2. ［役割サービスの選択］ページでは、［WSUS Services］を選択した上で、［WID Connectivity］と［SQL Server Connectivity］のいずれか一方を選択します。［WID Connectivity］を選択する場合は、WSUSのデータベースがローカルのWindows Internal Database（WID）に作成されます。［SQL Server Connectivity］を選択した場合は、ローカルまたはリモートのSQL ServerにWSUSデータベースを作成します。

画面5-6-3
［WSUS Services］の選択は必須。［WID Connectivity］または［SQL Server Connectivity］は、使用するデータベースに応じて選択する

WSUSは、以下のSQL ServerバージョンのEnterprise、Standard、および無償のExpressエディションをサポートします。ただし、SQL Server 2008 R2 Expressについては最大10GBまでというデータベースサイズの制限があるため、Windows Internal Database（WID）の代わりに使用する利点はありません。

- SQL Server 2017
- SQL Server 2016
- SQL Server 2014
- SQL Server 2012
- SQL Server 2008 R2 SP1

3. ［コンテンツの場所の選択］ページで、更新プログラムのダウンロード先のパスを指定します。ダウンロード先としては、NTFS形式でフォーマットされた、少なくとも6GB以上の空き領域があるドライブ上のパスを指定してください。OSディスクであるC:¥ドライブ上のパスは使用しないことを推奨します。

画面5-6-4
更新プログラムのダウンロード先パスを指定する

4. [役割サービスの選択] ページで [SQL Server Connectivity] を指定した場合、次に [データベースインスタンスの選択] ページが表示されます。[データベースインスタンスの選択] ページでは、ローカルまたはリモートのSQL Serverインスタンスに接続するために、コンピューター名（インスタンス名の指定は不要です）を入力します。[接続を確認する] ボタンをクリックして、[サーバーに正常に接続しました] と表示されることを確認します。

5. その他のページは既定のまま進み、[確認] ページで [インストール] ボタンをクリックして、役割のインストールを開始します。

6. 役割のインストールが完了したら、ウィザードの最後のページに [インストール後のタスクを起動する] が表示されます。このリンクをクリックすると、[配置後の構成] タスクが開始され、しばらくすると [構成が正常に完了しました] と表示されます。問題がある場合は、[配置後の構成] タスクがエラーで失敗するので、エラーの内容を確認し、対処してください。

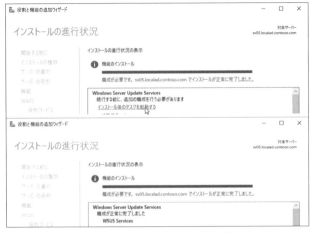

画面5-6-5 [インストール後のタスクを起動する] をクリックし、[構成が正常に完了しました] と表示されたら完了

7. ［配置後の構成］タスクが完了したら、［役割と機能の追加ウィザード］を閉じ、続いて［サーバーマネージャー］の［ツール］メニューから［Windows Server Update Services］を選択します。このメニューは、［Update Services］スナップイン（%ProgramFiles%¥Update Services¥AdministrationSnapin¥wsus.msc）を開始するものですが、初めてスナップインを起動したときは［Windows Server Update Services設定ウィザード］が開始します。

8. ［Windows Server Update Services設定ウィザード］では、WSUSサーバーの同期設定を行います。［アップストリームサーバーの選択］ページでは、［Microsoft Updateから同期する］を選択し、次の［プロキシサーバーの指定］ページは環境に合わせて必要があれば設定します。

画面5-6-6　［Microsoft Updateから同期する］を選択する

9. ［アップストリームサーバーに接続］ページで［接続の開始］ボタンをクリックします。同期設定に必要な最新の同期情報がダウンロードされると、［次へ］ボタンをクリックできるようになります。

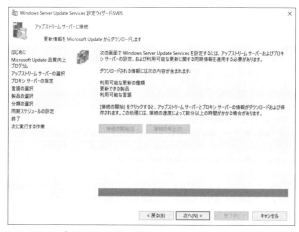

画面5-6-7　［接続の開始］ボタンをクリックして、最新の同期情報をダウンロードする

10. ［言語の選択］［製品の選択］［分類の選択］の各ページで、ダウンロードする更新ファイルの対象言語、更新対象の製品、および更新プログラムの分類（重要、セキュリティ、定義など）を必要に応じてカスタマイズします。ダウンロードサイズをできるだけ少なくし、ディスク使用量を節約するために、必要最小限の言語と製品だけに限定することをお勧めします。なお、Windows 10の機能更新プログラムをWSUSで提供するには［Upgrades］の分類を選択してください。以前のバージョンのWindows向け更新プログラムおよびWindows 10の品質更新プログラムのためには、少なくとも［セキュリティ問題の修正プログラム］［重要な更新］および［定義更新プログラム］の分類を含めてください。また、製品や分類は、Microsoft Updateとのカタログの同期で追加されることがあります。製品や分類が追加されると、WSUSの管理コンソール［Update Services］スナップインに通知されるので、必要に応じて製品や分類の選択を変更してください。

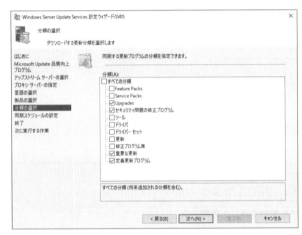

画面5-6-8
言語、製品、および更新プログラムの分類を選択する。Windows 10の機能更新プログラムの分類は［Upgrades］

Windows 10のための製品の選択

製品の選択項目は、Microsoft Updateとの定期的な同期、あるいは手動による同期で追加される場合があります。中でも、Windows 10に関連する製品の選択肢は多数存在し、Windows 10を更新するために最小限、どの製品を選択するべきか迷うかもしれません。2019年1月の時点では、以下の製品を選択可能です。

以下の製品項目は、Windows 10の品質更新プログラム、機能更新プログラム、ドライバーの更新、定義の更新、およびオプション機能のインストールのために選択してください。

- **Windows 10** —— Windows 10向けの更新プログラム
- **Windows 10 LTSB** —— Windows 10 Enterprise Long-Term Servicing Branch (LTSB) 向けの更新プログラム。LTSBを利用していない場合は不要
- **Windows 10 and later drivers** —— Windows 10向けのドライバー関連の更新プログラム。下記の分類とどちらに分類されるかは、ドライバー提供元のベンダーにより異なる
- **Windows 10 and later upgrade & servicing drivers** —— Windows 10向けのドライバー関連の更新プログラム。上記の分類とどちらに分類されるかは、ドライバー提供元のベンダーにより異なる
- **Windows 10 Anniversary Update and Later Servicing Drivers** —— Windows 10バージョン1607向けのドライバー関連の更新プログラム。下記の分類とどちらに分類されるかは、ドライバー提供元のベンダーにより異なる
- **Windows 10 Anniversary Update and Later Upgrade & Servicing Drivers** —— Windows 10バージョン1607向けのドライバー関連の更新プログラム。上記の分類とどちらに分類されるかは、ドライバー提供元のベンダーにより異なる。

- **Windows 10 Creators Update and Later Servicing Drivers** ── Windows 10バージョン1703向けのドライバー関連の更新プログラム。下記の分類とどちらに分類されるかは、ドライバー提供元のベンダーにより異なる
- **Windows 10 Creators Update and Later Upgrade & Servicing Drivers** ── Windows 10バージョン1703向けのドライバー関連の更新プログラム。上記の分類とどちらに分類されるかは、ドライバー提供元のベンダーにより異なる
- **Windows 10 Fall Creators Update and Later Servicing Drivers** ── Windows 10バージョン1709向けのドライバー関連の更新プログラム。下記の分類とどちらに分類されるかは、ドライバー提供元のベンダーにより異なる
- **Windows 10 Fall Creators Update and Later Upgrade & Servicing Drivers** ── Windows 10バージョン1709向けのドライバー関連の更新プログラム。上記の分類とどちらに分類されるかは、ドライバー提供元のベンダーにより異なる
- **Windows 10 version YYMM and Later Servicing Drivers** ── Windows 10バージョンYYMM（1809以降）向けのドライバー関連の更新プログラム。下記の分類とどちらに分類されるかは、ドライバー提供元のベンダーにより異なる
- **Windows 10 version YYMM and Later Upgrade & Servicing Drivers** ── Windows 10バージョンYYMM（1809以降）向けのドライバー関連の更新プログラム。上記の分類とどちらに分類されるかは、ドライバー提供元のベンダーにより異なる
- **Windows 10 Feature on Demand** ── .NET Framework 3.5などのオンデマンド機能のインストールソース

以下の製品項目は、Windows 10 S（バージョン1703、1709）およびWindows 10バージョン1803以降のSモードを利用している場合に選択します。

- **Windows 10 S and Later Servicing Drivers** ── Windows 10 S（バージョン1703）向けのドライバー関連の更新プログラム
- **Windows 10 S Version 1709 and Later Servicing Drivers for testing** ── Windows 10 S（バージョン1709）向けのドライバー関連の更新プログラム。上記の分類とどちらに分類されるかは、ドライバー提供元のベンダーにより異なる
- **Windows 10 S Version 1709 and Later Upgrade & Servicing Drivers for testing** ── Windows 10 S（バージョン1709）向けのドライバー関連の更新プログラム。上記の分類とどちらに分類されるかは、ドライバー提供元のベンダーにより異なる
- **Windows 10 S Version YYMM and Later Servicing Drivers** ── Windows 10バージョンYYMM（1803以降）Sモード向けのドライバー関連の更新プログラム。上記の分類とどちらに分類されるかは、ドライバー提供元のベンダーにより異なる
- **Windows 10 S Version YYMM and Later Upgrade & Servicing Drivers** ── Windows 10バージョンYYMM（1803以降）Sモード向けのドライバー関連の更新プログラム。上記の分類とどちらに分類されるかは、ドライバー提供元のベンダーにより異なる

以下の2つの製品項目は、追加の言語サポートを利用可能にする場合に選択します。

- **Windows 10 Language Packs** ── WSUSを通じて言語パックを提供可能にする場合に選択
- **Windows 10 Language Interface Packs** ── 特定の親言語（例：フランス語、スペイン語）の特定の地域の言語（例：バスク語）のための言語インターフェイスパック

以下の4つの製品項目は、Windows 10のセットアップ（機能更新プログラムによるアップグレードを含む）時に自動的に適用される更新プログラムが含まれます。これらをWSUSから提供可能にすることで、旧バージョンからWindows 10へのアップグレード、および機能更新プログラムによるWindows 10の新しいバージョンへのアップグレードプロセスを効率化できます。

- **Windows 10 Dynamic Update** ── Windows 10のセットアップ時に自動適用される更新プログラムなど
- **Windows 10 GDR-DU** ── Windows 10のセットアップ時に自動適用される更新プログラムなど
- **Windows 10 GDR-DU LP** ── Windows 10のセットアップ時に自動適用される言語パック
- **Windows 10 GDR-DU FOD** ── Windows 10のセットアップ時に自動適用されるオンデマンド機能

11. ［同期スケジュールの設定］ページで、Microsoft Updateとの同期方法を選択します。定期的に自動で同期するには、1回目の同期の開始時刻と1日あたりの同期回数を設定します。

画面5-6-9　自動で同期する場合は、同期を開始する時刻と間隔を設定する

12. ［終了］ページで［初期同期を開始します］にチェックを入れた状態で［次へ］または［完了］ボタンをクリックします。

画面5-6-10　［次へ］または［完了］ボタンをクリックして初期同期を開始する

13. ウィザードの最後の［次に実行する作業］ページには、WSUSを完全に構成するための追加の作業が示されます。その1つが、WSUSでのSSL/TLSの使用についてです。WSUSは、クライアントとの通信にHTTP（TCPポート8530）およびHTTPS（TCPポート8531）を使用しますが、推奨されるHTTPSを利用するにはSSL証明書の設定が必要です。それには、［インターネットインフォメーションサービス（IIS）マネージャー］（%Windir%¥System32¥Inetsrv¥InetMgr.exe）を開いて、［WSUSの管理］というサイトのバインドを開き、HTTPS（8531）に有効なSSL証明書を設定します。なお、WSUSではSSLの使用が推奨されますが、必須ではありません。

画面5-6-11　WSUSのHTTPSポート8531に有効なSSL証明書を設定する

14. コントロールパネルから［セキュリティが強化されたWindowsファイアウォール］スナップインを開き、［受信の規則］にWSUS用の規則が作成されていることを確認します。通常、自動作成されますが、規則が存在しない場合はTCPポート8531および8530に対する受信の許可規則を作成します。

Microsoft Report Viewer 2012 Runtime再頒布可能パッケージのインストール

［Update Services］スナップインの［レポート］では、更新レポートやコンピューターレポートを作成し、参照することができます。レポートを表示するには、Microsoft Report Viewer 2012 Runtime再頒布可能パッケージをインストールする必要があります。Microsoft Report Viewer 2012 Runtime再頒布可能パッケージは、以下のサイトからダウンロードできます。

Microsoft Report Viewer 2012 Runtime
➔https://www.microsoft.com/ja-jp/download/details.aspx?id=35747

また、Microsoft Report Viewer 2012 Runtime再頒布可能パッケージは、Microsoft System CLR Types for Microsoft SQL Server 2012を前提とします。こちらは以下のサイトからダウンロードできます。ただし、以下のサイトの［ダウンロード］ボタンではなく、［インストール方法］を展開して「Microsoft System CLR Types for Microsoft SQL Server 2012」にある「X64パッケージ（SQLSysClrTypes.msi）」のリンクからダウンロードしてください。

Microsoft SQL Server 2012 Feature Pack
➔https://www.microsoft.com/ja-JP/download/details.aspx?id=29065

5.6.2　WSUSクライアントの構成

WindowsのWindows Updateエージェント（WUA）は、既定でWindows Update（またはMicrosoft Update）サービスから更新プログラムを取得するように構成されています。WSUSサーバーを導入した場合は、Windows Updateエージェント（WUA）がWSUSサーバーを使用するように変更する必要があります。WSUSサーバーの指定は、通常、グループポリシーを使用して行います。必要なポリシー設定については、「第4章　ID管理」の「4.3　グループポリシーの管理」でも説明しました。

■ WSUSクライアント設定を含むGPOの作成

グループポリシーでWSUSクライアントのコンピューターを対象としたグループポリシーオブジェクト（GPO）を作成します。WSUSクライアントのコンピューターを対象とするには、GPOをドメインにリンクしてすべてのWindowsコンピューターを対象とする、コンピューターを含む組織単位（OU）にGPOをリンクする、ドメインにリンクしたGPOにコンピューターグループのセキュリティフィルターを設定するなどの方法があります。

GPOを作成したら、以下のポリシーを有効にし、イントラネットの更新サービスおよびイントラネット統計サーバーにWSUSのURLを指定します。HTTPの場合はhttp://<WSUSサーバーのFQDN>:8530、HTTPSを有効化した場合はhttps://<WSUSサーバーのFQDN>:8531を指定してください。

```
コンピューターの構成¥ポリシー¥管理用テンプレート¥Windows コンポーネント¥Windows Update¥イントラネットの Microsoft 更新サービスの場所を指定する
    有効
    更新を検出するためのイントラネットの更新サービスを設定する：WSUSのURL
    イントラネット統計サーバーの設定：WSUSのURL
```

また、Windows Updateによる更新プログラムの方法（自動更新やインストール時間）を、以下のポリシーを有効にして構成します。

```
コンピューターの構成¥ポリシー¥管理用テンプレート¥Windows コンポーネント¥Windows Update¥自動更新を構成する
    有効
    自動更新の構成：2 - ダウンロードとインストールを通知
                   3 - 自動ダウンロードしインストールを通知（既定）
                   4 - 自動ダウンロードしインストール日時を指定
                   5 - ローカル管理者の選択を許可
    インストールを実行する日：0 - 毎日（既定）、1～7 - 毎週日曜～毎週土曜
    インストールを実行する時間：03:00（既定）、00:00～23:00
```

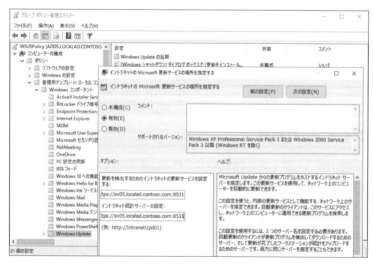

画面5-6-12
イントラネットの更新サービスおよびイントラネット統計サーバーにWSUSサーバーのURLを指定する

ポリシーを使用しないWSUSの構成

Active Directoryのドメインメンバーではないコンピューターは、グループポリシーオブジェクト（GPO）を使用してWSUSクライアントを構成することができません。Active Directoryのドメインメンバーではないコンピューターは、［ローカルコンピューターポリシー］スナップイン（Gpedit.msc）を使用して構成することができます。または、レジストリエディター（Regedit.exe）で次のレジストリキーにあるWUServerおよびWUStatusServer（いずれもREG_SZ）にWSUSサーバーのHTTPまたはHTTPSのURLを設定してください。

`HKEY_LOCAL_MACHINE\SOFTWARE\Policies\Microsoft\Windows\WindowsUpdate`

Windowsの自動更新は、以下のレジストリキーの下の値エントリで設定できます。

`HKEY_LOCAL_MACHINE\SOFTWARE\Policies\Microsoft\Windows\WindowsUpdate\AU`

なお、Windows 10 Homeエディションについては、WSUSのクライアントとしてサポートされません。Windows 10 Homeエディションでこれらのレジストリ値を作成しても、WSUSクライアントとして機能することはありませんし、自動更新を制御することもできません（無効化は可能ですが非推奨）。

■ GPOの適用と更新の確認

WSUSの設定を含むGPOが適用されたコンピューターは、WSUSクライアントとして構成され、WSUSサーバーを使用したWindows Updateの実行が行われると、更新状態がWSUSサーバーに報告されます。

GPOの適用とWindows Updateの実行をすぐに実行したい場合は、次の操作を実行します。

Windows 8.1以前およびWindows Server 2012 R2（GUI使用サーバー）以前の場合は、コマンドプロンプトを開き、次のコマンドラインを実行します。

```
C:\> gpupdate /force
C:\> wuauclt /detectnow
```
（またはコントロールパネルの［Windows Update］を開いて手動で確認を開始）

Windows 10およびWindows Server 2016（フルインストール）の場合は、コマンドプロンプトを開き、次のコマンドラインを実行します。

```
C:\> gpupdate /force
C:\> usoclient StartScanまたはusoclient StartInteractiveScan
```
（または［設定］の［更新とセキュリティ］－［Windows Update］から手動で確認を開始）

Server CoreインストールのWindows Serverの場合は、Sconfigユーティリティで［6）更新プログラムのダウンロードとインストール］を実行してください。

5.6.3 コンピューターグループと更新プログラムの承認

WindowsコンピューターがWSUSクライアントとして構成され、更新状態が報告されると、［Update Services］スナップインの［コンピューター\すべてのコンピューター\割り当てられていないコンピューター］コンテナーに、検出されたコンピューターがリストされます。このあとは、コンピューターグループを作成し、さらに必要に応じて自動承認規則を作成して適用します。

■ コンピューターグループの作成

　[割り当てられていないコンピューター]コンテナーにあるコンピューターは、Windowsのバージョンやサーバーとクライアントの種類別にグループ化すると管理に便利です。[すべてのコンピューター]コンテナーの下に適当なコンピューターグループを作成して、[割り当てられていないコンピューター]コンテナーから適切なコンピューターグループに移動してください。Windowsのバージョンやクライアントとサーバーの種類ごとにコンピューターグループを作成することで、更新プログラムの対象化が可能になります。

画面5-6-13　[すべてのコンピューター]コンテナーの下にコンピューターグループを作成し、[割り当てられていないコンピューター]内のコンピューターを適切なコンピューターグループに移動する

■ クライアント側のターゲットによるコンピューターグループへの自動登録

　WSUSのコンピューターグループによる分類は、手動による分類（既定）の他に、「クライアント側のターゲット」を利用する方法があります。クライアント側のターゲットは、クライアントに適用されたグループポリシーオブジェクト（GPO）に基づいて、コンピューターグループへの登録を自動制御するものです。「クライアント側のターゲット」に対して、手動によるコンピューターグループの分類のことを「サーバー側のターゲット」と呼びます。

　クライアント側のターゲットを構成するには、[Update Services]スナップインで[オプション]から[コンピューター]を開き、[コンピューター]ダイアログボックスの[全般]タブで[コンピューターのグループポリシーまたはレジストリを使用します]を選択します（画面5-6-14）。また、クライアントに適用されるGPOで以下のポリシーを構成します。なお、ポリシーに指定するコンピューターグループは、事前に[Update Services]スナップインで作成しておく必要があります。

```
コンピューターの構成¥ポリシー¥管理用テンプレート¥Windows コンポーネント¥Windows Update¥
クライアント側のターゲットを有効にする
　有効
　　このコンピューターのグループ名をターゲットにする：　WSUSのコンピューターグループ名
```

画面5-6-14　［コンピューターのグループポリシーまたはレジストリを使用します］を選択し、クライアントのGPOで「クライアント側のターゲットを有効にする」ポリシーにグループ名を指定する

■|自動承認規則の作成と実行

　Windows UpdateやMicrosoft Updateとは異なり、管理者による承認に基づいて更新プログラムのインストールが許可されます。この仕様により、更新プログラムが公開されたらすぐに、無条件でクライアントに配布するのではなく、更新プログラムが原因で自社のシステムに不具合が発生することがないことをテストした上でインストールを許可するという運用が可能になります。
　自動承認規則を作成すると、定義ファイルやセキュリティ更新プログラムなど更新プログラムの種

画面5-6-15　［既定の自動承認規則］を編集して、有効化し、実行する

類や分類、あるいは特定のコンピューターグループに対して、承認手続きを自動化することが可能です。自動承認規則は、［Update Services］スナップインの［オプション］ページにある［自動承認］から作成、実行できます。

既定では［既定の自動承認規則］という規則が存在し、セキュリティ更新プログラムと重要な更新の2つの分類について、すべてのコンピューターに対して［セキュリティ問題の修正プログラム］および［重要な更新］の自動承認を行う構成になっています。ただし、この規則は初期状態では無効になっているため、自動承認は行われません。［既定の自動承認規則］をそのまま、あるいは設定を編集して使用するには、［既定の自動承認規則］の横にあるチェックボックスにチェックを入れて有効化します（画面5-6-15）。この規則をすぐに実行するには、［規則の実行］をクリックします。

■│手動による更新プログラムの承認

安定運用が求められるシステムについては、コンピューターグループを使用してグループ化し、自動承認の対象外としたり、［定義の更新］（Windows Defenderの定義ファイルなど）のように最小限の自動承認を構成します。その上で、テスト用のコンピューターグループに更新プログラムを展開して評価した上で、本番環境のシステムのコンピューターグループに展開するという運用が可能です。

また、Windows 10の機能更新プログラムについても、テスト用のコンピューターグループに先行的に配布して評価した上で、全社のWindows 10クライアントに展開するという運用が可能です。

更新プログラムを個別に手動で承認し、特定のコンピューターグループを対象に配布するには、［更新プログラム］コンテナーで未承認の更新プログラムの一覧から目的の更新プログラムを選択し、右クリックして［承認］を選択します。［更新プログラムの承認］ダイアログボックスが表示されるので、対象のコンピューターグループを選択して［インストールの承認］を割り当て、［OK］ボタンをクリックします（画面5-6-16）。

画面5-6-16　未承認の更新プログラム（この例ではWindows 10の機能更新プログラム）のインストールを特定のコンピューターグループに対して承認する

5.6.4 ネットワーク使用帯域の最適化 改訂

　Windows Server Update Services（WSUS）による更新プログラムの管理環境、およびWSUSを配布ポイントとして利用するSystem Center Configuration Managerは、更新プログラムのダウンロードトラフィックの削減と高速化のために、いくつかのネットワーク最適化機能をサポートしています。

Windows 10の更新プログラムの配信の最適化
→https://docs.microsoft.com/ja-jp/windows/deployment/update/waas-optimize-windows-10-updates

■ Windows 10の配信の最適化

　Windows 10にはピアツーピアでコンテンツを共有して更新プログラムのダウンロードを効率化する「配信の最適化」機能が組み込まれています。この機能は、Windows UpdateやWindows Update for Businessで利用されますが、WSUS環境でも機能します。

　Windows 10の配信の最適化機能は、Windows 10バージョン1511以降、およびWindows Server, version 1709以降でサポートされます。Windows 10 EnterpriseおよびEducationの既定では、組織内ネットワークにおいてピアツーピアの共有が許可されています。配信の最適化は、グループポリシーの以下の場所で許可する範囲（サブネットなど）、キャッシュサイズ、ダウンロードで使用する帯域幅などをカスタマイズできます。

```
コンピューターの構成¥ポリシー¥管理用テンプレート¥Windows コンポーネント¥配信の最適化
```

■ BranchCache

　BranchCacheは、Windows Server 2012以降のWindows ServerおよびWindows 8以降のWindowsクライアントに搭載された帯域幅最適化テクノロジです。WindowsクライアントにおけるBranchCacheのフルサポートはEnterpriseおよびEducationエディションにのみ提供されますが、Windows 10 Proエディションはバックグラウンド転送サービス（BITS）転送など、一部の機能をサポートしています。

　WSUSでは、分散キャッシュモードのBranchCacheとホスト側キャッシュモードの両方がサポートされています。分散キャッシュモードのBranchCacheのために、WSUSサーバー側で追加の構成は必要ありません。BranchCacheクライアントの構成だけで機能し、その動作はWindows 10の配信の最適化と同等です。ホスト側キャッシュモードのBranchCacheを利用するには、更新プログラムをWSUSのサーバーの共有フォルダーにダウンロードするように構成して、ファイルサーバー用BranchCacheを構成します（第6章の「6.3.2　ファイルサーバー用BranchCache」を参照）。

■ 高速インストールファイルの使用

　Windows 10バージョン1607およびWindows Server 2016（ビルド14393.1066以降）以降では、Windows UpdateやWindows Update for BusinessによるMicrosoft Updateからの更新プログラムのダウンロードの際、利用可能であれば高速（Express）インストールファイルを使用するようになりました（Windows Server 2016については2017年10月から約1年間、高速インストールファイルの提供が停止されていましたが、現在は再開しています）。高速インストールファイルは、Windowsコンポーネントの更新カタログのようなもので、そのカタログ情報に基づいてインストール済みのWindowsコ

ンポーネントをスキャンし、更新が必要なコンポーネントの更新ファイルだけをダウンロードします。これにより、累積的な更新プログラムのフルインストールファイルよりもダウンロードサイズが小さくて済みます。Windows 10 バージョン1709からは機能更新プログラムのダウンロードにも高速インストールの仕組みが利用できるようになりました（つまりバージョン1803以降の機能更新プログラムのダウンロードから）。

WSUSもまた、高速インストールファイルをWSUSクライアントに提供することができます。それには、WSUSの［オプション］の［更新ファイルと更新言語］で［高速インストールファイルをダウンロードする］を選択します。これにより、WSUSサーバーとWSUSクライアントの間の更新プログラムのダウンロードサイズが小さくなりますが、一方でWSUSサーバー側に同期されるコンテンツ（Microsoft Updateからダウンロードされる更新プログラムのファイル群）の総容量が増大することに注意が必要です（一般的には4倍と言われています）。

画面5-6-17　WSUSは高速インストールファイルを提供するように構成できるが、WSUS側のコンテンツが大幅に増大することに注意が必要

■│機能更新プログラムのx64パッケージの利用

Windows 10の機能更新プログラムは、x86とx64版の両方を含むパッケージ（別ファイルとして）であり、WSUSクライアントにはアーキテクチャに応じて適切なほうのパッケージが配布されます。機能更新プログラムを承認した場合、WSUSクライアントのアーキテクチャに関係なく、x86とx64の両方のファイルがWSUSサーバーにダウンロードされることになります。

WSUSサーバー間のダウンロードを最適化するため、マイクロソフトは2018年9月末にWindows 10バージョン1703以降の機能更新プログラムにx64版だけを含むパッケージを用意しました。Windows 10クライアントがx64版のみの場合、この新しい機能更新プログラムパッケージを承認することで、WSUSサーバーへのダウンロード時間の短縮と、機能更新プログラムを保持するためのディスク領域を節約できます。なお、WSUSサーバーとクライアント間のダウンロードには関係ありません。また、x86版のみのパッケージが提供される予定はありません。

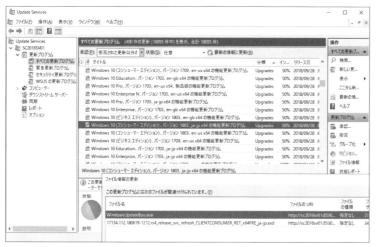

画面5-6-18　2018年9月末から利用可能になったx64版のみを含む機能更新プログラムのパッケージ

改訂 WSUSに同期されるWindows 10の機能更新プログラムの名前について

　Windows 10バージョン1703以前、WSUSにはWindows 10 Pro、Enterprise、Educationなど、エディションごとに機能更新プログラムのパッケージが提供されてきました。2018年1月以降、バージョン1709以降について、次のような名前で「ビジネスエディション」と「コンシューマーエディション」の2つのパッケージが提供されるようになっています。

- Windows 10（ビジネスエディション）、バージョンYYMM、＜言語（ja-jpなど）＞の機能更新プログラム
- Windows 10（コンシューマーエディション）、バージョンYYMM、＜言語（ja-jpなど）＞の機能更新プログラム

　ビジネスエディションは、ボリュームライセンス製品のWindows 10 Enterprise、Education、Pro、Pro Education、Pro for Workstations、およびこれらのNバージョン（欧州向け）のx86およびx64版のアップグレードに対応したパッケージです。コンシューマーエディションは、リテール製品のProとEducationエディションを対象にしたものです。WSUSはHomeエディションをサポートしておらず、Homeエディションを対象にした機能更新プログラムはWSUSに対して提供されません。前述したように、2018年9月末からは、「x64の機能更新プログラム」としてx64版のみを含むパッケージが利用可能になりました。

WSUSのメンテナンスの重要性

　WSUSを長期間運用していると、更新プログラムの情報や履歴情報、コンテンツの同期のために、データベースや配布ポイントが肥大化し、WSUSの障害の原因になることがあります。WSUSは自動的なメンテナンス機能を提供しません。[Update Services] スナップインの [オプション] から [WSUSサーバークリーンアップウィザード] を実行することで、手動で不要なデータの削除や圧縮を行うクリーンアップタスクを実行させることができます。また、このウィザードと同等のクリーンアップタスクを、**Invoke-WsusServerCleanup** コマンドレットを使用して実施することもできます。

第6章

ファイルサービスと記憶域サービス

　Windows Serverは共有フォルダーを提供するファイルサーバーとして、古くから広く利用されてきました。「第1章　製品概要」の最初に触れたように、Windows Serverはマイクロソフトクラウドプラットフォームの中核となるサーバーOSですが、社内に設置する（オンプレミスの）、従来型のファイルサーバーとしての利用も可能であり、そのテクノロジは着実に進化し続けています。

　また、Windows Server 2012以降、クラウドで生まれたソフトウェア定義のストレージ（Software-Defined Storage：SDS）のテクノロジがWindows Serverに組み込まれ、Windows Server 2016ではさらに強化されています。Windows Server 2016の記憶域サービスとファイルサービスは、記憶域、ファイルシステム、ネットワーク、サービスのあらゆる層において、信頼性、可用性、パフォーマンス、およびセキュリティを改善、強化するように設計されており、小規模なファイル共有環境を実現する従来型のファイルサーバーから、大規模なSAN（ストレージエリアネットワーク、記憶域ネットワーク）、プライベートクラウドやパブリッククラウドの基盤サービスにまで拡張可能な、柔軟で信頼性の高い記憶域ソリューションを提供できます。

6.1　ファイルサービスと記憶域サービスの概要

　Windows Serverのファイルサーバー機能は、［ファイルサービスと記憶域サービス］の役割が提供します。ファイルサービスはアプリケーション層のサービスであり、記憶域サービスはよりハードウェアに近い層のサービスです。記憶域サービスは、Windows Serverのすべてのインストールオプションに既定でインストールされ、削除することはできません。

6.1.1　ファイルサービス

　Windows Server 2016は、次に示すファイルサービスを提供します。これらのサービスは、Windows Server 2012 R2でも利用可能です。

- ■ **ドキュメント用のファイルサーバー** —— SMB（Server Message Block）1.0〜3.1.1およびNFS（Network File System、主にUNIX/Linuxで採用）v2/v3/v4.1のファイル共有プロトコルに対応した共有フォルダーを提供します。これは、単に共有フォルダーをネットワーク上に公開するだけではく、従来からのアクセス制御リスト（Access Control List：ACL）によるIDベースのアクセス制御、Windows Server 2012以降のダイナミックアクセス制御（Dynamic Access Control：DAC）による高度なアクセス制御、BranchCacheによる高速化、クォータ管理やファイルスクリーン、ファイル分類インフラストラクチャ（File Classification Infrastructure：FCI）のファイル管理機能を提供します。FCIは、ドキュメントのコンテンツに基づいた自動分類や、Active

Directory Rights Managementサービス（AD RMS）やAzure Information Protection（旧称、Azure Rights Management）との連携によるドキュメントの自動暗号化など、さまざまなソリューションを実現可能する基盤サービスです。

- **アプリケーションデータ用の高可用性ファイルサーバー** —— ファイルサービスはフェールオーバークラスタリングの機能でクラスター化することができます。クラスター化されたファイルサービスは、汎用ファイルサーバーまたはスケールアウトファイルサーバーとして、ユーザーやアプリケーションにファイルサービスを提供します。クラスター化された汎用ファイルサーバーは、障害発生時に正常ノードにサービスをフェールオーバーするアクティブ/パッシブ構成のクラスターであり、可用性の高いSMBおよびNFS共有を提供できます。Windows Server 2012から利用可能になったスケールアウトファイルサーバーは、最大8ノードで作成できるアクティブ/アクティブ構成のクラスターであり、Hyper-VホストやSQL Serverのデータベースサーバーに対して、アプリケーションデータ（仮想マシン、データベース）を格納するための、スループットの高い、障害発生時にも継続的なアクセスが可能な高可用性のSMB 3.x共有を提供します。

- **iSCSIターゲットサーバー** —— Windows Server 2012以降のWindows Serverは、ソフトウェアベースのiSCSIターゲットサーバーとしてTCP/IPネットワーク上にLUN（論理ユニット番号）を提供でき、Windows ServerおよびiSCSI対応のUNIXやLinux、他社ハイパーバイザーのためのSAN（記憶域ネットワーク）として機能します。

- **ワークフォルダー** —— ワークフォルダー（Work Folders）は、Windows Server 2012 R2から利用可能になった、HTTPSベースのファイル同期サービスです。マイクロソフトは個人向けにOneDrive、企業向けにOneDrive for Businessというクラウド記憶域を提供し、ローカルフォルダーとの同期が可能ですが、これらのサービスをオンプレミスに展開できるというイメージです。ワークフォルダーは、Windows認証およびActive Directoryフェデレーションサービス（AD FS）の認証に対応したHTTPSベースのサービスであり、Webアプリケーションプロキシを介してインターネット上のコンピューターやモバイルデバイスに対し、社内リソースへの制限された安全なアクセス環境を提供できます。Windows 8.1以降およびWindows RT 8.1はワークフォルダーのクライアント機能を標準搭載しています。また、Windows 7、iOS、Androidに対して、ワークフォルダーのクライアントアプリが無償提供されています。

SMBのバージョンについて

Windows 10およびWindows Server 2016は、SMBの最新バージョンであるSMB 3.1.1を搭載しています。以下に示すSMBの下位バージョン（かっこ内はSMBバージョンを識別するダイアレクト）との互換性も完全にサポートされており、SMB通信の開始時に行われるネゴシエート処理によって、通信相手がサポートする最上位バージョンが自動選択されます。

- **SMB 1.0（NT LM 0.12）** —— Windows XPおよびWindows Server 2003 R2以前、CIFSと呼ぶこともある
- **SMB 2.0（0x0202）** —— Windows VistaおよびWindows Server 2008
- **SMB 2.1（0x0210）** —— Windows 7およびWindows Server 2008 R2
- **SMB 3.0（0x0300）** —— Windows 8およびWindows Server 2012
- **SMB 3.0.2（0x0302）** —— Windows 8.1およびWindows Server 2012 R2、以前はSMB 3.02と表記
- **SMB 3.1.1（0x0311）** —— Windows 10およびWindows Server 2016/2019

Windows 8およびWindows Server 2012以降のSMB 3.xは、SMB暗号化、SMBダイレクト（SMB over RDMA）、SMBマルチチャンネル、SMB透過フェールオーバーなど、セキュリティとパフォーマンス、可用性に優れた機能を備えています。一方、SMB 1.0は非常に古いプロトコルであり、現在は使用することが推奨されていません。Windows 8.1およびWindows Server 2012 R2以降では、「SMB 1.0/CIFSファイル共有のサポート」の機能を削除することで、SMB 1.0のサポートを完全に削除することが可能です。

なお、Windows 10バージョン1709およびWindows Server, version 1709以降ではSMB 1.0/CIFSはオプション機能となり、標準ではインストールされなくなりました。

6.1.2 記憶域サービス

　記憶域サービスとは、物理ディスクやボリュームといった、よりハードウェアに近い層のサービスです。Windows Server 2012からは、ソフトウェア定義のストレージ（SDS）を提供するべく、この分野が重点的に強化されてきました。具体的には、次に示す機能です。

- **記憶域スペース（Storage Spaces）**　―　ディスクのハードウェアに依存しない、記憶域の仮想化テクノロジです。記憶域スペースを使用すると、サイズや種類、スペックの異なる複数の物理ディスクや仮想ハードディスクを束ねて、記憶域プールを作成できます。そして、記憶域プールから領域の一部を切り出して論理的な仮想ディスク（VHD/VHDXとは異なる）を作成できます。仮想ディスクはシンプロビジョニングや階層化（高速なSSDと安価なHDD）、ライトバックキャッシュに対応し、シンプル（ストライプ）、ミラー、パリティのディスクレイアウトによるスループットと自動回復性を提供できます。記憶域スペースは、Windows Server 2012以降をゲストOSとして実行する仮想マシンでも作成できるので、記憶域スペースに割り当てる仮想ハードディスクを適切に配置することで、仮想マシンに対してスループットの高い記憶域を提供できます。
- **データ重複除去（Data Deduplication）**　―　データ重複除去は、データ用のNTFSボリュームでサポートされるWindows Server 2012からの記憶域サービスの機能です。データ重複除去は、ファイル単位のデータ圧縮とは異なり、ブロックレベルでデータを可変サイズのチャンク（塊）に分割し、同一内容のチャンクを統合、圧縮することで、効率的にディスク領域を解放します。その圧縮効率は、ZIP圧縮やNTFS圧縮よりも高く、最大で、一般のファイルサーバー用途のボリュームで50％以上、仮想ハードディスクの配置先ボリュームで90％以上のディスク領域の節約を期待できます。
- **クラスターの共有ボリューム（Cluster Shared Volume：CSV）**　―　クラスターの共有ボリューム（CSV）はもともと、Hyper-Vホストクラスターのクラスター共有記憶域として登場した、クラスター内の全ノードから同時アクセス可能で、I/Oパス障害時のネットワーク経由のリダイレクトが可能な、信頼性の高いクラスター用共有記憶域です。Windows Server 2012からはスケールアウトファイルサーバーの共有記憶域としての利用と、BitLockerドライブ暗号化による保護が可能になりました。Windows Server 2012 R2からは、データ重複除去、記憶域スペースのパリティと記憶域階層、およびライトバックキャッシュがサポートされています。

6.1.3 Windows Server 2016の強化点

　Windows Server 2016の記憶域サービスとファイルサービスは、Windows Server 2012 R2と比較して、次の機能が追加または強化されています。

- **ストレージ層（記憶域階層）の強化**　―　ストレージ層（Windows Server 2012 R2の記憶域階層）は、SSDとHDDの混在する記憶域スペースに作成する仮想ディスクで有効化できる記憶域の階層化機能です。Windows Server 2016では、階層ごと（高速階層、低速階層）にディスクレイアウトを構成できるようになります。ただし、階層ごとのディスクレイアウトの構成は、PowerShell（**New-StorageTier**コマンドレット）を使用する必要があります。

- **記憶域スペースダイレクト（Storage Spaces Direct：S2D）**——記憶域スペースダイレクトは、フェールオーバークラスターの各ノードが持つローカルディスクをクラスター全体で束ね、信頼性と拡張性の高い記憶域スペースを構築できるようにする、ソフトウェア定義のストレージの新機能です。記憶域スペースダイレクトは、Windows Server 2016 Datacenterエディションでのみ利用可能です。

- **記憶域レプリカ（Storage Replica：SR）**——記憶域レプリカは、2台のサーバー間、フェールオーバークラスター内のノードのグループ間（ストレッチクラスター）、または2つのフェールオーバークラスター間で、記憶域のハードウェアに依存しない、ブロックレベルの同期または非同期レプリケーションと、データ損失ゼロ（同期の場合）ですばやいディザスタリカバリ（災害復旧）を可能にする、ソフトウェア定義のストレージの新機能です。記憶域レプリカは、Windows Server 2016 Datacenterエディションでのみ利用可能です。

- **ストレージQoSポリシー**——仮想マシンに割り当てる仮想ハードディスクごとにサービスの品質の管理（ストレージQoS）を有効化して、最小および最大IOPSを制御できます。Windows Server 2016のスケールアウトファイルサーバーではストレージQoSポリシーのサポートが追加され、スケールアウトファイルサーバーの共有に配置された仮想ハードディスクのQoSをポリシーベースで集中的に構成、配布、および監視することができます。

- **データ重複除去の機能拡張**——データ重複除去の最適化処理がマルチスレッド化され、スループットが向上したことにより、最大64TBまでのボリュームの重複除去がサポートされます。また、大きなサイズのファイルの処理が大幅に改善され、最大1TBまでのファイルの重複除去がサポートされます。さらに、データ重複除去の対象ボリュームの用途として、従来の「汎用ファイルサーバー」「仮想デスクトップインフラストラクチャ（VDI）サーバー」に加えて、「仮想化バックアップサーバー」がサポートされます。この新しい用途は、System Center Data Protection Managerなどのバックアップシステムを実行するHyper-V仮想マシンのバックアップ用仮想ハードディスクの配置先を想定したものです。

- **ReFSの改善**——ReFS（Resilient File System）は、NTFSの後継としてWindows Server 2012からサポートされるようになった新しいファイルシステムです。データの保護と耐障害性（自動回復性）、大容量のボリューム、巨大なファイルサイズへの対応に優れている一方で、NTFSで利用できるファイルシステムの機能の一部をサポートしていません。Windows Server 2016のReFSは、容量固定タイプのVHDXファイルの高速な作成、差分タイプのVHDXの高速な処理に最適化されています。また、容量可変タイプ記憶域スペースや記憶域スペースダイレクトとの組み合わせで、極めて信頼性の高い記憶域を提供できます。なお、ReFSボリュームは、データ重複除去には対応していません。

- **CSVキャッシュのサポート強化**——ReFSボリューム、データ重複除去、記憶域階層のパリティディスクレイアウト、ストレージ層（記憶域階層）、ライトバックキャッシュとの併用のサポートが強化されています。

- **スケールアウトファイルサーバーのローリングアップグレード**——Windows Server 2012 R2ベースのスケールアウトファイルサーバーは、ローリングアップグレードの方法で、高可用性が構成されたサービスを停止することなく、Windows Server 2016ベースのスケールアウトファイルサーバーに移行できます。Windows Server 2016のデータ重複除去は、Windows Server 2012 R2ノードとWindows Server 2016ノードの混在環境をサポートします。

- **ワークグループまたはマルチドメイン構成のクラスターのサポート**——Active Directoryドメインに依存しないワークグループ構成のノード間で、およびActive Directoryの複数のドメインにまたがる配置で、ファイルサーバーのフェールオーバークラスターを作成できます。

- **Nano Serverのサポート**——Windows Server 2016バージョンのNano Serverは、[ファイルサービスと記憶域サービス]の役割をサポートします。これには、基本的な記憶域サービスの基本機能、ファイルサーバー、データ重複除去、記憶域スペースダイレクト、記憶域レプリカ、マルチパスI/O、スケールアウトファイルサーバーへの対応が含まれます。ただし、Windows Server 2016バージョンのNano Serverのサポートは、2018年10月に既に終了しました。
- **SYSVOLおよびNETLOGON共有へのSMB接続のセキュリティ強化**——Windows 10およびWindows Server 2016は、2015年2月に公開されたセキュリティ情報MS15-011およびMS15-014のグループポリシーの脆弱性に標準で対策済みです。このグループポリシーの脆弱性に対応するセキュリティ更新プログラムはWindows Vista以降およびWindows Server 2008以降向けにリリースされていますが、対策を実施するには更新プログラムのインストールに加えて、グループポリシーで「強化されたUNCパス」ポリシーの構成が必要です。Windows 10およびWindows Server 2016では、このポリシーを構成しなくても、SYSVOLおよびNETLOGON共有についてKerberos認証の相互認証の検証（RequireMutualAuthentication）とSMB署名による整合性の検証（RequireIntegrity）が有効になっています。

Windows 8.1およびWindows Server 2012 R2以前向けの脆弱性対策

グループポリシーの脆弱性は、すべてのバージョンのWindowsに影響する脆弱性であり、Windows Vista以降およびWindows Server 2008以降に対してセキュリティ更新プログラムが提供されています。Windows 8.1およびWindows Server 2012 R2以前のコンピューターでは、MS15-011およびMS15-014のセキュリティ更新プログラムのインストールに加えて、グループポリシーで［コンピューターの構成￥ポリシー￥管理用テンプレート￥ネットワーク￥ネットワーク プロバイダー￥強化された UNC パス］を有効化し、「強化されたUNCパス」に次の2つのエントリを登録することで、Windows 10およびWindows Server 2016と同等の対策になります。

```
値の名前          値
¥¥*¥SYSVOL       RequireMutualAuthentication=1, RequireIntegrity=1
¥¥*¥NETLOGON     RequireMutualAuthentication=1, RequireIntegrity=1
```

[MS15-011] グループポリシーの脆弱性により、リモートでコードが実行される（2015年2月10日）
→ https://support.microsoft.com/ja-jp/help/3000483/

[MS15-014] グループポリシーの脆弱性により、セキュリティ機能のバイパスが起こる（2015年2月10日）
→ https://support.microsoft.com/ja-jp/help/3004361/

改訂 Windows Server 2019のファイルサービスの強化点

Windows Server 2019のファイルサービスの主な強化点を紹介します。
- **ReFSボリュームのデータ重複除去をサポート**——Windows Server 2019のファイルサービスでは、ReFS形式のボリュームでもデータ重複除去がサポートされます。これには、クラスターの共有ボリューム（CSVFS_REFS）も含まれます。ReFSは記憶域スペースや記憶域スペースダイレクトの推奨されるファイルシステムであり、信頼性、パフォーマンスに加えて、効率性に優れたストレージを提供できます。
- **スケールアウトファイルサーバーへのSMB接続の効率化**——記憶域スペースを使用するスケールアウトサーバーにおいて、SMBサーバー（Server）サービスは利用可能な場合に直接I/Oを優先して使用します。Windows Server 2016以前のスケールアウトファイルサーバーでは、DNSラウンドロビンにより初期接続が決定され、SMB Witnessサービスが直接I/Oを使用するように接続先をリダイレクトするため、遅延が発生する可能性がありました。

- **CSVFS_REFSのバイパス** —— Windows Server 2016以前のスケールアウトファイルサーバーのクラスターの共有ボリュームに対するSMBクライアントアクセスは、CSVFS（CSVFS_NTFS、CSVFS_REFS）を介してNTFSまたはReFSファイルシステムに到達します。Windows Server 2019のスケールアウトファイルサーバーでは、ReFS形式のクラスターの共有ボリュームに対するSMBクライアントアクセスにおいてCSVFS（CSVFS_REFS）がバイパスされます。
- **ファイル共有監視（File Share Witness）におけるDFSの使用のブロック** —— 分散ファイルシステム（DFS）はファイル共有監視ではサポートされず、使用した場合は安定性に問題が発生する可能性があります。Windows Server 2019では、DFSにファイル共有監視を作成しようとしてもブロックされるようになりました。
- **記憶域スペースダイレクト（S2D）の区切り割り当て** —— 記憶域スペースダイレクト（S2D）の3方向ミラー割り当てでパフォーマンスが低下する場合に、手動で区切り割り当てを構成してパフォーマンスを最適化できます。
- **記憶域スペースダイレクト（S2D）のパフォーマンス履歴** —— 記憶域スペースダイレクト（S2D）の新機能としてパフォーマンス履歴がサポートされます。パフォーマンス履歴では、記憶域スペースダイレクト（S2D）のボリュームを使用する仮想化インスタンスの、コンピューティング、メモリ、ネットワーク、ストレージのパフォーマンスを長期間計測し、最大1年間保持します。履歴データはWindows PowerShell（**Start-ClusterPerf/Get-ClusterPerf**）またはWindows Admin Centerのハイパーコンバージドクラスターマネージャーを使用してアクセスできます。
- **記憶域レプリカの機能拡張** —— 記憶域レプリカによるレプリケーション先ボリュームはマウントできませんでしたが、Windows Server 2019で追加されたテストフェールオーバー機能を利用することで可能になります。また、Azure IaaS上の仮想マシンとのハイブリッド環境で記憶域レプリカの展開がサポートされます。さらに、Windows Server 2016では、記憶域レプリカはDatacenterエディション限定の機能でしたが、Windows Server 2019ではStandardエディションでも制限付き（1つのパートナーシップ、最大2TBの単一ボリュームまで）でサポートされます。
- **記憶域の移行サービス（Storage Migration Service）** —— Windows Server 2019のサーバーの機能として追加されるStorage Migration Serviceは、SMB（v1以降）プロトコルを使用したファイルの一括移行をサポートします。Windows Admin Centerを利用すると、この機能をGUIで直感的に利用できます。
- **Windows Admin Centerによるディスクとボリュームの管理** —— Windows Admin Centerを利用すると、［サーバーマネージャー］やMMCスナップインと同等の管理操作を、Windows Admin Centerの［サーバーマネージャー］から実行できます。また、Windows Admin Centerの［フェールオーバークラスターマネージャー］や［ハイパーコンバージドクラスターマネージャー］を使用すると、記憶域スペースダイレクト（S2D）に対する管理操作を実行できます。Windows Admin Centerは、Windows Server 2008 R2 SP1以降のWindows Server、およびWindows 10の管理に対応しています。

6.2 ディスクとボリュームの構成と管理

　Windows Serverのディスク、ボリューム、共有の構成と管理は、従来からの［ディスクの管理］スナップイン、DISKPARTコマンド、Windowsエクスプローラー（explorer.exe）、NET SHAREコマンドを利用できますが、Windows Server 2012以降は［サーバーマネージャー］に統合された［ファイルサービスと記憶域サービス］の管理コンソールを使用して、ローカルおよびリモートサーバーの基本的な構成と管理を行えます。また、詳細な構成と管理については、Windows PowerShellのコマンドレットを使用できます。

6.2.1　物理ディスクとボリュームの管理

サーバーのローカルディスクとボリュームの管理を、[ディスクの管理] スナップインや DISKPART コマンドを使用して行っている人は多いでしょう。これらのツールは、Windows Server 2016 でも引き続き利用可能です。Windows Server 2012以降は管理ツールを使い分ける必要はなく、[サーバーマネージャー] に統合された [ファイルサービスと記憶域サービス] の管理コンソールだけを使って基本的な構成と管理を行えるようになっています。

■ ディスクの初期化

新しいディスクを使用するには、オンラインにし、ディスクを初期化する必要があります。[サーバーマネージャー] に統合された [ファイルサービスと記憶域サービス] を使用してディスクを初期化するには、[ファイルサービスと記憶域サービス] − [ボリューム] − [ディスク] を開き、ローカルまたはリモートサーバーに接続されたディスク（固定ディスク、リムーバブルディスク、およびSANのLUN）を右クリックして [オンラインにする] および [初期化] を選択します。

Windows PowerShell の場合は、**Initialize-Disk**、**Get-Disk**、**Set-Disk** などの Storage モジュールが提供するコマンドレットを使用します。

後述する記憶域スペースの仮想ディスクについても、同じ方法で構成および管理できます。

なお、[ファイルサービスと記憶域サービス] − [ボリューム] − [ディスク] からのディスクの初期化は、常に GPT（GUID パーティションテーブル）のパーティションスタイルのベーシックディスクとして構成されます。MBR（マスターブートレコード）による初期化や、ダイナミックディスクの構成については、[ディスクの管理] スナップインや DISKPART コマンドを使用してください。

画面6-2-1　[サーバーマネージャー] の [ファイルサービスと記憶域サービス] − [ボリューム] − [ディスク] で、ディスクの初期化やオンライン、オフラインを管理する

読み取り専用ディスクを書き込み可能にするには

［サーバーマネージャー］の［ファイルサービスと記憶域サービス］－［ボリューム］－［ディスク］で対象のディスクが「読み取り専用」と認識されている場合は、管理操作が制限されます。その場合は、**DISKPART**コマンドを次のように実行して、「読み取り専用」属性をクリアしてください。

```
C:¥> DISKPART
DISKPART> LIST DISK    （ディスク番号を確認する）
DISKPART> SELECT DISK <ディスク番号>
DISKPART> ATTRIBUTES DISK CLEAR READONLY
DISKPART> EXIT
```

■ ボリュームの作成

新しいディスクをオンラインにし、初期化したら、そのディスク上のパーティションを作成し、ボリュームを作成します。

1. ボリュームの作成は、［サーバーマネージャー］の［ファイルサービスと記憶域サービス］－［ボリューム］－［ディスク］で対象のディスクを選択し、［ボリュームの新規作成］をクリックします。または、［ボリューム］ページの［ディスク］または［ボリューム］にある［タスク］メニューから［ボリュームの新規作成］を選択します。

2. ［新しいボリュームウィザード］が開始するので、［サーバーとディスクの選択］ページで、ボリュームの作成先のサーバーと、サーバー上の利用可能なディスクを選択します。

画面6-2-2
［新しいボリュームウィザード］で、ボリュームを作成するサーバーとディスクを選択する

3. ［ボリュームサイズの指定］ページで、ボリュームに割り当てるサイズを指定します。既定で、ディスクの全容量が設定されています。ディスクの全容量を指定した場合、ボリュームは1パーティションで構成されます。

4. ［ドライブ文字またはフォルダーへの割り当て］ページで、ローカルドライブ文字の割り当て、またはNTFSフォルダーへのマウントを指定します。これらを指定せずに、マウントしないでボリュームを構成することもできます。

5. ［ファイルシステム形式の選択］ページで、ファイルシステムとアロケーションユニットサイズ、ボリュームラベルを指定します。［新しいボリュームウィザード］では、ファイルシステムとしてNTFSまたはReFSのいずれかを選択します。ReFSを選択した場合、短いファイル名（8.3形式）やデータ重複除去はサポートされないことに注意してください。詳しくは、コラム「ReFSとNTFSの比較」で後述します。

なお、FAT32やExFATを選択することはできません。これらのファイルシステムのボリュームを作成するには、［ディスクの管理］スナップインや**DISKPART**コマンド、**FORMAT**コマンド、あるいはWindowsエクスプローラーの［フォーマット］メニューを使用してください。

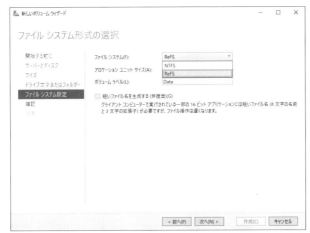

画面6-2-3
ファイルシステムとしてNTFS
またはReFSを選択する

6. 対象のサーバーに［データ重複除去］の役割サービスがインストールされていて、前のページでNTFSが選択された場合は、ここで［データ重複除去を有効にする］ページが表示され、データ重複除去の有効化や構成を行えます。データ重複除去は、後から構成することも可能です。

7. ［設定内容の確認］ページで構成内容を確認し、［作成］ボタンをクリックします。［新しいボリュームウィザードを正常に完了しました］と表示されたら、［閉じる］ボタンをクリックしてウィザードを終了します。

　作成されたボリュームは、［サーバーマネージャー］の［ファイルサービスと記憶域サービス］-［ボリューム］にリストされます。また、［ファイルサービスと記憶域サービス］-［ボリューム］-［ディスク］でボリュームが存在するディスクを選択すると、［ボリューム］にディスク上のボリュームがリストされます。

　なお、ボリュームを作成する手順は、物理ディスク上のボリュームでも、後述する仮想ディスク上のボリュームでも共通です。

 ReFSとNTFSの比較

　Windows Server 2012から利用可能になったReFSは、NTFSの後継としてスケーラビリティと耐障害性を強化した新しいファイルシステムですが、NTFSを完全に置き換えるものではありません。例えば、OSディスク（ブートボリューム、システムボリューム）やリムーバブルメディアではReFSを使用できません。また、Windows 8.1以降はクライアントOSでもReFSをサポートしていますが、フォーマットできるのはWindows Server 2012以降のサーバーOSです。その他、主な違いを次の表にまとめました。

表6-2-4　ReFSとNTFSの比較

	仕様または機能	NTFS	ReFS
ファイルシステムの仕様	最大ボリュームサイズ（設計上の上限）	約256テラバイト（TB）	256ゼタバイト（ZB）（2^{78}バイト）
	クラスタサイズ	512バイト～64KB	任意
	最大ファイルサイズ	約16TB（2^{44}-64KB）	約16エクサバイト（EB）（2^{64}-1バイト）
	ボリューム内の最大ファイル数	約43億（2^{32}-1）	約1844京（2^{64}）
ファイルシステムの機能	短いファイル名（8.3形式）	○	×
	大文字と小文字を区別したファイル名	○	○
	ファイル名の大文字小文字を保持	○	○
	ファイル名でのUnicode使用	○	○
	ACLの保持と強制	○	○
	ファイル単位の圧縮	○	×
	ディスククォータ	○	×
	スパースファイル	○	○
	再解析ポイント	○	○
	オブジェクトID	○	×
	暗号化ファイルシステム（EFS）	○	×
	名前付き代替ストリーム	○	○（Windows Server 2012 R2以降）
	トランザクション	○	×
	ハードリンク	○	×
	拡張属性	○	×
	ファイルIDで開く操作	○	○
	USNジャーナル	○	○
ボリュームとファイルサービスの機能	ブート/システムボリューム	○	×
	リムーバブルメディア	○	×
	BitLockerドライブ暗号化	○	○
	データ重複除去	○	×（Windows Server 2019は○）
	クラスターの共有ボリューム（CSV）	○	○
	FCIの分類プロパティ	○	×
	ワークフォルダー	○	×
	オフロードデータ転送（ODX）	○	×

■ クラスターディスクとクラスターの共有ボリューム（CSV）

　フェールオーバークラスターでは、クラスターのすべてのノードが接続されるファイバーチャネルやSAS、iSCSIのLUNを、クラスターの共有ストレージとして構成します。

LUNの初期化やボリュームの作成は、クラスターノードの1台で実行します。そして、作成したボリュームボリュームをクラスター内で使用するために、[フェールオーバークラスターマネージャー]を使用してクラスターディスクとして追加します。

フェールオーバークラスターをHyper-Vホストクラスターやスケールアウトファイルサーバーとして構成する場合は、クラスターディスクを「クラスターの共有ボリューム（CSV）」として準備します。クラスターの共有ボリューム（CSV）は、次のような特性を持ちます。

- **ドライブ文字を使用しない固定パス** —— クラスターの共有ボリューム（CSV）は、クラスターのすべてのノードのC:¥ClusterStorage下のマウントポイント（Volume1、Volume2……）にマウントされ、すべてのノードから共通のパスでアクセスできます。
- **複数ノードからの同時アクセス** —— クラスターの共有ボリューム（CSV）には、1つ以上のクラスターディスクを追加できます。クラスターディスクはクラスターの1つのアクティブなノードが所有することになりますが、クラスターの共有ボリューム（CSV）のマウント先のパスには、所有者に関係なくすべてのノードから同時にアクセスすることができます。
- **リダイレクトI/O** —— クラスターの共有ボリューム（CSV）は、ホストバスアダプター（HBA）やiSCSI接続用のネットワークアダプターとは別に、クラスター間のネットワーク接続を利用したリダイレクトI/O機能を提供し、I/O経路が冗長化されます。これにより、ノードとLUNとの間の標準のI/O経路が障害などで使用不能になったとしても、ネットワーク経由の代替経路でアクセスできます。

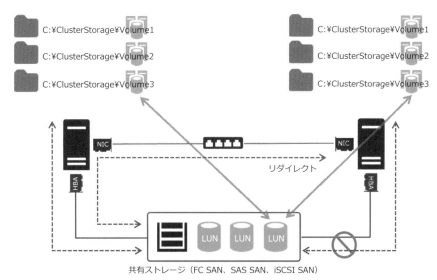

図6-2-5　クラスターの共有ボリューム（CSV）のマウントイメージ

クラスターの共有ボリューム（CSV）を準備するには、次の手順で操作します。

1. クラスターの共有ボリューム（CSV）用のLUNをすべてのノードに接続し、1台のノードで［サーバーマネージャー］の［ファイルサービスと記憶域サービス］-［ボリューム］-［ディスク］または［ディスクの管理］スナップインを使用して、LUNを初期化してボリュームを作成し、NTFSま

たはReFS形式（ReFS形式を推奨）でフォーマットします。このとき、ドライブ文字の割り当てやマウントは必要ありません。

2. ［フェールオーバークラスターマネージャー］の［記憶域］－［ディスク］コンテナーを開き、［操作］ペインの［ディスクの追加］をクリックして、LUNをクラスターディスクとして追加します。

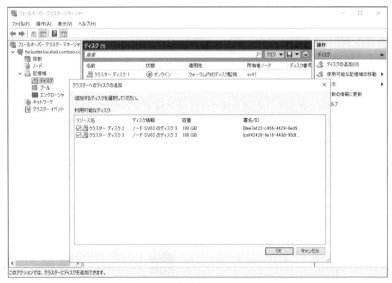

画面6-2-6　共有ストレージ上のLUNをすべてのノードに接続し、
　　　　　　ボリューム作成後にクラスターディスクとして追加する

3. ［記憶域］－［ディスク］コンテナーに追加された未使用のディスク（使用可能記憶域）を右クリックして、［クラスターの共有ボリュームへの追加］を選択します。

画面6-2-7　クラスターディスクをクラスターの共有ボリューム（CSV）に追加する

4. Windowsエクスプローラーなどを使用して、各ノードのC:¥ClusterStorageのVolume1、Volume2……にLUNがマウントされたことを確認します。なお、クラスターの共有ボリューム（CSV）に追加されたボリュームのファイルシステムはCSVFS（CSVFS_NTFSまたはCSVFS_REFS）形式になります。

画面6-2-8
C:¥ClusterStorage¥
Volume1、Volume2
……にLUNがマウントされる

5. オプションでクラスターの共有ボリューム（CSV）のCSVキャッシュを構成します。CSVキャッシュは、物理メモリをキャッシュとして利用するライトスルーキャッシュであり、信頼性の高いキャッシュ方式でディスクI/Oのパフォーマンスを最適化します。CSVキャッシュは、後述するSSDをキャッシュとして利用する記憶域スペースのライトバックキャッシュやストレージ層（記憶域階層）と併用できます。

CSVキャッシュは既定で有効になっていますが、キャッシュサイズは0であり、キャッシュは利用されません。CSVキャッシュは、PowerShellの次のコマンドラインを使用して、物理メモリの最大80%までを割り当てることができます。

```
PS C:¥> (Get-Cluster -Name <クラスター名>).BlockCacheSize = <キャッシュサイズ（MB）>
```

 クラスターの共有ボリューム（CSV）のBitLockerドライブ暗号化

Windows Server 2012以降のクラスターの共有ボリューム（CSV）は、BitLockerドライブ暗号化をサポートしています。

1. クラスターに参加するすべてのノードに［BitLockerドライブ暗号化］の機能をインストールします。
2. 共有ストレージ上のLUNをクラスターディスクとして追加する前に、一時的にLUNにドライブ文字を割り当て、NTFSまたはReFS形式でフォーマットし、LUNのボリュームをBitLockerドライブ暗号化で暗号化します。このとき、パスワードによるロック解除の方法を選択します。
3. 暗号化が完了したら、PowerShellで次のコマンドラインを実行します。このコマンドラインは、BitLockerの保護方法として、パスワードによるロック解除とは別に、Active Directoryのクラスターのアカウントの SID（セキュリティ識別子）を使用したロック解除方法を追加します。

```
PS C:¥> Enable-BitLocker -MountPoint <LUNのドライブ文字:>
   -ADAccountorGroupProtector -ADAccountOrGroup <ドメイン名>¥<クラスター名>$
```

4. LUNに一時的に割り当てたドライブ文字を削除します。
5. ［フェールオーバークラスターマネージャー］を使用して、暗号化済みのクラスターディスクとして追加します。

6.2.2 記憶域スペース

記憶域スペースは、記憶域の仮想化機能、つまりソフトウェア定義のストレージ（SDN）機能を提供します。

■|記憶域スペースの概念

記憶域スペースでは、種類や容量の異なる複数の物理ディスクをまとめてリソースプール化します。この物理ディスクのプールを記憶域プール（Storage Pool）と呼び、記憶域プールから一部の領域を切り出して仮想ディスク（Virtual Disk、仮想マシンの仮想ハードディスクではない）を作成できます。

仮想ディスクには、スループットや信頼性、シンプロビジョニング、記憶域階層といった付加機能を追加で構成することができます。作成した仮想ディスクは、通常の物理ディスクと同じようにボリュームを作成でき、OSやアプリケーションから扱うことができます。

SATA（Serial ATA）やUSBといった安価なハードディスクに対しても、ミラーやパリティ、ホットスペアを構成することで、信頼性が高く、自動回復できる記憶域を低コストで準備することができます。あるいは、ソリッドステートドライブ（SSD）やSAS（Serial Attached SCSI）のような高価で高性能なディスクをプール化して、スループットの高い記憶域を準備することもできます。Windows Server 2012 R2からは、高速で高価なSSDと安価で大容量のハードディスク（HDD）で構成される記憶域プールにおいて、ライトバックキャッシュと記憶域階層がサポートされました。これにより、記憶域のコストを抑制しながら、スループットの向上と大容量化を両立できます。

記憶域スペースの最大の利点は、特別なハードウェアを使用しなくても、コスト効率の良い標準的な物理ハードディスクを束ねて、スループットや信頼性が高く、高機能なストレージをWindows Serverのソフトウェアの機能だけで実現できることでしょう。

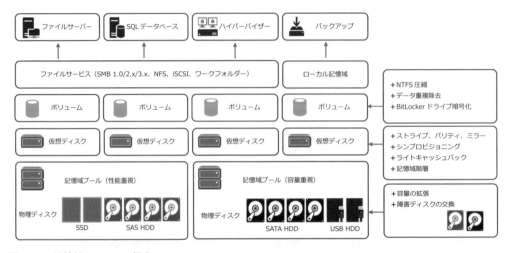

図6-2-9 記憶域スペースの概念

■ 記憶域プールの作成

　記憶域プールは、4GB以上の容量を持つ、1台以上の未使用のハードディスク（HDD）およびソリッドステートドライブ（SSD）を使用して作成できます。異なる接続バス（SAS、ATA、USBなど）、異なるメディアの種類（HDDとSSD）、異なる容量の物理ディスクを組み合わせて1つの記憶域プールを作成できます。

　記憶域プールを作成するには、コンピューターに1台以上の未使用の物理ディスク（仮想マシンの場合は新しい仮想ハードディスク）を接続した上で、次の手順で操作します。

1. ［サーバーマネージャー］の［ファイルサービスと記憶域サービス］にある［ボリューム］－［ディスク］ページを開きます。記憶域プールに使用するすべての物理ディスクがオンラインになっていることを確認します。オフラインの場合はオンラインに切り替えてください。物理ディスクを初期化する必要はありません。

画面6-2-10　記憶域プールに使用する物理ディスクがオフラインになっている場合は、オンラインに切り替える

2. ［ボリューム］－［記憶域プール］ページに切り替え、［Windows Storage］のリストに［Primordial］（「最初から存在する」という意味）という名前の記憶域プールが存在し、未使用の物理ディスクがこのグループに含まれていることを確認します。［Primordial］グループを右クリックして、［記憶域プールの新規作成］を選択し、［記憶域プールの新規作成ウィザード］を開始します。

3. ウィザードの［記憶域プールの名前とサブシステムの指定］ページでは、ルートプールとして［Primordial］プールが選択されていることを確認し、［名前］に記憶域プールの名前を設定します。

画面6-2-11　記憶域プールの名前を設定する

4. ［記憶域プールの物理ディスクを選択］ページで、記憶域プールに含める物理ディスクを選択します。既定では、選択したディスクの割り当ては［自動］ですが、ディスク障害時の自動交換用として［ホットスペア］を選択、あるいは交換用のディスクとして［手動］を選択して、一部の物理ディスクを確保しておくことができます。

画面6-2-12　記憶域プールに含める物理ディスクを選択する

5. ［設定内容の確認］ページで［作成］ボタンをクリックし、記憶域プールを作成します。作成が完了したら、ウィザードを終了します。

6. 作成された記憶域プールは、サーバーマネージャーの［記憶域プール］ページの［記憶域プール］にリストされます。記憶域プールを選択すると、［物理ディスク］に記憶域プールに含まれる物理ディスクがリストされます。記憶域プールは、ディスクを追加することで拡張可能です。新しいディス

クを追加するには、未使用の物理ディスクをコンピューターに接続し、オンラインにした上で、記憶域プールを右クリックまたは［物理ディスク］の［タスク］メニューから［物理ディスクの追加］を実行します。

7. 記憶域プールにSSDを含めた場合は、すべての物理ディスクについて［メディアの種類］列を確認してください。メディアの種類が「不明」となっている場合は、実際のメディアの種類に合わせてSSDまたはHDDを設定する必要があります。この作業は、記憶域スペースのライトバックキャッシュおよび記憶域階層を利用するために必要です。これらの機能を利用しない場合、メディアの種類の設定は必須ではありません。メディアの種類は、**Set-PhysicalDisk**コマンドレットの**-MediaType**パラメーターで設定することができます。物理ディスクの指定には、物理ディスクのフレンドリ名（**FriendlyName**）またはユニークID（**UniqueID**）を使用します。フレンドリ名が同じ場合は、ユニークIDを使用してください。物理ディスクのこれらの情報は、**Get-PhysicalDisk**コマンドレットで確認できます。

物理ディスクのフレンドリ名とユニークIDの確認：
```
PS C:¥> Get-StoragePool -FriendlyName "<記憶域プール名>" |
 Get-PhysicalDisk | Select FriendlyName, UniqueId, Size, MediaType
```

物理ディスクのメディアの種類の設定：
```
PS C:¥> Set-PhysicalDisk -FriendlyName "<物理ディスクのフレンドリ名>"
 -MediaType <HDDまたはSSD>
または
PS C:¥> Set-PhysicalDisk -UniqueId "<物理ディスクのユニークID>"
 -MediaType <HDDまたはSSD>
```

Windows PowerShellで記憶域プールを作成する

Windows PowerShellを使用して記憶域プールを作成するには、**New-StoragePool**コマンドレットを使用します。次の例は、未使用のディスク（Primordialグループのすべてのディスク）を使用して、記憶域プールMyStoragePoolを作成する例です。

```
PS C:¥> $disks = (Get-PhysicalDisk -CanPool $true)
PS C:¥> New-StoragePool -PhysicalDisk $disks
 -FriendlyName "<記憶域プール名>"
 -StorageSubsystemFriendlyName "Windows Storage*"
```

Windows Storage*は記憶域サブシステムのフレンドリ名（[**Windows Storage** on <コンピューター名>］のワイルドカードによる指定）の指定です。Windows Server 2012 R2以前のフレンドリ名［**Storage Spaces** on <コンピューター名>］から変更されていることにご注意ください。**Get-StorageSubsystem**コマンドレットを実行して記憶域サブシステムのフレンドリ名を確認してから**New-StoragePool**コマンドレットに指定することをお勧めします。

■ 仮想ディスクの作成

記憶域プールを作成したら、記憶域プールから領域を切り出して仮想ディスクを作成します。記憶域プールには、サイズやレイアウト、プロビジョニング方法（シンプロビジョニングまたは固定）の異なる仮想ディスクを複数作成することができます。

1. サーバーマネージャーで［ボリューム］－［記憶域プール］ページを開き、記憶域プールを選択、右クリックして［仮想ディスクの新規作成］を選択するか、［仮想ディスク］の［タスク］メニューから［仮想ディスクの新規作成］を選択して、［仮想ディスクの新規作成ウィザード］を開始します。このウィザードは、［記憶域プールの新規作成ウィザード］の［結果の表示］ページから開始することもできます。

2. ウィザードの［記憶域プールの選択］ページで正しい記憶域プールが選択されていることを確認します。

画面6-2-13　記憶域プールに仮想ディスクを新規作成する

3. ［仮想ディスク名の指定］ページで、仮想ディスクに名前を設定します。記憶域プールにSSDが含まれている場合は、［この仮想ディスクにストレージ層を作成する］のオプションを選択できますが、この機能に関しては後述します。

画面6-2-14　仮想ディスクに名前を設定する

4. [エンクロージャの回復性の指定]ページは、3つ以上の複数のエンクロージャ（SASやSATAで接続される外部ストレージ装置の筐体）に格納された物理ディスクで記憶域プールを作成している場合に構成できます。[エンクロージャ認識の有効化]を有効にすると、データのコピーがエンクロージャに分散配置され、1つのエンクロージャに障害が発生してもデータを保護できます。

5. [記憶域レイアウトの選択]ページで、[Simple][Mirror][Parity]のいずれかのレイアウトを選択します。このレイアウトは、データを記憶域プールの物理ディスクにどのように配置するかを決めるもので、スループットとキャパシティ、および信頼性に関係します。

画面6-2-15　仮想ディスクの記憶域プール内でのレイアウトを指定する

仮想ディスクのレイアウトとディスク要件

[Simple][Mirror][Parity]のレイアウトはそれぞれ、RAIDアレイのストライピング（RAID-0）、ミラーリング（RAID-1）、パリティ付きストライプ（RAID-5/6）に相当します。それぞれ、スループットと信頼性、ディスク使用効率に次のような特長があります。

表6-2-16　仮想ディスクのレイアウトと必要なディスク数

レイアウト	必要なディスク数	特長
シンプル	1台以上	RAID-0相当のストライピング。ディスク使用効率は最大でスループットは向上するが、ディスクエラーからは保護されない
双方向ミラー	2台以上	RAID-1相当のミラーリング。データの複製を二重に持つためディスクの使用効率は悪いが、1台のディスクエラーからデータを保護する
3方向ミラー	5台以上	RAID-1相当のミラーリング。データの複製を三重に持つためディスクの使用効率は悪いが、2台のディスクエラーからデータを保護する
シングルパリティ	3台以上	RAID-5相当のパリティ付きストライピング。スループットとディスク使用効率を両立し、1台のディスクエラーからデータを保護
デュアルパリティ	5台以上（記憶域プールには最小7台必要）	RAID-6相当の二重パリティ付きストライピング。2台同時のディスクエラーからデータを保護。Windows Server 2012 R2では固定プロビジョニングのみでサポートされたが、Windows Server 2016ではシンプロビジョニングもサポート

6. レイアウトとして［Mirror］または［Parity］を選択した場合で、記憶域プールに十分な数の物理ディスクが存在する場合は、続いて［回復性の設定の構成］ページが表示されます。［Mirror］を選択した場合は［双方向ミラー］または［3方向ミラー］を、［Parity］を選択した場合は［シングルパリティ］または［デュアルパリティ］を選択できます。このページが表示されない場合は、［双方向ミラー］または［シングルパリティ］で構成されます。

画面6-2-17
十分な数のディスクを利用できる場合は、このページでミラーまたはパリティの数を指定できる

7. ［プロビジョニングの種類の指定］ページで、［最小限］または［固定］を選択します。シンプロビジョニングである［最小限］を選択すると、実際にデータが書き込まれた分だけディスク領域を消費するため、ディスクの使用効率が高まります。また、次の［仮想ディスクのサイズの指定］ページでは、記憶域プールの現在の空き領域に関係なく、大きなサイズの領域を割り当てることができます。固定プロビジョニングを選択した場合は、記憶域プールの現在の空き領域の範囲内でのみサイズを割り当てることができます。また、割り当て可能なサイズは、仮想ディスクのレイアウトと回復性の設定の選択によって増減します。

画面6-2-18
シンプロビジョニングで構成すると、記憶域プールの現在の空き領域に関係なく大きなサイズを割り当てることができる

8. ［設定内容の確認］ページで［作成］ボタンをクリックし、仮想ディスクを作成します。作成した仮想ディスクは、ローカルの固定ディスクとして接続され、通常の物理ディスクと同じように扱えます。仮想ディスクのボリュームの作成やフォーマットは、固定ディスクと共通の手順で行えます。［サーバーマネージャー］の［ボリューム］－［ディスク］ページ、［ディスクの管理］スナップイン、および **DISKPART** コマンドでは、仮想ディスクは他の物理ディスクと区別されません。また、記憶域プール内の物理ディスクは、記憶域プールを作成するとこれらのツールに表示されなくなります。

画面6-2-19　ボリュームの作成やフォーマットなど、仮想ディスクは物理ディスクと区別なく扱える

Windows PowerShellで仮想ディスクを作成する

Windows PowerShellを使用して仮想ディスク作成するには、**New-VirtualDisk** コマンドレットを使用します。次の例は、Simpleレイアウト、シンプロビジョニングで、1TBの仮想ディスクを作成します。

```
PS C:¥> New-VirtualDisk -StoragePoolFriendlyName "<記憶域プール名>"⏎
-FriendlyName "<仮想ディスク名>" -Size 1TB -ResiliencySettingName Simple⏎
-ProvisioningType Thin
```

Windows Server 2016の記憶域スペースではReFSを推奨

Windows Server 2016では、Hyper-Vの仮想マシン用の記憶域および記憶域スペースにおいて、NTFSではなく、ReFS形式の使用が推奨されます。ReFS形式はHyper-Vの仮想ハードディスクの作成や拡張、結合を高速化するのに役立ちます。また、ReFSのエラー検出および自動訂正機能は、記憶域スペースに最適です。なお、Windows Server 2012 R2以前では、仮想マシン用の記憶域としてはNTFSのみがサポートされていました。

■ ライトバックキャッシュとストレージ層（記憶域階層）

SSDを含む記憶域スペースでは、仮想ディスクでライトバックキャッシュが既定で有効になり、スループットが向上します。ライトバックキャッシュは高速なSSDの領域の一部を書き込みキャッシュ

として利用することで、最終的なハードディスク（HDD）への書き込みは非同期で行い、仮想ディスクに対する見かけ上の書き込みスループットを向上させます。SSDは不揮発性のフラッシュディスクであるため、電源障害が発生してもキャッシュ内のデータが失われることはありません。仮想ディスクのライトバックキャッシュは、電源障害から保護されたキャッシュとして機能します。

仮想ディスクのライトバックキャッシュ用のキャッシュ領域のサイズは、仮想ディスクの作成時に自動的に設定されます。既定のキャッシュサイズは1GBですが、SSDやHDDの数やサイズが十分でない場合、[Simple]および[Mirror]の仮想ディスクには0、[Parity]の仮想ディスクには32MBのサイズが設定されます。

このキャッシュ領域のサイズは、仮想マシンの作成後に変更することはできません。キャッシュサイズを調整したい場合は、Windows PowerShellの**New-VirtualDisk**コマンドレットで仮想ディスクを新規作成する際に、**-WriteCacheSize**パラメーター（**-WriteCacheSize 2GB**など）で設定します。

```
PS C:\> New-VirtualDisk -StoragePoolFriendlyName "<記憶域プール名>"
 -FriendlyName "<仮想ディスク名>" -Size 1TB -ResiliencySettingName Simple
 -ProvisioningType Thin -WriteCacheSize 2GB
```

また、Set-StoragePoolコマンドレットの**-WriteCacheSizeDefault**パラメーターを使用すると既定のキャッシュサイズを調整できます。例えば、次のコマンドレットは記憶域スペースの既定のキャッシュサイズを2GBに固定します。

```
PS C:\> Set-StoragePool -FriendlyName "<記憶域プール名>"
 -WriteCacheSizeDefault 2GB
```

既定のキャッシュサイズを初期値に戻すには、次のコマンドレットを実行します。

```
PS C:\> Set-StoragePool -FriendlyName "<記憶域プール名>"
 -AutoWriteCacheSize $true
```

画面6-2-20　SSDを含む記憶域スペースに仮想ディスクを作成すると、ライトバックキャッシュのための領域がSSD上に配置される

記憶域プールにSSDが含まれている場合は、［仮想ディスクの新規作成ウィザード］の［仮想ディスク名の指定］ページで、［この仮想ディスクにストレージ層を作成する］のオプションを選択できます。

ストレージ層（Windows Server 2012 R2の記憶域階層）は、仮想ディスクをSSDの高速階層と標準階層の2つに分け、頻繁にアクセスされるファイルを高速階層に自動的に再配置します。ストレージ層により、SSDの高速性を活かしてスループットを向上させながら、同時にコスト効率の良いHDDでキャパシティと信頼性を提供することができます。なお、ストレージ層は、仮想ディスクの領域全体を1つのボリュームとして構成する必要があります。また、シンプロビジョニングには対応していません。

画面6-2-21
ディスクレイアウトを構成する。選択可能なディスクレイアウトはSSDおよびHDDの台数に依存する

画面6-2-22
高速階層と低速階層のサイズを指定する。シンプロビジョニング（最小限）には対応しない

記憶域階層におけるファイルの再配置は、ファイルへのアクセス頻度に基づいて、タスクスケジューラに登録されたタスク（¥Microsoft¥Windows¥Storage Tiers Management¥Storage Tiers Optimization）によって自動実行されます。手動で再配置を開始するには、次のいずれかのコマンドラインを実行します。

```
PS C:¥> Optimize-Volume ⏎
 -DriveLetter <仮想ディスクのドライブ文字（:は付けないこと）> -TierOptimize
```

または

```
C:¥> Defrag <ドライブ文字:> /G
```

管理者は、**Set-FileStorageTier**コマンドレットを使用して、特定のファイルをSSDの高速階層またはHDDの標準階層に固定的に配置することもできます。

```
PS C:¥> Set-FileStorageTier -FilePath "<ファイルのパス>" ⏎
 -DesiredStorageTierFriendlyName "<配置先の階層のフレンドリ名>"
```

階層のフレンドリ名は、**Get-StorageTier**コマンドレットで確認します。また、**Set-FileStorageTier**による配置先の指定は、次回の最適化時に実施されます。すぐに再配置を行いたい場合は、**Optimize-Volume**コマンドレットまたは**Defrag**コマンドを手動で実行します。特定階層への固定的な配置とその状況は、**Get-FileStorageTier**コマンドレットで確認できます。

記憶域スペースのパフォーマンスの設計ガイド

記憶域スペースのパフォーマンスに関する考慮事項や設計のヒントが、以下のドキュメント（英語）に詳しくまとめられています。

Storage Spaces - Designing for Performance
→https://social.technet.microsoft.com/wiki/contents/articles/15200.storage-spaces-designing-for-performance.aspx

6.2.3 クラスター化された記憶域スペース

通常の記憶域スペースは、ローカル記憶域を提供します。これは、フェールオーバークラスターのディスクリソースとしては利用できません。フェールオーバークラスターのディスクリソースとして記憶域スペースの機能を利用するには、「クラスター化された記憶域スペース（Clustered Storage Spaces）」を作成する必要があります。

> **改訂 共有SASディスクによるクラスター化された記憶域スペースはサポートされなくなる**
>
> この項で説明するようにWindows Server 2016では共有SASディスクを使用したクラスター化された記憶域スペースの構成が可能ですが、Windows Server 2019ではその構成はサポートされなくなります。クラスター化された記憶域スペースの代わりに、各ノードにディスクを直結した上で、記憶域スペースダイレクト（S2D）を構成することをお勧めします。

■ クラスター化された記憶域スペースの概念

フェールオーバークラスターのディスクリソースとしては、Serial Attached SCSI（SAS）、ファイ

バーチャネル（Fibre Channel：FC）、Fibre Channel over Ethernet（FCoE）、またはiSCSIですべてのノードから接続される共有ストレージ装置を一般的に使用します。SAN（Storage Area Network：記憶域ネットワーク）とも呼ばれることもある共有ストレージ装置は、単一の障害ポイントを避けるため、および最適なスループットを得るために、RAID構成や記憶域階層、ライトバックキャッシュ、データ重複除去、バックアップ、レプリケーション機能などの機能をハードウェア側に備えているため、一般的に高価です。

クラスター化された記憶域スペースを使用すると、いわゆるJBOD（Just a Bunch Of Disks：ただのディスクの束）と呼ばれる機能の少ない共有ディスク装置を、ソフトウェアである記憶域スペースの付加機能で補完して、SAN装置が備えるようなフェールオーバークラスターに適した共有ストレージを提供します。これにより、フェールオーバークラスターのハードウェアコストの削減が可能です。

クラスター化された記憶域スペースに作成した仮想ディスクは、クラスターの共有ボリューム（CSV）として構成することができ、スケールアウトファイルサーバーやHyper-Vホストクラスターに対して、信頼性の高いクラスターの記憶域を提供できます。クラスターの共有ボリューム（CSV）はすべてのノードから共通のパス（C:¥ClusterStorage¥Volume#、#は1からの連番）で同時にアクセスでき、一部のノードに障害が発生してもアクセスパスをクラスター間のネットワークにリダイレクトすることでアクセスを継続できます。クラスター化された記憶域スペースは、これにミラーやパリティの信頼性、ホットスペアによる自動回復、ライトバックキャッシュやストレージ層（記憶域階層）のスループット向上といった機能を追加できます。

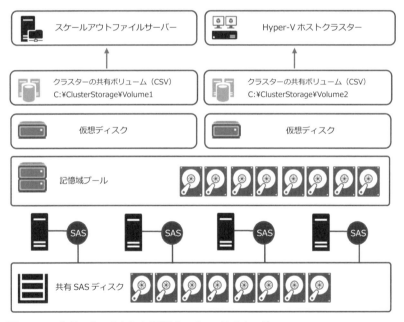

図6-2-23　クラスター化された記憶域スペースのイメージ

■ クラスター化された記憶域スペースのハードウェア要件

　記憶域スペースの利点は、コスト効率の良い標準的な物理ディスクを束ねて、スループットや信頼性が高く、高機能なストレージをソフトウェアの機能だけで実現できることです。しかし、クラスター

化された記憶スペースのためにはクラスターのすべてのノードに接続された、共有ストレージ装置のハードウェアが必要です。共有ストレージ装置は、次の要件を満たしている必要があります。

- 共有ストレージ装置はすべてのノードにSerial Attached SCSI（SAS）で接続されていること。FC、FCoE、iSCSIなどSAS以外の接続方法はサポートされません。
- 1台あたり物理ディスクの容量は4GB以上であること。
- 3台以上の未使用の物理ディスクが利用可能であること。

また、クラスター化された記憶域スペースでは、記憶域スペースの次の機能が制限されます。

- 仮想ディスクは固定プロビジョニングのみをサポート。シンプロビジョニングはサポートされません。

■│クラスター化された記憶域スペースの構成

クラスター化された記憶域スペースを使用した記憶域プールや仮想ディスクの作成は、［サーバーマネージャー］ではなく、［フェールオーバークラスターマネージャー］を使用して行います。ここでは、手順の概要を説明します。

1. フェールオーバークラスターに参加するすべてのノード（Windows Server 2016を実行するコンピューター）を共有ストレージ装置に接続します。また、各ノードのネットワークは固定IPアドレスで構成し、Active Directoryドメインに参加させます。

2. クラスターの作成作業に使用するコンピューターの［サーバーマネージャー］に、クラスターに参加するすべてのノードを管理対象として追加します。

3. クラスターに参加するすべてのノードに［フェールオーバークラスタリング］の機能をインストールします。

4. ［サーバーマネージャー］の［ファイルサービスと記憶域サービス］−［ボリューム］−［ディスク］ページで、使用する物理ディスク（バスタイプ：SAS）がすべてのノードでオンラインになっていること、および未使用（パーティション：不明）であることを確認します。

5. すべてのノードに、［フェールオーバークラスタリング］、［マルチパスI/O］、および関連する機能をインストールします。また、［サーバーマネージャー］を実行するコンピューターがフェールオーバークラスターに参加しない場合は、そのコンピューターにもフェールオーバークラスタリング機能の管理ツール（Windows PowerShellのFailoverClustersモジュールを含む）をインストールします。

6. ［フェールオーバークラスターマネージャー］を使用してクラスターに参加させるノードでクラスターの構成の検証テストを実施し、問題がなければそのノードで新しいフェールオーバークラスターを作成します。なお、クラスター作成時点では、クォーラム監視用のディスク（必須ではありません）以外のディスクを構成しないでください。

7. クラスターの作成が完了したら、［フェールオーバークラスターマネージャー］でクラスターを右クリックし、［他のアクション］から［クラスタークォーラム設定の構成］を選択して、［クラスタークォーラム構成ウィザード］でクォーラム監視を構成します。クォーラム監視は必須ではありませんが、構成することをお勧めします。Windows Server 2016では、ディスク監視、ファイル共有監視、クラウド監視のいずれかで構成できます。ディスク監視を構成するには、共有ストレージ上のディスクをクラスターディスクとして事前に追加しておき、クォーラム監視用に構成します。

8. ［フェールオーバークラスターマネージャー］の［記憶域］−［プール］コンテナーを開き、［操作］ペインの［記憶域プールの新規作成］をクリックし、［記憶域プールの新規作成ウィザード］を使用して記憶域プールを作成します。このウィザードの内容は［サーバーマネージャー］から実行するものと同じですが、［フェールオーバークラスターマネージャー］から実行した場合は、記憶域サブシステムとしてClustered Windows Storageが使用されるように記憶域プールが作成されます。

画面6-2-24　［フェールオーバークラスターマネージャー］を使用して記憶域プールを作成する

9. 作成された記憶域プールが［オンライン］の状態になっていることを確認したら、右クリックのメニューまたは［操作］ペインから［仮想ディスクの新規作成］をクリックし、［仮想ディスクの新規作成ウィザード］を使用して記憶域プールに仮想ディスクを作成します。プロビジョニングの種類が固定プロビジョニングに限定される以外は、通常の仮想ディスクと同じように構成できます。

画面6-2-25　［フェールオーバークラスターマネージャー］を使用して仮想ディスクを作成する

10. 仮想ディスクの作成が完了すると、ウィザードの [結果の表示] ページから [新しいボリュームウィザード] を開始できるので、このウィザードを使用してボリュームを作成し、NTFSまたはReFS形式（ReFSを推奨）でフォーマットします。ドライブ文字の割り当ては必要ありません。[仮想ディスクの新規作成ウィザード] を閉じてしまった場合は、[サーバーマネージャー] を使用してボリュームを作成してください。

11. [フェールオーバークラスターマネージャー] でクラスターの [記憶域] - [ディスク] コンテナーを開き、仮想ディスクを選択します。右クリックのメニューまたは [操作] ペインから [クラスターの共有ボリュームへの追加] をクリックして、この仮想ディスクをクラスターの共有ボリューム (CSV) として構成します。クラスターの共有ボリューム (CSV) は、C:\ClusterStorage\Volume#（#は1からの連番）にマウントされ、すべてのノードからアクセスできます。そして、クラスター化された記憶域スペースを使用しないクラスターの共有ボリューム (CSV) と同じように、スケールアウトファイルサーバーの共有のためのローカルパス、あるいはHyper-Vホストクラスターのための仮想マシンの配置先として利用できます。なお、NTFSまたはReFSボリュームをクラスターの共有ボリューム (CSV) として構成すると、ファイルシステム形式はCSVFS (CSVFS_NTFSまたはCSVFS_REFS) として認識されます。

画面6-2-26　仮想ディスクにNTFSまたはReFSボリュームを作成し、クラスターの共有ボリューム（CSV）として構成する

6.2.4　記憶域スペースダイレクト

記憶域スペースダイレクト（Storage Spaces Direct：S2D）は、Windows Server 2016 Datacenterエディションに追加される記憶域スペースの新機能です。

■ 記憶域スペースダイレクトの概念

記憶域スペースダイレクトは、クラスター化された記憶域スペースの要件である共有SASストレージ装置を必要としない、クラスター化された記憶域スペースの新機能です。記憶域スペースダイレク

トは、フェールオーバークラスターの各ノードのローカル接続ストレージ（Direct Attached Storage：DAS）によるクラスター化された記憶域スペースの構成を可能にします。

クラスター化された記憶域スペースと記憶域スペースダイレクトの違いは、物理ディスクの提供方法です。記憶域スペースダイレクトでは、SASやSATAといった標準的なバスに接続されるローカルの固定ディスクをクラスターのすべてのノードで束ねて、1つの記憶域プールを作成し、仮想ディスクを提供できます。これにより、専用の共有ストレージ装置を導入することなく、クラスターディスクを持つフェールオーバークラスターの作成できるようになります。

なお、クラスター化された記憶域スペースの場合、共有ストレージ装置に異常がなく、クラスター内で最低でも1ノードがアクティブであれば、記憶域を継続して提供することができます。これに対して、記憶域スペースダイレクトでは、ノードのダウンで接続が失われる物理ディスクの数によって、少数のノードのダウンでも記憶域がオフラインになる可能性があることに注意が必要です。

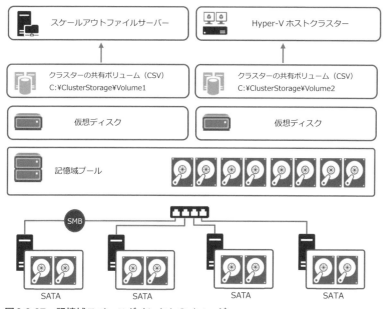

図6-2-27　記憶域スペースダイレクトのイメージ

■|記憶域スペースダイレクトのシステム要件

記憶域スペースダイレクトを構成するには、以下の要件を満たしている必要があります。

- フェールオーバークラスターは最小4ノードで構成される必要があります。
- 各ノードにはSASやSATA接続（バスは問いません）の内蔵ディスク、またはSAS接続の外部ストレージ装置が必要です。

また、記憶域スペースダイレクトでは、次の制約に注意してください。

- 記憶域スペースダイレクトは、複数のパスで接続されたディスク、およびマルチパスI/Oの機能をサポートしません。

■ 記憶域スペースダイレクトの構成

　ここでは、記憶域スペース用に2つのローカル固定ディスクを内蔵するコンピューターを4台使用して、4ノードクラスターを作成し、合計8台の固定ディスク（2台×4ノード）を使用して記憶域スペースダイレクトを構成します。Hyper-Vの仮想マシン環境で評価する場合は、第2世代仮想マシンを4台作成し、各仮想マシンのデータ用のディスクとして2つの空の仮想ハードディスクを接続します。

1. フェールオーバークラスターに参加するすべてのノード（Windows Server 2016を実行するコンピューター）を、Active Directoryドメインに参加させます。

2. フェールオーバークラスターの作成作業に使用するコンピューターの［サーバーマネージャー］に、フェールオーバークラスターに参加するすべてのノードを管理対象として追加します。

3. ［サーバーマネージャー］の［ファイルサービスと記憶域サービス］－［ボリューム］－［ディスク］ページで、各ノードのローカル固定ディスクの状態を確認します。記憶域スペース用のローカル固定ディスクがオンラインになっており、未使用（パーティション：不明）であることを確認します。

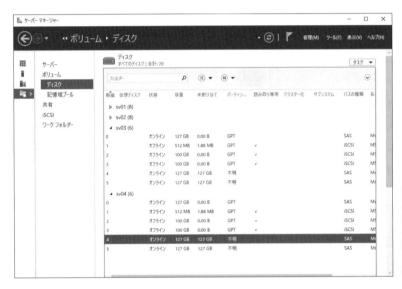

画面6-2-28
バスタイプSASの未使用ディスクが各ノードに2台づつ接続され、オンラインになっていることを確認する

4. すべてのノードに、［フェールオーバークラスタリング］および関連する機能をインストールします。［マルチパスI/O］は記憶域スペースダイレクトでサポートされないため、インストールしません。また、［サーバーマネージャー］を実行するコンピューターにフェールオーバークラスタリング機能の管理ツール（Windows PowerShellのFailoverClustersモジュールを含む）がインストールされていない場合は、インストールします。

5. Windows PowerShellで次の1行のコマンドレットを実行してクラスターの構成の検証テストを実行します。構成の検証テストは、クラスターのノードの1台または、サーバーマネージャーを実行している作業用のコンピューターのどちらからでも実行できます。

```
PS C:\> Test-Cluster -Node <ノード1のコンピューター名>,↵
<ノード2のコンピューター名>,<ノード3のコンピューター名>,<ノード4のコンピューター名>↵
-Include "Storage Spaces Direct","インベントリ","ネットワーク","システムの構成"
```

6. テストの結果レポートが%TEMP%フォルダーに作成されWebブラウザーに表示されるので、レポートの内容を確認します。問題がなければ、次のコマンドレットを実行して、4ノードのクラスターを作成します。クラスターの作成は、クラスターのノードの1台または、サーバーマネージャーを実行している作業用のコンピューターのどちらからでも実行できます。DHCPによる自動割り当てが可能な場合、-StaticAddressパラメーターは省略できます。

```
PS C:¥> New-Cluster -Name <クラスター名> -Node <ノード1のコンピューター名>,
<ノード2のコンピューター名>,<ノード3のコンピューター名>,<ノード4のコンピューター名>
-NoStorage -StaticAddress <クラスターIPアドレス>
```

フェールオーバークラスターマネージャーを使用したクラスターの作成

ここまでのクラスターの構成の検証テストとクラスターの作成、およびクラスターネットワークの設定作業は、[フェールオーバークラスターマネージャー]でも可能です。構成の検証テストでは、[Storage Spaces Direct]が既定のテスト項目に含まれていないため、テスト項目を手動で指定してください。また、クラスターを作成する際には、クラスターディスクの追加は行わないでください。また、クォーラム監視用のディスクは、記憶域スペースダイレクトのためのクラスターには不要です。

7. フェールオーバークラスターの作成が完了したら、クラスターのノードの1台で次のコマンドレットを実行して、クラスターで記憶域スペースダイレクトの機能を有効化します。-PoolFriendlyNameパラメーターを省略すると、「S2D on <クラスター名>」という名前の記憶域プールが作成されます。

```
PS C:¥> Enable-ClusterStorageSpacesDirect -PoolFriendlyName "<記憶域プール名>"
または
PS C:¥> Enable-ClusterS2D -PoolFriendlyName "<記憶域プール名>"
```

8. 記憶域スペースに追加した物理ディスクのメディアの種類を確認します。メディアの種類が不明（UnSpecified）の場合は、**Set-PhysicalDisk**コマンドレットを使用して、HDDまたはSSDに設定します。

物理ディスクのフレンドリ名とユニークIDの確認：
```
PS C:¥> Get-StoragePool -FriendlyName "<記憶域プール名>" |
 Get-PhysicalDisk | Select FriendlyName, UniqueId, Size, MediaType
```

物理ディスクのメディアの種類の設定：
```
PS C:¥> Set-PhysicalDisk -FriendlyName "<物理ディスクのフレンドリ名>"
 -MediaType <HDDまたはSSD>
または
PS C:¥> Set-PhysicalDisk -UniqueId "<物理ディスクのユニークID>"
 -MediaType <HDDまたはSSD>
```

すべてのノードのローカル固定ディスクにメディアタイプSSDのディスクが存在する場合は、さらに次のコマンドラインを実行します。これにより、SSDのディスクが専用のジャーナルディスクとして構成され、記憶域プール内の仮想ディスクの書き込みスループットが向上します。

```
PS C:\> Get-StoragePool <記憶域プール名> | Get-PhysicalDisk |⏎
?{$_.MediaType -eq "SSD"} | Set-PhysicalDisk -Usage Journal
```

9. クラスターのノードの1台で次のコマンドレットを実行して、記憶域プールに仮想ディスクを作成し、クラスターの共有ボリューム（CSV）として構成します。

次の例は、記憶域プールの既定の設定に基づいて、3方向ミラーの仮想ディスクを作成し、ReFS形式のクラスター共有ボリューム（CSVFS_REFS）を作成しています。

```
PS C:\> New-Volume -StoragePoolFriendlyName <記憶域プール名>⏎
 -FriendlyName <仮想ディスク名> -PhysicalDiskRedundancy 2⏎
 -FileSystem CSVFS_REFS⏎
 -Size <仮想ディスク（ボリューム）のサイズ（例：1TB、1024GB）>
PS C:\> Set-FileIntegrity C:\ClusterStorage\volume1 -Enable $false
```

次の例は、高速階層をミラーのディスクレイアウト、サイズ2GB、標準階層をパリティのディスクレイアウト、サイズ10GBのストレージ層が有効な仮想ディスクを作成し、ReFS形式のクラスター共有ボリューム（CSVFS_REFS）を作成しています。

```
PS C:\> $pool = Get-StoragePool <記憶域プール名>
PS C:\> New-StorageTier -StoragePoolUniqueID ($pool).UniqueID⏎
 -FriendlyName Performance -MediaType HDD -ResiliencySettingName Mirror
PS C:\> New-StorageTier -StoragePoolUniqueID ($pool).UniqueID⏎
 -FriendlyName Capacity -MediaType HDD -ResiliencySettingName Parity
PS C:\> New-Volume -StoragePool $pool -FriendlyName Mirror⏎
 -FileSystem CSVFS_REFS -StorageTierFriendlyNames Performance,Capacity⏎
 -StorageTierSizes 2GB,10GB
```

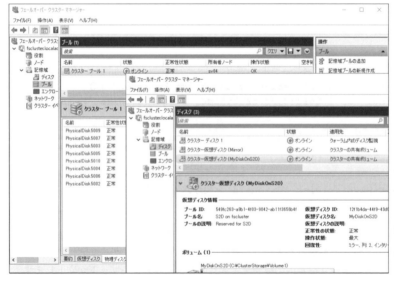

画面6-2-29 クラスターの共有ボリューム（CSV）として構成された記憶域スペースダイレクトの記憶域プールと仮想ディスクのボリューム

10. この後は、通常のクラスターの共有ボリューム（CSV）と同じように、このクラスターの共有ボリューム（CSV）でスケールアウトファイルサーバーを構成したり、Hyper-Vホストクラスターの高可用性仮想マシンの配置先として利用したりできます。

■ 記憶域スペースダイレクトの可用性

記憶域スペースダイレクトで構成したクラスターの共有ボリューム（CSV）に保存されるデータは、細かいエクステントに細分化され、それぞれのエクステントの3つのコピー（3方向ミラーの場合）がクラスターの各ノードに分散して格納されます。これにより、2台までのディスク障害からデータが保護され、クラスターの共有ボリューム（CSV）へのアクセスは維持されます。具体的には、次のようなケースに対して可用性を維持します。

- **1つ以上のセクターのエラー** —— 同じノードの別のディスク、または別のノードのディスクに問題のあるセクターに影響するエクステントを、3つのノードへの分散配置が維持されるように自動的に再配置されます。
- **1つのディスクの障害** —— 1つのディスクに障害が発生した場合、そのディスクは記憶域プールでの使用から除外（Retired）され、仮想ディスクは修復プロセスを開始してエクステントの再配置を行います。
- **1つのディスクの切断** —— アクティブなノードの1つのディスクが切断された場合、そのディスクは記憶域プールの使用から除外され、仮想ディスクは修復プロセスを開始してエクステントの再配置を行います。ディスクが接続されているノードまたはエンクロージャごと切断された場合、そのディスクは記憶域プールでの使用から除外されず、復帰するのを待ちます。ディスクが再びオンラインになると、記憶域スペースはノードのディスクのすべてのエクステントを最新のコピーに基づいて更新します。
- **1つのノードの再起動やメンテナンス** —— ノードが再起動またはメンテナンスモードに移行した場合、そのノードのディスクは記憶域プールでの使用から除外されず、復帰するのを待ちます。ノードが再びオンラインになると、記憶域スペースはノードのディスクのすべてのエクステントを最新のコピーに基づいて更新します。

例えば、3方向ミラーの仮想ディスクは、2台同時のディスク障害からデータを保護できるため、2台のディスクを持つ1台のノードが再起動してもクラスターの共有ボリューム（CSV）がオフラインになることはありません（画面6-2-30）。4ノードクラスターで2台のノードが同時に再起動した場合、クラスターの共有ボリューム（CSV）は維持できなくなり、オフラインになります。

障害ディスクを新しいディスクに交換する場合は、次の手順で操作します。ノード障害により、新しいノードと入れ替える場合は、障害ノードをクラスターから削除し、新しいノードをクラスターに追加したあと、同じ手順を実施します。なおこの手順は、あくまでも一例です。**Get-StoragePool**、**Get-VirtualDisk**、**Get-PhysicalDisk**コマンドレットで記憶域プール、仮想ディスク、物理ディスクの状態を確認しながら、適切に対応する必要があります。操作を誤ると、記憶域プール全体が利用できなくなる可能性があります。

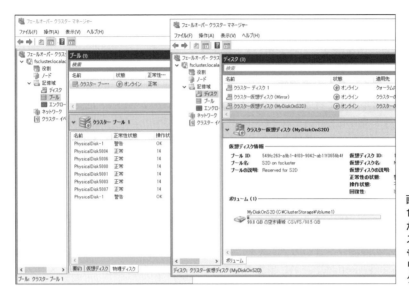

画面6-2-30
1つのノードが再起動したことにより、2台のディスクの接続が失われても、クラスターの共有ボリューム（CSV）へのアクセスは維持される

1. 障害ディスクを記憶域プールから削除します。それには、記憶域プール内の物理ディスクの現在のHealthStatusやOperationalStatus属性の状態を確認した上で、これらの属性を条件に問題のディスクを記憶域プールから削除します。

```
PS C:\> Get-StorageSubsystem -Name <クラスター名のFQDN> | Get-PhysicalDisk
PS C:\> Remove-PhysicalDisk -StoragePoolFriendlyName <記憶域プール名>
 -PhysicalDisk (Get-StorageSubsystem -Name <クラスター名のFQDN> |
 Get-PhysicalDisk | ?{$_.HealthStatus -eq "Warning"})
```

2. 新しい物理ディスクを記憶域プールに追加し、すべての正常なディスクの使用方法（Usage）を自動選択に切り替えます。

```
PS C:\> Add-PhysicalDisk -StoragePoolFriendlyName <記憶域プール名>
 -PhysicalDisk (Get-StorageSubsystem -Name <クラスター名のFQDN> |
 Get-PhysicalDisk | ?{$_.CanPool -eq $true})
PS C:\> Get-StorageSubSystem -Name <クラスター名のFQDN> |
 Get-PhysicalDisk | ?{$_.OperationalStatus -eq "OK"} |
 Set-PhysicalDisk -Usage AutoSelect
```

3. 仮想ディスクの修復を手動実行し、記憶域プールを最適化します。

```
PS C:\> Get-VirtualDisk | ?{$_.OperationalStatus -ne "OK"} | Repair-VirtualDisk
PS C:\> Optimize-StoragePool <記憶域プール名>
```

6.2.5　データ重複除去

データ重複除去（Data Deduplication）は、Windows Server 2012で追加された記憶域サービスの機能の1つです。

■｜データ重複除去の概要

　データ重複除去は、NTFSボリュームでサポートされるディスク使用の効率化テクノロジです。データ重複除去は、ファイル単位のデータ圧縮とは異なり、ブロックレベルでファイルデータを可変サイズのチャンク（32～128KB）に分割し、同一内容のチャンクの重複を排除し、さらに重複のなくなったチャンクを圧縮してディスクに格納することで、ディスク領域を解放します。データ重複除去の処理はスケジュールされたバックグラウンド処理で実行されるため、ファイルサーバーのスループットへの影響は最小限に抑えられます。

　データ重複除去は、ZIP圧縮やNTFS圧縮、単一インスタンス記憶域（SIS、System Center 2012 R2以前のData Protection Managerが使用するWindows Serverの機能の1つで、Windows Server 2016からは削除）などの圧縮テクノロジを使用する場合よりも、ディスク領域の使用効率を大幅に向上できます。ドキュメントや画像データを保存する一般的なファイルサーバー用途では30～50％程度、仮想マシンの仮想ハードディスク（VHD/VHDX）のライブラリでは最大で90％以上の容量削減を期待できます。

　データ重複除去は最初、汎用的なファイルサーバーのボリューム向けに提供されましたが、Windows Server 2012 R2でVDI（仮想デスクトップインフラストラクチャ）の仮想マシンを配置するSMB共有のボリュームでもサポートされました。Windows Server 2016では、さらに次のような新機能と改善が行われます。

- 大きなボリュームの最適化ジョブのスループットが改善します。Windows Server 2012 R2まではデータ重複除去の効果が薄れないようにボリュームサイズを10TB以下に抑えることが推奨されていました。Windows Server 2016ではボリュームごとの最適化ジョブがシングルスレッドからマルチスレッドに変更され、最大64TBのボリュームの最適化に対応します。
- 数百GB～最大1TBの大きなサイズのファイルの最適化のスループットが大幅に改善されます。
- 汎用ファイルサーバー、VDIに加えて、新たに仮想化されたバックアップワークロードのためのボリュームにおけるデータ重複除去がサポートされます。
- データ重複除去が有効なクラスターの共有ボリューム（CSV）を持つWindows Server 2012 R2ベースのフェールオーバークラスターの、Windows Server 2016へのローリングアップグレードがサポートされます。

> **改訂 Windows Server 2019は**
> **ReFSボリュームのデータ重複除去をサポート**
>
> 　Windows Server 2019のファイルサービスでは、ReFS形式のボリュームでもデータ重複除去がサポートされます。これには、クラスターの共有ボリューム（CSVFS_REFS）も含まれます。ReFSは記憶域スペースや記憶域スペースダイレクトの推奨されるファイルシステムであり、信頼性、パフォーマンスに加えて、効率性に優れたストレージを提供できます。

■ データ重複除去の事前評価

データ重複除去は、ボリューム単位で有効化できます。ボリュームでデータ重複除去を有効にする場合は、次の点に注意してください。

- 対象のボリュームがNTFS形式でフォーマットされていること。ReFSボリュームはサポートされません。
- NTFSボリュームで構成されたクラスターの共有ボリューム（CSV）のCSVFSは、データ重複除去をサポートします。
- データ重複除去は、データ用のローカルの固定ディスクおよびSANのLUNでサポートされます。リムーバブル、システムボリューム、ブートボリュームはサポートされません。
- 暗号化されたファイル、32KBよりも小さいファイル、再解析ポイントファイルは、データ重複除去の対象になりません。

データ重複除去はブロックレベルで重複を排除するため、一見まったく異なるファイルのようであっても、データ重複除去の効果が得られる場合があります。［データ重複除去］の役割サービスとともにインストールされる**DDPEval**ツール（%Windir%¥System32¥DDPEval.exe、Data Deduplication Savings Evaluation Tool）を使用すると、特定のボリュームやフォルダーのパス、共有パスに現在格納されているファイルを対象に、データ重複除去を有効にした場合に得られるディスク節約効果を事前に評価することができます。

```
C:¥> DDPEval <ローカルパスまたはUNCパス>
```

画面6-2-31　DDPEvalツールを使用した、データ重複除去の効果の事前評価

■ データ重複除去の構成

データ重複除去を構成するには、対象のコンピューターに［ファイルサービスと記憶域サービス］の役割の［ファイルとiSCSIサービス］に含まれる［データ重複除去］の役割サービスがインストールされている必要があります。この機能は、［サーバーマネージャー］の［役割と機能の追加ウィザード］を使用するか、Windows PowerShellで次のコマンドラインを実行してインストールできます。

```
PS C:¥> Install-WindowsFeature -Name FS-Data-Deduplication
```

［サーバーマネージャー］の［ファイルサービスと記憶域サービス］－［ボリューム］ページから［新しいボリュームウィザード］を使用して新規にNTFSボリュームを作成する場合は、ファイルシステム形式の選択の次に［データ重複除去を有効にする］ページが表示されます。ここでボリュームの用途を選択することで、ボリュームでデータ重複除去を有効化できます。

画面6-2-32　［新しいボリュームウィザード］でNTFS形式を選択すると、データ重複除去を有効化できる

　既存のボリューム、あるいは後から［データ重複除去］の役割サービスをインストールした場合は、［サーバーマネージャー］の［ファイルサービスと記憶域サービス］－［ボリューム］ページを開き、対象のNTFSボリュームを右クリックして［データ重複除去の構成］を選択し、［データ重複除去設定］ダイアログボックスでボリュームの用途を選択して有効化します。

画面6-2-33　既存のNTFSボリュームでデータ重複除去を有効化する

ボリュームの用途としては、次の3つのいずれかを選択します。用途を選択すると、その用途に応じて除外するファイルの拡張子が自動設定されますが、除外設定以外にもデータ重複除去の設定が調整されます。例えば、汎用ファイルサーバーでは使用中のファイルのデータ重複除去は最適化の対象になりませんが、VDIサーバーおよび仮想化バックアップサーバーでは使用中のファイル（仮想ハードディスクを想定）も最適化の対象になります。データ重複除去の詳細な設定は、**Get-DedupVolume**コマンドレットで確認できます。

- 汎用ファイルサーバー —— ユーザードキュメントやライブラリの格納用ボリュームに最適です。
- 仮想デスクトップインフラストラクチャ（VDI）サーバー —— Hyper-Vに対してVDIの仮想デスクトップ用のSMB共有を提供するファイルサーバーのボリュームに最適です。なお、Hyper-Vのローカルボリュームに対するデータ重複除去はサポートされません。
- 仮想化バックアップサーバー —— この用途は、Windows Server 2016のデータ重複除去に新たに追加されました。仮想マシンで実行されるバックアップサーバー（System Center Data Protection Managerなど）の仮想マシンおよびバックアップ用の仮想ハードディスクの配置先に最適です。VDIサーバーの用途と同様、ボリューム内の仮想ハードディスクは、SMB共有経由でアクセスされることを前提としています。

Windows PowerShellを使用する場合は、対象のコンピューター上で次のコマンドラインを実行します。**-UsageType**パラメーターの**Default**は汎用ファイルサーバー、**Hyper-V**はVDIサーバー、**Backup**は仮想化バックアップサーバーの指定です。

```
PS C:¥> Enable-DedupVolume -Volume <ドライブ文字:>
 -UsageType Default（またはHyper-VまたはBackup）
```

Windows Server 2012 R2における仮想化バックアップサーバー用途のサポート

Windows Server 2012 R2においても、データ重複除去における仮想化バックアップサーバーの用途のサポートが2014年11月の更新ロールアップ（KB3000850）で提供されています。ただし、Windows Server 2012 R2ではVDIサーバーの用途で構成した上で、手動でデータ重複除去の設定を仮想化バックアップサーバー用に調整する必要があります。詳しくは、以下のドキュメントで説明されています。

Deduplicating DPM storage
→https://docs.microsoft.com/en-us/system-center/dpm/deduplicate-dpm-storage?view=sc-dpm-2016

仮想化バックアップサーバーの重複除去対象日数は0日に

［サーバーマネージャー］の［新しいボリュームウィザード］には不具合があり、［データ重複除去を有効にする］ページで［汎用バックアップサーバー］を選択すると、［次の期間経過したファイルを重複除去の対象とする（日数）］の既定値が「3」日に設定されます。この用途のデータは頻繁に書き換えられるものではないため、この用途の既定値は本来、「0」日であるべきです。既に有効化している場合は、「0」日に変更してください。

■| **データ重複除去の最適化**

データ重複除去の最適化処理は、ファイルに対する最後の変更から一定期間（既定では3日）が経過したファイルに対して、バックグラウンドで1時間ごとに実行されます。このバックグラウンドの最適化は、低い優先度で、プロセッサの最大20％、メモリの最大25％、コアの75％のリソース内で実行され、優先度の高い他の処理でシステムがビジー状態のときには中断されるため、最適化処理のファイ

ルサーバーへのパフォーマンスの影響は少ないはずです。

　バックグラウンドの最適化処理は既定で有効ですが、これを無効化して、オフピークの時間帯に最適化処理を集中的に実行させることもできます。

　［新しいボリュームウィザード］の［データ重複除去を有効にする］ページ、または［データ重複除去設定］ダイアログボックスの［重複除去スケジュールの設定］ボタンをクリックすると、［＜コンピューター名＞重複除去スケジュール］ダイアログボックスが表示されます。ここで［バックグラウンドの最適化を有効にする］のチェックを外すと、バックグラウンドの最適化処理が無効になります。また、［スループットの最適化を有効にする］にチェックを入れると、標準の優先度と多くのリソース（コアの100％、プロセッサ制限なし、メモリの50％）で最適化処理を集中的に実行するタスクの曜日、開始時刻、継続時間のスケジューリングができます。なお、スループットの最適化のスケジュールは2つまで作成でき、バックグラウンドの最適化とスループットの最適化を併用することもできます。

　データ重複除去の最適化処理（Optimization）は、毎週1回実行されるガベージコレクション（GarbageCollection）およびスクラブ（Scrubbing）タスクと合わせて、タスクスケジューラに登録される次のタスクで実行されます。ガベージコレクションは、ファイルの削除などで参照されなくなったチャンクを削除して、ボリューム上の領域を解放します。スクラブは、データの整合性を検証し、破損が見つかった場合は自動修復を試みます。これらのタスクは、**Get-DedupSchedule**および**Set-DedupSchedule**コマンドレットで確認および構成することもできます。

```
¥Microsoft¥Windows¥Deduplication¥BackgroundOptimization
　（バックグラウンドの最適化）
¥Microsoft¥Windows¥Deduplication¥ThroughputOptimization
　（スループットの最適化）
¥Microsoft¥Windows¥Deduplication¥ThroughputOptimization-2
　（2番目のスループットの最適化）
¥Microsoft¥Windows¥Deduplication¥WeeklyGarbageCollection
　（ガベージコレクション）
¥Microsoft¥Windows¥Deduplication¥WeeklySubscrubbing
　（スクラブ）
```

画面6-2-34　データ重複除去の最適化のスケジュール

■|最適化処理の手動実行

最適化処理を手動で実行するには、Windows PowerShellで次のコマンドラインをボリュームごとに実行します。

```
PS C:\> Start-DedupJob -Type Optimization -Volume <ドライブ文字:>
PS C:\> Start-DedupJob -Type GarbageCollection -Volume <ドライブ文字:>
PS C:\> Start-DedupJob -Type Scrubbing -Volume <ドライブ文字:>
```

最適化ジョブの実行状態はGet-DedupJobコマンドレットで確認できます。また、最適化により節約された領域については、Get-DedupVolumeコマンドレットおよび［サーバーマネージャー］の［ファイルサービスと記憶域サービス］－［ボリューム］ページで確認することができます。

最適化が完了した後に、アプリケーションの互換性やパフォーマンス、その他の問題が発生して特定のファイルのデータ重複除去を解除したいという場合があるでしょう。ボリューム単位のデータ重複除去の無効化は、ディスク領域が不足する危険性があります。Expand-DedupFileコマンドレットを使用すると、指定したファイルの重複除去をファイルの現在のパスを維持したまま解除できます。なお、最適化されていないファイルを指定した場合、Expand-DedupFileはエラーを返します。

```
PS C:\> Expand-DedupFile -Path <ファイルのパス>
```

Expand-DedupFileコマンドレットは、一時的な回避方法を提供するものです。そのままでは次回のバックグラウンドの最適化やスループットの最適化処理で再び対象になってしまうので、除外設定したパスに移動するなどの対応が必要です。

画面6-2-35 最適化の手動実行と結果の確認、および特定ファイルの最適化の解除

バックアップの考慮事項

データ重複除去を使用すると大幅にディスク使用を節約できますが、データ重複除去を有効にしたボリュームをバックアップする際には注意が必要です。ボリュームシャドウコピーサービス（VSS）対応のバックアッ

プツール（Windows ServerバックアップやData Protection Managerなど）を使用してボリューム全体のバックアップを取得する場合、データ重複除去で最適化された状態のままバックアップすることが可能です。しかし、ボリュームの一部のフォルダーやファイルを選択的にバックアップする場合（ボリュームから除外する場合も含む）、バックアップデータは最適化前のオリジナルのサイズでバックアップされることになり、バックアップ領域を著しく圧迫する可能性があります。

画面6-2-36　データ重複除去が有効なボリュームは、ボリューム全体を対象にすることを推奨

6.3 ファイルサーバーの構成と管理

Windowsのサーバーやクライアントで共有フォルダーを作成する場合、Windowsエクスプローラーや**NET SHARE**コマンドを使用するのが従来からの汎用的な方法です。Windows Server 2012以降のファイルサーバーでは、この方法のほかに、［サーバーマネージャー］の［ファイルサービスと記憶域サービス］の管理コンソールとそこから開始する［新しい共有ウィザード］を使用して、共有フォルダーを作成および管理することができます。

6.3.1 共有の作成と管理

［新しい共有ウィザード］では、3つのタイプのSMB共有と2つのタイプのNFS共有を作成できます。ここでは、SMB共有の［SMB共有 - 簡易］と［SMB共有 - 高度］の2つについて説明します。［SMB共有 - アプリケーション］については、「6.3.3　スケールアウトサーバーの展開」で説明します。

NFS共有については、認証部分以外はSMB共有とほぼ共通しているため、説明を省略します。なお、NFS共有を作成するには、［ファイルサービスと記憶域サービス］－［ファイルサービスおよびiSCSIサービス］から［NFSサーバー］の役割サービスと関連する管理ツールをインストールする必要があります。PowerShellを使用する場合、次のコマンドラインで必要な役割サービスをインストールできます。

```
PS C:\ Install-WindowsFeature -Name FS-NFS-Service -IncludeManagementTools
```

画面6-3-1　[ファイルサービスと記憶域サービス] の [共有] の [タスク] メニューから [新しい共有] を選択する

■ SMB共有 - 簡易

次の手順は、[新しい共有ウィザード] を使用して共有フォルダーを作成する最も簡単な方法です。

1. [サーバーマネージャー] の [ファイルサービスと記憶域サービス > 共有] を開き、[タスク] メニューから [新しい共有] を選択して、[新しい共有ウィザード] を開始します。[新しい共有ウィザード] は、[ファイルサービスと記憶域サービス] – [ボリューム] や [ファイルサービスと記憶域サービス] – [ディスク] ページでボリュームを右クリックして表示されるコンテキストメニューから開始することもできます。

2. [この共有のプロファイルを選択] ページで、ファイル共有プロファイルのリストから [SMB共有 - 簡易] を選択します。

3. [この共有のサーバーとパスの選択] ページで、共有フォルダーを作成するファイルサーバーと、共有フォルダーを配置するサーバー上のボリュームを指定します。ボリュームを指定すると、ボリューム内の\Sharesフォルダー内に、次のページで指定する共有名で共有フォルダー用のサブフォルダーが作成されます。カスタムパスに任意のパスを指定することもできます。

画面6-3-2　共有フォルダーを作成するサーバーとボリュームを選択する

4. ［共有名の指定］ページで、［共有名］に共有フォルダーの名前を設定します。入力した名前に基づいて、［共有するローカルパス］および［共有するリモートパス］（UNCパス）が決定します。

画面6-3-3　共有フォルダーの名前を設定する

5. ［共有設定の構成］ページで、共有フォルダーのオプションを構成します。既定では、［共有のキャッシュを許可する］が選択されています。このオプションは、SMBクライアントのオフラインファイル機能を利用して、共有フォルダーのオフライン利用を可能にするものです。ファイルサーバーに［ネットワークファイル用BranchCache］の役割サービスがインストールされている場合は、［ファイル共有のBranchCacheを有効にする］オプションを選択できます。BranchCacheについては、次の「6.3.2　ファイルサーバー用BranchCacheの展開」で説明します。［アクセス許可設定に基づいた列挙を有効にする］オプションは、Windows Server 2003 SP1で導入されたアクセスベースの列挙（Access-Based Enumeration：ABE）機能を有効化するものです。この機能については、後述するコラム「アクセスベースの列挙（Access-Based Enumeration：ABE）とは」を参照してくださ

い。最後の［データアクセスの暗号化］オプションは、SMB 3.0で導入されたSMB暗号化を有効化するためのものです。このオプションを有効にした場合、SMB 2.1以前のSMBクライアントは、この共有フォルダーにアクセスできなくなるので注意してください。

画面6-3-4　共有フォルダーのオプションを構成する

6. ［アクセスを制御するアクセス許可の設定］ページで、共有のアクセス許可、およびフォルダーのファイルシステムレベルのアクセス許可のアクセス制御リスト（ACL）を設定します。既定では、共有レベルのアクセス許可として［Everyone：フルコントロール］が、フォルダーのアクセス許可として上位フォルダーから継承されたアクセス許可が設定されています。共有フォルダーの用途やセキュリティ要件に合わせて、適切なアクセス制御リスト（ACL）を設定してください。

画面6-3-5　共有およびフォルダーレベルのアクセス許可を設定する

7. ［設定内容の確認］ページで設定内容を確認し、［作成］ボタンをクリックして共有フォルダーを作成します。

第6章 ファイルサービスと記憶域サービス

アクセスベースの列挙（Access-Based Enumeration：ABE）とは

　アクセスベースの列挙（Access-Based Enumeration：ABE）は、Windows Server 2003 SP1で初めて導入されました。この機能は、ユーザーが共有フォルダーを参照する際に、アクセス可能なファイルおよびフォルダーのみを表示して、アクセス許可を持たないファイルやフォルダーを非表示にする機能です。共有およびNTFSの通常のアクセス制御リスト（ACL）では、アクセス許可のないファイルやフォルダーを開けなくても、フォルダー内で一覧表示はできてしまいます。これは、ファイル内の参照に必要な［フォルダーの内容の一覧表示］アクセス許可を持つからです。ファイル名やフォルダー名は、データコンテンツではありませんが、名前自体に機密情報や機密を連想させる表現（例えば、新商品の名前など）が含まれる場合があります。アクセスベースの列挙を有効にすると、アクセス許可を持たないものは表示されず、検索結果にも含まれなくなるため、ファイル名やフォルダー名からの機密情報の漏えいを防止できます。

画面6-3-6　アクセスベースの列挙を使用しない場合（左の画面）と
　　　　　　アクセスベースの列挙を有効にした場合（右の画面）

アクセス制御リスト（ACL）にベストプラクティスはある？

　アクセス制御とは、セキュリティプリンシパル（ユーザー、グループ、コンピューターアカウント）に対して、ネットワークまたはコンピューター上のオブジェクト（ファイルやフォルダー、レジストリなど）へのアクセスを許可または拒否する処理のことです。オブジェクトに対する個々のセキュリティプリンシパルが持つアクセス許可のことを「アクセス制御エントリ（ACE）」と呼び、オブジェクトに対するACEをまとめたものを「アクセス制御リスト（ACL）」と呼びます。
　共有のアクセス許可はネットワーク経由のアクセスに対してのみ適用され、ファイルやフォルダーのアクセス許可はローカルのファイルシステムアクセスに適用されます。つまり、ネットワーク経由のアクセスには、共有のアクセス許可とファイルシステムのアクセス許可の両方が適用され、共有とファイルシステムで異なるアクセス許可が設定されている場合はより厳しいものが適用されることになります。［セキュリティの詳細設定］（ACLエディターとも呼ばれます）の［有効なアクセス］タブを使用すると、特定のユーザーやグループに適用される最終的なアクセス許可を評価することが可能です。
　アクセス制御リスト（ACL）によるセキュリティ機能は、Windowsの初期のバージョンからある馴染み深いものですが、こう設定するべきという明確なベストプラクティスがあるわけではありません。いくらでも厳しい設定は可能ですが、設定が複雑になると保守が大変です。

■│SMB共有 - 高度

　［新しい共有ウィザード］の［この共有プロファイルを選択］ページで［SMB共有 - 高度］を選択した場合、［SMB共有 - 簡易］と同じ構成に加えて、［フォルダー管理プロパティを指定］と［フォルダー

またはボリュームへのクォータの適用］ページでオプションの構成を行えます。なお、［SMB共有 - 簡易］を選択して作成した共有フォルダーについても、共有の［プロパティ］または［クォータの構成］から追加設定することが可能です。

　これらのページでは、アクセス拒否アシスタンスのためのフォルダー設定、ファイルの分類管理のためのフォルダー設定、およびクォータ設定が可能です。いずれも［ファイルサーバーリソースマネージャー］の役割サービスが提供する機能に関係するものであるため、［SMB共有 - 高度］を選択するには［ファイルサーバーリソースマネージャー］の役割サービスと関連する管理ツールのインストールが必要です。PowerShellを使用する場合、次のコマンドラインで必要な役割サービスをインストールできます。

```
PS C:\> Install-WindowsFeature -Name FS-Resource-Manager -IncludeManagementTools
```

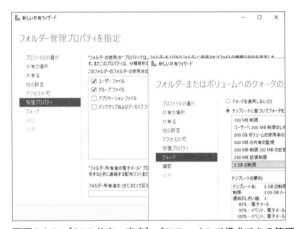

画面6-3-7　［SMB共有 - 高度］プロファイルで構成できる管理プロパティとクォータ制限

6.3.2　ファイルサーバー用BranchCache

　仮想化テクノロジの進化、サーバーハードウェアや記憶域装置の高性能化、ネットワークの高速化、セキュリティ保護など、さまざまな理由により、企業や組織は本社やデータセンターへのリソースの集約、あるいはクラウドへの移行を進めています。しかしそれは一方で、WANリンク経由でアクセスするユーザーにとって不便な状況を作り出します。LAN環境では一瞬のファイルのダウンロードや保存でも、WANリンク経由では完了するまでに時間がかかります。ユーザーはその間、待たされることになり、作業効率が低下します。ブランチオフィス向けのキャッシュテクノロジであるBranchCacheを利用すると、WAN経由でアクセスするリモートのファイルサーバーからのダウンロード時間とWAN回線の使用帯域を最適化できます。

■ BranchCacheの概要

　BranchCacheは、Windows Server 2008 R2およびWindows 7で初めて提供された、ブランチオフィス（支社、支店のこと）向けのキャッシュテクノロジです。BranchCacheを使用すると、クライアントがリモートのデータへのアクセスを要求した際に、同じブランチオフィス内のクライアントで

以前にダウンロードされているデータの場合は、ブランチオフィス側にあるキャッシュの場所からデータを取得します。データを提供するサーバーは、クライアントに実際のデータを送信する代わりに、ハッシュデータを送信します。クライアントはブランチオフィス内のキャッシュに同じハッシュのデータがある場合、キャッシュからデータを取得します。このプロセスは完全にバックグラウンドで行われ、ユーザーはリモートからデータをダウンロードするのとまったく同じ操作で、キャッシュが利用できる場合はキャッシュ効果を得られます。

BranchCacheでは、ファイルサーバーのSMBトラフィック、IIS WebサーバーのHTTPトラフィック、およびWindows Server Update Services（WSUS）などバックグラウンドインテリジェント転送サービス（BITS）トラフィックをブランチオフィス側にキャッシュでき、ブランチオフィス内でキャッシュを共用することができます。キャッシュで解決できる場合、ユーザーはLAN環境と変わらないダウンロードエクスペリエンスを得られます。

BranchCacheには、次の2つの動作モードがあります。

- **分散キャッシュモード（既定）** —— ブランチオフィス内のそれぞれのWindowsクライアントがコンテンツをキャッシュし、ブランチオフィス内でピアツーピアでキャッシュを相互利用します。
- **ホスト型キャッシュモード** —— Windows Server 2016、Windows Server 2012 R2、Windows Server 2012、またはWindows Server 2008 R2 Enterprise/Datacenterを実行するサーバーが、ブランチオフィス内のキャッシュサーバーとしてコンテンツをキャッシュし、ブランチオフィス内のクライアントにキャッシュを提供します。ホスト型キャッシュサーバーを構成するには、［BranchCahce］の機能が必要です。

コンテンツを提供するサーバー側では、SMBトラフィックのキャッシュについては、ファイルサーバーに［ネットワークファイル用BranchCache］の役割サービスをインストールすることで、共有フォルダーのオプションでBranchCacheを有効にできます。PowerShellを使用する場合は、次のコマンドラインで必要な機能をインストールできます。

```
PS C:¥> Install-WindowsFeature -Name FS-BranchCache
```

IIS WebサーバーおよびBITSについては、［ネットワークファイル用BranchCashe］の機能ではなく、［BranchCache］の機能をインストールすることで、利用可能になります。Webサーバー側でBranchCacheの設定はありません。

■ 共有フォルダーでBranchCacheを有効にする

ファイルサーバーの共有フォルダーでBranchCacheを有効にするには、［ネットワークファイル用BranchCache］の役割サービスをインストールした上で、［新しい共有ウィザード］で共有を作成する際に［ファイル共有のBranchCacheを有効にする］オプションを有効にします。後から有効にするには、［サーバーマネージャー］の［ファイルサービスと記憶域サービス］の［共有］で、共有フォルダーのプロパティを開き、［設定］の［ファイル共有のBranchCacheを有効にする］にチェックを入れます。

画面6-3-8　共有フォルダーのプロパティでBranchCacheを有効にする

■│ホスト型キャッシュサーバーの展開

　ホスト型キャッシュモードのBranchCacheを展開するには、ブランチオフィスにホスト型キャッシュサーバーを配置します。Windows Server 2012以降を実行するドメインのメンバーサーバーの場合は、PowerShellで次の2つのコマンドラインを実行することで、ホスト型キャッシュサーバーとして構成し、サービス接続ポイント（SCP）をActive Directoryのディレクトリに登録することができます。また、同時にBranchCacheホスト型キャッシュサーバーの動作に必要なファイアウォールの規則が許可されます。

```
PS C:¥> Install-WindowsFeature -Name BranchCache
PS C:¥> Enable-BCHostedServer -RegisterSCP
```

■│BranchCacheクライアントの構成

　BranchCacheクライアントは既定で無効になっています。Windows 8以降のBranchCacheクライアントは、グループポリシーで以下のポリシーを使用してBranchCacheクライアントの有効化と分散キャッシュモードでの構成を行うことができます。

```
コンピューターの構成¥ポリシー¥管理用テンプレート¥ネットワーク¥BranchCashe¥BranchCacheを
有効にする
コンピューターの構成¥ポリシー¥管理用テンプレート¥ネットワーク¥BranchCashe¥BranchCacheを
分散キャッシュモードに設定する
```

　ブランチオフィスにホスト型キャッシュサーバーを展開した場合は、以下のポリシーを使用してホスト型キャッシュモードで構成します。

```
コンピューターの構成¥ポリシー¥管理用テンプレート¥ネットワーク¥BranchCashe¥BranchCacheを
有効にする
```

コンピューターの構成¥ポリシー¥管理用テンプレート¥ネットワーク¥BranchCashe¥サービス接続ポイントによるホスト型キャッシュの自動検出を有効にする

BranchCacheクライアントが正常に動作するためには、セキュリティが強化されたWindowsファイアウォールの構成も必要です。送信の規則および受信の規則の両方に、次の2つの事前定義を利用して許可規則を作成します。

```
BranchCache - コンテンツ取得（HTTPを使用）
BranchCache - ピア検出（WSDを使用）
```

以上の設定を行ったグループポリシーオブジェクト（GPO）を、OU（組織単位）やセキュリティフィルターなどを用いてブランチオフィス内のクライアントコンピューターに適用します。
　グループポリシーを使用せずにBranchCacheクライアントを構成することもできます。それには、PowerShellで**Enable-BCDistributed**（分散キャッシュモード）または**Enable-BCHostedClient**（ホスト型キャッシュモード）を実行します。BranchCacheクライアントの動作モードとステータスは、**Get-BCStatus**コマンドレットで確認できます。

BranchCacheクライアントの要件
　BranchCacheクライアントはWindows 7 Enterprise/Ultimate、およびBITS 4.0がインストールされたWindows Vista Enterprise/Ultimateにのみ提供される機能でしたが、Windows 8以降はProおよびEnterpriseエディションの両方にBranchCacheクライアントの機能が提供されています。ただし、EnterpriseエディションおよびWindows 10 Educationエディションはすべてのプロトコル（SMB、HTTP、BITS）に対応していますが、ProエディションはBITSのみをサポートします。コンシューマー向けのWindows 8（無印）、Windows 8.1（無印）、およびWindows 10 Homeには、BranchCacheクライアント機能は搭載されていません。

6.3.3　リソース管理とFCI

　［新しい共有ウィザード］のファイル共有プロファイル［SMB共有 - 高度］で設定可能な追加のオプションは、ファイルサーバーリソースマネージャーの機能の一部を簡単に構成できるようにしたものです。ここでは、［新しい共有ウィザード］で設定される内容と、その設定を利用したファイルサーバーリソースマネージャーの機能について説明します。ファイルサーバーリソースマネージャーの機能の一部は、「ファイル分類インフラストラクチャ（File Classification Infrastructure：FCI）」とも呼ばれます。
　ファイルサーバーリソースマネージャーの機能は、［サーバーマネージャー］の［ツール］メニューにある［ファイルサーバーリソースマネージャー］スナップイン（Fsrm.msc）を使用して構成および管理します。このツールは、［ファイルサービスと記憶域サービス］-［サーバー］で管理対象のファイルサーバーを右クリックして表示されるメニューから開始し、ローカルまたはリモートのファイルサーバーを管理することもできます。

ReFSボリュームはファイルサーバーリソースマネージャーの機能をサポートしない
　ファイルサーバーリソースマネージャーの機能は、NTFS形式のボリューム上のファイルおよびフォルダーで利用可能です。ReFS形式のボリュームでは使用できません。

■│フォルダー管理プロパティ

［新しい共有ウィザード］の［フォルダー管理プロパティを指定］ページで設定した内容は、［ファイルサーバーリソースマネージャー］スナップインの［分類管理］－［分類プロパティ］の場所に反映されます。［分類プロパティ］には、［フォルダー管理プロパティを指定］ページの設定を含む次の3つのフォルダー管理プロパティが存在します。

- ■ アクセス拒否アシスタンスメッセージ ── アクセス拒否アシスタンスのメッセージをカスタマイズできます。
- ■ フォルダーの使用法 ── ［分類規則］や［ファイル管理タスク］の対象化に使用できるスコープ（範囲）です。
- ■ フォルダー所有者の電子メール ── アクセス拒否アシスタンスのメッセージの［サポートの要求］に関連付けられる電子メールアドレスです。

フォルダー管理プロパティは、Windows Server 2012から導入された新しい種類の分類プロパティです。フォルダー管理プロパティは追加や削除ができず、ローカル分類プロパティや「6.7　ダイナミックアクセス制御」で説明するグローバル分類プロパティとは区別されます。

既定の3つのフォルダー管理プロパティは、フォルダーに対して設定可能な分類プロパティの定義です。例えば、［フォルダーの使用法］プロパティの編集画面を開くと、プロパティに設定可能な値として［新しい共有ウィザード］の選択肢である［ユーザーフォルダー］［グループファイル］［アプリケーションファイル］［バックアップおよびアーカイブファイル］に対応する［User Files］［Group Files］［Application Files］［Backup and Archival Files］の4つの値が定義されています。これらのフォルダー管理プロパティは、後述するファイルの分類管理に利用できます。

フォルダー管理プロパティを特定のフォルダーに対して設定するには、［分類プロパティ］の［操作］ペインから［フォルダー管理プロパティの編集］をクリックし、［フォルダー管理プロパティの設定］ウィンドウで［フォルダーの使用法］プロパティに切り替えます。［新しい共有ウィザード］の［フォルダー管理プロパティを指定］ページで設定した内容は、ここに登録されます。［フォルダー所有者の電子メール］プロパティに切り替えると、フォルダーごとに設定された電子メールアドレスを確認、編集することができます。

画面6-3-9
［新しい共有ウィザード］の［フォルダー管理プロパティを指定］ページの設定が反映されている

■ アクセス拒否アシスタンス

　アクセス拒否アシスタンスは、Windows Server 2012およびWindows 8から追加された機能です。この機能は、ユーザーがファイルやフォルダーへのアクセスを拒否されたときに、Windows標準の［＜パス＞にアクセスできません　＜パス＞に対するアクセス許可がありません。ネットワーク管理者にアクセス許可を要求してください。アクセス許可の詳細については、Windowsヘルプとサポートを参照してください］というエラーメッセージの代わりに、カスタムメッセージや問い合わせのための電子メール送信テンプレートを提供します。

　［新しい共有ウィザード］では、アクセス拒否アシスタンスのメッセージをカスタマイズすることはできませんが、［フォルダー管理プロパティの設定］の［アクセス拒否アシスタンスメッセージ］プロパティで、フォルダーごとにカスタムメッセージを設定できます。

　［アクセス拒否アシスタンスメッセージ］プロパティによるカスタマイズは、Windows標準のエラーメッセージを置き換えるものではありません。実際には、ファイルサーバーごとの既定のアクセス拒否メッセージを上書きするものです。アクセス拒否アシスタンスは既定では無効になっており、有効にするには［ファイルサーバーリソースマネージャー］で最上位のコンテナーを右クリックし［オプションの構成］を選択します。［ファイルサーバーリソースマネージャーのオプション］ダイアログボックスが開くので、［アクセス拒否アシスタンス］タブで［アクセス拒否アシスタンスを有効にする］にチェックを入れます。ここに表示されているメッセージがアクセス拒否アシスタンスの既定のメッセージになります。既定のメッセージはここでカスタマイズできます。また、フォルダー管理プロパティの［アクセス拒否アシスタンスメッセージ］プロパティを使用してフォルダーごとのメッセージを設定できます。

　ユーザーに電子メール送信テンプレートを提供するには、［電子メール要求の構成］ボタンをクリックして、［ユーザーがアシスタンスを依頼できるようにする］にチェックを入れます。フォルダー管理プロパティの［フォルダー所有者の電子メール］プロパティに設定された電子メールアドレスは、受信者のうちフォルダーの所有者のアドレスになります。

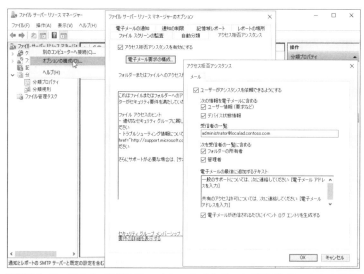

画面6-3-10　アクセス拒否アシスタンスと［サポートの要求］リンクの有効化

画面6-3-11
アクセス拒否アシスタンスを有効化した場合の既定のメッセージ（上）とカスタマイズしたメッセージ（下）

■ **クォータの管理**

　［新しい共有ウィザード］の［フォルダーまたはボリュームへのクォータの適用］ページの設定は、［ファイルサーバーリソースマネージャー］の［クォータの管理］のクォータ設定として登録されます。また、「6.3.5　ワークフォルダー」で説明するワークフォルダーに対するクォータ設定も、この場所に登録されます。

　［ファイルサーバーリソースマネージャー］の［クォータの管理］を使用すると、ユーザーが使用するファイルサーバー上のディスク領域に対して上限を設定して、使用率を監視し、クォータを超える使用を禁止したり、クォータを超える前に事前通知を行ったりできます。クォータはフォルダーごとに設定することができ、複数設定可能な使用率のしきい値に応じて、ユーザーや管理者への電子メールによる警告通知や、イベントログの記録、カスタムコマンドの実行、レポートの作成と送信などのアクションを自動実行させることができます。

　［新しい共有ウィザード］の［フォルダーまたはボリュームへのクォータの適用］ページでは、複数のテンプレートから1つを選択して、クォータを設定できます。テンプレートは、［クォータの管理］の［クォータのテンプレート］で定義することができます。既定で12のテンプレート（Windows Server 2012 R2は6つ）が用意されており、テンプレートをコピーしてカスタムテンプレートを作成して追加することができます。

　クォータによる制限は、クォータを超える使用をブロックするハードクォータと、監視のみを行うソフトクォータの2種類があり、これらを組み合わせて柔軟な設定を行うことができます。例えば、既定の［200MB制限（50MBの拡張あり）］は、200MBのハードクォータですが、使用率が100%に達すると、電子メールによる警告通知とイベントログへの記録を行うと同時に、フォルダーのクォータ設定を250MBのハードクォータである［250MB拡張制限］に変更します。ユーザーへの警告はしつつも、共有フォルダーのそれ以上の使用をするに制限することなく、ファイルの移動や削除を行う時間的な猶予を与えることができるという、面白い実装になっています。

画面6-3-12 ［新しい共有ウィザード］の［フォルダーまたはボリュームへのクォータの適用］ページで設定されたクォータ設定

画面6-3-13 ［200MB制限（50MBの拡張あり）］テンプレートは、200MBの制限に近くなるとメールで警告を通知し、200MBの制限に達すると250MBのハードクォータに自動的に切り替わる

■ ファイルスクリーンの管理

　［ファイルサーバーリソースマネージャー］の［ファイルスクリーンの管理］は、［ファイルサーバーマネージャー］の［ファイルサービスと記憶域サービス］や［新しい共有ウィザード］には統合されていませんが、セキュリティ管理やフォルダー管理に便利な機能なのでここで紹介しておきます。

　［ファイルスクリーンの管理］は、ファイルの種類（拡張子）によって、共有フォルダーへのファイ

ルの保存をブロックまたは監視する機能を提供します。ファイルスクリーンの処理には、ファイルの保存をブロックするアクティブスクリーン処理と、監視のみを行うパッシブスクリーン処理があり、スクリーン処理の対象のファイルグループをファイルスクリーンテンプレートから選択するか、カスタムで指定します。

　ファイルスクリーンが設定されたフォルダーに許可されていない種類のファイルを保存しようとすると、アクティブスクリーン処理では保存が拒否されます。また、アクティブスクリーン処理とパッシブスクリーン処理のどちらにおいても、許可されていない種類のファイルを保存しようとした場合は、管理者やユーザーに電子メールで通知できるほか、イベントログへの記録やカスタムコマンドの実行、レポートの作成、レポートの送信または保存を構成できます。なお、電子メールによる通知を可能にする場合は、［ファイルサーバーリソースマネージャーのオプション］ダイアログボックスの［電子メールの通知］タブでSMTPサーバーの設定を行う必要があります。

画面6-3-14　実行可能ファイルの保存をブロックするファイルスクリーン設定

画面6-3-15　テキストファイルのコピーは可能だが、
　　　　　　実行可能ファイル（この例では.exeおよび.ps1）のコピーはブロックされる

■ ファイルの分類管理

　［ファイルサーバーリソースマネージャー］の［分類管理］および［ファイル管理タスク］が提供する機能は、ファイル分類インフラストラクチャ（File Classification Infrastructure：FCI）とも呼ばれます。FCIはWindows Server 2008 R2で初めて導入され、Windows Server 2012でファイルの連続分類とファイル管理タスクの連続実行をはじめ、いくつかの機能が追加されました。また、Windows Server 2012以降では、FCIの機能が「6.7　ダイナミックアクセス制御」で説明するダイナミックアクセス制御の機能に包含されています。ここでは、FCIの基本的な機能を説明します。

　［ファイルサーバーリソースマネージャー］の［分類管理］では、ローカルのファイルを対象としたファイルの分類プロパティ（ローカルプロパティ）を定義し、分類規則に従って自動分類して、ファイルに分類プロパティの値を設定することができます。ローカルプロパティは、フォルダー分類プロパティとは種類が異なります。また、ダイナミックアクセス制御を展開した場合、ドメイン全体で有効なグローバル分類プロパティ（グローバルプロパティ）を利用できます。ローカルおよびグローバルのファイルの分類プロパティは、ファイルのコンテンツではなく、ファイルのNTFS代替データストリーム（名前付きストリーム）に格納される属性です。［分類管理］によって分類されたファイルは、後述するファイル管理タスクやダイナミックアクセス制御の対象化の条件指定に使用できます。

　具体的な例で説明したほうがわかりやすいでしょう。以下の例では、ドキュメントの機密レベルを識別するための分類プロパティ［機密レベル］を作成し、ファイルの内容に基づいて3つの値［CONFIDENTIAL（社外秘）］［PRIVATE（社内文書）］［PUBLIC（公開文書）］のいずれか、または［なし］の値をファイルの属性として自動設定します。

1. ［ファイルサーバーリソースマネージャー］の［分類管理］の［分類プロパティ］を開き、［操作］ペインから［ローカルプロパティの作成］を選択します。

2. ［ローカル分類プロパティの作成］ダイアログボックスが開くので、［機密レベル］という名前の分類プロパティを作成し、［プロパティの種類］で［順序指定された一覧］を選択して、［CONFIDENTIAL］［PRIVATE］［PUBLIC］の3つの値を選択肢として登録します。

画面6-3-16　［機密レベル］という名前の分類プロパティを作成する

分類プロパティの種類

分類プロパティには、次の8つの種類があります。

- **はい/いいえ** —— ［はい（true）］または［いいえ（false）］のいずれかの値を上書き設定します。
- **日付/時刻** —— 日時を格納します。値が競合した場合、再分類できません。
- **数値** —— 数値を格納します。値が競合した場合、再分類できません。
- **複数の選択肢リスト** —— リストから値を選択して格納します。同時に複数の値を持つことができます。
- **順序指定された一覧** —— 優先順位のある選択肢から選択して格納します。上位の値は下位の値より優先され、上位の値は下位の値を上書きします。
- **単一の選択肢** —— リストから値を選択して格納します。同時に複数の値を持つことはできません。値が競合した場合、再分類できません。
- **文字列** —— 文字列を格納します。値が競合した場合、再分類できません。
- **複数の文字列** —— 複数の文字列を格納します。

3. 分類プロパティを作成したら、［分類管理］の［分類規則］を開き、［操作］ペインから［分類規則の作成］を選択します。

4. ［分類規則の作成］ダイアログボックスが開くので、［全般］タブで分類規則の名前を設定し、［スコープ］タブに切り替えます。［スコープ］タブでは、分類規則を適用する対象のフォルダーのパスを指定します。ここで、［新しい共有ウィザード］やフォルダー管理プロパティで構成した分類に基づいて、スコープを設定することができます。［追加］ボタンをクリックすれば、フォルダー管理プロパティが設定されていない任意のパスを追加できます。

画面6-3-17　分類規則の対象となるスコープをフォルダー分類プロパティやカスタム指定で設定する

5. ［分類］タブに切り替え、分類方法として［コンテンツ分類子］を選択し、分類プロパティとして［機密レベル］を指定して、自動分類されたファイルに設定する分類プロパティの値として［CONFIDENTIAL］を指定します。また、［構成］ボタンをクリックして［分類パラメーター］ダイアログボックスを開き、式の種類が［文字列］、式が［社外秘］、最小項目が［1］という条件式を設定します。この条件式により、ファイルの内容に1つでも［社外秘］という文字列があれば、分類プロパティの設定対象になります。

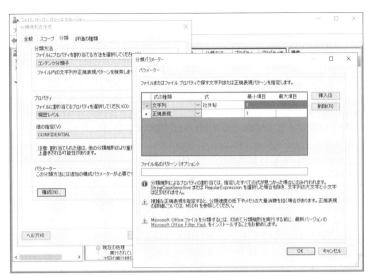

画面6-3-18 ［コンテンツ識別子］の条件式を設定し、分類プロパティ［機密レベル］に
［CONFIDENTIAL］という値を設定する

分類方法の種類

分類規則の分類方法としては、次の3つのいずれかを使用できます。

- **フォルダー分類子** ──［スコープ］タブで指定したフォルダーに含まれるすべてのファイルに無条件に分類プロパティと値を設定します。追加の構成はありません。
- **コンテンツ分類子** ── ファイルの内容から指定した文字列や正規表現に一致するファイルを分類します。標準で、テキストファイル、HTMLファイル、XMLファイル、リッチテキストファイルを識別できます。
  Microsoft OfficeドキュメントやAdobe PDFドキュメントの内容を識別するには、ファイルサーバーに最新のMicrosoft Officeフィルターパックをインストールします。本書の執筆時点で最新のMicrosoft Officeフィルターパックは、次のURLからダウンロードできます。

  Microsoft Office 2010フィルタパック (FilterPack64bit.exe、公開日：2016/05/16)
  ➔https://www.microsoft.com/ja-jp/download/details.aspx?id=17062

  なお、Windows Server 2012 R2では［Windows Searchサービス］および［Windows TIFF IFilter］の機能をインストールし、コントロールパネルの［インデックスオプション］へのパスの追加、およびローカルコンピューターポリシーの［コンピューターの構成￥管理用テンプレート￥Windowsコンポーネント￥検索￥OCR￥TIFF IFilterがTIFFドキュメントのすべてのページをOCR処理するように強制する］ポリシーを有効にすることで、TIFF画像イメージのOCRスキャンによる分類が可能でした。Windows Server 2016で同様の設定および同じ画像で行いましたが、TIFF画像イメージの分類を確認することはできませんでした。
- **Windows PowerShell分類子** ── Windows PowerShellスクリプトを実行してファイルを分類します。例えば、スクリプトを使用してファイルのプロパティから作成者や作成日時、最終更新日時などの情報を取得して、分類することができます。

電子メールアドレスを10個以上含むドキュメントを識別する

例えば、ドキュメントの中に10個以上の電子メールアドレスを含むものを識別することもできます。それには、［コンテンツ識別子］の［分類パラメーター］ダイアログボックスで、次の正規表現の式を設定し、最小

項目に10を設定します。

```
^(?("")(""[^""]+?""@)|(([0-9a-z]((¥.(?!¥.))|[-!#¥$%&'¥*¥+/=¥?¥^`¥{¥}¥|~¥w])*)(?<=[0-9a-z])@))(?(¥[)(¥[(¥d{1,3}¥.){3}¥d{1,3}¥])|(([0-9a-z][-¥w]*[0-9a-z]*¥.)+[a-z0-9]{2,17}))$
```

正規表現には、.NET Framework 正規表現を使用できます。上記の正規表現のパターンは、以下のドキュメントで紹介されているものです。なお、電子メールアドレス形式として有効化どうかを判断しているだけで、実際の電子メールアドレスのすべてを完全に識別できるわけではありません。

How to: Verify that Strings Are in Valid Email Format
➔ https://docs.microsoft.com/en-us/dotnet/standard/base-types/how-to-verify-that-strings-are-in-valid-email-format

6. [評価の種類] タブでは、既に分類済みの分類プロパティの値を再評価するかどうか、そして再評価の際に、既存の値の扱いについて構成します。分類規則の構成が完了したら、[OK] ボタンをクリックして [分類規則の作成] ダイアログボックスを閉じます。

7. 分類規則を作成したら、[操作] ペインから [すべての規則で今すぐ分類を実行する] をクリックし、[分類の完了を待つ] を選択して、[OK] ボタンをクリックします。分類が完了すると、DHTML 形式のレポート（レポートは C:¥StorageReports¥Intaractive フォルダーに作成されます）に結果が表示されるので、予期したとおりに分類されたことを確認します。

画面6-3-19　手動で分類を実行し、結果レポートを確認する

8. [ファイルサーバーリソースマネージャー] の役割サービスがインストールされているファイルサーバーでは、ファイルのプロパティの [分類] タブで、分類プロパティの値を参照および編集することができます。期待どおりに分類されなかった場合は、この機能を利用して誤った分類プロパティの設定をクリアすることができます。クライアントからは分類プロパティの値を確認することはできませんが、Microsoft Office ドキュメントの場合はドキュメントの詳細プロパティを使用して、設定された分類プロパティとその値を確認することができます。

第6章 ファイルサービスと記憶域サービス　　383

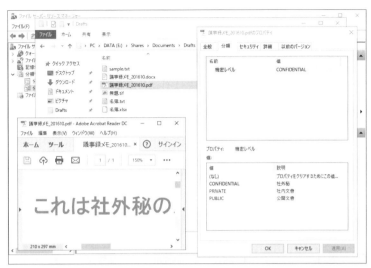

画面6-3-20　分類規則により分類プロパティ［機密レベル］に
　　　　　　　値［CONFIDENTIAL］が設定されたPDFファイル

9. 作成した分類規則に問題がなければ、［操作］ペインから［分類スケジュールの構成］を選択し、分類規則の実行スケジュールを構成します。分類規則のスケジュールは、ファイルサーバー単位の設定です。［ファイルサーバーリソースマネージャーのオプション］ダイアログボックスの［自動分類］タブが開くので、［固定スケジュールを有効にする］チェックボックスをオンにし、実行スケジュールを実行開始時間、毎週の曜日または毎月の日付で設定します。固定スケジュールを有効にすると、［新しいファイルの連続分類を許可する］チェックボックスを選択できるようになります。このオプションを有効にすると、ファイルが作成または変更されたら、次の実行スケジュールを待たずに、すぐに分類を開始できます。この連続分類の機能は、Windows Server 2012 からサポートされました。

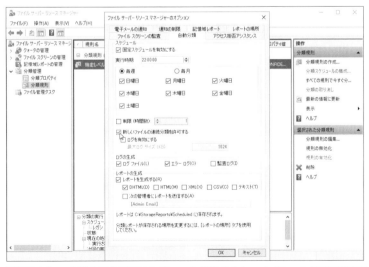

画面6-3-21　自動分類の実行スケジュールを有効化し、オプションで連続分類を許可する

■ ファイル管理タスク

　［ファイルサーバーリソースマネージャー］の［ファイル管理タスク］は、スコープで指定したフォルダー内のファイルに対して、何らかのアクションを自動実行する機能です。フォルダー分類プロパティは、ファイル管理タスクのスコープの設定に使用できます。また、先ほど説明したファイルの分類プロパティは、ファイル管理タスクの対象を絞り込む条件に使用できます。

1. ［ファイルサーバーリソースマネージャー］の［ファイル管理タスク］を開き、［操作］ペインから［ファイル管理タスクの作成］を選択します。

2. ［ファイル管理タスクの作成］ダイアログボックスが開くので、［全般］タブでファイル管理タスクの名前を設定し、［スコープ］タブに切り替えます。［スコープ］タブでは、ファイル管理タスクの対象となるフォルダーのパスを指定します。ここで、［新しい共有ウィザード］やフォルダー管理プロパティで構成した分類に基づいて、スコープを設定することができます。［追加］ボタンをクリックすれば、フォルダー管理プロパティが設定されていない任意のパスを追加できます。

3. ［アクション］タブに切り替え、アクションの種類を［ファイルの有効期限］［カスタム］［RMS暗号化］の3つから選択します。［ファイルの有効期限］は、［条件］タブで設定した日付の条件に一致するファイルを、［有効期限切れディレクトリ］に指定したパスに移動します。［カスタム］を選択すると、［条件］タブで設定した条件に一致するファイルに対して、任意のコマンドラインを実行できます。条件に一致するファイルは、変数としてコマンドラインに渡すことができます。

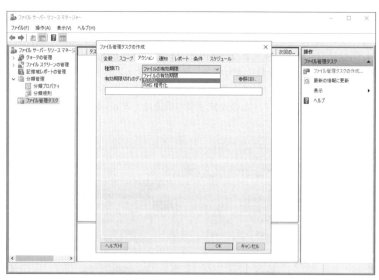

画面6-3-22　ファイル管理タスクのアクションを選択する

画面6-3-23
カスタムアクションの設定例。条件に一致するファイルのパスは変数としてコマンドに渡すことができる

4. ［通知］タブでは、［ファイルの有効期限］アクションを実行する1日以上前に、管理者や影響を受けるユーザーに電子メールで事前通知を送信したり、イベントログに記録したり、カスタムコマンドを実行したりするように構成できます。通知は複数回設定できます。

5. ［レポート］タブでは、ファイル管理タスクの実行ログとレポートの生成を構成できます。既定でエラーを含むログと、DHTML形式のレポートが生成されます。レポートは、C:¥StorageReports¥Scheduledフォルダーに作成されます。

6. ［条件］タブでは、ファイル管理タスクの対象を絞り込む条件を設定します。分類規則などで設定されたファイルの分類プロパティは、条件の1つとしてここで追加できます。［ファイルの有効期限］アクションのタスクの場合は、日付条件を設定します。ワイルドカード文字を使用したファイル名のパターンで条件を設定することもできます。条件を複数設定した場合は、スコープで指定したフォルダー内にあるすべての条件を満たすファイルが対象となります。

画面6-3-24
分類プロパティ、日付条件、ファイル名のパターンのいずれか、または組み合わせで条件を設定する

7. 最後に［スケジュール］タブで、ファイル管理タスクの実行スケジュールを構成します。この実行スケジュールは、ファイル管理タスクごとの設定になります。［条件］タブで日付条件を設定していない場合は、［新しいファイルに対して連続実行する］オプションを有効にできます。連続実行は、Windows Server 2012からの機能であり、これを有効にするとファイルが作成または変更された時点で、次の実行スケジュールを待たずにすぐにタスクを実行させることができます。

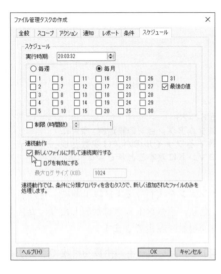

画面6-3-25
タスクの実行スケジュールを設定し、オプションで連続実行を有効にする

8. 作成したファイル管理タスクをすぐに実行するには、対象のタスクを選択し、［操作］ペインから［ファイル管理タスクを今すぐ実行する］を選択します。手動でタスクを実行した場合は、実行結果がDHTMLレポート（レポートはC:\StorageReports\Intaractiveフォルダーに作成されます）として表示されます。

ファイル管理タスクについては、［RMS暗号化］アクションによる自動暗号化の例として、「6.6 Active Directory Rights Managementサービスとの連携」でも説明します。また、Microsoft AzureのAzure Information Protectionを利用すると、FCIとAD RMSを組み合わせたソリューションと同等、またはそれ以上の機能を、クラウドサービスだけで導入することができます。

6.3.4 スケールアウトファイルサーバー

スケールアウトファイルサーバーは、Windows Server 2012以降の［ファイルサーバー］の役割と［フェールオーバークラスタリング］の機能の組み合わせで作成できる、クラスター化された高可用性ファイルサーバーです。スケールアウトファイルサーバーはWindows Server 2012で初めて導入され、Windows Server 2012 R2で負荷分散やCSVキャッシュなど、いくつかの改善が行われています。Windows Server 2016では、Windows Server 2012 R2ベースのスケールアウトサーバーを、ローリングアップグレード方式でWindows Server 2016に移行できるようになりました。

ここでは、スケールアウトファイルサーバーを新規に構築する手順について説明しますが、その前にクラスター化されたファイルサーバーの2つの種類と、スケールアウトファイルサーバーの特徴について説明します。

■ 2種類のクラスター化されたファイルサーバー

　Windows Server 2008 R2以前のフェールオーバークラスタリング機能が提供していた高可用性ファイルサーバーは、アクティブ/パッシブ構成で動作するクラスター化されたファイルサーバーです。アクティブ/パッシブ構成では、フェールオーバークラスター内の1台のノードが共有ディスク装置上のクラスターディスクを所有してファイルサービスを提供します。ファイルサービスを提供中のノードに障害が発生した場合は、別のノードにクラスターディスクの所有権とファイルサービスをフェールオーバーすることで、短時間で復旧し、ファイルサービスの提供を継続します。ユーザーは、単一のクラスター名とクラスターIP（またはDFS-N名前空間）を使用して、共有フォルダーにアクセスすることができます。Windows Server 2012以降では、この従来からのクラスター化されたファイルサーバーを汎用ファイルサーバーと呼びます。

　スケールアウトファイルサーバーは、アクティブ/アクティブ構成で動作するクラスター化されたファイルサーバーであり、アプリケーション（Hyper-VおよびSQL Server）のデータ記憶域としてのSMB 3.x共有を提供します。アプリケーションを実行するサーバー（SMBクライアント）は分散ネットワーク名（Distributed Network Name：DNN）と呼ばれる単一の名前を使用して共有フォルダーにアクセスします。SMBクライアントの共有フォルダーへの初期接続は、DNSラウンドロビンにより決定され、接続先のノードがディスクリソースへのアクセスに最適なノードを選択して、クライアントの接続をそのノードにリダイレクトします。また、SMB 3.0以降のSMBマルチチャンネルやSMBダイレクト、SMB透過フェールオーバー、負荷分散と冗長化、高速なファイルI/O、および障害発生時のセッションの切断なしの継続的なアクセスが提供されます。

　Windows Server 2012ではDNSラウンドロビンにより決定されたノードが実際にアクセスするノードでした。Windows Server 2012 R2からは初期接続が最適なノードにリダイレクトされるため、ノードの追加や削除によるスケールアウト/スケールイン、障害によるダウンと復旧の際に、クライアントアクセスを自動的にリバランスします。Windows Server 2012では手動でリバランス（**Move-SmbWitnessClient**コマンドレットを使用）する必要がありましたが、Windows Server 2012 R2以降ではリバランスのための管理者の介入が不要になりました。

　スケールアウトファイルサーバーは、共有フォルダーをWindows Server 2012以降で拡張されたクラスターの共有ボリューム（CSV）に配置します。クラスターの共有ボリューム（CSV）は、Windows Server 2008 R2で初めて導入されたテクノロジで、クラスターのすべてのノードから同一のパス（C:¥ClusterStorage¥Volume1など）による同時アクセスを可能にします。Windows Server 2008 R2のクラスターの共有ボリュームは、Hyper-Vの仮想マシンを配置するための、Hyper-Vホストクラスター専用の共有記憶域として提供されました。Windows Server 2012以降のクラスターの共有ボリュームはHyper-Vに加えて、スケールアウトファイルサーバーの記憶域としても利用されます。なお、Windows Server 2008 R2のクラスターの共有ボリューム（CSV）のことをCSV 1.0、Windows Server 2012以降のクラスターの共有ボリューム（CSV）のことをCSV 2.0と呼ぶことがあります。

　クラスター共有ボリューム（CSV）では、物理メモリの一部をライトスルーキャッシュとして利用するCSVキャッシュを利用でき、読み取りI/Oのスループットを向上できます。また、クラスター化された記憶域スペースを使用してクラスターの共有ボリューム（CSV）を構成することで、さらにライトバックキャッシュによる書き込みI/Oスループットの向上や、ストレージ層（記憶域階層）による読み書きI/Oスループットの向上を図れます。

　［新しい共有ウィザード］のファイル共有プロファイル［SMB共有 - アプリケーション］は、アプリケーションデータの記憶域として最適な共有フォルダーを準備するオプションです。［SMB共有 - アプリケーション］の共有フォルダーは、スタンドアロンのファイルサーバーでも作成できますが、SMB透過フェールオーバーのための継続的可用性オプションはサポートされません。継続的可用性オプションは、汎用ファイルサーバーおよびスケールアウトファイルサーバーでサポートされます。

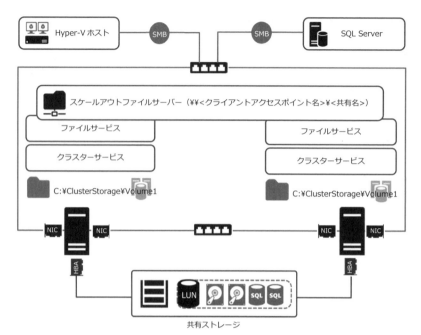

図6-3-26　スケールアウトファイルサーバーの展開イメージ

■ スケールアウトファイルサーバーの展開

　スケールアウトファイルサーバーを構築するには、SAN記憶域やクラスター化された記憶域スペースを利用してクラスターの共有ボリューム（CSV）を構成したフェールオーバークラスターが必要です。最小構成は、Windows Server 2016を実行する2台のファイルサーバーを、フェールオーバークラスタリング機能を用いて構成した2ノードのフェールオーバークラスターです。クラスターの共有ボリューム（CSV）の構成については、「6.2.3　クラスター化された記憶域スペース」で説明しました。

1. フェールオーバークラスターに参加するすべてのノード（Windows Server 2016を実行するコンピューター）を共有ストレージ装置に接続します。また、各ノードのネットワークは固定IPアドレスで構成し、Active Directoryドメインに参加させます。なお、Windows Server 2016からは、ワークグループ構成のノードによるクラスターの作成もサポートされます。

2. クラスターの作成作業に使用するコンピューターの［サーバーマネージャー］に、クラスターに参加するすべてのノードを管理対象として追加します。

3. クラスターに参加するすべてのノードに［ファイルサーバー］の役割と［フェールオーバークラスタリング］の機能をインストールします。PowerShellを使用する場合は、次の2行のコマンドラインを実行することで、複数台のノードに機能をインストールできます。

```
PS C:¥> $Servers = "<コンピューター名1>", "<コンピューター名2>","<コンピューター名3>",
"<コンピューター名4>"
PS C:¥> $Servers | ForEach { Install-WindowsFeature -ComputerName $_
-Name Failover-Clustering, FS-FileServer -IncludeManagementTools}
```

4. 「6.2.1 物理ディスクとボリュームの管理」の「クラスターディスクとクラスターの共有ボリューム（CSV）」、「6.2.3 クラスター化された記憶域スペース」、または「6.2.4 記憶域スペースダイレクト」を参考に、［フェールオーバークラスターマネージャー］を使用してクラスターを作成し、クォーラム監視を構成します。また、共有ストレージ上のLUNをクラスターディスクとして追加し、クラスターの共有ボリューム（CSV）に追加します。

5. ［フェールオーバークラスターマネージャー］の［役割］を開き、［操作］ペインから［役割の構成］をクリックして、［高可用性ウィザード］を開始します。［役割の選択］ページでは、［ファイルサーバー］を選択します。

画面6-3-27 ［高可用性ウィザード］を開始して、［ファイルサーバー］の役割の高可用性を構成する

6. ［ファイルサーバーの種類］ページで［アプリケーションデータ用のスケールアウトファイルサーバー］を選択します。ここで［汎用ファイルサーバー］を選択すると、Windows Server 2008 R2以前と同様のアクティブ/パッシブ構成で動作するクラスター化されたファイルサーバーを構成できます。

画面6-3-28
［アプリケーションデータ用のスケールアウトファイルサーバー］を選択する

7. ［クライアントアクセスポイント］ページで、クライアントが共有フォルダーにアクセスする際に使用する名前（分散ネットワーク名：DNN）を入力します。ここで指定した名前に基づいて、Active Directoryドメインにコンピューターアカウントが作成されるので、ドメイン内で未使用の名前を設定する必要があります。クライアントは¥¥＜分散ネットワーク名＞¥＜共有名＞のUNCパスでスケールアウトファイルサーバー上の共有フォルダーにアクセスすることになります。

画面6-3-29
クライアントアクセスのための名前（分散ネットワーク名）を設定する

8. ［確認］ページで［次へ］ボタンをクリックすると、スケールアウトファイルサーバーが構成されます。［概要］ページに［役割の高可用性が正常に構成されました］と表示されたら、［完了］ボタンをクリックしてウィザードを終了します。

9. スケールアウトファイルサーバーを構成してしばらくすると、Active DirectoryのDNSサーバーのゾーンに分散ネットワーク名とクラスターの各ノードのIPアドレスを対応付けた複数のAレコードが自動登録されます。この複数のAレコードは、クライアントからの分散ネットワーク名を用いた接続要求時にDNSラウンドロビンによって名前解決されます。DNSサーバーのゾーンに分散ネットワーク名が登録されて、DNSラウンドロビンが動作することを、**nslookup**コマンドや**Resolve-DnsName**コマンドレットを使用して確認してください。名前解決ができない場合は、クラスターの各ノードで**ipconfig /registerdns**を実行するか、すべてのノードを再起動します。

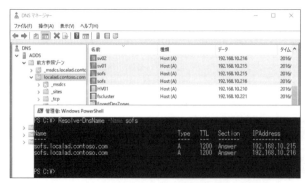

画面6-3-30
スケールアウトファイルサーバー名は、DNSラウンドロビンでノードのIPアドレスに名前解決される

10. スケールアウトファイルサーバーの構成は以上ですが、次の共有フォルダーの作成に進む前に、［フェールオーバークラスターマネージャー］を実行しているコンピューターの［サーバーマネー

ジャー]に、管理対象のサーバーとしてクラスターのすべてのノードと、クラスター名、およびスケールアウトファイルサーバーの分散ネットワーク名を追加しておきます。この手順は、[新しい共有ウィザード]にスケールアウトファイルサーバーを認識させるために必要です。

スケールアウトファイルサーバーの最大構成
フェールオーバークラスターは最大64ノードの構成をサポートしていますが、スケールアウトファイルサーバーの場合は標準で2〜4台、最大で8ノードの構成が想定されています。

Jose Barreto's Blog > Selecting the number of nodes for your Scale-Out File Server Cluster
➔ https://blogs.technet.microsoft.com/josebda/2013/11/08/selecting-the-number-of-nodes-for-your-scale-out-file-server-cluster/

■|アプリケーションデータ用のSMB共有の作成

スケールアウトファイルサーバーを構成したら、スケールアウトファイルサーバー上に共有フォルダーを作成できます。共有フォルダーは、クラスターの共有ボリューム（CSV）上のパス（C:¥Cluster Storage¥Volume1¥Shares¥＜フォルダー名＞など）に作成され、スケールアウトファイルサーバーの特性である継続的可用性を有効化できます。継続的可用性が有効な共有フォルダーは、Windows Server 2012以降のHyper-Vの仮想マシン、およびWindows Server 2012以降で実行されるSQL Server 2008 R2以降のデータベースを配置するのに適しています。

［新しい共有ウィザード］のファイル共有プロファイル［SMB共有 - アプリケーション］を使用すると、Hyper-VまたはSQL Server用に適切な共有フォルダーを簡単に準備することができます。

1. ［フェールオーバークラスターマネージャー］で［役割］を開き、スケールアウトファイルサーバーの役割を右クリックして［ファイル共有の追加］を選択します。

画面6-3-31　スケールアウトファイルサーバー上に共有フォルダーを作成する

2. ［新しい共有ウィザード］が開始するので、［この共有のプロファイルを選択］ページで［SMB共有 - アプリケーション］を選択します。なお、このウィザードは、［サーバーマネージャー］の［ファイ

ルサービスと記憶域サービス]のものとまったく同じものです。そのため、[フェールオーバークラスターマネージャー]ではなく、[サーバーマネージャー]を使用して、スケールアウトファイルサーバー上に共有フォルダーを作成することもできます。

画面6-3-32　[新しい共有ウィザード]でファイル共有プロファイル[SMB共有 - アプリケーション]を選択する

3. [この共有のサーバーとパスの選択]ページで、スケールアウトファイルサーバーの分散ネットワーク名が選択されていることを確認し、共有フォルダーを配置するクラスターの共有ボリューム(CSV)を選択します。共有フォルダーは、クラスターの共有ボリューム(CSV)のパスに設定します。

画面6-3-33　スケールアウトファイルサーバーのクラスターの共有ボリューム(CSV)を選択する

4. [共有名の指定]ページで、共有フォルダーの共有名を設定します。入力した共有名により、共有フォルダーのローカルパスと共有パス(UNCパス)が決定します。

画面6-3-34
共有フォルダーの共有名を設定する

5. ［共有設定の構成］ページには、スタンドアロンのファイルサーバーのウィザードでは表示されない［継続的可用性を有効にする］オプションが表示され、既定で選択されています。ファイル共有プロファイル［SMB共有 - アプリケーション］では、この継続的可用性オプションの選択を解除することはできません。また、［アクセス許可設定に基づいた列挙を有効にする］および［共有のキャッシュを許可する］の2つのオプションはグレー表示となり選択できません。これらのオプションは、アプリケーションデータの格納用には適さないからです。

画面6-3-35
ファイル共有プロファイル［SMB共有 - アプリケーション］では、継続的可用性オプションが既定で有効になり、アクセスベースの列挙（ABE）と共有キャッシュオプションは無効になる

6. ［アクセスを制御するアクセス許可の指定］ページ以降は、通常の共有フォルダーの作成と同じ手順になります。NTFSアクセス許可および共有のアクセス許可を設定し、［設定内容の確認］ページで［作成］ボタンをクリックして、共有フォルダーを作成します。なお、Hyper-VやSQL Serverのアプリケーションデータ格納用に準備するには、それぞれのアプリケーションに適したアクセス許可設定が必要になります。詳しくは、次の項で説明します。

7. 作成した共有フォルダーは、［フェールオーバークラスターマネージャー］のスケールアウトファイルサーバーの役割の詳細ペインの［共有］タブで確認および管理できるほか、［サーバーマネー

ジャー］の［ファイルサービスと記憶域サービス］－［共有］からも管理できます。

■ アプリケーションのためのアクセス許可

　共有フォルダーをSQL Serverのデータベース格納用に準備するには、有効なアクセス許可として、SQL Serverインスタンスのサービスアカウント（ドメインアカウントであることが必要）がフルコントロールのアクセス許可を持つように、共有フォルダーの共有レベルおよびファイルシステムレベルのアクセス許可を構成します。

　共有フォルダーをHyper-Vの仮想マシン格納用に準備するには、有効なアクセス許可として、Hyper-Vホストのコンピューターアカウントがフルコントロールのアクセス許可を持つように、共有フォルダーの共有レベルおよびファイルシステムレベルのアクセス許可を構成します。

　Hyper-V用には、アクセス制御リスト（ACL）の構成に加えて、Hyper-Vホストにスケールアウトファイルサーバーのサービスに対する委任設定も行う必要があります。それには、［Active Directoryユーザーとコンピューター］を使用して、共有フォルダーを使用するHyper-Vホストのコンピューターアカウントのプロパティを開き、［委任］タブの［指定されたサービスへの委任でのみこのコンピューターを信頼する］と、［Kerberosのみを使う］または［任意の認証プロトコルを使う］を選択します。さらに、［追加］ボタンをクリックして、スケールアウトファイルサーバーの分散ネットワーク名を指定し、［cifs］サービス（SMBのこと）を追加します。なお、他のシステムのための委任設定と競合する場合は、［任意のサービスでこのコンピューターを信頼する］を選択することもできます。

画面6-3-36　Hyper-V用の共有フォルダーにするには、Hyper-Vホストに対する委任設定も必要

■ アプリケーションデータをSMB共有に格納する

　SQL Server 2008 R2以降のデータベースおよびログファイルは、スケールアウトファイルサーバー上の共有フォルダーに配置できます。それには、SQL Serverインスタンスのインストール時に［データディレクトリ］タブで［データルートディレクトリ］にスケールアウトファイルサーバーの共有フォルダーの共有パス（¥¥<分散ネットワーク名>¥<共有名>）を指定します。なお、SQL Serverのサービスアカウントは、ドメインアカウントで構成し、共有フォルダーにはサービスアカウントに対するフルコントロールのアクセス許可が設定されている必要があります。

画面6-3-37
SQL ServerのデータルートディレクトリとしてスケールアウトサーバーのUNCパスを設定する

　Hyper-Vの場合は、仮想マシンを作成する際に、[仮想マシンを別の場所に格納する]チェックボックスをオンにし、[場所]にスケールアウトファイルサーバーの共有フォルダーの共有パス(¥¥<分散ネットワーク名>¥<共有名>)を指定します。これにより、仮想マシンの構成ファイル(.xml、.vmcx、.vmrs)、仮想ハードディスクファイル(.vhd、.vhdx)、および関連するファイル(.avhd、.avhdxなど)の保存先として、スケールアウトファイルサーバー上の共有フォルダーが使用されます。
　既に作成済みの仮想マシンについては、Hyper-Vの[移動]機能を利用して、仮想マシンを構成するファイルのすべて、または仮想ハードディスクのみを、スケールアウトファイルサーバー上の共有パスにライブマイグレーションで移動できます。
　また、スケールアウトファイルサーバー上の共有フォルダーに配置した仮想ハードディスク(.vhdx)では、Windows Server 2012 R2 Hyper-Vで追加された機能である仮想ハードディスクの共有(Shared VHDX)がサポートされます。この機能は、Windows Server 2016 Hyper-Vでは共有ドラ

画面6-3-38
仮想マシンをスケールアウトファイルサーバー上のUNCパスに作成する

イブという名称に変更されました。詳しくは、「第7章　サーバーの仮想化―Hyper-V」で説明しますが、共有ドライブ（仮想ハードディスクの共有）を使用すると、複数の仮想マシンに同じ仮想ハードディスク（.vhdx）を同時に割り当て、ゲストOSでフェールオーバークラスター（ゲストクラスター）を構成する際の共有ストレージとして利用できます（画面6-3-38）。

■ ストレージQoSポリシー

ストレージQoSとストレージQoSポリシー（Storage QoS Policy）は、どちらもHyper-Vでサポートされる仮想ハードディスクのQoS（Quality of Service：サービス品質）管理機能です（グループポリシーのポリシーではありません）。ストレージQoSポリシーは、スケールアウトファイルサーバーがWindows Server 2016 Hyper-Vに対して提供するストレージQoSの新しいポリシー管理機能です。

ストレージQoSは、Windows Server 2012 R2 Hyper-Vで初めて提供されました。ストレージQoSを利用すると、仮想マシンに割り当てられた仮想ハードディスク（VHDおよびVHDX）に対するI/Oスループットを、最小および最大IOPS（Input/Output per Second）で制御することができます。最大IOPSの設定は、仮想マシンのI/Oスループットに上限を適用します。最小IOPSを設定した場合、仮想マシンに対して十分なスループットを提供できない場合に、イベントログ（Microsoft-Windows-Hyper-V-VMMS/Adminログ）にイベントを記録します。これにより、仮想化インフラストラクチャ全体のストレージI/Oを最適化し、ストレージの拡張を計画するのに役立てることができます。

ストレージQoSは、仮想マシンごとに設定できます。Windows Server 2016の場合は仮想ハードディスクの［サービスの品質］オプションで構成します。Windows Server 2012 R2 Hyper-Vの場合は、仮想ハードディスクの［高度な機能］オプションで構成します。

Windows Server 2016ではストレージQoSの機能が拡張され、ストレージQoSポリシーというストレージQoSのポリシー管理機能が提供されます。ストレージQoSポリシーは、ストレージを提供するスケールアウトファイルサーバー側で作成したポリシーをHyper-Vの仮想マシンに適用し、ストレージ側でのストレージQoSの集中的な監視と構成を可能にします。

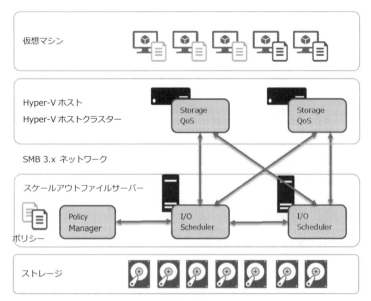

図6-3-39　ストレージQoSポリシーの展開イメージ

Windows Server 2016のスケールアウトファイルサーバーには、ストレージQoSの監視機能を有効化するために、新しいクラスターコアリソースとして記憶域QoSリソース（Storage QoS Resource）およびヘルス（Health）サービスが追加されています。ストレージQoSポリシーを利用するには、フェールオーバークラスターでヘルスサービスを構成し、開始します。

```
PS C:¥> Get-CimInstance -Namespace root¥mscluster↵
 -ClassName mscluster_clusterservice |↵
 Invoke-CimMethod -MethodName EnableHealth
PS C:¥> Start-ClusterResource "ヘルス"
```

ストレージQoSポリシーは、**New-StorageQoSPolicy**コマンドレットを使用してスケールアウトファイルサーバーのクラスター上で作成し、ポリシーID（PolicyID）を控えておきます。**New-StorageQoSPolicy**コマンドレットでは、最小IOPS、最大IOPSの他に、**-MaximumIOBandwidth**パラメーターでSMBトラフィックの最大使用帯域（バイト／秒）を指定することもできます。

```
PS C:¥> $NewPolicy = New-StorageQoSPolicy -Name <ポリシー名>↵
 -PolicyType Aggregated -MinimumIops <最小IOPS> -MaximumIops <最大IOPS>
PS C:¥> $NewPolicy.PolicyId
```

スケールアウトファイルサーバー側で作成したストレージQoSポリシーは、Hyper-Vホスト側でSet-VMHardDiskDriveコマンドレットを使用して仮想マシンの仮想ハードディスクに適用します。例えば、次のように実行します。

```
PS C:¥> Get-VM -Name "仮想マシン名" | Get-VMHardDiskDrive |↵
 Set-VMHardDiskDrive -QoSPolicyId <ポリシーID>
```

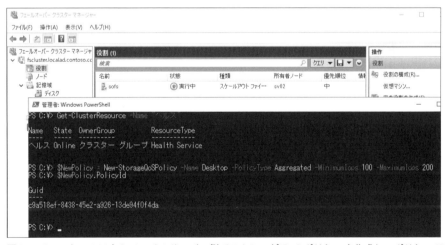

図6-3-40　スケールアウトファイルサーバー側でストレージQoSポリシーを作成し、ポリシーIDを確認する

図6-3-41　Hyepr-Vホスト側で仮想ハードディスクに対して
　　　　　ストレージQoSポリシーをポリシーIDで設定する

6.3.5　ワークフォルダー

　ワークフォルダーは、Windows Server 2012 R2で追加されたファイルサービスの新しい役割サービスです。この役割サービスは、会社のPCやデバイス、個人のPCおよびデバイスを使用するユーザーに対して、ユーザーの作業データへアクセスする一貫性のある方法を提供します。ワークフォルダーは、Windows Server 2012 R2から強化されたBYOD（Bring Your Own Device：個人所有デバイスの業務利用）対応機能の1つです。

■｜ワークフォルダーの概要

　ワークフォルダー（Work Folders）は、HTTPSプロトコルを用いた新しいフォルダー同期サービスを提供します。このサービスは、Windows Sync ShareやSyncShareサービス（SyncShareSvc）と呼ばれることもあります。

　ワークフォルダーは、会社所有または個人のPCとデバイスに対して提供される、ユーザーの作業データを格納するためのローカルフォルダーです。ワークフォルダーに作成、保存されたファイルやフォルダーは、ファイルサーバー（同期サーバー）とオンラインになると、HTTPSプロトコル（オプションでHTTPにも対応可）を使用してバックグラウンドでファイルサーバー上の同期フォルダーと双方向で同期されます。ユーザーは、ワークフォルダーを介して、会社所有あるいは個人所有のPCとデバイス間、PC間、デバイス間で、自分の作業データを同期して、どのPCやデバイスを使用している場合でも、同じ作業データで作業を継続できます。

　Windowsにおけるオフラインのファイル同期サービスとしては、これまでオンラインファイルやフォルダーリダイレクトを組み合わせて利用するのが一般的でした。ただし、この方法は会社所有のWindowsクライアントが、ファイルサーバーとローカルPCとの間でフォルダーを同期する方法を提

供するものです。ワークフォルダーはこの従来の方法を置き換えることができ、さらに同期対象を個人所有のPCやデバイスにまで広げることができます。

　管理者はワークフォルダーへの接続や同期の条件として、フォルダーの暗号化とパスワードロックのポリシーを強制することができます。さらに、社内の共有フォルダー（SMB共有）をワークフォルダーとして公開することで、社内のクライアントPCからワークフォルダー内のファイルを操作したり、［ファイルサーバーリソースマネージャー］のクォータ管理やFCIと組み合わせて運用することもできます。

　ワークフォルダーはオフラインでも使用可能ですが、Windows Server 2012 R2以降のWebアプリケーションプロキシと組み合わせることで、社外からの利用を安全かつ簡単に可能にすることができます。AD FS事前認証で公開することで、登録済みデバイス（社内参加、Azure AD参加デバイス）に対してのみ条件付きでアクセスを許可したり、多要素認証（MFA）で追加の認証を要求したりできます。

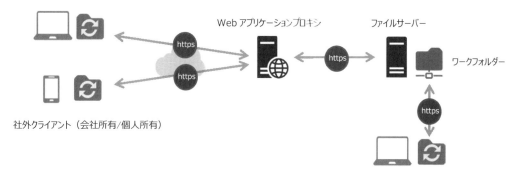

図6-3-42　ワークフォルダーは、社内および社外に対してHTTPSベースのファイル同期サービスを提供する

　ワークフォルダーはファイルサーバーに導入可能なオンプレミスのフォルダー同期サービスです。マイクロソフトは、個人および企業向けにOneDriveやOnDrive for Businessというクラウドベースのフォルダー同期サービスを提供していますが、それをオンプレミスに展開できると考えてください。ワークフォルダーとその他の同期サービスとの比較については、以下のドキュメントを確認してください。

Work Folders Overview | Work Folders compared to other sync technologies
→https://docs.microsoft.com/en-us/windows-server/storage/work-folders/work-folders-overview#BKMK_Comparison

■│ワークフォルダーのクライアント

　Windows 8.1およびWindows 10のすべてのエディションは、ワークフォルダーのクライアント機能を標準搭載しており、コントロールパネルの［システムとセキュリティ］－［ワークフォルダー］を使用してワークフォルダーへの接続を簡単にセットアップすることができます。また、Windows 7、iOS、Androidに対して、ワークフォルダーのクライアントアプリを無料でダウンロード提供しています。

Work Folders for Windows 7（32 bit）- 日本語
→https://www.microsoft.com/ja-jp/download/details.aspx?id=42559

Work Folders for Windows 7（64 bit）- 日本語
⊖https://www.microsoft.com/ja-jp/download/details.aspx?id=42558

Work Folders for iOS（iOS 10.3以降のiPhone、iPad、itouch）
⊖https://itunes.apple.com/jp/app/work-folders/id950878067?mt=8

Work Folders for Android（Android 4.4以降）
⊖https://play.google.com/store/apps/details?id=com.microsoft.workfolders&hl=ja

Windows 7の追加要件
　Windows 7でワークフォルダーを利用するには、上記のWork Folders for Windows 7に加えて、Active Directoryドメインに参加という要件があります。そのため、Windows 7 Professional/Enterprise/Ultimateエディションである必要があります。ワークグループ構成のWindows 7、およびWindows 7 Homeエディションでは利用できません。

■│同期サーバーの展開

　社内および社外のクライアントやデバイスからワークフォルダーを利用可能にするには、Windows Server 2016のファイルサーバーをワークフォルダーのための同期サーバーとしてセットアップし、同期共有を作成します。なお、同期サーバーにするファイルサーバーには、［Webサーバー（IIS）］の役割がインストールされていないことを確認してください。［Webサーバー（IIS）］の役割がインストールされていると、ワークフォルダーとHTTPSポートのバインドが競合します。

1. ［サーバーマネージャー］の［役割と機能の追加ウィザード］を使用して、［ファイルサービスと記憶域サービス］の［ファイルサービスおよびiSCSIサービス］にある［ワークフォルダー］の役割サービスをインストールします。［ファイルサーバー］の役割サービスがインストールされていない場合は、［ワークフォルダー］とともにインストールされます。また、［ワークフォルダー］の役割サービスの前提コンポーネントとして［IISホスト可能なWebコア］の機能も同時にインストールされます。［IISホスト可能なWebコア］の機能は、HWC（Hostable Web Core）とも呼ばれるもので、アプリケーションに組み込み可能なWebサーバーエンジンです。ワークフォルダーは、HTTP/HTTPSをサポートするために、［Webサーバー（IIS）］の役割ではなく、［IISホスト可能なWebコア］の機能を利用します。PowerShellでこれらの役割と機能をインストールするには、次のコマンドラインを実行します。

```
PS C:\> Install-WindowsFeature -Name FS-SyncShareService, Web-WHC
```

　［ファイルサーバー］および［ファイルサーバーリソースマネージャー］の役割サービスも同時にインストールするには、次のコマンドラインを実行します。

```
PS C:\> Install-WindowsFeature↵
 -Name FS-FileServer, FS-ResourceManager, FS-SyncShareService, Web-WHC↵
 -IncludeManagementTools
```

2. ［ワークフォルダー］の役割サービスと関連する機能のインストールが完了したら、同期共有を作成できますが、その前に、同期サーバーが正常に動作するための周辺環境を整備しておきます。その1つは、同期サーバーをworkfolders.<DNSサフィックス>というFQDNで名前解決できるようにしておくことです。workfolders.<DNSサフィックス>の名前解決が可能であることは必須ではありませんが、電子メールアドレスの入力によるワークフォルダーのセットアップ（後述）を可能にするために必要です。具体的には、DNSサーバーのゾーンに、ファイルサーバーの別名としてworkfoldersという名前のCNAMEレコードを登録します。

画面6-3-43　DNSゾーンにファイルサーバー（同期サーバー）のCNAMEレコードとして**workfolders**という名前を登録する

3. ワークフォルダーは既定でHTTPSポート443でサービスを提供します。HTTPSポート443でサービスを提供するには、適切なSSL証明書をポート443にバインドしておく必要があります。ファイルサーバーのFQDNを持ちサブジェクト名の共通名（CN）、サブジェクト代替名としてファイルサーバーのFQDNおよびworkfolders.<DNSサフィックス>の2つのDNS名を登録したSSL証明書を準備してください。SSL証明書は、ファイルサーバーのローカルコンピューターの［個人］証明書ストアにインストールしておく必要があります。Active Directory証明書サービスのエンタープライズPKIを展開済みの場合は、［証明書］スナップイン（Certlm.msc）を使用して証明書の発行要求とローカルコンピューターの［個人］ストアへのインストールを簡単に行えます（詳しくは、「第4章 ID管理」で説明しました）。

4. SSL証明書のプロパティを開いて、［詳細］タブに切り替え、SSL証明書の拇印（サムプリント）を確認します。または、PowerShellを使用してCert:\LocalMachine\MYにある証明書の情報を参照し、拇印を取得します。

```
PS C:\> Get-ChildItem Cert:\LocalMachine\My |↩
 Select Thumbprint, Subject, DNSNameList
Thumbprint                                Subject         DnsNameList
----------                                -------         -----------
F88E1D3B2D7C7841E78ACB6B516DE000E28259B2  CN=…
```

5. SSL証明書の拇印を確認したら、コマンドプロンプトで次のコマンドを実行し、ポート443にSSL証明書をバインドします。

```
C:\> netsh http add sslcert ipport=0.0.0.0:443 certhash=<SSL証明書の拇印>
appid={CE66697B-3AA0-49D1-BDBD-A25C8359FD5D} certstorename=MY
```

画面6-3-44　NETSHコマンドを使用してSSL証明書をポート443にバインドする

SSL証明書の拇印の取得からNETSHコマンドによるバインドまでをすべてPowerShellで実行するには、次のコマンドラインを実行します。

```
PS C:\> $thumbprint = (Get-ChildItem CERT:\LocalMachine\My | where
{$_.DNSNameList -like "workfolders.*"}).Thumbprint
PS C:\> $command ="netsh http add sslcert ipport=0.0.0.0:443
certhash=$thumbprint appid={CE66697B-3AA0-49D1-BDBD-A25C8359FD5D}
certstorename=MY"
PS C:\> cmd /c $command
```

IIS Webサイトとのポートの競合を回避する方法

　同期サーバーとして使用するファイルサーバーに［Webサーバー（IIS）］の役割がインストールされており、Default Web Siteをホストしている場合は、同期サーバーの既定のポート80および443がDefault Web Siteと競合する場合があります。SSL証明書のバインドが失敗すると、同期サーバーの機能を提供するWindows Sync Share（SyncShareSvc）サービスを開始できません。IISとの競合を回避する方法については、以下のブログ記事で説明されています。

Storage at Microsoft > Windows Server 2012 R2 - Resolving Port Conflict with IIS Websites and Work Folders
→https://blogs.technet.microsoft.com/filecab/2013/10/15/windows-server-2012-r2-resolving-port-conflict-with-iis-websites-and-work-folders/

6. オプションで、この同期サーバーが提供するワークフォルダーに関するテクニカルサポート用の電子メールアドレスを設定します。［サーバーマネージャー］の［ファイルサービスと記憶域サービス］−［ワークフォルダー］を開き、［サーバー］で同期サーバーを右クリックして［ワークフォルダーの設定］を選択します。［ワークフォルダーの設定］ダイアログボックスが開くので、［サポート電子メール］を選択し、電子メールアドレスを入力します。この電子メールアドレスは、ワーク

フォルダーのクライアントの［組織に支援を依頼：テクニカルサポートに電子メールで連絡］リンクに関連付けられます。

画面6-3-45　オプションでクライアントに提示するテクニカルサポートの電子メールアドレスを設定する

■ 同期共有の作成

　ファイルサーバーを同期サーバーとしてセットアップしたら、NTFSボリューム上の任意のパスまたは既存の共有フォルダーを同期共有として構成します。なお、ReFSボリューム上に同期共有をセットアップすることはできません。

1. ［サーバーマネージャー］の［ファイルサービスと記憶域サービス］-［ワークフォルダー］を開き、［ワークフォルダー］の［タスク］メニューから［新しい同期共有］をクリックして［新しい同期共有ウィザード］を開始します。

画面6-3-46　同期サーバー上に同期共有を新規に作成する

2. ［サーバーとパスの選択］ページで、同期共有を作成するサーバーと同期共有のパスを設定します。既存の共有フォルダーを同期共有として構成する場合は、ファイル共有のリストから選択します。同期共有専用で作成する場合は、ローカルパスを直接入力します。

画面6-3-47
同期共有を作成するサーバーと同期共有のパスを設定する

3. ［ユーザーフォルダーの構造の指定］ページでは、［ユーザーのエイリアス］を選択します。Active Directoryに複数のドメインが存在し、ユーザー名が重複する可能性がある場合は［ユーザーエイリアス@ドメイン］を選択してください。

画面6-3-48
同期共有のフォルダー内に作成するユーザーごとのサブフォルダーの名前付け方法を選択する

4. ［同期共有名を入力します］ページで、同期共有に名前を設定します。
5. ［グループへの同期アクセスの許可］ページで、同期共有へのアクセスを許可するActive Directoryのグループまたはユーザーを指定します。事前にワークフォルダー用に専用のグループを作成して、ワークフォルダーの利用を許可するユーザーを登録しておくと便利です。

画面6-3-49
同期共有へのアクセスを許可するActive Directoryのグループまたはユーザーを指定する

6. ［PCのセキュリティポリシーを指定します］ページでは、ワークフォルダーに接続するWindowsクライアントに強制するセキュリティポリシーを選択します。このポリシーは、ワークフォルダーの特徴です。ユーザーはセキュリティポリシーを受け入れ、セキュリティポリシーを満たした状態でないとワークフォルダーに接続し、同期することはできません。このページでは、ワークフォルダー内のファイルとフォルダーの暗号化と、パスワード保護による画面ロックを要求できます。Windowsクライアントに対して暗号化を要求すると、ワークフォルダー内のファイルとフォルダーがNTFSの暗号化ファイルシステム（EFS）で自動的に暗号化されるようになります。

パスワード保護による画面ロックを要求すると、アイドル時間15分の自動的な画面ロックが強制され、ロックを解除するにはパスワードの入力が必要になります。また、ロック解除に10回失敗すると15分のロックアウトモードになります。このセキュリティポリシーを有効にすると、6文字以上のパスワードというパスワードポリシーも強制されます。

なお、このセキュリティポリシーの対象はWindowsクライアントです。Windows以外のデバイス（iOS、Android）に対してセキュリティポリシーを強制するには、Microsoft Intuneなどのモバイルデバイス管理ツールを使用してください。

画面6-3-50
オプションで暗号化とパスワードの2つのデバイスポリシーを要求する

Active Directoryドメインメンバーのパスワードポリシー

　Active DirectoryドメインメンバーのWindowsクライアントで、ローカル管理者権限を持たないユーザーからワークフォルダーに接続する場合、およびWindows 7クライアントからワークフォルダーに接続する場合、[自動的に画面をロックする] セキュリティポリシーに含まれるパスワードポリシーは強制されず、Active Directoryドメインのパスワードポリシーが適用されます。ドメインのパスワードポリシーの既定値はDefault Domain Policyのパスワードポリシーに定義されている、7文字以上です。

　ドメインメンバーのWindowsクライアントに対してワークフォルダーのパスワードポリシーを適用させたい場合は、同期サーバーのPowerShellで次のコマンドラインを実行します。

```
PS C:\> Set-SyncShare -Name <同期共有名>
 -PasswordAutoLockExcludeDomain <ドメイン名>
```

7. 同期共有が作成されると、[同期共有] に作成された同期共有が表示され、同期共有を選択すると、その同期共有へのアクセスが許可されたユーザーのリストが表示されます。この同期共有を使用するユーザーは、1ファイルあたり最大10GBまでのファイルを、ワークフォルダーを介して保存することができます。既定ではユーザーごとの記憶域の制限はありませんが、クォータを設定することで、ユーザーごとの利用制限を強制または監視することが可能です。なお、クォータを設定するには、ファイルサーバーに [ファイルサーバーリソースマネージャー] の役割サービスがインストールされている必要があります。

画面6-3-51　オプションで同期共有にユーザーごとのクォータを構成し、利用可能な記憶域に上限を設定する

8. 同期共有にユーザーが接続すると、初めて接続したときにユーザー専用のフォルダーが同期共有のパス内に作成され、クライアント側のワークフォルダーの内容との同期が開始します。ユーザーが使用したデバイスや記憶域の使用状況は、[サーバーマネージャー] の [ファイルサービスと記憶域] － [ワークフォルダー] の [ユーザー] のリストから、ユーザーのプロパティを開いて確認できます。

画面6-3-52　ユーザーのアクセス状況や使用状況を確認する

　同期共有のパスをSMB共有やNFS共有として公開すれば、ワークフォルダーに対応していないPCやデバイスとの間でファイルのやり取りを行うことができます。また、同期共有のパスはNTFSボリューム上のフォルダーなので、クォータの設定以外にも、FCIを使用したファイルの分類やAD RMSによる暗号化保護を同期共有内のファイルに適用し、クライアント側のワークフォルダーに次回の同期の際に反映させることも可能です。

■ 社内クライアントの手動セットアップ

　ここでは、社内ネットワークに接続するドメインメンバーまたはワークグループ構成のWindows 10コンピューターをワークフォルダーのクライアントとしてセットアップする手順を説明します。Windows 8.1も同様の手順でセットアップできます。

1. ワークフォルダーに接続するには、同期サーバーのSSL証明書をクライアントが信頼している必要があります。Active Directory証明書サービスのエンタープライズPKIを展開済みであり、ドメインメンバーのコンピューターを使用する場合は、エンタープライズCAのルート証明書からの信頼チェーンの中で、同期サーバーのSSL証明書を信頼できます。ドメインのメンバーでない場合は、SSL証明書を発行した証明機関（CA）のルート証明書を現在のユーザーの［信頼されたルート証明機関］証明書ストアにインストールしておく必要があります。その方法については、「第4章　ID管理」で説明しました。

2. コントロールパネルの［システムとセキュリティ］から［ワークフォルダー］を開くか、**Workfolders.exe**を実行します。［ワークフォルダーの管理］ウィンドウが開いたら、［ワークフォルダーのセットアップ］をクリックします。

画面6-3-53
コントロールパネルの［ワークフォルダーの管理］から［ワークフォルダーのセットアップ］をクリックする

3. ［勤務先の電子メールアドレスを入力してください］ページで電子メールアドレスを入力して、［次へ］ボタンをクリックします。入力した電子メールアドレスの@以降のDNSサフィックスに基づいて、ワークフォルダーが検索されます（https://workfolders.<DNSサフィックス>/に接続しようとします）。電子メールアドレスによる検索が失敗する場合は、［代わりにワークフォルダー URLを入力］リンクをクリックし、ワークフォルダー URLとしてhttps://workfolders.<DNSサフィックス>/を入力し、［次へ］ボタンをクリックします。なお、電子メールアドレスの入力によるセットアップに失敗する場合は、Active Directoryで少なくとも1つのユーザーアカウントのプロパティで電子メールアドレス（mail属性またはproxyAddress属性）を設定することで解消できる場合があります。

ドメインメンバーのクライアントの場合は認証が要求されることなく、次のページに進みます。ドメインメンバーでない場合はWindows認証が要求されるので、ワークフォルダーへの接続が許可されたActive Directoryのユーザーアカウントの資格情報を入力します。

画面6-3-54
電子メールアドレスまたはワークフォルダーのURLを入力してセットアップを進める

4. ユーザーが認証されると、［ワークフォルダーの導入中］ページにワークフォルダーの場所が示さ

れます。既定では、ユーザープロファイルフォルダーのWork Folders（%USERPROFILE%￥Work Folders）フォルダーにセットアップされます。既定のパスをそのまま受け入れるか、必要に応じて変更し、［次へ］ボタンをクリックします。

5. ［セキュリティポリシー］ページに、ワークフォルダーへの接続のために受け入れる必要があるセキュリティポリシーに関する説明（実際のポリシー設定ではなく定型文）を確認し、［PCに対するこれらのポリシーを承認します］にチェックを入れて、［ワークフォルダーのセットアップ］ボタンをクリックします。

画面6-3-55
セキュリティポリシーを受け入れ、セットアップを続行する

6. ユーザーアカウント制御のダイアログボックスが表示されたら、［はい］ボタンをクリックします。

7. ［セットアップの完了］ページに「ワークフォルダーでこのPCとの同期が開始されました」と表示されたら［閉じる］ボタンをクリックします。

8. コントロールパネルの［ワークフォルダーの管理］にワークフォルダーの同期状態が表示されます。また、ワークフォルダーのローカルパスは、エクスプローラーの最上位にリンクされており、このパスにファイルを保存すると、すぐにサーバーとの同期が行われます。なお、セキュリティポリシーで暗号化が有効な場合、ワークフォルダーに保存したファイルは自動的に暗号化されます。

画面6-3-56
ワークフォルダーの状態とエクスプローラーからの利用

■│グループポリシーを使用した自動セットアップ

ワークフォルダーに接続するWindowsコンピューターがActive Directoryのドメインメンバーの場合は、グループポリシーを使用して、ワークフォルダーのセットアップを自動化できます。それには、次のポリシーを有効にし、ワークフォルダーのURLを構成します。

> ユーザーの構成¥ポリシー¥管理用テンプレート¥Windowsコンポーネント¥Work Folders¥Work Foldersの設定を指定する

■│MDMによる自動セットアップ

Microsoft IntuneやSystem Center Configuration Managerのモバイルデバイス管理（MDM）環境がある場合は、モバイルデバイスに対するポリシーを使用してワークフォルダーを自動セットアップできます。証明書に関しても、モバイルデバイスのポリシーで配布できます。なお、日本語版のMDM管理ツールでは、ワークフォルダーが「作業フォルダー」と翻訳されている場合があるので注意してください。

画面6-3-57　Microsoft IntuneのMDMポリシーを利用したワークフォルダー（作業フォルダー）の構成（この画面は2016年当時のIntuneポータル。Intuneポータルは2017年5月にAzureポータルに完全に統合された）

■│AD FS認証の構成

ワークフォルダーの同期共有は、既定でWindows認証によりユーザーを認証します。同期共有の認証は、Active Directoryフェデレーションサービス（AD FS）のフェデレーション認証に切り替えることができます。AD FSのフェデレーション認証を使用すると、AD FSのデバイス登録サービス（社内参加やAzure AD参加のデバイス登録、ドメイン参加済みWindows 10の自動デバイス登録）と連携して、登録済みデバイスによるアクセス制限やデバイス認証による接続を、社内やWebアプリケーションプロキシを介した社外からのアクセスに適用できます。

ワークフォルダーの認証をAD FS認証に切り替えるには、次の手順で操作します。なお、AD FSの展開と構成については、「第4章　ID管理」で説明しました。

1. ワークフォルダーの同期サーバーで、［サーバーマネージャー］の［ファイルサービスと記憶域サービス］－［サーバー］を開き、サーバーを右クリックして［ワークフォルダーの設定］を選択します。［ワークフォルダーの設定］ダイアログボックスが開くので、［認証］の［Windows認証］を［Active Directoryフェデレーションサービス］に変更し、フェデレーションサービスURLを設定します。

画面6-3-58　［ワークフォルダーの設定］の［認証］でAD FSフェデレーション認証に切り替える

この設定をPowerShellで実行するには、次のコマンドラインを実行します。

```
PS C:\> Set-SyncServerSetting -ADFSUrl "フェデレーションサービスURL"
```

2. AD FSサーバーで［AD FSの管理］スナップインを開き、［証明書利用者信頼］コンテナーを開きます。［操作］ペインの［証明書利用者信頼の追加］をクリックして、［証明書利用者信頼の追加ウィザード］を開始します。最初の［ようこそ］ページでは、［要求に対応する］を選択して［次へ］ボタンをクリックします。

画面6-3-59
［証明書利用者信頼の追加ウィザード］を開始し、［要求に対応する］を選択する

3. ［データソースの選択］ページでは、［証明書利用者についてのデータを手動で入力する］を選択し、［次へ］ボタンをクリックします。

4. ［表示名の指定］ページでこの証明書利用者信頼の表示名を入力して、［次へ］ボタンをクリックします。

5. ［証明書の構成］ページでは何も構成せず、そのまま［次へ］ボタンをクリックします。

6. ［URLの構成］ページでは何も構成せず、そのまま［次へ］ボタンをクリックします。

7. ［識別子の構成］ページでは、https://windows-server-work-folders/V1 を追加し、［次へ］ボタンをクリックします。

画面6-3-60
https://windows-server-work-folders/V1 を追加する

8. ［アクセス制御ポリシーの選択］ページで、アクセス制御ポリシーを指定します。登録済みデバイスや多要素認証（MFA）の要求、接続元の場所（インターネットとイントラネット）など、詳細なアクセス制御が可能ですが、後で変更できるものなので、最初は［すべてのユーザーを許可］を選択することを推奨します。

画面6-3-61
［すべてのユーザーを許可］を選択する

9. ［信頼の追加の準備完了］ページでは何も構成せず、そのまま［次へ］ボタンをクリックします。

10. ［完了］ページで［閉じる］ボタンをクリックし、ウィザードを終了します。

11. ウィザードを終了すると、いま追加した証明書利用者信頼の［要求発行ポリシーの編集］ダイアログボックスが表示されます。表示された［要求発行ポリシーの編集］ダイアログボックスは、［AD FSの管理］スナップインの後ろに隠れている場合があるので注意してください。

12. ［要求発行ポリシーの編集］ダイアログボックスの［発行変換規則］タブにある［規則の追加］ボタンをクリックします。［変換要求規則の追加ウィザード］が開始するので、［規則テンプレートの選択］ページで［LDAP属性を要求として送信］テンプレートを選択し、［次へ］ボタンをクリックします。

画面6-3-62　［LDAP属性を要求として送信］テンプレートを選択する

13. ［規則の構成］ページでこの要求規則に名前を設定します。また、属性ストアとして［Active Directory］を選択し、次の4つの属性の関連付けを設定して、［完了］ボタンをクリックします。

```
User-Principal-Name  → UPN
Display Name         → 名前
Surname              → Surname
Given-Name           → 指定名
```

画面6-3-63　LDAP属性とActive Directory属性の4つの関連付けを作成する

14. [要求発行ポリシーの編集] ダイアログボックスに戻るので、[OK] ボタンをクリックして終了します。

15. AD FS サーバーで PowerShell を開き、次の4つのコマンドラインを実行します。

```
PS C:\> Set-ADFSRelyingPartyTrust -TargetIdentifier 
 "https://windows-server-work-folders/V1" -EnableJWT $true
PS C:\> Set-ADFSRelyingPartyTrust -TargetIdentifier 
 "https://windows-server-work-folders/V1" -Encryptclaims $false
PS C:\> Set-ADFSRelyingPartyTrust -TargetIdentifier 
 "https://windows-server-work-folders/V1" -AutoupdateEnabled $true
PS C:\> Set-ADFSRelyingPartyTrust -TargetIdentifier 
 "https://windows-server-work-folders/V1" -IssueOAuthRefreshTokensTo 
 AllDevices
```

以上でAD FS認証のための同期サーバーとAD FSサーバーの構成は完了です。社外のWindowsコンピューターからワークフォルダーをセットアップして、AD FSの組織のサインインページでの認証が行われることを確認してください。社内からのアクセスの場合、組織のサインインページではフォーム認証ではなく、Windows認証が要求されます。

画面6-3-64　AD FSの組織のサインインページによる認証に切り替わる

■|Webアプリケーションプロキシによる外部への公開

ワークフォルダーへのアクセスは、Webアプリケーションプロキシを使用して、簡単にインターネット上のコンピューターやデバイスに公開できます。

Windows認証構成のワークフォルダーはパススルー認証で、AD FS認証構成のワークフォルダーはAD FS事前認証で公開できます。登録済みデバイスや場所による詳細なアクセス制御を行う場合は、AD FS事前認証で公開してください。

Webアプリケーションプロキシの展開と構成については、「第4章　ID管理」で説明しました。ここ

では、ワークフォルダーをWebアプリケーションプロキシで公開する手順を説明します。

1. ワークフォルダーを提供する同期サーバーのSSL証明書を秘密キー付きでファイル（.pfx）にエクスポートして、Webアプリケーションプロキシサーバーのローカルコンピューターの［個人］証明書ストアにインストールします。

画面6-3-65　ワークフォルダーの同期サーバーのSSL証明書をWebアプリケーションプロキシサーバーにインストールする

2. インターネット向けのDNSに、ワークフォルダーのURLの**workfolders.<DNSサフィックス>**がWebアプリケーションプロキシサーバーのパブリックなIPv4アドレスに名前解決できるように構成します。

3. Webアプリケーションプロキシサーバーの［リモートアクセス管理コンソール］を開き、［構成］の［Webアプリケーションプロキシ］の［タスク］ペインから［公開］をクリックします。

4. ［新しいアプリケーションの公開ウィザード］が開始します。［事前認証］ページで［Active Directoryフェデレーションサービス（AD FS）］または［パススルー］を選択し、［次へ］ボタンをクリックします。Windows認証構成のワークフォルダーの場合は［パススルー］を選択し、手順7に進みます。AD FS認証構成のワークフォルダーの場合は［Active Directoryフェデレーションサービス（AD FS）］を選択し、次の手順に進みます。

画面6-3-66　［Active Directory フェデレーションサービス（AD FS）］または［パススルー］を選択する

5. ［事前認証］ページで［Active Directory フェデレーションサービス（AD FS）］を選択した場合、次に［サポートされるクライアント］ページに進みます。ここでは、［OAuth2］を選択し［次へ］ボタンをクリックします。

画面6-3-67　ワークフォルダーのAD FS事前認証のためには［OAuth2］を選択する

6. ［事前認証］ページで［Active Directory フェデレーションサービス（AD FS）］を選択した場合、次に［証明書利用者］ページに進みます。ここで、AD FSサーバーに作成したワークフォルダー用の証明書利用者信頼を選択し、［次へ］ボタンをクリックします。

画面6-3-68　ワークフォルダー用の証明書利用者信頼を選択する

7. ［公開設定］ページで、名前にわかりやすい公開名を入力し、外部URLとバックエンドURLに社内でのワークフォルダーURLと同じURLを入力します。また、外部証明書として、この手順の最初にインストールしておいた、ワークフォルダーの同期サーバーのSSL証明書を割り当てます。

画面6-3-69　公開名、外部URL、バックエンドサーバーURL、およびSSL証明書を指定する

8. ［確認］ページで［公開］ボタンをクリックします。

　以上でワークフォルダーをWebアプリケーションプロキシで公開するための構成は完了です。社外/社内のWindowsコンピューターからワークフォルダーをセットアップして、AD FSの組織のサインインページでのフォーム認証が行われることを確認してください。

画面6-3-70　社外のWindowsクライアントでワークフォルダーをセットアップすると、組織のサインインページによるフォーム認証が表示される

ワークフォルダーのセットアップが失敗する場合は、以下の点を確認してください。

- コンピューターがインターネットに接続されている。
- メールアドレスの入力でセットアップに失敗する場合は、ワークフォルダーURLでセットアップする。
- nslookupコマンドを使用してworkfolders.<DNSサフィックス>の名前解決ができる。

```
C:¥> nslookup workfolders.<DNSサフィックス>
権限のある（またはない）回答:
名前:   workfolders.<DNSサフィックス>
Address:  <Webアプリケーションプロキシサーバーのパブリック IPv4 アドレス>
```

- ワークフォルダーのSSL証明書のルートCA証明書がユーザーまたはコンピューターの［信頼されたルート証明機関］証明書ストアにインストールされている。
- Webアプリケーションプロキシの［リモートアクセス管理コンソール］の［操作の状態］でサービスが正常に動作している。

Windows Server 2012 R2のWebアプリケーションプロキシを使用する場合

　Windows Server 2012 R2のWebアプリケーションプロキシを使用してAD FS事前認証でワークフォルダーを公開する場合、［新しいアプリケーションの公開ウィザード］で［サポートされるクライアント］オプションが提供されません。そのため、外部のクライアントからワークフォルダーに接続しようとすると、「クライアント認証を完了するには、証明書が必要です（0x80072f0c）」のエラーによりOauth認証が失敗します。

　Windows Server 2012 R2のWebアプリケーションプロキシをOAuth認証に対応させるには、PowerShellで次のコマンドラインを実行します。

```
PS C:\> Get-WebApplicationProxyApplication ↩
-Name <Webアプリケーションプロキシでのワークフォルダーの公開名> | ↩
Set-WebApplicationProxyApplication -UseOAuthAuthentication
```

> **改訂 ワークフォルダーの展開と公開に関する公式ドキュメント**
>
> Windows Server 2012 R2以降のファイルサービス、およびWindows 7以降のワークフォルダークライアントに関する公式ドキュメントが公開されています。本書の初版の時点では、AD FS認証を有効にすると、クライアントのセットアップ時に「最新のパスワードを入力してください。アクセスが拒否されました（0x80070005）」エラーで失敗することがありました。
>
> ワークフォルダーの展開
> → https://docs.microsoft.com/ja-jp/windows-server/storage/work-folders/deploy-work-folders
>
> AD FSとWebアプリケーションプロキシを使ったワークフォルダーの展開
> → https://docs.microsoft.com/ja-jp/windows-server/storage/work-folders/deploy-work-folders-adfs-overview

6.4 記憶域レプリカ

記憶域レプリカ（Storage Replica：SR）は、ストレージのハードウェアに依存しないブロックレベルのレプリケーション同期でストレージの災害復旧やストレージの高可用性を実現する、Windows Server 2016 Datacenterエディションの新機能です。記憶域スペースやスケールアウトファイルサーバーに記憶域レプリカが新たに追加されたことで、Windows Serverのソフトウェア定義のストレージ（SDN）機能は、パフォーマンス、信頼性、可用性に加えて、マルチサイトに展開可能な災害復旧機能を持つことになります。

> **改訂 Windows Server 2019 Standardの記憶域レプリカ**
>
> Windows Server 2019では、Datacenterエディションだけでなく、Standardエディションにも記憶域レプリカの機能がサポートされます。Datacenterエディションはフル機能を利用できますが、Standardエディションは次の制限があります。
>
> - 単一のボリュームのみをレプリケーション可能
> - 1つのパートナーシップのみを作成可能
> - ボリュームサイズは最大2TBまで

6.4.1 記憶域レプリカの概要

記憶域レプリカは、サーバーのデータを格納するローカルボリュームの内容を、ブロックレベルで別のサーバーのボリュームに一方向で同期（Synchronous）または非同期（Asynchronous）にレプリケーションして、ディスク障害からデータを保護し、レプリカを使用した復旧を可能にします。

Windows ServerのDFS-R（分散ファイルシステムレプリケーション）やWindows Server 2012以降のHyper-Vレプリカ、SQL Server Always Onの可用性レプリカなどアプリケーションレベルのレプリケーションソリューションとは異なり、記憶域レプリカは記憶域サービスのレイヤのレプリケーションソリューションを提供します。

記憶域レプリカの同期レプリケーションは、レプリカ側への書き込みを完了した時点でアプリケーションに書き込み完了を通知し、ファイルシステムレベルでデータ損失ゼロを実現します。非同期レプリケーションは、レプリカ側への書き込み完了を待たずにアプリケーションに書き込み完了を通知し、レプリカ側への書き込みは非同期に行います。そのため、データ損失の可能性がありますが、帯域幅の制限される地理的に離れたサイトへのレプリケーションに適しています。

記憶域レプリカは、次の3つの展開シナリオに対応しています。

- **2台のサーバー間** —— 2台のサーバー間で、一方のボリュームを他方のサーバーのボリュームにレプリケーションします。レプリケーション先のサーバーは、ローカルサイトまたはリモートサイトのどちらにも対応します。正常時、レプリケーション先のボリュームのマウントは解除され、レプリカのボリューム上のデータは保護されます。レプリカのボリュームは、手動でレプリケーションの方向を反転させるか、手動でレプリケーション設定を削除することでマウントできるようになり、そこからデータを復旧することができます。

- **クラスター内（ストレッチクラスター）** —— サイトごとに共有ストレージを配置したマルチサイトクラスターにおいて、一方の共有ストレージのクラスター共有ボリューム（CSV）の内容を別サイトの共有ストレージにレプリケーションします。サイトをまたいでクラスターの共有ボリューム（CSV）を別の共有ストレージで冗長化することができ、アプリケーションに対してストレージアクセスの可用性を提供します。クラスター共有ボリューム（CSV）へのアクセスは、クラスターのすべてのノードから可能です。また、共有ストレージへの接続が失われた場合は、別サイトの共有ストレージに自動的にフェールオーバーしてクラスター共有ボリューム（CSV）へのアクセスを継続できます。

- **2つのクラスター間** —— サーバー間のレプリケーションを、2つのクラスター間に置き換えた展開シナリオです。クラスター上のアプリケーションに対するストレージアクセスの可用性を提供するような、ストレージのフェールオーバー機能は提供されません。

第6章 ファイルサービスと記憶域サービス　421

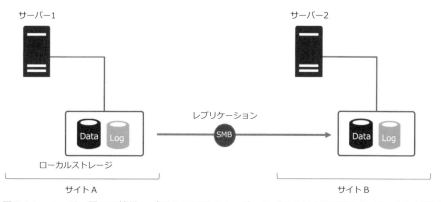

図6-4-1　サーバー間の記憶域レプリカの展開イメージ。レプリカは災害復旧用にデータを保護する。2つのクラスター間の記憶域レプリカは、この展開シナリオのサーバーをクラスターに置き換えたイメージ

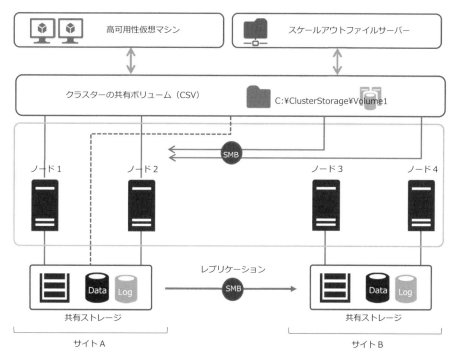

図6-4-2　クラスター内（ストレッチクラスター）での記憶域レプリカの展開イメージ。レプリカへの自動フェールオーバーにより、アプリケーションに対してストレージへのアクセスの可用性を提供する

6.4.2　サーバー間の記憶域レプリカの構成

Windows Server 2016を実行する2台のサーバー間で記憶域レプリカを構成します。

■│ハードウェアおよびソフトウェアの要件

2台のサーバー間で記憶域レプリカを構成するには、各サーバーにデータ用とログ用の2つのボリューム（またはディスク）のペアを用意します（図6-4-1を参照）。

- 記憶域レプリカを展開するための最小メモリ要件は2GBですが、最適なパフォーマンスを得るには各サーバーに4GBのメモリを搭載することを推奨します。
- データボリュームは10TB以下（1TB以下を推奨）で、ハードウェアベースのRAID構成やWindows Server 2016の記憶域スペースのミラー、パリティ、ストレージ層の構成はサポートされます。
- ログ用のボリュームは最小8GBで、データボリュームの10%以上のサイズが必要です。記憶域レプリカのパフォーマンスを向上するために、ログ用のボリュームにはSSDの使用が推奨されます。なお、レプリケーション元のソースサーバーとレプリケーション先のターゲットサーバーでは、データおよびログ用のボリュームのサイズを揃えておく必要があります。
- データおよびログ用の各ディスクは、GPTディスクとして初期化し、NTFSまたはReFS形式（ReFSを推奨）でフォーマットした上で、ソースサーバーとターゲットサーバーで同じドライブ文字にマウントしておきます。

ソースサーバーとターゲットサーバーには、［ファイルサーバー］の役割、［記憶域レプリカ］、および［Windows PowerShell用記憶域レプリカモジュール］の機能をインストールしておく必要があります。PowerShellで次のコマンドラインを実行すると、前提となる役割と機能をインストールできます。

```
PS C:\> Install-WindowsFeature⏎
　-Name FS-FileServer, Storage-Replica, RSAT-Storage-Replica -Restart
```

■│記憶域レプリカの構成

2台のサーバー間の記憶域レプリカの構成は、すべてWindows PowerShellを使用して行います。最初に、**Test-SRTopology**コマンドレットを実行して、記憶域レプリカで使用するデータおよびログ用ボリュームの検証とパフォーマンステスト（この例では10分間）を行い、結果レポート（TestSRTopoligy Report-<日時>.html）を確認します。

```
PS C:\> Test-SRTopology -SourceComputerName <ソースサーバー名> ⏎
　-SourceVolumeName <ソースサーバーのデータ用ボリュームのドライブ文字:> ⏎
　-SourceLogVolumeName <ソースサーバーのログ用ボリュームのドライブ文字:> ⏎
　-DestinationComputerName <ターゲットサーバー名> ⏎
　-DestinationVolumeName <ターゲットサーバーのデータ用ボリュームのドライブ文字:> ⏎
　-DestinationLogVolumeName <ターゲットのログ用ボリュームのドライブ文字:> ⏎
　-DurationInMinutes 10 ⏎
　-ResultPath <結果レポートの出力先フォルダーのパス>
```

画面6-6-3　Test-SRTopologyコマンドレットの結果レポートをブラウザーで開いて確認する

　テスト結果に問題がなければ、**New-SRPartnership**コマンドレットを実行して、2台のサーバー間で記憶域レプリカを構成します。既定では同期レプリケーションで構成されますが、**-ReplicatonMode Asynchronous**パラメーターを指定することで非同期レプリケーションにすることが可能です。なお、レプリカグループ名はソース側とターゲット側で異なるグループ名（ソース側rg01、ターゲット側rg02など）を決めて設定してください。また、**-LogSizeInBytes**パラメーターを省略すると10GBのログサイズで構成されます。**Test-SRTopology**コマンドレットの結果レポートでログサイズを増やす必要性がある場合は、**-LogSizeInBytes**パラメーターで調整してください。

```
PS C:¥> New-SRPartnership -SourceComputerName <ソースサーバー名>
  -SourceRGName <ソースサーバー側のレプリカグループ名>
  -SourceVolumeName <ソースサーバーのデータ用ボリュームのドライブ文字:>
  -SourceLogVolumeName <ソースサーバーのログ用ボリュームのドライブ文字:>
  -DestinationComputerName <ターゲットサーバー名>
  -DestinationRGName <ターゲットサーバー側のレプリカグループ名>
  -DestinationVolumeName <ターゲットサーバーのデータ用ボリュームのドライブ文字:>
  -DestinationLogVolumeName <ターゲットサーバーのログ用ボリュームのドライブ文字:>
  -LogSizeInBytes 10gb（またはそれ以上のログサイズ）
```

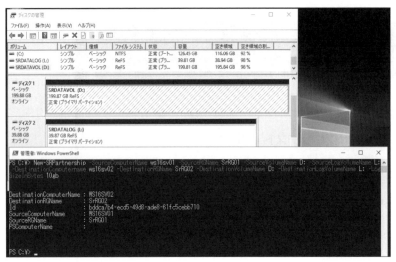

画面6-4-4　New-SRPartnershipコマンドレットを使用してサーバー間の記憶域レプリカを構成する

　レプリケーションの構成が完了すると、ターゲットサーバー側でレプリケーション先のデータ用ボリュームのマウントが解除され、初期レプリケーションが開始します。レプリケーション先のデータ用ボリュームにはユーザーはアクセスできないため、意図しない操作や不正な操作からデータは保護されます。

■ 記憶域レプリカの管理

　レプリケーションの状態を確認するには、ソースサーバーまたはターゲットサーバーで、次の3つのコマンドレットを実行します。初期同期が完了すると、Get-SRGroupコマンドレットのReplication StatusはInitialBlockCopyからReplicatingやContinuouslyReplicatingに変化します。また、レプリケーションに関する情報は、イベントログのMicrosoft-Windows-StorageReplica/AdminおよびOperationsログに記録されます（画面6-4-5）。

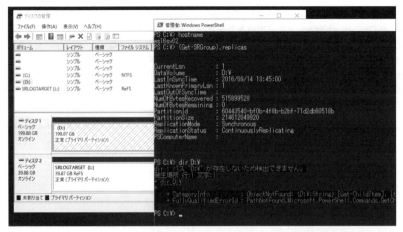

画面6-4-5　Get-SRGroupコマンドレットでレプリケーションの状態を確認する。ターゲットサーバー側でレプリケーション先のデータ用ボリュームのマウントが解除されることにも注目

```
PS C:\> Get-SRPartnership
PS C:\> Get-SRGroup
PS C:\> (Get-SRGroup).replicas
```

ターゲットサーバーのレプリケーション先のデータ用ボリュームは、レプリケーションの方向を手動で反転させ、ソースとターゲットの関係を切り替えることでマウント可能になります。ソースサーバー側が障害などの理由で利用できなくなった場合は、記憶域レプリカの設定を削除することで、マウント可能になり、マウントしたボリュームからデータを復旧することができます。

レプリケーションを反転させるには、ターゲットサーバー側で次のコマンドレットを実行します。レプリケーションを反転させると、新しいソースサーバー（以前のターゲットサーバー）にデータ用ボリュームがマウントされ、データの参照と書き込みが可能になります。書き込みまたは変更内容は、新しいターゲットサーバー（以前のソースサーバー）のマウント解除されたデータ用ボリュームにレプリケーションされます。

```
PS C:\> Set-SRPartnership 
  -NewSourceComputerName <新しいソース（旧ターゲット）サーバー名> 
  -SourceRGName <新しいソース（以前のターゲット）側のレプリカグループ名> 
  -DestinationComputerName <新しいターゲット（以前のソース）サーバー名> 
  -DestinationRGName <新しいターゲット（以前のソース）側のレプリカグループ名>
```

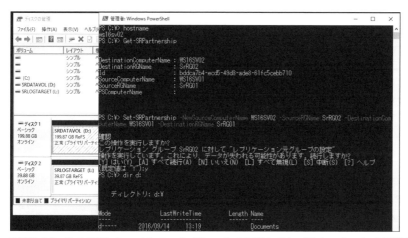

画面6-4-6 Set-SRPartnershipコマンドレットを実行してレプリケーションを反転させると、データ用ボリュームがマウントされる

なお、レプリケーションを反転させてデータ用ボリュームがマウントされても、マウントされたデータにアクセスできるようになりますが、このボリュームを使用していたサービスやアプリケーションは再構成する必要があります。例えば、ソースサーバー側でこのボリューム上のパスを共有設定していた場合は、共有フォルダーへのアクセスを提供するために、新しいソースサーバー（以前のターゲットサーバー）で共有設定を行う必要があります。

レプリケーションを削除するには、現在のソースサーバー側で次のコマンドレットを実行します。

```
PS C:\> Get-SRPartnership | Remove-SRPartnership
```

また、ソースサーバーとターゲットサーバーの両方で次のコマンドレットを実行します。

```
PS C:¥> Get-SRGroup | Remove-SRGroup
```

さらに、レプリケーションを削除したあと、記憶域レプリカで使用していたディスクを別のレプリケーションや別の目的（データ用など）で再利用する場合は、対象のディスクが接続されたコンピューターで次のコマンドラインを実行してディスク上のメタデータとログをクリーンアップします。

```
PS C:¥> Clear-SRMetadata -AllPartitions
PS C:¥> Clear-SRMetadata -AllLogs
```

> **改訂　Windows Server 2019の記憶域レプリカのテストフェールオーバー機能**
>
> 　Windows Server 2016の記憶域レプリカでは、レプリケーション中のボリュームをマウントすることはできません。Windows Server 2019（Windows Server, version 1709以降）では、テストフェールオーバー機能がサポートされマウントできるようになります。
> 　テストフェールオーバーを実行するには、**Mount-SRDestination**コマンドレットを使用してレプリカのスナップショットを一時的にマウントします。マウントされたスナップショットのボリュームには、読み取りや書き込みアクセス、バックアップなどを実行できます。テストフェールオーバーを終了するには、**Dismount-SRDestination**コマンドを実行してマウントを解除します。なお、テストフェールオーバー中も宛先ボリュームに対するレプリケーションは継続されます。

6.4.3 クラスター内の記憶域レプリカの構成

　フェールオーバークラスター内で記憶域レプリカを構成すると、アプリケーションの高可用性に加えて、アプリケーションが使用するアプリケーションデータを格納する共有ストレージの高可用性を実現できます。

■ ハードウェアおよびソフトウェアの要件

　クラスター内の記憶域レプリカは、最小4ノードのクラスターにおいて、クラスターの共有ボリューム（CSV）を2つの共有ストレージ間でレプリケーションします。最小構成では、クラスターの共有ボリューム（CSV）として構成されたデータ用のクラスターディスクと、ログ用のクラスターディスクを持つ共有ストレージにに接続された2ノードのペアを2セット準備することで、2つの2ノードのペア間で一方のクラスターの共有ボリューム（CSV）のクラスターディスクを、もう一方に同期レプリケーションするように構成できます（図6-4-2を参照）。
　ソース側の2ノードのペアに接続されたクラスターの共有ボリューム（CSV）は、クラスター内のすべてのノードからアクセスできます。ソース側の2ノードのペアは、2ノードのペア内でノードの障害やディスクアクセス経路の障害に対して冗長化されます。ソース側の2ノードのペアの両方がダウンした場合、あるいは共有ストレージに障害が発生した場合は、ターゲット側の2ノードのペアが持つレプリカにクラスターの共有ボリューム（CSV）が自動的にフェールオーバーされ、データ損失なく短時間でボリュームを復旧できます。アプリケーションは一時的にストレージへのアクセスを失いますが、

最小限のダウンタイムでサービスの復旧を開始できます。

クラスター内の記憶域レプリカを構成するには、クラスターに参加するすべてのノードに［フェールオーバークラスタリング］の機能、［記憶域レプリカ］および［Windows PowerShell用記憶域レプリカモジュール］の機能、および高可用性を構成するアプリケーション（Hyper-Vまたはファイルサーバーの役割）をインストールしておく必要があります。

■ 記憶域レプリカの構成

クラスター内の記憶域レプリカは、サーバー間の記憶域レプリカと同様にWindows PowerShellで構成することもできますが、Windows Server 2016の［フェールオーバークラスターマネージャー］は、GUIで記憶域レプリカを構成することが可能です。ここでは、既にフェールオーバークラスターが作成済みの状態であることを前提として、保護対象となるクラスターの共有ボリューム（CSV）を作成するところから手順を説明します。

1. 2つの共有ストレージ（評価用には1つの共有ストレージでも可）のそれぞれに、データ用とログ用のLUNのペアを準備し、一方のLUNのペアをソース側の2ノードのペアに、もう一方のLUNのペアをターゲット側の2ノードのペアに接続します。

2. すべてのLUNをGPTで初期化し、NTFSまたはReFS形式（ReFSを推奨）でフォーマットした上で、［フェールオーバークラスターマネージャー］を使用してクラスターのクラスターディスクとして追加し、ソース側のデータ用のクラスターディスクをクラスターの共有ボリューム（CSV）として構成します。

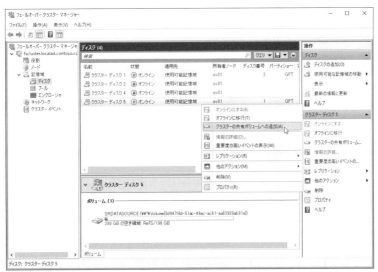

画面6-4-7
すべてのディスクをクラスターディスクとして追加し、ソース側のデータディスクをクラスターの共有ボリューム（CSV）として構成する

3. クラスターの共有ボリューム（CSV）として構成したクラスターディスクを右クリックし、［レプリケーション］－［有効化］を選択して、［記憶域レプリカの構成］ウィザードを開始します。

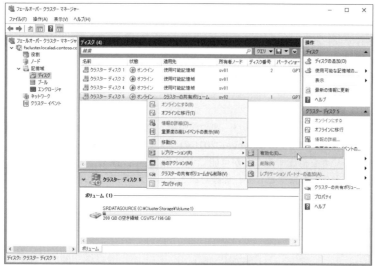

画面6-4-8 ソース側のクラスターの共有ボリューム（CSV）でレプリケーションを有効化する

4. ［記憶域レプリカの構成］ウィザードの［レプリケーション先データディスクの選択］［レプリケーション元ログディスクの選択］［レプリケーション先ログディスクの選択］の各ページで、ターゲット側のデータ用クラスターディスク、ソース側のログ用クラスターディスク、ターゲット側のログ用クラスターディスクを指定します。

画面6-4-9 ウィザードに従って、ターゲット側のデータ用クラスターディスクと、ソース側のログ用ディスク、ターゲット側のログ用ディスクを指定する

5. ［シードされたディスク］ページで、［シードされたレプリケーション先ディスク］または［レプリケーション先ボリュームを上書き］のいずれかを選択します。通常は、［レプリケーション先ボリュームを上書き］を選択します。ターゲット側のクラスターディスクに、既にソース側と同じ最新または以前のデータが存在する場合（バックアップデータからの復元など別の方法で事前に用意）は［シードされたレプリケーション先ディスク］を選択します。これにより、初期同期は差分のみの同期で短時間で完了します。

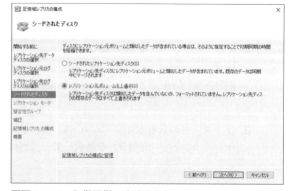

画面6-4-10 初期同期の方法を選択する

6. ［レプリケーションモード］ページでは、同期方法として［同期レプリケーション］または［非同期レプリケーション］を選択します。レプリケーションで使用されるネットワークで、十分な帯域幅を確保できる場合は、データ損失ゼロの［同期レプリケーション］を選択してください。

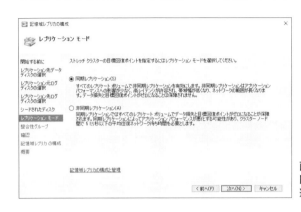

画面6-4-11
同期または非同期レプリケーションを選択する

7. ［整合性グループ］ページでは、パフォーマンスオプションを選択します。通常は、［最も高いパフォーマンス］を選択します。SQL Serverなどの書き込み順序が重要なアプリケーション用の記憶域の場合は、［書き込み順序を有効にする］を選択します。

8. ウィザードを進め、レプリケーションの構成を完了します。構成が完了すると、記憶域レプリカで使用されるすべてのクラスターディスクがレプリケーションの役割で分類され、オンラインになります。レプリケーションの状態はクラスターディスクの［レプリケーション状態］列で確認できます。

画面6-4-12 レプリケーションの状態はクラスターディスクの［レプリケーション状態］列で確認できる

■ 自動フェールオーバーとレプリケーションの手動反転

　ソース側の2ノードのペアのいずれか一方がダウンした場合、記憶域レプリカは何も行いません。ソース側のアクティブなノードがクラスターの共有ボリューム（CSV）へのアクセス経路を提供するからです。

　ソース側のすべてのノードがダウンすると、クラスターの共有ボリューム（CSV）は一時的にオフラインになり、ターゲット側のノードでレプリカを使用して復旧が行われ、クラスターの共有ボリューム（CSV）は短時間で再びオンラインになります。

画面6-4-13
ソース側のノードがすべてダウンすると、レプリケーション先の記憶域レプリカを使用してクラスターの共有ボリューム（CSV）を自動的に再開する

　障害の復旧後やサーバーのメンテナンスのためにレプリケーションを反転させるには、クラスター内のノードで次のコマンドレットを実行します。レプリケーションを反転させると、レプリケーション先のデータをクラスター共有ボリューム（CSV）としてマウントし、短時間で記憶域へのアクセスが可能になります。

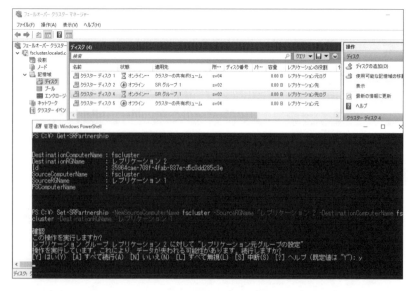

画面6-4-14
Set-SRPartnershipコマンドレットを使用してレプリケーションの方向を手動で反転する

```
PS C:\> Get-SRPartnership    (レプリカグループ名を確認)
PS C:\> Set-SRPartnership -NewSourceComputerName <クラスター名>⤶
  -SourceRGName <新しいソース(以前のターゲット)側のレプリカグループ名>⤶
  -DestinationComputerName <クラスター名>⤶
  -DestinationRGName <新しいターゲット(以前のソース)側のレプリカグループ名>
```

マルチサイトクラスターにはクラウド監視が有効

　フェールオーバークラスターでは、ネットワーク障害などで分断されたクラスターのノードが2つのグループに分断された場合、クォーラム監視(Quorum witness)によりアクティブなグループを決定して、クラスターを続行します。クラスターに参加するすべてのノードはローカルにクォーラムを持ちますが、別の場所にクォーラムを配置することで、可用性がさらに高まります。

　Windows Server 2012 R2以前のフェールオーバークラスターでは、共有ディスクを使用するディスク監視(Disk witness)、共有フォルダーを利用するファイル共有監視(File Share witness)を構成できました。Windows Server 2016では、新たにクラウド監視(Cloud witness)が利用可能になります。クラウド監視とは、Microsoft Azureのストレージアカウントにクォーラムを配置するものです。オンプレミスのリソースに依存しないため、記憶域レプリカのストレッチクラスターのように、地理的に離れたサイトにまたがるマルチサイトクラスターに適しています。

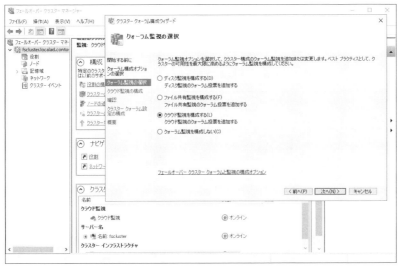

画面6-4-15　マルチサイトにまたがるフェールオーバークラスターでは、クラウド監視の利用が有効

6.5 iSCSIターゲットサーバー

　Windows Server 2012以降のファイルサービスには、[iSCSI ターゲットサーバー] の役割サービスが提供されています。Windows Server 2008 R2においても、無償提供されているMicrosoft iSCSI Software Target 3.3（2019年10月8日に製品サポート終了）を追加することでiSCSIターゲットにすることができましたが、Windows Server 2012以降はOSの標準機能として利用可能になりました。

6.5.1　iSCSIターゲットサーバーの概要

　Windows Server 2016に［iSCSIターゲットサーバー］の役割サービスをインストールすると、ファイルサーバーをiSCSIターゲットサーバーとして構成し、iSCSIベースのSAN（Storage Area Network：記憶域ネットワーク）として、サーバーやクライアントのiSCSIイニシエーターに対してLUN（論理ユニット番号）という記憶域を提供できます。

　Windowsでは、iSCSI接続のLUNをローカルディスクと同じように扱うことができ、データやアプリケーション、SANブート、フェールオーバークラスターの共有ディスク装置やクラスターの共有ボリューム（CSV）として利用できます。iSCSIは標準プロトコルであるため、iSCSI対応のUNIXやLinux、他社ハイパーバイザーに対してLUNの記憶域を提供することもできます。

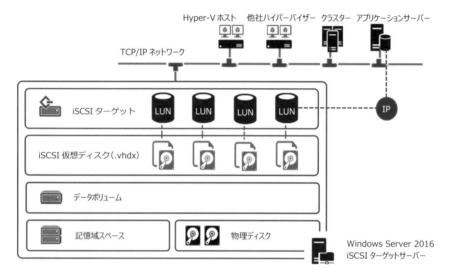

図6-5-1　Windows Server 2016のiSCSIターゲットサーバーの展開イメージ

　iSCSIターゲットに接続するためのiSCSIイニシエーターは、Windows VistaおよびWindows Server 2008以降のWindowsに標準搭載されています。Widnows標準のiSCSIイニシエーターは、Microsoft iSCSI Initiator Service（MSiSCSI）サービスとして実装されており、管理ツールの［iSCSIイニシエーター］または**iscsicli.exe**コマンドラインツールで構成します。Windows Server 2012以降は、Windows PowerShellのiSCSIモジュールのコマンドレットを使用して構成することが可能です。

6.5.2　iSCSIターゲットサーバーの展開

　Windows Server 2016のファイルサーバーをiSCSIターゲットサーバーとして構成するには、ファイルサーバーに［iSCSIターゲットサーバー］の役割サービスをインストールして、iSCSI仮想ディスクとiSCSIターゲットを構成します。

1. ［サーバーマネージャー］の［役割と機能の追加ウィザード］を使用して、［ファイルサービスと記憶域サービス］の［ファイルサービスおよびiSCSIサービス］にある［iSCSIターゲットサーバー］の役割サービスをインストールします。［ファイルサーバー］の役割サービスがインストールされ

ていない場合は、[iSCSIターゲットサーバー]とともにインストールされます。PowerShellでインストールする場合は、対象のサーバーで次のコマンドラインを実行します。

```
PS C:\> Install-WindowsFeature ↵
 -Name FS-FileServer, FS-iSCSITarget-Server -IncludeManagementTools
```

2. [サーバーマネージャー]の[ファイルと記憶域サービス] - [iSCSI]を開き、[iSCSI仮想ディスク]の[タスク]メニューから[新しいiSCSI仮想ディスク]を選択します。

画面6-5-2
iSCSI仮想ディスクを新規に作成する

3. [新しいiSCSI仮想ディスクウィザード]が開始するので、[iSCSI仮想ディスクの場所を選択]ページで、作成先のサーバーとボリュームを選択するか、カスタムパスを入力します。ボリュームを選択した場合、そのボリュームの\iSCSIVirtualDisksフォルダーにiSCSI仮想ディスクのVHDXファイルが作成されます。

画面6-5-3
iSCSI仮想ディスクを作成するサーバーとボリュームを選択する

4. ［iSCSI仮想ディスク名の指定］ページで、iSCSI仮想ディスクのファイル名（拡張子を除く）を設定します。

画面6-5-4
iSCSI仮想ディスクのファイル名を設定する

5. ［iSCSI仮想ディスクのサイズを指定］ページで、iSCSI仮想ディスクに割り当てるサイズとVHDXの種類を指定します。iSCSI仮想ディスクは、容量固定タイプのVHDXまたは容量可変タイプのVHDXとして作成でき、8MB～64TBのサイズを割り当てることが可能です。別のiSCSI仮想ディスク（VHDXファイル）を読み取り専用で参照する差分ディスクとして作成することもできます。その場合は、［親仮想ディスクのパス］を指定します。

画面6-5-5
iSCSI仮想ディスクに割り当てるサイズとVHDXの種類を指定する

6. ［iSCSIターゲットの割り当て］ページで、［新しいiSCSIターゲット］を選択します。iSCSIターゲットは、iSCSI仮想ディスクのLUNに接続を許可する、iSCSIイニシエーターのIQN（iSCSI Qualified Name）や代替の識別子、認証方法を定義したものです。このサーバーで以前にiSCSIターゲットを作成したことがある場合は、ここで既存のiSCSIターゲットのリストから選択できます。

画面6-5-6
［新しいiSCSIターゲット］を選択する

7. ［新しいiSCSIターゲット］を選択した場合は、［ターゲット名の指定］ページでiSCSIターゲットの名前を設定します。

8. 次の［アクセスサーバーの指定］ページでIQNまたは代替の識別子を登録します。iSCSIターゲットに登録されたiSCSIイニシエーターは、[iqn.1991-05.com.microsoft:＜ファイルサーバー名＞-＜iSCSIターゲット名＞-target]という名前でiSCSIターゲットに接続できます。

 IQNを設定するには、［アクセスサーバーの指定］ページで［追加］ボタンをクリックして［イニシエーターIDの追加］ダイアログボックスを開き、コンピューター名による検索、キャッシュからの登録、手動入力のいずれかの方法を使用します。Windows Server 2012およびWindows 8以降の場合は、コンピューター名またはFQDNからIQNを照会して簡単に設定することができます。キャッシュを利用する場合は、事前にiSCSIイニシエーター側から接続を試行してiSCSIイニシエーターのIQNをキャッシュさせておきます。手動で設定する場合は、IQNを直接入力するか、IQNの代わりにDNS名、IPアドレス、MACアドレスで指定することもできます。

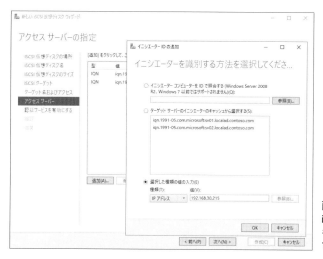

画面6-5-7
iSCSIイニシエーターのIQNを紹介、キャッシュからの選択、手動入力のいずれかの方法で設定する

9. [認証を有効にする]ページでは、必要に応じてiSCSI接続に認証を要求します。認証方法としては、CHAPおよびリバースCHAPを使用できます。

10. [設定内容の確認]ページで[作成]ボタンをクリックし、iSCSI仮想ディスクおよびiSCSIターゲットを作成します。

11. iSCSI仮想ディスクとiSCSIターゲットの作成が完了すると、[ファイルサービスと記憶域サービス] － [iSCSI] の [iSCSIディスク] にiSCSI仮想ディスクが追加され、iSCSI仮想ディスクを選択すると下の [iSCSIターゲット] にiSCSI仮想ディスクに割り当てられたiSCSIターゲットが表示されます。SCSI仮想ディスクのサイズの拡張やiSCSIターゲットの編集は、右クリックのメニューから行えます。なお、Windows Server 2012 R2以降のiSCSIターゲットサーバーでは、iSCSIイニシエーターが接続中のiSCSI仮想ディスクに対しても、オンラインのままサイズの拡張ができるようになりました。

画面6-5-8 　iSCSI仮想ディスクのサイズの拡張は、オンラインのまま実施できる

6.5.3 ｜ iSCSIイニシエーターからの接続

　iSCSI仮想ディスクとiSCSIターゲットを構成したら、リモートコンピューターのiSCSIイニシエーターを構成してLUNに接続します。Windows Server 2016のiSCSIターゲットサーバーは、一般的なiSCSIターゲットサーバーとして動作するため、Windows以外のiSCSIイニシエーターからも接続できます。ここでは、Windows標準のiSCSIイニシエーターからの接続方法で説明します。

■｜管理ツールの [iSCSIイニシエーター] を使用した接続

　Windowsの管理ツールにある [iSCSIイニシエーター] (iscsicpl.exe) を使用してiSCSIターゲットに接続するには、次の手順で操作します。

1. 管理ツールの［iSCSI イニシエーター］を開きます。初めて開いたときは、［Microsoft iSCSI サービスが実行されていません。iSCSI が正しく動作するためには、このサービスが開始されている必要があります。サービスを今すぐ開始し、コンピューターを起動するたびにサービスが自動的に開始するように構成するには、［はい］をクリックしてください。］というメッセージが表示されるので、［はい］ボタンをクリックします。これにより、Microsoft iSCSI Initiator Service（MSiSCSI）サービスのスタートアップが［自動］に変更され、サービスが開始します。

画面6-5-9
初めて起動したとき、このダイアログボックスが表示されるので、［はい］ボタンをクリックする

2. ［iSCSI イニシエーターのプロパティ］ダイアログボックスが開くので、［ターゲット］タブの［ターゲット］に iSCSI ターゲットサーバーの IP アドレスまたは FQDN を入力し、［クイック接続］ボタンをクリックします。［クイック接続］ダイアログボックスに［接続完了］［ログインに成功しました］と表示されたら、［完了］ボタンをクリックして［クイック接続］ダイアログボックスを閉じます。iSCSI ターゲットへの接続に CHAP やリバース CHAP 認証が必要な場合は、［クイック接続］ダイアログボックスに［非アクティブ］［ターゲットにログインできません］と表示されるので、［クイック接続］ダイアログボックスをいったん閉じて、［クイック接続］ではなく［接続］ボタンをクリックし、［ターゲットへの接続］ダイアログボックスの［詳細設定］ボタンをクリックして、［詳細設定］ダイアログボックスで CHAP ログオン情報を構成します。

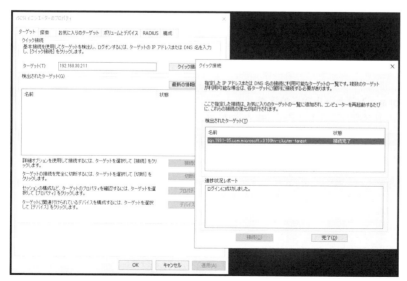

画面6-5-10 ［クイック接続］ボタンをクリックして、iSCSI ターゲットに接続する

3. ［iSCSIイニシエーターのプロパティ］ダイアログボックスに戻り、［OK］ボタンをクリックしてダイアログボックスを閉じます。

4. iSCSIターゲットへの接続が完了すると、iSCSIターゲットに割り当てられたすべてのLUNがディスクとしてローカルに接続されます。［ディスクの管理］スナップインやDISKPARTコマンド、あるいは［サーバーマネージャー］の［ファイルサービスと記憶域サービス］-［ボリューム］-［ディスク］を使用して、接続されたディスクをオンラインにし、ディスクを初期化して、ボリュームを作成します。これで、通常のローカルの固定ディスクと同じようにLUNを利用できるようになります。

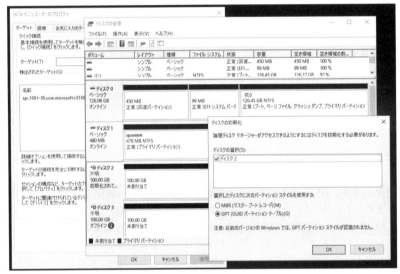

画面6-5-11 iSCSI接続のLUNは、ローカルの固定ディスクとまったく同じように扱える

　管理ツールの［iSCSIイニシエーター］を使用してiSCSIターゲットを完全に切断するには、［iSCSIイニシエーターのプロパティ］ダイアログボックスの［ターゲット］タブで対象のターゲットを選択し、［切断］ボタンをクリックします。また、［お気に入りのターゲット］タブに切り替え、対象のターゲットを選択し、［削除］ボタンをクリックします。

 Server Coreインストールからの接続

　管理ツールの［iSCSIイニシエーター］は、Windows Server 2012以降のServer Coreインストールでも使用できます。コマンドプロンプトで**iscsicpl.exe**を実行すると、［iSCSIイニシエーター］ダイアログボックスが開きます。**iscsicli.exe**コマンドおよびPowerShellを使用したコマンドラインからの接続も可能です。Windows Server 2008 R2以前のServer Coreの場合は、**iscsicli.exe**コマンドのみで構成できます。

　Windows Server 2016のNano Server（2018年10月に既にサポート終了）はiSCSIターゲットへの接続が可能です。Nano Serverは、**iscsicli.exe**コマンドおよびPowerShellを使用したコマンドラインからの接続が可能です。

■ iscsicli.exeコマンドを使用したコマンドラインからの接続

iscsicli.exeコマンドを使用すると、コマンドプロンプトからの操作でiSCSIターゲットに接続することができます。iscsicli.exeコマンドは、Windows VistaおよびWindows Server 2008以降、およびWindows Server 2016のNano Serverが備えています。

次のコマンドラインは、Microsoft iSCSI Initiator Service（MSiSCSI）サービスのスタートアップを自動に変更して、サービスを開始し、iSCSIターゲットに接続する例です。最後のコマンドラインは、CHAP認証が不要な場合の指定です。

```
C:\> sc config MSiSCSI start= auto （start=とautoの間には半角スペースが必要）
C:\> sc start MSiSCSI
C:\> iscsicli QAddTargetPortal <iSCSIターゲットサーバーのFQDNまたはIPアドレス>
C:\> iscsicli QLoginTarget <iSCSIターゲットのIQN>
C:\> iscsicli PersistentLoginTarget <iSCSIターゲットのIQN> T * * * * * * * *↩
 * * * * * * * 0
```

iSCSIターゲットから完全に切断するには、次のように実行します。

```
C:\> iscsicli ListPersistentTarget  （iSCSIターゲットの情報の取得）
C:\> iscsicli RemovePersistentTarget <イニシエーター名> <iSCSIターゲットのIQN> *↩
 <iSCSIターゲットのアドレス> 3260
C:\> iscsicli SessionList  （セッションIDの確認）
C:\> iscsicli LogoutTarget <セッションID>
C:\> iscsicli RemoveTargetPortal <iSCSIターゲットのアドレス> 3260
```

■ PowerShellを使用したコマンドラインからの接続

Windows Server 2012およびWindows 8以降、およびWindows Server 2016のNano Serverには、iSCSIターゲットへの接続をPowerShellから実行できるコマンドレット（iSCSIモジュール）が提供されます。次の例は、先ほどのiscsicli.exeと同じ操作を行っています。

```
PS C:\> Set-Service -Name MSiSCSI -StartupType Automatic
PS C:\> Start-Service -Name MSiSCSI
PS C:\> New-IscsiTargetPortal↩
  -TargetPortalAddress <iSCSIターゲットサーバーのFQDNまたはIPアドレス>
PS C:\> Get-IscsiTarget  （iSCSIターゲットのIQNの確認）
PS C:\> Connect-IscsiTarget -NodeAddress <iSCSIターゲットのIQN>
```

iSCSIターゲットから完全に切断するには、次のように実行します。

```
PS C:\> Disconnect-IscsiTarget -NodeAddress <iSCSIターゲットのIQN>
PS C:\> Remove-IscsiTargetPortal↩
  -TargetPortalAddress <iSCSIターゲットサーバーのFQDNまたはIPアドレス>
```

6.5.4 iSCSI仮想ディスクのスナップショットの管理

　管理者は使用中のiSCSI仮想ディスクに対して、任意の時点のスナップショットを複数作成することができます。iSCSI仮想ディスクのスナップショットは、Hyper-V仮想マシンのチェックポイント（Windows Server 2012以前の名称はスナップショット）とは異なり、ボリュームシャドウコピーサービス（VSS）を利用して作成されます。作成したスナップショットは、エクスポートという操作でiSCSIターゲットサーバーに読み取り専用でマウントすることができ、iSCSIターゲットを割り当てて、iSCSI経由で読み取り専用でアクセスすることができます。この機能は、iSCSI仮想ディスク内のデータのバックアップを取得したり、任意の時点のLUNの状態を参照してトラブルシューティングに利用したりするのに活用できます。

■ スナップショットの作成

　iSCSI仮想ディスクのスナップショットを作成するには、PowerShellで次のコマンドラインを実行します。なお、iSCSI仮想ディスクのスナップショットはVSSスナップショットなので、スナップショットファイルのような見える状態では存在しません。

```
PS C:¥> Checkpoint-IscsiVirtualDisk -OriginalPath "<iSCSI仮想ディスクのパス>"
```

■ スナップショットの接続（エクスポート）

　iSCSI仮想ディスクの作成済みのスナップショットは、iSCSIターゲットサーバーに読み取り専用でマウントできます。それには、Export-IscsiVirtualDiskSnapshotコマンドレットを使用します。スナップショットを識別するスナップショットIDは、Get-IscsiVirtualDiskSnapshotコマンドレットで確認できます。

```
PS C:¥> Get-IscsiVirtualDiskSnapshot
PS C:¥> Export-IscsiVirtualDiskSnapshot -SnapshotID "{スナップショットID}"
```

　スナップショットが1つしかない場合、あるいはすべてのスナップショットをマウントする場合は、次のようにパイプラインを使用できます。

```
PS C:¥> Get-IscsiVirtualDiskSnapshot | Export-IscsiVirtualDiskSnapshot
```

　スナップショットがマウントされると、[サーバーマネージャー]の[ファイルサービスと記憶域サービス]-[iSCSI]の[iSCSI仮想ディスク]にリストされます。スナップショットには、iSCSIターゲットを割り当てることで、iSCSIイニシエーターから読み取り専用で接続することができます。

　スナップショットのマウントを解除するには、[ファイルサービスと記憶域サービス]-[iSCSI]の[iSCSI仮想ディスク]のリストからスナップショットを右クリックして、[削除]を実行します。このとき、[ディスクからiSCSI仮想ディスクファイルを削除する]オプションはオフのまま実行してください。

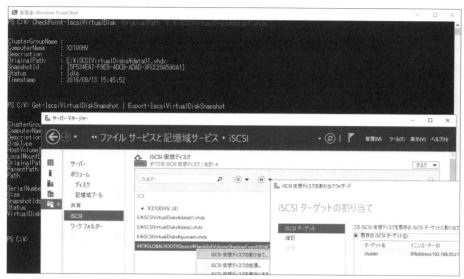

画面6-5-12　iSCSI仮想ディスクのスナップショットを作成、エクスポート、iSCSIターゲットを割り当てることで、iSCSIイニシエーターから読み取り専用でアクセス可能になる

■ スナップショットの削除

作成済みのスナップショットを削除するには、Remove-IscsiVirtualDiskSnapshotコマンドレットを使用します。

```
PS C:\> Get-IscsiVirtualDiskSnapshot
PS C:\> Remove-IscsiVirtualDiskSnapshot -SnapshotID "{スナップショットID}"
```

6.6　Active Directory Rights Managementサービスとの連携

Active Directory Rights Managementサービス（AD RMS）は、第4章で説明したActive Directoryのサービス群の1つですが、ファイルに対する暗号化とアクセス制御のテクノロジであり、ファイルサーバーとの連携が可能であるため、この章で説明します。

6.6.1　AD RMSの概要

Windows Server 2016のActive Directory Rights Managementサービス（AD RMS）は、Windows Server 2003のアドオンとして提供されたWindows Rights Managementサービス（Windows RMS）の最新バージョンであり、機能的にはWindows Server 2012 R2のものと同等です。

もともとはデジタル情報資産の著作権を保護するソリューションとして登場したものですが、現在ではその用途よりもむしろ、企業における機密データの不正使用や情報漏えい対策ソリューションとしての価値が大きくなっています。AD RMSのクラウド版とも言えるAzure Rights Management（Azure RMS）を提供していますが、AD RMSの違いについては後述します。なお、2016年10月に

Azure RMSの後継であるAzure Information Protectionが正式にリリースされました。Azure RMSは2016年10月より、Azure Information Protectionに置き換わりました。

ちなみに、Azure RMSという略称は、Azure Rights Managementサービスを略したものではなく、Windows RMSやAzure RMSで知名度を得た名称に由来します。Azure Information Protectionに改称された現在は、Azure Information Protectionで利用可能な暗号化テクノロジとしてAzure RMSという名称が使用されています。Azure Information Protectionは、Azure RMSとAD RMSの両方に対応しています。本書の以降でも、クラウド版の暗号化テクノロジという意味でAzure RMSを使用します。

■ IDによる本人確認と使用ポリシーに基づいた"永続的な"保護

機密データの保護手段としては、アクセス制御リスト（ACL）によるファイルやフォルダーへのアクセス制御、NTFSボリュームで利用可能な暗号化ファイルシステム（EFS）、BitLockerドライブ暗号化、S/MIMEによる電子メールメッセージの署名と暗号化などが一般的です。AD RMSによる保護は、これらの方法とはまったく異なる方法で永続的な保護を提供します。

AD RMSによる保護は、Active DirectoryによるID認証と、ドキュメントやメッセージの暗号化、およびドキュメントやメッセージに埋め込まれた永続的な使用ポリシーにより実現されます。例えば、ACLやEFSによる保護は、ファイルをファイルサーバーからFAT32やExFATのリムーバブルメディアに移動すると、保護が解除されてしまいます。これに対してAD RMSによる保護は、ファイルの保存場所に関係なく、場所が移動しても失われることはありません。これが"永続的"という意味です。また、使用ポリシーでは、暗号化を解除して閲覧や編集を可能にするだけでなく、コピーや印刷の許可または禁止（PrintScreenキーによる画面キャプチャを含む）、有効期限の設定、電子メールメッセージの場合は転送禁止など、詳細なレベルでの使用制限が可能です。

AD RMSの保護の基本は、公開キー暗号化方式によるドキュメントやメッセージの暗号化です。ドキュメントやメッセージは使用ポリシーが埋め込まれた状態で暗号化されます。暗号化を解除するには、Active DirectoryによるID認証と、暗号化解除キーを含む使用ライセンスの取得が必要です。また、使用ライセンスを取得して暗号化を解除しても、ドキュメントやメッセージに対する操作は使用ポリシーにより制限を受けます。

AD RMSの保護ソリューションは、Active DirectoryドメインサービスがID認証を行い、AD RMS

画面6-6-1
AD RMSで保護されたWordドキュメント。許可されたユーザーは、許可された範囲でドキュメントを参照できる

サーバーが暗号化のための証明書の発行やID認証に基づいた使用ライセンスの提供を行います。Active Directoryフェデレーションサービス（AD FS）やAzure Information Protectionとの組み合わせで、AD RMSによる保護をエクストラネット（企業間）に拡張も可能です。AD RMSを構成するこれらのサービスを利用できない第三者は、仮に保護されたドキュメントを何らかの手段で入手できたとしても、暗号化を解除する手段を取得できません。これが永続的な保護を可能にする仕組みです。

AD RMSの保護ソリューションは、Active Directoryフォレストに導入することができ、AD RMSサーバー、構成データベース（Windows Internal DatabaseまたはSQL Serverデータベース）、AD RMSクライアント、およびIRM（Information Rights Management）対応アプリケーションで構成されます。AD RMSクライアントは、Windows Vista以降に標準搭載されています。Azure Information Protection用のAzure Information Protectionクライアントアプリ（初期のバージョンはRMS共有アプリとして提供されていました）の機能の一部は、オンプレミスのAD RMS環境でも利用可能です。

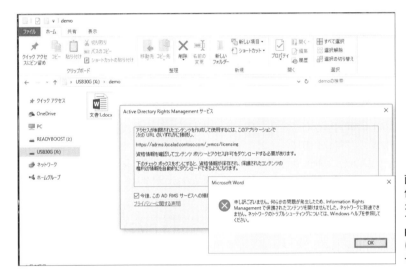

画面6-6-2
保護されたドキュメントが仮にUSBメモリなどで流出したとしても、AD RMSでIDを確認できなければドキュメントの暗号化を解除できない

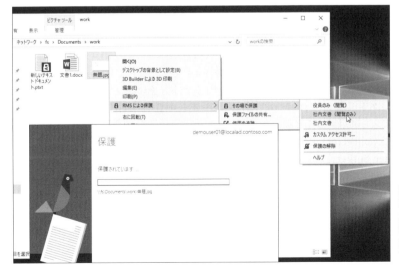

画面6-6-3
RMS共有アプリを使用したドキュメントの保護。現在はAzure Information Protectionクライアントアプリに置き換えられた

Azure Information Protectionクライアントアプリは、Windowsだけでなく、Mac、およびモバイルデバイスに対応したマルチプラットフォームの無料アプリです。

■ IRM対応アプリケーション

デスクトップ版のMicrosoft Officeアプリケーション（Office 2003以降）は、IRMに対応しており、AD RMSやAzure RMSと連携した保護機能を提供します。このほか、Office Viewer、ブラウザーベースのOffice Online（旧称、Office Web Apps）、Rights Management Internet Explorerアドオン、XPSビューアーがIRM対応アプリケーションです。

IRMを使用して、アクセスが制限されたドキュメントや電子メールメッセージを作成する機能は、Officeの上位エディションに限定されることに注意してください。アクセス制限の設定や編集は、以下のエディションでサポートされます。これ以外のエディションは保護されたドキュメントやメッセージの参照のみが可能です。

- **Office 2003** —— Office 2003 Enterprise/Office 2003 Professional（※2014年4月に製品サポート終了）
- **Office 2007** —— Office 2007 Ultimate/Enterprise/Professional Plus（※2017年10月に製品サポート終了）
- **Office 2010** —— Office 2010 Professional Plus
- **Office 2013** —— Office Professional Plus 2013（ボリュームライセンスおよびMSDNサブスクリプション版）、Office 365 ProPlus、スタンドアロン製品のExcel 2013、Outlook 2013、PowerPoint 2013、InfoPath 2013、Word 2013
- **Office 2016** —— Office Professional Plus 2016（ボリュームライセンスおよびMSDNサブスクリプション版）、Office 365 ProPlus、スタンドアロン製品のExcel 2016、Outlook 2016、PowerPoint 2016、Word 2016

■ AD RMSとAzure Information Protection（Azure RMS）

Azure Information Protectionおよびその暗号化テクノロジであるAzure RMSは、AD RMSのクラウド版であるマネージドサービスです。その特徴は、オンプレミスにサーバーを用意しなくても、すばやく利用環境を導入でき、インターネット接続があれば場所を選ばずドキュメントやExchange Online（Outlook.com）の電子メールの保護を利用でき、SharePoint Onlineと連携することが可能です。Azure Information Protectionの暗号化テクノロジとして、Azure RMSの代わりにAD RMSを利用することも可能です（Hold Your Own Key：HYOKと呼びます）。

Azure Information ProtectionはAzure ADのID管理サービスによってID確認を行い、ユーザーに対して使用ライセンスを発行します。Azure ADのディレクトリをオンプレミスのActive Directoryドメインとディレクトリ統合すれば、ドメインユーザーのIDを使用して、Azure Information Protectionのサービスを利用することができます。また、ディレクトリ統合に加えて、RMSコネクターソフトウェア（RMS Connector）をオンプレミスに展開することで、オンプレミスのファイルサーバーのFCIや、Exchange Server、SharePoint Serverと連携することも可能です。

Azure Information Protectionはマルチプラットフォームに対応しており、Windows、Mac、モバイルデバイス（Android、iOS、Windows Phone、Windows Mobile）に対して無料提供されるAzure Information Protectionクライアントアプリ（初期バージョンはRMS共有アプリ）を利用して簡単にドキュメントの保護や共有を行えます。Azure Information Protectionクライアントアプリで保護されたドキュメントは、Document Tracking Portalという専用のポータルを使用してドキュメントの参照をほぼリアルタイムに追跡することができ、不審なアクセスをすばやくブロックすることができます。

AD RMS は AD FS とともに展開することでエクストラネットに拡張できますが、Azure Information Protection はより簡単にエクストラネットや個人（Microsoft アカウントによる個人用 RMS は無料）との間で保護されたドキュメントやメッセージのやり取りが可能です。AD RMS は、オンプレミスに閉じた環境で導入するのに適していると言えるでしょう。なお、本書では Azure Information Protection および Azure RMS の導入や使用方法については説明しません。

Azure Information Protection と AD RMS の比較
→https://docs.microsoft.com/ja-jp/azure/information-protection/compare-on-premise

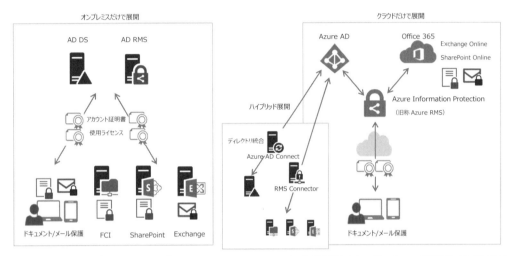

図6-6-4　AD RMS と Azure RMS（Azure Information Protection）の展開イメージ。Azure RMS は AD RMS のないオンプレミス環境と連携したハイブリット展開も可能

■ マルチプラットフォーム対応の Azure Information Protection クライアントアプリ

　Azure Information Protection クライアントアプリは、Windows だけでなく、Mac、およびモバイルデバイスに対応したマルチプラットフォームの無料アプリであり、簡単な操作でドキュメントの保護や参照、共有が可能です。また、RMS 共有アプリを使用すると、Office ドキュメントに加えて、テキストファイル、PDF、各種画像イメージの保護と共有が可能です。

　Azure Information Protection クライアントアプリはもともと、Azure RMS のクライアントとして RMS 共有アプリという名前で提供されましたが、その機能の一部はオンプレミスの AD RMS 環境でも利用可能です。オンプレミスの AD RMS 環境に導入することで、モバイルデバイス対応や Office 以外のファイル形式への対応が可能になります。なお、Document Tracking Portal によるドキュメントの使用の追跡機能は、Azure Information Protection クライアントアプリで保護されたドキュメントでのみ利用できます。

ユーザーガイド：Azure Information Protection クライアントをダウンロードしてインストールする
→https://docs.microsoft.com/ja-jp/azure/information-protection/rms-client/install-client-app

■ AD RMS のライセンス

　AD RMS による保護設定および保護されたドキュメントやメッセージを参照するには、Windows Server 2016 のコアライセンス、クライアントアクセスライセンス（CAL）に加えて、ユーザーまたは

デバイスごとにActive Directory Rights Management Services CAL（RMS CAL）が必要になります。AD FSによるエクストラネットへの拡張のためには、さらにActive Directory Rights Management Services External Connectors（AD RMS External Connectors）ライセンスが必要です。

なお、Azure Information Protectionの場合、Azure Information Protection のライセンス（Azure Information Protection Premium、Enterprise Mobility + Security（旧称、Enterprise Mobility Suite）、またはOffice 365 Enterprsie E3/E5）が保護設定を行う場合に必要です。保護されたドキュメントやメッセージの参照のためには、Azure Information Protectionのライセンスは要求されません。

■ AD RMSとAzure Information Protectionの統合ソリューションおよびツール

本書では、AD RMSとFCIの統合について説明しますが、AD RMSおよびAzure Information Protectionを使用した統合ソリューションは他にも存在します。

- **SharePointテクノロジとの統合** —— AD RMSはSharePointテクノロジ（SharePoint ServerやSharePoint Foundation）と統合できます。SharePointテクノロジと統合すると、SharePointサイトからドキュメントをダウンロードする際に、SharePointサイト上でのアクセス許可をAD RMSの保護に自動的に変換します。これにより、SharePointサイトの外に出たドキュメントに対しても保護を継続できます。Azure Information Protectionは、Microsoft RMSコネクタでオンプレミスのSharePointテクノロジと統合できます。

- **Exchange Serverとの統合** —— Exchange Server 2010以降では、トランスポートルールにAD RMSを統合することができます。例えば、AD RMSで保護された電子メールメッセージを一時的に暗号化解除し、メッセージの内容に基づいたルールを適用できます。また、クリアテキストで送信されたメッセージを、その内容に基づいてAD RMSによる保護を適用できます。Azure Information Protectionは、Microsoft RMSコネクタでオンプレミスのExchange Serverと統合できます。

- **Azure Information Protection for Office 365** —— マイクロソフトのクラウドサービスであるOffice 365 Enterprise E3およびE5では、Exchange Online（Outlook.com）およびSharePoint OnlineでAzure Information Protectionによる保護がサポートされます。このサービスを利用するために、オンプレミスのAD RMSサーバーは不要です。ID認証にはOffice 365が利用するAzure ADが利用されます。

- **Windows 10のWindows Information Protection** —— Windows 10バージョン1607以降の企業向けセキュリティ機能であるWindows Information Protectionは、Azure Information Protectionと併用することで、境界を越えた保護を可能にします。Windows Information Protectionは暗号化ファイルシステム（EFS）を使用してデータを保護しますが、デバイスから離れるデータに対してAzure Information Protectionの保護を適用することができます。

- **RMS Protection Tool** —— RMS Protection Toolは、AD RMSおよびAzure Information ProtectionのAzure RMSによる暗号化保護または暗号化解除をPowerShellコマンドレットで実行できるPowerShell用RMSProtectionモジュールです。Officeドキュメントに加え、テキストファイル、PDF、各種画像形式の保護に対応しています（画面6-6-5）。

RMS Protection Tool
➡ https://www.microsoft.com/en-us/download/details.aspx?id=47256

管理者ガイド：Azure Information ProtectionクライアントでのPowerShellの使用
➡ https://docs.microsoft.com/ja-jp/azure/information-protection/rms-client/client-admin-guide-powershell

第6章 ファイルサービスと記憶域サービス　　447

画面6-6-5　RMS Protection Toolを使用したPowerShellコマンドレットによる保護設定

- **AD RMS Bulk Protection Tool** ── AD RMS Bulk Protection Toolは、AD RMSによる暗号化保護または暗号化解除をバッチ的に行うことができるコマンドラインツールです。このツールは主に、[RMS暗号化]アクションに対応していなかったWindows Server 2008 R2以前向けに、[カスタム]アクションでAD RMSによる暗号化保護を実装できるように無償提供されました。このツールは最新のAD RMS環境でも利用できますが、Azure Information ProtectionのAzure RMSおよびOffice以外のファイル形式には対応していません。なお、Windows Server 2016にこのツールをインストールするには、事前に[.NET Framework 3.5 Features]の[.NET Framework 3.5（.NET 2.0および3.0を含む）]機能をインストールしておく必要があります。

Active Directory Rights Management Services Bulk Protection Tool - 日本語
➔https://www.microsoft.com/ja-jp/download/details.aspx?id=11122

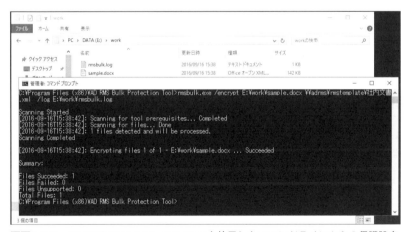

画面6-6-6　AD RMS Bulk Protection Toolを使用したコマンドラインからの保護設定

> **改訂** **RMS Protection Toolおよび**
> **AD RMS Bulk Protection Toolのサポート終了**
>
> 　RMS Protection Toolのサポートは2018年2月10日に終了しました（ダウンロード提供も終了）。また、AD RMS Bulk Protection Toolのサポートは2017年5月1日に既に終了しました（本書改訂版の執筆時点でダウンロード可能）。これらのツールの機能は、以下のAzure Information Protectionクライアントに置き換えられました。Azure Information Protectionクライアントには、フォルダーやネットワーク共有内のファイルを保護、分離、ラベル付け可能なPowerShellコマンドレットが含まれます。
>
> Microsoft Azure Information Protection
> ➔https://www.microsoft.com/en-us/download/details.aspx?id=53018
>
> 　また、マイクロソフトは2019年1月にAD RMSからAzure Information Protectionへの移行を支援するスクリプトおよびツールのダウンロード提供を始めました。
>
> Azure Information Protection Migration Guidance
> ➔https://www.microsoft.com/ja-jp/download/details.aspx?id=45505

RMS Protection ToolおよびAD RMS Bulk Protection Toolのためのサーバー設定

　RMS Protection ToolまたはAD RMS Bulk Protection Toolを利用するためには、AD RMSサーバーのC:\inetpub\wwwroot_wmcs\certification\ServerCertification.asmxのファイルのセキュリティ設定に、RMS Protection ToolまたはAD RMS Bulk Protection Toolを実行するユーザーに対する[読み取りと実行]アクセス許可を設定してください。

　また、AD RMS Bulk Protection Toolのコマンドレット（**Get-RMSTemplate**や**Protect-RMSFile**など）を実行して「Unable to find MSIPC libraries」というエラーが表示される場合は、以下のコンポーネントをインストールする必要があります。このコンポーネントはWindows版のAzure Information Protectionクライアントアプリとともにインストールされますが、Azure Information Protectionクライアントアプリをインストールしない場合は個別にインストールする必要があります。

Rights Management Service Client 2.1 - 日本語
➔https://www.microsoft.com/ja-JP/download/details.aspx?id=38396

6.6.2　AD RMSサーバーの展開と構成

　AD RMSを導入するには、Active Directoryのフォレストに少なくとも1台のAD RMSサーバーを設置し、AD RMSサーバーと構成データベースをセットアップして、AD RMSクラスターを展開します。

■ AD RMSクラスターの作成

　AD RMSサーバーは、Active Directoryのメンバーサーバーまたはドメインコントローラーにインストールできます。この作業は、AD RMSをインストールするサーバーにドメインの管理者アカウントでサインインして実行する必要があります。

1. ［サーバーマネージャー］の［役割と機能の追加ウィザード］を使用して、AD RMSサーバーにするサーバーに、［Active Directory Rights Managementサービス］の役割を追加します。［Active

Directory Rights Managementサービス]の役割を追加すると、関連する管理ツールに加えて、前提コンポーネントである［Webサーバー（IIS）］の役割と［ASP.NET 4.5］の機能が同時にインストールされます。

2. ［役割と機能の追加ウィザード］の［役割サービスの選択］ページでは、［Active Directory Rights Managementサーバー］の役割サービスだけを選択します。［IDフェデレーションサポート］は、AD RMSのエクストラネットへの拡張をサポートする役割サービスです。

3. ［役割と機能の追加ウィザード］の最後の［結果］ページに［追加の構成を行います］のリンクが提供されるので、これをクリックして［AD RMS構成］ウィザードを開始します。

画面6-6-7
［Active Directory Rights Managementサービス］の役割をインストールしたら、［追加の構成を行います］のリンクをクリックする

4. ［AD RMS構成］ウィザードの［AD RMSクラスター］ページでは、［新しいAD RMSルートクラスターを作成する］を選択します。AD RMSでは、AD RMSクラスターと呼ばれるサーバーグループがクライアントからのライセンス発行要求や使用ライセンスの要求に対応します。フォレストに最初のAD RMSサーバーを導入する場合は、そのサーバーがフォレストのAD RMSルートクラスターとしてセットアップされます。既存のルートクラスターに2台目以降のAD RMSサーバーを追加することで、AD RMSのサービスを負荷分散し、可用性を向上できます。

画面6-6-8
［新しいAD RMSルートクラスターを作成する］を選択する

5. [構成データベース] ページでは、[このサーバーのWindows Internal Databaseを使用する] を選択します。これにより、Windows Internal Databaseが未インストールの場合は、自動的に追加され、Windows Internal DatabaseにAD RMSの構成データベースが作成されます。Windows Internal Databaseの代わりにローカルまたはリモートのSQL Serverインスタンスを使用することもできます。2台以上のサーバーでAD RMSクラスターを構成する予定の場合は、SQL Serverを使用する必要があります。

画面6-6-9
1台のサーバーでAD RMSクラスターを構成する場合は、[このサーバーのWindows Internal Databaseを使用する] を選択する

6. [サービスアカウント] ページでは、AD RMSのサービスアカウントとして、Active Directoryドメインに事前に作成しておいたユーザーアカウントの資格情報を指定します。AD RMSサーバーをメンバーサーバーにインストールする場合は、標準のドメインユーザーアカウント（Domain Usersグループのメンバー）を使用することが推奨されます。AD RMSサーバーをドメインコントローラーにインストールする場合は、Domain Adminsグループのメンバーであるドメインユーザーアカウントを使用する必要があります。

7. 以降のウィザードでは、ウィザードに従ってAD RMSのパラメーターを構成してください。[クラスターキーパスワード] と [サーバー証明書] のページ以外は、既定で選択されるオプションで問題ありません。サーバー証明書は、クラスターアドレスのURLをSSL/TLSで保護するのに必要です。サーバー証明書には、エンタープライズPKIのルートCAで発行された証明書のように、信頼されたSSL証明書を指定する必要があります。次の [サーバー証明書] ページで自己署名証明書を作成して使用することもできますが、その場合、クライアントに証明書を配布する作業が必要になります。

画面6-6-10
AD RMSへの接続をSSL/TLSで保護するように構成することを推奨

8.［確認］ページで構成内容を確認し、［インストール］ボタンをクリックします。

■ セキュリティゾーンの設定

　Active Directoryのフォレストの最初のAD RMSサーバーをインストールし、ルートクラスターがセットアップされると、Active Directoryドメイン内でIRM対応アプリケーションによるドキュメントと電子メールメッセージの保護が可能になります。［AD RMS構成］ウィザードの［SCPの登録］ページで、既定の［SCPをすぐに登録する］オプションにより、AD RMSのサービス接続ポイント（SCP）となるクラスターアドレスURL（https://またはhttp://<AD RMSサーバーのFQDN>/）がActive Directoryのディレクトリに登録されるからです。

　WordやExcel、PowerPointの場合は、［ファイル］メニューの［情報］にある［文書の保護］を開いて、［アクセスの制限］の［Righs Managementサーバーに接続してテンプレートを取得］をクリックすると、AD RMSサーバーに接続し、利用可能なテンプレートが存在すれば選択できるようになります。テンプレートが存在しない場合は、［アクセス制限あり］を選択することで、手動でアクセス許可を設定することができます（画面6-6-11）。

画面6-6-11
Wordでドキュメントに
AD RMS/IRMの保護設定を行う

ただし、IRMアプリケーションでドキュメントやメッセージの保護設定を行う場合や、保護されたドキュメントやメッセージを閲覧するには、AD RMSのクラスターアドレスURLがInternet Explorerの［ローカルイントラネット］ゾーンに登録されている必要があることに注意してください。IRM対応アプリケーションが資格情報をAD RMSのWebサービスに渡すには、［ローカルインターネットゾーン］の構成が必要です。

グループポリシーを使用してInternet Explorerのセキュリティゾーンの設定を展開するには、次のポリシーを有効化し、対象のURLとセキュリティゾーンの割り当てを登録します。セキュリティゾーンは1～4の番号で設定します。［ローカルイントラネットゾーン］は1になります。なお、グループポリシーでInternet Explorerのセキュリティゾーン設定を配布すると、ユーザー自身でセキュリティゾーン（他のゾーンを含む）をカスタマイズすることができなくなります。そのため、グループポリシーで設定する場合は、企業や組織内で必要なセキュリティゾーン設定をすべて定義してください。

ユーザーの構成￥ポリシー￥管理用テンプレート￥Windows コンポーネント￥Internet Explorer￥インターネット コントロール パネル￥セキュリティ ページ￥サイトとゾーンの割り当て一覧

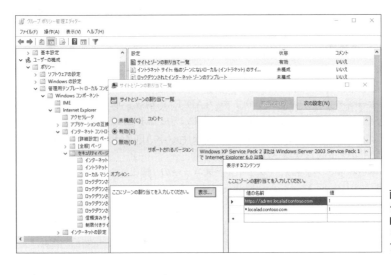

画面6-6-12
グループポリシーを使用してInternet Explorerのセキュリティゾーン設定をクライアントに配布する

■ ドメインユーザーの電子メール（mail）属性の設定

AD RMSとIRMによる保護の設定や閲覧を可能にするために、Active Directoryのユーザーに対してAD RMSの権利アカウント証明書（RAC）が発行されます。この権利アカウント証明書（RAC）は、ユーザーの電子メールアドレスに関連付けられて発行されます。

そのため、AD RMSとIRMによる保護ソリューションを利用するには、Active Directoryのユーザーアカウントオブジェクトのプロパティにある［電子メール］（mail）属性に、［ユーザー名＠ドメイン名］の形式で電子メールアドレスが設定されている必要があります。ドキュメントの保護や参照のためには、実際にその電子メールでメールを送信できるかどうかは関係ありません。ただし、Outlookメールの保護のためには電子メール環境が必要です。

画面6-6-13
AD RMSの保護ソリューションを利用するユーザーには、[電子メール]（mail）属性の設定が必要

　ユーザー数が多い場合は、PowerShellを使用して電子メール属性の設定をスクリプト化すると便利です。例えば、次のコマンドラインは、ドメインlocalad.contoso.com、ドメインコントローラー adds.localad.contoso.comで、組織単位DemoOUに登録されているユーザー demouser01の電子メール属性として、demouser01@localad.contoso.comを設定する例です。

```
PS C:¥> Set-ADUser -EmailAddress "demouser01@localad.contoso.com"
    -Identity "CN=demo user01,OU=DemoOU,DC=localad,DC=contoso,DC=com"
    -Server "ADDS.localad.contoso.com"
```

6.6.3　権利ポリシーテンプレートの作成と展開

　AD RMSサーバーで権利ポリシーテンプレートを作成して公開すると、定義済みの保護設定を数クリックでドキュメントや電子メールメッセージに適用することができます。また、権利ポリシーテンプレートは、AD RMS対応のサーバーアプリケーション（SharePointなど）やFCIのファイル管理タスクとの連携、RMS Protection ToolやAD RMS Bulk Protection Toolによるコマンドライン実行にも使用できます。

　権利ポリシーテンプレートを作成するには、[Active Directory Rights Managementサービス]スナップインを使用します。

1. AD RMSサーバーの任意のパスに共有フォルダーを作成し、Everyoneに［読み取り］アクセス許可を設定します。また、AD RMSサーバーのAD RMS Service Groupローカルグループ（AD RMSサーバーがドメインコントローラーの場合はドメイングループ）に［読み取り］および［変更］のアクセス許可を設定します。

2. ［サーバーマネージャー］の［ツール］メニューから［Active Directory Rights Managementサービス］スナップインを開きます。

3. ［権利ポリシーテンプレート］コンテナーを右クリックして［プロパティ］を選択し、［権利ポリシーテンプレートのプロパティ］ダイアログボックスで［エクスポートを有効にする］チェックボックスをオンにして、先ほど準備した共有フォルダーのUNCパスを設定します。

画面6-6-14
［エクスポートを有効にする］をオンにし、アクセス許可を適切に設定した共有フォルダーのUNCパスを設定する

4. 続いて、テンプレートを作成します。［権利ポリシーテンプレート］を開き、［操作］ペインから［配布権利ポリシーテンプレートの作成］ウィザードを開始します。

5. ［配布権利ポリシーテンプレートの作成］ウィザードの［テンプレート識別情報の追加］ページで、［追加］ボタンをクリックし、テンプレートの名前と説明を入力して新しいテンプレートIDを作成します。

画面6-6-15
新しいテンプレートIDを追加し、テンプレートの名前と説明を入力する

6. ［ユーザー権利の追加］ページと［有効期限ポリシーの指定］ページで、ドキュメントや電子メールメッセージに対する使用ポリシーとして、アクセス許可や有効期限を構成します。

画面6-6-16
社内のユーザー全員または個人に対するアクセス許可や有効期限を設定する

7. 権利ポリシーテンプレートを作成すると、AD RMSの構成データベースに格納されます。一部のIRM対応アプリケーションは、XML形式の権利ポリシーテンプレートを必要としますが、それは手順の最初のほうで構成した共有フォルダーに自動的にエクスポートされます。

Office 2010アプリケーションからのテンプレートの利用

Office 2010以前のバージョンで権利ポリシーテンプレートを使用する場合は、権利ポリシーテンプレートのエクスポート先の共有フォルダーのパスを参照するようにOfficeアプリケーションを構成する必要があります。Office 2013以降ではこの手順は必要ありません。

Office 2010の場合は、Office 2010用の管理用テンプレートを使用して、以下のポリシー（Office14.admxに含まれます）を構成します。

ユーザーの構成¥ポリシー¥管理用テンプレート¥Microsoft Office 2010¥アクセスの制限の管理¥アクセス許可ポリシーのパスを指定する

Office 2010用の管理用テンプレートは、以下の場所から無償でダウンロードできます。なお、Office 2003およびOffice 2007についても、同様にそれぞれの管理用テンプレートによる構成が必要です。

Office 2010 Administrative Template files (ADM, ADMX/ADML) and Office Customization Tool download
→https://www.microsoft.com/en-us/download/details.aspx?id=18968

6.6.4　ファイル管理タスクによる自動暗号化

Windows Server 2012以降のFCIでは、ファイル管理タスクのアクションとして［RMS暗号化］が提供されます。

FCIとAD RMSの連携機能を利用するには、AD RMSサーバーのC:¥inetpub¥wwwroot¥_wmcs¥certification¥ServerCertification.asmxのファイルのセキュリティ設定に、FCIのファイル管理タスクを実行するファイルサーバーのコンピューターアカウントとAD RMSサーバーのAD RMS Service

Groupローカルグループ（AD RMSサーバーがドメインコントローラーの場合はドメイングループ）に対する［読み取りと実行］アクセス許可を設定する必要があります。

画面6-6-17
AD RMSサーバーのServerCertification.asmxのセキュリティ設定で、FCIのファイルサーバーのコンピューターアカウントに対する［読み取りと実行］アクセス許可を設定する

　［ファイル管理タスクの作成］ダイアログボックスの［アクション］タブで［RMS暗号化］を選択し、テンプレートの一覧からテンプレートを選択すると、ファイル管理タスクの対象となるスコープと条件に一致するIRM対応ドキュメント形式のファイルが、テンプレートに基づいて自動的に暗号化されます。詳細なポリシー設定（有効期限や印刷禁止など）はできませんが、テンプレートを使用せずに、ここでアクセス許可を設定することもできます。

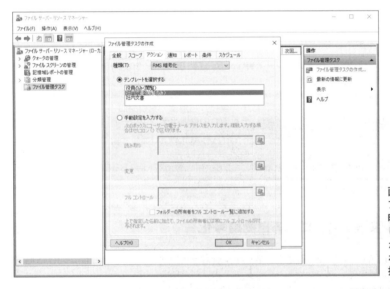

画面6-6-18
ファイル管理タスクで［RMS暗号化］アクションを選択し、テンプレートのリストから暗号化に使用する権利ポリシーテンプレートを選択する

　FCIのこの機能を利用すると、ユーザーが共有フォルダーにドキュメントのファイルを保存するだけで、ドキュメントの保存場所や内容（コンテンツ分類子を使用した分類）に基づいて、ドキュメント（ただし、IRM対応のドキュメントのみ）を自動的に保護することができます。Windows Server 2012

以降のFCIで追加された機能である分類規則の連続分類、およびファイル管理タスクの連続実行と組み合わせて利用することで、共有フォルダーにファイルが保存された時点ですぐに分類と暗号化を行わせることも可能です。

画面6-6-19　FCIの連続分類と連続実行が有効な共有フォルダーに、保護されていないWordドキュメントを保存する

画面6-6-20　数秒後にファイルを開くと、「社外秘」という文字列を含むドキュメントがAD RMSで自動的に暗号化された

　なお、FCIの［RMS暗号化］アクションはOfficeドキュメントなどIRM対応アプリケーションの暗号化保護に対応したものですが、テストファイル、PDF、各種画像ファイルのAD RMS保護については、［カスタム］タスクとRMS Protection Toolの組み合わせで対応可能です。

6.7 ダイナミックアクセス制御

　ダイナミックアクセス制御は、Windows Server 2012およびWindows 8で初めて導入された、アクセス制御およびアクセス監査のための新しい概念およびテクノロジの総称です。ダイナミックアクセス制御は、Windows Server 2012以降のActive Directoryのフォレスト/ドメインで利用でき、中央でのポリシーの一元管理による、ファイルサーバーのアクセス制御、ファイル管理、および暗号化セキュリティを実現します。

6.7.1 ダイナミックアクセス制御の概要

　ダイナミックアクセス制御の機能およびシステム要件について説明します。

■ ダイナミックアクセス制御の機能

　ダイナミックアクセス制御を使用すると、次のことが行えます。

- **自動または手動によるファイルの分類**────FCIの分類プロパティをグローバル分類プロパティとして、ドメイン内で一元管理でき、ドメイン内のすべてのファイルサーバーに展開できます。グローバル分類プロパティによる分類は、ファイル管理タスクの条件のほか、集約型アクセス規則（後述）の対象化のために利用できます。

- **AD RMSによるドキュメント保護の自動化**────機密性の高いOfficeドキュメントやXPSドキュメントをAD RMSで暗号化して保護する処理を、FCIのファイル管理タスクを用いて自動化できます。この機能については、「6.6　Active Directory Rights Managementサービスとの連携」で既に説明しました。

- **集約型アクセスポリシーによるファイルのアクセス制御**────認証トークン内のユーザーやクライアントデバイスの信頼性情報（要求、クレーム）、リソースの分類プロパティ、およびアクセス制御エントリ（ACE）を組み合わせた動的な条件式により集約型アクセス規則を定義できます。集約型アクセス規則は、集約型アクセスポリシーとして、ドメイン内のファイルサーバーにグループポリシーを用いて配布できます。ファイルサーバーの管理者は、アクセス制御リスト（ACL）を詳細に設定する代わりに、配布された集約型アクセスポリシーを割り当てることで、共有フォルダーのアクセス許可を容易に構成できます。

- **集約型アクセスポリシーによるファイルの監査**────監査用の集約型アクセス規則を使用すると、現在のアクセス許可と、提案された（望まれる）アクセス許可の違いを監査ログとして記録できます。この機能は、集約型アクセス規則によるアクセス制御を導入することによる影響を事前に調査するために利用できます。あるいは、リソースの分類プロパティを利用して、機密データや重要データにアクセスしたユーザーを追跡し、コンプライアンスレポートや法的分析のために活用できます。

　ダイナミックアクセス制御は、従来の静的なアクセス制御リスト（ACL）を置き換える、集約型アクセス規則および集約型アクセスポリシーの機能が中心になります。既に説明したファイルサーバーリソースマネージャーのFCIの機能は、Windows Server 2012以降、ダイナミックアクセス制御に包含される要素技術という位置付けになりました。

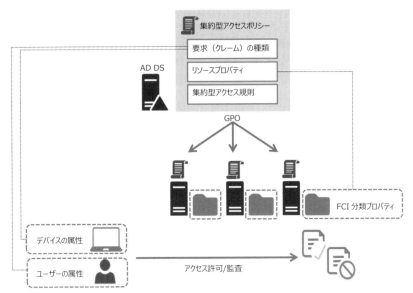

図6-7-1　集約型アクセスポリシーによるファイルサーバーへのアクセス制御

■ システム要件

ダイナミックアクセス制御のグローバル分類プロパティおよび集約型アクセスポリシーをファイルサーバーに展開するには、Active Directoryドメイン、ファイルサーバー、およびクライアントが次の要件を満たしている必要があります。

- **Active Directoryドメインの要件** ── Active DirectoryのドメインコントローラーがWindows Server 2012以降を実行しており、ドメインの機能レベルが［Windows Server 2012］以上である必要があります。Kerberos認証を使用したダイナミックアクセス制御の信頼性情報と複合認証、Kerberos防御のサポートは、ドメイン機能レベル［Windows Server 2012］以上でサポートされます。
- **ファイルサーバーの要件** ── ファイルサーバーは、Windows Server 2012以降を実行している必要があります。グローバル分類プロパティおよび集約型アクセスポリシーは、Windows Server 2012以降で利用できます。また、集約型アクセスポリシーはNTFSまたはReFSボリューム上のリソースに対して適用できますが、グローバル分類プロパティはNTFSボリューム上のリソースでのみ利用可能な点に留意してください。
- **クライアントの要件** ── クライアントは、Windows 8以降またはWindows Server 2012以降である必要があります。Kerberos認証を使用したダイナミックアクセス制御の信頼性情報と複合認証、Kerberos防御のサポートは、これらのWindowsバージョンでサポートされます。

■ 信頼性情報と複合認証、Kerberos防御のサポートの有効化

ダイナミックアクセス制御に必要な、Kerberos認証における信頼性情報と複合認証、Kerberos防御のサポートは、既定で無効になっています。このサポートを有効にするには、［グループポリシーの管理］スナップインを使用して、ドメインにリンクされたグループポリシーオブジェクト（GPO）で次のポリシーを有効にします。

> コンピューターの構成¥ポリシー¥管理用テンプレート¥システム¥KDC¥KDCで信頼性情報、複合認証、およびKerberos防御をサポートする：有効
> 　ダイナミックアクセス制御の信頼性情報と複合認証およびKerberos防御オプション：サポート
> コンピューターの構成¥ポリシー¥管理用テンプレート¥システム¥Kerberos¥Kerberosクライアントで信頼性情報、複合認証、およびKerberos防御をサポートする：有効

　これらのポリシーを変更した場合は、サーバーおよびクライアントコンピューターの再起動が必要です。Kerberos認証の動作が変更になるため、**gpupdate**コマンドによる更新だけでは反映されません。

6.7.2　集約型アクセスポリシーの作成

　従来のアクセス制御リスト（ACL）では、ユーザーやグループに対するアクセス許可しか設定できません。ダイナミックアクセス制御の集約型アクセスポリシーを使用すると、リソースにアクセスするユーザーの属性やデバイスの属性、リソースの属性を動的に評価して、より詳細なアクセス制御を行うことができます。

■｜簡単なシナリオ

　ダイナミックアクセス制御の集約型アクセスポリシーの概念と機能を理解するには、簡単な実装例を見ていただくのが早道でしょう。
　ここでは、集約型アクセスポリシーのシナリオとして、経理部のユーザー（ユーザーの属性）が、経理部のフロアにあるクライアント（デバイスの属性）を使用して、ファイルサーバー上で経理部に分類されたリソース（リソースプロパティ、リソースの属性）にアクセスした場合に［変更］のアクセス許可を与え、それ以外のフロアやモバイル環境からのアクセスには［読み取り］のみを許可するというシナリオを想定し、このシナリオに基づいた設定手順を説明します。
　このシナリオで使用するActive Directoryのユーザーオブジェクトおよびコンピューターオブジェクトの属性は、［Active Directory管理センター］または［Active Directoryユーザーとコンピューター］を使用して設定済みであるものとします。ユーザーの部署は［部署］（Department）属性、コンピューターの場所は［場所］（Location）属性を使用します。

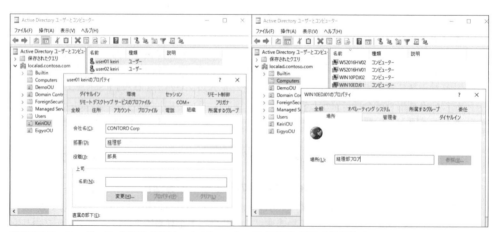

画面6-7-2　ユーザーの［部署］属性とコンピューターの［場所］属性を使用した、集約型アクセスポリシーによるファイルサーバーへのアクセス制御を実装する

集約型アクセスポリシーを構成するためのGUIは、［Active Directory管理センター］だけになります。PowerShellから構成するには、**New-ADClaimType**、**New-ADCentralAccessRule**、**New-ADCentralAccessPolicy**などのコマンドレットを使用します。［Active Directory管理センター］の［概要］ページには、ダイナミックアクセス制御を構成するためのダッシュボードが用意されており、ステップバイステップで構成することができます。ここでは、このダッシュボードは使用せず、［Active Directory管理センター］をツリービューに切り替えて、［ダイナミックアクセス制御］の配下にあるコンテナーから直接操作する手順で説明します。

画面6-7-3　集約型アクセスポリシーの構成には、［Active Directory管理センター］を使用する

■ 要求の種類を作成する

［要求の種類］（Claim Types、クレームタイプ）とは、ユーザーの属性やデバイスの属性に基づいて、アクセス元を動的に識別するための信頼性情報を定義するものです。シナリオでは、Active Directoryのユーザーアカウントの［部署］（Department）属性に設定されている値と、コンピューターアカウントの［場所］（Location）属性に設定されている値を利用するために、これらの属性に対応した［要求の種類］を作成します。

1. ［Active Directory管理センター］のツリービューのナビゲーションペインで［ダイナミックアクセス制御］の下にある［Claim Types］コンテナーを右クリックし、［新規］から［要求の種類］を選択します。

2. ［要求の種類の作成］フォームが開くので、Active Directoryオブジェクトの属性（AD属性）の一覧から［department］を選択し、表示名が［department］、発行先が［ユーザー］になっていることを確認して、［OK］ボタンをクリックします。これで、［Claim Types］コンテナーに［department］という名前の要求の種類が作成されます。

3. 同じ手順で、AD属性の一覧から［location］を選択し、表示名［location］、発行先［コンピューター］という要求の種類を作成します。

画面6-7-4　AD属性の [department] および [location] に対応する要求の種類を2つ作成する

■ リソースプロパティ（グローバル分類プロパティ）を作成する

　［リソースプロパティ］（Resource Properties）は、ファイルサーバー上のリソース（ファイルやフォルダー）に設定できるFCIのグローバル分類プロパティのことです。シナリオに基づいて、経理部のリソースを分類するためのリソースプロパティを作成します。FCIのフォルダー分類プロパティはそのサーバー固有のものですが、グローバル分類プロパティはドメイン全体で利用できます。

1. ［Active Directory管理センター］のツリービューのナビゲーションペインで［ダイナミックアクセス制御］の下にある［Resource Properties］コンテナーを右クリックし、［新規］から［リソースプロパティ］を選択します。

2. ［リソースプロパティの作成］フォームが開くので、［表示名］にリソースプロパティの名前を入力し、［値の種類］ドロップダウンリストから［Single-valued Choice］（単一の値）を選択します。また、提案された値に、［経理部］［営業部］など、リソースプロパティが取りうる値の選択肢を登録します。

3. リソースプロパティを作成したら、［Active Directory管理センター］のツリービューのナビゲーションペインで［ダイナミックアクセス制御］の下にある［Resource Property Lists］を開き、［Global Resource Property List］を右クリックして、［リソースプロパティの追加］を選択します。［リソースプロパティの選択］ダイアログボックスが表示されるので、いま作成したリソースプロパティを追加します。［Global Resource Property List］に追加されたリソースプロパティは、Active Directoryに公開され、グローバル分類プロパティとしてドメイン内で利用可能になります。

画面6-7-5　部署を識別するためのリソースプロパティを作成し、設定可能な値の選択肢を設定する

画面6-7-6　作成したリソースプロパティを［Global Resource Property Lists］に登録して公開する

■|集約型アクセス規則を作成する

　［集約型アクセス規則］（Central Access Rule）は、リソースに対するアクセス許可を定義するものです。集約型アクセス規則は、ユーザーやデバイスの要求の種類（Claim Types）、リソースの分類プロパティ（Resource Properties）、およびアクセス制御エントリ（ACE）を組み合わせて定義できます。

1. ［Active Directory管理センター］のツリービューのナビゲーションペインで［ダイナミックアクセ

ス制御］の下にある［Central Access Rules］コンテナーを右クリックし、［新規］から［集約型アクセス規則］を選択します。

2. ［集約型アクセス規則の作成］フォームが開くので、［全般］の［名前］にこの集約型アクセス規則の名前を入力します。

画面6-7-7　集約型アクセス規則に名前を設定する

3. ［ターゲットリソース］にある［編集］ボタンをクリックして、この規則の適用対象とするリソースのフィルター条件を設定します。シナリオに基づいて、先ほど作成したリソースプロパティに［経理部］と設定されているリソースを対象とするように条件を設定します。

画面6-7-8　規則の適用対象となるリソースをリソースプロパティで絞り込む

4. ［アクセス許可］で［次のアクセス許可を現在のアクセス許可として使用する］を選択し、［編集］ボタンをクリックして、アクセス制御エントリを設定します。このアクセス規則を監査や展開前の評価用（ステージング用）に使用する場合は、［次のアクセス許可を、提案されたアクセス許可として使用する］を選択し、提案するアクセス制御エントリを設定します。評価後に問題がなければ、この集約型アクセス規則のプロパティを開いて、［提案されたアクセス許可］の［アクセス許可のステージング構成を有効にする］のチェックを外すことで、アクセス規則を適用することができます。

5. ［アクセス許可］の［編集］ボタンをクリックすると、［アクセス許可のセキュリティの詳細設定］ダイアログボックスが開きます。既定で、［OWNER RIGHTS（所有者）］［Administrators（ローカル管理者）］［SYSTEM（システム）］に対するフルコントロールのアクセス許可が設定されています。これらのアクセス許可は、管理上、必要性が高いものなので、このまま変更しないことを推奨します。［追加］ボタンをクリックして、追加のアクセス許可として、リソースに対するアクセス制御エントリを設定します。

6. ［アクセス許可のセキュリティの詳細設定］で［追加］ボタンをクリックすると、［アクセス許可のアクセス許可エントリ］ダイアログボックスが開きます。シナリオに基づいて、次の2つのアクセス制御エントリを追加します。通常のアクセス制御エントリ（ACE）では、特定のユーザーやグループに対してアクセス許可を設定しますが、このシナリオの設定のように要求の種類に対してアクセス許可を設定できます。もちろん、通常のアクセス制御エントリ（ACE）と同じように、ユーザーやグループに対してアクセス許可を設定することもできます（画面6-7-9）。

画面6-7-9　経理部のユーザーが経理部フロアのクライアントを使用してアクセスする場合は［変更］を許可するアクセス許可

```
プリンシパル:         Authenticated Users（すべての認証ユーザー）
基本のアクセス許可: ［読み取りと実行］および［読み取り］
条件式:              ［ユーザー］［department］［次の値と等しい］［値］［経理部］

プリンシパル:         Authenticated Users（すべての認証ユーザー）
基本のアクセス許可: ［読み取りと実行］および［読み取り］
条件式:              ［ユーザー］［department］［次の値と等しい］［値］［経理部］
                     ［AND］
                     ［デバイス］［location］［次の値と等しい］［値］［経理部フロア］
```

7. ［OK］ボタンをクリックしてすべてのダイアログボックスを閉じ、集約型アクセス規則を作成します。

■ 集約型アクセスポリシーを作成する

　［集約型アクセスポリシー］（Central Access Policy）は、1つ以上の集約型アクセス規則をまとめたものです。ファイルサーバーには、集約型アクセスポリシーの単位でアクセス規則を配布できます。

1. ［Active Directory管理センター］のツリービューのナビゲーションペインで［ダイナミックアクセス制御］の下にある［Central Access Policies］コンテナーを右クリックし、［新規］から［集約型アクセスポリシー］を選択します。

2. ［集約型アクセスポリシーの作成］フォームが開くので、［全般］の［名前］に集約型アクセスポリシーの名前を入力し、［メンバー集約型アクセス規則］の［追加］ボタンをクリックして、先ほど作成した集約型アクセス規則を追加します。

画面6-7-10　1つ以上の集約型アクセス規則をまとめた集約型アクセスポリシーを作成する

6.7.3 集約型アクセスポリシーのファイルサーバーへの展開

　集約型アクセスポリシーを作成したら、Active Directoryドメインおよびファイルサーバーを構成します。

■ グループポリシーオブジェクト (GPO) の作成と展開

集約型アクセスポリシーは、グループポリシーを使用してファイルサーバーに展開します。

1. [グループポリシー管理] スナップインを使用して、グループポリシーオブジェクト (GPO) を作成し、ドメインにリンクします。このGPOをドメイン内のファイルサーバーに適用するように、ファイルサーバーのコンピューターアカウントを含むグループ、またはファイルサーバーのコンピューターアカウントをセキュリティフィルターとして設定します。

2. 作成したGPOの編集画面を開き、次のポリシーコンテナーを右クリックして [集約型アクセスポリシーの管理] を選択し、先ほど作成した集約型アクセスポリシーを追加します。

   コンピューターの構成¥ポリシー¥Windows の設定¥セキュリティの設定¥ファイル システム¥集約型アクセス ポリシー

3. 集約型アクセスポリシーにステージング評価のための集約型アクセス規則が含まれる場合は、次のポリシーを開き、[次の監査イベントを構成する] にチェックを入れ、さらに [成功] と [失敗] にチェックを入れます。

   コンピューターの構成¥ポリシー¥Windows の設定¥セキュリティの設定¥監査ポリシーの詳細な構成¥オブジェクト アクセス¥集約型アクセス ポリシー ステージングの監査

■ ファイルサーバー上でファイルとフォルダーを分類する

ダイナミックアクセス制御で作成したリソースポリシーは、グローバル分類プロパティとして、ファイルサーバーで利用可能になります。集約型アクセスポリシーの対象となるリソースを、このグローバル分類プロパティで分類 (経理部という値を設定) します。それには、[ファイルサーバーリソースマネージャー] の [分類規則] を利用して自動分類するか、あるいはWindowsエクスプローラーでファ

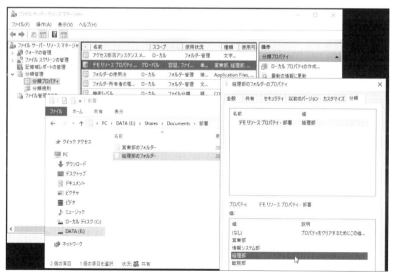

画面6-7-11
ダイナミックアクセス制御の対象化のために、ファイルやフォルダーに分類プロパティを設定する

イルやフォルダーのプロパティを開き、[分類]タブでグローバル分類プロパティに値を設定します。フォルダーに分類プロパティを設定すると、フォルダーに含まれるファイルやフォルダーに対しても分類プロパティが設定されます（画面6-7-11）。

■ 共有フォルダーに集約型アクセスポリシーを設定する

　ファイルサーバーに集約型アクセスポリシーのGPOが適用されると、フォルダーのアクセス許可の詳細設定（セキュリティの詳細設定）に［集約型ポリシー］タブが追加されます。このインターフェイスは、［サーバーマネージャー］の［ファイルサービスと記憶域サービス］－［共有］を使用して共有フォルダーのプロパティのアクセス許可を開く方法でも、Windowsエクスプローラーでフォルダーのプロパティからアクセス許可を開く方法でも共通です。

　ファイルサーバー管理者は、［集約型ポリシー］タブを使用して、集約型アクセスポリシーを適用するだけで、構成済みのアクセス許可を導入することができます。集約型アクセスポリシーを使用すると、複雑なアクセス許可設定を一括で設定できるため、NTFSアクセス許可や共有のアクセス許可を詳細に構成する必要がありません。NTFSアクセス許可や共有のアクセス許可では、汎用的でメンテナンスの必要がない緩やかなセキュリティ設定を行い、詳細なアクセス許可を集約型アクセスポリシーで設定するという運用が可能です。

画面6-7-12　ファイルサーバーで共有フォルダーのアクセス許可編集画面を開き、［集約型ポリシー］タブでポリシーを割り当てる

■ 有効なアクセス許可を確認する

　［セキュリティの詳細設定］ダイアログボックスの［有効なアクセス］タブは、集約型アクセスポリシーに対応しています。集約型アクセス規則で定義したユーザーやデバイスの条件を指定して、有効なアクセス許可を表示させることで、適切なアクセス許可になっているかどうかを確認できます。

　［ユーザー要求を含める］や［デバイスの信頼性情報を含める］の条件を追加すると、実際のユーザーやグループ、デバイスとは異なる設定値でアクセス許可を評価することができます。

画面6-7-13　［有効なアクセス］タブで、さまざまな条件を設定し、
　　　　　　集約型アクセスポリシーによるアクセス制御ができていることを確認する

■ 監査ログを確認する

　監査用の集約型アクセス規則を含む集約型アクセスポリシーをファイルサーバーに展開した場合は、監査ログがファイルサーバーのセキュリティログに記録されます。［イベントビューアー］スナップインで［Windowsログ］の［セキュリティ］を開き、イベントID「4818」がタスクのカテゴリ「集約型アクセスポリシーステージング」の監査イベントを確認します。

第7章
サーバーの仮想化－Hyper-V

　Hyper-Vは、Windows Serverベースの仮想化インフラストラクチャの中心となるプラットフォームです。Windows Server 2008 x64で初めて登場したHyper-Vは、OSの標準機能であることや、Windows 8 x64以降（Homeエディションを除く）でも利用できること、そして、その導入の簡単さや管理のしやすさから、仮想化の入り口として適していました。
　その後、Windows Serverのバージョンとともに着実に機能強化が図られ、スケーラビリティやパフォーマンス、高可用性、リソース制御、SDN（Software-Defined Networking）機能などを標準搭載し、現在では、企業のプライベートクラウドやクラウドサービスプロバイダーのプラットフォームとして利用されるようになっています。また、マイクロソフトのパブリッククラウドのMicrosoft Azureと共通のテクノロジであることは、パブリッククラウドとの共存やサービス連携、クラウドへの移行を容易にします。
　Hyper-Vは、Windows Server 2016で5世代目となります。この章では、特にWindows Server 2016のHyper-Vの新機能や強化点に関わる部分を中心に、Hyper-Vの導入と管理の基本と詳細を解説します。

7.1　Hyper-Vの概要とインストール

　最初にHyper-Vの概要について説明し、物理サーバーにインストールされたWindows Server 2016で、仮想マシンの作成や実行を可能にするまでの導入手順を説明します。また、Windows Server 2016およびWindows 10バージョン1607のHyper-Vからサポートされる入れ子構造の仮想化（Nested Virtualization）を用いて、Hyper-V仮想マシンの中でさらにHyper-Vを利用可能にする方法についても説明します。

7.1.1　Hyper-Vのアーキテクチャ

　仮想化テクノロジは既にITインフラストラクチャの重要な要素として広く普及し、欠かせないものとなりました。仮想マシンの実行環境を提供する仮想化テクノロジは、一般的に仮想マシンモニター（Virtual Machine Monitor）と呼ばれ、「ホスト型（Hosted）」と「ハイパーバイザー型（Hypervisor）」の2種類に大きく分類されます。

- **ホスト型**──物理コンピューターで稼働するホストOSの上に、アプリケーションの1つとして仮想化レイヤを実行するサービスが動作し、この仮想化レイヤが仮想マシンのハードウェアをソフトウェア的にエミュレートして、ゲストOSを実行します。このタイプは完全仮想化とも呼ば

れ、仮想化向けに最適化されていないゲストOSを動かせるという点で汎用的ですが、オーバーヘッドが大きいアーキテクチャです。このタイプの製品としては、Windows 7標準のWindows Virtual PC、VMware Workstation/Fusion/Player、Oracle VM VirtualBox、Hyper-Vの前身であるVirtual Serverなどがあります。

- **ハイパーバイザー型** —— ハイパーバイザーというごく薄い仮想化レイヤが物理ハードウェア（プロセッサ）のすぐ上に位置し、ハードウェアを複数のパーティションに分割して、各パーティションでゲストOSを並列的に実行します。プロセッサはハイパーバイザーで管理され、プロセッサ仮想化テクノロジ（Intel VTやAMD-V）により効率的に行われます。なお、ゲストOSがハイパーバイザーに最適化されているものを準仮想化と呼びますが、完全仮想化のエミュレート環境を提供することもできます。このタイプの製品としては、Hyper-V、VMware ESXi、Citrix Xen Server、Red Hat KVMなどがあります。

■ Hyper-Vの実装

Hyper-Vはハイパーバイザー型の仮想化テクノロジであり、Hyper-Vは物理ハードウェアを1つの親（ペアレント）パーティションと子（チャイルド）パーティションに分割し、1つの物理ハードウェアで複数のOSインスタンスの同時実行を可能にします。

Hyper-Vを有効にした最初のWindows Serverインスタンスは「管理OS」と呼ばれ、親パーティションで稼働します。仮想マシンは子パーティションで動作し、ゲストOSとしてさまざまな種類の32ビット（x86）または64ビット（x64）OSを実行することができます。親パーティションの管理OSはホスト型の仮想化テクノロジのホストOSのように見えますし、便宜上、ホストOSと呼ぶこともありますが、実際には管理OSもまたハイパーバイザー上の1つのパーティションで動作するゲストOSであることに留意してください。

Hyper-Vのハイパーバイザーは、各パーティションにプロセッサの仮想的なビュー（仮想プロセッサ）と専用のメモリ領域を提供し、物理プロセッサの割り込みのスケジューリングとメモリのアドレス変換を行います。このときのプロセッサ処理のためにIntel VTまたはAMD-Vのプロセッサ仮想化支援機能を必要とします。また、メモリのアドレス変換のために、第2レベルアドレス変換拡張（Second Level Address Translation：SLAT）が利用されます。

Hyper-Vのハイパーバイザーの機能は基本的にこれだけです。ハイパーバイザーが提供しない機能については、管理OSが提供します。

Hyper-Vハイパーバイザーの実行ファイル

Hyper-Vハイパーバイザーは、%Windir%¥System32フォルダーにあるhvix64.exe（Intelプロセッサ用）またはhvax64.exe（AMDプロセッサ用）という1MB程度の小さな実行ファイルです。このハイパーバイザーは、BCDストアのWindows起動エントリの**hypervisorlaunchtype Auto**設定により起動され、管理OSのWindowsインスタンスがハイパーバイザー上に読み込まれます。

■ 管理OSの役割

管理OSの役割の1つは、仮想マシンの管理環境を提供することです。管理OSでは、「仮想マシン管理サービス（Hyper-V Virtual Machine Managementサービス、vmms.exe）」が動作し、子パーティションで動作する仮想マシンの状態を管理します。仮想マシン管理サービスは、実行中の仮想マシンごとに「仮想マシンワーカープロセス（vmwp.exe）」を生成し、ワーカープロセスを介して仮想マシンを管理します。また、仮想マシン管理サービスは、WMI（Windows Management Instrumentation）

プロバイダーを介して、Hyper-VマネージャーやWindows PowerShellに管理インターフェイスを提供します。

管理OSのもう1つの役割は、デバイスのI/Oを仮想マシンに提供することです。管理OSは、ローカルのデバイスドライバーを使用して、物理的なストレージ、ネットワーク、ビデオ、入出力デバイスを直接制御します。仮想マシンのゲストOSは、VSC（Virtual Service Client）と呼ばれるコンポーネントが、管理OSと仮想マシン間の仮想的な通信チャネルである「仮想マシンバス（Virtual Machine Bus：VMBus）」を介して、管理OSのVSP（Virtual Service Provider）に接続し、少ないオーバーヘッドでデバイスのI/Oを行います。ゲストOS側のVSCは「統合デバイス（Synthetic Device）」とも呼ばれ、Hyper-Vのゲストコンポーネントである「統合サービス（Integration Service）」としてゲストOSに導入されます。

このほか、第1世代仮想マシン（後述）のゲストOSは、ソフトウェア的にエミュレートされたデバイスを通じてIDEコントローラーやネットワーク（レガシネットワークアダプター）のI/Oを行うこともできます。エミュレートされたデバイスはオーバーヘッドが大きくなりますが、統合サービスを利用できない環境でゲストOSのインストールや実行を可能にします。

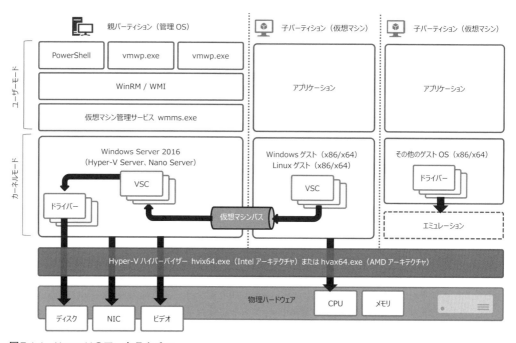

図7-1-1　Hyper-Vのアーキテクチャ

7.1.2 Windows Server 2016 Hyper-Vの新機能と強化点

Hyper-Vは2008年6月に初めてのバージョン（Hyper-V 1.0と呼ばれることもありますが、Hyper-Vに固有のバージョン番号はありません）が登場して以来、Windows Serverのバージョンアップとともにスケーラビリティと機能を強化してきました。Windows Server 2016のHyper-Vは、Windows Server 2012 R2のHyper-Vと比べ、主に次に示す新機能の追加と強化、改善が行われています。

■ **Hyper-Vの管理**

- **Hyper-Vマネージャーの管理プロトコルの変更** —— Windows Server 2016およびWindows 10のHyper-Vの標準の管理プロトコルは、従来のDCOM/RPCポート（TCPポート135およびランダムポート）ではなく、Windowsリモート管理のWS-Management（WS-MAN）プロトコル（TCPポート5985）に変更され、Windows Server 2016やWindows 10のHyper-Vのリモート管理には、WS-MANが使用されます。また、認証プロトコルとしてCredSSP、Kerberos、NTLM認証が利用できるようになり、以前は困難であった別の資格情報での接続が可能になりました。以前のバージョンのHyper-Vについては、管理互換を提供するために、従来のWMIで接続します。これにより、複数のバージョンのHyper-Vが混在する環境を、1つの［Hyper-Vマネージャー］で管理できるようになります。詳しくは、「第3章 サーバーの初期構成と基本的な管理」を参照してください。

- **仮想マシンの新しいファイル形式と構成バージョン** —— Windows Server 2012 R2およびWindows 8.1以前のHyper-Vは、仮想マシンの構成をXML形式の構成ファイルとして保持していました。Windows 10初期リリース以降のHyper-Vは、構成ファイルが拡張子.vmcxおよび.vmrsのバイナリ形式に変更されています。また、Windows 10からは仮想マシンの構成を構成バージョンで識別します。Windows 10初期リリースは構成バージョン6.0、Windows 10バージョン1511は構成バージョン7.0、Windows 10バージョン1607およびWindows Server 2016はバージョン8.0です。一方、Windows Server 2012 R2およびWindows 8.1のHyper-Vの仮想マシンは、構成バージョン5.0と識別されます。Windows 10バージョン1607およびWindows Server 2016のHyper-Vは、構成バージョン5.0以降の仮想マシンの作成と実行をサポートしています。

- **運用チェックポイント** —— 仮想マシンの構成や仮想ハードディスク、実行中の状態を保存するチェックポイントは、Windows 10初期リリース以降のHyper-Vから、従来と同じ「標準チェックポイント」と新しい「運用チェックポイント」の2種類になります。構成バージョン5.0の既定は標準チェックポイント、構成バージョン6.0以降の既定は運用チェックポイントです。運用チェックポイントは、実行中のメモリ状態の保存は行わず、Windowsゲストのボリュームシャドウコピーサービス（VSS）と連携して、アプリケーションのデータと整合性のあるチェックポイント（バックアップとして使用できるチェックポイント）を作成します。Linuxゲストの場合は、運用チェックポイントを作成するためにメモリ上のディスクキャッシュを仮想ハードディスクにフラッシュします。

- **Windowsゲスト向け統合サービスの提供方法の変更** —— Windows仮想マシンのゲストコンポーネントである統合サービスは、以前は%Windir%\System32\vmguest.isoというISOメディアでホストOSが提供していました。Windows 10初期リリース以降のHyper-Vは、vmguest.isoを提供しません。サポート対象のWindowsゲストには特定のバージョンの統合サービスが標準で組み込まれており、Windows 10やWindows Server 2016には最新の統合サービスが組み込まれています。サポート対象の旧バージョンのWindowsには、最新の統合サービスがWindows Updateを通じて提供されます。

- **PowerShell Direct** —— PowerShell Directは、仮想マシンのゲストOSがWindows Server 2016、Nano Server（ただし、Windows Server 2016バージョンのNano Serverは2018年10月で既にサポート終了、後継バージョンのNano Serverは仮想マシンのゲストOSとしては利用できません）、またはWindows 10の場合に利用できる、ネットワークを使用しないHyper-Vホストとゲスト間の通信チャネルを介した、PowerShellセッションへの接続機能です。**Enter-PSSession**や**Invoke-Command**コマンドレットの**-ComputerName**の代わりに**-VMName**パラメーターを使用することで、PowerShell Remotingと同じように利用できます。PowerShell Directについては、「第3章 サーバーの初期構成と基本的な管理」でも説明しました。

- **仮想マシングループ** —— 仮想マシンをグループ化することができ、グループ単位の管理操作が容易になります。仮想マシングループの作成には**New-VMGroup**コマンドレットを、仮想マシングループへの仮想マシンや仮想マシングループの追加には**Add-VMGroupMember**コマンドレットを使用します。
- **ワークグループ構成、マルチドメイン構成のHyper-Vホストクラスター** —— Windows Server 2016のフェールオーバークラスタリング機能は、Active Directoryドメインに参加していないワークグループ構成のノードどうし、または別のActive Directoryドメインに参加するノードどうしのクラスターの作成をサポートします。Hyper-Vホストクラスターはワークグループ構成、またはマルチドメイン構成で作成できます。ワークグループ構成のクラスターの作成手順については、第10章で説明します。
- **Hyper-Vソケット** —— Hyper-Vソケット（Hyper-V Sockets）は、Hyper-Vホストと仮想マシン間の新しいソケットAPIベースの通信チャネルです。PowerShell Directは、Hyper-Vソケットの機能を利用しています。また、開発者はHyper-VソケットのAPIを利用して、仮想マシンのゲストOSと連携する独自のサービスを開発することが可能です。Hyper-Vソケットは、Windows 10およびWindows Server 2016以降のゲストOS、およびLinux Integration Services 4.1以降がインストール（またはビルトイン）されているLinuxゲストの一部でサポートされます。

独自の統合サービスを作成する
→https://docs.microsoft.com/ja-jp/virtualization/hyper-v-on-windows/user-guide/make-integration-service

■ 仮想マシンの機能

- **静的メモリのホットアド/リムーブ** —— 動的メモリを利用していない固定メモリ割り当ての仮想マシンにおいて、仮想マシンの実行中にメモリ割り当てサイズの追加や削除が可能になります。この機能は、ゲストOSがWindows Server 2016、Nano Server（ただし、Windows Server 2016バージョンのNano Serverは2018年10月で既にサポート終了、後継バージョンのNano Serverは仮想マシンのゲストOSとしては利用できません）、Windows 10、およびLinuxゲストの一部を実行する第1世代および第2世代仮想マシンでサポートされます。
- **ネットワークアダプターのホットアド/リムーブ** —— 実行中の仮想マシンにネットワークアダプターを追加したり、削除したりできます。この機能は、WindowsまたはLinuxゲストを実行する第2世代仮想マシンでサポートされます。
- **ネットワークアダプターのデバイスの名前付け** —— 第2世代仮想マシンにおいて、Hyper-Vホスト側で設定する仮想マシンのネットワークアダプターの名前を、ゲストOSに伝達できます。ゲスト側では、ネットワークアダプターのHyper-V Network Adapterプロパティから名前を参照できます。
- **共有ドライブ** —— Windows Server 2012 R2で追加された「仮想ハードディスクの共有」機能は、「共有ドライブ」という名称に変更されます。また、共有ドライブが接続された複数の仮想マシンのHyper-Vホスト側からのバックアップを可能にする「VHDセット」という新しい形式が選択できるようになります。
- **PCI Expressデバイスのパススルー割り当て** —— NVMe（Non-Volatile Memory Express）カードやグラフィックスカード、RAIDコントローラーなどをパススルー割り当てできます。この機能はDiscrete Device Assignment（個別デバイスの割り当て）と呼ばれ、第2章で説明したように、利用するためにはハードウェアの追加要件が必要です。詳しい情報は、次の公式ドキュメントを参考にしてください。

Plan for Deploying Devices using Discrete Device Assignment
→https://docs.microsoft.com/en-us/windows-server/virtualization/hyper-v/plan/plan-for-deploying-devices-using-discrete-device-assignment

Discrete Device Assignmentは、ゲストOSとしてWindows Server 2016以降、Windows 10、または更新プログラムKB3133690がインストールされたWindows Server 2012 R2を実行する、第1世代仮想マシンおよび第2世代仮想マシンでサポートされます。

Update to add Discrete Device Assignment support for Azure that runs on Windows Server 2012 R2-based guest VMs
→https://support.microsoft.com/en-us/help/3133690/

- **Linuxゲストのセキュアブートサポート** —— Linuxゲストを実行する第2世代仮想マシンにおいて、セキュアブートの有効化がサポートされます。セキュアブートは、Ubuntu 14.04以降、SUSE Linux Enterprise Server（SLES）12以降、Red Hat Enterprise Linux（RHEL）7.0以降、CentOS 7.0以降でサポートされます。
- **仮想TPM** —— 仮想マシンに仮想TPMを追加することで、TPM 2.0セキュリティチップデバイスをゲストOSに提供できます。ゲストOSでは、BitLockerドライブ暗号化や資格情報の格納、OS起動の保護などのために、仮想TPMが提供するTPMデバイスを利用できます。仮想TPMは第10章で説明する仮想化ベースのセキュリティ（Virtualization-Based Security：VBS）が提供するものであり、仮想TPMを利用するために物理サーバーにTPMを必要としません。
- **RemoteFX仮想GPU** —— RemoteFX 3Dビデオアダプターは、仮想マシンへのリモートデスクトップ接続（およびHyper-Vの拡張セッションモード）に対して高度なグラフィックス機能を提供する、主にリモートデスクトップサービス向けの機能です。Windows Server 2016では、4K解像度への対応、ビデオRAM（VRAM）の調整、OpenGL 4.4およびOpenCL 1.1 APIのサポート、第2世代仮想マシンのサポート、Windows 10 Pro（バージョン1511以降）およびWindows Server 2016ゲストのサポートが追加されています。詳しくは、「第9章　リモートデスクトップサービス」で説明します。

Windows 10 Hyper-VにおけるRemoteFX仮想GPUのサポート
RemoteFX仮想GPUはこれまで、Windows Server 2008 R2 SP1以降のHyper-Vおよびリモートデスクトップ仮想化ホストが提供する機能でしたが、Windows 10バージョン1511およびバージョン1607のHyper-Vでも利用可能になりました。これらのHyper-V環境でRemoteFX対応のグラフィックスカード（オンボードのグラフィックスを含む）が利用可能な場合、RemoteFX仮想GPUのサポートを有効化し、仮想マシンにRemoteFX 3Dビデオアダプターを追加して実行できます。なお、Windows 10バージョン1809以降のHyper-Vについては、コラム「Windows Server 2019のHyper-Vの強化点」で後述するようにサポート状況が異なります。

画面7-1-2 RemoteFX仮想GPUは、Windows 10バージョン1511以降のHyper-Vでも利用可能

■ Hyper-Vの移行

- **Hyper-Vホストクラスターのローリングアップグレード** ── Windows Server 2012 R2ベースのHyper-Vホストクラスターは、ローリングアップグレードの手法を用いて、Hyper-V仮想マシンの可用性を維持しながら（仮想マシンを停止することなく）、Windows Server 2016ベースのHyper-Vにアップグレードできます。
- **クロスバージョンライブマイグレーション** ── Windows Server 2016のHyper-Vは、構成バージョン5.0の仮想マシンの実行をサポートしており、Windows Server 2012 R2のHyper-Vとの間で双方向にライブマイグレーションで仮想マシンを移動できます。仮想マシンの構成バージョンを8.0にアップグレードすると、Windows Server 2012 R2のHyper-Vへのライブマイグレーションは実行できなくなります。

■ クラウドプラットフォームとしての強化

- **スケーラビリティの大幅な強化** ── Windows Server 2016のHyper-Vは、Windows Server 2012 R2と比較して、次の表に示すように、物理環境および仮想マシンの両方でスケーラビリティが数倍に強化されています。なお、仮想マシンのメモリ12TB、仮想プロセッサ240の最大構成はゲストOSとしてWindows Server 2016を実行する、構成バージョン8.0の第2世代仮想マシンでサポートされます。それ以外の場合は従来と同じ最大1TBのメモリ、最大64の仮想プロセッサまでとなります。

表7-1-3 Windows Server 2016とWindows Server 2012/2012 R2のスケーラビリティの比較

	Windows Server 2012/2012 R2 DatacenterおよびStandard	Windows Sever 2016 DatacenterおよびStandard
物理メモリ	最大4TB	最大24TB（6倍）
物理プロセッサ数（論理プロセッサ数）	最大320	最大512（1.6倍）
仮想マシンのメモリ割り当て	最大1TB/仮想マシン	最大12TB/仮想マシン（12倍）
仮想マシンの仮想プロセッサ割り当て数	最大64/仮想マシン	最大240/仮想マシン（3.75倍）

> **改訂 Hyper-Vのスケーラビリティとパフォーマンスの最大化について**
>
> 　Windows Server 2016のHyper-Vのより詳細なスケーラビリティ（サポートされる最大構成）については、次の公式ビデオおよびドキュメントを参考にしてください。
>
> Massive Performance Gains in Hyper V with Windows Server 2016
> ⊖https://channel9.msdn.com/Shows/OEMTV/OEM1751
>
> Plan for Hyper-V scalability in Windows Server 2016
> ⊖https://docs.microsoft.com/en-us/windows-server/virtualization/hyper-v/plan/plan-hyper-v-scalability-in-windows-server
>
> 　Linux仮想マシンのパフォーマンスを最適化する方法については、以下の公式ブログの内容が参考になります。
>
> Ask Premier Field Engineering (PFE) Platforms | Optimizing Linux Performance on Hyper-V
> ⊖https://techcommunity.microsoft.com/t5/Core-Infrastructure-and-Security/Optimizing-Linux-Performance-on-Hyper-V/ba-p/259004

- **入れ子構造の仮想化（Nested Virtualization）** —— ゲストOSとしてWindows Server 2016、Nano Server（ただし、Windows Server 2016バージョンのNano Serverは2018年10月で既にサポート終了、後継バージョンのNano Serverは仮想マシンのゲストOSとしては利用できません）、またはWindows 10バージョン1511以降を実行するHyper-V仮想マシンにおいて、ゲストOS側でHyper-Vの有効化と仮想マシンの実行をサポートします。この機能は、オーバーヘッドが大きいため運用向けではありませんが、評価環境やアプリケーション開発環境に適しています。また、Windowsコンテナーの分離環境であるHyper-Vコンテナー（オーバーヘッドは少ない）を提供できるため、マルチテナントのクラウドプラットフォームとしても重要な機能になります。入れ子構造の仮想化は、既定で無効になっています。有効にするには、対象の仮想マシンに対してPowerShellで以下のコマンドラインを実行します。詳しくは、後述します。

```
PS C:¥> Set-VMProcessor -VMName "<仮想マシン名>"
 -ExposeVirtualizationExtensions $true
```

- **Nano ServerでのHyper-Vの役割のサポート** —— Hyper-Vの役割は、Nano Serverがサポートする役割の1つです。Hyper-Vホストクラスターのノードとしての利用や、Hyper-Vコンテナーのためのコンテナーホストとしての利用も可能です。ただし、Windows Server 2016バージョンのNano Serverは2018年10月で既にサポートが終了しました。また、Windows Server, version 1709以降のNano Serverは、コンテナーイメージとしてのみ提供されるため、Hyper-Vの役割およびHyper-Vホストとしての利用シナリオはサポートされなくなりました。

- **ストレージQoSポリシー** —— Hyper-Vでは、仮想マシンの仮想ハードディスクごとに、「サービス品質の管理」機能を有効化して、最大IOPS、最小IOPSのサービス品質（QoS）を制御できます。Windows Server 2016のスケールアウトサーバーおよびHyper-Vは、これをスケールアウトファイルサーバー側のポリシーで一元管理できます。ストレージQoSポリシーについて詳しくは、「第6章　ファイルサービスと記憶域サービス」を参照してください。

- **ホストリソース保護** —— ホストリソース保護は、特定の仮想マシンが、Hyper-Vホストや他の仮想マシンと共有するプロセッサリソースを過度に消費するのを防止する機能です。ホストリソースの保護は、既定で無効になっています。有効にするには、対象の仮想マシンに対してPowerShellで以下のコマンドラインを実行します。

```
PS C:\> Set-VMProcessor -VMName "<仮想マシン名>"
-EnableHostResourceProtection $true
```

- **Hyper-Vネットワーク仮想化の強化** —— VXLAN（RFC7348）のサポート、ソフトウェアロードバランサー、データセンターファイアウォールの機能、ネットワークコントローラーによるポリシー管理、仮想マシンマルチキュー（VMMQ）のハードウェアオフロードなど、クラウドプラットフォームとしてのネットワーク機能が強化されています。
- **仮想マシンの回復性（Resiliency）** —— Hyper-Vホストクラスターにおいて、ノードの短時間の切断やサービスのクラッシュなど、短時間で復旧する可能性がある障害を一定時間許容し、仮想マシンの実行を継続して、フェールオーバーの過度な発生を抑制します。また、繰り返し障害が発生するノードを分離して、クラスターから切り離し、それ以上の可用性の低下を防止します。
- **仮想マシンの開始順序（Start Order）** —— Hyper-Vホストクラスターにおいて、仮想マシンを開始または再起動する際に、依存関係に基づいて、適切な順番で開始するように制御できます。
- **仮想マシンの自動均衡化（Node Fairness）** —— Hyper-Vホストクラスターにおいて、新たなノードが参加（追加や復帰）する際、あるいは定期的な監視に基づいて、仮想マシンを再配置して負荷を均衡化します。
- **シールドされた仮想マシン** —— シールドされた仮想マシン（Shielded Virtual Machine）は、仮想ハードディスクの暗号化や、仮想マシンのローカルコンソールへの接続禁止、ライブマイグレーションやレプリケーション時のメモリ内容の暗号化転送などで、クラウド事業者を含む仮想マシンへの第三者のアクセスを排除する、マルチテナントのクラウドプラットフォーム向けのセキュリティ機能です。Windows Server 2016の新しい役割であるHost Guardianサービス（HGS）は、暗号化キーの鍵の管理、およびシールドされた仮想マシンの実行を許可するHyper-Vホストの信頼を行います。
- **Hyper-Vコンテナー** —— Windows Server 2016は、Docker管理互換のあるコンテナーテクノロジとして、Windowsコンテナーをサポートします。Windowsコンテナーは、Windows Serverコンテナーとhyper-Vコンテナーの2種類あり、Hyper-VコンテナーはHyper-Vを利用してマルチテナント対応の分離環境を提供します。Windowsコンテナーについては、第8章で説明します。

改訂 Windows Server 2019のHyper-Vの強化点

Hyper-VはWindows 10クライアントHyper-V、および半期チャネル（SAC）のWindows Serverで機能強化が進められ、その成果はWindows Server 2019のHyper-Vに搭載されています。Windows Server 2019 Hyper-Vでは、主に次の点が強化されています。

- **仮想マシンの構成バージョン9.0** —— Windows Server 2019の仮想マシンの既定の構成バージョンは9.0であり、バージョン5.0（Windows Server 2012 R2 Hyper-VおよびWindows 8.1クライアントHyper-Vの既定）以降の仮想マシンの作成と実行をサポートします。Hyper-Vホストの既定およびサポートする構成バージョンは、**Get-VMHostSupportedVersion**コマ

ンドレットで確認することができます。仮想マシン構成バージョン8.2（バージョン1709の Hyper-Vの既定）以降では、これまで.vmrsファイルの一部であった、デバイスの状態を.vmgs ファイルに格納するようになりました。

- **自動チェックポイント** ── 仮想マシンの開始時点のチェックポイントを自動作成し、正常終了時 に自動的にチェックポイントを削除してマージする機能です。この機能は、Windows 10バー ジョン1709およびWindows Server, version 1709から機能です。クライアントHyper-V では既定で有効、Windows ServerのHyper-Vでは既定で有効です。
- **記憶域クラスメモリのサポート** ── ダイレクトアクセスモードの不揮発性メモリ（NVDIMM-N） 上にボリュームを作成し、VHDファイル（.vhdpmem）を配置して、仮想マシンのvPMEMコン トローラーに接続できます。この機能は、Windows Server, version 1709で実装されたもの です。
- **Linux仮想マシンでの拡張セッションモードのサポート** ── 仮想マシン接続（VMConnect）が 拡張され、Hyper-Vソケットを介してLinux仮想マシンに拡張セッションモードで接続すること ができます。この機能は、Windows 10バージョン1803およびWindows Server, version 1803からの機能です。また、この機能を利用するには、Hyper-Vホスト側で拡張セッションモー ドのトランスポートを既定のVMBusからHvSocketに変更することと、Linux仮想マシンのゲ スト側でHvSocket対応のxrdpのインストールとxorgのセットアップが必要です。
- **Host Guardianサービスの強化** ── ホストキー（非対称キー）によるホストの構成証明、Linux 仮想マシンのシールドのサポート。
- **SDNソリューションのセキュリティとスループットの向上、および簡素化された展開** ── 仮想 ネットワークサブネットの暗号化、ゲートウェイの高速化、ゲートウェイを使用しない仮想ネット ワーク間のピアリング、ファイアウォールの監視、トラフィックの計測など。

なお、Windows Server 2019のリモートデスクトップ（RD）仮想化ホスト、およびWindows 10 バージョン1809のクライアントHyper-Vは、［Hyper-Vマネージャー］を使用して仮想マシンに新規 にRemoteFX 3Dビデオアダプターを追加することができなくなります。以前のバージョンのHyper-V から移行したRemoteFX 3Dビデオアダプター割り当て済み仮想マシンでは、引き続きこのデバイスを 使用することができますが、［Hyper-Vマネージャー］の［Hyper-Vの設定］からは［物理GPU］の項目 も削除されているため、Windows PowerShellのコマンドレット（**Enable/Disable/Get/Set-VMRemoteFXPhysicalVideoAdapter**）を使用して構成する必要があります。

7.1.3 ｜ Hyper-Vホストのシステム要件

　Windows Server 2016にHyper-Vの役割をインストールするには、プロセッサが以下の機能に対応 しており、BIOSまたはUEFIセットアップユーティリティで有効化されている必要があります。この 要件は、Hyper-Vの最小必須要件であり、利用する機能によっては、追加要件があります。例えば、入 れ子構造の仮想化を利用するためには、Intelプロセッサである必要があります。その他の追加要件に ついては、第2章を参照してください。

- **ハードウェア仮想化支援** ── Intel VTまたはAMD-V
- **ハードウェア強制データ実行防止（Hardware-enforced Data Execution Prevention：DEP）** ── Intel XD bitまたはAMD NX bit
- **第2レベルアドレス変換拡張機能（Second Level Address Translation：SLAT）** ── Intel EPT またはAMD RVI（NPTやNPと呼ばれることもあります）

アップグレードする場合はSLAT要件に注意

　SLATはWindows Server 2012 R2以前のHyper-Vでは必須ではありませんでしたが、Windows Server 2016のHyper-Vでは必須要件となったことに注意してください。これまでSLATは、Windows 8/8.1搭載のクライアントHyper-V、およびWindows Server 2012 R2以前のHyper-VでRemoteFX仮想GPUをサポートするための必須要件でした。

　現在、Windows Server 2012 R2以前のHyper-Vホストとして利用している物理サーバーがSLATに対応していない場合、Windows Server 2016にアップグレード（または新規インストール）すると、Hyper-Vホストとしては利用できなくなります。

7.1.4　サポート対象のゲストOS

　Hyper-Vの第1世代仮想マシンは、BIOSベースのレガシなハードウェアをエミュレートして提供するため、さまざまな32ビットまたは64ビットOSをゲストOSとして実行できる可能性があります。第2世代仮想マシンはUEFIベースの64ビットハードウェアであり、仮想環境に最適化されている（ハードウェアをエミュレートしない）ため、ゲストOSが制限されます。どちらを利用する場合も、サポート対象のゲストOSを実行することを推奨します。

■｜サポートされるWindowsゲスト

　Windows Server 2016バージョンのHyper-Vは、Windows Server 2008 Service Pack（SP）2以降のWindows Server、およびWindows Vista SP2以降のWindowsデスクトップOSをゲストOSとしてサポートします。Windows Server 2016以降およびWindows 10については、最新の統合サービスがビルトインされています。以前のバージョンのWindowsについては古いバージョンの統合サービスがビルトインされていますが、次に示すWindowsについてはWindows Updateを通じて最新の統合サービスが提供されます。Windows Server 2008 SP2およびWindows Vista SP2に対しては、最新の統合サービスは提供されません。

- Windows Server 2012 R2（KB2919355がインストールされていること）
- Windows Server 2012
- Windows Server 2008 R2 SP1
- Windows 8.1 Update（KB2919355がインストールされたWindows 8.1）
- Windows 7 SP1

　本書（初版）の執筆時点では、2016年4月にWindows Update（およびダウンロードセンター）でKB3063109として提供された更新プログラムによってアップグレードされる統合サービスが最新でした（バージョン6.3.9600.18080）。その後、2018年2月にWindows Server 2012 R2およびWindows Server 2008 R2用の新しい統合サービス（バージョン6.3.9600.18907）がKB4072650としてWindows UpdateおよびWSUSで提供されています。このように、Windows Server 2008 R2以降の仮想マシンは、Windows Update（またはWSUS）で最新の統合サービスにアップグレードされます。

Hyper-V integration components update for Windows virtual machines（KB3063109）
　→https://support.microsoft.com/en-us/help/3063109/

Hyper-V integration components update for Windows virtual machines（KB4072650）
　→https://support.microsoft.com/en-us/help/4072650/

改訂 サポートされるゲスト OS の最新のリスト

　Windows Server 2016 Hyper-V でサポートされるゲスト OS の最新の一覧については、以下のドキュメントで確認してください。最新のWindows Server 2019は、Windows Server 2016 Hyper-VのゲストOSとしてサポートされます。

Supported Windows guest operating systems for Hyper-V on Windows Server
→https://docs.microsoft.com/en-us/windows-server/virtualization/hyper-v/supported-windows-guest-operating-systems-for-hyper-v-on-windows

Supported Linux and FreeBSD virtual machines for Hyper-V on Windows
→https://docs.microsoft.com/en-us/windows-server/virtualization/hyper-v/supported-linux-and-freebsd-virtual-machines-for-hyper-v-on-windows

　サポートライフサイクル期間中の Windows バージョンを実行する仮想マシンには、Windows Update を通じて更新された統合サービスが提供されます。ただし、Windows Server 2008 SP2 向けには Windows Update では提供されていません。Windows Server 2008 SP2 の統合サービスを最新にする方法としては、Windows Server 2012 R2のHyper-V環境のvmguest.iso（Windows Server 2012 R2のWindows Updateで最新に更新されたもの）を使用して手動でインストールする方法があります。

画面7-1-3　以前のバージョンのWindowsを実行する可能マシンは、Windows Update（またはWSUS）で配布される更新プログラム（KB3063109やKB4072650）によって統合サービスがアップグレードされる

　なお、Windows Server 2012 R2まではWindows Server 2003およびWindows XPに対するサポートが提供されましたが、これらのOSは製品のサポートライフサイクルが終了したため、以前のバージョンのHyper-Vを含め、これらのOSがサポートされることはありません。また、Windows 8.1にアップグレードしていないWindows 8のサポートは2016年1月12日（米国時間）で終了したため、Windows 8はサポートされません。ただし、いずれもゲストOSとして動作しなくなるわけではありません。

統合サービスのバージョンを確認する方法

Windows Server 2012 R2のHyper-Vでは、**Get-VM**コマンドレットの**IntegrationServicesVersion**の値からゲストOSの統合サービスのバージョン情報を取得することができました。不具合なのか、仕様変更なのか判断できないのですが、Windows Server 2016およびWindows 10では、この方法は利用できなくなったようです（**IntegrationServicesVersion**の値は常に0.0を返します）。代替の方法として、Windows Script Hostで動作するVBScriptスクリプトを作成しました。筆者の個人ブログでスクリプトのコードを公開しています。

Windows Server 2016/Windows 10 Hyper-Vでゲストの統合サービスのバージョンを取得する
→http://yamanxworld.blogspot.jp/2016/09/windows-server-2016windows-10-hyper-v.html

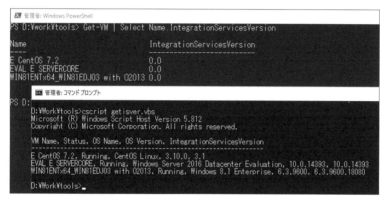

画面7-1-4
統合サービスのバージョンを取得するVBScriptスクリプト

■ サポートされるLinuxおよびFreeBSDゲスト

Hyper-Vは、以下のLinuxディストリビューションおよびFreeBSDをサポートしています。Linuxゲスト用の統合サービス（Linux Integration Services for Hyper-V：LIS）およびFreeBSD用統合サービス（BSD Integration Services：BIS）は、どちらもオープンソースで開発されており、LinuxカーネルやFreeBSD 10以降にビルトインされています。ただし、追加のサービスや最新の統合サービスがダウンロード提供されている場合があります。

- Red Hat Enterprise Linux（RHEL）
- CentOS
- Oracle Linux Red Hat互換カーネルおよびUnbreakable Enterprise Kernel（UEK）
- SUSE Linux Enterprise Server（SLES）
- openSUSE
- Ubuntu
- Debian
- FreeBSD

サポート対象のLinuxゲストの詳細なバージョン情報や、サポートされる機能、Linux ISの情報については、以下のサイトで最新情報を確認できます。

Supported Linux and FreeBSD virtual machines for Hyper-V on Windows
→https://docs.microsoft.com/en-us/windows-server/virtualization/hyper-v/Supported-Linux-and-FreeBSD-virtual-machines-for-Hyper-V-on-Windows

RHEL、CentOS、およびOracle Linux Red Hat互換カーネルについては、ビルトインの統合サービスとは別に、Linux Integration Services 4.x for Hyper-Vが提供されています。Linux Integration Services 4.x for Hyper-V（以下、LIS 4.x）は、統合サービスがビルトインされていない古いバージョンのRHEL、CentOS、およびOracle Linuxに対して統合サービスの導入を簡素化します。また、新しいバージョンに対してはWindows Server 2016から利用可能になった新機能（Hyper-Vソケットやメモリのホットアド／リムーブなど）への対応を提供します。

Linux Integration Services Version 4.1 for Hyper-V（非推奨）
→https://www.microsoft.com/en-us/download/details.aspx?id=51612
※2017年3月10日リリースの4.1.3-2が4.1系の最後のバージョンです。

Linux Integration Services v4.2 for Hyper-V and Azure（推奨）
→https://www.microsoft.com/en-us/download/details.aspx?id=55106
※2019年3月末時点の最新バージョンは2019年3月4日リリースの4.2.8-2です。

RHEL 6.4以降にLIS 4.xは必須ではない

RHELは5.9以降、6.4以降、7.0以降にHyper-Vの統合サービスがビルトインされており、LIS 4.xの導入は必須ではありません。CentOSおよびOracle Linux Red Hat互換カーネルも同様です。LIS 4.xだけが提供する機能を利用する場合にのみ導入してください。なお、LIS 4.xを導入している場合、Red Hatのサポートサービスが制限されることがあります。ビルトインの統合サービスはRed Hatに認定されたものですが、LIS 4.xは認定されていないハードウェア構成とみなされます。

Red Hat グローバルサポートサービスは、サードパーティのソフトウェア、ドライバー、そして認定されていないハードウェアおよびハイパーバイザーについてどのようなサポートを提供していますか？
→https://access.redhat.com/ja/articles/1409973

また、LIS 4.xが提供するカーネルモジュールは、特定のカーネルバージョンに対してビルドされたものであるため、カーネルの更新の際にカーネルパニックを発生させることがあります。そのため、カーネルの更新前にアンインストールし、更新後に再インストールする作業が必要になります。これを避けるには、ビルドインの統合サービスを使用してください。詳しくは、LIS 4.xとともにダウンロード可能なドキュメント（Linux Integration Services v4*.pdf）で確認してください。

7.1.5 Hyper-Vホストのインストール

Windows Server 2016が既にインストール済みであり、固定のIPアドレスの割り当てとActive Directoryドメインの参加設定が完了していることを前提に、Hyper-Vの役割のインストールと構成の手順を説明します。なお、Active Directoryドメインの参加設定は必須ではなく、ワークグループ構成のまま利用することもできます。

■［役割と機能の追加ウィザード］によるインストール

Windows Server 2016にHyper-Vの役割をインストールする最も手軽な方法は、ローカルまたはリモートの［サーバーマネージャー］から［役割と機能の追加ウィザード］を開始して、Hyper-Vの役割をインストールする方法です。この方法でHyper-Vの役割をインストールすると、Hyper-Vの仮想スイッチやライブマイグレーションの構成などのHyper-Vの初期構成を同時に行うことができます。

1. ［サーバーマネージャー］から［役割と機能の追加ウィザード］を開始し、［サーバーの役割の選択］ページで役割の一覧から［Hyper-V］の役割を選択します。［Hyper-V］の役割を選択すると、関連する機能の追加が要求されるので、提示された機能を選択してください。Server Coreインストールの場合は［Windows PowerShell用Hyper-Vモジュール］の追加が要求されます。フルインストールの場合は、さらに［Hyper-V GUI管理ツール］の追加が要求されます。

画面7-1-5　［Hyper-V］の役割と関連する機能を選択する

Hyper-Vのハードウェア必須要件について

第2章で説明したように、Hyper-Vの役割をインストールして有効化するには、Intel VTまたはAMD-Vのプロセッサ仮想化支援機能、およびSLATのサポートが必須です。ハードウェアが対応していない場合、［役割と機能の追加ウィザード］はハードウェアが対応していないことを報告し、役割のインストールは続行できません。**Install-WindowsFeature**コマンドレットを使用した場合も同様です。

2. ウィザードを進めると、Hyper-Vの役割の構成オプションのページが表示されます。最初の［仮想スイッチの作成］ページでネットワークアダプターを選択すると、選択したネットワークアダプターを使用して仮想マシンの外部接続用のHyper-V仮想スイッチが自動作成されます。仮想スイッチは後で構成することができます。その場合は、ネットワークアダプターを選択せずにウィザードを進めます。

画面7-1-6　仮想スイッチは後で作成できるので、何も選択しないで先に進んでよい

3. ［仮想マシンの移行］ページでは、このHyper-Vホストでライブマイグレーションを有効化するかどうか、および有効化する場合はライブマイグレーションの認証プロトコルを指定します。これも後で構成することができます。

4. ［既定の保存場所］ページでは、仮想ハードディスクと仮想マシンの構成ファイルの既定の保存先パスを指定します。既定の保存先パスは以下のとおりです。仮想マシン関連のファイル、特に仮想ハードディスクは多くのディスク領域を使用するため、OSのブートボリューム（C:¥ドライブ）とは別のNTFSまたはReFSボリューム上のパスに変更することをお勧めします。

仮想ハードディスクのファイルの既定の場所：
C:¥Users¥Public¥Documents¥Hyper-V¥Virtual Hard Disks

仮想マシンの構成ファイルの既定の場所：
C¥ProgramData¥Microsoft¥Windows¥Hyper-V

5. ［インストールオプションの確認］ページで［必要に応じて対象サーバーを自動的に再起動する］チェックボックスをオンにし、［インストール］ボタンをクリックします。Hyper-Vの役割のインストールが開始し、サーバーが再起動して完了します。

■ Install-WindowsFeatureコマンドレットによるインストール

フルインストールのサーバーにPowerShellを使用してHyper-Vの役割および関連する管理ツールをインストールするには、Install-WindowsFeatureコマンドレットを次のコマンドラインで実行し、サーバーを再起動します。

```
PS C:¥> Install-WindowsFeature -Name Hyper-V -IncludeManagementTools -Restart
```

Server Coreインストールの場合は、次のコマンドラインを実行してHyper-Vの役割およびPowerShell用モジュールをインストールし、サーバーを再起動します。

```
PS C:¥> Install-WindowsFeature -Name Hyper-V, Hyper-V-PowerShell -Restart
```

■ DISMコマンドによるインストール

フルインストールのサーバーにコマンドプロンプトを使用してHyper-Vの役割および関連する管理ツールをインストールするには、DISMコマンドを次のコマンドラインで実行し、サーバーを再起動します。

```
C:¥> DISM /Online /Enable-Feature /FeatureName:Microsoft-Hyper-V /All
C:¥> shutdown /r /t 0
```

Server Coreインストールの場合は、次のコマンドラインを実行してHyper-Vの役割およびPowerShell用モジュールをインストールし、サーバーを再起動します。

```
C:¥> DISM /Online /Enable-Feature /FeatureName:Microsoft-Hyper-V◎
 /FeatureName:Microsoft-Hyper-V-Management-PowerShell
C:¥> shutdown /r /t 0
```

DISMコマンドによるHyper-Vのインストールはシステム要件をチェックしない

［役割と機能の追加ウィザード］およびInstall-WindowsFeatureコマンドレットを使用したHyper-Vの役割のインストールは、インストール対象のサーバーがHyper-Vのシステム要件を満たしているかどうかをチェックし、満たしてない場合、役割のインストールを中止します。
一方、DISMコマンドを使用したHyper-Vの役割のインストールは、システム要件のチェックを行わないため、Hyper-Vに対応していないハードウェアにHyper-Vの役割をインストールすることができます。その場合、再起動時にハイパーバイザーのロードに失敗し、イベントログのシステムログに、イベントID「41」、ソース「Hyper-V-Hypervisor」のエラー「Hyper-visor launch failed; Either VMX not present or not enabled in BIOS.」が記録されます。

この状態では仮想マシンを実行することはもちろんできませんが、Hyper-Vの管理機能が利用可能になります。例えば、PowerShell用Hyper-Vモジュールが提供する仮想ハードディスクの作成や編集、最適化機能を利用できるようになります。PowerShell用Hyper-Vモジュールのコマンドレットには、Hyper-Vの役割が提供するWMI名前空間に依存するものがありますが、Hyper-VのWMI名前空間はハイパーバイザーがロードされていない状態でも役割がインストールされていれば利用可能です。

画面7-1-7
DISMコマンドによるHyper-Vの役割のインストールは、システム要件をチェックしない

■ Nano ServerのHyper-Vホスト

Nano Serverは、Hyper-Vホストとしてセットアップして、仮想マシンの実行環境やHyper-Vホストクラスターのノードとして利用することができます。

> **改訂 Windows Server 2016バージョンのNano Serverはサポート終了**
>
> Windows Server 2016バージョンのNano Serverは半期チャネル（SAC）扱いであり、2018年10月に既にサポートが終了しています。そのため、物理サーバーや仮想マシンへのNano Serverのインストールは、現在、サポートされていません。第2章の「2.3　Nano Serverのインストール」と同様に、この項はサポートが終了した環境を再現する必要がある場合に備えて、初版のままの状態で残しています。現在ではサポートされない利用シナリオであることに留意してください。

「第2章　インストールとアップグレード」の「2.3　Nano Serverのインストール」で説明したように、**New-NanoServerImage**コマンドレットでNano Serverの展開用イメージ（英語版を推奨）を準備する際に、**-Compute**パラメーターを指定すると、Hyper-Vの役割が有効になります。また、さらに**-Clustering**パラメーターを指定すると、Hyper-Vホストクラスターに参加するためのフェールオーバークラスタリング機能が組み込まれます。

既に物理サーバーまたは仮想マシン（後述する入れ子構造の仮想化が有効な仮想マシン）にNano Serverを展開済みの場合は、Windows Server 2016のインストールメディアのNanoServer¥Packagesフォルダーから Hyper-V の役割のパッケージおよび言語パック（この例は英語版）をインストールし、Nano Serverを再起動します。

```
PS C:\> Enter-PSSession -ComputerName "<コンピューター名>"
 -Credential <ドメイン名またはコンピューター名\ユーザー名>
[<コンピューター名>] PS C:\> DISM /Online /Add-Package
 /PackagePath:D:\Packages\Microsoft-NanoServer-Compute-Package.cab
[<コンピューター名>] PS C:\> DISM /Online /Add-Package
 /PackagePath:D:\Packages\en-US\Microsoft-NanoServer-Compute-Package_en-US.cab
[<コンピューター名>] PS C:\> Restart-Computer
[<コンピューター名>] PS C:\> Exit
PS C:\>
```

フェールオーバークラスタリング機能をサポートするためには、さらに次のパッケージも追加してください。

- Microsoft-NanoServer-FailoverCluster-Package.cab
- Microsoft-NanoServer-FailoverCluster-Package_en-US.cab

System Center 2016 Virtual Machine Managerで管理する予定がある場合は、次のVirtual Machine Managerエージェントのパッケージも追加してください。

- Microsoft-NanoServer-SCVMM-Compute-Package.cab
- Microsoft-NanoServer-SCVMM-Compute-Package_en-US.cab
- Microsoft-NanoServer-SCVMM-Package.cab
- Microsoft-NanoServer-SCVMM-Package_en-US.cab

なお、Nano ServerでHyper-Vの役割を有効化すると、Nano Server Recovery Consoleに[VM Host]というメニューが追加され、仮想マシンの稼働状況と仮想スイッチの情報を参照できるようになります。

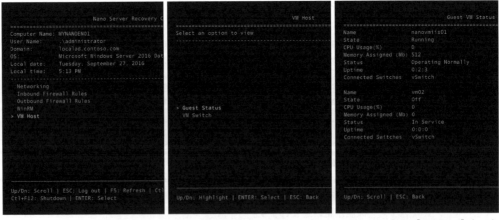

画面7-1-8　Hyper-Vの役割が有効なNano ServerのNano Server Recovery Consoleには、[VM Host]というメニューが追加され、仮想マシンの動作状況や仮想スイッチの設定を参照できるようになる

7.1.6 入れ子構造の仮想化（Nested Virtualization）

Windows Server 2016およびWindows 10バージョン1607以降のHyper-Vは、Hyper-Vの仮想マシンのゲストOSで、さらにHyper-Vを動かすことができる、「入れ子構造の仮想化（Nested Virtualization）」をサポートします。

Hyper-Vで入れ子構造の仮想化がサポートされたことで、オンプレミスとクラウド環境の両方でHyper-Vの用途が大きく広がるでしょう。入れ子構造の仮想化はオーバーヘッドが大きいという欠点がありますが、アプリケーション開発や製品の評価に利用できます。例えば1台の物理サーバー上の複数の仮想マシンどうしでHyper-Vホストクラスターを構成して、その動作や機能を評価することができきます。また、クラウド事業者はマルチテナントのコンテナー環境を、Hyper-Vコンテナーを利用して分離できます。

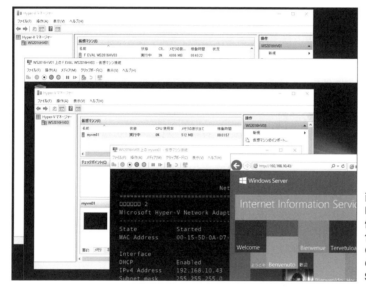

画面7-1-9
Hyper-Vの仮想マシンとして稼働するWindows Server 2016の仮想マシンで、さらにHyper-Vの役割を有効化し、仮想マシンの中で仮想マシン（画面のNano Server）を実行しているところ

Windows 10バージョン1511のHyper-Vでの入れ子構造の仮想化

入れ子構造の仮想化は、Windows 10バージョン1511およびWindows Server 2016 Technical Preview 4のHyper-Vから利用できるようになりました。しかし、これらのバージョンの機能はプレビュー機能という位置付けであり、次のような制約があります。これらの制約は、Windows Server 2016およびWindows 10バージョン1607には適用されません。

- デバイスガードおよび仮想化ベースのセキュリティ（VBS）と併用できません。
- 動的メモリをオフにする必要があります。
- 実行中のチェックポイントの適用は失敗します。
- ライブマイグレーションは使用できません。
- 実行中の仮想マシンの保存および復元は使用できません。

■ Hyper-Vホストとゲストの要件

入れ子構造の仮想化は、Hyper-Vホストと仮想マシンのゲスト（仮想マシンとしてのHyper-Vホスト）の両方で、次のバージョンのWindowsを実行している必要があります。また、仮想マシンで実行可能なハイパーバイザーは、これらのバージョンのWindowsに搭載されたHyper-Vに限定されます。

- Windows Server 2016以降のSACおよびLTSC
- Nano Server（2018年10月に既にサポート終了）
- 64ビット版Windows 10バージョン1607以降のPro/Enterprise/Education/Pro Education/Pro for Workstationsエディション
- 64ビット版Windows 10 Enterprise 2016 LTSB、Windows 10 Enterprise LTSC 2019

Hyper-Vのホストは、Hyper-Vのシステム要件を満たすIntelプロセッサ搭載の物理サーバーである必要があります。また、入れ子構造の仮想化は、構成バージョン8.0の第1世代仮想マシンおよび第2世代仮想マシンでサポートされます。この仮想マシンには、最低でも4GBのメモリを静的に割り当てることが必要です。4GBのメモリ割り当ては必須要件ではありませんが、推奨値です。

- Intelプロセッサ
- 構成バージョン8.0の第1世代または第2世代仮想マシン（4GB以上のメモリ割り当て）

■ 仮想マシンのメモリ割り当ての制約

入れ子構造の仮想化を有効化した仮想マシンでは、仮想マシンの中で仮想マシンの実行中は、動的メモリおよび静的メモリのホットアド/リムーブが次のように制限されます。仮想マシンの中で仮想マシンを実行中でない場合は、これらの制約はありません。

- 入れ子構造の仮想化を有効化した仮想マシンで動的メモリが有効になっている場合、仮想マシンの中で仮想マシンを実行中は、動的メモリによるメモリの増減は機能しなくなります。
- 入れ子構造の仮想化を有効化した仮想マシンで動的メモリを有効にしていない場合、仮想マシンの中で仮想マシンを実行中は、静的メモリのホットアド/リムーブは失敗します。

■ ネットワークオプション

入れ子構造の仮想化を有効化した仮想マシンの中で実行する仮想マシンに対して、外部へのネットワーク接続機能を提供する方法には、次の2つのオプションがあります。

- **外部タイプの仮想スイッチ** —— 入れ子構造の仮想化を有効化した仮想マシンのネットワークアダプターに関連付けられたゲストOS側の仮想スイッチと、Hyper-Vホストの物理ネットワークアダプターに関連付けられたホスト側の仮想スイッチをルーティングできるように、入れ子構造の仮想化を有効化した仮想マシンのネットワークアダプターで［MACアドレスのスプーフィングを有効にする］オプションを有効化する必要があります。
- **NATタイプの仮想スイッチ** —— NAT対応の仮想スイッチは、Windows Server 2016およびWindows 10バージョン1607から作成できる新しいタイプの仮想スイッチです。入れ子構造の仮想化を有効化した仮想マシンのゲストOSのネットワーク接続がゲートウェイとなって、閉じたネットワークから外部への通信を中継します。NAT対応の仮想スイッチを利用する場合、［MACアドレスのスプーフィングを有効にする］オプションを有効にする必要はありません。NAT対応の仮想スイッチについては、「7.2.2　Hyper-V仮想スイッチの作成」で説明します。ネットワークの構成に制約のあるAzure仮想マシンで入れ子構造の仮想化を利用する場合は、このタイプの仮

想スイッチを利用します。

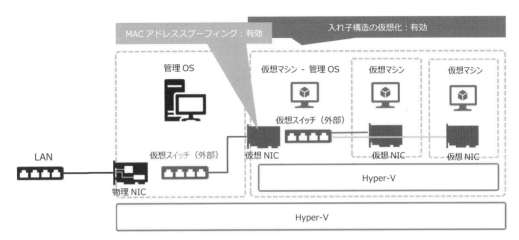

図7-1-10　入れ子構造の仮想化とネットワーク接続のイメージ。NATタイプの仮想スイッチを使用する場合、MACアドレスのスプーフィングの有効化は不要

■| 入れ子構造の仮想化の有効化

　Hyper-Vはプロセッサが備える仮想化支援機能に依存しています。Hyper-Vは仮想マシンに対してプロセッサの仮想化支援機能を公開しないため、通常は仮想マシンの中でHyper-Vの役割を有効化しようとしても、Hyper-Vのシステム要件を満たしていないためブロックされます。

　入れ子構造の仮想化は、構成バージョン8.0の第1世代仮想マシンまたは第2世代仮想マシンで有効化できます。PowerShellで次のコマンドラインを実行することで、対象の仮想マシンに対してプロセッサ仮想化支援機能を公開するようになります。3行目のコマンドラインは、ネットワークアダプターの［MACアドレスのスプーフィングを有効にする］オプションを有効にする設定です。この設定は、［Hyper-Vマネージャー］で仮想マシンの［設定］から有効にすることもできます。NATタイプの仮想スイッチを利用する場合は、この設定は不要です。

```
PS C:¥> $vmName = "<仮想マシン名>"
PS C:¥> Set-VMProcessor -VMName $vmName -ExposeVirtualizationExtensions $true
PS C:¥> Set-VMNetworkAdapter -VMName $vmName -MacAddressSpoofing on
```

画面7-1-11
通常、Hyper-Vの仮想マシンの中で、さらにHyper-Vの役割を有効化することはできない

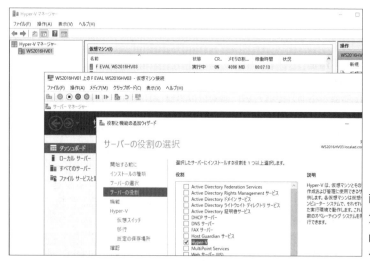

画面7-1-12
入れ子構造の仮想化を有効にすると、仮想マシンの中でHyper-Vの役割のインストールと実行が可能になる

7.2 Hyper-Vホストの管理

　Windows Server 2016のHyper-VのGUI管理ツールは［Hyper-Vマネージャー］ですが、このほかにWindows PowerShell用Hyper-Vモジュールを使用したローカルまたはリモート管理、およびHyper-V WMIプロバイダーを使用したローカルおよびリモート管理が可能です。第3章で説明したWindows Admin CenterでもHyper-Vおよび仮想マシンのリモート管理が可能です。また、中規模から大規模の仮想化インフラストラクチャやプライベートクラウドの管理には、Virtual Machine Managerをはじめとする System Center 2016以降の統合管理ツールを利用できます。ここでは、主に［Hyper-Vマネージャー］を使用したHyper-Vホストの全体の設定について説明します。必要に応じて、PowerShellによる操作方法についても説明します。

7.2.1 Hyper-Vホストの設定

Windows Server 2016にHyper-Vの役割をインストールしたら、[Hyper-Vマネージャー]の[操作]ペインから[Hyper-Vの設定]ダイアログボックスを開いて、Hyper-Vホスト全体の設定を確認し、必要に応じて設定を変更しておきましょう。

画面7-2-1　Hyper-Vホストの全体設定を行う[Hyper-Vの設定]ダイアログボックス

■ 仮想ハードディスクおよび仮想マシンの既定の保存パス

[Hyper-Vの設定]ダイアログボックスの[仮想ハードディスク]および[仮想マシン]では、それぞれ仮想ハードディスクのファイルおよび仮想マシン構成ファイルの既定の保存先パスを設定します。既定のパスはC:\Users\Public\Documents\Hyper-V\Virtual Hard DisksおよびC:\ProgramData\Microsoft\Windows\Hyper-Vですが、十分な空き領域のある、C:ドライブとは別のNTFSまたはReFS形式のボリューム上のパスに変更することをお勧めします。ここで指定したパスが存在しない場合、自動的に作成されます。

Hyper-Vホストクラスターの場合は、クラスターの共有ボリューム（CSV）上のパス（C:\ClusterStorage\volume<番号>\<サブフォルダー>など）にするとよいでしょう。

■ 物理GPU

RemoteFX仮想GPU（RemoteFX 3Dビデオアダプター）の仮想マシンへの割り当てをサポートするための、グラフィックスカードを選択します。Windows Server 2016でこの設定を行うためには、RemoteFX仮想GPU対応のグラフィックスカードを搭載しており、リモートデスクトップサービスの役割のリモートデスクトップ（RD）仮想化ホストの役割サービスがインストールされている必要があります。Windows 10バージョン1511以降の場合は、リモートデスクトップサービスに依存せず、構成できます。詳しくは、「第9章　リモートデスクトップサービス」で説明します。

> **改訂 Windows Server 2019 Hyper-Vには[物理GPU]の項目がない**
>
> [Hyper-Vの設定]ダイアログボックスの[物理GPU]の項目は、Windows Server 2019 Hyper-VおよびWindows 10バージョン1809のクライアントHyper-Vからは削除されました。RemoteFX 3Dビデオアダプターの新規割り当てはWindows Server, version 1803およびWindows 10バージョン1803クライアントHyper-Vまで可能ですが、Windows Server 2019 Hyper-Vからはサポートされなくなります。RemoteFX 3Dビデオアダプターを割り当て済みの仮想マシンを実行することは可能ですが、その場合、物理GPUはWindows PowerShellのコマンドレット(**Enable-VMRemoteFXPhysicalVideoAdapter**など)で構成することになります。
>
> 具体的な方法については、筆者の個人ブログの以下の記事を参考にしてください。この記事では、サポートされなくなった仮想マシンへの新規割り当てがPowerShellで引き続き可能であることも紹介しています。
>
> Windows Server 2019 RDVHのRemoteFX vGPU
> ⊖ https://yamanxworld.blogspot.com/2018/10/windows-server-2019-rdvh-remotefx-vgpu.html

■ NUMAノードにまたがるメモリ割り当て

　NUMA（Non-Uniform Memory Access）アーキテクチャのシステムでは、同じNUMAノード内のプロセッサとローカルメモリが高速なバスで接続され、別のNUMAノードのメモリへのアクセスよりも高速な処理が可能です。NUMAアーキテクチャのシステムで、1つのNUMAノードを超えるメモリ容量を1つの仮想マシンに割り当てると、リモートメモリへのアクセスが発生し、パフォーマンス低下の原因となります。このオプションでNUMAノードにまたがる割り当てを無効にすることで、リモートメモリアクセスの発生を防止することができます。なお、Windows Server 2012以降のHyper-Vでは、仮想マシンにNUMAトポロジを認識させることができるため、このオプションの設定に関係なく、NUMAノードを超えるメモリを、パフォーマンスを低下させることなく、NUMAトポロジに合わせた配置で仮想マシンに割り当てることができます。NUIMAノードをまたがるメモリ割り当ては、既定で有効です。有効/無効を切り替えた場合は、設定を反映するために仮想マシン管理サービスの再起動が必要です。

画面7-2-2
NUMAシステムでは、NUMAノードにまたがるメモリ割り当てを無効にすることで、リモートメモリアクセスによるパフォーマンス低下を防止できる

■ ライブマイグレーション

2台のHyper-Vホスト（Hyper-Vホストクラスターではない Hyper-Vホスト）間での「ライブマイグレーション」の有効化、同時実行数（既定は2）、認証方法、パフォーマンスオプションを構成します。詳しくは、「7.4.6 記憶域と仮想マシンのライブマイグレーション」で説明します。

■ 記憶域の移行

仮想マシンの保存先パスの移動を行う「記憶域の移行」の同時実行数（既定は2）を構成します。

■ 拡張セッションモードポリシー

「拡張セッションモード」とは、Windows Server 2012 R2およびWindows 8.1から利用可能になった、第2世代仮想マシンに対する［仮想マシン接続］ツール（Vmconnect.exe）の接続オプションの1つです。［仮想マシン接続］ツールは、TCPポート2179を使用して仮想マシン管理サービス（vmms.exe）に接続し、仮想マシンワーカープロセス（仮想マシンごとのvmwp.exe）が仮想マシンバスを通じて、仮想マシンのビデオ出力（Hyper-Vビデオ）に接続し、ゲストOSのローカルコンソールに接続します。これに対し、拡張セッションモードは同じTCPポート2179による仮想マシン管理サービスに接続しますが、仮想マシンワーカープロセスは仮想マシンのゲストOSのリモートデスクトップサービスのコンポーネントに接続します。

拡張セッションモードでは、リモートデスクトップ接続と同じグラフィックス機能（RemoteFXを含む）とデバイスのリダイレクト機能（RemoteFX USBデバイスリダイレクトを含む）がサポートされます。また、拡張セッションモードは仮想マシンのビデオ出力ではなく、リモートデスクトップセッションに接続するという違いもあります。

Windows Serverの既定の拡張セッションポリシーは、拡張セッションモードを許可しません。一方、Windows 8.1やWindows 10のHyper-Vの既定のポリシーは、拡張セッションモードを許可します。

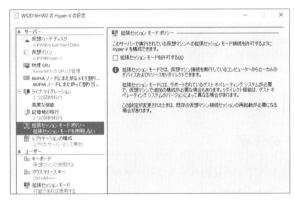

画面7-2-3
Windows Serverの既定の拡張セッションモードポリシーは、拡張セッションモードの使用を許可しない

画面7-2-4
拡張セッションモードを使用すると、リモートデスクトップ接続と同じ機能で仮想マシンに接続できる。ゲスト側でリモートデスクトップ接続の有効化は必要ない

> **改訂 Linux仮想マシンの拡張セッションモードのサポート**
>
> 　Windows 10バージョン1803クライアントHyper-VおよびWindows Server, version 1803以降では、Linux仮想マシンへの拡張セッションモードによる接続がサポートされます。この機能を利用するには、Hyper-Vホスト側で拡張セッションモードのトランスポートを既定のVMBusからHvSocketに変更することと、Linux仮想マシンのゲスト側でHvSocket対応のxrdpのインストールとxorgのセットアップが必要です。詳しくは、筆者の個人ブログの以下の記事を参考にしてください。
>
> Windows 10 ver 1803 Hyper-V and Ubuntu 18.04 LTS with Enhanced Session Mode
> ↪https://yamanxworld.blogspot.com/2018/05/windows-10-ver-1803-hyper-v-and-ubuntu.html

■|レプリケーションの構成

　Hyper-Vレプリカのレプリカサーバーの有効化、認証方法、使用ポート、サーバーの承認、レプリカ仮想マシンの保存先パスを構成します。詳しくは、「7.4.8　Hyper-Vレプリカ」の項で説明します。

PowerShellを使用したHyper-Vホストの設定

　［Hyper-Vマネージャー］の［Hyper-Vの設定］の設定内容は、PowerShellの**Get-VMHost**コマンドレットを使用して確認することができます。

```
PS C:\> Get-VMHost -ComputerName "<Hyper-Vホスト名>" -Credential "<資格情報>"↵
 | Select *
```

　また、設定を変更するには、**Set-VMHost**コマンドレットを使用します。例えば、［仮想ハードディスク］［仮想マシン］［NUMAノードにまたがるメモリの割り当て］の各設定は、次のコマンドラインで設定できます。

```
PS C:\> Set-VMHost -VirtualHardDiskPath "<仮想ハードディスクの保存先パス>"
PS C:\> Set-VMHost -VirtualMachinePath "<仮想ハードディスクの保存先パス>"
PS C:\> Set-VMHost -NumaSpanningEnabled $true（既定）または$false（許可しない）
```

7.2.2　Hyper-V仮想スイッチの作成

　［役割と機能の追加ウィザード］で仮想スイッチ用のネットワークアダプターを選択しなかった場合、およびDISMコマンドやInstall-WindowsFeatureコマンドレットでHyper-Vの役割をインストールした場合は、仮想マシンにネットワーク接続を提供する仮想スイッチが作成されません。Hyper-Vの仮想マシンを作成する前に、次に行うべき作業は仮想スイッチの準備です。

■|仮想スイッチの種類

　Hyper-V上で稼働する仮想マシンは、管理OSが提供する仮想スイッチ（Hyper-V拡張仮想スイッチ）を介して、物理ネットワークや仮想ネットワークに接続することができます。仮想スイッチはレイヤ2ネットワークスイッチ（スイッチングハブ）として動作するソフトウェアベースの仮想的なデバイスであり、仮想マシンのネットワークアダプターやレガシネットワークアダプターは仮想スイッチの仮想

的なLANポートに接続されます。

仮想スイッチには、次の3つの種類（SwitchType）があります。

- **外部（External）** —— 仮想マシンを物理ネットワークや仮想ネットワーク（Hyper-Vネットワーク仮想化によるソフトウェア定義のネットワーク）に接続するために使用する、物理ネットワークアダプターにバインドされた仮想スイッチです。仮想マシン専用に1つのネットワークアダプター（またはネットワークチーム）を構成するか、1つのネットワークアダプター（またはネットワークチーム）を管理OSと共有するように構成します。管理OSと共有する場合、［vEthernet（仮想スイッチ名）］という名前のHyper-V Virtual Ethernet Adapterデバイスが管理OSに追加され、管理OSはこのデバイスを使用して仮想スイッチに接続されます。

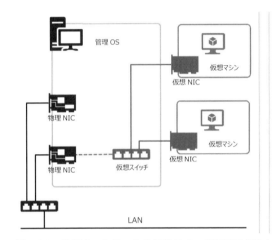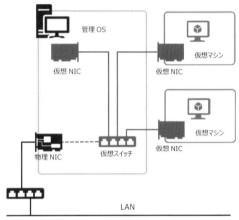

図7-2-5 物理ネットワークを仮想スイッチ専用にするか、管理OSと共有するかの違い

- **内部（Internal）** —— このHyper-Vホスト上の仮想マシンと管理OSのみが接続できる仮想スイッチです。このタイプの仮想スイッチを作成すると、［vEthernet（仮想スイッチ名）］という名前のHyper-V Virtual Ethernet Adapterデバイスが管理OSに追加され、管理OSはこのデバイスを使用して仮想スイッチに接続されます。内部タイプの仮想スイッチは、この後説明するNAT（ネットワークアドレス変換）を構成することで、仮想マシンに対して外部アクセスを提供することも可能です。
- **プライベート（Private）** —— このHyper-Vホスト上の仮想マシンのみが接続できる仮想スイッチです。この仮想スイッチは、外部ネットワークやHyper-Vホストとは隔離された閉じたネットワークサブネットへの接続を提供します。

Windows Server 2016およびWindows 10バージョン1607では、内部（Internal）タイプの仮想スイッチを使用して、Hyper-Vホストに接続されたネットワーク接続を共有するNAT（ネットワークアドレス変換）を構成することが可能です。NAT対応仮想スイッチは、仮想マシンを接続できるほか、第8章で説明するWindowsコンテナーに外部ネットワークへの接続を提供するために使用できます。

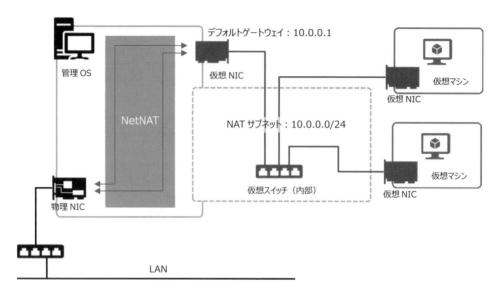

図7-2-6　内部タイプの仮想スイッチは、仮想マシンのためのNAT対応のスイッチとして構成することが可能。NAT対応のスイッチは、Windows Server 2016およびWindows 10バージョン1607の新機能

■|仮想スイッチの作成

　仮想スイッチを作成または設定を変更するには、［Hyper-Vマネージャー］の［操作］ペインから［仮想スイッチマネージャー］を開いて行います。仮想スイッチがまだ作成されていない場合は、［外部］［内部］または［プライベート］を選択して仮想スイッチを新規に作成します。

　［外部］タイプを選択した場合は、仮想スイッチを外部ネットワークに接続するための物理ネットワークアダプターの指定が必要です。また、必要に応じて［管理オペレーティングシステムにこのネットワークアダプターの共有を許可する］を有効にします（画面7-2-7）。

　［管理オペレーティングシステムにこのネットワークアダプターの共有を許可する］オプションは、Hyper-VホストのWindows Server（管理OS）をこの仮想スイッチに接続するかどうかの指定と言い換えることもできます。［管理オペレーティングシステムにこのネットワークアダプターの共有を許可する］オプションを有効にしない場合、指定したネットワークアダプターは仮想スイッチ専用となり、Hyper-VホストのWindows Serverのネットワーク通信には使用されません。Hyper-Vホストに複数のネットワークアダプターが存在し、Hyper-VホストのWindows Server用に別のネットワークアダプターを確保できる場合は、有効にしないことをお勧めします。Hyper-Vホストが1つのネットワークアダプターのみを搭載している場合は、［管理オペレーティングシステムにこのネットワークアダプターの共有を許可する］オプションを有効にする必要があります。

　外部タイプの仮想スイッチを作成すると、仮想スイッチ用に選択した物理ネットワークアダプターには［Hyper-V Extensible Virtual Switch］というサービスがバインドされ、仮想スイッチ用に使用されるようになります。［管理オペレーティングシステムにこのネットワークアダプターの共有を許可する］オプションを有効にした場合は、この仮想スイッチに接続する管理OS用の仮想ネットワークアダプターとして、［vEthernet (仮想スイッチ名)］が追加され、物理ネットワークアダプターに以前に設定されていたIPアドレス設定がこちらの仮想ネットワークアダプターに移行します。つまり、管理OSは同じ仮想スイッチに接続される仮想マシンと同じ方法で、外部ネットワークに接続されることになるのです。

管理OS用の仮想ネットワークアダプター［vEthernet（仮想スイッチ名）］は、内部タイプの仮想スイッチを作成した場合も出現します。この仮想ネットワークアダプターは、同じ仮想スイッチに接続される仮想マシンと同じネットワークサブネットを手動で構成することで、仮想マシンとの通信に利用できます（画面7-2-8）。

画面7-2-7 外部タイプの仮想スイッチを作成する

画面7-2-8 外部タイプの仮想スイッチ用の物理ネットワークアダプターを管理OSと共有する構成にすると、管理OSは［vEthernet（仮想スイッチ名）］という名前の仮想ネットワークアダプターを介して仮想スイッチ経由で外部ネットワークに接続するようになる

仮想スイッチをPowerShellで作成する場合は、**New-VMSwitch**コマンドレットを使用します。**New-VMSwitch**コマンドレットのコマンドラインは、外部タイプと、内部およびプライベートタイプで指定方法が異なることに注意してください。外部タイプの仮想スイッチは、次の例のようにネットワークアダプターを指定し、管理OSとの共有をするかしないか（**-AllowManagementOS**）を指定します。

```
PS C:\> Get-NetAdapter（ネットワークアダプター名の確認）
PS C:\> New-VMSwitch -Name "vSwitch - External"
 -NetAdapterName "ネットワークアダプター名（例：イーサネット）"
 -AllowManagementOS $trueまたは$false
```

ネットワークアダプターを使用しない内部およびプライベートタイプの仮想スイッチは、**-SwitchType**パラメーターに仮想スイッチのタイプ（**Internal**または**Private**）を指定して作成します。

```
PS C:\> New-VMSwitch -Name "vSwitch - Internal" -SwitchType Internal
PS C:\> New-VMSwitch -Name "vSwitch - Private" -SwitchType Private
```

NICチーミングを利用した仮想スイッチ

Windows Server 2012以降のWindows Serverは、OSの標準機能として「NICチーミング」を搭載しています。NICチーミングは、複数のネットワークアダプターを束ねてNICチームを作成し、ネットワーク帯域幅の集約、負荷分散、およびリンク障害に対する冗長性を提供します。NICチームは、単一のネットワークアダプターとして扱うことができ、Hyper-Vの外部タイプの仮想スイッチ用のネットワークアダプターとしても使用できます。

NICチームは受信トラフィックと送信トラフィックの負荷分散の方法、それぞれチーミングモードと負荷分散モードとして構成できます。負荷分散モードの[Hyper-Vポート]を選択すると、仮想マシンのMACアドレスに基づいて仮想スイッチのLANポートを識別し、ポートごとに送信トラフィックを負荷分散します（同じ仮想マシンの同じネットワークアダプターからの送信トラフィックを負荷分散しません）。

なお、NICチームはほとんどのネットワーク機能と互換性がありますが、SR-IOV、RDMA、TCP Chimneyなどのハードウェアオフロードテクノロジとは併用できないという制約がありました。Windows Server 2016からはスイッチ依存のチーミングモード（静的、LACP）のNICチームにおいて、RDMAの利用がサポートされます。

画面7-2-9　OS標準のNICチームは、Hyper-V仮想スイッチのネットワークアダプターとして利用可能

■ NATスイッチの作成

　Windows Server 2016およびWindows 10バージョン1607からは、内部タイプの仮想スイッチを使用して、NAT（ネットワークアドレス変換）を構成し、Hyper-Vホストのネットワーク接続を仮想マシンと共有できるようになりました。

> **改訂 Windows 10バージョン1703以降のNATの拡張**
>
> 　Windows Server 2016およびWindows 10バージョン1607では、Hyper-Vホストごとに単一のNATネットワークをサポートします。これらのバージョンのNetNATは複数のNATネットワークをサポートしません。Windows 10バージョン1703以降のNetNATは、複数のNATネットワークをサポートするようになり、同一のHyper-Vホスト上に異なる構成の複数のNATスイッチを作成することができます。
> 　また、Windows 10バージョン1709以降のクライアントHyper-Vでは、Hyper-Vの機能の有効化時に「既定のスイッチ（またはDefault Switch）」という名前の仮想スイッチが自動作成されます。この仮想スイッチは、Hyper-Vの内部ネットワーク向けにNAT、DHCPサーバー、デフォルトゲートウェイ機能を提供し、仮想マシンに対するインターネット接続環境を提供するNATスイッチとして機能するものです。

　NAT機能は、Hyper-Vホスト側のNetNATというコンポーネントが提供します。NATを構成するには、次のようにPowerShellで内部タイプの仮想スイッチを作成し、**New-NetNat**コマンドレットでNATのサブネット範囲を定義して、NATサブネット内のIPアドレスの1つをHyper-Vホスト側の内部タイプの仮想スイッチに接続された仮想ネットワークアダプターに設定します。この例は、NATサブネット10.0.0.0/24（サブネットマスク255.255.255.0）を定義し、IPアドレス10.0.0.1をHyper-Vホスト側の仮想ネットワークアダプターに設定しています。

```
PS C:\> New-VMSwitch -Name NATSwitch -SwitchType Internal
PS C:\> New-NetNat -Name LocalNAT -InternalIPInterfaceAddressPrefix ↵
 "10.0.0.0/24"
PS C:\> Get-NetAdapter "vEthernet (NATSwitch)" | ↵
 New-NetIPAddress -IPAddress 10.0.0.1 -AddressFamily IPv4 -PrefixLength 24
```

　最初の**New-VMSwitch**コマンドレットによる内部タイプの仮想スイッチの作成は、[Hyper-Vマネージャー]からGUIで行うこともできます。また、最後の**New-NetIPAddress**コマンドレットによるIPアドレスの設定は、コントロールパネルのネットワーク接続からNAT仮想スイッチに接続されたHyper-Vホストのネットワークアダプターのプロパティを開いて行うこともできます（IPアドレスとサブネットマスクを設定し、デフォルトゲートウェイとDNSサーバーは設定しない）。

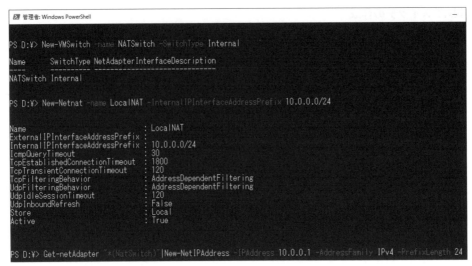

画面7-2-10　内部タイプの仮想スイッチを作成し、NATを構成する

　NetNATはシンプルなサービスであり、NATサブネットに接続する仮想マシンに対してIPアドレスを自動設定する機能は持ちません。そのため、NAT対応の仮想スイッチに接続する仮想マシンでは、NATサブネットのIPアドレスとサブネットマスクを手動で設定し、デフォルトゲートウェイにHyper-VホストのNAT仮想スイッチに接続されたIPアドレス（この例では10.0.0.1）を指定します。また、DNSサーバーの参照設定は、Hyper-Vホストと同じ設定にします。

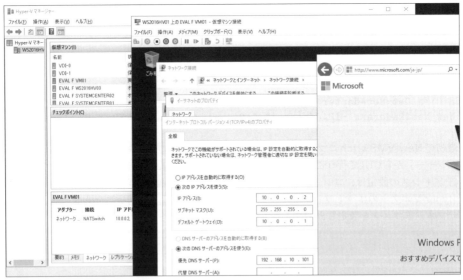

画面7-2-11　仮想マシン側のIPアドレスは手動設定が必要。Hyper-Vホストの仮想ネットワークアダプターに設定したIPアドレスを、仮想マシン側のデフォルトゲートウェイに指定する

■ MACアドレス範囲

　Hyper-Vは既定で、仮想マシンに割り当てたネットワークアダプターに固有のMACアドレスを自動付与します。このとき使用されるMACアドレスプールは、［仮想スイッチマネージャー］の［MACアドレスの範囲］で調整できます。

　MACアドレスの範囲は、**00-15-5D**のベンダーコード（マイクロソフトを示す）と、Hyper-VホストのIPアドレスの第3オクテットと第4オクテットから自動生成されます。これにより、同一のIPサブネット上に存在するHyper-Vホスト間で、MACアドレスの範囲が重複する可能性は低くなっています。

　例えば、Hyper-VホストのIPアドレス192.168.**10.45**の場合、そのHyper-VホストのMACアドレスの範囲は00-15-5D-**0A-2D**-00 ～ FF（**10.45**は16進数表記で**0A-2D**）になります。Hyper-VホストのIPアドレス192.168.**10.214**の場合、そのHyper-VホストのMACアドレスの範囲は00-15-5D-**0A-D6**-00 ～ FF（**10.214**は16進数表記で**0A-D6**）になります。このMACアドレスの範囲は、Hyper-Vホストの現在のIPアドレスではなく、Hyper-Vの役割をインストールしたときのIPアドレスに基づいて決定されるため、重複する可能性は否定できません。特に、Hyper-Vの役割を構成済みのイメージから展開したHyper-Vホストでは、同じMACアドレス範囲が構成されることになります。

　また、既定のMACアドレスの範囲では、Hyper-Vホストあたり00 ～ FFの256個までしか提供できません。それ以上の仮想マシン（のネットワークアダプター）をHyper-Vホストに展開する可能性がある場合は、MACアドレスが不足しないように範囲を広げる必要があります。

　なお、MACアドレスの範囲を変更しても、仮想マシンに既に割り当て済みのMACアドレスには影響しません。新しいMACアドレスの範囲は、仮想マシンに新たに割り当てられたネットワークアダプターで、MACアドレスの動的割り当てが有効（既定）になっている場合に使用されます。

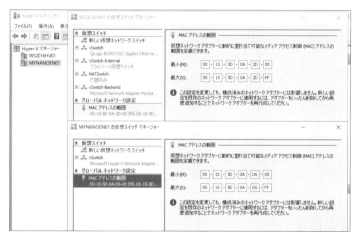

画面7-2-12
Hyper-VホストごとのMACアドレスの範囲は、できるだけ重複しないように、Hyper-VホストのIPアドレスから自動生成される

Virtual Machine ManagerのMACアドレスプール

　System Center Virtual Machine Managerは、Hyper-VおよびVMwareの仮想化インフラストラクチャを統合的に管理できるツールです。仮想化インフラストラクチャ全体で利用できる既定のMACアドレスプールを持ち、より多くの数のMACアドレスの自動割り当てに対応できます。Virtual Machine Managerは、Hyper-Vホスト用に00-1D-D8（マイクロソフトのベンダーコードの1つ）、VMWareホスト用に00-50-69（VMwareのベンダーコードの1つ）から始まる、より広い範囲のMACアドレスプールを既定で持ち、さらにプールを追加することもできます。

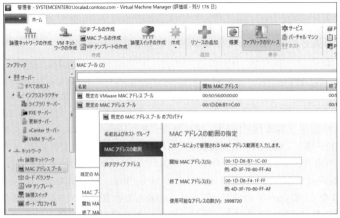

画面7-2-13
Virtual Machine Managerは仮想化インフラストラクチャ全体で利用できる、より広い範囲のMACアドレスプールを持つ

7.2.3　管理の委任

　Windows Server 2012およびWindows 8以降のHyper-Vは、既定でローカルの管理者（BUILTIN¥Administratorsグループのメンバー）にHyper-Vのすべての機能に対する完全で無制限のアクセスが許可されています。そのため、ローカルのAdministratorsグループおよびドメインのDomain Adminsグループのメンバーは、Hyper-Vを完全に管理することができます。これらのグループにユーザーを追加することでHyper-Vの管理権限を与えることは可能ですが、Windows ServerやActive Directoryドメイン全体の管理権限も与えてしまうことになるため、推奨される方法ではありません。

　一般ユーザー（ローカルのUsersグループのメンバーやドメインのDomain Usersグループのメンバー）にHyper-Vの管理権限を委任するには、Hyper-Vホストのローカルのレ Hyper-V Administratorsグループにユーザーを登録します。これにより、ローカルやドメインの管理者権限を与えることなく、Hyper-Vの完全な管理者権限を付与できます。

　Windows Server 2008 R2以前のHyper-Vでは、［承認マネージャー］スナップイン（Azman.msc）を使用して承認ストア（既定は%ProgramData%¥Microsoft¥Windows¥Hyper-V¥InitialStore.xml）を編集することで、Hyper-Vの管理権限を委任することができました。この方法は、Windows Server 2012以降のHyper-Vでは推奨されなくなり、Windows Server 2016およびWindows 10のHyper-Vで廃止されました。

7.2.4　パフォーマンスの監視

　Hyper-VホストのOS管理は、Hyper-V全体のパフォーマンスを監視するための専用のパフォーマンスカウンターを多数提供します。例えば、Hyper-Vホスト全体および仮想マシンごとのプロセッサ使用率は、次のパフォーマンスカウンターで監視できます。

- Hyper-V Hypervisor Logical Processor(*)¥%Total Run Time —— Hyper-Vホスト全体のプロセッサ使用率
- Hyper-V Hypervisor Logical Processor(*)¥%Guest Run Time —— Hyper-VホストZ全体でゲストOSに使用されたプロセッサ使用率

- Hyper-V Hypervisor Logical Processor(*)¥%Hypervisor Run Time ── Hyper-Vホスト全体でハイパーバイザーに使用されたプロセッサ使用率
- Hyper-V Hypervisor Root Virtual Processor(*)¥* ── 親パーティション（管理OS）の仮想プロセッサのパフォーマンスデータを提供
- Hyper-V Hypervisor Guest Virtual Processor(*)¥* ── 子パーティション（仮想マシン）の仮想プロセッサのパフォーマンスデータを提供

仮想マシンのゲストOSのパフォーマンスについては、物理コンピューターと同じように通常のパフォーマンスカウンターを使用してゲストOS側で計測できます。

管理OSの［タスクマネージャー］や［サーバーマネージャー］に表示されるプロセッサ（CPU）使用率は、パフォーマンスカウンターProcessor Information¥%Processor Timeの値であり、管理OSのプロセッサ使用率を示しています。これはHyper-Vホスト全体のプロセッサ使用率を示すものではありません。Hyper-Vの管理OSもまた、ハイパーバイザー上の1つのパーティションで稼働しているゲストOSであり、Hyper-Vハイパーバイザーが提供する仮想プロセッサのビューを参照しています。

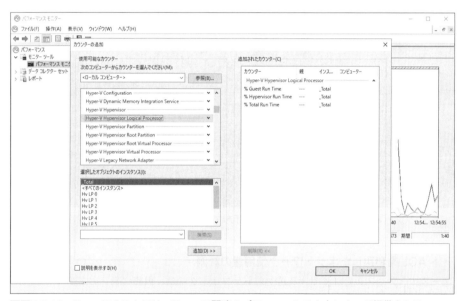

画面7-2-14　Hyper-Vホストには、Hyper-V関連のパフォーマンスカウンターが提供される

7.2.5　リソース計測

　Windows Server 2012以降のHyper-Vは、リソースメータリング（Resource Metering）機能を使用して、仮想マシンごとのリソース使用量を計測することができます。具体的には、プロセッサ使用率の平均、最大、最小、ディスク割り当て、着信トラフィック、および送信トラフィックを計測できます。

■|リソースメータリングの有効化と計測データの参照

　リソースメータリング機能を利用するには、Enable-VMResourceMeteringコマンドレットを使用して、仮想マシンごとにリソースメータリングを有効化します。

```
PS C:\> Enable-VMResourceMetering -VMName "<仮想マシン名>"
```

リソースメータリングを有効化すると、その時点から計測が開始し、計測データは **Measure-VM** コマンドレットを使用して参照できます。計測データのリセットには **Reset-VMResourceMetering** コマンドレット、計測の終了には **Disable-VMResourceMetering** コマンドレットを使用します。なお、リソースメータリングによる計測データは仮想マシンに紐づくため、ライブマイグレーションで Hyper-V ホストが変更になっても計測が継続されます。

```
PS C:\> Get-VM "<仮想マシン名>" | Measure-VM
PS C:\> Get-VM "<仮想マシン名>" | Reset-VMResourceMetering
PS C:\> Get-VM "<仮想マシン名>" | Disable-VMResourceMetering
```

画面7-2-15　リソースメータリング機能を利用した仮想マシンごとのリソース使用量の計測

■ ポート ACL を利用したネットワーク使用量の計測

リソースメータリングで計測できる送受信トラフィック量は、仮想マシンのすべてのネットワークアダプターで送受信されるトラフィック量の合計です。仮想マシンのポート ACL 機能を利用すると、特定の宛先または送信元の IP アドレスや IP アドレス範囲ごと、ネットワークアダプターごとのトラフィック量を計測できます。

ポート ACL は、仮想マシンのネットワークアダプターを通過するトラフィックを、送信元 IP または MAC アドレス、宛先 IP または MAC アドレス、方向のルールで許可（Allow アクション）または禁止（Deny アクション）する機能ですが、Meter アクションを使用することでトラフィックの計測が可能です。例えば、次のコマンドラインを実行すると、仮想マシンの特定の IPv4 アドレスまたは IP サブネットと送受信したトラフィック量を計測できます。

```
PS C:\> Add-VMNetworkAdapterAcl -Action Meter -Direction Both↵
-VMName "<仮想マシン名>" -RemoveIPAddress <IPv4アドレスまたはIPv4サブネット>
```

ポート ACL の計測データは、**Get-VMNetworkAdapterAcl** コマンドレットを使用して確認できます。

計測を終了するには、Remove-VMNetworkAdapterAclコマンドレットを使用します。

```
PS C:¥> Get-VMNetworkAdapterAcl -VMName "<仮想マシン名>"
PS C:¥> Get-VMNetworkAdapterAcl -VMName "<仮想マシン名>" | ⤵
 Remove-VMNetworkAdapterAcl
```

画面7-2-16　ポートACLのMeterアクションを使用した仮想マシンの送受信トラフィックの計測

7.2.6 System Centerによる管理

　Windows Server 2016 Hyper-Vは、System Center 2016以降の管理ツールを使用して管理できます。System Center Virtual Machine Managerは、Windows Server 2016のHyper-VホストおよびHyper-Vホストクラスターを、旧バージョンのHyper-V、VMware vSphereの仮想化ホスト、およびMicrosoft AzureのIaaSに展開された仮想マシンとともに統合的に管理できます。

　Virtual Machine Managerはプライベートクラウドの構築および管理ツールとしても機能し、仮想化ホスト、ストレージ、ネットワークをファブリックとして管理し、ファブリックのプロビジョニングや更新管理、サイト間またはMicrosoft Azureとの間のレプリケーション管理に対応しています。クラウドのサービスプロバイダーは、Virtual Machine Managerを用いて、マルチテナント対応のクラウドサービスを構築することが可能です。Virtual Machine Managerは、Hyper-Vネットワーク仮想化によるSDNの実装や、新しいHost Guardianサービスの管理を簡素化します。

　Hyper-Vの管理という点では、Virtual Machine Managerが中心的な管理ツールとなりますが、System Centerの他のコンポーネントも、Hyper-Vの仮想化インフラストラクチャおよびゲストOSに対してさまざまな管理機能を提供します。例えば、Operations Managerによる物理サーバー、仮想マシン（WindowsとLinux）、ネットワーク、アプリケーションの稼働監視、Data Protection ManagerによるHyper-Vと仮想マシンの統合的なバックアップ、Configuration Managerによる物理サーバーと仮想マシン（WindowsおよびLinux）の構成管理、Orchestratorによる管理タスクの自動化、Service

Managerによるサービス管理などです。

画面7-2-17　Virtual Machine Managerを利用すると、複数のHyper-Vホストを、記憶域やネットワーク、VMwareホスト、Azure仮想マシンとともに一元管理できる

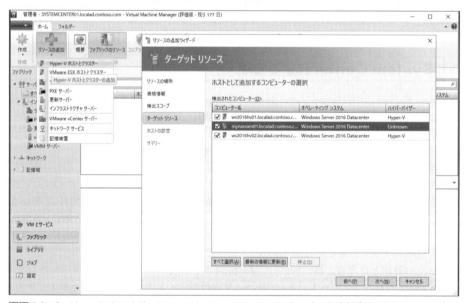

画面7-2-18　Hyper-Vホストは、Virtual Machine Managerにサーバーを追加するだけで、エージェントがプッシュインストールされ、管理対象になる。Windows Server 2016バージョンのNano Serverの場合は、事前にVirtual Machine Managerエージェントパッケージを追加できる

7.3 仮想マシンの作成

Hyper-Vホストには、1つ以上の仮想マシンを作成し、同時実行することができます。Hyper-Vの仮想マシンでは、任意の32ビット（x86）または64ビット（x64）OSをゲストOSとしてインストールして実行できますが、Windowsゲストおよび主要なLinuxゲストをゲストOSとして正式にサポートしており、Hyper-Vに最適化して実行することができます。

7.3.1 仮想マシンの世代と構成バージョン

Windows Server 2012以前のHyper-Vでは、仮想マシンの種類は1つしかありませんでした。その仮想マシンは、Intel 440BXマザーボードに、BIOS、PCI-ISAバス、IDEコントローラー、フロッピーディスクドライブ、PS/2マウス、PS/2キーボード、S3ビデオ、COMポート、Intel（DEC）21140 10/100TX Ethernet（レガシネットワークアダプターの場合）を備える、1990年代に主流であったレガシなコンピューターでした。デバイスの一部はソフトウェア的にエミュレートされるもので、少なからずオーバーヘッドが生じます。しかし、一方でさまざまな種類のOSを簡単にインストールできるという汎用性があります。

■ 仮想マシンの世代

Windows Server 2012 R2以降のHyper-Vでは、「第1世代（Generation 1）」と「第2世代（Generation 2）」の2種類の仮想マシンが用意されています。第1世代仮想マシンはWindows Server 2012以前のHyper-Vと互換性があります。新しい第2世代仮想マシンは、次のような機能を備え、IDEコントローラーやレガシネットワークアダプター、フロッピーディスクドライブなど、エミュレートされるデバイスが削除されます。

- UEFIファームウェア
- UEFIセキュアブート（既定で有効）
- SCSIコントローラー接続の仮想ハードディスク（VHDXまたは物理ディスク）からの起動
- SCSIコントローラー接続のDVDドライブ（ISOイメージのみ）からの起動
- ネットワークアダプター（統合タイプ）のPXEブートのサポート
- OS起動用仮想ハードディスク（VHDX）のオンラインリサイズのサポート

表7-3-1は、第1世代仮想マシンと第2世代仮想マシンの、サポートされるハードウェア構成を比較したものです。なお、仮想マシンの世代は仮想マシン作成時に指定する必要があり、作成後の変換はできません。

表7-3-1 仮想マシンの世代とサポートされるハードウェア（既定値と設定範囲）

	第1世代	第2世代	備考
ファームウェア	BIOS	UEFI	第1世代は32または64ビットOSに対応、第2世代は64ビットOSのみに対応
セキュアブート	非対応	オン	ゲストOSのセキュアブート対応が必要
暗号化（仮想TPM）	非対応	オフ	構成バージョン5.0は非対応
仮想マシンのシールド	非対応	オフ	構成バージョン5.0は非対応

（次ページへ続く）

	第1世代	第2世代	備考
プロセッサ	1（最大64）	1（最大240）	最大の240プロセッサ構成は構成バージョン8.0のみ。構成バージョン7.1以前は最大64まで
メモリ	1TB（最小32MB～最大1TB）	1TB（最小32MB～最大12TB）	最大12TBは構成バージョン8.0のみ。構成バージョン7.1以前は最大1TBまで
動的メモリ	サポート	サポート	Linuxゲストでは一部制限あり
仮想マシン実行中の静的メモリのリサイズ	サポート	サポート	ゲストOSはWindows Server 2016またはWindows 10の場合のみ利用可能
IDEコントローラー	2	非対応	2チャネル/コントローラー。VHD/VHDX、物理ディスク、またはDVDドライブ（ISOまたはDVDメディア）を接続可能
SCSIコントローラー	1（最大4）	1（最大4）	64チャネル/コントローラー。第1世代はVHD/VHDX、物理ディスク、共有ドライブを接続可能。第2世代はVHDX、物理ディスク、共有ドライブ、DVDドライブ（ISOのみ）を接続可能
ファイバーチャネルアダプター	0（最大4）	0（最大4）	最大4アダプター。Hyper-VホストのHBAとFC SANとの接続を仮想SANとして構成し、仮想マシンをFC SANに直結できる
ネットワークアダプター	1（最大8）	1（最大8）	第1世代はPXEブート非対応、第2世代はPXEブート対応
レガシネットワークアダプター	0（最大4）	非対応	第1世代はPXEブート対応
フロッピーディスクドライブ	1	×	仮想フロッピーディスクドライブ.vfdの割り当てが可能。物理ドライブの接続は不可
RemoteFX 3Dビデオアダプター	0（最大1）	0（最大1）	デバイスドライバーはRemoteFX仮想GPU対応のWindowsエディションに搭載（第9章で説明）
COMポート	2（COM1、COM2）	2（COM1、COM2）	ローカルまたはリモートコンピューターの名前付きパイプにリダイレクト

　マイクロソフトによるサポートの有無は別として、第1世代仮想マシンは任意の32ビットまたは64ビットOSをゲストOSとして実行できます。一方の第2世代仮想マシンは、64ビットOSのみをサポートしています。Windows Server 2016 Hyper-Vの第2世代仮想マシンでサポートされるWindowsゲストは、次のとおりです。

- Windows Server 2019
- Windows Server, version 1709以降
- Windows Server 2016
- 64ビット Windows 10
- Windows Server 2012 R2
- Windows Server 2012
- 64ビット Windows 8.1

　第2世代仮想マシンは、LinuxおよびFreeBSDゲストについても次のディストリビューションとバージョンを正式にサポートしています（次の一覧にはディストリビューターによるサポートが既に終了しているバージョンも含まれます）。新しいカーネルの多くではセキュアブートがサポートされています。本稿執筆時点では正式なサポートはありませんが、openSUSE 13.2などもセキュアブートが可能です。

- Red Hat Enterprise Linux（RHEL）6.x、7.x（7.xはセキュアブートをサポート）

- CentOS 6.x、7.x（7.xはセキュアブートをサポート）
- Oracle Linux Red Hat互換カーネル 6.4以降、7.x
- Oracle Unbreakable Enterprise Kernel（UEK）R4（セキュアブートをサポート）
- SUSE Linux Enterprise Server（SLES）11 SP4、12 SP1以降、15（12以降はセキュアブートをサポート）
- Ubuntu 14.04 LTS、16.04 LTS、18.04 LTS、18.10（セキュアブートをサポート）
- Debian 8.x、9.x
- FreeBSD 11.x

■|仮想マシンの構成バージョン

Windows Server 2012 R2までのHyper-Vは、仮想マシンの構成をXML形式の構成ファイルに格納します。Windows Server 2016およびWindows 10のHyper-Vでは、構成ファイルがバイナリ形式（.vmcxおよび.vmrc）に変更され、構成バージョンを識別するようになります。

Windows Server 2016およびWindows 10バージョン1607のHyper-Vの仮想マシンの既定の構成バージョンは8.0です。一方、XML形式のWindows Server 2012 R2およびWindows 8.1のHyper-Vの構成バージョンは5.0です。また、Windows 10初期リリースとWindows 10バージョン1511のHyper-Vは、それぞれ6.2と7.0の構成バージョンとなります。このほかにもWindows Server 2016のTechnical Previewの段階によって、いくつかの構成バージョンが存在しました。Windows Server 2016およびWindows 10バージョン1607のHyper-Vは、既定の8.0のほか、5.0、6.2、7.0、および7.1の構成バージョンをサポートし、これらの構成バージョンの仮想マシンの作成と実行が可能です。ただし、Hyper-Vの新機能の一部は構成バージョン8.0のみでサポートされます。

表7-3-2　Windows ServerおよびWindowsのバージョンと構成バージョンの対応（Windows Server 2016 Technical Preview 5以前のプレビュー版については省略）

Hyper-VホストのWindowsバージョン	サポートされる構成バージョン
Windows Server 2016、Windows 10バージョン1607	8.0（既定）、7.1、7.0、6.2、5.0
Windows Server 2016 Technical Preview 5	7.1（既定）、7.0、6.2、5.0
Windows 10バージョン1511	7.0（既定）、6.2、5.0
Windows 10初期リリース	6.2（既定）、5.0
Windows Server 2012 R2、Windows 8.1	5.0（既定）

Windows Server 2016およびWindows 10バージョン1607のHyper-Vは、旧バージョンのHyper-Vからライブマイグレーションや移動、インポート操作で移行した仮想マシンの構成バージョンを自動変換することはしません。これにより、いったん最新のHyper-V環境に移行した仮想マシンを、以前のバージョンのHyper-V環境に戻すことも可能です。

旧バージョンのHyper-Vから移行した仮想マシンは、［Hyper-Vマネージャー］で［構成バージョンのアップグレード］を実行して簡単に構成バージョン8.0にアップグレードできます。構成バージョンのアップグレードは、仮想マシンをオフにした状態で実行できます。なお、構成バージョンをアップグレードすると、以前に作成したチェックポイントは破棄されることに留意してください。また、構成バージョンをダウングレードすることはできません（画面7-3-3）。

構成バージョンはPowerShellの**Update-VMVersion**コマンドレットでもアップグレードできます。

画面7-3-3　旧バージョンのHyper-Vから移行した仮想マシンの構成バージョンを8.0にアップグレードする

```
PS C:¥> Update-VMVersion -Name "<仮想マシン名>"
```

　Windows Server 2016およびWindows 10バージョン1607のHyper-Vで作成する仮想マシンの構成バージョンは8.0ですが、PowerShellの**New-VM**コマンドレットの**-Version**パラメーターを使用することで、以前の構成バージョンで仮想マシンを新規に作成することができます。

```
PS C:¥> New-VM -Name "<仮想マシン名>" -Generation <仮想マシンの世代（1または2）> ↩
 -Version <構成バージョン（5.0、6.2、7.0、7.1、8.0）>
```

　仮想マシンの構成ファイルの形式がXML形式からバイナリ形式に変更されたことは既に説明しましたが、仮想ハードディスクを含めて、仮想マシンを構成するファイルと保存先パスの関係について説明します。

■ 構成バージョン5.0の仮想マシンを構成するファイル

　構成バージョン5.0の仮想マシンを作成すると、仮想マシンの保存先パスのVirtual MachinesフォルダーにXML形式の構成ファイルと空のサブフォルダーが作成され、仮想ハードディスクの保存先パスに仮想ハードディスクのファイルが作成されます。
　仮想マシンの構成ファイルのファイル名およびサブフォルダー名には、仮想マシン名ではなく、仮想マシンID（VMId）が使用されます。同じHyper-Vホストに同じ名前の仮想マシンが複数同時に存在できるのは、このためです。仮想マシンIDは、PowerShellの**Get-VM**コマンドレットで確認することができます。

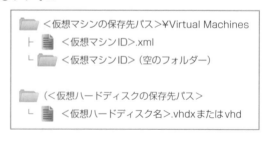

```
PS C:¥> Get-VM | Select Name, VMId
```

仮想マシンを起動すると、仮想マシンの保存先パスのVirtual Machinesフォルダーのサブフォルダーに.binおよび.vsvファイルが作成されます。.binファイルは仮想マシンの現在のメモリサイズと同容量であり、メモリの状態を保持するために利用されます。.vsvファイルはデバイスの状態を保持するために利用されます。

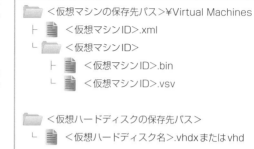

仮想マシンにチェックポイント（旧称、スナップショット）を作成すると、仮想マシンの保存先パスのSnapshotsフォルダーに仮想マシンの構成ファイル、.binファイル、および.vsvファイルが作成され、チェックポイント作成時の状態が保存されます。以降のチェックポイント作成時の仮想マシンの仮想ハードディスクを親とする差分ディスク（.avhdxまたは.avhd）が作成され、チェックポイント作成後の仮想マシンの仮想ハードディスクとして設定されます。なお、仮想マシンがオフの状態でチェックポイントを作成した場合、メモリの状態とデバイスの状態を保存する.binファイル、および.vsvファイルは作成されません。

チェックポイントが保存される構成ファイルのファイル名、サブフォルダー名、.binファイル、.vsvファイルには、チェックポイントIDが使用されます。チェックポイントIDは、PowerShellの**Get-VMSnapshot**コマンドレットで確認することができます。

```
PS C:¥> Get-VM | Get-VMSnapshot | Select VMName, Name, CreationTime, Id
```

■ 構成バージョン8.0（6.2以降）の仮想マシンを構成するファイル

構成バージョン6.2以降の仮想マシンの場合、.vmcxファイルが従来のXML形式の構成ファイルに相当します。.vmrsファイルは従来の.binおよび.vsvファイルに相当し、メモリとデバイスの状態を保持します。

```
📁 <仮想マシンの保存先パス>¥Virtual Machines
├ 📄 <仮想マシンID>.vmcx
├ 📄 <仮想マシンID>.vmrs
└ 📁 <仮想マシンID>（空のフォルダー）

📁 <仮想マシンの保存先パス>¥Snapshots
├ 📄 <スナップショットID>.vmcx
├ 📄 <スナップショットID>.vmrs
└ 📁 <スナップショットID>（空のフォルダー）

📁 <仮想ハードディスクの保存先パス>
├ 📄 <仮想ハードディスク名>.vhdxまたはvhd
└ 📄 <仮想ハードディスク名>_<GUID>.avhdxまたはavhd
```

改訂 ホストの既定の構成バージョンとサポートする構成バージョン

Hyper-Vホストの既定の仮想マシンの構成バージョンとサポートする構成バージョンは、**Get-VMHostSupportedVersion**コマンドレット（管理者権限が必要）で確認することができます。以下は、Windows 10バージョン1809およびWindows Server 2019のHyper-Vホストでの実行結果です。

```
PS C:¥> Get-VMHostSupportedVersion
Name                                                       Version IsDefault
----                                                       ------- ---------
Microsoft Windows 8.1/Server 2012 R2                       5.0     False
Microsoft Windows 10 1507/Server 2016 Technical Preview 3  6.2     False
Microsoft Windows 10 1511/Server 2016 Technical Preview 4  7.0     False
Microsoft Windows Server 2016 Technical Preview 5          7.1     False
Microsoft Windows 10 Anniversary Update/Server 2016        8.0     False
Microsoft Windows 10 Creators Update                       8.1     False
Microsoft Windows 10 Fall Creators Update/Server 1709      8.2     False
Microsoft Windows 10 April 2018 Update/Server 1803         8.3     False
Microsoft Windows 10 October 2018 Update/Server 2019       9.0     True
```

なお、構成バージョン8.2からは、.vmrcとは別に、.vmgsという新しいファイル形式にデバイスを保持するようになりました。

7.3.2 仮想マシンの新規作成

仮想マシンは、［Hyper-Vマネージャー］や［フェールーオーバークラスターマネージャー］から開始する［仮想マシンの新規作成ウィザード］、またはPowerShellの**New-VM**コマンドレットを使用し

て作成します。

■ 仮想マシンの新規作成ウィザードによる作成

[仮想マシンの新規作成ウィザード]は、[Hyper-Vマネージャー]の[操作]ペインの[新規]-[仮想マシン]から開始します。ウィザードを開始したら、次の手順で仮想マシンを作成します。

1. [名前と場所の指定]ページで、仮想マシン名を入力します。仮想マシンの構成ファイルと仮想ハードディスクを既定の場所以外の場所に変更したい場合は、[仮想マシンを別の場所に格納する]チェックボックスをオンにして、保存先パスを指定します。

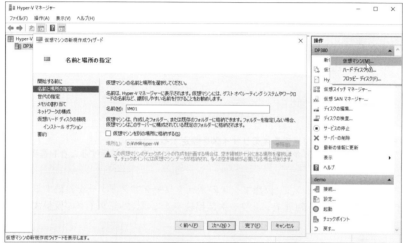

画面7-3-4
仮想マシン名を設定する

2. [世代の指定]ページで、[第1世代]または[第2世代]を選択します。仮想マシンの世代は、サポートされるゲストOSや仮想マシンの機能が異なり、仮想マシンの作成後に世代を変更することができないことに注意してください。

画面7-3-5 仮想マシンの世代を選択する。第2世代（Generation 2）はゲストOSに制限があることに注意

3. [メモリの割り当て]ページでは、仮想マシンに割り当てるメモリを設定します。既定で動的メモリが有効化されますが、動的メモリを有効にするとゲストOSのインストール時に十分なメモリが割り当てられないこともあるため、動的メモリの構成は仮想マシンのゲストOSのインストール完了後に行うことをお勧めします。

画面7-3-6　仮想マシンに割り当てるメモリサイズを設定する。
　　　　　　既定で動的メモリが有効になるが、チェックを外して後で設定することを推奨

4. [ネットワークの構成]ページで、仮想マシンのネットワークアダプターを接続する仮想スイッチを選択します。仮想マシンを物理ネットワークに接続するには、外部タイプの仮想スイッチを選択する必要があります。

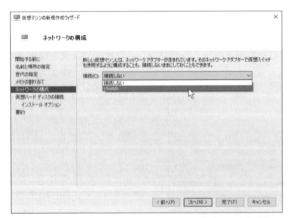

画面7-3-7　仮想マシンのネットワークアダプターを仮想スイッチに接続する

5. [仮想ハードディスクの接続]ページで、仮想マシンのゲストOSのインストール先となる仮想ハードディスクの保存先パスと割り当てサイズ(GB単位)を設定します。このウィザードで仮想マシンの作成と同時に仮想ハードディスクを作成する場合、容量可変タイプのVHDX形式の仮想ハードディスクが作成されます。

第7章 サーバーの仮想化－Hyper-V　517

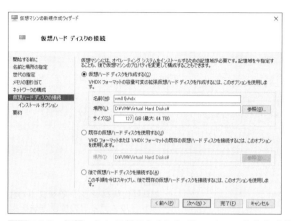

画面7-3-8 仮想マシンのゲストOSのインストール先となる仮想ハードディスクを作成します

6. ［インストールオプション］ページで、ゲストOSのインストールメディアの提供方法を指定します。第1世代仮想マシンの場合は、後でインストール、Hyper-VホストのCD/DVDドライブにセットされたCD/DVDの物理メディア、ISOイメージ、仮想フロッピーディスク（.vfd）、またはネットワークインストールのいずれかを指定できます。既定の統合タイプのネットワークアダプターはPXEブートに対応していませんが、ここでネットワークインストールを選択した場合、PXEブート対応のレガシネットワークアダプターが構成されます。

画面7-3-9
第1世代仮想マシンでゲストOSのインストールメディアの提供方法を指定する

第2世代仮想マシンの場合は、後でインストール、Hyper-VホストのCD/DVDドライブにセットされたISOイメージ、ネットワークインストールのいずれかを指定できます。なお、第2世代仮想マシンでは、Hyper-VホストのCD/DVDドライブにセットされたCD/DVDの物理メディアを接続することができません。また、フロッピーディスクドライブは備えていないため、仮想フロッピーディスク（.vfd）の指定もできません。ネットワークインストールは、統合タイプのネットワークアダプターでサポートされます。

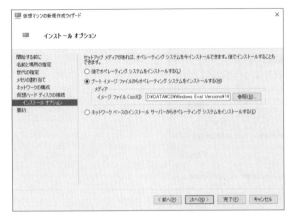

画面7-3-10
第2世代仮想マシンでゲストOSのインストールメディアの提供方法を指定する

 第2世代仮想マシンでインストールメディアを後で指定する場合
　第2世代仮想マシンでインストールメディアを後で指定することを選択した場合、仮想マシンにDVDドライブが追加されません。インストールメディアを指定するには、仮想マシンの作成後に仮想マシンの設定を開き、SCSIコントローラーにDVDドライブを追加してISOイメージを指定した上で、仮想マシンのファームウェアの設定でブート順をDVDドライブが優先されるように構成します。

7. ［仮想マシンの新規作成ウィザードの完了］ページで［完了］ボタンをクリックし、仮想マシンを作成します。

8. 仮想マシンの作成が完了したら、仮想マシンを開始してインストールメディアから起動し、ゲストOSのインストールを開始します。なお、ゲストOSがまだインストールされていない仮想マシンはDVDドライブに割り当てたインストールメディアから起動するので、そのままOSのインストールを開始できます。ただし、第2世代仮想マシンにWindowsをインストールする場合は、仮想マシンのコンソールに表示される"Press any key to boot from CD or DVD…"で **Enter** キーを押す必要があります。

画面7-3-11　第2世代仮想マシンの場合、WindowsのインストールISOイメージから起動するために、この画面で Enter キーを押す必要がある

■|**New-VMコマンドレットによる作成**
　次のコマンドラインは、**New-VM**コマンドレットを使用して第1世代仮想マシンを作成する例です。このコマンドラインを実行すると、静的メモリ、容量可変タイプのVHDまたはVHDXが割り当てられた仮想マシンが作成され、ISOイメージまたは物理DVDドライブのメディアから仮想マシンを開始します。

```
PS C:\> New-VM -Name "<仮想マシン名>" -MemoryStartupBytes <メモリサイズ（例：1024MB）>
 -Generation 1 -NewVHDPath "<仮想ハードディスク（VHDまたはVHDX）のファイルパス>"
 -NewVHDSizeBytes <仮想ハードディスク（VHDまたはVHDX）の最大サイズ（例：127GB）>
 -BootDevice CD -SwitchName "<仮想スイッチ名>"
 -Path "<仮想マシンの構成ファイルの格納先フォルダーパス>"
PS C:\> Get-VMDvdDrive -VMName "<仮想マシン名>" |
 Set-VMDvdDrive -Path "ISOイメージのファイルパスまたはDVDドライブのパス"
PS C:\> Start-VM "<仮想マシン名>"
```

次のコマンドラインは、**New-VM**コマンドレットを使用して第2世代仮想マシンを作成し、ISOイメージから仮想マシンを開始する例です。

```
PS C:\> New-VM -Name "<仮想マシン名>" -MemoryStartupBytes <メモリサイズ（例：1024MB）>
 -Generation 2 -NewVHDPath "<仮想ハードディスク（VHDX）のファイルパス>"
 -NewVHDSizeBytes 40GB -SwitchName "<仮想スイッチ名>"
 -Path "<仮想マシンの構成ファイルの格納先フォルダーパス>"
PS C:\> Add-VMDvdDrive -VMName "<仮想マシン名>" -Path "ISOイメージのファイルパス"
PS C:\> $vmDvdDrive = Get-VMDvdDrive -VMName "<仮想マシン名>"
PS C:\> $vmVhdDrive = Get-VMHardDiskDrive -VMName "<仮想マシン名>"
PS C:\> $vmNetAdapter = Get-VMNetworkAdapter -VMName "<仮想マシン名>"
PS C:\> Set-VMFirmware -VMName "<仮想マシン名>"
 -BootOrder $vmDvdDrive,$vmVhdDrive,$vmNetAdapter
PS C:\> Start-VM "<仮想マシン名>"
```

このように、**New-VM**コマンドレットによる仮想マシンの作成は、パラメーターの指定が複雑です。そのため、次のように仮想マシン名と仮想マシンの世代だけを指定して仮想マシンを簡単に作成し、［Hyper-Vマネージャー］の［設定］で仮想マシンのハードウェアを編集するのが簡単です。

```
PS C:\> New-VM -Name "<仮想マシン名>" -Generation 1または2
```

7.3.3　Windowsゲストのインストールと構成

Hyper-V仮想マシンにゲストOSとしてWindows ServerまたはWindowsをインストールする作業は、非常に簡単です。仮想マシンは特殊なハードウェアを持たず、OSに標準搭載されているドライバーだけでインストールが完了するため、物理環境よりも簡単です。

■ Windowsゲストの新規インストール

仮想マシンのゲストOSとしてWindows ServerまたはWindowsを新規インストールするには、仮想マシンのDVDドライブにWindowsのインストールメディアを接続し、仮想マシンを開始します。

仮想マシンが開始したら、仮想マシンに接続して［仮想マシン接続］ツールのウィンドウを開き、［Windowsセットアップ］を使用して物理コンピューターに新規インストールするのと同じ手順でインストールします。

画面7-3-12
仮想マシンをWindowsのインストールメディアから起動して、Windowsを新規インストールする

　Windows Server 2016およびWindows 10のHyper-VがゲストOSとしてサポートするWindowsは、すべてHyper-Vの統合サービスをビルトインしています。ゲストOSとしてWindows Server 2016およびWindows 10をインストールした場合は、最新の統合サービスがビルトインされているので、追加の手順は必要ありません。

　ゲストOSとしてWindows Server 2012 R2以前やWindows 8.1以前をインストールした場合は、古いバージョンの統合サービスがビルトインされているため、Windows Updateを実行して統合サービスを最新のものに更新します。旧バージョンのHyper-Vからインポート、またはライブマイグレーションや移動操作で移行した仮想マシンについても、移行後にWindows Updateを実行して統合サービスを最新のものに更新してください。

■|統合サービスの主要機能

　Windowsゲスト向けの統合サービスは、統合デバイス（Synthetic Device）に対応したドライバーと、統合サービスを提供します。Windowsゲストには次のサービスがインストールされ、Hyper-Vホスト側の仮想マシンの統合サービスの設定に基づいて実行されます。

画面7-3-13　仮想マシンの統合サービスの設定に基づいて、Windowsゲスト側で統合サービスのサービスが実行される

- **Hyper-V Data Exchange Service** ——「データ交換」に対応するゲスト側サービス。Hyper-Vホストからのゲスト OSの情報（IPアドレスなど）や統合サービスのバージョン情報の取得、IPアドレスの設定（Hyper-Vレプリカのフェールオーバー TCP/IPで利用）などの機能があります。
- **Hyper-V Guest Service Interface** ——「ゲストサービス」に対応するゲスト側サービス。**Copy-VMFile**コマンドレットによるHyper-Vホストからゲストへのファイルコピーを可能にします。このサービスはHyper-Vホスト側で「ゲストサービス」を有効化すると、ゲスト側に導入されます。
- **Hyper-V Guest Shutdown Service** ——「オペレーティングシステムのシャットダウン」に対応するゲスト側サービス。Hyper-Vホストからのシャットダウンを可能にします。
- **Hyper-V Heartbeat Service** ——「ハートビート」に対応するゲスト側サービス。ゲストOSのヘルス状態を監視します。
- **Hyper-V PowerShell Direct Service** —— PowerShell DirectによるHyper-Vホストからの接続を可能にするサービス。Windows 10、Windows Server 2016、およびWindows Server 2016バージョンのNano Serverに存在します。
- **Hyper-V Time Synchronization Service** ——「時刻の同期」に対応するゲスト側サービス。仮想マシンの時刻をHyper-Vホストと同期します。
- **Hyper-Vボリューム シャドウ コピー リクエスター** ——「バックアップ（ボリュームシャドウコピー）」に対応するゲスト側サービス。Hyper-Vホストからのオンラインバックアップを可能にします。
- **Hyper-V リモート デスクトップ仮想化サービス** —— 拡張セッションモードによるコンソール接続を可能にするゲスト側サービスです。

7.3.4　Linux/FreeBSDゲストのインストールと構成

　Hyper-V仮想マシンにゲストOSとしてLinuxやFreeBSDをインストールする作業も決して難しくはありません。仮想マシンは特殊なハードウェアを持たず、LinuxカーネルやFreeBSDカーネルに必要なドライバーがビルトインされているため、物理環境や他の仮想化テクノロジの仮想マシンよりも簡単です。なお、LinuxおよびFreeBSDゲストのインストールに関するここでの記述は、本書の初版時点に確認した手順に基づいています。LinuxやFreeBSDの新しいバージョンでは手順が異なる場合があることに留意してください。

■│Linux/FreeBSDの新規インストール

　Hyper-VのLinuxおよびFreeBSD向けの統合サービスは、それぞれGPLv2およびBSDライセンスの下でオープンソースで開発、提供されています。Linux向けの統合サービスはLinux Integration Service（Linux IS、LIS）、FreeBSD向けの統合サービスはBSD Integration Service（BIS）と呼ばれています。

　一部の古いバージョンを除いて、サポート対象のLinuxおよびFreeBSDにはHyper-Vの統合サービスがカーネルにビルトインされており、Hyper-Vの仮想マシンにインストールするだけで、Hyper-Vに最適化されて動作します。LinuxやFreeBSDをインストールする際に、Hyper-Vのために特別な操作は必要ありません。

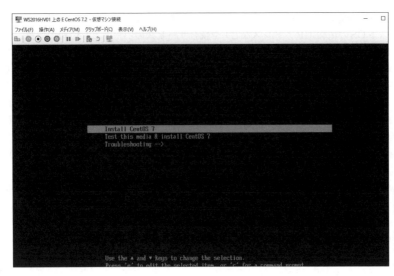

画面7-3-14
Hyper-V 仮想マシンにLinuxをインストールする。Linux向けの統合サービスは、主要なLinuxのカーネルにビルトインされている

■ 第2世代仮想マシンのセキュアブートをLinux用に構成する

　Linuxゲストを第2世代仮想マシンにインストールする場合、第2世代仮想マシンの既定のハードウェア構成では、Linuxのインストールメディアから仮想マシンを起動することができません。その理由は、仮想マシンでWindowsゲスト向けのセキュアブートが有効になっているからです。インストールしようとしているLinuxがセキュアブートに対応している場合は、[Hyper-Vマネージャー]で仮想マシンの[設定]を開き、セキュアブートのテンプレートを既定の[Microsoft Windows]から[Microsoft UEFI証明機関]に変更します。あるいは、[セキュアブートを有効にする]チェックボックスをオフにして、セキュアブートを無効にします。セキュアブートの設定変更は、仮想マシンをオフにした状態で実行します。

画面7-3-15　第2世代仮想マシンの場合は、セキュアブートテンプレートをLinux用に変更するか、セキュアブートを無効にする

PowerShellを使用して、仮想マシンのセキュアブートをLinux用に構成するには、次のコマンドラインを実行します。

```
PS C:¥> Set-VMFirmware -VMName "<仮想マシン名>"
 -SecureBootTemplate MicrosoftUEFICertificateAuthority
```

または、次のコマンドラインを実行して、セキュアブートをオフにします。

```
PS C:¥> Set-VMFirmware -VMName "<仮想マシン名>" -EnableSecureBoot Off
```

■ 追加のコンポーネント

Hyper-V仮想マシンにLinuxおよびFreeBSDをインストールした場合は、KVPデータ交換サービス、VSSバックアップ、ゲストサービス（**Copy-VMFile**）のサポートといったHyper-Vの特定の機能に対応するために追加のコンポーネントが必要な場合があります。

- **RHEL、CentOS、Oracle Linux Red Hat互換カーネル向けKVP/VSS/FCOPYデーモン**

    RHEL、CentOS、およびOracle Linux Red Hat互換カーネルの場合は、次のコマンドラインを実行して、標準のリポジトリからhyperv-daemonsパッケージをインストールします。このパッケージは、データ交換サービス（Hyper-V KVP daemon）、VSSバックアップ（Hyper-V VSS daemon）、**Copy-VMFile**をサポートするゲストサービス（Hyper-V FCOPY daemon）のデーモンを提供します。

    ```
    # yum install hyperv-daemons
    # reboot
    ```

    OSバージョン7.1以降の場合は、Hyper-V FCOPY daemon（hypervfcopyd.service）を有効化するために、さらに以下のコマンドラインを実行してください。なお、OSバージョン7.0にはHyper-V FCOPY daemonは提供されません。

    ```
    # systemctl enable hypervfcopyd.service
    ```

- **RHEL、CentOS、Oracle Linux Red Hat互換カーネル向けLIS 4.x**

    RHEL、CentOS、Oracle Linux Red Hat互換カーネルのバージョン5.x、6.x、および7.x向けに、Linux Integration Services 4.x for Hyper-V（LIS 4.x）が提供されています。

    Linux Integration Services Version 4.1 for Hyper-V（非推奨）
    ⇒https://www.microsoft.com/en-us/download/details.aspx?id=51612

    Linux Integration Services v4.2 for Hyper-V and Azure（推奨）
    ⇒https://www.microsoft.com/en-us/download/details.aspx?id=55106

    「7.1.4 サポート対象のゲストOS」で説明したように、OSバージョン6.4以降および7.0以降では、LIS 4.xのインストールは必須ではなく、場合によってはサポートが制限される場合がありますが、LIS 4.xだけで利用可能になる機能もあります。LIS 4.xをインストールするには、LIS 4.xのISOメディアをLinux仮想マシンに接続した上で、Linuxゲストで次のように実行します。

```
# mount /dev/cdrom /media
# cd /media
# ./install.sh　（アップグレードは./upgrade.sh、削除は./uninstall.sh）
# reboot
```

画面7-3-16　CentOS 7.2にLIS 4.1をインストールしているところ

　なお、LIS 4.xをインストールした場合、セキュアブートが有効になっているとLinuxゲストを起動できなくなるという問題を確認しています（LIS 4.1、4.1.1および4.1.2で確認）。この問題を回避するには、LIS 4.xをインストールしないでセキュアブートを有効のまま利用するか、セキュアブートをオフにLIS 4.xをインストールします。
　また、OSバージョン5.xおよび6.xにLIS 4.xをインストールすると、Linuxゲストの再起動後にCD/DVDメディアをマウントできなくなるという既知の問題があります。これを回避するには、次のようにata_piix.koモジュールを読み込んでから、CD/DVDメディアをマウントしてください。

```
# insmod /lib/modules/$(uname -r)/kernel/drivers/ata/ata_piix.ko
# mount /dev/cdrom /media
```

■ Ubuntu向けKVP/VSS/FCOPYデーモン
　Ubuntuでデータ交換サービス、VSSバックアップ、ゲストサービスをサポートするには、Ubuntu 14.04以前はhv-kvp-daemon-initパッケージを、Ubuntu 14.10以降はlinux-cloud-tools-commonパッケージおよび依存関係にあるパッケージを**apt-get**コマンドでインストールします。

```
$ sudo apt-get install hv-kvp-daemon-init　（またはlinux-cloud-tools-common）
$ reboot
```

　Ubuntu 14.10以降にKVP/VSS/FCOPYデーモンをインストールするには、次のパッケージをインストールします。

```
$ sudo apt-get install linux-cloud-tools-common linux-cloud-tools-generic ⏎
  linux-cloud-tools-virtual  linux-cloud-tools-lowlatency
$ reboot
```

- **FreeBSD向けKVPデーモン**
FreeBSD 10以降でKVPデータ交換サービスをサポートするには、FreeBSDのHyperV-Portsで提供されているhv-kvpパッケージを手動で組み込みます。
FreeBSD 9.x/8.xには統合サービスがビルトインされていません。FreeBSDのHyperV-Portsで提供されているFreeBSD 9.x/8.x用パッケージを手動で組み込む必要があります。

FreeBSD Hyperv-Ports
→https://svnweb.freebsd.org/ports/branches/2015Q1/emulators/hyperv-is/

Linux統合サービスのコンポーネントと機能

Linux統合サービスのコンポーネントと主な機能について説明します。サポート対象のLinuxのすべてが、これらの機能のすべてをサポートしているとは限りません。

- **hv_vmbus** —— 仮想マシンバス（VMBus）をサポートするカーネルモードドライバー。
- **hv_netvsc** —— ネットワークアダプター用のVSCドライバー。
- **hv_storvsc** —— ストレージ用のVSCドライバー。SCSIディスクのホットアド、オンライン拡張（VHDXのみ）、仮想SANのサポートを含みます。
- **hv_balloon** —— 動的メモリ（ホットアドおよびバルーニング）のサポートを提供します。
- **hv_utils** —— シャットダウン連携、時刻同期、ハートビート、KVPデータ交換サービス、KVP IPインジェクション（フェールオーバー TCP/IP）のサポートを提供します。
- **hyperv_keyboard** —— キーボードドライバー。
- **hid_hyperv（またはhv_mouse）** —— マウス統合をサポートするマウスドライバー。
- **hyperv_fb** —— フルHDまで対応するフレームバッファードライバー。

Linuxゲストの解像度の変更

Linuxゲストをインストールした仮想マシンのローカルコンソールの既定の解像度は1152x864（HD）です。CUI環境の場合、この解像度は大きすぎて扱いにくいでしょう。その場合は、GRUBの起動エントリに**video=hyperv_fb:800x600**を追加することで、800×600（VGA）の小さな解像度に変更できます。変更を反映するには、**grub2-mkconfig**による構成ファイルの更新とLinuxゲストの再起動が必要です。

画面7-3-17　Linux仮想マシンのローカルコンソールの解像度はhyperv_fbにより変更可能

- **hv_vss_daemon（またはhypervvssd）**――「バックアップ（ボリュームシャドウコピー）」に対応するゲスト側デーモン。VSSはWindowsの機能であり、Linuxゲストの場合はメモリ上のキャッシュをディスクにフラッシュします。
- **hv_kvp_daemon（またはhypervkvpd）**――「データ交換」に対応するゲスト側デーモン。Hyper-VホストからのゲストOSの情報（IPアドレスなど）や統合サービスのバージョン情報の取得、IPアドレスの設定（Hyper-Vレプリカのフェールオーバー TCP/IPで利用）などの機能があります。
- **hv_fcopy_daemon（またはhypervfcopyd）**――「ゲストサービス」に対応するゲスト側デーモン。**Copy-VMFile**コマンドレットによるHyper-Vホストからゲストへのファイルコピーを可能にします。

画面7-3-18　Linuxゲストのビルトインドライバーはlsmod | grep_hvで、各種サービスはsystemctlやchkconfigで確認できる

Linux/FreeBSD向けの統合サービスの機能

LinuxおよびFreeBSDの統合サービスがサポートする機能の詳細や制限事項、追加に必要なコンポーネントについては、以下のドキュメントを参照してください。

Supported Linux and FreeBSD virtual machines for Hyper-V on Windows
→https://docs.microsoft.com/en-us/windows-server/virtualization/hyper-v/Supported-Linux-and-FreeBSD-virtual-machines-for-Hyper-V-on-Windows

また、筆者の個人ブログに、主要なディストリビューションのさまざまなバージョンについて、追加コンポーネントの導入手順などをまとめているので、参考にしてください。

Hyper-V and Linux/FreeBSDのまとめ
→https://yamanxworld.blogspot.com/2015/02/hyper-v-and-linuxfreebsd.html

KVPデータ交換サービスからデータを取得するサンプルスクリプト

KVPデータ交換サービスが提供するゲストOSの情報は、Hyper-V WMI Providerのインターフェイスを使用して取得できます。具体的には、実行中のWindowsおよびLinux仮想マシンのゲストOSのFQDN、IPアドレス、OSの名称、OSのバージョン、統合サービスのバージョン情報などをHyper-Vホスト側から取得できます。筆者の次のブログ記事にWindows Script Host（WSH）でKVPを取得するサンプルスクリプトがあり

ます。ただし、このサンプルは非常に古いものであり、Windows Server 2012 R2以降のHyper-Vで利用するには、WMI名前空間を¥¥root¥virtualizationから¥¥root¥virtualization¥v2に変更があることに注意してください。

Hyper-V Scripting: "実行中" の仮想マシン＝ゲストOS が "実行中" ではない
→https://yamanxworld.blogspot.com/2010/07/hyper-v-scripting-os.html

7.4 仮想マシンの管理

ゲストOSがインストールされた仮想マシンの、基本的な管理操作について説明します。

7.4.1 仮想マシンの設定の編集

［仮想マシンの新規作成ウィザード］で作成した仮想マシンは、そのままでは仮想マシンの使用目的の要件を満たしていない場合があります。例えば、複数の仮想プロセッサを割り当てたい場合や、メモリ割り当てを調整したい場合、仮想ハードディスクやネットワークアダプターを追加したい、あるいはハードウェアの詳細設定を行いたい場合などは、［Hyper-Vマネージャー］で仮想マシンの［設定］を開き、ハードウェア構成を編集します。

■ ハードウェアの追加

仮想マシンの［設定］の［ハードウェアの追加］では、仮想マシンにいくつかの種類のハードウェアを追加できます。第1世代仮想マシンの場合は、［SCSIコントローラー］［ネットワークアダプター］［RemoteFX 3Dビデオアダプター］［レガシネットワークアダプター］［ファイバーチャネルアダプター］の5種類、第2世代仮想マシンの場合は［レガシネットワークアダプター］を除く4種類のハードウェアを追加できます。

第2世代仮想マシンでは、実行中の仮想マシンに対してネットワークアダプターを追加、削除できます。これは、Windows Server 2016およびWindows 10のHyper-Vの新機能です。

画面7-4-1　第1世代仮想マシン（上）と第2世代仮想マシン（下）で追加できるハードウェア

■ セキュリティ

仮想マシンの［設定］の［セキュリティ］は、主に第2世代仮想マシン向けのセキュリティオプションを提供します。セキュアブートの有効化/無効化、Linuxゲスト向けのセキュアブートテンプレートの設定、トラステッドプラットフォームモジュール（仮想TPM）の有効化、仮想マシンのシールド、およびライブマイグレーショントラフィックの暗号化の有効化が可能です。

仮想マシンのシールドおよびライブマイグレーショントラフィックの暗号化は、マルチテナントのクラウド環境で仮想ハードディスクの転送や保存、メモリ状態の転送を他のテナントやクラウド事業者、および第三者（インターネット経由のデータ転送中）から仮想マシンを保護することが目的です。仮想ハードディスクの暗号化は、仮想TPMを使用したゲストOS側でのBitLockerドライブ暗号化で行います。ライブマイグレーショントラフィックの暗号化は仮想TPMに保護キーを格納し、ゲスト側で暗号化を行います。仮想TPMをサポートしない第1世代仮想マシンではキー記憶域ドライブを追加することで、暗号化サポートを有効化できます。

仮想TPMについては、第10章でも説明します。

画面7-4-2　仮想TPMは、TPM 2.0セキュリティデバイスをゲストOSに提供する

■│メモリ

　仮想マシンの［設定］の［メモリ］では、仮想マシンへのメモリの割り当て方法と割り当てサイズを設定します。メモリは、固定値を静的に割り当てる方法と、動的メモリを有効化する方法があります。動的メモリは、仮想マシンのゲストOSのメモリ要求に基づいて、メモリを追加したり、削除してHyper-Vホストの利用可能メモリとして回収したりできます。動的メモリを有効化する場合は、仮想マシンの開始時に割り当てるサイズ（RAM、スタートアップRAMとも呼ばれます）、動的メモリの割り当て範囲（最小RAMと最大RAM）、メモリバッファーを指定します。

　動的メモリは、第9章で説明する仮想デスクトップインフラストラクチャ（VDI）の仮想デスクトップのように、デスクトップアプリケーションを実行する仮想マシン環境で利用することで、Hyper-Vホストのメモリリソースの効率的な使用が可能です。サーバー用途の仮想マシンは、アプリケーションやサービスをバックグラウンドで常時実行するため、静的にメモリを割り当てることをお勧めします。

　Windows Server 2016およびWindows 10のHyper-Vでは、静的なメモリ割り当ての仮想マシンにおいて、実行中にメモリサイズを増減できるようになりました。この機能は、ゲストOSとしてWindows Server 2016、Windows 10、および静的メモリのリサイズをサポートする一部のLinuxを実行している第1世代仮想マシンおよび第2世代仮想マシンで利用できます。

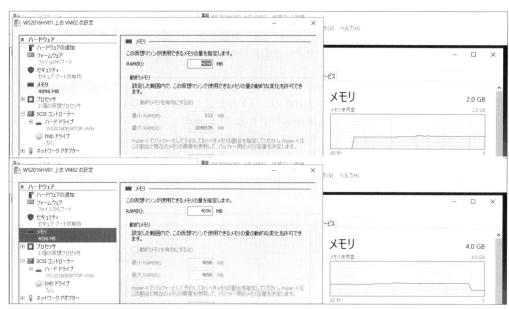

画面7-4-3 ゲストOSが静的メモリのリサイズに対応している場合、
仮想マシンの実行中にメモリ割り当てを増減できる

管理OS用メモリの予約と動的メモリ使用時のメモリバッファーの考慮事項

　Hyper-Vは、Hyper-V関連のサービス（フェールオーバークラスタリング機能など）については、必要なメモリを計算し、管理OS用に確保（予約）するため、動的メモリの利用で管理OS側のメモリが不足することは基本的にはありません。ただし、管理OSでHyper-Vとは関係のないアプリケーションを実行する場合、Hyper-Vはそのアプリケーション用のメモリを考慮しないため、管理OSのメモリ不足やパフォーマンス低下が発生する可能性があります。

　管理用OSに次のレジストリキーを作成すると、管理OS用メモリを固定サイズで予約することができます。管理用OSに固定サイズでメモリを予約する場合は、最低でも、フルインストールの場合で2048（2GB）、Server Coreインストールの場合で1024（1GB）に、アプリケーション用のメモリを加算したサイズを指定してください。

```
キー：HKEY_LOCAL_MACHINE¥SOFTWARE¥Microsoft¥Windows NT¥CurrentVersion¥Virtualization
種類：DWORD（32ビット）値（REG_DWORD）
値：MemoryReserve
値のデータ：管理OSに予約するメモリサイズ（MB）
```

　また、動的メモリを使用する場合は、動的メモリのメモリバッファーの設定の影響にも考慮が必要です。Hyper-Vは、仮想マシンからのメモリの追加要求に対して、現在のメモリ割り当てとメモリバッファーから計算したサイズのメモリを追加しようとします。そのサイズがHyper-Vホストの現在の利用可能空きメモリよりも大きければ、メモリの追加は実施されません。動的メモリにおける追加メモリの計算式については、筆者の個人ブログの以下の記事で検証しています。

Hyper-Vの動物メモリに関するメモ（計算式）
→http://yamanxworld.blogspot.jp/2014/06/hyper-v.html

■ プロセッサ

仮想マシンの［設定］の［プロセッサ］では、仮想マシンに割り当てる仮想プロセッサの数の割り当てと、仮想マシン間のリソース配分（予約、限度、重み）を調整できます。1つの仮想マシンには、Hyper-Vホストが備える論理プロセッサ（コアやハイパースレッディングは1論理プロセッサ）数を上限に、1つ以上の仮想プロセッサを割り当てることができます。

また、Hyper-VホストがNUMA対応のハードウェアの場合は、［プロセッサ］の下にある［NUMA］を構成して、仮想マシンのNUMAトポロジを構成し、仮想マシンをNUMA対応のハードウェアにすることが可能です。Hyper-VホストのNUMAトポロジに一致するように仮想マシンのNUMAトポロジを構成することで、NUMA対応アプリケーションのパフォーマンスを向上させることができます。

画面7-4-4　仮想マシンのNUMAトポロジを適切に構成することで、NUAM対応アプリケーションのパフォーマンスを向上できる

■ IDEコントローラー

第1世代仮想マシンは、2つのIDEコントローラーを持ちます。1つのIDEコントローラーには、最大2つのハードドライブまたはDVDドライブを割り当てることができます。

ハードドライブは、VHDまたはVHDX形式の仮想ハードディスクまたは物理ハードディスク（Hyper-Vホストでオフラインになっている物理ハードディスク、パススルーディスクとも呼ばれます）を割り当てることができます。第1世代仮想マシンは、OS起動用ディスクを必ずIDEコントローラーに接続する必要があります。

DVDドライブは、ISOイメージ、Hyper-Vホストの物理CD/DVDドライブに接続されたCD/DVDメディアのドライブ、またはHyper-VホストにローカルマウントされたISOイメージのドライブを割り当てることができます。物理CD/DVDメディアを割り当てることができるのは、第1世代仮想マシンのDVDドライブだけです。

ハードドライブの［サービスの品質］では、サービスの品質の管理（ストレージQoS）を有効化し、

最小IOPSおよび最大IOPSを制御できます。Windows Server 2016のHyper-Vでは、このストレージQoSをスケールアウトファイルサーバーで作成するストレージQoSポリシーで一元管理することができます。ストレージQoSポリシーについては第6章で説明しました。

■ SCSIコントローラー

SCSIコントローラーは、統合タイプのデバイス（Synthetic Device）であり、SCSIコントローラーを認識するにはゲスト側に統合サービスが必要です。第2世代仮想マシンはIDEコントローラーを持たず、SCSIコントローラーが標準です。第2世代仮想マシンのOS起動用ディスクは、SCSIコントローラーに接続されます。

第2世代仮想マシンのSCSIコントローラーには、VHDX形式の仮想ハードディスクまたは物理ハードディスクをハードディライブとして、またはDVDドライブ、または共有ドライブを接続することができます。DVDドライブには、ISOイメージを割り当てることができます。物理CD/DVDメディアを接続することはできません。共有ドライブについては、「7.5　Hyper-Vとフェールオーバークラスター」で説明します。

第1世代仮想マシンのSCSIコントローラーには、ハードドライブとしてVHDまたはVHDX形式の仮想ハードディスク、または物理ハードディスク、または共有ドライブを接続することができます。

SCSIコントローラーに接続されたVDHX形式の仮想ハードディスクは、仮想マシンを実行中の状態のままリサイズ（拡張または縮小）することができます。第2世代仮想マシンの場合は、OS起動用ディスクについてもリサイズ可能です。なお、サイズの拡張は簡単にできますが、サイズの縮小については事前にゲストOS側でボリュームのサイズを縮小し、未割り当て領域を作成しておく必要があります。

ハードドライブの［サービスの品質］では、サービスの品質の管理（ストレージQoS）を有効化し、最小IOPSおよび最大IOPSを制御できます。Windows Server 2016のHyper-Vでは、このストレージQoSをスケールアウトファイルサーバーで作成するストレージQoSポリシーで一元管理することができます。ストレージQoSポリシーについては第6章で説明しました。

■ ネットワークアダプター

ネットワークアダプターは統合タイプのデバイス（Synthetic Device）であり、ネットワークアダプターを認識するにはゲスト側に統合サービスが必要です。

ネットワークアダプターに仮想スイッチを割り当てることで、仮想マシンに対してネットワーク接続を提供できます。ネットワークアダプターはVLANに対応しており、VLAN IDを設定することで、VLANに参加できます。仮想スイッチのネットワークアダプターを管理OSと共有している場合、管理OS側のVLAN IDは

画面7-4-5　ネットワークアダプターを仮想スイッチに接続する

仮想スイッチのプロパティで設定できます。また、ネットワークアダプターは帯域幅管理に対応しており、最小帯域幅と最大帯域幅をMbps（メガビット/秒）で制限することが可能です（画面7-4-5）。

第1世代仮想マシンでは、OSのインストール中やシステム修復環境など統合サービスを利用できな

いときに、ネットワーク機能が制限される場合があります。また、PXEネットワークブートには対応していません。これらの制約は、レガシネットワークアダプターを追加することで回避できます。

第2世代仮想マシンでは、ネットワークアダプターのホットアド／リムーブが可能であり、PXEネットワークブートにも対応しています。

ネットワークアダプターの［ハードウェアアクセラレータ］では、仮想マシンキュー（VMQ）、IPSecタスクオフロード、SR-IOVのハードウェアオフロードテクノロジの有効化／無効化と構成が可能です。

ネットワークアダプターの［高度な機能］では、以下に示す高度な構成が可能です。

- **MACアドレス** —— 自動割り当てされたMACアドレスの確認、MACアドレスの静的な設定、MACアドレスのスプーフィングの有効化が可能です。
- **DHCPガード** —— 仮想マシンからのDHCPサーバーメッセージを破棄します。この機能は、主にマルチテナントのクラウド環境において、クラウドプラットフォームのネットワークを不適切な仮想マシンから保護するために利用します。
- **ルーターガード** —— 仮想マシンからのルーターアドバタイズやリダイレクトメッセージを破棄します。この機能は、主にマルチテナントのクラウド環境において、クラウドプラットフォームのネットワークを不適切な仮想マシンから保護するために利用します。
- **保護されているネットワーク** —— Hyper-Vホストクラスター上で実行される高可用性仮想マシンのための構成です。仮想マシンのネットワーク接続が切断された場合、この仮想マシンをクラスターの別のノードに自動的にライブマイグレーションします。
- **ポートミラーリング** —— 仮想マシンのこのネットワークアダプターが送受信するパケットを、同じ仮想スイッチに接続された別の仮想マシンのネットワークアダプターにコピーします。送受信パケットは、ミラーリングモード［移行元］からミラーリングモード［移行先］へコピーされ、ミラーリングモード［移行先］のネットワークアダプターが接続された仮想マシンのゲストOSで実行するパケットモニターツールなどで監視できます。

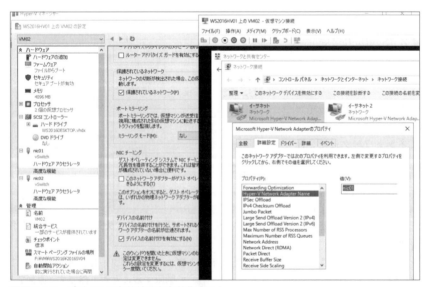

画面7-4-6　デバイスの名前付けを有効化すると、
　　　　　　仮想マシンのネットワークアダプターの名前をゲストOS側から参照できる

- **NICチーミング** —— 仮想マシンがゲストOSとしてWindows Server 2012以降を実行する場合に、このオプションを有効にすることで、ゲストOS側で複数のネットワークアダプターを使用したNICチーミングの構成が可能になります。
- **デバイスの名前付け** —— 仮想マシンのネットワークアダプターの名前を、仮想マシンのゲストOSに伝達します。この機能は、Windows Server 2016およびWindows 10のHyper-Vからの新機能です。仮想マシン側では、ネットワークアダプターの［Hyper-V Network Adapter Name］プロパティの値でネットワークアダプターの名前を参照できます（画面7-4-6）。

ネットワークアダプターの名前の変更

［仮想マシンの新規作成ウィザード］を使用して作成した仮想マシン、および仮想マシンの［設定］から追加したネットワークアダプターの名前は、常に［ネットワーク アダプター］（日本語版の場合）になります。複数のネットワークアダプターを追加した場合でも、すべて同じ名前です。

ネットワークアダプターの名前は **Add-VMNetworkAdapter** コマンドレットで追加する場合に指定することができますが、既に仮想マシンに存在するネットワークアダプターの場合は、**Rename-VMNetworkAdapter** コマンドレットを使用して変更できます。同じ名前のネットワークアダプターの名前を変更するには、次のようにMACアドレスなどでネットワークアダプターを指定してください。

```
PS C:\> Get-VMNetworkAdapter -VMName "<仮想マシン名>"
PS C:\> Get-VMNetworkAdapter -VMName "<仮想マシン名>" |
  Where {$_.MacAddress -eq "<MACアドレス>"} |
  Rename-VMNetworkAdapter -NewName "<新しいネットワークアダプター名>"
```

画面7-4-7 同じ名前のネットワークアダプターが存在する場合の、名前の変更例

レガシネットワークアダプター

レガシネットワークアダプターは、第1世代仮想マシンでサポートされるエミュレートされたデバイスです。レガシネットワークアダプターは、ゲストOS側でIntel 21140-Based PCI Fast Ethernet Adapter（Emulated）と認識され、OSに組み込まれたデバイスドライバーで利用可能です。

通常は、第1世代仮想マシンにおいても、統合タイプのネットワークアダプターの使用を推奨します。ただし、第1世代仮想マシンでPXEネットワークブートを行う場合は、レガシネットワークアダプターを使用する必要があります。また、ゲスト側で統合サービスを利用できない環境でネットワーク接続を提供する場合もレガシネットワークアダプターを使用する必要があります。

レガシネットワークアダプターは、帯域幅管理、ハードウェアオフロード設定、デバイスの名前付け、ホットアド/リムーブには対応していません。その他のVLAN IDの設定および高度な設定は、統合タイプのネットワークアダプターと共通です。

■|COMポート

仮想マシンにはシリアルポート（COMポート）としてCOM1、COM2があり、ローカルまたはリモートコンピューターの名前付きパイプ（¥¥.¥pipe¥<パイプ名>、¥¥<コンピューター名>¥pipe¥<パイプ名>）を接続することができます。この機能を利用すると、Windows Server（2003以降）やWindows Server 2016バージョンのNano Serverが標準で備える緊急管理サービス（Emergency Management Services：EMS）のシリアルコンソールに接続して、Windows Serverの帯域外管理（シャットダウン、再起動、コマンドプロンプトへの接続など）を行ったり、ゲストOSのカーネルデバッグを行ったり、シリアルコンソールをサポートするゲストOSに接続したりできます。

第1世代仮想マシンは、仮想マシンの［設定］の［COM1］または［COM2］で名前付きパイプへの接続を構成できます。第2世代仮想マシンの［設定］には［COM1］や［COM2］が存在しませんが、COMポートをサポートしていないわけではありません。第2世代仮想マシンは、PowerShellの**Set-VMComPort**コマンドレットを使用して名前付きパイプへの接続を構成できます。

```
PS C:¥> Set-VMComPort -VMName "<仮想マシン名>" -Number <COMポートの番号（1または2）>
 -Path ¥¥.¥pipe¥<パイプ名>
PS C:¥> Get-VMComPort -VMName "<仮想マシン名>"
```

画面7-4-8　第2世代仮想マシンは、Set-VMComPortコマンドレットでCOMポートの構成が可能。COMポートに設定した名前付きパイプに接続するには、PuTTYなどの名前付きパイプに対応した端末ソフトウェアを接続する

■ フロッピーディスクドライブ

　第1世代仮想マシンはフロッピーディスクドライブを備えており、仮想マシンの［設定］の［フロッピディスクドライブ］で仮想フロッピーディスク（.vfd）を接続することができます。仮想フロッピーディスク（.vfd）は、［Hyper-Vマネージャー］の［操作］ペインから［新規］－［フロッピーディスク］を選択して作成することができます。

　仮想フロッピーディスク（.vfd）は、Sysprepを実行して一般化したゲストOSのイメージを自動セットアップするための無人応答ファイル（Unattend.xml）を読み込ませるために使用したり、小さなファイルを仮想マシン間でやり取りするのに利用できます。

■ ファイバーチャネルアダプター

　Windows Server 2012以降のHyper-Vでは、物理サーバーのHBA（ホストバスアダプター）とファイバーチャネル（FC）SANとの接続を仮想SANとして構成し、仮想マシンにFC SANを直結することができます。仮想マシンを仮想SANに接続するには、仮想マシンに［ファイバーチャネルアダプター］を追加します。なお、この機能を利用するには、FC HBAおよびFC SANの環境が必要です。

■ RemoteFX 3Dビデオアダプター

　仮想マシンに［RemoteFX 3Dビデオアダプター］を追加すると、物理サーバーのRemoteFX対応のGPU（Graphics Processing Unit）を仮想化して仮想マシンに割り当て、リモートデスクトップ接続のセッションおよび仮想マシンの拡張セッションモード接続に対して、RemoteFX仮想GPUの高度なグラフィックス機能を提供することができます。

　RemoteFX仮想GPUを利用するには、Hyper-VホストがRemoteFX対応のGPUを搭載したグラフィックスカードを備え、リモートデスクトップ（RD）仮想化ホストの役割サービスが有効になっている必要があります。RemoteFX仮想GPUについて詳しくは、第9章で説明します。

7.4.2　チェックポイントの管理

　仮想マシンのチェックポイント（Checkpoint）とは、仮想マシンのハードウェア構成および仮想ハードディスクの状態を復元またはエクスポート可能な状態でファイルとして保存する機能です。実行中の仮想マシンの場合は、メモリやデバイスの状態を含めて、チェックポイントのファイルに保存することができます。Hyper-Vでは、仮想マシンあたり最大50のチェックポイントを作成することができ、チェックポイントのツリーは複数に枝分かれすることができます。Windows Server 2012 Hyper-V 以前はスナップショット（Snapshot）という機能名でした。

　チェックポイントの管理操作は、［Hyper-Vマネージャー］や［仮想マシン接続］ツールから行う方法と、PowerShellのコマンドレットを使用する方法があります。**CheckPoint-VM**コマンドレットはチェックポイントの作成、**Restore-VMSnapshot**、**Remove-VMSnapshot**、**Export-VMSnapshot**コマンドレットはチェックポイントの適用、削除、エクスポートを実行します。

　Windows Server 2016およびWindows 10のHyper-Vには、チェックポイントに運用チェックポイント（Production Checkpoint）という新機能が追加されており、新規に作成した構成バージョン8.0（および6.2以降）の仮想マシンは既定で運用チェックポイントを作成します。

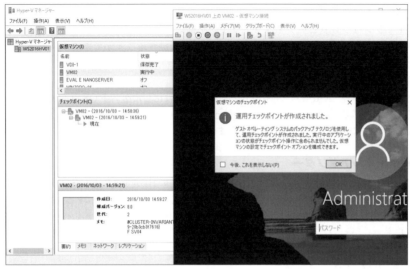

画面7-4-9 構成バージョン8.0の仮想マシンを実行中にチェックポイントを作成すると、既定で運用チェックポイントを作成する

■ 標準チェックポイントと運用チェックポイント

　実行中の仮想マシンの状態を保存し、実行中の状態から復元できるチェックポイントは、トラブル発生時の問題を記録し、いつでもロールバックして再現できるので、特に開発やテスト環境に便利です。しかし、チェックポイントの使用は、データの損失やデータの不整合につながることがあるため、運用環境での使用には適していません。

　新たにサポートされる運用チェックポイントは、仮想マシンの[バックアップ（ボリュームシャドウコピー）]統合サービスと連携して、ゲストOSのバックアップテクノロジと連携して動作するもので、メモリ上にあるディスクキャッシュを仮想ハードディスクにフラッシュした上で、チェックポイントを作成します。これにより、チェックポイントとして保存される仮想ハードディスクのデータの整合性が保たれます。

　運用チェックポイントには、実行中の仮想マシンのメモリやデバイスの状態は保存されません。そのため、運用チェックポイントを仮想マシンに適用すると、仮想マシンのゲストOSは停止した状態から開始することになります。これは、仮想マシンをオンラインバックアップし、そのバックアップから復元して開始するのと同等です。

　実行中の仮想マシンのメモリやデバイスの状態を含む従来のチェックポイントは、標準チェックポイント（Standard Checkpoint）として引き続きサポートされます。統合サービスを利用できないなど、運用チェックポイントを作成できない場合、既定では運用チェックポイントの代わりに標準チェックポイントが作成されます。また、旧バージョンのHyper-Vから移行した仮想マシンは、既定で標準チェックポイントを作成します。なお、オフラインの仮想マシンに対して作成するチェックポイントに運用と標準の違いはありません。運用チェックポイントとして作成されたチェックポイントと、オフラインで作成されたチェックポイントを後で区別する方法もありません。

　作成するチェックポイントの種類は、仮想マシンの[設定]の[チェックポイント]で変更することができます。実行中の状態をチェックポイントに含めたい場合は、標準チェックポイントに変更します。

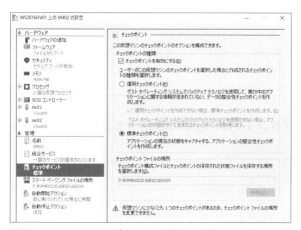

画面7-4-10　チェックポイントの種類は仮想マシンごとに選択できる

■ チェックポイントの作成を禁止する

　Windows Server 2016およびWindows 10のHyper-Vでは、チェックポイントの作成自体を無効化することもできます。仮想マシンの［設定］の［チェックポイント］で、［チェックポイントを有効にする］オプションをオフにすると、チェックポイントの新規作成がブロックされます。

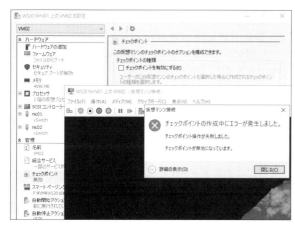

画面7-4-11
［チェックポイントを有効にする］オプションをオフにすると、チェックポイントの作成を禁止できる

■ チェックポイントの削除と結合

　仮想マシンの特定のチェックポイント、またはチェックポイントのサブツリー全体を削除すると、チェックポイントの差分ディスク（拡張子.avhdxまたは.avhd）を親ディスクに結合（マージ）する処理が必要になる場合があります。
　Windows Server 2008 R2 SP1以前のHyper-Vでは、この結合処理を仮想マシンがオフラインの状態にのみ行う仕様でした。そのため、結合処理を実行するタイミングがないと、いつまでも差分ディスクが残ってしまい、仮想マシンに対する一部の操作が制限されることがありました。Windows Server 2012以降のHyper-Vでは、仮想マシンが実行中の状態でもチェックポイントの結合（オンライン結合）を行うように動作が変更されました。

なお、差分ディスクの結合処理は、チェックポイントを削除したとき、あるいはチェックポイントを含む仮想マシンを削除したときに、仮想マシンの状態に関係なくすぐに開始されます。この結合処理の間に、管理OSのシャットダウンや再起動が行われても、処理は一時中断され、再びオンラインになったときに再開されるので問題ありません。

> **改訂 Windows 10バージョン1709以降の自動チェックポイント**
>
> Windows 10バージョン1709以降のクライアントHyper-VおよびWindows Server, version 1709以降のHyper-Vでは、「自動チェックポイント」という新しい種類のチェックポイントがサポートされました。この機能は、仮想マシンの開始時に開始時点のチェックポイントを自動作成し、通常の方法で仮想マシンを停止した場合にチェックポイントを自動削除してディスクをマージします。開始後に仮想マシンで問題が発生したとしても、自動チェックポイントを利用することで開始時点にロールバックすることが可能です。自動チェックポイントは、クライアントHyper-Vの仮想マシンでは既定で有効、Windows Server Hyper-Vの仮想マシンでは既定で無効です。

7.4.3　仮想マシンのエクスポートとインポート

仮想マシンのエクスポートおよびインポート機能を利用すると、仮想マシンやチェックポイントから仮想マシンのファイルベースのバックアップを作成したり、仮想マシンのクローン（複製）を作成したり、別のHyper-Vホストにメディアを使用して仮想マシンを移動したり、あるいは旧バージョンのHyper-Vから仮想マシンを移行したりできます。［Windows Serverバックアップ］やサードベンダーのバックアップツールを使用して復元した仮想マシンのファイルを、任意のHyper-Vホストに復元するためにインポート機能を利用することもできます。

■ 仮想マシンのエクスポート

仮想マシンのエクスポートは、仮想マシンの状態が停止（オフ）、保存完了、実行中のいずれの状態からでも実行できます。作成済みのチェックポイントを、仮想マシンとしてエクスポートすることもできます。

仮想マシンやチェックポイントをファイルにエクスポートするには、［Hyper-Vマネージャー］で対象の仮想マシンまたはチェックポイントを選択して、［操作］ペインまたはコンテキストメニューから［エクスポート］を選択します。PowerShellから実行する場合は、**Export-VM** または **Export-VMSnapshot** コマンドレットを使用します。

仮想マシンをエクスポートすると、仮想マシンの構成ファイル、仮想ハードディスクファイル、および作成済みのチェックポイントが、エクスポート先に指定したパスに作成される＜仮想マシン名＞フォルダーの、Virtual Machines、Virtual Hard Disks、およびSnapshotsサブフォルダーにコピーされます。実行中の仮想マシンをエクスポートした場合は、現在のメモリとデバイスの状態を含む、保存完了状態の仮想マシンとしてエクスポートされます。チェックポイントを選択してエクスポートした場合は、チェックポイントの状態が仮想マシンとしてエクスポートされます。なお、物理ハードディスク（パススルーディスク）が割り当てられた仮想マシンをエクスポートした場合、物理ハードディスクの割り当ての設定情報はエクスポートされますが、エクスポートされたファイルに物理ハードディスクの内容は含まれません。

仮想マシンやチェックポイントをエクスポートしても、特別な形式のファイルが作成されるわけではありません。エクスポート先には、仮想マシンを構成するすべてのファイルの単純なコピーが作成されます。実は、エクスポート操作を行わなくても、エクスプローラーなどを使用して手動でコピーしたものでも、Hyper-Vへのインポートに使用できます。Sysprepを実行して一般化した仮想マシンをエクスポートしておけば、インポート操作で仮想マシンを次々に展開できて便利です（画面7-4-12）。

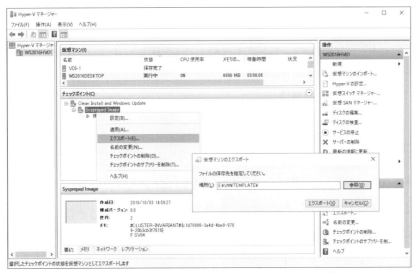

画面7-4-12　仮想マシンまたはチェックポイントをファイルにエクスポートする。
　　　　　　実行中の仮想マシンをエクスポート（ライブエクスポート）することも可能

■ 仮想マシンのインポート

　エクスポートした仮想マシンや単純にファイルコピーした仮想マシンは、同じHyper-Vホストまたは別のHyper-Vホストに仮想マシンとしてインポートできます。［Hyper-Vマネージャー］の場合は［操作］ペインの［仮想マシンのインポート］から開始する［仮想マシンのインポート］ウィザードを使用します。PowerShellの場合は、**Import-VM**コマンドレットを使用します。インポート対象の仮想マシンの状態（ハードウェア構成や存在しない仮想スイッチ、ファイルパスなど）によっては、対話的な操作が必要になる場合があるため、［Hyper-Vマネージャー］の［仮想マシンのインポート］ウィザードを使用するのが簡単です。

　［仮想マシンのインポート］ウィザードで仮想マシンのエクスポート先、または仮想マシン構成ファイル（.xmlまたは.vmcx）を含むフォルダーまたはその1つ上のパスを指定すると、ウィザードがインポート可能な仮想マシンを検出し、インポート対象の仮想マシンを指定できます。

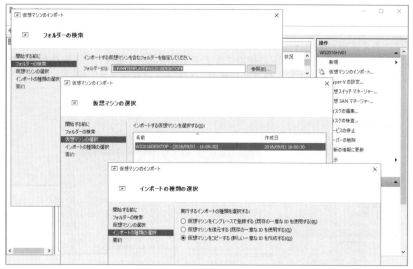

画面7-4-13　エクスポート先または仮想マシン構成ファイルを含むフォルダーの1つ上のパスを指定する

［インポートの種類の選択］ページでは、次の3つのいずれかのオプションを選択します。

- **仮想マシンをインプレースで登録する（既存の一意なIDを使用する）** ―― 仮想マシンIDを変更せずにインポートします。インプレースとは、インポート元のファイルの場所とファイル名をそのまま使用することを意味しています。重複する仮想マシンIDを持つ仮想マシンがある場合、例えば、エクスポート元で仮想マシンを削除していない場合は、インポートは失敗します。その場合は、［仮想マシンをコピーする（新しい一意のIDを作成する）］を選択してインポートします。
- **仮想マシンを復元する（既存の一意なIDを使用する）** ―― 既存の仮想マシンIDのままインポートしますが、インポート元から指定したパスに仮想マシンのファイルをコピーしてインポートします。重複する仮想マシンIDを持つ仮想マシンがある場合、インポートは失敗します。その場合は、［仮想マシンをコピーする（新しい一意のIDを作成する）］を選択してインポートします。
- **仮想マシンをコピーする（新しい一意なIDを作成する）** ―― 既存の仮想マシンIDを使用せずに、新しい仮想マシンIDで仮想マシンをインポートします。同じHyper-Vホストにエクスポート元の仮想マシンが存在する場合や、同じファイルを複数回インポートして、同一構成の仮想マシンを複数作成する場合にこのオプションを使用します。

［仮想マシンのインポート］ウィザードは、仮想マシン構成ファイルに設定されているハードウェア構成に問題や不足がある場合（例えば、ネットワークアダプターを接続していた仮想スイッチと同じ名前の仮想スイッチがインポート先に存在しない場合）や、仮想ハードディスクのあるべき場所にファイルが存在しない場合（例えば、エクスポートしたファイルではなく、ファイルコピーで作成したファイルの場合）、代替の設定をするように要求します。

■ 旧バージョンのHyper-Vからのインポート

　Windows Server 2016およびWindows 10のHyper-Vには、Windows Server 2012およびWindows 8以降のHyper-V環境からエクスポートされた仮想マシンをインポートできます。エクスポート操作でファイル化された仮想マシンがない場合でも、オリジナルの仮想マシンのファイルのコピーがあれば、インポートすることができます。

旧バージョンのHyper-V環境で作成された仮想マシンをインポートした場合は、仮想マシンのWindowsゲストには古いバージョンの統合サービスが含まれている場合があるため、仮想マシンを開始して、最新の統合サービスに更新してください。Linuxゲストの場合も、より新しいLinux統合サービスに更新できる場合があります。

また、旧バージョンのHyper-V環境で作成された仮想マシンをインポートしただけでは、構成バージョンは古い5.0のままです。[Hyper-Vマネージャー]の[構成バージョンのアップグレード]またはUpdate-VMVersionコマンドレットを使用して構成バージョンを最新の8.0にアップグレードできます。

Windows Server 2008 R2 SP1以前のHyper-V仮想マシンの移行

Windows Server 2008 R2 SP1以前のHyper-V環境でエクスポートされた仮想マシンは、Windows Server 2016およびWindows 10のHyper-V環境にはインポートすることができません。なぜなら、Windows Server 2008 R2 SP1以前のHyper-Vは、特別なエクスポート形式（config.xmlおよび＜仮想マシンID＞.exp）を採用しており、Windows Server 2012以降のHyper-Vのシンプルなエクスポート形式（単純なファイルコピー）と互換性がないからです。

Windows Server 2008 R2 SP1以前のHyper-Vでの、仮想マシンのオリジナルのファイルが存在する場合は、それを単純にコピーすることで、Windows Server 2016またはWindows 10のHyper-V環境にインポートできる可能性があります。仮想マシンのオリジナルのファイルが既に存在せず、エクスポートされたファイルしか利用できない場合は、仮想マシンを新規作成し、エクスポート先のVirtual Hard Disksサブフォルダーにある仮想ハードディスクファイル（VHD）を割り当ててください。

改訂 仮想TPMが有効な仮想マシンを別のホストに移動すると起動できない

Windows Server 2016以降のHyper-VおよびWindows 10バージョン1607以降のクライアントHyper-Vは、UEFIベースの第2世代仮想マシンで仮想的なTPMを有効化できます。この仮想TPMは主にHost Guardian サービス（HGS）によるシールドされたVM（Shielded VM）のために用意されたものですが、仮想マシンのゲストOSでTPM関連の機能を利用したい場合にも有効化できます。

HGSからキー（証明書）を取得することがないスタンドアロンのHyper-Vホストで仮想TPMを有効化すると、そのHyper-Vホストに保存される証明書を用いて仮想TPMが保護されます。そのため、仮想TPMが有効な仮想マシンを別のホストに移動またはエクスポート/インポートすると、そのホストで仮想TPMのロックを解除できずに起動に失敗します。仮想TPMをオフにすると起動できますが、オンにすると再び起動できなくなります。この状態を回避する方法については、以下のブログ記事を参照してください。

Hyper-V Tips：vTPMが有効な仮想マシンのエクスポート/インポート
https://yamanxworld.blogspot.com/2018/11/hyper-v-tips-tpm.html

7.4.4 仮想マシングループ

Windows Server 2016およびWindows 10のHyper-Vでは、新たに仮想マシングループ（VMGroup）の作成がサポートされます。

仮想マシングループは、さまざまな管理操作を効率化するために、1台のHyper-Vホスト上で仮想マシンをグループ化する機能です。仮想マシングループは任意に作成でき、1つのグループに1台以上の仮想マシンを含めることができます。また、複数の仮想マシングループを含む仮想マシングループを作成することもできます。

仮想マシングループは、**New-VMGroup** を使用して作成し、**Add-VMGroupMember** コマンドレットを使用して仮想マシン（**VM**）または別のグループ（**VMGroupMember**）を追加します。次の例は、2つの仮想マシングループDEMO-WEBとDEMO-SQLを作成し、DEMO-WEBグループにはVM01-IISSERVERとVM02-IISSERVERの2台の仮想マシンを、DEMO-WEBグループにはVM03-SQLSERVERとVM04-SQLSERVERの2台の仮想マシンを含めます。そして、仮想マシングループDEMO-ALLを作成し、DEMO-WEBグループとDEMO-SQLグループを含めます。

```
PS C:\> New-VMGroup -Name "DEMO-WEB" -GroupType VMCollectionType
PS C:\> New-VMGroup -Name "DEMO-SQL" -GroupType VMCollectionType
PS C:\> Add-VMGroupMember -VMGroup (Get-VMGroup "DEMO-WEB")↵
 -VM (Get-VM "VM01-IISSERVER")
PS C:\> Add-VMGroupMember -VMGroup (Get-VMGroup "DEMO-WEB")↵
 -VM (Get-VM "VM02-IISSERVER")
PS C:\> Add-VMGroupMember -VMGroup (Get-VMGroup "DEMO-SQL")↵
 -VM (Get-VM "VM03-SQLSERVER")
PS C:\> Add-VMGroupMember -VMGroup (Get-VMGroup "DEMO-SQL")↵
 -VM (Get-VM "VM04-SQLSERVER")
PS C:\> New-VMGroup -Name "EVAL-ALL" -GroupType ManagementCollectionType
PS C:\> Add-VMGroupMember -VMGroup (Get-VMGroup "DEMO-ALL")↵
 -VMGroupMember (Get-VMGroup "DEMO-WEB")
PS C:\> Add-VMGroupMember -VMGroup (Get-VMGroup "DEMO-ALL")↵
 -VMGroupMember (Get-VMGroup "DEMO-SQL")
```

仮想マシングループを利用すると、例えば、次の例のようにグループごとに仮想マシンを開始したり、停止したりといった操作を実行できます。このほかにも、仮想マシンの設定の一括変更などに利用できるでしょう。

```
PS C:\> (Get-VMGroup "DEMO-WEB").VMMembers

Name           State CPUUsage(%) MemoryAssigned(M) Uptime   Status   Version
----           ----- ----------- ----------------- ------   ------   -------
VM01-IISSERVER Off   0           0                 00:00:00 正常稼働中 8.0
VM02-IISSERVER Off   0           0                 00:00:00 正常稼働中 8.0


PS C:\> (Get-VMGroup "DEMO-SQL").VMMembers

Name            State CPUUsage(%) MemoryAssigned(M) Uptime   Status   Version
----            ----- ----------- ----------------- ------   ------   -------
VM01-SQLSERVER  Off   0           0                 00:00:00 正常稼働中 8.0
VM02-SQLSERVER  Off   0           0                 00:00:00 正常稼働中 8.0

PS C:\> Start-VM -VM (Get-VMGroup "DEMO-SQL").VMMembers
PS C:\> Start-VM -VM (Get-VMGroup "DEMO-WEB").VMMembers
PS C:\> Stop-VM -VM ((Get-VMGroup "DEMO-ALL").VMGroupMembers).VMMembers
```

7.4.5　仮想ハードディスクの管理

　仮想マシンに割り当てる仮想ハードディスク（VHDXまたはVHD）は、［仮想マシンの新規作成ウィザード］で仮想マシンを作成する際に同時に作成する方法（その場合、容量可変タイプのVHDXに限定）以外にも、いくつか方法があります。また、既存の仮想ハードディスクのファイル形式や種類の変換や、ファイルサイズの最適化（圧縮）、割り当てサイズの拡大または縮小が可能です。

■仮想ハードディスクの新規作成

　［Hyper-Vマネージャー］を使用して仮想ハードディスクを新規に作成するには、［操作］ペインから［新規］－［ハードディスク］を選択し、［仮想ハードディスクの新規作成ウィザード］を開始します。
　［仮想ハードディスクの新規作成ウィザード］では、仮想ハードディスクのファイル形式と種類を選択し、これらの選択に応じてパラメーターを設定します。例えば、種類として［容量固定］または［容量可変］を選択した場合は、割り当てるサイズを指定するか、物理ディスクや既存の仮想ハードディスクのサイズと内容をコピーして作成するかを選択できます。種類として［差分］を選択した場合は、親ディスクのパスを指定する必要があります。

画面7-4-14　ファイル形式と種類、パス、サイズを指定して仮想ハードディスクを作成する

　次の表は、仮想ハードディスクのファイル形式、種類、特徴を簡単にまとめたものです。Windows Server 2016からは、新たにVHDセットという形式がサポートされますが、これについては「7.5 Hyper-Vとフェールオーバークラスター」で説明します。

表7-4-15　仮想ハードディスクのファイル形式と種類

形式と種類		特徴
ファイル形式	VHDX	Windows Server 2012以降のHyper-Vの既定のファイル形式。最大64TBまで割り当て可能。ブロックサイズの指定（1MB～256MB、既定32MB）、および割り当てサイズの縮小、オンラインリサイズ（拡大、縮小）をサポート。電源障害に対する回復性に優れている
	VHD	Windows Server 2008 R2 SP1以前のHyper-Vの既定のファイル形式。最大2TBまで割り当て可能。ブロックサイズは2MB固定
	VHDセット	Windows Server 2016からサポートされる新しいファイル形式。共有ドライブ専用のVHDXベースのファイル形式であり、ホストベースのバックアップをサポートする。クラスターの共有ボリューム（CSV）または継続的なアクセスが可能なSMB 3共有（スケールアウトファイルサーバーのSMB共有）に配置可能
種類	容量固定	割り当てサイズを最初からディスク上に確保するタイプ。I/Oパフォーマンスに優れている。VHD形式の既定（推奨）の種類
	容量可変	ディスク上の最小限の領域でプロビジョニングされ、データの書き込みに応じて最大割り当てサイズまで拡張するタイプ。ディスクリソースを有効利用できる。VHD形式ではパフォーマンスに劣るが、VHDX形式では改善。VHDX形式の既定の種類
	差分	容量固定または容量可変タイプのVHDXまたはVHDを親として読み取り専用で参照し、変更差分を書き込むタイプ。差分ディスクのチェーンは最大1,024個まで

　PowerShellで仮想ハードディスクを作成するには、**New-VHD**コマンドレットを使用します。例えば、次のコマンドレットを実行すると、容量可変タイプ、40GBのVHDXまたはVHDファイルを作成できます。仮想ハードディスクのファイル形式は、パスに含まれる拡張子で決まります。**New-VHD**コマンドレットを使用する利点は、ブロックサイズ（-BlockSizeBytes）や論理セクターサイズ（-LogicalSectorSizeBytes）、物理セクターサイズ（-PhysicalSectorSizeBytes）など、詳細なパラメーターを調整できることにあります。

```
PS C:\> New-VHD -Path "<仮想ハードディスクのパス（.vhdxまたは.vhd）>"
 -SizeBytes 40GB -Dynamic
```

　Windows Server 2008 R2およびWindows 7以降では、Windows標準のディスク管理インターフェイスを使用して、仮想ハードディスクを作成できるようになりました。具体的には、［ディスクの管理］スナップインと**DISKPART**コマンドです。Windows Server 2012およびWindows 8からはVHDとVHDXの両方に対応しています。例えば、次の例は先ほどの**New-VHD**コマンドレットと同じ設定でVHDXまたはVHDファイルを作成します。

```
PS C:\> DISKPART
DISKPART> CREATE VDISK FILE="<仮想ハードディスクのパス（.vhdxまたは.vhd）>"
 MAXIMUM=40960 TYPE=EXPANDABLE
DISKPART> EXIT
```

■ 仮想ハードディスクの編集

　［Hyper-Vマネージャー］の［操作］ペインから［ディスクの編集］を選択すると、［仮想ハードディスクの編集ウィザード］が開始します。このウィザードを使用すると、仮想ハードディスクのファイル形式や種類の変換、容量可変タイプの仮想ハードディスクのサイズの最適化（圧縮）や、割り当てサイ

ズの拡張または縮小といった操作を実行できます。

[仮想ハードディスクの編集ウィザード]では、対象の仮想ハードディスクを選択して、実行したい操作を指定します。どの操作を実行できるかは、対象の仮想ハードディスクの種類や状態、接続先によって異なります。ウィザードで実行可能な操作を表7-1-17に示します。

画面7-4-16
[仮想ハードディスクの編集ウィザード]
で実行できる操作は、対象の仮想ハードディスクによって異なる

表7-4-17 仮想ハードディスクの編集操作

操作	種類	説明
最適化	容量可変	仮想ハードディスクのファイルシステムから削除された領域を解放し、ファイルサイズを縮小します。この操作は仮想マシンをオフラインにして実行する必要があります。
変換	容量固定、容量可変、差分	仮想ハードディスクのファイル形式や種類を変換して、新しい仮想ハードディスクを作成します。VHDXとVHD間の変換も可能です。この操作は仮想マシンをオフラインにして実行する必要があります。
拡張	容量固定、容量可変、差分	仮想ハードディスクの割り当てサイズを拡張します。拡張したサイズを利用するには、仮想ハードディスク内のボリュームを拡張するか、追加された未割り当て領域に新しいボリュームを作成します。SCSIコントローラー接続のVHDXはオンラインで拡張できます。
結合	差分	差分ディスクを親ディスクに結合します。親ディスクに直接結合するか、新しい仮想ハードディスクを作成して結合します
縮小	容量固定、容量可変（ただし、VHDXのみ）	仮想ハードディスクの未割り当て領域を削除し、割り当てサイズを縮小します。対象の仮想ハードディスクに未割り当て領域が存在しない場合は、縮小を実行する前に、ゲストOSで[ディスクの管理]などを使用して、仮想ハードディスク内のボリュームを縮小して未割り当て領域を準備してください。SCSIコントローラー接続のVHDXはオンラインで縮小できます。
再接続	差分、チェックポイント	差分ディスクやチェックポイント(.avhdx、.avhd)と親ディスクの壊れたチェーンを復元します。この操作は仮想マシンをオフラインにして実行する必要があります。

[仮想ハードディスクの編集ウィザード]で実行可能な操作は、Windows PowerShellのコマンドレットで実行することができます。これは、仮想ハードディスクのファイルに対して一括操作を行いたい場合に便利です。例えば、旧バージョンのHyper-V環境から移行したVHD形式の仮想ハードディスクを、VHDX形式に一括変換できます。次の例は、D:¥VHDフォルダー内のすべてのVHDファイ

ルを、容量可変タイプのVHDXファイルに変換します（元のVHDファイルは残ります）。

```
PS C:¥> Get-ChildItem -Path "D:¥VHD" -Filter "*.vhd" | foreach {
  Convert-VHD -Path $_.FullName -DestinationPath ($_.FullName + "x")
   -VHDType Dynamic
}
```

■ 仮想ハードディスクの最適化（圧縮）

　容量可変タイプのVHDXやVHDファイルは、運用とともにファイルサイズが増加しますが、仮想ハードディスク内のファイルを削除したとしても、物理ディスク上からは領域が解放されません。仮想ハードディスクに対して［最適化］を実行すると、仮想ハードディスク内で解放された領域を圧縮し、仮想ハードディスクのファイルサイズを圧縮して、物理ディスク上の領域を解放できます。

　ただし、［仮想ハードディスクの編集ウィザード］を使用した［最適化］の実行は、圧縮効果が低い場合があります。最大の圧縮効果を得るには、PowerShellを使用して、次の例のようにVHDXやVHDファイルを読み取り専用でHyper-Vホストにローカルマウントし、**Optimize-VHD**コマンドレットを実行して最適化を行い、マウントを解除します。

```
PS C:¥> $targetvhd = "VHD/VHDXファイルのパス"
PS C:¥> Mount-VHD $targetvhd -NoDriveLetter -Readonly
PS C:¥> Optimize-VHD $targetvhd -NoDriveLetter -Mode QuickまたはFull
PS C:¥> Dismount-VHD $targetvhd
```

　Optimize-VHDコマンドレットの最適化オプション（**Quick**や**Full**を含む）の多くは、対象のVHDXやVHDファイルが読み取り専用でマウントされていることを前提としています。

Optimize-VHD
→https://docs.microsoft.com/en-us/powershell/module/hyper-v/optimize-vhd

7.4.6　記憶域と仮想マシンのライブマイグレーション

　Hyper-Vにおけるライブマイグレーション（Live Migration）とは、実行中の仮想マシンを停止することなく、仮想マシンや仮想ハードディスクを別のパスや別のHyper-Vホストに移動する機能です。この機能は、停止（オフ）や保存完了状態の仮想マシンに対しても実行できるので、仮想マシンの実行状態に関係なく、現在の状態を変更しないで、移動する機能といったほうがよいかもしれません。

　Hyper-Vの最初のバージョンであるWindows Server 2008 Hyper-Vでは、仮想マシンを一時的に保存完了状態にしてから移動し、移動先で再開する、クイックマイグレーション（Quick Migration）がサポートされました。ライブマイグレーションは、Windows Server 2008 R2 Hyper-Vで初めてサポートされた機能です。どちらの機能も、Windows Server 2008 R2以前はHyper-Vホストのフェールオーバークラスター（Hyper-Vホストクラスター）構成でサポートされる機能でした。

　Windows Server 2012以降のHyper-Vからは、Hyper-Vホストクラスターはライブマイグレーションの前提要件ではなくなり、非クラスター構成のHyper-Vホスト間でも仮想マシンおよび記憶域（仮想マシンのファイルの保存先パス）のライブマイグレーションがサポートされます。Hyper-Vホストクラスターにおけるライブマイグレーション機能もまた、引き続き提供されます。クラスターの共有ボリューム（CSV）に仮想マシンを配置するHyper-Vホストクラスターにおけるライブマイグレー

ションに対して、非クラスター構成のHyper-Vホスト間でのライブマイグレーションをシェアードナッシングライブマイグレーションと呼ぶことがあります。また、記憶域のライブマイグレーションのことを、記憶域の移動、記憶域の移行、あるいはストレージライブマイグレーションと呼ぶことがあります。

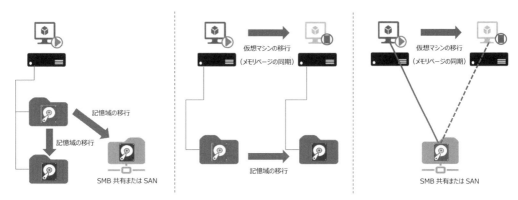

図7-4-18　非クラスター構成の2台のHyper-Vホスト間のライブマイグレーションの動作イメージ

■|記憶域のライブマイグレーション

　記憶域の移動は、次の手順で簡単に実行できます。実行中の仮想マシンに対して実行すると、記憶域のライブマイグレーションということになります。同じ手順でオフライン（停止または保存完了状態）の仮想マシンの記憶域のパスを移動することができます。

1.［Hyper-Vマネージャー］を使用して、対象の仮想マシンを選択し、［操作］ペインの［移動］を選択するか、右クリックしてコンテキストメニューから［移動］を選択します。

画面7-4-19　［仮想マシンの記憶域を移動する］を選択する

2. ["<仮想マシン名>"の移動ウィザード]が開始します。[移動の種類を選択]ページで[仮想マシンの記憶域を移動する]を選択します(画面7-4-19)。

3. [記憶域の移動オプションの選択]ページで、次のいずれかを選択します。これらのオプションは、仮想ハードディスクのファイルとともに、仮想マシンの構成ファイルやチェックポイントのファイル、スマートページングの場所のすべてまたは一部を一緒に、あるいは別々の場所に移動するかどうかを指定するものです。

   - 仮想マシンのすべてのデータを1つの場所に移動する
   - 仮想マシンのデータを別々の場所に移動する
   - 仮想マシンの仮想ハードディスクのみを移動する

4. [仮想マシンのすべてのデータを1つの場所に移動する]を選択した場合は、[仮想マシンの新しい場所を選択]のページで移動先のパスを指定します。ここで指定したパスの下に、Virtual Machines、Virtual Hard Disks、Snapshotsサブフォルダーが作成され、それぞれに仮想マシン構成ファイル、仮想ハードディスク、チェックポイントが移動され、指定したパスがスマートページングの場所に設定されます。その他のオプションを選択した場合は、移動する項目ごとにパスを指定します。[仮想マシンのデータを別々の場所に移動する]を選択した場合は、仮想ハードディスク、仮想マシン構成ファイル(現在の構成)、チェックポイント、スマートページングの場所の移動先パスを個別に設定できます。

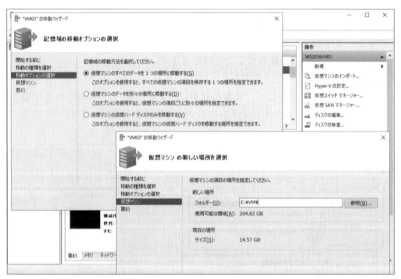

画面7-4-20 [仮想マシンのすべてのデータを1つの場所に移動する]を選択した場合、移動先のパスを指定する

5. [移動ウィザードの完了]のページで[完了]ボタンをクリックして、記憶域の移行を開始します。ファイルサイズやネットワーク経由の有無にも依存しますが、記憶域の移行処理にはしばらく時間がかかります。

PowerShellを使用して記憶域を移動するには、**Move-VMStorage**コマンドレットを次のように実行

します。例えば、［仮想マシンのすべてのデータを1つの場所に移動する］オプションによる記憶域の移動は、次の1行のコマンドラインで実行できます。なお、Hyper-Vホストの管理OSから、ローカルの仮想マシンを対象に実行する場合は、-ComputerNameオプションの指定は省略できます。

```
PS C:\> Move-VMStorage -VMName "<仮想マシン名>"
 -DestinationStoragePath "<移動先パス>"
 -ComputerName "<Hyper-Vホストのコンピューター名>"
```

■ 仮想マシンのライブマイグレーション

　仮想マシンのライブマイグレーションは、実行中の仮想マシンを現在のHyper-Vホストから、別のHyper-Vホストにダウンタイムなしで移動する機能です。非クラスター環境における仮想マシンのライブマイグレーションは、Active Directoryのドメインメンバーである2台のHyper-Vホスト間で実行可能です。

　［サーバーマネージャー］の［役割と機能の追加ウィザード］でHyper-Vの役割をインストールした場合、ウィザードの途中で仮想マシンのライブマイグレーションのサポートを有効化できます。Hyper-Vの役割のインストール後は、［Hyper-Vマネージャー］の［Hyper-Vの設定］にある［ライブマイグレーション］のページで仮想マシンのライブマイグレーションの有効化とオプションの設定を行えます。

　Hyper-Vホストで仮想マシンのライブマイグレーションをサポートするには、［Hyper-Vの設定］の［ライブマイグレーション］を開き、［ライブマイグレーションでの送受信を有効にする］にチェックを入れます。また、同時ライブマイグレーションの実行数（既定は2）、およびライブマイグレーションの受信に使用するネットワークを指定します。［使用可能な任意のネットワークをライブマイグレーションに使用する］を選択するか、［次のIPアドレスをライブマイグレーションに使用する］を選択してIPv4アドレス、IPv6アドレス、ネットワークアドレスのいずれかで使用するネットワークを限定します。既定は任意のIPv6アドレス（::/0）を使用する設定です。記憶域の移動をともなうライブマイグレーションの場合、仮想ハードディスクのファイル転送がネットワーク帯域を圧迫しないように、専用のネットワークを使用することをお勧めします。

　続いて、［ライブマイグレーション］のノードをさらに展開し、［高度な機能］を開きます。ここでは、仮想マシンのライブマイグレーションに使用する認証プロトコルと、仮想マシンの移動（メモリ転送）のパフォーマンスオプションを構成します。認証プロトコルとしては、次のいずれか一方を選択します。

- **資格情報のセキュリティサポートプロバイダー（CredSSP）を使用する** —— この認証プロトコルを使用する場合は、仮想マシンのライブマイグレーションの移動元となるHyper-Vホストにローカルログオン（サインイン）して、［"<仮想マシン名>"の移動ウィザード］または**Move-VM**コマンドレットを使用して仮想マシンのライブマイグレーションを開始する必要があります。リモートからライブマイグレーションを開始することはできません。
- **Kerberosを使用する** —— Hyper-Vホストのコンピューターアカウントの資格情報に基づいたKerberos認証を使用する、よりセキュリティの高い認証方法です。リモートから仮想マシンのライブマイグレーションを開始するには、この認証プロトコルを使用する必要があります。なお、この認証プロトコルを使用する場合は、Active Directoryのコンピューターアカウントに対して、ライブマイグレーションの機能を提供するサービスに対する委任設定を行う必要があります。

画面7-4-21 ライブマイグレーションの有効化とオプションの構成

　リモートから仮想マシンのライブマイグレーションを実行できるように、認証プロトコルとしては［Kerberosを使用する］を選択することを推奨します。［Kerberosを使用する］を使用する場合は、［Active Directoryユーザーとコンピューター］でHyper-Vホストのコンピューターアカウントのプロパティを開き、［委任］タブで［指定されたサービスへの委任でのみこのコンピューターを信頼する］を選択します。また、［Kerberosのみを使う］または［任意の認証プロトコルを使う］を選択して、仮想マシンのライブマイグレーションの相手となるHyper-Vホストの次の2つのサービスを追加します。

- Microsoft Virtual System Migration Service
- cifs

　仮想マシンのライブマイグレーションの有効化と認証プロトコルの構成は、移行元と移行先のHyper-Vホストの両方で行う必要があります。

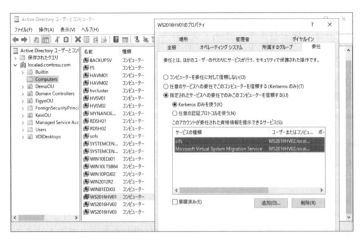

画面7-4-22 コンピューターアカウントの委任設定に、仮想マシンの移行相手となるHyper-VホストのcifsおよびMicrosoft Virtual System Migration Serviceを追加する

ライブマイグレーションのための仮想マシンの要件

ライブマイグレーションを実行するには、仮想マシンの記憶域が、IDE コントローラーまたは SCSI コントローラーに接続された仮想ハードディスク、またはファイバーチャネルアダプターに接続された仮想 SAN である必要があります。仮想マシンに物理ハードディスク（パススルーディスク）が割り当てられている場合、ライブマイグレーションはできません。また、仮想ハードディスクのファイルは、ローカルボリューム、SMB 3 共有、またはクラスターの共有ボリューム（CSV）のいずれかに格納されている必要があります。SMB 3 共有の場合は、共有フォルダーに対して、Hyper-V ホストのコンピューターアカウントに対するフルコントロールのアクセス許可が必要です。

また、仮想マシンのライブマイグレーションは、Hyper-V ホストが同じメーカーのプロセッサ（Intel プロセッサどうし、またはAMDプロセッサどうし）を搭載している場合にサポートされます。同じメーカーのプロセッサであっても、異なるプロセッサモデルの場合、プロセッサの新しい命令セットに対応できず、ライブマイグレーションに失敗する場合があります。その場合は、仮想マシンの［設定］で［プロセッサ］の［互換性］を開き、［プロセッサバージョンが異なる物理コンピューターへ移行する］にチェックを入れてください。この設定は、仮想マシンをオフにした状態で行う必要があります。

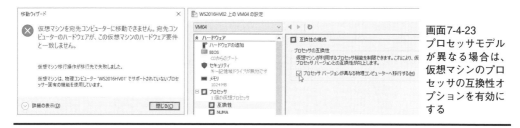

画面7-4-23
プロセッサモデルが異なる場合は、仮想マシンのプロセッサの互換性オプションを有効にする

　［Hyper-V マネージャー］を使用した仮想マシンのライブマイグレーションの操作は、記憶域の移行と同じ［"＜仮想マシン名＞"の移動ウィザード］を使用して行います。認証プロトコルとしてCredSSP認証を選択した場合は、必ず、移行元のHyper-Vホストにローカルログオンして実行します。認証プロトコルとしてKerberos認証を選択した場合は、［Hyper-V マネージャー］を移行元のHyper-Vホストにリモート接続してライブマイグレーションを開始できます。

1 ［Hyper-V マネージャー］を使用して、対象の仮想マシンを選択し、［操作］ペインの［移動］を選択するか、右クリックしてコンテキストメニューから［移動］を選択します。

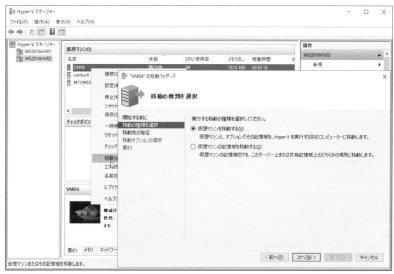

画面7-4-24
［仮想マシンを移動する］を選択する

2. ["<仮想マシン名>"の移動ウィザード] が開始します。[移動の種類を選択] ページで [仮想マシンを移動する] を選択します（画面7-4-24）。

3. [宛先コンピューターの指定] ページで、仮想マシンの移動先のHyper-Vホストを指定します。

画面7-4-25　仮想マシンのライブマイグレーション先のHyper-Vホストを指定する

4. [移動オプションの選択] ページで、次のいずれかを選択します。通常は、[仮想マシンのデータを1つの場所に移動する] を選択します。仮想マシンがSMB共有など共有ストレージに配置されている場合は、[仮想マシンのみを移動する] を選択します。

- 仮想マシンのデータを1つの場所に移動する
- 項目を移動する場所を選択して仮想マシンのデータを移動する
- 仮想マシンのみを移動する

画面7-4-26　[仮想マシンのデータを1つの場所に移動する] を選択する

5. 移動オプションとして [仮想マシンのデータを1つの場所に移動する] を選択した場合、次に [仮想マシンの新しい場所を選択] ページが表示されるので、移動先のHyper-Vホストのローカルパスを指定します。[参照] ボタンをクリックすれば、移動先のHyper-Vホスト上のパスをエクスプロー

ラーで選択して指定できます。

画面7-4-27 移動先のHyper-Vホストのローカルパスを指定する

6. ［移動ウィザードの完了］ページで［完了］ボタンをクリックすると、仮想マシンの構成の互換性がチェックされ、問題がなければライブマイグレーションが開始します。修復可能な問題が検出された場合は、追加の設定が求められます。例えば、移動元で仮想マシンのネットワークアダプターが接続されていた仮想スイッチと同名の仮想スイッチが移動先のHyper-Vホストに存在しない場合、移動先で接続する仮想スイッチを選択するように求められます。

7. ライブマイグレーションが開始し、完了すると、移動先のHyper-Vホストで仮想マシンがオンラインになり、元のHyper-Vホストからは仮想マシンが削除されます。この最後の切り替え処理は一瞬であり、仮想マシンのゲストOSや、仮想マシンへの外部からのネットワークアクセスには影響しません。なお、仮想マシンのHyper-Vホストの切り替えは一瞬ですが、切り替える準備ができるまでの、仮想ハードディスクのファイル転送とメモリページの同期にはしばらく時間がかかります。

画面7-4-28 ライブマイグレーションの実行中も仮想マシンは移行元のHyper-Vホストで稼働中のまま

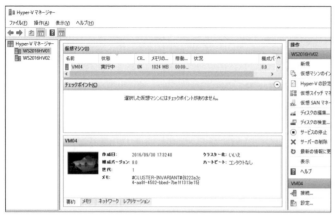

画面7-4-29
移行先のHyper-Vホストで仮想マシンがオンラインになり、移動元からは削除される

　PowerShellの**Move-VM**コマンドレットを使用すると、[" <仮想マシン名>"の移動ウィザード]で実行するのと同じ操作を、たった1行のコマンドラインで実行できます。例えば、[仮想マシンのすべてのデータを1つの場所に移動する]オプションによる仮想マシンのライブマイグレーションは、次のコマンドラインで実行できます。なお、ライブマイグレーションの移動元のHyper-Vホストの管理OSから実行する場合は、-ComputerNameオプションの指定は省略できます。

```
PS C:¥> Move-VM -VMName "<仮想マシン名>"
 -DestinationHost "<移行先のHyper-Vホストのコンピューター名>"
 -DestinationStoragePath "<移動先パス>"
 -ComputerName "<Hyper-Vホストのコンピューター名>"
```

■ クロスバージョンライブマイグレーション

　Windows Server 2016のHyper-Vは、Windows Server 2012 R2のHyper-Vとの間で、仮想マシンを相互にライブマイグレーションすることが可能です。これを、クロスバージョンライブマイグレーションと呼ぶこともあります。

　Windows Server 2016のHyper-Vは、ライブマイグレーションによる仮想マシンの移行や仮想マシンのインポート操作で、構成バージョンを自動的にアップグレードすることはしません。そのため、移

画面7-4-30
Windows Server 2016のHyper-Vは、Windows Server 2012 R2のHyper-Vとの間でライブマイグレーションが可能。移行後に問題がなければ、構成バージョン8.0にアップグレードする

行後に問題が発生した場合は元のHyper-V環境にライブマイグレーションやエクスポート/インポート操作で戻すことが可能です。Windows Server 2016のHyper-Vに仮想マシンを移行して問題がないことを確認できたら、［構成バージョンのアップグレード］または**Update-VMVersion**コマンドレットを使用して、構成バージョンを最新の8.0にアップグレードしてください（画面7-4-30）。

7.4.7 仮想マシンのバックアップ

　Windows Server 2016 Hyper-Vのサーバー設定、および仮想マシンは、Windows Server 2016標準の［Windows Serverバックアップ］を使用してバックアップすることができます。バックアップした仮想マシンは、同じHyper-Vホストまたは別のHyper-Vホストに仮想マシンとして復元できます。あるいは、ファイルとして復元したものを、Hyper-Vホストにインポートして仮想マシンとして復元することができます。

　［Windows Serverバックアップ］については第10章でも説明しますが、ここでは［Windows Serverバックアップ］を使用したHyper-V仮想マシンのバックアップおよび復元について説明します。複数のHyper-Vホストのバックアップを統合的に管理するには、System Center 2016以降のData Protection Managerなど、VSS対応のバックアップツールの導入を検討してください。

■|オンラインバックアップ

　Hyper-Vの仮想マシンは、管理OS側で実行するバックアップツールやバックアップエージェントを使用して、VSS（ボリュームシャドウコピーサービス）によるオンラインバックアップが可能です。オンラインバックアップとは、実行中の仮想マシンを停止することなく、仮想マシンを構成するファイル（仮想マシン構成ファイル、仮想ハードディスク、スナップショットなど）をバックアップすることです。

　Windows Server 2016標準の［Windows Serverバックアップ］は、Hyper-V VSSライター（Microsoft Hyper-V VSS Writer）に対応しており、Hyper-VホストではHyper-V VSSライターが既定で有効になります。［Windows Serverバックアップ］のバックアップスケジュールまたは単発バックアップで、バックアップする項目としてHyper-Vのサーバー設定（Host Component）と仮想マシンを追加することで、すべてまたは一部の仮想マシンをバックアップすることができます。

画面7-4-31
［Windows Serverバックアップ］を使用して、Hyper-Vのサーバー設定（Host Component）と仮想マシンをバックアップ対象として選択する

実行中の仮想マシンをオンラインバックアップするには、仮想マシンに統合サービスがインストールされており、［＜仮想マシン名＞の設定］の［統合サービス］で［バックアップ（ボリュームスナップショット）］が有効になっていること、および仮想マシンのゲストOSの統合サービスがVSSバックアップに対応していることが必要です。オンラインバックアップが可能な仮想マシンは、バックアップする項目の選択画面で［＜仮想マシン名＞(Online)］と表示されます。バックアップ対象として選択する際に、実行中でない仮想マシンは［＜仮想マシン名＞(Offline)］と表示されます。仮想マシンが実行中であっても［＜仮想マシン名＞(Offline)］と表示される場合がありますが、その場合でもゲストOSがVSSバックアップに対応していれば仮想マシンの実行が中断（一時停止）することはありません。

VSSバックアップに対応していない仮想マシンは、仮想マシンの保存先ボリュームのボリュームスナップショット（シャドウコピー）が作成される間、一時的に保存完了状態に移行し、ボリュームスナップショットの作成が完了すると、自動的に再開されます。バックアップは、ボリュームスナップショットに対して行われるため、ボリュームスナップショットの作成が完了したあとは、仮想マシンは通常どおり稼働できます。オンラインバックアップが可能な仮想マシンは、バックアップ中、ダウンタイムなしで稼働し続けます。

画面7-4-32
［Windows Serverバックアップ］を使用したオンラインバックアップ

■ バックアップからの復元

［Windows Serverバックアップ］を使用してバックアップした仮想マシンは、同じHyper-Vホストの同じ仮想マシン（元の場所）、または別のHyper-Vホストの仮想マシンとして、または任意のローカルパスまたは共有パスにファイルとして復元することができます。ファイルとして復元した場合は、Hyper-Vのインポート機能を利用して、仮想マシンとして復元することができます。

仮想マシンを復元するには、［Windows Serverバックアップ］から［回復ウィザード］を開始して、バックアップの日付と時間からバックアップを選択し、回復する項目として［Hyper-V］を選択します。

バックアップに含まれる仮想マシンおよびHyper-Vのサーバー設定（Host Component）の一覧が表示されるので、復元したい1つ以上の項目を選択します。

回復オプションとしては、［元の場所に回復する］［別の場所に回復］［フォルダーへコピー］の3つから選択します。［元の場所に回復する］と［別の場所に回復］は、バックアップデータを仮想マシンとして復元します。［元の場所に回復する］を選択した場合、バックアップ元の仮想マシンが存在する場合は、削除されてから復元されることに注意してください。［フォルダーへコピー］を選択した場合は、仮想マシンのファイルを指定したNTFSボリューム上のパスにファイルとして復元します。復元されたファイルは、Hyper-Vからエクスポートされた仮想マシンと同じように扱えます。

7.4.8　Hyper-Vレプリカ

仮想マシンは、物理的なハードウェアに依存しないという特性があるため、可用性や災害対策に関して柔軟な実装が可能です。例えば、仮想マシンのファイルを拠点間でレプリケーションし、スタンバイ用の仮想マシンを準備しておくといった災害対策が可能です。これまでは、このような災害対策を必要とする場合、サードベンダーのソリューションを導入するのが一般的でした。Windows Server 2012以降のHyper-Vに導入されたHyper-Vレプリカを利用すると、リモート拠点による災害対策を低コストで、簡単に実現できます。

■│Hyper-Vレプリカの概要

Hyper-Vレプリカは、2台のHyper-Vホストとネットワーク接続があれば簡単に実装できます。Hyper-Vレプリカのために、Hyper-Vホストクラスター構成や、特別なストレージ、サードベンダーのバックアップおよびレプリケーションソリューションは必要ありません。また、ライブマイグレーションとは異なり、Hyper-VホストのActive Directoryドメイン要件は必須ではありません。そのため、例えば、クラウド事業者やホスティング事業者は、顧客のオンプレミスの仮想マシンを、自社のクラウドのレプリカサーバーでバックアップするというサービスを、Hyper-Vレプリカを利用して実現できます。

Hyper-Vレプリカは、オリジナルの仮想マシンを実行するプライマリサーバーと、仮想マシンの複製（レプリカ）を持つレプリカサーバーの2台のHyper-Vホストで構成できます。Hyper-Vホストは標準で、プライマリサーバーとレプリカサーバーのどちらにも対応しています。レプリカサーバーには、プライマリサーバーの仮想マシンのレプリカが作成され、初期同期以降は仮想ハードディスクの変更差分が非同期で継続的にレプリカ仮想マシンにレプリケーションされます。Windows Server 2012のHyper-Vでは、仮想ハードディスクの変更の同期が5分間隔で行われていましたが、Windows Server

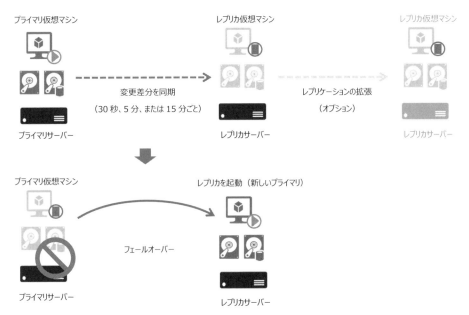

図7-4-33　Hyper-Vレプリカとレプリケーションの拡張の動作イメージ

2012 R2以降のHyper-Vからは30秒、5分（既定）、15分の中から調整できるようになりました。

　プライマリサーバー側で問題が発生し、仮想マシンを実行できる状態にない場合、レプリカサーバー側の仮想マシンのレプリカにフェールオーバーして（レプリカをプライマリにして開始）、短時間で仮想マシンを復旧できます。また、計画的にフェールオーバーを実行し、レプリケーションの関係を反転させることもできます。

　プライマリサーバーとレプリカサーバーは、同一のIPサブネット上に配置することも、別のIPサブネットに分けて配置することもできます。リモート拠点に仮想マシンのレプリカを保持することで、大規模な自然災害や地域的な電源障害が発生しても、リモートサイトのレプリカを使用して業務を継続できます。Hyper-Vレプリカは、リモートサイトで仮想マシンが復元されたときに、IPアドレスをリモートサイトのIPサブネットに合わせて付け替える「フェールオーバーのTCP/IP」機能を提供します。Windows Server 2012 R2以降のHyper-Vでは、レプリカ仮想マシンのさらに別のレプリカを別のレプリカサーバーに作成する、「レプリケーションの拡張」機能が追加されました（図7-4-33）。

Hyper-VホストクラスターではHyper-Vレプリカブローカーが必要

　Hyper-Vレプリカは、Hyper-Vホストクラスター上で稼働する高可用性仮想マシンでもサポートされます。その場合、スタンドアロンのレプリカサーバーではなく、「Hyper-Vレプリカブローカー」として構成されたHyper-Vホストクラスターが必要です。

■│レプリカサーバーの準備

　Hyper-Vレプリカを構成するには、レプリカサーバー側でレプリカサーバーの機能を有効化し、プライマリサーバー側で仮想マシンのレプリケーションを構成します。レプリケーションを反転できるように、プライマリサーバー側でもレプリカサーバーの機能を有効化しておくことをお勧めします。

　レプリカサーバーの機能を有効化するには、レプリカサーバーにするHyper-Vホストの［Hyper-Vの設定］の［レプリケーションの構成］を開き、［レプリカサーバーとしてこのコンピューターを有効にする］チェックボックスをオンにします。また、認証プロトコルと通信ポートの選択と、プライマリサーバーの許可（すべてまたは指定したサーバー）、およびレプリカの保存先のパスを指定します。レプリカ仮想マシンの関連ファイルは、レプリカの保存先パスに作成されるHyper-V Replicaサブフォルダーに格納されます。プライマリサーバーを明示的に指定する場合は、プライマリサーバーをFQDNで指定し、プライマリサーバーごとの保存先と［信頼されたグループ］を指定します。［信頼されたグループ］は、同じ保存先を指定した場合にレプリカを識別するためのタグ付けです。

　認証プロトコルとしては、次のいずれか、または両方を使用できます。

- **■Kerberosを使用する（HTTP）**――Kerberos認証は、Active Directoryドメインのメンバー間でHyper-Vレプリカを利用する場合にサポートされる認証プロトコルです。通信プロトコルとしてはHTTPを使用し、既定でTCPポート80を使用します。レプリケーションデータの送信は暗号化されないことに注意してください。

- **■証明書ベースの認証を使用する（HTTPS）**――Active Directoryドメインのメンバー間でない場合、あるいはレプリケーションデータの送信を暗号化したい場合は、証明書ベースの認証を使用します。証明書ベースの認証は、通信プロトコルとしてHTTPSを使用し、既定でTCPポート443を使用します。証明書ベースの認証を使用する場合は、X.509v3デジタル証明書の指定が必要になります。自己署名証明書は利用できません。

　レプリケーションの受信には、使用する認証方法に応じてファイアウォールにてHTTPまたは

HTTPSのポートの許可が必要です。Windowsファイアウォールの場合は、次のコマンドラインを実行することで、対応する受信の規則を許可することができます。

```
C:\> netsh advfirewall firewall set rule group="Hyper-V レプリカ HTTP"
 new enable=yes
C:\> netsh advfirewall firewall set rule group="Hyper-V レプリカ HTTPS"
 new enable=yes
```

画面7-4-34　レプリカサーバー側でレプリカサーバーの機能を有効にする。フェールオーバー後にレプリケーションを反転させるには、プライマリサーバー側でもレプリカサーバーの機能を有効にしておくこと

■ レプリケーションの構成

　Hyper-Vレプリカのレプリケーションの設定は、プライマリサーバー側で仮想マシンごとに設定します。レプリケーションの設定は、仮想マシンの実行状態に関係なく行えます。

1. ［Hyper-Vマネージャー］で対象の仮想マシンを選択し、［操作］ペインまたは右クリックしてコンテキストメニューから［レプリケーションを有効にする］を選択します。

2. ［<仮想マシン名>のレプリケーションを有効にする］ウィザードが開始します。最初に、［レプリカサーバーの指定］ページで、レプリカサーバーにするHyper-Vホストを指定します。

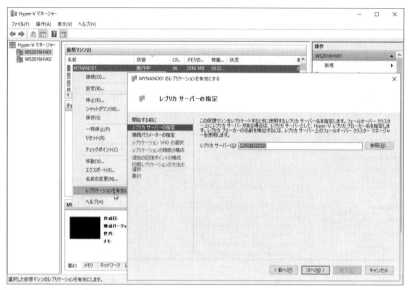

画面7-4-35　レプリカサーバーとなるHyper-Vホストを指定する

3. ［接続パラメーターの指定］ページで、認証プロトコルを選択します。ここでは、レプリカサーバー側で有効になっている認証プロトコルを選択できます。［証明書ベースの認証を使用する（HTTPS）］を選択する場合は、有効なX.509v3デジタル証明書の指定が必要です。両方のサーバーがActive Directoryドメインのメンバーである場合は、Active Directory証明書サービスのエンタープライズCAからこのHyper-Vホストに対して自動または手動で発行されたコンピューター証明書やSSL証明書を使用できます。

画面7-4-36　認証プロトコルを選択する。証明書ベースの認証を使用する場合は、有効な証明書を指定する必要がある

4. ［レプリケーションVHDの選択］ページに仮想マシンに接続されたすべての仮想ハードディスクが一覧表示されるので、レプリケーション対象から除外したい仮想ハードディスクがあれば、選択を解除してください。なお、物理ハードディスク（パススルーディスク）はレプリケーション対象として選択できません。

5. ［レプリケーションの頻度の構成］ページで、仮想ハードディスクの変更差分を同期する頻度を30秒、5分（既定）、15分の中から選択します。

画面7-4-37
レプリケーションの頻度を30秒、
5分（既定）、15分の中から選択する

6. ［追加の回復ポイントの構成］ページでは、レプリカとして保持する回復ポイントの数を指定します。既定は［最新の回復ポイントだけを保持する］であり、その場合は最新の回復ポイントが1つだけ作成されます。最新の回復ポイントとは、レプリケーションの頻度で指定した間隔で最後に同期された仮想ハードディスクの状態です。
　［追加の時間単位の回復ポイントを作成する］を選択すると、1時間ごとに回復ポイントが作成され、保持されます。［追加の回復ポイントの対象範囲（時間）］には、作成された回復ポイントを保持する範囲を1～24の時間で指定します。
　さらにオプションで、［ボリュームシャドウコピーサービス（VSS）スナップショットの頻度（時間）］を構成できます。このオプションを有効にした場合、指定した間隔でアプリケーションと整合性のあるスナップショット（アプリケーションの整合性の回復ポイント）が作成されます。アプリケーションと整合性のあるスナップショットとは、VSS対応のアプリケーションをオンラインバックアップするのと同じように、仮想マシンのゲストOSでVSSボリュームスナップショットを作成します。なお、Linuxゲストの場合は、ファイルシステムと整合性のあるスナップショットが作成されます。アプリケーションと整合性のあるスナップショットは、Windows Server 2016 Hyper-Vで新たにサポートされた運用チェックポイントと同等と考えてよいでしょう。

画面7-4-38
レプリカサーバーに保持する回復
ポイントの数を指定する

7. ［初期レプリケーションの方法の選択］ページでは、最初のレプリケーションの方法を指定します。既定では、［初期コピーをネットワーク経由で送信する］と［すぐにレプリケーションを開始する］が選択され、レプリケーションの構成完了後、直ちにファイル転送が開始します。仮想ハードディスクのファイル全体をネットワーク経由で一度にコピーするには、特に低速なWAN環境において、帯域幅の占有やコピー速度の問題が発生する場合があります。その場合は、運用ネットワークに影響を与えないように、夜間にレプリケーションを開始する、あるいは外部メディアを使用して仮想マシンの設定と仮想ハードディスクをレプリカサーバーにエクスポートおよびインポートしてコピーする方法を選択できます。

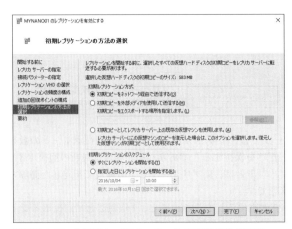

画面7-4-39　初回のレプリケーションの方法を選択する

8. ［レプリケーションを有効にするウィザードの完了］ページで［完了］ボタンをクリックすると、レプリカサーバー側にレプリカ仮想マシンが作成され、すぐに初期レプリケーションを行うように構成した場合は初回のレプリケーションが開始します。このとき、プライマリサーバー側で仮想マシンが接続している仮想スイッチと同名の仮想スイッチがレプリカサーバー側に存在しない場合、レプリカサーバー側の仮想マシンのレプリカの設定で仮想スイッチを割り当てるように求められます。

9. 仮想マシンのレプリケーションを有効化すると、プライマリ仮想マシンとレプリカ仮想マシンの両方の［<仮想マシン名>の設定］に［レプリケーション］という項目が追加されます。レプリカ仮想マシン側は参照専用ですが、プライマリ仮想マシン側ではここでレプリケーションの構成を変更することができます。また、プライマリ仮想マシン側では、ウィザードにはなかった［再同期］という項目を構成できます。再同期とは、プライマリとレプリカの仮想ハードディスクをブロックレベルで比較して、異なるブロックを同期する処理のことです。再同期は、レプリケーションデータの送信中にプライマリサーバー側で障害が発生した場合などに必要になります。再同期の処理は、多くのコンピューティングリソースとネットワーク帯域を使用する場合があるため、ピークの時間帯を避けて自動実行させるか、手動で実行するように構成することをお勧めします。

画面7-4-40　プライマリ仮想マシン側の設定で、再同期の方法を構成する

■| レプリケーションの正常性の監視

　プライマリサーバー側のプライマリ仮想マシンとレプリカサーバー側のレプリカ仮想マシンの両方で、概要ペインにある［レプリケーション］タブにレプリケーションの構成と状態、正常性の概要が表示されます。レプリカ仮想マシンは、一見すると普通の仮想マシンのように見えますが、フェールオーバーまたはテストフェールオーバーを実行しない限り、起動操作はブロックされます。また、プライマリ仮想マシンが実行中の場合は、フェールオーバー操作もブロックされます。

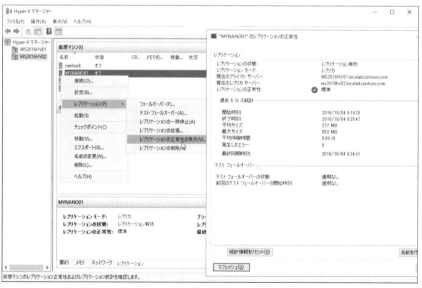

画面7-4-41　レプリケーションの正常性の表示

レプリケーションの正常性のより詳細な情報は、プライマリまたはレプリカ仮想マシンを右クリックして、[レプリケーション]から[レプリケーションの正常性の表示]を選択します（画面7-4-41）。

■ フェールオーバーのTCP/IPの構成

レプリカサーバーがプライマリサーバーとは別のIPサブネットに設置されている場合、レプリカ仮想マシンの[フェールオーバーのTCP/IP]を事前に構成しておくことで、フェールオーバー時にゲストOSのIPアドレスをIPサブネットに合わせて書き換えることができます。仮想マシンのネットワークの構成にDHCPを使用しておらず、固定のIPアドレスを割り当てている場合、[フェールオーバーのTCP/IP]を利用することで、ネットワーク設定を自動フェールオーバーさせることができます。

[フェールオーバーのTCP/IP]を構成するには、レプリカ仮想マシンの設定の[ネットワークアダプター]の下に追加される[フェールオーバーのTCP/IP]を開き、ここにIPv4アドレスやIPv6アドレス、サブネットマスク、デフォルトゲートウェイ、DNSサーバーのIPアドレスを設定します。レプリカ仮想マシンの[フェールオーバーのTCP/IP]を構成した場合は、レプリケーションを反転したときのためにプライマリ仮想マシン側でも[フェールオーバーのTCP/IP]を構成しておきます。[フェールオーバーのTCP/IP]は、ネットワーク設定を一時的に変更するものではなく、ゲストOSのネットワーク設定そのものを上書きするからです。

画面7-4-42 レプリカサーバーが存在するIPサブネットに合わせて、仮想マシンの固定IPアドレスを上書きするようにフェールオーバーのTCP/IPを構成する

後述するテストフェールオーバーでは、既定でネットワーク接続が無効化されます。これは、運用中のネットワークでまったく同じ仮想マシンが同時に起動して、ネットワークに悪影響を与えるのを回避するための仕様です。テストフェールオーバー時にネットワーク機能をテストしたい場合は、運用中のネットワークから分離された閉じたネットワーク（プライベートや内部、NATタイプの仮想スイッチなど）をテストフェールオーバー用に割り当てることができます。それには、[ネットワークアダプター]の下に追加される[テストフェールオーバー]で接続先の仮想スイッチを選択します。なお、先ほどの[フェールオーバーのTCP/IP]の構成は、テスト用のネットワーク接続でも構成できます。

画面7-4-43　テストフェールオーバー用に使用する仮想スイッチを設定する

 フェールオーバーのTCP/IPとKVPデータ交換サービス

　フェールオーバーのTCP/IPによるIPアドレスの書き換えは、統合サービスのデータ交換サービスの機能により実現されています。この機能は、データ交換サービスが利用可能なゲストの、統合タイプのネットワークアダプターで利用できます。レガシネットワークアダプターでは利用できません。
　ゲストOSとしてLinuxやFreeBSDを実行する仮想マシンでフェールオーバーのTCP/IPを利用するには、KVPデーモン（Linuxゲストのhv_kvp_daemonまたはhypervkvpd、FreeBSDゲストのhv-kvp）が必要です。なお、フェールオーバーのTCP/IPの機能は、LinuxおよびFreeBSDの統合サービスではStatic IP Injectionというネットワーク機能で呼ばれています。

Feature Descriptions for Linux and FreeBSD virtual machines on Hyper-V | Networking
⇒https://docs.microsoft.com/en-us/windows-server/virtualization/hyper-v/Feature-Descriptions-for-Linux-and-FreeBSD-virtual-machines-on-Hyper-V#BKMK_Networking

■ フェールオーバーの実行

　レプリカサーバーに作成されるレプリカ仮想マシンは、プライマリ仮想マシンの完全なコピーであり、プライマリサーバーの障害発生時やメンテナンス実行時にフェールオーバーすることで、レプリカサーバー側でレプリカ仮想マシンを起動できます。レプリカ仮想マシンへのフェールオーバーが行われると、レプリカ仮想マシンがプライマリ仮想マシンに切り替わり、状況に応じて自動または手動でレプリケーションの関係が反転します。
　フェールオーバーは、プライマリサーバーまたはレプリカサーバーに接続した［Hyper-Vマネージャー］の［操作］ペインまたはコンテキストメニューにある［レプリケーション］のサブメニューから実行できます。実行可能なレプリケーションの種類は次の3種類あり、［Hyper-Vマネージャー］の接続先がプライマリサーバーであるかレプリカサーバーであるかによって実行できる種類が異なります。

- **計画フェールオーバー**── プライマリサーバー側から実行できる、計画的なフェールオーバーです。計画フェールオーバーは、未送信の変更差分を送信し、レプリカ仮想マシンの仮想ハードディスクと完全に同期したあと、レプリカ仮想マシンをプライマリに切り替え開始します。仮想ハードディスクは完全に同期しているため、データが失われることはありません。プライマリサーバー側でレプリカサーバーの機能が有効になっている場合、プライマリとレプリカのレプリケーションの関係を自動的に反転させることができます。計画フェールオーバーは、Hyper-Vホストやサイトのメンテナンスなどのために利用できます。

画面7-4-44 プライマリサーバー側から実行する計画フェールオーバー。プライマリサーバー側のメンテナンスのためにプライマリとレプリカの関係を切り替える

■ **フェールオーバー** —— レプリカサーバー側から実行できる、非計画的なフェールオーバーです。プライマリサーバーまたはプライマリ仮想マシンが障害で利用できない状態の場合、最後にレプリケーションされた最新の回復ポイント、または追加の回復ポイントから回復ポイントを選択して、レプリカ仮想マシンを開始します。レプリケーションの自動反転は行われないため、プライマリサーバーが復帰したら手動で反転させます。

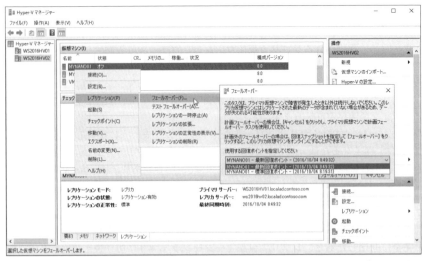

画面7-4-45 レプリカサーバー側から実行する非計画的なフェールオーバー。プライマリサーバー側に障害が発生した場合に、最新のレプリカを使用して仮想マシンを復旧できる

■ **テストフェールオーバー** —— レプリカサーバー側から実行できる、フェールオーバーのテスト実行です。テストフェールオーバーを実行すると、選択した回復ポイントを使用してテスト用の仮想マシンが作成され、ネットワークから切り離された状態で、または指定したテスト用ネットワー

クに接続した状態でテスト用仮想マシンを起動できます。この機能は、レプリカ仮想マシンの有効性やフェールオーバー動作の確認のために利用できます。テストフェールオーバーを終了するには、［レプリケーション］から［テストフェールオーバーの中止］を選択します。

画面7-4-46　レプリカサーバー側から実行するテストフェールオーバー。レプリカの回復ポイントの正常性やフェールオーバーのTCP/IP、アプリケーションの動作確認に利用できる

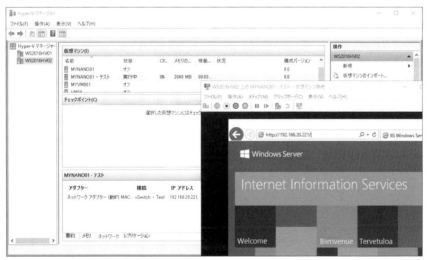

画面7-4-47　テストフェールオーバーを実行すると、［仮想マシン名 - テスト］の仮想マシンが作成され、運用ネットワークから隔離された環境で起動してテストできる

■ レプリケーションの拡張

　Windows Server 2012 R2以降のHyper-VのHyper-Vレプリカでは、レプリケーションの拡張がサポートされます。レプリケーションの拡張とは、既にレプリカサーバーに作成済みのレプリカ仮想マ

シンを、さらに別のレプリカサーバーにレプリケーションするものです。プライマリ、レプリカ、さらにレプリカという3拠点でのHyper-Vレプリカを構成することができます。また、仮想マシンのバックアップを集中的に実行するために、レプリケーションの拡張を利用することもできます。

レプリケーションの拡張は、仮想マシンを多重に保護するのに便利ですが、レプリケーションの関係が複雑化することに注意してください。例えば、レプリカサーバーのレプリカ仮想マシンにフェールオーバーした場合、レプリケーションの反転ウィザードを実行すると、拡張されたレプリケーション関係が失われます。拡張されたレプリケーションのレプリカ仮想マシンにフェールオーバーした場合、すべてのレプリケーションを再構成する必要があります。

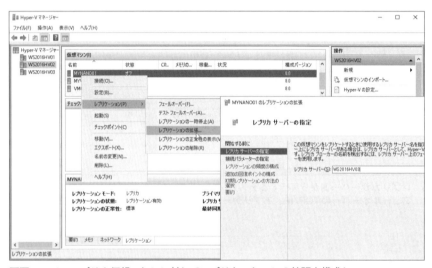

画面7-4-48　レプリカ仮想マシンに対してレプリケーションの拡張を構成し、
　　　　　　3台目のHyper-Vホストにレプリカ仮想マシンを作成する

Windows Server 2016のHyper-Vレプリカの新機能

　Windows Server 2012 R2以前のHyper-Vレプリカは、一度、Hyper-Vレプリカを構成すると、保護対象の仮想マシンに仮想ハードディスクを追加したり、削除したりできないという制約がありました。仮想ハードディスクの構成が変更されると、レプリケーションがエラーで失敗し、Hyper-Vレプリカを再構成する必要があったのです。Hyper-Vレプリカを再構成すると、初期レプリケーションからもう一度行うことになります。

　Windows Server 2016のHyper-Vでは、Hyper-Vレプリカを構成した仮想マシンの仮想ハードディスクの構成が柔軟になりました。仮想マシンに新しい仮想ハードディスクを追加しても、その仮想ハードディスクはレプリケーション対象として自動的に追加されることはなく、現在のレプリケーションを継続できます。PowerShellで次のコマンドラインを実行すると、追加された仮想ハードディスクをレプリケーション対象に追加することができます。以前のようにHyper-Vレプリカを再構成する必要はありません。

```
PS C:¥> Set-VMReplication "<仮想マシン名>"
 -ReplicatedDisks (Get-VMHardDiskDrive "<仮想マシン名>")
```

　レプリケーション中の仮想マシンから一部の仮想ハードディスクの保護を除外したい場合は、次のコマンドラインのように、コントローラーの種類（**-ControllerType**、**IDE**または**SCSI**）、コントローラー（**-ControllerNumber**）、およびコントローラー上の場所（**-ControllerLocation**）を明示的に指定してレプリケーション対象ディスクを限定します。

```
PS C:\> Set-VMReplication "<仮想マシン名>"
 -ReplicatedDisks (Get-VMHardDiskDrive "<仮想マシン名>"
 -ControllerType SCSI -ControllerNumber 0 -ControllerLocation 2)
```

7.4.9 | Azure Site Recovryによる仮想マシンの保護

　Microsoft AzureのRecovery Servicesが提供するAzure Site Recoveryを利用すると、Hyper-Vレプリカと Microsoft Azureのクラウドを連携した仮想マシンの保護が可能です。このサービスは当初、System Center Virtual Machine Managerで管理された拠点間で、Hyper-Vレプリカをクラウドから調整するものでした。その後、System Center Virtual Machine Managerで管理されていないHyper-Vホストとクラウド間のレプリケーションや、VMwareサイトのレプリケーション、物理サーバーのレプリケーションとサービスの機能を拡充させてきました。

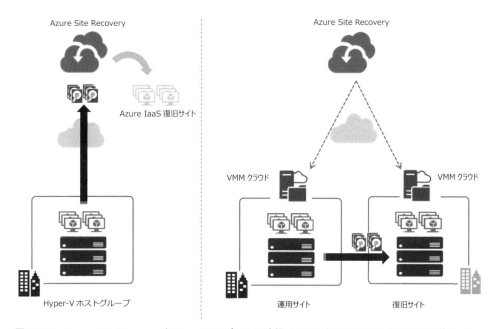

図7-4-49　Azure Site RecoveryとHyper-Vレプリカの連携による仮想マシンの保護の展開オプション

■│Azure Site Recoveryのオンプレミス-クラウド間保護

　Azure Site Recoveryを利用した、オンプレミスのHyper-VホストとMicrosoft Azure間の仮想マシンのレプリケーション保護は、自社で復旧サイトを準備する必要がないため、安価な災害復旧対策として注目されています。オンプレミスのHyper-VホストとMicrosoft Azure間の保護では、オンプレミスの仮想マシンをMicrosoft Azureのクラウドストレージにレプリケーションします。万が一、オンプレミス側が利用できなくなった場合は、Azure IaaSの環境に仮想マシンをフェールオーバーして、仮想マシンを迅速に復旧できます。Azure IaaSの仮想ネットワークはオンプレミスの企業ネットワー

クとサイト間VPN接続で安全に相互接続できるため、Azure IaaSを企業ネットワークの延長として、自社の復旧サイトとして利用できます。

ここでは、Azure Site Recoveryによる、オンプレミスのHyper-VホストとMicrosoft Azure間の仮想マシンのレプリケーション保護のセットアップ手順について説明します。

AzureポータルのRecovery Services

この手順はAzureポータル（https://portal.azure.com/）で提供されているRecovery Servicesの、2016年10月時点のサービスを利用した手順です。サービスの内容や手順は変更になる可能性があることに注意してください。

Windows Admin Center（バージョン1809以降）の［バックアップ］を使用すると、Azure Site Recoveryによるオンプレミスのとhyper-V仮想マシンのレプリケーション保護を簡単に構成することができます。

■ Recovery Servicesコンテナーの準備

Recovery Servicesの利用を開始するには、まず、Azureポータル（https://portal.azure.com/）にサインインし、［Recovery Servicesコンテナー］を作成します。それには、Azureポータルのダッシュボードで［その他のサービス］を開き、［Recovery Servicesコンテナー］を選択して、Recovery Servicesコンテナーを追加します。［その他のサービス］の［バックアップコンテナー（クラシック）］［Site Recoveryコンテナー（クラシック）］、Marketplaceの［Backup and Site Recovery (OMS)］のように似たようなサービスがあるので選択を間違えないように注意してください。

Recovery Servicesコンテナーを追加、作成する際に、［名前］［リソースグループ（新規作成または既存のもの）］［場所（Azureのリージョン）］を指定します。

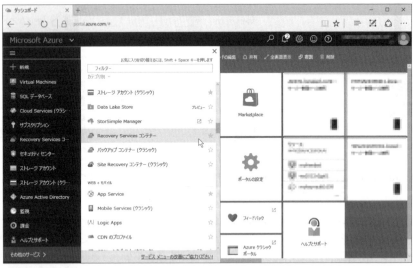

画面7-4-50　［その他のサービス］から［Recovery Servicesコンテナー］を選択し、Recovery Servicesコンテナーを作成する

Recovery Servicesコンテナーを作成したら、Recovery Servicesコンテナーの［設定］－［Site Recovery］－［手順1：インフラストラクチャを準備する］の順に開き、［1 保護の目標］で［マシンをどこにレプリケートしますか？］に［Azureへ］、［マシンは仮想化されていますか？］に［はい（Hyper-Vの場合）］、［Hyper-Vホストの管理にSystem Center VMMを使用していますか？］に［いいえ］を選択して、［OK］をクリックします。なお、System Center Virtual Machine Managerの拠点間（クラウドは調整のみ）のレプリケーションを構成する場合は、ここで［Hyper-Vホストの管理にSystem Center VMMを使用していますか？］に［はい］を選択することになります。

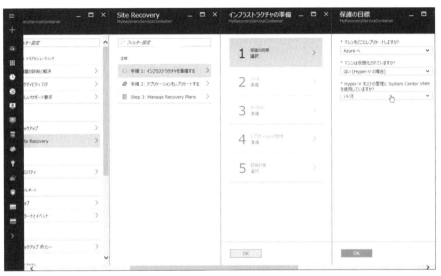

画面7-4-51　保護の目標として、オンプレミスのHyper-VからAzureへの保護、VMMなしを選択する

画面7-4-52　Azure Site Recoveryプロバイダーのインストーラーと登録キーをダウンロードする

続いて、[2 ソース]が開くので、[手順1：Hyper-Vサイトを選択する]で[＋Hyper-Vサイト]をクリックし、任意の名前（サイト名）を設定して[OK]をクリックします。[手順2：Hyper-Vサーバーが追加されていることを確認する]に移動するので、[3. こちらからダウンロードしてください]のリンクをクリックし、Azure Site Recoveryプロバイダーのインストーラー（AzureSiteRecoveryProvider.exe）をダウンロードします。また、[4. Hyper-Vサイトにホストを登録するためのコンテナー登録キーをダウンロードします]の[ダウンロード]をクリックし、登録キー（<Recovery Servicesコンテナー名>_<Hyper-Vサイト名>_<ダウンロード年月日>.VaultCredentials）をダウンロードします（画面7-4-52）。

■│Azure Site Recoveryプロバイダーのインストールとサーバーの登録

Azure Site Recoveryプロバイダーのインストーラーと登録キーをダウンロードしたら、これらのファイルを使用してHyper-VホストのAzure Site Recoveryプロバイダーをインストールし、Recovery Servicesコンテナーにサーバーを登録します。

サーバーを登録してしばらくすると、AzureポータルのRecovery Servicesコンテナーの[設定] – [Site Recovery] – [インフラストラクチャの準備] – [2 ソース]の[ソースの準備]にHyper-Vホストが追加されるので、[OK]をクリックします。

画面7-4-53　Hyper-VホストにAzure Site Recoveryプロバイダーをインストールし、登録キーを指定してRecovery ServicesコンテナーにHyper-Vホストを登録する

■│レプリケーションターゲットとポリシーの作成

Hyper-Vホストの登録が完了したら、[手順1：インフラストラクチャを準備する]の[3 ターゲット]でレプリケーション先およびフェールオーバー先となるAzure IaaS環境を構成します。レプリケーションおよびフェールオーバー先として、AzureリソースマネージャーとクラシックデプロイモデルのいずれかのAzure IaaS環境を指定します。このAzure IaaS環境には、ストレージアカウントと仮想ネットワークが構成されている必要があります（その手順については省略します）。

画面7-4-54　レプリケーションおよびフェールオーバー先のAzure IaaS環境を選択する

次に、［手順1：インフラストラクチャを準備する］の［4 レプリケーションの設定］が開くので、レプリケーションの頻度や復旧ポイントの保持数、アプリケーション整合性スナップショットの頻度、初期レプリケーションの開始方法を指定します。これらのパラメーターは、オンプレミスの2台のHyper-Vホスト間でHyper-Vレプリカを構成する場合と同様の設定です。

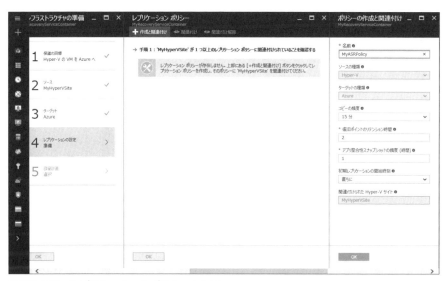

画面7-4-55　レプリケーションポリシーとして、
　　　　　　レプリケーションの頻度や復旧ポイントの保持数などを構成する

■ レプリケーションの有効化

［手順1：インフラストラクチャを準備する］の最後の［5 容量計画］で［はい、完了しました］を選択して［OK］をクリックすると、続いて［手順2：アプリケーションをレプリケートする］が開きます。ここで、［1 ソース］でHyper-Vサイトを選択し、［2 ターゲット］でフェールオーバー先のAzure IaaS環境を選択します。

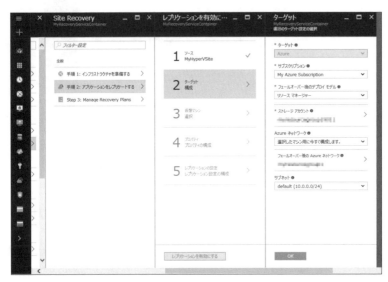

画面7-4-56
フェールオーバー先の
Azure IaaS環境を指定する

画面7-4-57
レプリケーションする
Hyper-Vホスト上の仮想マシンを選択する

［3 仮想マシン］ではHyper-Vホスト上の保護対象の仮想マシンを選択し、［4 プロパティ］ではOSの種類やOSディスクを選択します。なお、Azure IaaS環境に仮想マシンをフェールオーバーするためには、保護対象の仮想マシンのネットワークがDHCPで自動構成されるようになっていることが重要です。これは、Azure IaaSの仮想ネットワーク環境の制約です。

[5 レプリケーションの設定]でレプリケーションポリシーを選択し、[レプリケーションを有効にする]をクリックすると、オンプレミスのHyper-VホストからAzure Site Recoveryへのレプリケーションが開始します。この時点でHyper-Vホスト側には、レプリカサーバーをMicrosoft AzureとしたHyper-Vレプリカが構成されています。

画面7-4-58　レプリカサーバーをMicrosoft AzureとしたHyper-Vレプリカが構成され、レプリケーションが始まる

 第2世代仮想マシンのレプリケーションの制約

　Microsoft AzureのIaaS環境は、Hyper-Vの第1世代仮想マシンと互換性のある環境です。第2世代仮想マシンをAzure Site Recoveryでクラウドに対してレプリケーション保護した場合、フェールオーバー時に第2世代仮想マシンから第1世代仮想マシンへの変換処理が行われます。この変換処理は失敗する可能性があるため、運用環境で利用する前にテストフェールオーバー機能を利用して検証してください。また、第1世代仮想マシンに変換された仮想マシンは、フェールバックでオンプレミスの環境に戻す場合に、第2世代可能マシンへの変換に失敗する可能性があります。

■ 復旧計画の作成とフェールオーバーの実行

　初期レプリケーションが完了すると、Recovery Servicesコンテナーの[設定]-[レプリケートされたアイテム]にレプリカ仮想マシンが表示されます。レプリカ仮想マシンのプロパティを開き、フェールオーバーしたときのAzure仮想マシンのサイズや仮想ネットワークの接続先を構成します。

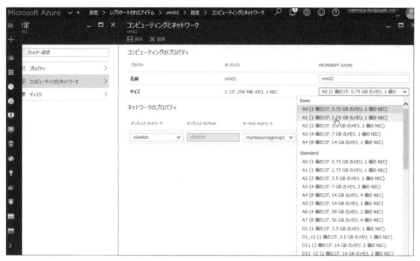

画面7-4-59　フェールオーバーしたときのAzure仮想マシンのサイズや仮想ネットワークへの接続を構成する

　複数の仮想マシンをレプリケーションしている場合は、［設定］－［Site Recovery］の［Step 3：Manage Recovery Plans］で復旧計画を作成するとよいでしょう。復旧計画は、仮想マシンのグループ化や開始順序、Azure Automationと連携した追加のタスクの自動実行などを構成できます。

画面7-4-60　復旧計画を作成して、仮想マシンの開始順序や追加のタスクを構成する

　Azure Site RecoveryのAzureへの保護では、Hyper-Vホスト間のHyper-Vレプリケーションと同様に、計画フェールオーバー、フェールオーバー、テストフェールオーバーを実行できます。どのタイプのフェールオーバーも、仮想マシンごと、または復旧計画として実行することが可能です。

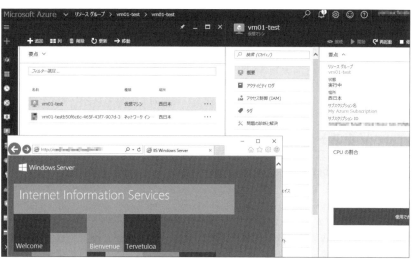

画面7-4-61　テストフェールオーバーを実行して、仮想マシンの起動やアプリケーションの動作を確認する

7.5　Hyper-Vとフェールオーバークラスター

　Windows Server 2016のHyper-Vの役割とフェールオーバークラスタリングの機能を組み合わせると、高可用性仮想マシンを実行できるHyper-Vホストクラスターを構成できます。Windows Server 2016のHyper-Vホストクラスターは、最大64ノードで構成することができ、最大8,000台の仮想マシンを高可用性サービスとして同時実行することができるスケーラビリティを備えています。

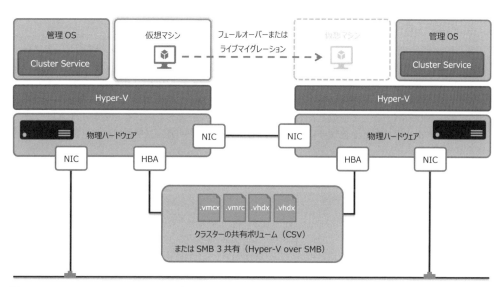

図7-5-1　Hyper-Vホストクラスター（最小2ノード）の実装イメージ

Hyper-Vホストクラスターでは、ファイバーチャネル（FC）やSAS（Serial Attached SCSI）、iSCSIベースのSAN LUNで構成したクラスターの共有ボリューム（CSV）、またはSMB 3共有（スケールアウトファイルサーバーを推奨）を、仮想マシンを配置する共有ストレージとして使用し、ノード障害時に仮想マシンを自動フェールオーバーして、仮想マシンの実行ノードを切り替えることで（正常ノードで仮想マシンを開始）、仮想マシンの可用性を高めます。仮想マシンのゲストOSはリセットされる形になりますが、物理ハードウェアの復旧を待つことなく、短時間で仮想マシンの実行を再開できます。

7.5.1 Hyper-Vホストクラスターの作成

ワークグループ構成のHyper-Vホストどうしで構成することも可能ですが、その場合、ライブマイグレーション機能が利用できないという制限があります。ワークグループ構成のクラスターについては、第10章で説明します。

次の例は、すべてのノードが接続される共有ストレージを使用して、2ノード（コンピューター名：hvsv01、hvsv02）のHyper-Vホストクラスター（クラスター名：hvcluster）を作成する手順です。仮想マシンをSMB 3共有に配置する場合は、クラスターの共有ボリューム（CSV）の構成は不要です。また、この手順では共有ストレージ上の1つのLUNをクォーラムのディスク監視のために構成していますが、共有ストレージを利用しない場合はファイル共有監視やクラウド監視で構成できます。クラウド監視については、第10章で説明します。

1. 各ノードにWindows Server 2016を新規インストールし、コンピューター名とネットワーク（IPアドレスなど）を構成したら、同じActive Directoryのドメインのメンバーサーバーとして構成します。［フェールオーバークラスターマネージャー］による管理を行うためには、少なくとも一方をフルインストールでインストールするか、リモートサーバー管理ツール（RSAT）をインストールした管理用端末をドメイン内に準備してください。

2. フルインストール環境の一方のノードまたはリモートサーバー管理ツール（RSAT）を利用可能な管理用端末にドメイン管理者の資格情報でサインインします。［サーバーマネージャー］に管理対象としてHyper-Vホストクラスターに参加させるノードをすべて追加します。

3. Hyper-VホストクラスターにSASやiSCSI接続などの共有ストレージを準備し、各ノードに接続して、ディスクの初期化とボリュームの作成を行います。クォーラムのディスク監視のためのボリュームとして512MB程度、クラスターの共有ボリューム（CSV）用のボリュームとして十分なサイズのボリュームを準備してください。Windows Server 2016のファイルサーバーをiSCSIターゲットサーバーとして構成し、iSCSIターゲットを共有ストレージとして利用する場合は、「第6章 ファイルサービスと記憶域サービス」の「6.5 iSCSIターゲットサーバー」を参考にしてください。

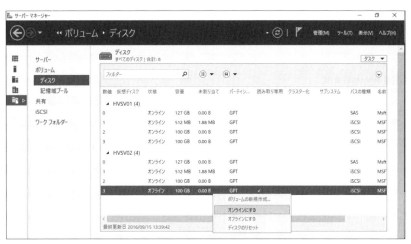

画面7-5-2　各ノードに共有ストレージのLUNを接続し、すべてのノードでオンラインにしたら、
1つのノードでLUNを初期化してNTFSまたはReFSでフォーマットする

4. ［サーバーマネージャー］の［役割と機能の追加ウィザード］を使用して、各ノードにHyper-Vの役割、フェールオーバークラスタリングの機能、および関連する機能をインストールします。
PowerShellを使用する場合は、次のコマンドラインを実行します。

```
PS C:\> Install-WindowsFeature -Name Hyper-V, Failover-Clustering, Multipath-IO↩
-IncludeManagementTools
```

Server Coreインストールの場合は、上記コマンドラインを実行するか、次のコマンドラインを実行します。

```
PS C:\> Install-WindowsFeature -Name Hyper-V, Failover-Clustering, Multipath-IO, ↩
Hyper-V-PowerShell, RSAT-Clustering-PowerShell
```

5. Hyper-Vの役割のインストールを完了するには、サーバーの再起動が必要です。再起動が完了したら、［Hyper-Vマネージャー］を使用して各ノードに接続し、同じ名前で仮想スイッチを作成します。

画面7-5-3 各ノードに同じ名前で仮想スイッチを作成する

6. ［フェールオーバークラスターマネージャー］を開きます。［操作］ペインの［構成の検証］をクリックし、［構成の検証ウィザード］で2つのノードを追加し、検証テストを実行します。テストの結果問題がなければ、そのままクラスターの作成に進みます。

画面7-5-4 ［構成の検証］ウィザードでノードのテストを行い、クラスターの作成に進む

7. ［クラスターの作成ウィザード］では、［クラスター管理用のアクセスポイント］ページで、クラスター名とクラスターIPを指定します。また、［確認］ページで［使用可能な記憶域をすべてクラスターに追加する］オプションのチェックを外し、クラスターを作成します。

画面7-5-5 クラスター名とクラスターIPを設定する。
これらの情報は、Active DirectoryとDNSサーバーに自動登録される

画面7-5-6 [使用可能な記憶域をすべてクラスターに追加する]オプションのチェックを外して
クラスターを作成する

［クラスターの作成ウィザード］ではなくPowerShellを使用してクラスターを作成する場合は、次のようなコマンドラインを実行します。次の例は、コンピューター名hvsv01とhvsv02の2ノードクラスターを、クラスターIP 192.168.10.200、クラスター名hvclusterで作成する場合です。

```
PS C:\> New-Cluster -Name hvcluster -Node hvsv01, hvsv02 -NoStorage ⤵
 -StaticAddress 192.168.10.200
```

8. クラスターの作成が完了したら、［フェールオーバークラスターマネージャー］でクラスターの［記憶域］の［ディスク］を開き、［操作］ペインの［ディスクの追加］をクリックして、共有ストレージ上のLUNをクラスターディスクとして追加します。

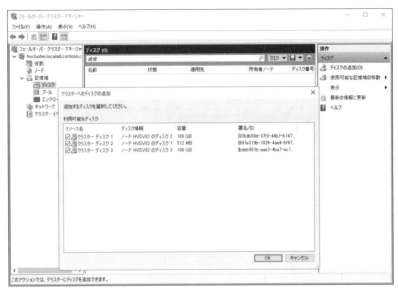

画面7-5-7　共有ストレージ上のLUNをクラスターディスクとして追加する

9. ［フェールオーバークラスターマネージャー］でクラスターを右クリックし、［他のアクション］－［クラスタークォーラム設定の構成］を選択し、［クラスタークォーラム構成ウィザード］を開始します。［クラスタークォーラム構成ウィザード］では、［クォーラム監視を選択する］［ディスク監視を構成する］の順に選択して、クラスターディスクの1台をディスク監視用に構成します。

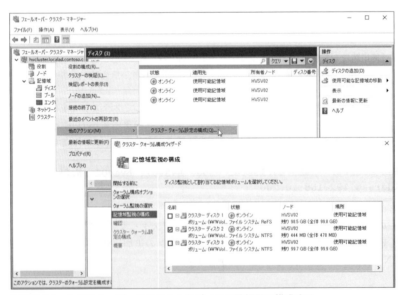

画面7-5-8　クラスターディスクの1つをディスク監視用に構成する

10. ［フェールオーバークラスターマネージャー］でクラスターの［記憶域］の［ディスク］を開き、未使用（使用可能記憶域）のクラスターディスクを右クリックして、［クラスターの共有ボリュームへの追加］をクリックします。クラスターディスクごとにC:¥ClusterStorage¥volume#（#は1からの連番）にマウントされます。クラスターの共有ボリューム（CSV）については、「第6章　ファイルサービスと記憶域サービス」の「6.2　ディスクとボリュームの構成と管理」でも説明しました。

画面7-5-9　残りのクラスターディスクをクラスターの共有ボリューム（CSV）として構成する

　以上でHyper-Vホストクラスターの作成は完了です。あとは、Hyper-Vホストクラスター上に仮想マシンを作成し、高可用性を構成します。

■| 高可用性仮想マシンの作成

　Hyper-Vホストクラスターは、2台以上のHyper-Vホストで構成したフェールオーバークラスターであり、高可用性を構成する役割サービスとして仮想マシンを構成できます。

　Hyper-Vホストクラスターでは、［Hyper-Vマネージャー］を使用して作成した通常の仮想マシンを、［フェールオーバークラスターマネージャー］の［高可用性ウィザード］を使用して、クラスターリソースとして構成し、仮想マシンに高可用性を追加できます。また、［フェールオーバークラスターマネージャー］から［仮想マシンの新規作成ウィザード］を開始して、仮想マシンの作成から高可用性の構成までを一度に行うこともできます。いずれの方法で構成する場合も、仮想マシンのすべてのファイル（仮想マシン構成ファイルおよび仮想ハードディスク）をクラスターの共有ボリューム（CSV）のパス（C:¥ClusterStorage¥volume1¥など）、またはSMB 3共有（スケールアウトファイルサーバーを推奨）に配置することがポイントです。

画面7-5-10
[フェールオーバークラスターマネージャー]を使用して仮想マシンを新規作成する。仮想マシンと仮想ハードディスクの保存先は、クラスターの共有ボリューム(CSV)またはSMB 3共有上のパスにすること

■|既存の仮想マシンを高可用性サービスとして構成

ローカルまたはリモートのHyper-Vホスト上に既に作成済みの仮想マシンの可用性を高めるには、クラスターの共有ボリューム(CSV)またはSMB 3共有上のパスを指定して、Hyper-Vホストクラスターのノードの1台に仮想マシンを移動します。[Hyper-Vマネージャー]の仮想マシンの移動機能を利用してもよいですし、エクスポート/インポート操作でも構いません。

画面7-5-11
クラスターの共有ボリューム(CSV)上のパスを指定して仮想マシンを移動する

仮想マシンをHyper-Vホストクラスターのノードの1台に移動したら、[フェールオーバークラスターマネージャー]でクラスターの[役割]を開き、[操作]ペインの[役割の構成]をクリックして、[高可用性ウィザード]を使用して仮想マシンの高可用性を構成します。

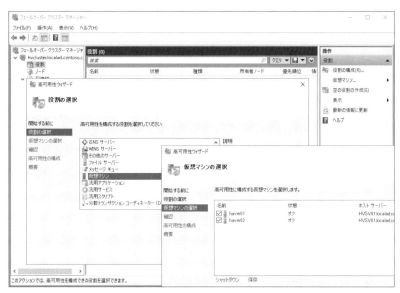

画面7-5-12　［高可用性ウィザード］を使用して仮想マシンの高可用性を構成する

■ 仮想マシンのフェールオーバー

　Hyper-Vホストクラスターのクラスターサービスは、仮想マシンのハートビートを監視し、ノードやリソース（仮想マシン）を重大な状態として検知した場合に、リソースの再起動やフェールオーバーを実行し、リソースの復旧を試みます。

　Hyper-Vホストクラスターではライブマイグレーションを実行できますが、障害発生時のフェールオーバー処理は、ライブマイグレーションではないことに留意してください。仮想マシンのゲストOSにとっては、リセット（停止して開始）されたのと同じ状態です。ゲストOSの起動とアプリケーションの回復処理（データベースのロールバック処理など）が完了するまでは、クライアントアクセスは制限されますが、物理サーバーの障害復旧やHyper-Vレプリカによる復旧よりも、圧倒的に短時間で復旧できます。フェールオーバーの処理は完全に自動的に行われるため、Hyper-VレプリカのようにITスタッフが手動でフェールオーバーを開始する必要はありません。

■ 仮想マシンの自動ドレイン

　仮想マシンを実行中のノードを正規の手順でシャットダウンまたは再起動した場合、ノードのシャットダウンが開始される直前に仮想マシンのライブマイグレーションが自動実行されます。この機能は、Windows Server 2012 R2のHyper-Vホストクラスターからサポートされるシャットダウン時の自動ドレイン機能です。

　Windows Server 2012以前のHyper-Vホストクラスターでは、仮想マシンを実行中のノードをシャットダウンまたは再起動すると、実行中であった仮想マシンは保存完了状態に移行します。そのため、仮想マシンのサービスを停止しないためには、ITスタッフが手動でライブマイグレーションを実行し、仮想マシンを退避してから、ノードのシャットダウンや再起動を開始する必要がありました。

　Windows Server 2012 R2以降のHyper-Vホストクラスターでは、シャットダウン時の自動ドレイン機能は既定で有効になっています。現在の構成を確認、変更するには、PowerShellで次のコマンドラインを実行してクラスターの**DrainOnShutdown**属性を参照、設定します。既定は1（有効）です。

```
PS C:\> (Get-Cluster <クラスター名>).DrainOnShutdown
PS C:\> (Get-Cluster <クラスター名>).DrainOnShutdown = 1（有効）または0（無効）
```

■ 仮想マシンのライブマイグレーション

　Hyper-Vホストクラスターの利点の1つは、高速なライブマイグレーションです。共有ストレージまたはSMB 3共有に配置された仮想マシンのライブマイグレーションは、記憶域の移行を必要としないため、メモリ状態のコピーだけで短時間でライブマイグレーションが完了します。

　ライブマイグレーションは、［フェールオーバークラスターマネージャー］でクラスターのノードの1台を、［役割のドレイン］を選択して一時停止すると、自動的に開始されます。まだ、第10章で説明するクラスター対応更新によるノードの更新と連携してライブマイグレーションで仮想マシンが退避されます。管理者が［フェールオーバークラスターマネージャー］を使用して、明示的に移行先のノードを指定してライブマイグレーションを開始することも可能です。

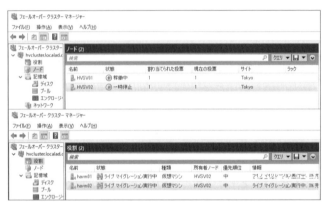

画面7-5-13
クラスターのノードの1台をメンテナンスのために［役割のドレイン］を選択して一時停止すると、仮想マシンが自動的にライブマイグレーションでアクティブなノードに移行する

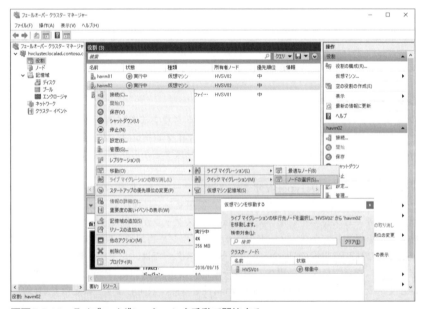

画面7-5-14　ライブマイグレーションを手動で開始する

■ 高可用性仮想マシンのアプリケーションレベルの監視

　Hyper-Vホストクラスターは、原則として仮想マシンのレベルで高可用性を提供します。Windows Server 2012以降では、さらに仮想マシンのゲストOSで実行中のサービスやアプリケーションのエラーを監視対象に加えることができます。Windows Server 2012 R2からは、さらに仮想マシンのネットワークの接続性（仮想マシンの［設定］のネットワークアダプターの［保護されたネットワーク］オプション）を監視対象にできるようになりました。

　ゲストOSのサービスやアプリケーションのエラー監視は、Windows Server 2012以降のゲストOS（Nano Serverは非対応）を実行する仮想マシンでサポートされます。具体的には、ゲストOSの特定のサービスにおけるエラー発生状態、あるいはイベントログに記録される特定のイベントを監視して、仮想マシンのゲストOSの再起動やフェールオーバーで復旧を試みることができます。

　仮想マシンのゲストOSのサービスを監視対象に追加するには、［フェールオーバークラスターマネージャー］を使用して高可用性仮想マシンを右クリックし、［その他のアクション］から［監視の構成］を開きます。すると、ゲストOSのサービスの一覧が取得され、［サービスの選択］ダイアログボックスに表示されます。この一覧から監視対象のサービスを1つ以上選択します。特定のサービスを監視対象にすると、そのサービスがエラーで失敗状態になったことを検出（通常のサービス停止は除く）したときに、リソースエラーの対応ポリシーに基づいた回復処理が行われます。既定では、まず、現在のノードでゲストOSの再起動を試み、再起動に失敗した場合は、仮想マシンを別のノードにフェールオーバーします。

　なお、サービスの回復操作は、クラスターサービスが担当するため、サービス自身が備える回復操作を変更しなければならない場合があります。ゲストOSの［サービス］スナップインを開き、監視対象のサービスのプロパティを開いて、［回復］タブを確認してください。少なくとも1つの回復操作が［何もしない］に設定され、3つの回復操作のいずれも［コンピューターを再起動する］に設定されていないことが必要です。3つの回復操作のすべてが［何もしない］の場合は、問題ありません。

画面7-5-15　Windows Server 2012以降のゲストOSを実行する仮想マシンは、
　　　　　　サービスのエラーを監視対象にできる

サービス監視のためのファイアウォールの構成

仮想マシンのゲストOSの監視の構成を行う際、「仮想マシン＜仮想マシン名＞からサービスの一覧を取得できません」と表示される場合は、必要な通信がファイアウォールによってブロックされている可能性があります。サービス監視を構成するには、監視対象のゲストOSのServices.exeプロセスおよびWMI（Windows Management Instrumentation）に対するRPC接続が必要です。セキュリティが強化されたWindowsファイアウォールを使用している場合は、既定の受信の規則の［リモート サービス管理］と［Windows Management Instrumentation (WMI)］の2つのグループを有効化することで、必要な通信を許可できます。次のコマンドラインを実行すると、これらの受信の規則を有効化できます。

```
C:\> netsh advfirewall firewall set rule group="リモート サービス管理"
 new enable=yes
C:\> netsh advfirewall firewall set rule group="Windows Management
 Instrumentation (WMI)" new enable=yes
```

アプリケーションのエラーを監視対象にするには、**Add-ClusterVMMonitoredItem**コマンドレットを使用して、イベントログに記録されるイベントを監視するように構成します。

```
PS C:\> Add-ClusterVMMonitoredItem -VirtualMachine <仮想マシン名>
 -Cluster <クラスター名> -EventLog "<ログの名前>"
 -EventSource "<イベントのソース>" -EventID "<イベントID>"
```

Windows標準の**EVENTCREATE**コマンドを使用すると、指定したイベントログにイベントのソースや種類、イベントIDを指定して、カスタムイベントを書き込むことができます。ゲストOSに対して**EVENTCREATE**コマンドを使用して監視対象のイベントを発生させれば、イベントの監視によるゲストOSの再起動やフェールオーバー動作をテストすることができます。

7.5.2 Hyper-Vホストクラスターの新機能

Windows Server 2016ベースのHyper-Vホストクラスターから利用可能になった新機能について説明します。

■ ローリングアップグレード

Windows Server 2012 R2ベースのHyper-Vホストクラスターは、ローリングアップグレードの手法でWindows Server 2016ベースのHyper-Vホストクラスターにアップグレードできます。ローリングアップグレードについては第2章でも説明しましたが、仮想マシンをライブマイグレーションで移動しながら、Windows Server 2012 R2ベースのHyper-Vホストクラスターのノードを順番にWindows Server 2016に入れ替え、すべてのノードの入れ替えが完了したら**Update-ClusterFunctionalLevel**コマンドレットを実行してクラスターの機能レベルをアップグレードします。また、**Update-VMVersion**コマンドレットを使用して仮想マシンの構成バージョンを最新の8.0にアップグレードします。

画面7-5-16　Windows Server 2012 R2ベースのHyper-VホストクラスターにWindows Server 2016のノードを追加し、仮想マシンを移動しながらすべてを入れ替える

画面7-5-17　すべてのノードがWindows Server 2016になったら、Update-ClusterFunctionalLevelコマンドレットを実行してクラスターの機能レベルをアップグレードする

■|仮想マシンの回復性（Virtual Machine Resiliency）

　Windows Server 2016のHyper-Vホストクラスターは、ノードとの通信や、仮想マシンと記憶域間の接続に障害が発生した場合でも、自動的な復旧を待つために一定時間の障害を許容し、仮想マシンのフェールオーバーを抑制します。この機能は「仮想マシンの回復性（Virtual Machine Resiliency）」

と呼ばれます。

　Windows Server 2012 R2以前のHyper-Vホストクラスターでは、ノードの障害を検知すると、すぐに正常なノードへ仮想マシンのフェールオーバーを開始します。仮想マシンのリソースやゲストOSのアプリケーションのエラーについては、同一ノードでゲストOSの再起動を試み、再起動に失敗した場合にフェールオーバーを開始するのが既定の動作です。

　Windows Server 2016のHyper-Vホストクラスターでは、次に示すような短時間の障害を一定時間許容し、クラスターから孤立したノードで仮想マシンの実行を続行して、障害の回復を待ちます。このとき、障害ノードの状態は［分離］となり、仮想マシンの状態は［監視されていない］となります。許容時間内に障害が回復すれば、ノードの状態は［分離］から［参加中］［稼働中］となって、フェールオーバーなしで正常な状態に戻ります。

- ノードの完全な切断（ノードはクラスターのすべての他のノードと通信不可）
- ノードのCluster Serviceの異常終了（ノードのダウン）
- ノードの部分的な切断（ノードはクラスターの別のノードの一部と通信可能）

　仮想マシンから記憶域へのアクセスが失われると、仮想マシンの状態は［一時停止 – 重大］となり、仮想マシンは一時停止され、記憶域へのアクセスが復旧するのを一定時間待機します。問題が短時間で解消されれば、仮想マシンの状態は［実行中］に戻ります。

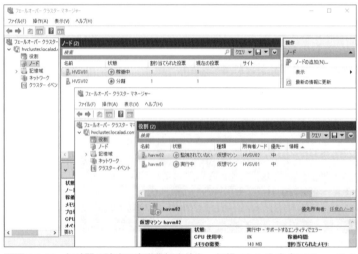

画面7-5-18　短時間の障害は自動復旧を待ち、仮想マシンをすぐにフェールオーバーすることはしない

　ノードの障害および記憶域の切断を許容する待機時間は、既定で4分（240秒）です。ノードの障害が4分以内に解消しなかった場合、そのノードの状態は［停止］となり、仮想マシンが正常なノードに自動的にフェールオーバーされ、復旧されます。また、ノードの障害が1時間に3回発生すると、そのノードの状態は［検疫］となり、その後の2時間（7200秒）はクラスターに自動復帰することができなくなります。ノードの状態が［検疫］の間は、手動によるライブマイグレーションの選択肢にも表示されなくなります。

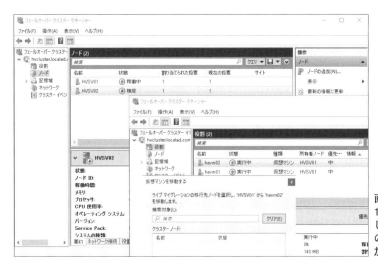

画面7-5-19
1時間に3回以上の障害が発生したノードは［検疫］され、その後の2時間はクラスターに参加できなくなる

2時間以内にクラスターをノードに復帰させるには、PowerShellで次のコマンドラインを実行します。

```
PS C:\> Start-ClusterNode -CQ または -ClearQuarantine
```

画面7-5-20
［検疫］状態のクラスターノードを手動でクラスターに復帰させる

ノードを［分離］状態にして待機する時間（既定240秒）、［検疫］状態するまでのしきい値（既定1時間に3回）、［検疫］状態を自動解除するまでの時間（既定7200秒）は、次のようにPowerShellを使用して調整することができます（この例は既定値に設定）。

```
PS C:\> (Get-Cluster).ResiliencyDefaultPeriod = 240
PS C:\> (Get-Cluster).QuarantineThreshold = 3
PS C:\> (Get-Cluster).QuarantineDuration = 7200
```

■ 仮想マシンの自動均衡化（ノードフェアネス）

仮想マシンの自動均衡化（ノードフェアネス）は、Hyper-Vホストクラスターにおける負荷の平準化機能です。

Windows Server 2012 R2以前のHyper-Vホストクラスターでは、Hyper-Vホストクラスター自身

が負荷の状態を判断して、仮想マシンを再配置するという機能はありませんでした。そのため、ノードのメンテナンス終了時や新しいノードの追加時に、管理者が負荷のバランスを考慮して再配置する必要がありました。

Windows Server 2016のHyper-Vホストクラスターでは、仮想マシンの自動均衡化機能が既定で有効になっており、仮想マシンに割り当てられたメモリ量とCPU使用率に基づいて、［低（既定）］［中］［高］の強度（即応度）のいずれかに従って仮想マシンをライブマイグレーションで再配置し、負荷をクラスターの現在のアクティブノード全体で平準化しようとします。また、Hyper-Vホストクラスターに新しいノードが追加されたときや、停止していたノードが復帰した際に、仮想マシンをライブマイグレーションで再配置し、新しいノードを含めて負荷を平準化します。

仮想マシンの自動均衡化機能は、［フェールオーバークラスターマネージャー］でクラスターのプロパティを開き、［バランサー］タブで構成できます（画面7-5-21）。［仮想マシンの自動均衡化を有効にする］（既定でオン）は、仮想マシンの自動均衡化の有効化/無効化の設定です。［参加時にノードに負荷を分散する］と［常に負荷を分散する］は、自動均衡化をノードの参加時にだけ行うのか、常時（30分ごと）行うのかのモードの選択です。［強度］は、次の3つから選択します。

- 低（ホストのリソース使用量が80％を超えると負荷を平準化、既定）
- 中（ホストのリソース使用量が70％を超えると負荷を平準化）
- 高（ホストのリソース使用量が60％を超えると負荷を平準化、ライブマイグレーションの回数増）

モードの選択はPowerShellでクラスターの**AutoBalancerMode**プロパティの値で構成することも可能です。また、仮想マシンの自動均衡化の強度は、クラスターの**AutoBalancerLevel**プロパティの値（1：低、2：中、3：高）で変更できます。

これまで、仮想マシンをノードの負荷に応じて自動的に再配置する機能は、System Center Virtual Machine Managerが提供してきました。System Center Virtual Machine Managerの「動的最適化」機能を利用すると、ノードの負荷を監視して、仮想マシンが使用するCPU、メモリ、ディスクI/O、ネットワークI/Oのリソース量に応じて負荷を平準化するように、ライブマイグレーションで仮想マシンを再配置することができます。Windows Server 2016で追加された仮想マシンの自動均衡化機能は、System Center Virtual Machine Managerの動的最適化機能の一部を、Hyper-Vホストクラス

画面7-5-21 仮想マシンの自動均衡化機能は既定で有効

ターの標準機能として実装したものと考えるとよいでしょう。なお、Hyper-VホストがSystem Center Virtual Machine Managerの動的最適化の対象になっている場合は、仮想マシンの自動均衡化の設定に関係なく、System Center Virtual Machine Managerの動的最適化の機能で負荷が平準化されます。

■ 仮想マシンの開始順序

仮想マシンの開始順序（Virtual Machine Start Order）は、Hyper-Vホストクラスター上の仮想マシンをグループ化し、仮想マシン間の依存関係に基づいて開始順序を定義する機能です。この機能を利用すると、多層アプリケーションをサービスする仮想マシン群を、適切な順番で開始したり、フェールオーバーしたりできます。Azure Site Recoveryの復旧計画の簡易的なものと考えればよいでしょう。

仮想マシンの開始順序は、仮想マシンをグループ化し、グループ間の依存関係を構成することで実装できます。**New-ClusterGroupSet**コマンドレットでクラスターグループを作成し、**Add-ClusterGroupToSet**コマンドレットでグループに仮想マシンを追加します。また、**Add-ClusterGroupSetDependency**コマンドレットでクラスターグループ間の依存関係を定義します。次の例は、バックエンドサーバーhavm01、havm02をBackendTierグループ、フロントエンドサーバーappvmをFrontendTierグループとし、BackendTierグループにFrontendTierグループが依存するように構成する例です。

```
PS C:\> $cim = New-CimSession hvcluster
PS C:\> New-ClusterGroupSet -Name BackendTier -CimSession $cim
PS C:\> New-ClusterGroupSet -Name FrontendTier -CimSession $cim
PS C:\> Add-ClusterGroupToSet -Name BackendTier -Group havm01 -CimSession $cim
PS C:\> Add-ClusterGroupToSet -Name BackendTier -Group havm02 -CimSession $cim
PS C:\> Add-ClusterGroupToSet -Name FrontendTier -Group appvm -CimSession $cim
PS C:\> Add-ClusterGroupSetDependency -Name FrontendTier -Provider BackendTier ↩
 -CimSession $cim
```

このように構成した場合、仮想マシンappvmを開始すると、仮想マシンappvmの開始前に、依存関係にある仮想マシンhavm01とhavm02が先に開始するようになります。

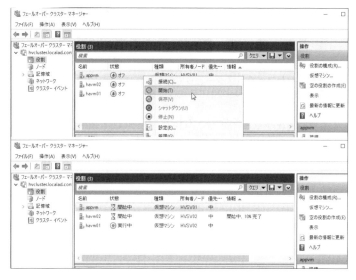

画面7-5-22
仮想マシンappvmを開始すると、依存関係にある仮想マシンが先に開始する

7.5.3　Hyper-V ゲストクラスターの展開オプション

　Hyper-Vホストクラスターは、仮想マシンの可用性を高め、稼働率を向上するのに役立ちます。Windows Server 2012以降はゲストOSのサービスやアプリケーションの監視、Windows Server 2012 R2からは仮想マシンのネットワークの接続性の監視ができるようになりましたが、アプリケーションレベルの冗長性や可用性をさらに高めるために複数の仮想マシン上でアプリケーションをクラスター化するという手段があります。

　Hyper-V上の複数の仮想マシンでフェールオーバークラスターを構成することを、Hyper-Vホストクラスターに対して、Hyper-Vゲストクラスターと呼ぶことがあります。Hyper-VホストクラスターとHyper-Vゲストクラスターを併用することで、仮想化基盤から仮想マシン、アプリケーションのすべてのレベルに高可用性を実装できます。また、Windows Server 2016およびWindows 10のHyper-Vでは、入れ子構造の仮想化がサポートされたため、Hyper-VゲストクラスターとしてHyper-Vホストクラスターを作成することも可能です。実は、本書で作成したHyper-Vホストクラスター hvclusterは、入れ子構造の仮想化を有効化した仮想マシンどうしで作成したHyper-Vゲストクラスターです。

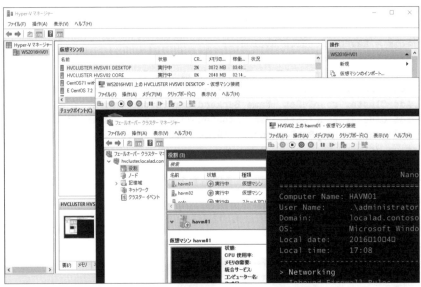

画面7-5-23　2台の仮想マシンをHyper-Vゲストクラスターとして作成したHyper-Vホストクラスター。共有ストレージとしてはWindows Server 2016のiSCSIターゲットサーバーを利用

　Hyper-Vゲストクラスターを構成する際、クラスタークォーラムのディスク監視やアプリケーションデータの格納のための共有ストレージとしては、iSCSIターゲット（iSCSI SAN）、仮想SAN、仮想ハードディスクの共有の3つのローカル記憶域の構成オプションと、SMB 3共有を利用する構成オプションがあります。

表7-5-24 各Hyper-Vバージョンで利用可能なHyper-Vゲストクラスターの共有ストレージの構成オプション

	Windows Server 2008 R2 Hyper-V	Windows Server 2012 Hyper-V	Windows Server 2012 R2 Hyper-V	Windows Server 2016 Hyper-V
iSCSIターゲット	○	○	○	○
仮想FC SAN	×	○	○	○
SMB 3共有	×	×	○	○
共有ドライブ（VHDX）	×	×	○	○
共有ドライブ（VHDセット）	×	×	×	○（ホストベースのバックアップ対応）

■ 共有ドライブの概要

仮想ハードディスクの共有は、Windows Server 2012 R2からサポートされる仮想マシンの仮想ハードディスクの新しい割り当て方法です。Windows Server 2016では、共有ドライブという名称に変更されました。

共有ドライブはクラスターの共有ボリューム（CSV）のC:¥ClusterStorage¥volume#（#は1からの連番）上のパス、またはスケールアウトファイルサーバーのSMB 3共有上のパスに配置することができ、同じHyper-Vホストまたは異なるHyper-Vホスト上の複数の仮想マシンのSCSIコントローラーに同時に接続できます。仮想マシンのゲストOSからは、SAS接続の共有ストレージとして見え、Hyper-Vゲストクラスター用の共有ストレージとして利用できます。

Windows Server 2016共有ドライブとしてVHDX形式の仮想ハードディスクに加えて、VHDセットという新しい形式がサポートされます。これまでの共有ストレージの構成オプションはいずれも、ホストベースのバックアップ（Hyper-Vホスト側からの仮想マシンに含めた共有ストレージのバックアップ）に対応しておらず、共有ストレージについてはゲスト側からバックアップする必要がありまし

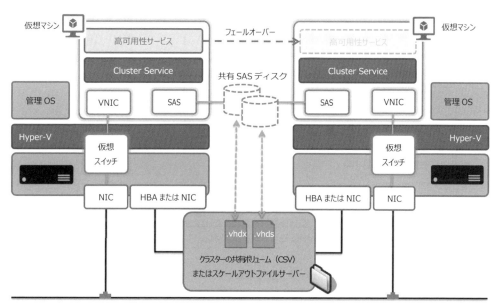

図7-5-25 共有ドライブはクラスターの共有ボリューム（CSV）またはスケールアウトファイルサーバーのSMB 3共有に配置できる

た。新しいVHDセット形式は、ホストベースのバックアップに対応しており、クラスターの共有ボリューム（CSV）に配置されている場合、仮想マシンとともにHyper-Vホスト側からバックアップできます（図7-5-25）。

■ 共有ドライブの作成と接続

共有ドライブを作成し、仮想マシンに接続するには、次の手順で操作します。

1. 仮想マシンの［設定］を開き、［SCSIコントローラー］に［共有ドライブ］を選択して追加します。

画面7-5-26　仮想マシンのSCSIコントローラーに［共有ドライブ］を追加する

2. 追加した［共有ドライブ］の［新規］をクリックし、［仮想ハードディスクの新規作成ウィザード］を開始します。［ディスクフォーマットの選択］ページで、［VHDX］または［VHDセット］を選択します。既定は［VHDセット］です。Windows Server 2012 R2上の仮想マシンとこの共有ドライブを共有する場合は、［VHDX］を選択する必要があります。

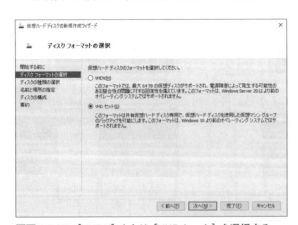

画面7-5-27　［VHDX］または［VHDセット］を選択する

3. ［ディスクの種類の選択］ページで［容量固定］または［容量可変］を選択します。既定は［容量可変］です。共有ドライブでは、差分ディスクはサポートされません。

4. ［名前と場所の指定］ページで、仮想ハードディスクのファイル名と配置先のパスを指定します。共

有ドライブは、Hyper-Vホストクラスターの場合はローカルのクラスターの共有ボリューム（CSV）上のパスに配置できます。スタンドアロンのHyper-Vホストの場合は、スケールアウトファイルサーバーの提供するSMB 3共有上のパスに配置できます。新しいVHDセット形式を選択した場合、配置先パスには<仮想ハードディスク名>.vhdsと<仮想ハードディスク名>_<GUID>.avhdxが作成されます。.avhdxファイルはバッキング記憶ファイルと呼ばれ、これによりホストベースのバックアップに対応できます。

画面7-5-28　VHDセットの拡張子は.vhdsになる

5. 1台の仮想マシンに共有ドライブを作成して接続したら、別の仮想マシンのSCSIコントローラーに［共有ドライブ］を追加し、［参照］をクリックして、1台目の仮想マシンに作成、接続した共有ドライブを割り当てます。

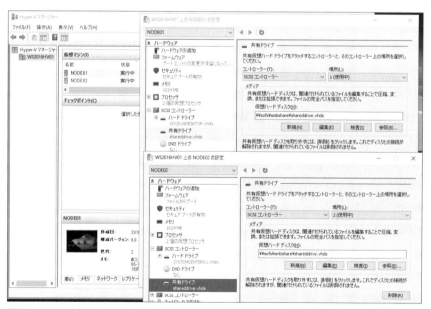

画面7-5-29　2台目の仮想マシンに同じ共有ドライブのVHDXまたはVHDセットを割り当てる

6. 仮想マシンのゲストOSに共有ドライブがSASディスクとして追加されるので、ディスクをオンラインにし、初期化して、NTFSまたはReFSでフォーマットします。これで、この共有ドライブをHyper-Vゲストクラスターのクラスターディスクとして利用できるようになります。

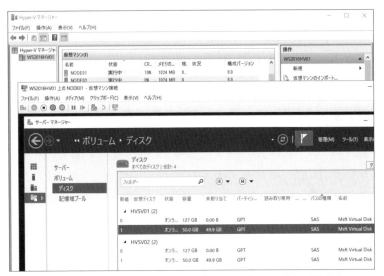

画面7-5-30　ゲストOS側では共有ドライブがSASディスクとして見える

7.6 Host Guardianサービス

Windows Server 2016には、サーバーの役割としてHost Guardianサービスが新たに追加されます。このサービスは、Guardian（守護者）という言葉が示すように、Hyper-Vの仮想化インフラストラクチャ、プライベートクラウド、あるいはサービスプロバイダーのHyper-Vホストと仮想マシンを、セキュリティ脅威から保護するサービスです。

7.6.1 Host Guardianサービスの概要

Host Guardianサービスは、クラウドを利用するテナント（利用者）が、暗号化により封印された仮想マシン（シールドされた仮想マシン、Shielded VM）を、信頼できるHyper-Vホスト（Guarded Host）上でのみ実行できるという、セキュアなクラウド環境を実現します。例えば、仮想マシンの仮想ハードディスクは暗号化されるため、インターネット上を転送する際に万が一漏えいしても、許可されていないホスト上では実行できませんし、内容を解読される心配もありません。サービスプロバイダーは仮想マシンのテンプレートに署名して封印することで、テンプレートの改ざんや不正使用を防止できます。

Host Guardianサービスのインフラストラクチャは、以下の要素で構成されます。

- **Host Guardianサービス専用のActive Directoryドメイン**——Host Guardianサービスのサービスを提供する専用のActive Directoryドメインです。本書の例では、hgsdom.contoso.comドメ

インになります。

- **ファブリックのActive Directoryドメイン** —— Guarded Hostを含む仮想化インフラストラクチャ（プライベートクラウドやサービスプロバイダーのクラウド）のためのActive Directoryドメインです。信頼されたホスト（Guarded Host）はこのドメインのメンバーです。このドメインはHost Guardianサービス専用のActive Directoryドメインとの間で一方向または双方向の信頼関係を結びます。ファブリックコントローラー（オプション）としてSystem Center 2016以降のVirtual Machine Managerを利用する場合は、このドメインにVirtual Machine Managerを展開します。本書の例では、**localad.contoso.com**ドメインになります。

- **テナントのオンプレミスのHyper-V環境** —— テナントとは、プライベートクラウドやサービスプロバイダーのクラウドの利用者のことを指します。テナントのHyper-V環境とは、Host GuardianサービスおよびファブリックのActive Directoryの外部にある、テナント利用者のオンプレミスのHyper-Vホストのことです。テナントの利用者は、このHyper-Vホストで仮想マシンを作成し、暗号化して封印し、シールドされた仮想マシン（Shielded VM）を準備します。シールドされた仮想マシン（Shielded VM）は、Host Guardianサービスによって信頼されたHyper-Vホストに転送、インポートして、実行できます。Hyper-Vホストとしては、Windows Server 2016、Windows Server 2016バージョンのNano Server（2018年10月に既にサポート終了）がサポートされます。本書の例では、Hyper-Vホスト**MYSERVER**になります。

- **Host Guardianサービス** —— Host Guardianサービスは、構成証明サービス（Attestation Server）とキー保護サービス（Key Protection Server）で構成され、Host Guardianサービス専用のActive Directoryドメインで動作します。

    - **構成証明サービス（Attestation Server）** —— 保護対象の仮想化インフラストラクチャにあるHyper-VホストをActive Directoryの信頼またはTPM 2.0によって検証し、信頼されたホスト（Guarded Host）とします。本書の例では、**https://HgsService.hgsdom.contoso.com/Attestation**になります。

    - **キー保護サービス（Key Protection Server）** —— テナントに対して仮想マシンをシールドするための暗号化キーを提供します。信頼されたホスト（Guarded Host）に対しては、シールドされた仮想マシン（Shielded VM）の暗号化ロックを解除するためのキーを提供します。本書の例では、**https://HgsService.hgsdom.contoso.com/KeyProtection**になります。

- **信頼されたホスト（Guarded Host）** —— Host Guardianサービス専用のActive Directoryドメインの信頼に基づいて検証されたHyper-Vホストです。信頼されたホスト（Guarded Host）は、シールドされた仮想マシン（Shielded VM）の暗号化ロックを解除して実行できます。本書では説明しませんが、ドメインの信頼に基づいた検証のほかに、TPM 2.0に基づいたハードウェアによる検証がサポートされます。なお、信頼されたホスト（Guarded Host）としては、Windows Server 2016およびWindows Server 2016バージョンのNano Server（2018年10月に既にサポート終了）がサポートされます。本書の例では、Hyper-Vホスト**guardedhost01.localad.contoso.com**になります。

- **シールドされた仮想マシン（Shielded VM）** —— BitLockerドライブ暗号化により暗号化された仮想ハードディスクを持つ第2世代仮想マシンです。シールドされた仮想マシン（Shielded VM）の仮想ハードディスクは、仮想TPMに基づいて暗号化され、シールドされた仮想マシン（Shielded VM）を準備したHyper-Vホスト、および信頼されたホスト（Guarded Host）でのみ実行できます。また、シールドされた仮想マシン（Shielded VM）のコンソールおよびCOMポートへのアクセスは無効化されます。ゲストOSとしては、Windows Server 2012以降、およびWindows 8.1以降がサポートされます。本書の例では、仮想マシン**ShieldedVM01**になります。

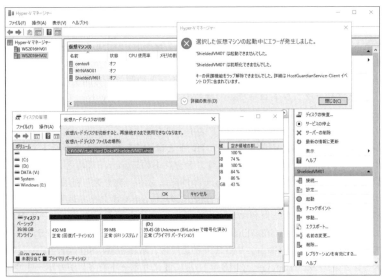

画面7-6-1
シールドされた仮想マシン（Shielded VM）は信頼されたホスト（Guarded Host）以外では起動できない。また、仮想ハードディスクの内容はBitLockerで暗号化されているため、データを取り出すこともできない

- **署名付き仮想ハードディスクテンプレート（Signed Disk Template）**――サービスプロバイダー側が準備してVirtual Machine Managerのライブラリに登録する、シールドされた仮想マシン（Shielded VM）の作成用の仮想ハードディスクテンプレートです。仮想ハードディスクの内容は、自己署名証明書を使用してBitLockerドライブ暗号化で暗号化されます。テナントがこのテンプレートを使用するには、サービスプロバイダーから提供されるボリューム署名カタログファイル（.vsc）に基づいて、テナント側がプロビジョニングデータを準備します。Virtual Machine Managerで管理されていない環境では、使用しません（図7-6-2）。

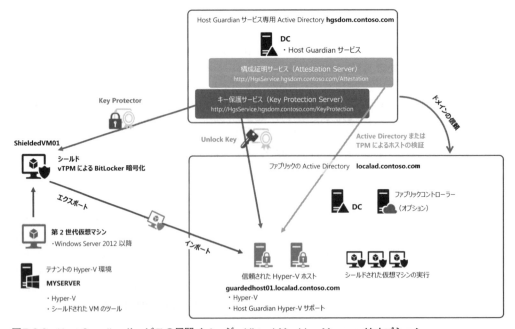

図7-6-2 Host Guardianサービスの展開イメージ。Virtual Machine Managerはオプション

第7章 サーバーの仮想化—Hyper-V

Host Guardianサービスの公式展開ガイド

Host Guardianサービスは、マルチテナントのクラウドインフラストラクチャ向けの機能です。本書では、最小構成の評価環境を構築して、シールドされた仮想マシン（Shielded VM）の作成と信頼されたホスト（Guarded Host）での実行までの流れを説明します。

本書で説明するHost Guardianサービスの展開手順は、以下の展開ガイド（英語）を参考にしています。Virtual Machine Managerを使用した展開については、こちらで確認してください。

Guarded Fabric Deployment Guide for Windows Server 2016
→ https://gallery.technet.microsoft.com/shielded-vms-and-guarded-98d2b045

改訂 Windows Server 2019のHost Guardianサービスの新機能

Windows Server 2019のHost Guardianサービスでは、Active Directory、TPMに加えて、ホストキーと呼ばれる非対称キーによるホストの構成証明がサポートされます。また、Linux仮想マシンのシールドがサポートされます。

7.6.2 Host Guardianサービスの導入

Host Guardianサービスの導入は、大部分をPowerShellで行います。一部の作業はGUIでも行うことが可能ですが、作業が煩雑になってしまうため、すべてをPowerShellで実行する手順で説明します。なお、信頼されるホスト（Guarded Host）を実行することになるファブリックのActive Directoryドメイン環境およびHyper-Vホストは展開済みであり、ネットワークの設定、Active Directoryドメインのインストール、Hyper-Vホストのドメイン参加設定、およびHyper-Vの役割のインストールと構成は既に完了していることを前提に説明します。

■ [Host Guardianサービス] の役割のインストールと構成

ファブリックのActive Directoryドメインとは別に、Windows Server 2016を新規インストールしたサーバーを用意し、ファブリックのActive Directoryドメインと同じネットワーク、またはルーティングされた別のIPサブネットに配置して、固定IPアドレスを割り当てます。今回は、Host GuardianサービスのActive DirectoryドメインとHost Guardianサービスの環境をサーバー1台で構成するため、GUI管理ツールを利用できるようにWindows Server 2016はフルインストールオプションを選択してインストールしています。

このサーバーに、次の手順で [Host Guardian サービス] の役割をインストールし、Host GuardianサービスのActive Directoryドメインを構成します。なお、Host Guardianサービスの実行には、Active Directoryのドメインコントローラー、フェールオーバークラスター、およびWebサーバーが必要ですが、すべて1台のサーバーにセットアップできます。

1. Windows Server 2016を新規インストールしたサーバーのPowerShellで次のコマンドラインを実行して、[Host Guardianサービス]の役割をインストールし、サーバーを再起動します。この手順は、[サーバーマネージャー] の [役割と機能の追加ウィザード] を使用して実行することもできます。

```
PS C:¥> Install-WindowsFeature -Name HostGuardianServiceRole↵
-IncludeManagementTools -Restart
```

［Host Guardianサービス］の役割をインストールすると、［Active Directoryドメインサービス］および［Webサーバー（IIS）］の役割と、［フェールオーバークラスタリング］、［グループポリシーの管理］の機能、および関連する機能および管理ツールが同時にインストールされます。

2. サーバーが再起動したら、PowerShellで次のように **Install-HgsServer** コマンドレットを実行して、サーバーを Host Guardian サービス専用の Active Directory ドメイン（本書の例では、**hgsdom.contoso.com**）のドメインコントローラーとしてセットアップします。

```
PS C:¥> $dsrmPassword = ConvertTo-SecureString
 -AsPlainText "<ディレクトリサービス復元モード（DSRM）のパスワード>" -Force
PS C:¥> Install-HgsServer
 -HgsDomainName <Host Guardianサービス専用Active DirectoryドメインのFQDN>
 -SafeModeAdministratorPassword $dsrmPassword -Restart
```

3. サーバーが再起動してドメインコントローラーに昇格したら、ドメイン管理者（<ドメイン名>¥Administrator）の資格情報でサインインします。PowerShellで次のコマンドラインを実行して、Host Guardian サービスで使用する署名および暗号化用の証明書を、自己署名証明書として準備します。本来であれば、エンタープライズPKIの環境を構築して、証明書を発行し、使用しますが、今回は評価を簡単にするために自己署名証明書を利用します。

```
PS C:¥> $certificatePassword = ConvertTo-SecureString
 -AsPlainText "<証明書のパスワード>" -Force
PS C:¥> $signingCert = New-SelfSignedCertificate
 -DnsName "signing.<Host Guardianサービス専用Active DirectoryドメインのFQDN>"
PS C:¥> Export-PfxCertificate -Cert $signingCert
 -Password $certificatePassword -FilePath "C:¥signingCert.pfx"
PS C:¥> $encryptionCert = New-SelfSignedCertificate
 -DnsName "encryption.<Host Guardianサービス専用Active DirectoryドメインのFQDN>"
PS C:¥> Export-PfxCertificate -Cert $encryptionCert
 -Password $certificatePassword -FilePath "C:¥encryptionCert.pfx"
```

4. 次のコマンドラインを実行してHost Guardianサービスの初期構成を行います。**Initialize-HgsServer** コマンドレットは、このサーバーをフェールオーバークラスター（ただし、1ノードだけのクラスター）として構成し、Host Guardian サービスのクラスターリソースを構成します。この例は、Active Directoryの信頼に基づいてHyper-Vホストを検証する場合の例です。TPM 2.0によるHyper-Vホストの検証のためには、**-TrustActiveDirectory** の代わりに **-TrustTPM** パラメーターを指定します。

```
PS C:¥> $certificatePassword = ConvertTo-SecureString
 -AsPlainText "<証明書のパスワード>" -Force
PS C:¥>  Initialize-HgsServer
 -HgsServiceName "<Host Guardianサービスのサービス名（例：hgsservice）>"
 -SigningCertificatePath "C:¥signingCert.pfx"
 -SigningCertificatePassword $certificatePassword
 -EncryptionCertificatePath "C:¥encryptionCert.pfx"
 -EncryptionCertificatePassword $certificatePassword
 -TrustActiveDirectory -Confirm:$false
```

画面7-6-3 Initialize-HgsServerコマンドレットを実行して、
Host Guardianサービスのクラスターの初期構成を行う

■ Active Directoryドメインの信頼関係の作成

Host GuardiaサービスQ専用のActive Directoryドメインとファブリックの Active Directoryドメインの間でドメインの一方向または双方向の信頼関係を作成します。

1. Host Guardianサービス専用のActive DirectoryドメインのDNSサーバーと、ファブリックのActive DirectoryドメインのDNSサーバーで、お互いのドメインの名前解決をできるようにDNSのフォワーダーやスタブゾーンなどで設定します。さまざまな構成方法が可能ですが、例えばそれぞれのDNSサーバーに相手ドメインのスタブゾーンを作成して、ゾーンのコピーを保持するようにします。あるいは、DNSサーバーの条件付きフォワーダー機能を利用して、相手ドメインの名前解決要求を相手ドメインのDNSサーバーに転送するように構成します。
条件付きフォワーダーを利用する場合、ファブリックのActive Directoryのドメインコントローラー（兼DNSサーバー）では、PowerShellで次のコマンドラインを実行します。

```
PS C:\> Add-DnsServerConditionalForwarderZone ↵
 -Name "<Host Guardianサービス専用Active DirectoryのFQDN>" ↵
 -ReplicationScope "Forest" ↵
 -MasterServers <Host Guardianサービス専用Active Directoryのドメインコントローラー
(DNSサーバー)のIPアドレス>
```

Host Guardianサービス専用Active Directoryドメインのドメインコントローラー（兼DNSサーバー）では、PowerShellで次のコマンドラインを実行します。

```
PS C:\> Add-DnsServerConditionalForwarderZone ↵
 -Name "<ファブリックのActive DirectoryのFQDN>" -ReplicationScope "Forest" ↵
 -MasterServers <ファブリックのActive Directoryのドメインコントローラー（DNSサーバー）
のIPアドレス>
```

2. Host GuardianサービスのActive Directoryドメインのドメインコントローラーのコマンドプロンプトで次のコマンドラインを実行し、ファブリックのActive Directoryドメインに対する一方向の信頼関係を設定します。

```
C:\> netdom trust <Host GuardianサービスのActive DirectoryのFQDN>
 /domain:<ファブリックのActive DirectoryのFQDN>
 /userD:<ファブリックのActive Directoryドメイン名>\<ドメイン管理者のユーザー名>
 /passwordD:<ドメイン管理者のパスワード> /add
```

画面7-6-4 Host GuardianサービスのActive Directoryドメインからファブリックの Active Directory ドメインへの一方向の信頼関係を設定する

■ Hyper-Vホスト検証のためのファブリックのActive Directoryの構成

　Active Directoryのドメインの信頼関係に基づいてHyper-Vホスト（Guarded Host）を検証するように、ファブリックのActive Directory側でシールドされた仮想マシンを実行するHyper-Vホスト（Guarded Host）をメンバーとするドメイングローバルセキュリティグループを作成し、そのグループをHost Guardianサービスの構成証明サービス（Attestation Server）に登録します。なお、この手順はTPM 2.0による検証の場合は必要ありません。

1. ファブリックのActive DirectoryドメインのドメインコントローラーでPowerShellを開き、次のコマンドラインを実行してGuarded HostにするHyper-Vホストをメンバーとするグループを作成し、グループのセキュリティ識別子（SID）を控えておきます。

```
PS C:\> New-ADGroup -Name "<グループの表示名（例: GuardedHosts）>"
 -SamAccountName <グループ名（例: GuardedHosts）>
 -GroupCategory Security -GroupScope Global
PS C:\> Get-ADGroup <グループ名>
DistinguishedName : CN=GuardedHosts,CN=Users,DC=localad,DC=contoso,DC=com
```

```
GroupCategory     : Security
GroupScope        : Global
Name              : GuardedHosts
ObjectClass       : group
ObjectGUID        : XXXXXXXX-XXXX-XXXX-XXXX-XXXXXXXXXX
SamAccountName    : GuardedHosts
SID               : S-1-5-21-XXXXXXXXXX-XXXXXXXXXX-XXXXXXXXXX-XXXX
```

2. Host Guardianサービスを実行するサーバーでPowerShellを開き、次のコマンドラインを実行して構成証明サービス（Attestation Server）にグループのSIDを登録します。

```
PS C:\> Add-HgsAttestationHostGroup -Name "<グループ名>"↩
-Identifier "S-1-5-21-XXXXXXXXXX-XXXXXXXXXX-XXXXXXXXXX-XXXX"
```

3. ファブリックのActive Directoryドメイン側のHyper-Vホスト（［Host Guardian Hyper-Vサポート］の機能が必要）をHyper-Vホスト用のグループのメンバーに追加し再起動すると、Hyper-VホストはHost Guardianサービスの構成証明サービス（Attestation Server）により、信頼されたホスト（Guarded Host）として検証されます。

■│信頼されたホスト（Guarded Host）の構成

ファブリックのActive DirectoryドメインのドメインメンバーであるHyper-Vホストに［Host Guardian Hyper-Vサポート］の機能を追加し、Host Guardianサービスのクライアントとして構成して、信頼されたホスト（Guarded Host）としてセットアップします。

1. Hyper-VホストをファブリックのActive Directoryドメインのメンバーサーバーとして構成し、コンピューターアカウントをファブリックのActive Directoryドメインの信頼されたホストのグループにメンバーとして追加します。なお、グループへのメンバー登録は、TPM 2.0による検証の場合は必要ありません（画面7-6-5）。

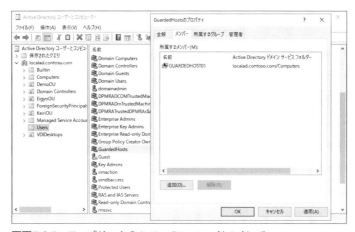

画面7-6-5　ファブリックのActive Directoryドメインで、
　　　　　　信頼されたホストのグループにHyper-Vホストのコンピューターアカウントを追加する

2. Hyper-Vホストに［Host Guardian Hyper-Vサポート］の機能をインストールします。PowerShell を使用する場合は、次のコマンドラインを実行します。サーバーの再起動は要求されません。

```
PS C:\> Install-WindowsFeature -Name HostGuardian
```

Hyper-Vの役割をまだインストールしていない場合は、次のコマンドラインで同時にインストールします。この場合はサーバーの再起動が必要です。

```
PS C:\> Install-WindowsFeature -Name Hyper-V, HostGuardian ↩
 -InculdeManagementTools -Restart
```

3. PowerShellで**Set-HgsClientConfiguration**コマンドレットを次のように実行して、Host Guardian サービスの構成証明サービス（Attestation Server）およびキー保護サービス（Key Protection Server）のURLを指定し、Host Guardianサービスのクライアントとして構成します。

```
PS C:\> Set-HgsClientConfiguration ↩
 -AttestationServerUrl "http://<Host GuardianサービスのFQDN（例: hgsservice.hgs
dom.contoso.com）>/Attestation" ↩
 -KeyProtectionServerUrl "http:// <Host GuardianサービスのFQDN（例: hgsservice.
hgsdom.contoso.com）>/KeyProtection"
```

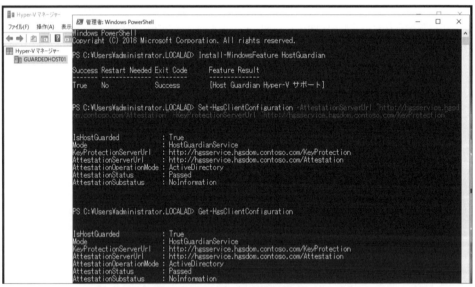

画面7-6-6 Set-HgsClientConfigurationコマンドレットを使用して、Host GuardianサービスのURLを構成する

4. Host Guardianサービスのクライアントとして構成すると、デバイスガード（Device Guard）が有効化されます。デバイスガードの有効化のために、コンピューターの再起動が必要です。再起動後、**Get-HgsClientConfiguration**コマンドレットを実行します。Host Guardianサービスのクライアン

ト設定およびHyper-Vホストの検証状態を確認してください。AttestationStatusがPassedになっていれば正常です。

```
PS C:¥> Get-HgsClientConfiguration
```

サーバーのハードウェアがデバイスガードのシステム要件を満たしていない場合

Windows Server 2016でHyper-Vの役割をインストールすると仮想化ベースのセキュリティ（VBS）が有効になり、デバイスガードを構成できるようになります。デバイスガードの有効化については、第10章でも説明します。

デバイスガードを有効化するには、UEFIファームウェアを備え、セキュアブートが有効になっていることが必要です。デバイスガードのこのシステム要件を満たしていない場合（例えばBIOSベースのシステムの場合）、Host Guardianサービスのクライアントとして構成してもデバイスガードは有効化されません。デバイスガードが有効になっていないと、シールドされた仮想マシン（Shielded VM）を起動しようとしても、「分離ユーザーモードがオフになっているため、起動できません」というエラーで失敗します。

サーバーのハードウェアがデバイスガードのシステム要件を満たしていない場合は、コマンドプロンプトで次のコマンドラインを実行して再起動することで、デバイスガードを有効化できます。

```
C:¥> reg add HKLM¥SYSTEM¥CurrentControlSet¥Control¥DeviceGuard◎
 /v EnableVirtualizationBasedSecurity /t REG_DWORD /d 1 /f
C:¥> reg add HKLM¥SYSTEM¥CurrentControlSet¥Control¥DeviceGuard◎
 /v RequirePlatformSecurityFeatures /t REG_DWORD /d 0 /f
C:¥> shutdown /r /t 0
```

デバイスガードの状態は、［システム情報］（Msinfo32.exe）の［Device Guard仮想化ベースのセキュリティ］が［実行中］、および［実行中のDevice Guardセキュリティサービス］が［ハイパーバイザーによるコードの整合性の強制］で確認することができます。

画面7-6-7　デバイスガードに対応していないハードウェアでデバイスガードを有効化する

Virtual Machine ManagerにおけるHost Guardianサービスの構成

ファブリックのActive DirectoryドメインにSystem Center 2016以降のVirtual Machine Managerの管理環境が展開されており、Windows Server 2016のHyper-Vホストが管理対象として登録されている場合は、Virtual Machine Managerの［設定］－［全般］にある［ホストガーディアンサービスの設定］のグローバル設定、またはHyper-Vホストのプロパティの［ホストガーディアンサービス］ページでHost GuardianサービスのURLを構成できます。

画面7-6-8　System Center 2016 Virtual Machine ManagerのHost Guardianサービスの構成

7.6.3　シールドされた仮想マシンの作成と展開

Host Guardianサービスで保護されるファブリックのテナントで、テナント側が準備した仮想マシンを実行する方法の1つは、テナントの利用者のオンプレミスのHyper-V環境で仮想マシンを作成し、Host Guardianサービスのキー保護サービス（Key Protection Server）から取得した暗号化キーで仮想マシンをシールドし、シールドされた仮想マシン（Shielded VM）をファブリックに転送して展開します。

■│仮想マシンをシールドするためのHyper-Vホストを準備する

オンプレミスのHyper-V環境に［シールドされたVMのツール］機能を追加し、仮想マシンのシールド用に構成します。オンプレミスのHyper-V環境は、Host Guardianサービスおよびファブリックの Active Directoryドメインの外部にあるHyper-Vホストで、ワークグループ環境やドメイン環境の要件はありません。スタンドアロンのHyper-Vホストで作業できます。

キー保護サービス（Key Protection Server）のサービスURLの公開

オンプレミスのHyper-V環境は、Host Guardianサービスのキー保護サービス（Key Protection Server）のサービスURLにHTTP接続できる必要があります。その環境についてはここでは説明しませんが、サービスURLの外部への公開には、第4章で説明したWebアプリケーションプロキシを利用できます。

1. シールド作業用のHyper-Vホストに［シールドされたVMのツール］の機能をインストールし、サーバーを再起動します。PowerShellを使用する場合は、次のコマンドラインを実行します。

```
PS C:\> Install-WindowsFeature -Name RSAT-Shielded-VM-tools -Restart
```

Hyper-Vの役割をまだインストールしていない場合は、次のコマンドラインで同時にインストールできます。

```
PS C:\> Install-WindowsFeature -Name Hyper-V, RSAT-Shielded-VM-tools↩
-IncludeManagementTools -Restart
```

画面7-6-9　テナントのローカルのHyper-Vホストに［シールドされたVMのツール］機能をインストールする

2. サーバーの再起動が完了したら、PowerShellで次のコマンドラインを実行し、キー保護サービス（Key Protection Server）のサービスURLからメタデータ（metadata.xml）をダウンロードして、Import-HgsGuardianコマンドレットを使用して暗号化キーをインポートします。

```
PS C:\> wget↩
-uri "http://<Host GuardianサービスのFQDN>/KeyProtection/service/metadata/2014-07/metadata.xml" -OutFile .\MyGuardian.xml
PS C:\> Import-HgsGuardian -Path .\MyGuardian.xml -Name "MyGuardian"↩
-AllowUntrustedRoot
```

設定内容を確認するには、Get-HgsGuardianおよびGet-HgsClientConfigurationコマンドレットを実行します。

```
PS C:\> Get-HgsGuardian
PS C:\> Get-HgsClientConfiguration
```

画面7-6-10　Host Guardianサービスのキー保護サービス（Key Protection Server）から暗号化キーを取得しインポートする

■ Host Guardianサービスの暗号化キーを使用して仮想マシンをシールドする

　Host Guardianサービスは、ゲストOSとして以下のWindowsバージョンがインストールされた第2世代仮想マシンのシールドをサポートしています。

- Windows Server 2019
- Windows Server, version 1709以降
- Windows Server 2016
- Nano Server（Microsoft-NanoServer-SecureStartup-Packageが必要、ただし、2018年10月に既にサポート終了）
- Windows Server 2012 R2
- Windows Server 2012
- Windows 10
- Windows 8.1（Windows 8のシールドも可能、ただしWindows 8は既にサポート終了）

　ここでは、既にシールド対象の第2世代仮想マシンは作成済みで、Windows Server 2016がServer Coreインストールオプションでインストールされていることを前提に説明します。

1. Windows Server 2016がインストールされた仮想マシンを起動し、リモートデスクトップ接続を有効にして仮想マシンをシャットダウンしておきます。シールドされた仮想マシンは、[仮想マシン接続]ツールでコンソール接続ができなくなるため、事前にリモートデスクトップ接続を有効化しておきます。

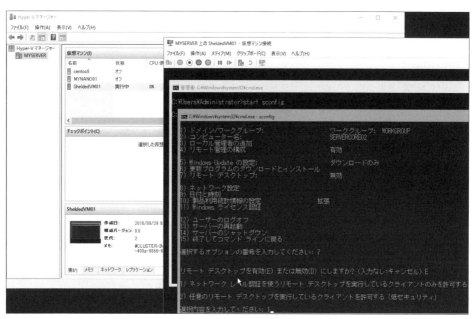

画面7-6-11 Windows Server 2016をインストールした第2世代仮想マシンを準備し、ゲストOSでリモートデスクトップ接続を有効化しておく

2. PowerShellで次のコマンドラインを実行し、対象の仮想マシンに仮想的なTPMデバイスを追加したら、仮想マシンを起動します。

```
PS C:\> $Guardian = Get-HgsGuardian -Name "Guardian"
PS C:\> $Owner = Get-HgsGuardian -Name "DefaultOwner"
PS C:\> $KP = New-HgsKeyProtector -Owner $Owner -Guardian $Guardian
PS C:\> $VMName="<仮想マシン名>"
PS C:\> Add-VMTPM -VMName $vmName
PS C:\> Set-VMTPM -VMName $vmName -Enabled $true -KeyProtector $kp.RawData
PS C:\> Start-VM -VMName $vmName
```

画面7-6-12 対象の第2世代仮想マシンに仮想TPMを追加して仮想マシンを起動する

3. 仮想TPMを追加した仮想マシンは、シールドされた仮想マシン (Shielded VM) として扱われ、[仮想マシン接続] ツールを使用した接続ができなくなります。

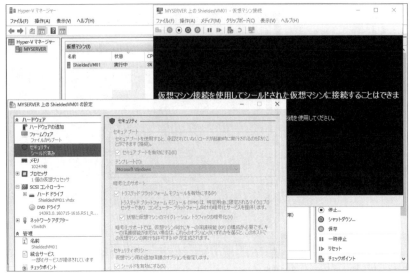

画面7-6-13　シールドされた仮想マシンは、[仮想マシン接続] ツールによるコンソール接続が無効になる

[仮想マシン接続] ツールによるコンソール接続の代わりに、リモートデスクトップ接続 (Mstsc.exe) を使用して仮想マシンに接続します。仮想マシンに接続したら、PowerShellで次のコマンドラインを実行して、[BitLockerドライブ暗号化] の機能をインストールしてゲストOSを再起動します。

```
PS C:¥> Install-WindowsFeature BitLocker -Restart
```

画面7-6-14
ゲストOSに [BitLockerドライブ暗号化] の機能をインストールする

4. ゲストOSが再起動したら、リモートデスククトップ接続で仮想マシンに再接続し、PowerShellで**Enable-BitLocker**コマンドレットを実行してC:ドライブをBitLockerで暗号化します。OS用ボリュームの暗号化には、シールドされた仮想マシンの仮想TPMを使用できます。暗号化はゲストOSの再起動時のハードウェアテスト後に開始されます。暗号化の進捗状況は**Get-BitLocker Volume**コマンドレットで確認できます。暗号化が100%完了したら、ゲストOSをシャットダウンします。なお、データ用のドライブが存在する場合は、データ用のドライブに対しても暗号化を実行してください。

```
PS C:\> Enable-BitLocker -MountPoint "C:" -UsedSpaceOnly -TPMProtector
PS C:\> Restart-Computer
```
（ハードウェアテストを実行するためにここで再起動する）
```
PS C:\> Get-BitLockerVolume
```
（Encryption Percentageが100%になるまで待つ）
```
PS C:\> Stop-Computer
```
（ゲストOSをシャットダウンする）

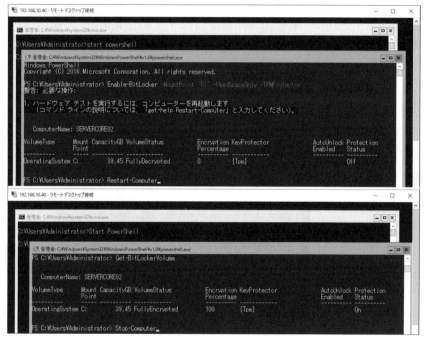

画面7-6-15　OS用ボリュームを仮想TPMを使用してBitLockerで暗号化する

5. 仮想マシンが完全に停止したら、仮想マシンをファイルにエクスポートします。

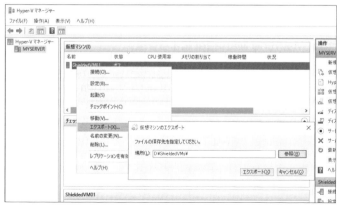

画面7-6-16
シールドした仮想マシンが完全に停止したら、ファイルにエクスポートする

■ シールドされた仮想マシンを信頼されたホストにインポートして実行する

　テナントのローカルのHyper-Vホスト環境で仮想マシンをシールドし、ファイルにエクスポートしたら、エクスポートした仮想マシンをファブリックの信頼されたホスト（Guarded Host）にインポートして開始します。

　シールドされた仮想マシン（Shielded VM）は、シールド作業に使用したテナントのHyper-V環境と、同じHost Guardianサービスの暗号化キーを使用するように構成された信頼されたホスト（Guarded Host）のHyper-V環境でのみ、暗号化ロックを解除して起動することができます。仮想マシンの仮想ハードディスクはBitLockerにより暗号化されるため、テナントのHyper-V環境からGuarded Hostにネットワークで転送中の間も保護されます。また、仮想マシンへのコンソール接続はファブリックの運用者に対しても制限され、テナント利用者のリモートデスクトップ接続でのみ仮想マシンに接続することができます。

画面7-6-17　Host Guardianサービスの暗号化キーでシールドされた仮想マシンは、Host Guardianサービスによって信頼されたホストで実行可能

System Center Virtual Machine Managerによる管理

　ファブリックコントローラーとしてSystem Center 2016以降のVirtual Machine Managerが利用可能である場合は、ファブリックのプライベートクラウドやサービスプロバイダーの運用者側であらかじめシールドされた（署名付き）仮想ハードディスクテンプレートをVirtual Machine Managerのライブラリに準備することができます。テナント利用者は、シールドされた仮想ハードディスクテンプレートを利用して、シールドされた仮想マシンを展開することが可能です。

　ファブリックの運用側が使用するシールドされた（署名付き）仮想ハードディスクテンプレートの作成ツール（%Windir%¥System32¥TemplateDiskWizard.exe）、テナント利用者側が使用するプロビジョニングデータ（シールドデータファイル）の作成ツール（%Windir%¥System32¥ShieldingDataFileWizard.exe）は、どちらも［シールドされたVMのツール］の機能が提供します。

第7章 サーバーの仮想化—Hyper-V

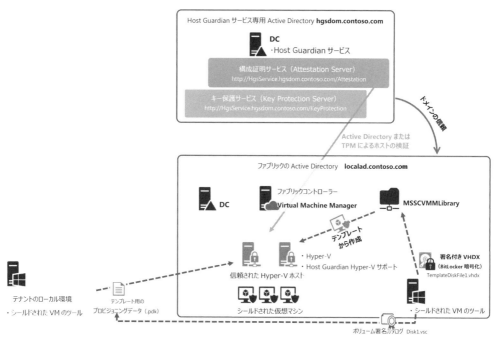

図7-6-18 署名付き仮想ハードディスクテンプレートを利用したシールドされた仮想マシンの展開イメージ

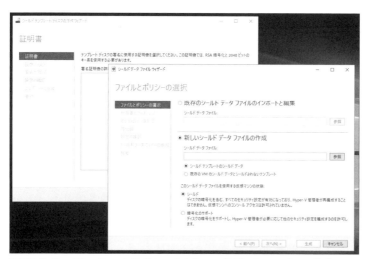

画面7-6-19 テンプレート作成ツールとシールドデータファイルの作成ツールは、[シールドされたVMのツール]機能が提供する

第8章 Windowsコンテナー

マイクロソフトはDocker社との提携に基づいて、Windows Server 2016においてDockerと互換性のあるコンテナーテクノロジを提供します。これには、Docker Enterprise Edition（Docker EE）for Windows Serverの使用権とサポートが含まれます（Docker EE 18.09.0からはDocker Enterprise 2.1という製品名で提供されています）。Microsoft AzureのAzure Container Service（ACS、現在のAKS）は、LinuxのDockerコンテナーのオーケストレーションとスケール展開のためのプラットフォーム（DC/OSまたはDocker Swarm）からスタートしましたが、その後、Azure Container InstancesとAzure Kubernetes Service（AKS）でWindowsコンテナーのサポートが追加されました。

Windows Server 2016のコンテナーテクノロジは、アプリケーションの開発、展開、および実行をするためのWindowsコンテナーを提供します。現在のアプリケーション開発は、開発、テスト、リリース、修正のサイクルが、短時間で繰り返されながら行われるのがトレンドです。コンテナーテクノロジはそれを大きく後押しするプラットフォームです。また、開発サイクルの短縮化と同じように、プラットフォーム側も短いサイクルで進化していくことが必要です。そのため、本書で説明するコンテナーテクノロジは、Windows Serverの次のバージョンがリリースされるよりも先に、変化していくことが容易に想像できます。そこでこの章では、Windowsコンテナーと概要と、基本的な操作についての説明にとどめます。

Windowsコンテナーはオープンソースソフトウェア（OSS）に依存する

Windowsコンテナーは、Windows Server 2016以降、Windows Server 2016バージョンのNano Server（2018年10月に既にサポート終了）、およびWindows 10バージョン1607以降の［コンテナー］機能だけでは利用できず、オープンソースソフトウェア（OSS）のDockerエンジンおよびDockerクライアント、その他の関連ツールとの組み合わせで利用可能になります。OSSを利用している関係上、手順や仕様は変更される可能性があることをご了承ください。

この章の内容は、2019年1月末時点で公開されているドキュメントおよびDockerのバイナリに基づいています。最新情報は、以下のドキュメントで確認してください。

Containers on Windows Documentation（Windowsコンテナーに関するドキュメント）
→ https://docs.microsoft.com/en-us/virtualization/windowscontainers/

8.1 コンテナーテクノロジの概要

Windows Server 2016に搭載される新しいコンテナーテクノロジをよりよく理解するためには、「Docker」として知られる、Linux生まれのコンテナーテクノロジから学ぶのが早道です。

8.1.1 従来の仮想化テクノロジとコンテナーテクノロジの違い

仮想マシンベースの仮想化テクノロジはいまや、企業のサーバープラットフォームとして、あるいはクラウドコンピューティングのプラットフォームとして一般的なテクノロジとなりました。仮想化テクノロジを利用すると、ハイパーバイザー上に複数の仮想マシンを作成し、それぞれの仮想マシンで異なるバージョンやディストリビューションのWindows ServerやLinuxをゲストOSとして実行し、アプリケーション実行環境を準備できます。コンテナーテクノロジもまた、仮想化テクノロジの1つですが、仮想マシンベースの従来の仮想化テクノロジとは異なるアプローチでアプリケーション実行環境を提供します。

仮想マシンベースの仮想化テクノロジは、1台のサーバーで複数のゲストOSを実行できるため、ハードウェアの使用率を向上できます。また、セキュリティ面から見ても、仮想マシンごとにリソースとOS環境を完全に分離することができるという利点があります。しかし、仮想マシンごとにゲストOSを実行しているため、CPUやメモリ、ディスクのリソース使用の面では必ずしも効率的とは言えません。例えば、複数の仮想マシンで同じバージョンのWindows ServerをゲストOSとして実行する場合、ほとんど同じバイナリを格納するためにディスク使用が重複しますし、実行中の仮想マシンのメモリ内でも、同じカーネルコードが動作することになります。また、仮想マシンを開始して、アプリケーション実行環境の準備が整うまでには、物理コンピューターと同じように、ゲストOSの起動とサービスの開始を待たなければなりません。

コンテナーテクノロジは、クラウドコンピューティングを担う、次のコアテクノロジとして注目されている比較的新しいテクノロジです。

コンテナーは、ホストOS上で実行され、OSレベルの抽象化により、ホストOSや他のコンテナーから分離されたアプリケーション実行環境を提供します。コンテナーにはカーネルは含まれず、ホストOSのカーネル機能を共用します。そして、コンテナーはホストOSにはない、アプリケーションの実行環境のためのバイナリやライブラリを含み、コンテナーごとのアプリケーション実行環境を提供します。コンテナーはOSを実行しないため、スタートアップが短時間で済みます。また、仮想マシンベースの仮想化テクノロジと比べ、リソース使用のオーバーヘッドが少ないのも特長です。コンテナーが使用するディスク領域は、ベースイメージとの差分であるため極めてコンパクトに扱えます。

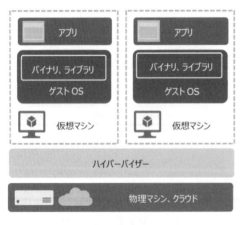
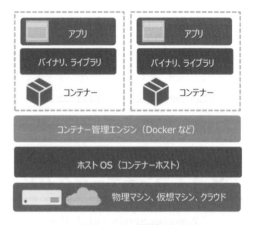

図8-1-1　仮想マシンベースの従来の仮想化テクノロジとコンテナーベースの仮想化テクノロジ

8.1.2 LinuxベースのコンテナーテクノロジとしてスタートしたDocker

　Windows Server 2016では、コンテナーテクノロジの1つである「Docker」がサポートされます。Dockerはもともと、LinuxのコンテナーテクノロジであるLinux Containers（LXC）のコンテナー管理エンジンとして、Linuxベースのオープンソースとして誕生しました。なお、LXCは初期のDocker（Docker 1.8以前）の実装であり、現在のDockerはLXCに依存していません（libcontainerを使用）、Windowsコンテナーの環境と対比するために、あえて初期の実装であるLXCで説明します。

Dockerの基礎知識
　Windows Server 2016でDockerを始める前に、Dockerの基礎知識を学びましょう。以下のサイトのGet Started with Dockerは、Linux、Mac OS、Windows上でDockerを簡単に始めるための最適なガイドです。

Docker Containerization Unlocks the Potential for Dev and Ops
→https://www.docker.com/why-docker

　ホストOSのカーネルを共用するというDockerの仕様上、LinuxベースのDockerホストで実行できるのは、Linuxベースのコンテナーに限定されます。しかしながら、同じDockerホスト上で、異なるディストリビューションのアプリケーション実行環境を提供でき、それぞれのディストリビューションが提供する異なるパッケージツリーの使用を可能にします。例えば、Dockerに最適化されたLinuxディストリビューションの1つであるCoreOS上で、UbuntuやCentOS、Debianといった異なるディストリビューションのコンテナーを実行できます。各コンテナーでは、それぞれapt、yum、dpkgを使用してアプリケーションをインストールし、コンテナー上で実行できます。

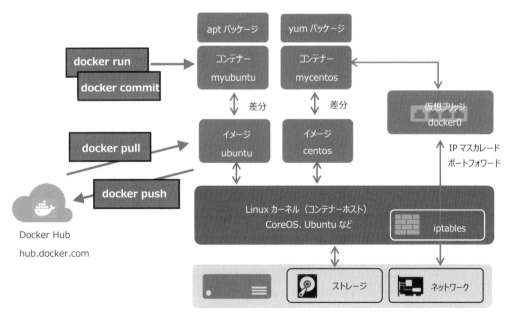

図8-1-2　LinuxベースのDockerホストとコンテナーの実行イメージ

次の画面は、Dockerに最適化されたCoreOSのDockerホストに、ベースとなるUbuntuの最新イメージ（ubuntu:latest）をダウンロードしてコンテナー（myubuntu）として実行し、**apt-get**コマンドを使用してApache Webサーバー（apache2）をインストールしている様子です。詳しくは説明しませんが、**docker images**（ローカルに存在するイメージの参照）、**docker pull**（Dockerのリポジトリからイメージのダウンロード）、**docker run**（コンテナーの作成と実行）のコマンドを使用して、簡単かつすばやくUbuntuのアプリケーション実行環境を構築できることがわかるでしょう。

画面8-1-3
CoreOSのDockerホストに、Ubuntuイメージをダウンロードし、コンテナーとして実行

アプリケーションのインストールなどでカスタマイズしたコンテナーは、**docker commit**コマンドで再利用可能なローカルイメージとして保存できます。また、**docker push**コマンドを使用して、Dockerのリポジトリ（Docker Hub）にカスタマイズしたイメージをアップロードすることもできます。

次の画面は、先ほどのApache Webサーバーをインストールしたコンテナーをイメージ（myubuntu/apache2）として保存した後に、CentOSの最新イメージ（centos:latest）をダウンロードし、CentOSのコンテナーを作成、実行して、**yum**コマンドでApache Webサーバー（httpd）をインストール開始したところです。

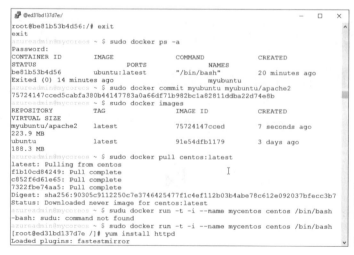

画面8-1-4
CoreOSのDockerホストに、CentOSのイメージをダウンロードし、コンテナーとして実行

このように、LinuxベースのDockerホストでは、異なるディストリビューションのイメージをコンテナーとして実行し、異なるアプリケーション実行環境を簡単かつすばやく構築できるのです。

8.1.3 Windowsコンテナーのための新しいコンテナーテクノロジ

前述したように、ホストOSのカーネルを共用するというDockerの仕様上、LinuxベースのDockerホストで実行できるのは、Linuxベースのコンテナーだけです。次に説明するWindowsコンテナーは、LinuxベースのDockerホストでは実行できません。Windowsコンテナーを実行するために必要になるのが、Windows Server 2016ベースのDocker互換コンテナーホストというわけです。Windows Server 2016には［コンテナー］という新しい機能が追加され、これがコンテナーの作成と実行を可能にします。オープンソースのDockerにはWindowsコンテナーのサポートが追加され、Docker APIを使用した管理を可能にします。

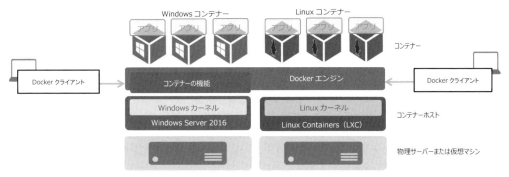

図8-1-5　Windows Server 2016の［コンテナー］は、Windowsコンテナーを実行するためのコンテナーホストとして機能する

8.1.4 Windowsコンテナー対応のDockerバイナリ

Windows Server 2016をWindowsコンテナーのためのコンテナーホストとしてセットアップするには、［コンテナー］機能のインストールに加えて、Dockerエンジンのインストール、コンテナーにネットワーク接続を提供する仮想スイッチの構成、ベースOSイメージの取得と展開の作業が必要です。仮想スイッチの作成から以降は、Dockerクライアントを使用して行います。

Windows Server 2016は、DockerエンジンとDockerクライアントを提供しません。これらはオープンソースのDockerエンジンおよびDockerクライアントのWindowsバイナリを導入して使用します。

コンテナーホストとしてセットアップした後は、WindowsやLinux、Mac OS上のDockerクライアントからローカルおよびリモート接続して、Linuxコンテナーと共通のツールと方法でコンテナーの作成や実行を行うことになります。

8.2 Windowsコンテナーの概要

Windows ServerおよびMicrosoft Azureにおけるコンテナーテクノロジのサポートにより、開発者は、Dockerのツールセットを使用して、Windows ServerとLinuxのコンテナーをオンプレミスや

Microsoft Azure上に展開および管理することができるようになります。ITプロフェッショナルは、OSのインストールや構成といった複雑な準備作業をすることなく、標準化されたアプリケーションの実行環境を、小さなフットプリントで、簡単な構成手順でオンプレミスのWindows ServerやMicrosoft Azure上に展開することができ、すばやく開始できます。

マイクロソフトはWindows Server 2016に、Windows Server版のコンテナーテクノロジをサーバーの機能［コンテナー］として実装し、2種類のコンテナーを提供します。1つは、Windows Serverベースのアプリケーション実行環境を提供する「Windows Serverコンテナー」、もう1つは、Windows Serverコンテナーと同じ環境をHyper-Vを利用して隔離して実行する「Hyper-Vコンテナー」です。両者を合わせて「Windowsコンテナー」と呼ぶこともあります。

Windows Server 2016をコンテナーホストとしてセットアップすると、Docker EEエンジンのWindows版バイナリがDockerサービスとしてインストールおよび構成され、Windowsコンテナーを作成および実行できるようになります。Windowsコンテナーの操作にはDocker APIやDockerクライアント（Docker CLI）を使用して、Dockerエンジン経由で行います。

8.2.1 Windows Serverコンテナー

Windows Serverコンテナーは、Hyper-Vの仮想化テクノロジとは異なる方法で、ホスト環境から分離され、リソースがコントロールされた、Windows Server 2016のServer CoreインストールまたはNano Serverベースのアプリケーション実行環境を提供します。Windows Serverコンテナーの実体は、コンテナーホストのカーネル上で実行されるプロセスです。Windows Serverコンテナーはベースイメージから作成され、ベースイメージとの差分を保持するため、Windows Serverの仮想マシンよりもコンパクトに扱えます。また、OSのインストールや複雑な構成を行うことなく、すばやくアプリケーション実行環境を準備できます。

なお、Windows Server 2016バージョンのNano Serverはコンテナーホストとしても利用できましたが、この利用シナリオは2018年10月に既にサポートが終了しました）。

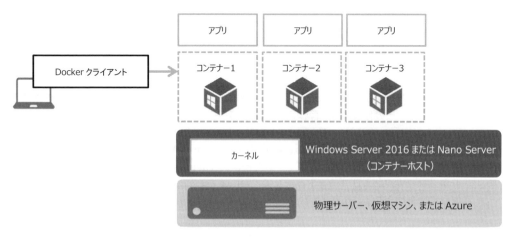

図8-2-1 Windows Serverコンテナーの実行イメージ。カーネルをホストと共有し、それぞれのコンテナーが別々のアプリケーション実行環境を提供する

8.2.2 Hyper-Vコンテナー

　Hyper-Vコンテナーは、Windows Server 2016のHyper-Vハイパーバイザー上で動作し、それぞれのコンテナーに隔離された環境を提供します。コンテナーの機能や動作は、Windows Serverコンテナーと何ら変わりありません。Hyper-Vコンテナーの目的は、ホスティング環境でコンテナーの実行環境を提供する場合に課題となる、セキュリティやリソースの分離です。

　Hyper-Vコンテナーを実行するためには、Windows Server 2016またはNano ServerのHyper-V環境が必須となります（Nano Serverのこの利用シナリオは2018年10月に既にサポートが終了しました）。隔離された環境の実体は、コンテナーのために最適化されたカーネルを実行するHyper-V上の仮想マシンです。そのため、Windows Serverコンテナーよりもスタートアップ時間とプロセッサおよびメモリリソースを多く必要とします。

　Hyper-Vコンテナーでは、最適化されたカーネルのためにServer CoreインストールまたはNano ServerベースのOSイメージをHyper-Vの仮想環境で実行します。Nano Serverは特にフットプリントが小さく短時間で起動し、Hyper-Vコンテナーを実行する仮想マシンは通常のHyper-V環境からは見えないため、Windows Serverコンテナーと大差のないエクスペリエンスを提供できるのです。

　プロセスの視点から見た場合、Windows Serverコンテナーは、コンテナーごとにコンテナーホスト上で実行される1つのプロセス（CExecSvc.exe）です。一方、Hyper-Vコンテナーは、コンテナーごとに仮想マシンワーカープロセス（vmwp.exe）を生成し、コンテナーごとに隔離された仮想マシン内でコンテナーがホストされます。

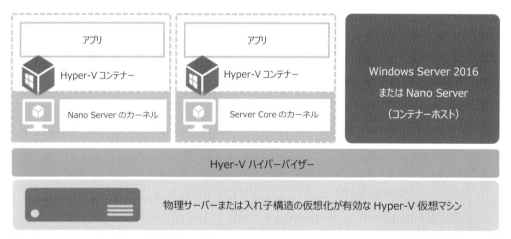

図8-2-2　Hyper-Vコンテナーの実行イメージ。Hyper-Vコンテナーはコンテナーホストとカーネルを共有せず、バックグラウンドでコンテナーごとに実行される仮想マシンのカーネルを利用する

8.2.3 コンテナーホストとWindowsコンテナーの組み合わせ

　Windows Serverコンテナーは、コンテナーホストとカーネルを共有するという性格上、コンテナーホストのインストールオプションやOSビルドによって、サポートされるベースOSイメージが異なります。コンテナーホストのOSビルドとOSビルドが一致するwindowsservercoreイメージまたはnanoserverイメージを使用する必要があります（例えば、14393.xのコンテナーホスト上では14393.xのコンテナーを実行可能）。また、コンテナーホストがフルインストールまたはServer Coreインス

トールの場合は、windowsservercoreイメージとnanoserverのイメージを使用してWindows Serverコンテナーを作成、実行できます。コンテナーホストがNano Serverの場合は、nanoserverイメージを使用してWindows Serverコンテナーを作成、実行できます（Nano Serverのこの利用シナリオは現在はサポートされません）。

　Hyper-Vコンテナーはコンテナーホストとカーネルを共有せず、バックグラウンドでカーネル用の仮想マシンを動かすため、インストールオプションに関係なく、またコンテナーホストのOSビルドに縛られることなく、windowsservercoreイメージとnanoserverイメージからコンテナーを作成できます（ただし、コンテナーホストよりも新しいOSビルドのコンテナーはサポートされません）。なお、Hyper-Vコンテナーは、Windows 10バージョン1607以降のPro、Enterprise、およびEducationエディションでもサポートされます。

表8-2-3　コンテナーホストのインストールオプションと実行可能なコンテナーの種類とベースOSイメージの組み合わせ

コンテナーホスト \ コンテナーの種類	Windows Serverコンテナー		Hyper-Vコンテナー（要Hyper-V）	
	windowsservercore	nanoserver	windowsservercore	nanoserver
Windows Server 2016 デスクトップエクスペリエンス	○	○	○	○
Windows Server 2016 Server Coreインストール	○	○	○	○
Nano Server	×	○	○	○
Windows 10バージョン1607 Pro/Enterprise	×	×	○	○

改訂　コンテナーホストでサポートされるコンテナーイメージ

　Windows Server 2016以降のコンテナーホストは、同一ビルドのベースOSイメージのコンテナーをWindows Serverコンテナーで、同一ビルドおよび下位ビルドのベースOSイメージのコンテナーをHyper-Vコンテナーとして実行できます。例えば、Windows Server 2016のコンテナーホストは、ビルド14393.xのベースOSイメージをWindows ServerコンテナーまたはHyper-Vコンテナーとして実行できます。Windows Server 2019のコンテナーホストは、ビルド17763.xのベースOSイメージをWindows ServerコンテナーまたはHyper-Vコンテナーとして実行でき、ビルド17763.x以前のベースOSイメージをHyper-Vコンテナーとして実行できます（バージョン1803以降はLinuxコンテナーをプレビューサポート）。Windows 10バージョン1607以降のコンテナーホストは、同一ビルドおよび下位ビルドのベースOSイメージのコンテナーをHyper-Vコンテナーとして実行できます。サポートされる組み合わせについては、以下のドキュメントにまとめられています。

Windows Container Version Compatibility
➡ https://docs.microsoft.com/en-us/virtualization/windowscontainers/deploy-containers/version-compatibility

　なお、長期サービスチャネル（LTSC）のベースOSイメージ（windowsservercore:ltsc2016、servercore:ltsc2019）は、固定ライフサイクルポリシーに基づいて最低10年間サポートされます。半期チャネル（SAC）のベースOSイメージ（nanoserver:sac2016、nanoserver:1709、nanoserver:1803、nanoserver:1809…）は、モダンライフサイクルポリシーに基づいて、リリース後18か月間サポートされます。Windows Server 2016バージョンのnanoserver:sac2016イメージは、半期チャネル（SAC）であり、既にサポートが終了しました。

8.2.4 コンテナーホストの展開オプション

　Windows Server 2016のサーバーの役割と機能には、新しい機能として［コンテナー］が追加されています。また、［コンテナー］の機能は、Windows 10バージョン1607以降のProおよびEnterpriseエディションにも提供されています。

　［コンテナー］の機能は、コンテナーテクノロジのコアサービスとコンテナーホストのセットアップ用のPowerShell用Containersモジュール（一部のHyper-Vモジュールを含む）を提供するものです。この機能にコンテナーのベースOSイメージやDockerバイナリは含まれておらず、これだけではWindowsコンテナーを作成、実行することはできません。次に説明するコンテナーホストとしてのセットアップの中で、ベースOSイメージやDockerバイナリをインターネットから入手し、インストールすることになります。

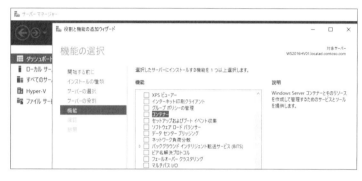

画面8-2-4
Windows Server 2016新しいサーバーの機能［コンテナー］だけではWindowsコンテナーを動かすことはできない

　Windowsコンテナーのためのコンテナーホストは、以下のWindowsバージョンを実行する物理または仮想マシンにセットアップできます。

- Windows Server 2016（フルインストールまたはServer Coreインストール）をコンテナーホストとしてセットアップする
- Nano Serverをコンテナーホストとしてセットアップする（このシナリオは既にサポートされません）
- Windows 10をコンテナーホストとしてセットアップする

　Hyper-Vコンテナーを実行するためには、Hyper-V対応のハードウェアが必要です。それには、Windows Server 2016およびWindows 10バージョン1607のHyper-Vでサポートされた入れ子構造の仮想化（Nested Virtualization）を有効にした仮想マシンを利用することができます。入れ子構造の仮想化については、第7章を参照してください。Windows Serverコンテナーのためのコンテナーホストは、Azure仮想マシンにセットアップすることも可能です。

改訂 Windows Server 2019のWindowsコンテナーの新機能

Windows Server 2019のWindowsコンテナーでは、次の点が強化されています。

- **ベースOSイメージの縮小** —— Windows Server, version 1709以降、Server CoreのベースOSイメージは、インフラストラクチャ機能を削除することで大幅にイメージサイズが縮小され、ダウンロードサイズと展開サイズが最適化されます。また、Nano ServerのベースOSイメージは、コンテナー用イメージとしてのみ提供されるようになり、.NET Coreアプリケーション向けのコンテナー環境に最適化されています。
- **Linux Containers on Windows(LCOW)のサポート** —— Windows 10バージョン1709(Docker for Windows 18.03からのExperimental機能として)およびWindows Server, version 1709から、プレビュー機能としてLinuxコンテナーの作成と実行が可能になりました。LCOWは、Hyper-VコンテナーのUtilityVMとしてLinuxベースの仮想環境を使用し、Windowsコンテナーと同じホストでLinuxコンテナーの同時ホストを可能にします。この機能は、Windows Server 2019で正式にサポートされる予定ですが、Windows Server 2019リリース時点ではDocker EngineのExperimental機能です。最新情報については以下のサイトで確認してください。

    linuxkit/lcow
    ⇨https://github.com/linuxkit/lcow

- **コンテナーホストに依存しない永続ストレージ** —— クラスターの共有ボリューム(CSV)、記憶域スペースダイレクト(S2D)、およびSMBグローバルマッピング接続されたSMB共有のパスを、**docker run**の**-v**オプションでコンテナーにマウントし、永続ストレージとして利用できます。
- **コンテナー内でのデバイスアクセスのサポート** —— コンテナー内でCOMやGPIO、I2Cバス、PSIバスなどのデバイスへのアクセスがサポートされます。
- **Kubernetesのサポート** —— KubernetesでWindowsコンテナーのデプロイとオーケストレーションがサポートされます。
- **新しいコンテンツ配信ネットワーク** —— これはWindows Server 2019の強化点ではありませんが、重要な変更です。マイクロソフトはこれまでDocker Hubのmicrosoftリポジトリを通じて、Windowsコンテナーのイメージを配布してきました。2018年5月よりコンテンツの配信については、Microsoft Container Registry(MCR)への移行を開始しています。Windows Server 2019のベースOSイメージ(mcr.microsoft.com/windows/servercore:ltsc2019または1809、mcr.microsoft.com/windows/nanoserver:1809)は、MCRより提供されます。なお、Docker Hubのmicrosoftリポジトリを通じた情報提供は引き続き行われます。また、Docker Hubで公開されたイメージのdocker pullによるDocker Hubからの取得は、MCRへの移行後も当面の間、引き続き利用可能です。

    Microsoft syndicates container catalog (mcr.microsoft.com)
    ⇨https://azure.microsoft.com/en-us/blog/microsoft-syndicates-container-catalog/

- **Windows 10におけるWindows Serverコンテナーのサポート** —— Windows 10はDocker for Windowsにおいて、これまでHyper-Vコンテナー(Hyper-V分離)のみをサポートしていましたが、Docker Desktop 2.0.0.2(旧称、Docker for Windows)からはWindows Serverコンテナー(プロセス分離)がサポートされました。

8.3 コンテナーホストのセットアップ

ここでは、Windows Server 2016をWindowsコンテナー（Windows ServerコンテナーおよびHyper-Vコンテナー）の実行環境であるコンテナーホストとしてセットアップする手順、およびWindows 10バージョン1607以降をHyper-Vコンテナーの実行環境であるコンテナーホストとしてセットアップする手順について説明します。Windowsの外部のバイナリ（Dockerバイナリ）のインストールを含むため、ここで説明する手順は変更される可能性があります。最新情報については、以下のドキュメントで確認してください。

Install Docker Engine - Enterprise on Windows Servers
→https://docs.docker.com/install/windows/docker-ee/

Install Docker Desktop for Windows
→https://docs.docker.com/docker-for-windows/install/

8.3.1 Windows Serverのコンテナーホストのセットアップ 改訂

Windows Server 2016のServer Coreインストールまたはフルインストール（デスクトップエクスペリエンス）環境で、［Hyper-V］の役割および［コンテナー］の機能を有効化します。この手順をスキップしても、後述のDocker EE for Windows Serverのインストール中に自動的に有効化されますが、先に追加しておくとセットアップが簡単です。先にインストールしておくと、Docker EE for Windows Serverのインストール途中のサーバーの再起動操作が不要になります。

Windows PowerShellで役割と機能を有効化するには、以下のコマンドラインを実行します。

```
PS C:\> Install-WindowsFeature Hyper-V,Containers -IncludeManagementTools
PS C:\> Restart-Computer -Force
```

続いて、以下の一連のコマンドラインを実行して、Windows PowerShell環境にパッケージ管理のためのDockerMsftProviderモジュールをインストールし、Docker EE for Windows Serverをインストールします。Docker EE for Windows Serverの実行に必要な環境のセットアップ、具体的にはDocker EE for Windows Serverエンジンおよびクライアントのバイナリのダウンロードと展開、NAT仮想スイッチの作成、環境変数の設定などが自動的に行われます（画面8-3-1）。なお、Windows Server 2016ではバージョン17.xおよびバージョン18.xの両方がサポートされます（2019年1月末時点）。

```
PS C:\> Install-Module DockerMsftProvider -Force
PS C:\> Find-Package -Name Docker -ProviderName DockerMsftProvider ↵
 -AllVersions
（利用可能な更新バージョンを確認）
PS C:\> Install-Package -Name Docker -ProviderName DockerMsftProvider ↵
 -RequiredVersion <更新バージョン> -Force
```

画面8-3-1　Windows Server 2016をコンテナーホストとしてセットアップする

"警告：Cannot verify the file SHA256. Deleting the file." エラーへの対処

　Docker EE for Windows Serverのインストールまたは更新バージョンへの更新の際、**Install-Package**コマンドレットの実行が、"警告：Cannot verify the file SHA256. Deleting the file." のエラーで失敗することがあります。その場合、Docker EE for Windows Serverはインストールされません。アップグレードの場合は、アップグレード前のインストールは削除されてしまいます。その場合は、以下の手順で手動でインストールしてください。

　以下の場所にあるDockerDefault_DockerSearchIndex.jsonファイルをメモ帳などで開いて、対象バージョンのURLとハッシュ値を確認します（Windows PowerShellでパスを操作する場合は**%USERPROFILE%**を**$env:USERPROFILE**に置き換えてください）。

```
%USERPROFILE%¥AppData¥Local¥Temp¥1¥DockerMsftProvider¥DockerDefault_
DockerSearchIndex.json
```

　Invoke-WebRequestやWebブラウザーを使用して上記で確認したURLからZIPファイルをダウンロードし、**Get-FileHash**コマンドレットでSHA256ハッシュが正しいことを確認します。以下の例は、Docker EE for Windows Server 18.09.1の場合です。ZIPファイルのダウンロード元URLは上記のDockerDefault_DockerSearchIndex.jsonで確認したものに置き換えてください。

```
PS C:¥> Invoke-WebRequest -Uri https://dockermsft.blob.core.windows.net/
 dockercontainer/docker-18-09-1.zip -Outfile $env:TEMP¥docker.zip
 -UseBasicparsing -Algorithm SHA256
PS C:¥> Get-FileHash -Path "$env:TEMP¥docker.zip" -Algorithm SHA256
```

　その後、「Install Docker Enterprise Edition for Windows Server」ドキュメントの「Use a script to install Docker EE」の手順に従って、手動でインストールします。既に［Hyper-V］の役割および［コンテナー］の機能を有効化済みである場合は、以下のようなコマンドラインでインストールできます。

```
PS C:¥> Expand-Archive $env:TEMP¥docker.zip -DestinationPath
 $Env:ProgramFiles -Force
PS C:¥> Remove-Item -Force $env:TEMP¥docker.zip
PS C:¥> $env:path += ";$env:ProgramFiles¥docker"
PS C:¥> $newPath = "$env:ProgramFiles¥docker;" + [Environment]::
 GetEnvironmentVariable("PATH", [EnvironmentVariableTarget]::Machine)
PS C:¥> [Environment]::SetEnvironmentVariable("PATH", $newPath,
 [EnvironmentVariableTarget]::Machine)
PS C:¥> dockerd --register-service
PS C:¥> Start-Service docker
PS C:¥> docker version
```

コンテナーホストとしてセットアップが完了すると、**docker**コマンドを使用して、Windowsコンテナー用のベースOSイメージを取得し、コンテナーを作成、実行できるようになります。Windows Server 2016バージョンのWindowsコンテナー用のベースOSイメージは、Windows PowerShellまたはコマンドプロンプトで以下のコマンドラインを実行することで取得できます。なお、microsoft/windowsservercoreとmicrosoft/nanoserverのアドレスは、それぞれMCRのmcr.microsoft.com/windows/servercoreとmcr.microsoft.com/windows/nanoserverに置き換えることができます（今後はこちらを推奨）。

```
PS C:\> docker pull microsoft/windowsservercore:ltsc2016
 （または latest、ただし latest タグは2019年に廃止予定）
PS C:\> docker pull microsoft/nanoserver: sac2016 （または latest）
 （※このイメージのサポートは2018年10月に終了）
PS C:\> docker images
```

Docker EE for Windows Serverの更新バージョンが提供されることがありますが、インストール済みの環境がWindows Updateやその他の方法で自動的に更新されることはありません。Windows PowerShellで以下のコマンドラインで利用可能なバージョンを確認し、必要に応じて更新してください。

```
PS C:\> Update-Module DockerMsftProvider
PS C:\> Find-Package -Name Docker -ProviderName DockerMsftProvider ↩
 -AllVersions
 （利用可能な更新バージョンを確認）
PS C:\> Install-Package -Name Docker -ProviderName DockerMsftProvider ↩
 -RequiredVersion <更新バージョン> Update -Force
PS C:\> Start-Service Docker
```

なお、Docker EE for Windows Serverの利用可能なバージョンは、以下のサイトで確認することもできます。Docker Engine 18.09以降、Docker EE for Windows ServerとDocker Desktop for WindowsのDocker Engineのバージョンは揃えられました。

Docker Engine release notes
→https://docs.docker.com/engine/release-notes/

画面8-3-2　Windows Server 2016バージョンの2種類のベースOSイメージ
　　　　　（この画面はWindows Server 2016リリース当時のもの）

ベースOSイメージのインストール先

Windowsコンテナーのベース OSイメージは、Docker Hubからパッケージ化されたイメージファイルとしてダウンロードされたあと、コンテナーホストのファイルシステムにフラットに展開されます。展開先の場所は、C:¥ProgramData¥docker¥windowsfilterの下です。FilesフォルダーにはベースOSイメージのC:ドライブのフォルダーツリーと、Hivesフォルダーにはレジストリファイル、UtilityVMフォルダーにはHyper-Vコンテナーで仮想化されカーネルを提供するOSイメージが展開されます。

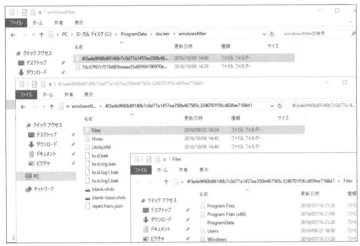

画面8-3-3　C:¥ProgramData¥docker¥windowsfilterの下にフラットに展開されたベースOSイメージ
（この画面はWindows Server 2016リリース当時のもの）

8.3.2 Windows 10のコンテナーホスト 改訂

64ビット（x64）版のWindows 10バージョン1607以降のProおよびEnterpriseエディションは［Hyper-V］および［コンテナー］の機能をサポートしており、これらとともにDocker Community EditionのDockerエンジンを搭載したDocker Desktop for Windows（旧称、Docker for Windows）をセットアップすることで、Windowsコンテナー用のコンテナーホストとして利用することができます。Windows 10では当初、Hyper-Vコンテナー（--isolation=hyperv、このオプションはWindows 10の既定であり省略可能）のみをサポートしていましたが、Docker Engine 18.09.1を搭載した2019年1月リリースのDocker Desktop for Windows 2.0.0.2（このバージョンから名称変更）からは同一ビルドのベースOSイメージをWindows Serverコンテナー（--isolation=process）として実行できるようになりました。また、Windows 10バージョン1709以降はExperimental機能としてLinuxコンテナーを作成、実行できます。なお、Docker Desktop for Windows 2.1.0.0以降では、Windows 10バージョン1607のサポートが削除される予定です。

Docker Desktop for Windowsは、Docker Storeから無料で入手することができます（ダウンロードするには登録済みのDocker IDまたはDocker IDの新規登録が必要）。

Docker Desktop（Windows）
https://hub.docker.com/editions/community/docker-ce-desktop-windows

Docker StoreからDocker Desktop for Windows（Stable channel）のインストーラー（Docker for Windows Installer.exe）をダウンロードして、Hyper-Vに対応した64ビット版のWindows 10コンピューターにインストールします。インストールの際に、［Use Windows containers instead of Linux containers］オプションにチェックを入れることで、Windowsコンテナーの環境用にセットアップすることができます（Hyper-V上のLinux仮想マシンをコンテナーホストとして動作するLinuxコンテナー環境に、あとから切り替えることも可能）。なお、［Hyper-V］および［コンテナー］の機能の有効化とコンテナー用の仮想スイッチ（NAT）の作成は、Docker for Windowsのインストーラーが必要に応じて行ってくれます。

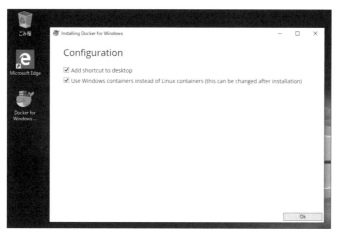

画面8-3-4　Windows 10バージョン1607以降をWindowsコンテナー（Hyper-Vコンテナー）用の
　　　　　　コンテナーホストとしてセットアップする

8.3.3 ｜ Dockerエンジンへのリモート接続の有効化

　コンテナーホストとして構成したWindows Server 2016およびNano Serverでは、インストールしたDockerバイナリに含まれるDockerクライアント（C:¥Program Files¥docker¥docker.exe）を使用してコンテナーの作成や実行が可能です。

　コンテナーホストは既定でローカルからの接続のみを受け付けるようになっていますが、セキュリティで保護されていない（TCPポート2375）またはセキュリティで保護されたTLS（TCPポート2376）によるリモート接続を許可することが可能です。セキュリティで保護されていない接続は推奨されません。隔離された評価環境でのみ利用してください。

■｜セキュリティで保護されていないリモート接続を有効化する（非推奨）

　コンテナーホストのC:¥ProgramData¥docker¥configにdaemon.jsonというテキストファイルを作成し、次のように記述して上書き保存します。なお、**npipe://** はローカル接続（名前付きパイプを使用）を受け付けるための設定です。

```
{
    "hosts": ["tcp://0.0.0.0:2375", "npipe://"]
}
```

PowerShellで**NETSH**コマンドまたは**New-NetFirewallRule**コマンドレットを使用して、TCPポート2375に対する受信の許可規則を作成し、Dockerサービスを再起動します。

```
PS C:\> netsh advfirewall firewall add rule name="Docker Non Secure Port"
 dir=in action=allow protocol=TCP localport=2375
または
PS C:\> New-NetFirewallRule -DisplayName "Docker Non Secure Port"
 -Direction Inbound -Protocol TCP -LocalPort 2375 -Action allow
PS C:\> Restart-Service Docker
```

■ セキュリティで保護されたTLSリモート接続を有効化する（推奨）

DockerクライアントからコンテナーホストのDockerエンジンへのセキュリティで保護されたTLSリモート接続の仕様は、LinuxベースのDockerと共通です。詳しくは、Dockerの以下のドキュメントで説明されていますが、サーバー用の鍵（ca.pem、server-cert.pem、server-key.pem）とクライアント用の鍵（ca.pem、cert.pem、key.pem）を準備する必要があります。

Protect the Docker daemon socket
→https://docs.docker.com/engine/security/https/

サーバーおよびクライアント用の鍵は、通常、OpenSSLを利用して準備します。LinuxやmacOSの場合は**openssl**コマンドを標準で利用できる場合がほとんどでしょう。LinuxやmacOSの環境があれば、その環境で準備できます。Windowsしか利用できない場合は、鍵を準備する前に、OpenSSLの利用環境を準備する必要があります。その方法の1つは、Git for Windowsを利用する方法です。Git for WindowsはOpenSSLを含みます。

Git for Windows
→https://gitforwindows.org/

Windows 10バージョン1607以降を利用できる場合は、Windows 10のWindows Subsystem for Linux（バージョン1703まではベータ版）上で動作するLinuxシェル環境（バージョン1607ではBash on Ubuntu on Windowsと呼ばれていました）を利用するという方法があります。Windows Subsystem for Linuxは、Linuxのネイティブなシェル環境をWindows上に実現するもので、**openssl**を標準で利用可能です。

OpenSSLの利用環境を用意したら、次のように実行してサーバーおよびクライアント用の鍵（.pem）を準備してください。

```
$ openssl genrsa -aes256 -out ca-key.pem 4096
$ openssl req -new -x509 -days 365 -key ca-key.pem -sha256 -out ca.pem
 Common Name (e.g. server FQDN or YOUR name) []: <DockerホストのFQDN>
$ openssl genrsa -out server-key.pem 4096
$ openssl req -subj "/CN=<DockerホストのFQDN>" -sha256 -new
 -key server-key.pem -out server.csr
$ echo subjectAltName = IP:10.0.0.105,IP:127.0.0.1 > extfile.cnf
$ openssl x509 -req -days 365 -sha256 -in server.csr -CA ca.pem
 -CAkey ca-key.pem -CAcreateserial -out server-cert.pem -extfile extfile.cnf
$ openssl genrsa -out key.pem 4096
```

```
$ openssl req -subj '/CN=<DockerクライアントのFQDN>' -new 
 -key key.pem -out client.csr
$ echo extendedKeyUsage = clientAuth > extfile.cnf
$ openssl x509 -req -days 365 -sha256 -in client.csr -CA ca.pem 
 -CAkey ca-key.pem -CAcreateserial -out cert.pem -extfile extfile.cnf
```

このほかに、Windows 10バージョン1803以降およびWindows Server, version 1803以降に標準搭載されているOpenSSH（C:¥Windows¥System32¥OpenSSH¥ssh.exeなど）付属の **ssh-keygen.exe** ツールを使用するという方法もあります。

Windows 10バージョン1607へのBash on Ubuntu on Windowsの導入

Windows 10バージョン1607でBash on Ubuntu on Windowsを利用可能にするには、以下の手順で操作します。なお、この機能はベータ版であることに注意してください。Windows Subsystem for LinuxはWindows 10バージョン1709で正式版になりました。Windows 10バージョン1709以降では［開発者モード］への切り替えは必要なく、Windows Subsystem for Linuxの機能を有効化するだけで、Microsoft Storeから各種Linuxディストリビューションのシェル環境を無料で取得してインストールできます。また、Windows Server 2019およびWindows Server, version 1809からはWindows Serverでも利用可能になっています。

1. コントロールパネルの［Windowsの機能の有効化または無効化］で［Windows Subsystem for Linux (Beta)］を有効化します。
2. ［設定］から［更新とセキュリティ］の［開発者向け］を開き、［開発者モード］に変更します。
3. PowerShellのウィンドウを開き、**bash**と入力します。すると、WindowsストアからBash on Ubuntu on Windowsのアプリがダウンロードされ、インストールされます。ユーザー名とパスワードを入力するとインストールが完了し、［スタート］メニューに［Bash on Ubuntu on Windows］が登録されます。
4. ［スタート］メニューから［Bash on Ubuntu on Windows］を開始します。Bash環境からC:ドライブのファイルシステムには、/mnt/cのパスを使用して読み書きできます。

画面8-3-6
Windows 10バージョン1607のBash on Ubuntu on Windowsのインストール

TLS接続用の鍵を準備したら、次の手順でDockerエンジンを構成し、セキュリティで保護されたTLSリモート接続を有効化します。

1. サーバー用のca.pem、server-cert.pem、およびserver-key.pemの3つのファイルをコンテナーホストのC:¥ProgramData¥docker¥certs.dにコピーします。なお、certs.dサブフォルダーは既定では存在しないので、作成してからコピーする必要があります。

2. コンテナーホストのC:¥ProgramData¥docker¥configにdaemon.jsonというテキストファイルを作成し、次のように記述して上書き保存します。

```
{
    "hosts": ["tcp://0.0.0.0:2376", "npipe://"],
    "tlsverify": true,
    "tlscacert": "C:¥¥ProgramData¥¥docker¥¥certs.d¥¥ca.pem",
    "tlscert": "C:¥¥ProgramData¥¥docker¥¥certs.d¥¥server-cert.pem",
    "tlskey": "C:¥¥ProgramData¥¥docker¥¥certs.d¥¥server-key.pem"
}
```

PowerShellでNETSHコマンドまたはNew-NetFirewallRuleコマンドレットを使用して、TCPポート2375に対する受信の許可規則を作成し、Dockerサービスを再起動します。

```
PS C:¥> netsh advfirewall firewall add rule name="Docker Secure Port"
 dir=in action=allow protocol=TCP localport=2376
または
PS C:¥> New-NetFirewallRule -DisplayName "Docker Secure Port"
 -Direction Inbound -Protocol TCP -LocalPort 2376 -Action allow
PS C:¥> Restart-Service Docker
```

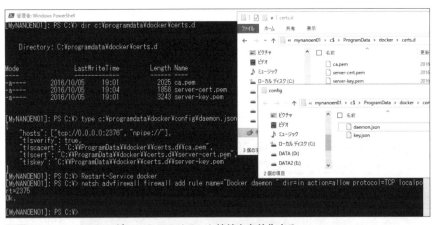

画面8-3-7 DockerエンジンへのTLSリモート接続を有効化する

8.3.4　Windows用Dockerクライアントのインストールとリモート接続

コンテナーホストではないWindowsクライアントから、リモートのコンテナーホストに接続してコンテナーを操作するには、PowerShellのウィンドウを管理者として開き、以下の手順でDockerバイナリをダウンロード、展開し、システム環境変数Pathに登録します。なお、2019年1月末時点で利用可能なWindows用Dockerバイナリは、最新バージョンではなくDocker CEバージョン17.09.0です（LinuxおよびmacOS向けには最新バージョンのバイナリが提供されています）。以下の手順は、バージョン17.09.0の場合の例です。Windows向けにさらに新しいバージョンのバイナリが公開される場合があります。Webブラウザーでhttps://download.docker.com/win/static/stable/x86_64/ を開いて確認し、以下の1行目のコマンドラインを置き換えてください。

```
PS C:\> Invoke-WebRequest " https://download.docker.com/win/static/
 x86_64/docker-17.09.0-ce.zip" -OutFile "$env:TEMP\docker.zip" 
 -UseBasicParsing
PS C:\> Expand-Archive -Path "$env:TEMP\docker.zip" -DestinationPath 
 $env:ProgramFiles
PS C:\> Remove-Item -Path  "$env:TEMP\docker.zip"
PS C:\> $path = [Environment]::GetEnvironmentVariable("PATH", "Machine")
PS C:\> $path += ";" + "C:\Program files\docker"
PS C:\> [Environment]::SetEnvironmentVariable("PATH", $path, "Machine")
PS C:\> $env:path = $path
```

　Windows上でDocker CLIの最新バージョンを利用する別の方法として、Docker Desktop for Windowsをインストールする方法があります（ただし、Docker CLIだけをインストールするオプションはありません）。また、Windows Subsystem for LinuxのLinuxシェル環境にDocker CLIのLinuxバイナリを導入して使用することもできます。Linux（またはmacOS）環境にDockerバイナリからDocker CLIを導入する方法については、以下のドキュメントで説明されています。

Install Docker CE from binaries
➔https://docs.docker.com/install/linux/docker-ce/binaries/

■ セキュリティで保護されていないリモート接続

　Dockerクライアント（C:\Program Files\Docker\Docker.exe）は、コマンドプロンプトとPowerShellのどちらで実行することも可能です。セキュリティで保護されていないコンテナーホストには、次のコマンドラインで接続できます。

```
C:\> docker -H <IPアドレスまたはFQDN>:2375 <dockerコマンド>
```

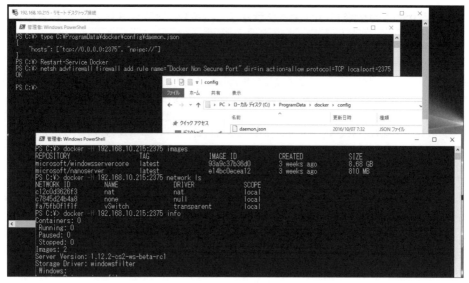

画面8-3-8　リモートのコンテナーホストのTCPポート2375に接続する

■| セキュリティで保護されたTLSリモート接続

セキュリティで保護されたコンテナーホストに接続するには、次のようにクライアント用の鍵（ca.pem、cert.pem、key.pem）を指定して接続します。

```
C:¥> docker --tlsverify --tlscacert=ca.pem --tlscert=cert.pem --tlskey=key.pem↩
 -H <IPアドレスまたはFQDN>:2376 <dockerコマンド>
```

画面8-3-9　リモートのコンテナーホストにTLSで接続する例

　特定のコンテナーホストを既定のホストとして使用する場合は、ユーザープロファイルフォルダーに.dockerという名前のサブフォルダー（コマンドプロンプトの%USERPROFILE%¥.docker、PowerShellの$env:USERPROFILE¥.docker）を作成し、ここにクライアント用の鍵（ca.pem、cert.pem、key.pem）を保存します。

　コマンドプロンプトの場合は、次のようにユーザー環境変数DOCKER_HOSTおよびDOCKER_TLS_VERIFYを設定することで、接続先のホストやTLSの有効化オプション、鍵の指定を省略して接続できます。

```
C:¥> set DOCKER_HOST=<IPアドレスまたはFQDN>:2376
C:¥> set DOCKER_TLS_VERIFY=1
C:¥> docker <dockerコマンド>
```

PowerShellの場合は、次のようにユーザー環境変数を設定することで、接続先のホストやTLSの有効化オプション、鍵の指定を省略して接続できます。

```
PS C:¥> $env:DOCKER_HOST = "<IPアドレスまたはFQDN>:2376"
PS C:¥> $env:DOCKER_TLS_VERIFY = "1"
PS C:¥> docker <dockerコマンド>
```

画面8-3-10　既定のホストとTLSオプションをユーザー環境変数に設定する

8.3.5 コンテナー用の仮想スイッチ

Windowsコンテナーは、コンテナーホストが提供する仮想スイッチを通して、ネットワークに接続します。コンテナーホストでは、次の4種類の仮想スイッチがサポートされます。

- **NAT（nat）**——内部プライベートIPサブネットからIPアドレスを自動的に取得し、コンテナーホストを介して（デフォルトゲートウェイとして）ネットワークに接続されます。外部からコンテナーのエンドポイントへのポート転送またはポートマッピングがサポートされます。Windows Server 2016およびWindows 10バージョン1607では、NATタイプの仮想スイッチを1つのコンピューターで最大1つまでしか作成できません（Windows 10バージョン1703以降は複数のNATスイッチを作成可能）。
- **透過（transparent）**——コンテナーは物理ネットワークに直接接続されます。コンテナーへのIPアドレスの自動割り当てのために、物理ネットワーク上にDHCPサーバーが必要です。
- **L2ブリッジ（l2bridge）**——コンテナーは、コンテナーホストと同じMACアドレスで同じIPサブネットに接続されます。コンテナーのエンドポイントとの通信は、レイヤ2のアドレス変換で処理されます。L2ブリッジでは、コンテナーホストと同じIPサブネットのIPアドレスを、コンテナーに静的に割り当てる必要があります。
- **L2トンネル（l2tunnel）**——このタイプは、Microsoft Azureのクラウドスタックでのみサポートされます。オンプレミスのコンテナーホストでは利用できません。

コンテナーホストとしてセットアップすると（正確にはDockerサービスの初回起動時に）、既定で

natという名前のNATタイプの仮想スイッチが作成され、クラスBプライベートアドレス空間（172.16.0.0/12）の中から自動選択された/20のNATサブネット（NetNat）が構成されます。例えば、172.24.0.0/20や172.28.160.0/20（いずれもサブネットマスク255.255.240.0）などです。この仮想スイッチを利用する場合、コンテナーのネットワークのために追加の作業は必要ありません。

現在のコンテナー用仮想スイッチを確認するには、PowerShellで次のいずれかのコマンドラインを実行します。

```
PS C:¥> docker network ls
または
PS C:¥> Get-ContainerNetwork
```

本書では説明しませんが、コンテナー用の仮想スイッチは**docker network create**コマンドまたは**New-ContainerNetwork**コマンドレッドで作成することができます。PowerShell用のContainersモジュールが提供するのは、**Get/New/Remove-ContainerNetwork**の3つのコマンドレットだけです。コンテナーの機能をインストールすると、Hyper-V仮想スイッチの操作を含むPowerShell用Hyper-Vモジュールの一部が導入されます。Hyper-VモジュールのNew-VMSwitchコマンドレットを使用してコンテナー用の仮想スイッチを作成することも可能です。

実は、コンテナー用の仮想スイッチは、Hyper-Vの仮想スイッチと同じものです。NATタイプの仮想スイッチは、第7章の「7.2.2　Hyper-V仮想スイッチの作成」で説明したNATタイプのHyper-V仮想スイッチそのものです。そして、透過（transparent）タイプは、外部タイプのHyper-V仮想スイッチと同じものです。

Hyper-Vの役割がインストールされている場合は、［Hyper-Vマネージャー］の［仮想スイッチマネージャー］を使用してコンテナー用の仮想スイッチを参照することができます。また、透過タイプの仮想スイッチは、Hyper-Vと外部タイプの仮想スイッチとして作成することも可能です。

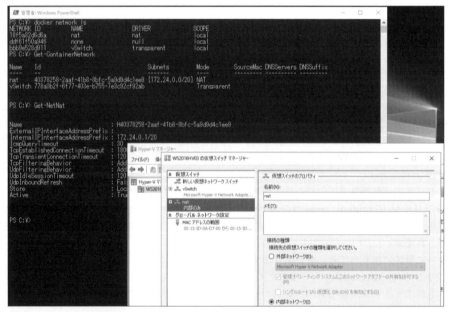

画面8-3-11　コンテナーホストをセットアップすると、
　　　　　　既定でnatという名前のNATタイプのHyper-V仮想スイッチが作成される

本書では、既定のNATタイプの仮想スイッチをそのまま使用しますが、コンテナーのための他のネットワークオプションを検討したい場合は、以下のドキュメントを参照してください。

Windows Container Networking
⇒https://docs.microsoft.com/en-us/virtualization/windowscontainers/container-networking/architecture

8.4 Windowsコンテナーの作成と実行

Windows Server 2016をコンテナーホストとしてセットアップすると、ローカルまたはリモートのDockerクライアント（リモートはWindowsに限りません）からDockerエンジンに接続し、Windowsコンテナーを作成、実行、管理できます。Nano Serverをコンテナーホストとしてセットアップした場合は、リモートのDockerクライアントから操作するのが基本です。

注目していただきたいのは、Windowsコンテナーは、LinuxベースのDockerでLinuxコンテナーを作成、実行するのと共通の操作でできることです。違いは、コンテナーのOS環境がLinuxベースであるか、Windows Server（またはNano Server）ベースであるかの違いです。ここでは、Windows ServerコンテナーとHyper-Vコンテナーを作成し、コンテナーにIISをインストールしてWebサーバーとして動作させるという簡単な例で説明します。

8.4.1 Windows Serverコンテナーの作成

まずは最も簡単な例として、Windows Serverコンテナーを作成して実行し、終了してみましょう。この操作はローカルまたはリモートのDockerクライアントから実行します。Windowsの場合は、コマンドプロンプトから実行することもできますし、PowerShellウィンドウから実行することもできます。

Windows Serverコンテナーを作成するには、Dockerコマンドを次のように実行します。この例は、ベースOSイメージとして**microsoft/windowsservercore**を使用し、**mywscont01**という名前のコンテナーを作成して実行して、コンテナーの**cmd**（コマンドシェル）に対話的（**-it**）に接続します。Nano ServerベースのWindows Serverコンテナーを作成する場合は、ベースOSイメージとして**microsoft/nanoserver**を指定します。コンテナーホストがNano Serverの場合、ベースOSイメージとして**microsoft/nanoserver**のみがサポートされます。なお、コマンドラインはすべて小文字で入力する必要があることに注意してください。また、今後はmicrosoft/windowsservercoreやnanoserverではなく、mcr.microsoft.com/windows/servercoreやnanoserverのイメージを使用してください（この後の例も同様）。

```
C:\> docker run --name mywscont01 -it microsoft/windowsservercore cmd
```

画面8-4-1
microsoft/windowsservercoreイメージからWindows Serverコンテナーを作成

コンテナーが作成され、実行が完了すると、cmd（コマンドシェル）に対話的に接続します。

Windows Serverコンテナーはコンテナーホストとカーネルを共有しますが、**hostname**や**ipconfig**コマンドを実行すると、ランダムなコンピューター名と自動割り当てされたNATサブネットのIPアドレスを確認できます。デフォルトゲートウェイのIPアドレスはコンテナーホストがnatスイッチに接続している仮想ネットワークアダプターに設定された、NATサブネット範囲の最初のIPアドレスになっています。

画面8-4-2
Windows Serverコンテナーにcmd
（コマンドシェル）に対話的に接続

Windows Serverコンテナーで**exit**コマンドを実行すると、コンテナーが終了します。

```
C:¥> exit
```

実行中のコンテナーおよび停止中のコンテナーは、**docker ps**（実行中）および**docker ps -a**（停止中）コマンドで確認できます。

```
C:¥> docker ps
C:¥> docker ps -a
```

停止中のコンテナーは、**docker start/stop**コマンドで開始、停止できます。また、**docker attach**コマンドを使用すると、**docker start**コマンドで開始したコンテナーのアプリケーション（この場合はcmd）に対話的に接続できます。

```
C:¥> docker start mywscont01
C:¥> docker attach mywscont01
C:¥> docker stop mywscont01
```

画面8-4-3
停止中のコンテナーの開始
（docker start）、接続（docker attach）、停止（docker stop）

Windows Serverコンテナーのプロセスとコンテナーのサンドボックス

Windows Serverコンテナーを実行すると、コンテナーホストのプロセスとしてCExecSvc.exe（Container Execution Agent）が生成されます。これがWindows Serverコンテナーの実体であり、コンテナーホストとカーネルを共有しながらも、コンテナー専用のアプリケーションのサンドボックス環境を提供しています。そして、コンテナーに対して行われた変更は、ベースOSイメージとの差分として、C:¥ProgramData¥docker¥winfilterの配下のsandbox.vhdxファイルとレジストリファイル（Hivesフォルダー内）に格納されます。

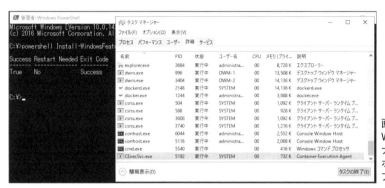

画面8-4-4
Windows Serverコンテナーの実体はコンテナーホストのCExecSvc.exeプロセス

画面8-4-5
作成したコンテナーのイメージとの差分は、C:¥ProgramData¥docker¥winfilterの配下のsandbox.vhdxファイルとレジストリファイルに格納される

次に、別の新しいWindows Serverコンテナーを作成して、コンテナーに［Webサーバー（IIS）］の役割をインストールしてみましょう。Dockerコマンドを次のように実行します。この例は、ベースOSイメージとして**microsoft/windowsservercore**を使用して、**mywscont02**という名前のコンテナーを作成して実行し、コンテナーの**cmd**（コマンドシェル）に対話的（**-it**）に接続します。また、コンテナーホストのTCPポート80をコンテナーのTCPポート80にポート転送するように指定しています。

```
C:¥> docker run --name mywscont02 -it -p 80:80 microsoft/windowsservercore cmd
```

コンテナーのcmd（コマンドシェル）に接続したら、次のコマンドラインを実行して［Webサーバー（IIS）］の役割をインストールします。

```
C:\> powershell Install-WindowsFeature Web-Server
```

　［Webサーバー（IIS）］の役割のインストール完了後に、コンテナーホストの外部のコンピューターのWebブラウザーで、コンテナーホストのIPアドレスのTCPポート80のURLにアクセスすると、コンテナー内で実行中のWebサイトに接続できます。なお、既定のNATスイッチを利用する場合、コンテナーホスト側のポート転送（80:80）やポートマッピング（81:80）、およびWindowsファイアウォールの受信の規則（Container: NATから始まる規則）は自動構成されます。自動構成された設定は、**Get-NetNatStaticMapping**コマンドレットや**Get-NetFirewallRule**コマンドレットで確認できます。

```
PS C:\> Get-NetNatStaticMapping
PS C:\> Get-NetFirewallRule -Name "Container: NAT*"
```

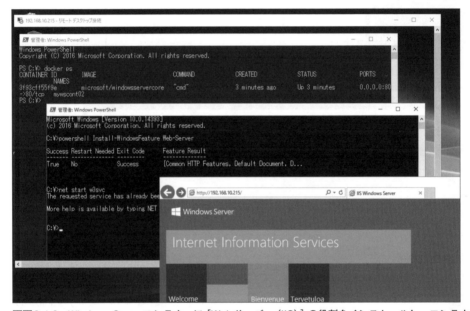

画面8-4-6　Windows Serverコンテナーに［Webサーバー（IIS）］の役割をインストールし、コンテナーホストの外部からWebブラウザーでコンテナーホストのIPアドレスのTCPポート80のURLを開くと、コンテナー内のIISに接続できる

画面8-4-7
コンテナーホストに自動構成されたポートマッピングとファイアウォール規則

コンテナーホストからコンテナーへのネットワーク接続

コンテナーのネットワーク接続に既定のnat仮想スイッチを使用している場合、コンテナーホスト自身からはポートマッピングの機能を利用してコンテナーに接続することはできません。ただし、コンテナーホストもまた、NATサブネットのデフォルトゲートウェイとして接続に自動的に割り当てられたNATサブネットのIPアドレスで接続することができます。なお、NATサブネット内での通信には、Windowsファイアウォールは適用されません。

画面8-4-8　コンテナーホストからはNATサブネットのIPアドレスでコンテナーに接続できる

8.4.2 Hyper-Vコンテナーの作成

　Hyper-Vコンテナーは、コンテナーのためのカーネル環境を、コンテナーごとにHyper-Vの仮想マシンとしてバックグラウンドで実行し、その上でコンテナーを実行します。コンテナーホストとコンテナーはカーネルを共有しないため、Windows Server 2016とNano Serverのコンテナーホストのどちらも、windowsservercoreおよびnanoserverのベースOSイメージを使用して、Hyper-Vコンテナーを作成できます。

　Hyper-Vコンテナーを作成するには、dockerコマンドに--isolation=hypervパラメーターを追加します。違いはコンテナー作成時の--isolation=hypervパラメーターの指定だけです。それ以外のコマンドラインの指定、およびコンテナー内での操作はWindows Serverコンテナーと共通です。

　次の例は、ベースOSイメージとしてmicrosoft/windowsservercoreを使用して、mywscont03という名前のHyper-Vコンテナーを作成して実行し、コンテナーのcmd（コマンドシェル）に対話的（-it）に接続します。また、コンテナーホストのTCPポート81（先ほどのmywscont02との重複を避けるため）をコンテナーのTCPポート80にポート転送するように指定しています。

```
C:¥> docker run --name mywscont03 -it -p 81:80 --isolation=hyperv↵
microsoft/windowsservercore cmd
```

　コンテナーのcmd（コマンドシェル）に接続したら、次のコマンドラインを実行して[Webサーバー（IIS）]の役割をインストールします。

```
C:¥> powershell Install-WindowsFeature Web-Server
```

［Webサーバー（IIS）］の役割のインストール完了後に、コンテナーホストの外部のコンピューターのWebブラウザーで、コンテナーホストのIPアドレスのTCPポート80のURLにアクセスすると、コンテナー内で実行中のWebサイトに接続できます。

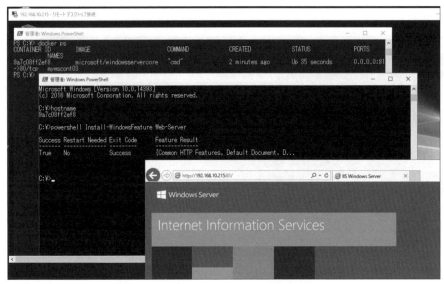

画面8-4-9　Hyper-Vコンテナーに［Webサーバー（IIS）］の役割をインストールし、コンテナーホストの外部からWebブラウザーでコンテナーホストのIPアドレスのTCPポート81のURLを開くと、コンテナー内のIISに接続できる

Hyper-Vコンテナーのプロセス

　Hyper-Vコンテナーを実行すると、コンテナーホストのプロセスとして仮想マシンワーカープロセス（vmwp.exe）が生成されます。仮想マシンワーカープロセスは、Hyper-Vの仮想マシンごとに生成されるプロセスです。このことから、Hyper-Vコンテナーがバックグラウンドで仮想マシンを動かしていることがわかります。なお、その仮想マシンは［Hyper-Vマネージャー］や**Get-VM**コマンドレットなどからは見えません。

画面8-4-10　Hyper-Vコンテナーを実行すると、仮想マシンワーカープロセス（vmwp.exe）が生成される

Windows ServerコンテナーとHyper-Vコンテナーのエクスペリエンスに何も違いはありません。ただし、ベースOSイメージとしてwindowsservercoreを使用する場合、Server Coreインストールベースの Windows Server 2016 をバックグラウンドで仮想マシンとして起動するために、コンテナーホストの多くのプロセッサおよびメモリリソースを使用し、コンテナーが開始するまでに時間を要します。コンテナーホストを入れ子構造の仮想化を有効化した仮想マシンで実行している場合は、かなりのオーバーヘッドを感じるでしょう。

ベースOSイメージとしてnanoserverを利用することで、オーバーヘッドを大きく解消できます。Nano Serverベースの仮想マシンは使用するプロセッサおよびメモリリソース、起動時のディスクI/Oが極めて小さく、数秒～数十秒という短時間で起動します。

次の例は、ベースOSイメージとしてmicrosoft/nanoserverを使用して、mynanocont04という名前のHyper-Vコンテナーを作成して実行し、コンテナーのcmd（コマンドシェル）に対話的（-it）に接続します。また、コンテナーホストのTCPポート82（先ほどのmywscont01、mywscont02との重複を避けるため）をコンテナーのTCPポート80にポート転送するように指定しています。

```
C:\> docker run --name mynanocont04 -it -p 82:80
 --isolation=hyperv microsoft/nanoserver cmd
```

次のように-vパラメーターにコンテナーホスト側のフォルダーのパスとコンテナー側のパスのマッピングを追加すると、コンテナーホスト側のフォルダー（ここにインストールソースなどを配置）をコンテナーにマウントできます。この機能を利用すると、Nano Serverにパッケージを追加するためのインストールソースをコンテナーに提供できます。なお、-vパラメーターはDockerコマンドの標準オプションであり、Hyper-Vコンテナーだけでなく、Windows Serverコンテナーでも利用できます。もっと言えば、LinuxベースのDockerでも利用できる標準的な機能です。

```
C:\> docker run --name mynanocont04 -it -p 82:80 -v c:\share:c:\share
 --isolation=hyperv microsoft/nanoserver cmd
```

画面8-4-11 -vパラメーターを使用すると、コンテナーホスト側のフォルダーをコンテナーと共有できる

次の画面は、nanoserverイメージから作成したHyper-Vコンテナーに、Windows Server 2016英語版のインストールメディア（NanoServer\Packages）のIISパッケージを追加して、IISのWebサイトを動かしたところです。この例では、無人応答ファイルを使用してIISをインストールしていますが、その方法については第10章の「10.3　IIS 10.0」で説明しています。なお、IISパッケージの追加は、バージョン1709以降のnanoserverベースのコンテナーではサポートされないシナリオです。

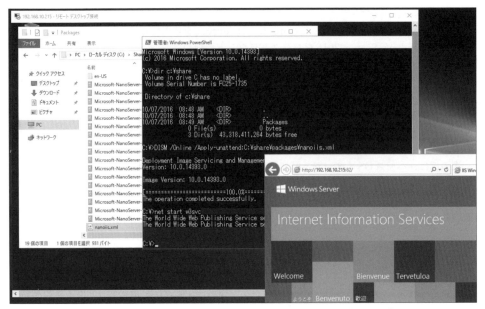

画面8-4-12 nanoserverイメージから作成したHyper-VコンテナーにIISパッケージを追加してWebサーバーにする

--isolation=hypervパラメーターはWindowsコンテナー専用

　Dockerコマンドのほとんどは、WindowsコンテナーとLinuxコンテナーで共通ですが、**--isolation**パラメーターはWindowsコンテナーだけのオプションです。

　--isolationパラメーターには、**default**、**process**、**hyperv**を指定できます。既定（**default**）はDockerデーモンのオプションで構成されています。Windows Server 2016およびNano Serverで**--isolation=default**を指定した場合または**--isolation**パラメーターを指定しない場合、**--isolation=process**が暗黙的に指定されます。Hyper-Vコンテナーのみをサポートする Windows 10 バージョン1607のコンテナーホストでは、**--isolation=default**を指定した場合または**--isolation**パラメーターを指定しない場合、**--isolation=hyperv**が暗黙的に指定されます。

　なお、Linuxコンテナーでは、**--isolation=default**を指定できますが、パラメーターを指定しない場合と違いはありません。

8.4.3　イメージの作成

　コンテナーを作成し、カスタマイズしたら、docker commitコマンドを使用してそのコンテナーから新しいイメージを作成することができます。

```
C:¥> docker commit <コンテナー名> <イメージ名またはリポジトリ名/イメージ名:タグ>
```

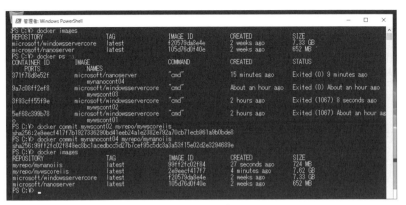

画面8-4-13　コンテナーからコンテナーイメージを作成する

　docker commitコマンドで作成したコンテナーイメージは、ベースOSイメージと同じように、新しいWindows ServerコンテナーまたはHyper-Vコンテナーを作成する際のイメージとして利用できます。例えば、IISをインストールしたコンテナーをイメージとして保存すると、そのイメージからIISがインストール済みのコンテナーを作成、実行できます。

画面8-4-14　IISのインストールを含むイメージから新しいコンテナーを作成する

8.4.4 コンテナーとイメージの削除

　コンテナーとコンテナーイメージは、次のコマンドラインで削除することができます。コンテナーを削除するには、コンテナーが停止している必要があります。また、コンテナーイメージを削除するには、そのコンテナーイメージを参照（使用）しているコンテナーが存在しないことが必要です。

```
C:¥> docker rm <コンテナー名>
C:¥> docker rmi <イメージ名またはリポジトリ名/イメージ名>
```

コンテナーイメージとコンテナーの詳細情報を確認するには

docker psコマンドや**docker ps -a**コマンドは、多くの情報を提供しません。例えば、コンテナーの種類がWindows Serverコンテナーなのか、Hyper-Vコンテナーなのかをこれらのコマンドラインの実行結果から判断することはできません。

コンテナーやコンテナーイメージの詳細情報を確認するには、**docker inspect**コマンドを使用します。**docker run**コマンドに指定したプログラム名（Path：cmd.exeなど）やコンテナーの種類（Windows Serverコンテナーの場合はIsolation：process、Hyper-Vコンテナーの場合はIsolation：hyperv）、IPアドレス、MACアドレスなどの情報を確認できます。

```
C:¥> docker inspect "<コンテナー名またはイメージ名>"
```

また、次のコマンドラインを実行すると、実行中または停止中のコンテナーの**docker run**コマンドに指定した実行プログラム名、ベースイメージ、コンテナーの種類を確認することができます。大文字と小文字の区別は正確に入力して下さい。

```
C:¥> docker inspect <コンテナー名> -f="{{.Path}}"
C:¥> docker inspect <コンテナー名> -f="{{.Config.Image}}"
C:¥> docker inspect <コンテナー名> -f="{{.HostConfig.Isolation}}"
```

実行中のコンテナーに割り当てられたIPアドレス（既定のnatスイッチを使用している場合）を確認するには、次のコマンドラインを実行します。

```
C:¥> docker inspect <コンテナー名>
 -f="{{.NetworkSettings.Networks.nat.IPAddress}}"
```

画面8-4-15 docker inspectコマンドでコンテナーの種類を確認する

8.5 Docker Hubの利用

Docker Hubは、Dockerのコンテナーイメージのためのクラウドベースのレジストリサービスであり、パブリックおよびプライベートなリポジトリでイメージの共有や管理が可能です。パブリックなリポジトリは、誰でも無料で利用できます。

Docker Hub
⇒https://hub.docker.com/

8.5.1 イメージの取得（Docker Pull）

Dockerクライアントで次のコマンドラインを実行すると、マイクロソフトのパブリックなリポジト

リで公開されているイメージを確認できます。

```
C:¥> docker search microsoft
```

WindowsコンテナーのベースOSイメージであるwindowsservercoreおよびnanoserverは、マイクロソフトのパブリックなリポジトリで公開されています。この他にも、IISやASP.NET、SQL Server Express、その他のオープンソースソフトウェアがインストール済みになっているイメージが利用可能です。例えば、次のコマンドラインを実行すると、IISがインストール済みになっているServer Coreベース（windowsservercoreベース）のコンテナーイメージをダウンロードして、コンテナーホストに登録できます（画面8-5-1）。

取得したイメージは、Windows ServerコンテナーやHyper-Vコンテナーのベースイメージとして利用できます。次の例はmicrosoft/iisイメージを取得し、microsoft/iisイメージからコンテナーを作成して、すばやくIISのWebサイトを展開します。**docker run**コマンドの**-d**パラメーターは開始したコンテナーには接続せず、コンテナーをバックグラウンドで実行します（画面8-5-2）。

```
C:¥> docker pull microsoft/iis
C:¥> docker run --name myiis2 -d -p 84:80 microsoft/iis
```

次の例は、SQL Server 2016 Expressを含むmicrosoft-mssql-server-2016-express-windowsイメージを取得して、SQL Serverインスタンスをコンテナーとして実行します。

```
C:¥> docker pull microsoft/iis
C:¥> docker run --name mymssqlsv1 -d -p 1433:1433↩
 -env sa_password=p@ssw0rd microsoft/mssql-server-2016-express-windows
```

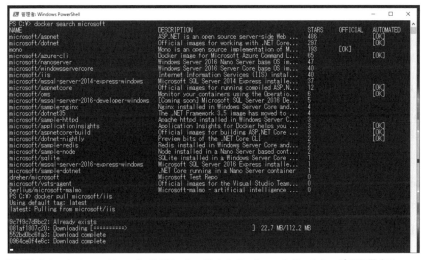

画面8-5-1　docker pullコマンドでDocker Hubからmicrosoft/iisイメージを取得する

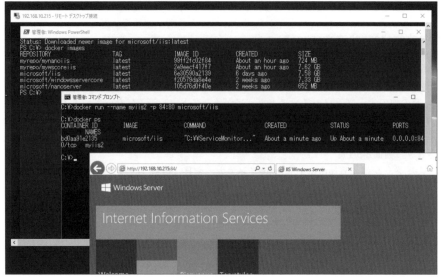

画面8-5-2　microsoft/iisイメージからコンテナーを作成すると、すばやくWebサイトを展開できる

8.5.2　イメージの共有（Docker Push）

　Docker HubにDocker IDを作成すると、プライベートなリポジトリにWindowsコンテナーのカスタムイメージを登録し、Docker Hubを介して別のコンテナーホストに提供できます。無料で作成、利用できるFreeプランでは、1つのプライベートリポジトリで、1つのイメージを管理することが可能です。複数のプライベートリポジトリで複数のイメージを管理するには、支払プラン（5リポジトリ、5ビルドから）へのアップグレードが必要です。

　Docker Hubのプライベートリポジトリにカスタムイメージを登録するには、**docker login**コマンドでDocker Hubにサインインし、**docker push**コマンドでイメージをアップロードします。

```
C:¥> docker login
Username: <Docker ID>
Password: <パスワード>
C:¥> docker push <Docker ID>/<イメージ名>
```

　なお、ローカルのイメージが<Docker ID>/<イメージ名>になっていない場合は、**docker tag**コマンドで<Docker ID>/<イメージ名>の名前をタグとして登録し、**docker push**コマンドで扱えるようにできます。

```
C:¥> docker tag <カスタムイメージ名> <Docker ID>/<イメージ名>
```

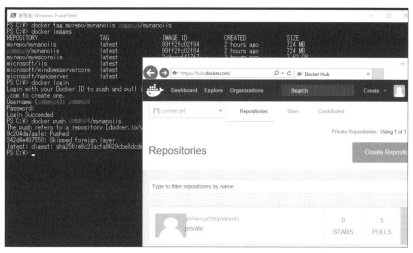

画面8-5-3　docker pushコマンドでカスタムイメージをプライベートリポジトリにアップロードする

　Docker Hubのプライベートリポジトリに登録したイメージは、別のコンテナーホストに次のコマンドラインでダウンロードできます。

```
C:¥> docker login
Username: <Docker ID>
Password: <パスワード>
C:¥> docker pull <Docker ID>/<イメージ名>
```

画面8-5-4　docker pullコマンドでプライベートリポジトリからイメージを取得する

8.6 この章の最後に

　Windows Server 2016におけるDockerサポートとは、Windowsコンテナーを実行するためのコン

テナーテクノロジを提供し、LinuxベースのDockerと共通のコマンドラインやAPIで操作できる管理互換を提供することです。本書では説明していませんが、**docker build**コマンドとDockerfileを使用した自動化ももちろん可能です。また、マイクロソフトはDocker社との協力関係に基づいて、商用DockerエンジンであるDocker Enteprise（旧称、CS Docker Engine）に対するエンタープライズサポートを提供します。

　将来的には、Dockerのエコシステムの中にさらに統合されていくことになるでしょう。例えば、現在、LinuxベースのDockerで広く利用されているDC/OS（Data Center Operating System）やDocker Swarm、Kubernetes（Windows Server 2019からサポート）といったオーケストレーションおよびスケール環境への統合です。Microsoft Azureでは、既にこれらの大規模環境のプラットフォームを簡単に展開できるAzure Kubernetes Service（旧称、Azure Container Service）を提供しています。また、Azureにデプロイするコンテナーイメージを管理するためのプライベートリポジトリとして、Azure Container Registryを提供しています。

Azure Kubernetes Service（AKS）
→https://azure.microsoft.com/ja-jp/services/kubernetes-service/

Azure Container Registry
→https://azure.microsoft.com/ja-jp/services/container-registry/

8.6.1　LinuxベースのDockerとの相似

　この章の始めに、LinuxベースのDockerの基本的なアーキテクチャを図で示しました（図8-1-2を参

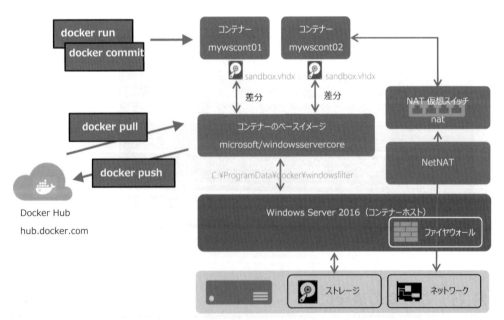

図8-6-1　Windows Server 2016のコンテナーホストとWindowsコンテナーの実行イメージ（ファイアウォールはコンテナーホスト側のWindowsファイアウォール）

照）。図8-6-1は、Windows Server 2016のコンテナーホストを同じように図示したものです。

　Windows Server 2016のコンテナーホストは、Hyper-Vのテクノロジを利用するなど、内部的な実装はLinuxベースのDockerとまったく異なりますが、LinuxベースのDockerとアーキテクチャはよく似ています。また、コンテナーを操作する利用者が接するコンテナーの操作方法やDocker Hubとの連携については、LinuxベースのDockerとほとんど共通です。

　両者の違いは、LinuxベースのDockerがLinuxコンテナーを実行するものであるのに対して、Windows Server 2016のコンテナーホストがWindowsコンテナーを実行するものであるという点です。LinuxベースのDockerでWindowsコンテナーを動かすことは不可能です。同じように、Windows Server 2016のコンテナーホストでLinuxコンテナーを動かすこともできません。これは、コンテナーテクノロジがコンテナーホストとカーネルを共有するという仕様によるものです。

　Hyper-Vコンテナーはコンテナーホストとカーネルを共有しませんが、考え方は変わりません。なぜなら、Hyper-Vの仮想環境でWindows ServerまたはNano Serverのカーネルを実行し、Hyper-Vコンテナーはこれとカーネルを共有する（占有する）からです。

8.6.2 Docker Desktop for WindowsのLinuxコンテナー環境との違い 改訂

　Docker社は、Docker Desktop for Windows（旧称、Docker for Windows）というソフトウェアを提供していますが、Docker Desktop for WindowsのLinuxコンテナーの実行環境とWindows Server 2016以降のコンテナーテクノロジを混同しないようにしてください。Docker for Windowsは当初、Hyper-VでLinux仮想マシン（MobyLinux）のコンテナーホストを実行して、Linuxコンテナーの実行環境を提供するものでした。以前のバージョンのWindows向けのDocker Toolboxは、Hyper-Vではなく、Oracle VM VirtualBoxを利用していました。その後、Docker for WindowsでWindows 10のHyper-Vをサポートするようになりました（画面8-6-2）。

画面8-6-2　Docker for Windowsを利用すると、Windows上でLinuxコンテナーを動かしているように見えるが、実際にコンテナーホスト機能を提供するのはHyper-V仮想マシンで動くMobyLinux

一方、Docker Desktop for WindowsのWindowsコンテナー環境は、Windows Server 2016以降のWindowsコンテナー環境と互換性があります。「8.3.2　Windows 10のコンテナーホスト」で説明したように、最新バージョンではこれまでのHyper-Vコンテナー（Hyper-V分離）に加えて、Windows Serverコンテナー（プロセス分離）やLCOW（Linux Container on Windows）の評価、Windowsコンテナーベースのアプリケーション開発のために利用できます（画面8-6-3）。

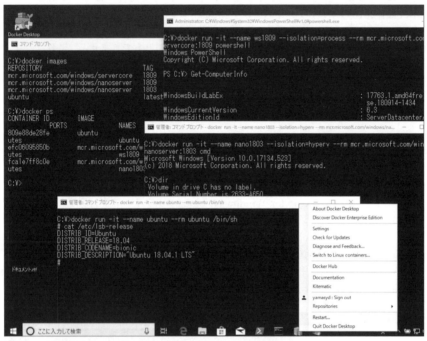

図8-6-3　最新のDocker Desktop for Windowsでは、Windows 10のWindowsコンテナー環境でHyper-Vコンテナー（Hyper-V分離）、Windows Serverコンテナー（プロセス分離）、およびLinuxコンテナー（Experimental機能のLCOW）を同時に実行可能

第9章
リモートデスクトップサービス

　Windows Server 2016のリモートデスクトップサービス（RDS）は、Windows NT Server 4.0, Terminal Server Edition（TSE）で初めて登場し、Windows Server 2008まではターミナルサーバーあるいはターミナルサービス（TS）と呼ばれていた役割の後継です。Windows Server 2008 R2では、仮想デスクトップインフラストラクチャ（Virtual Desktop Infrastructure：VDI）の機能が統合され、リモートデスクトップサービス（RDS）と改称されました。

　リモートデスクトップサービスは、デスクトップやアプリケーションをサーバー側で集中的に実行し、デスクトップやアプリケーションの画面表示をネットワーク経由でエンドユーザーにリモート表示して、エンドユーザーのマウスとキーボード操作、タッチ対応デバイスの場合はタッチ操作やジェスチャをサーバーに送信するという、シンクライアントソリューションです。このソリューションは、デスクトップやアプリケーションの集中管理、セキュリティ保護や情報漏えい対策、BYOD（Bring Your Own Device：個人所有デバイスの業務利用）、クラウドベースのDesktop as a Service（DaaS）など、さまざまな利用シナリオに柔軟に対応できます。

9.1　リモートデスクトップサービスの概要

　リモートデスクトップサービスには複数の役割サービスがあり、通常、複数の物理サーバーまたは仮想マシンに役割サービスを分散配置して構成します。はじめに、リモートデスクトップサービスを構成するサーバー、クライアントのコンポーネント、必要なライセンスについて説明します。さらに、Windows Server 2016のリモートデスクトップサービスの新機能についても説明します。

9.1.1　リモートデスクトップサービスの役割サービス

　リモートデスクトップサービスは次の6つの役割サービスから成り、展開シナリオに応じて必要な役割を1台以上のサーバーに展開します（図9-1-1）。

- **リモートデスクトップ接続ブローカー（RD接続ブローカー）** —— ユーザーへのデスクトップの割り当てやセッションの再接続、接続要求の負荷分散を管理します。セッションベースおよび仮想マシンベースのデスクトップ展開および管理に必須です。RDセッションホストをスタンドアロンで利用する場合やRD仮想化ホストの機能（RemoteFX仮想GPUのサポート）を利用する場合は、RD接続ブローカーなしで展開することも可能です。本書ではその方法について説明しません。
- **リモートデスクトップセッションホスト（RDセッションホスト）** —— セッションベースのデスクトップ展開において、デスクトップセッションまたはRemoteAppプログラムを提供します。デ

スクトップセッションは、64ビット版Windows 10 Enterpriseバージョン1607相当のデスクトップおよびアプリケーション実行環境を提供します。

- **リモートデスクトップ仮想化ホスト（RD仮想化ホスト）** —— 仮想マシンベースのデスクトップ展開において、Hyper-Vの役割とともにデスクトップOSを実行する仮想デスクトップ用の仮想マシンの実行を制御します。RemoteFX仮想GPUの機能は、RD仮想化ホストの役割が提供します。
- **リモートデスクトップWebアクセス（RD Webアクセス）** —— セッションコレクション、仮想デスクトップデスクトップコレクション、およびRemoteAppプログラムへのシングルサインオン接続を提供する、IISベースのWebポータルです。このポータルは、Windows 7以降のWindowsに対して、接続情報を［スタート］メニューに統合するWebフィードも提供します。
- **リモートデスクトップゲートウェイ（RDゲートウェイ）** —— ネットワークの境界に設置（またはWebアプリケーションプロキシにより公開）して、リモートデスクトップ接続のゲートウェイとして機能します。RDゲートウェイは、RDPのTCP接続（3389/TCP）を、HTTPS（443/TCP）でカプセル化して中継します。また、RDP 8.0からサポートされるUDP（3389/UDP）接続を、DTLS（Datagram Transport Layer Security、3391/UDP）でカプセル化して中継します。
- **リモートデスクトップライセンス（RDライセンス）** —— リモートデスクトップサービスに必要なRDS CALを管理します。この役割を展開しない場合、リモートデスクトップサービスは120日間限定の評価モードで動作し、期間終了後はサービスの一部が機能しなくなります。

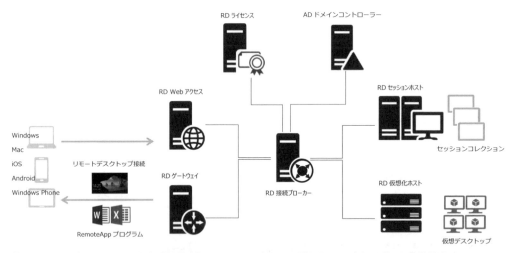

図9-1-1 セッションベースおよび仮想マシンベースのリモートデスクトップサービスの全体構成

　Windows Server 2016には新しい役割としてMultiPoint Servicesが追加されます。MultiPoint Servicesの役割は、リモートデスクトップサービスの役割サービスに依存します。ただし、MultiPoint Servicesのサーバーは、図9-1-1のリモートデスクトップサービスの構成の一部に組み込むことはできません。MultiPoint Servicesのサーバーは、スタンドアロンまたは1台以上のMultiPoint Servicesのサーバーで構成します。MultiPoint Servicesについては、第10章で説明します。

9.1.2　シナリオベースの簡単な展開

　Windows Serverの役割や機能は、通常、［サーバーマネージャー］の［役割と機能の追加ウィザード］やDISMコマンド、あるいはInstall-WindowsFeatureコマンドレットを使用してインストールし

ますが、リモートデスクトップサービスの役割のインストールは［役割と機能の追加ウィザード］に統合されたリモートデスクトップサービス専用のウィザードを使用します。このウィザードで次のいずれかの展開シナリオを選択すると、1台以上のサーバーに必要な役割サービスが自動展開および構成されます。

- **セッションベースのデスクトップ展開** —— 1台以上のRDセッションホストを使用したセッションベースのリモートデスクトップ環境に必要なサーバー環境を展開します。この展開では、RD接続ブローカー（未展開の場合）、RD Webアクセス、およびRDセッションホストの役割サービスがインストールされます。
- **仮想マシンベースのデスクトップ展開** —— 1台以上のRD仮想化ホストを使用した、いわゆるVDI環境に必要なサーバー環境を展開します。この展開では、RD接続ブローカー（未展開の場合）、RD Webアクセス、およびRD仮想化ホスト（Hyper-Vを含む）の役割サービスがインストールされます。
- **MultiPoint Services** —— Windows Server 2016に追加された新しい役割であるMultiPoint Servicesをインストールします。MultiPoint Servicesについては、第10章で説明します。

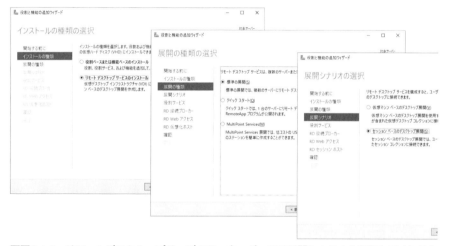

画面9-1-2　リモートデスクトップサービスは、ウィザードで展開シナリオを選択してインストールする

9.1.3 コレクションの種類

セッションベースおよび仮想マシンベースのデスクトップまたはRemoteAppプログラムは、「コレクション」としてRD Webアクセスのポータル（またはWebフィード）を通じてユーザーに公開されます。コレクションには、2種類のセッションコレクションと、4種類のデスクトップコレクションがあります。個人用セッションデスクトップは、Windows Server 2016で追加された新しいコレクションの種類です。

- **セッションコレクション（Session Collection）** —— RDセッションホストのデスクトップセッションまたはRemoteAppプログラムへの、マルチユーザー接続環境を提供します。
- **個人用セッションデスクトップ（Personal Session Desktops）** —— RDセッションホストをシン

グルユーザー専用に自動または手動で割り当てます。ユーザーにRDセッションホストに対するローカル管理者権限を付与することが可能です。また、RD仮想化ホスト上で仮想化されたこのコレクション用のRDセッションホストにおいて、RemoteFX仮想GPUがサポートされます。

- **プールされた仮想デスクトップコレクション（Pooled Virtual Desktop Collection）** —— Windows Enterpriseエディションを実行する仮想マシンをグループ化した、仮想デスクトップのプールです。このコレクションに接続するユーザーは、RD接続ブローカーによって空いている仮想デスクトップに自動的に振り分けられます。
- **個人用仮想デスクトップコレクション（Personal Virtual Desktop Collection）** —— Windows Enterpriseエディションを実行する仮想マシンを、特定のユーザー専用に割り当てます。特定のユーザーに固定的に割り当てるか、ユーザーの初回接続要求時にRD接続ブローカーによって自動割り当てします。個人用仮想デスクトップコレクションでは、仮想マシンのゲストOSに対するローカル管理者権限を付与することが可能です。

プールされた仮想デスクトップコレクション、および個人用仮想デスクトップコレクションにはさらに、管理タイプによって2つの種類に分けられます。仮想マシンをテンプレートから自動作成および管理する「管理されている（Managed）」仮想デスクトップコレクションと、構成済みの仮想マシンをグループ化する「管理されていない（Unmanaged）」仮想デスクトップコレクションの2種類です。コレクションの種類とコレクションで使用できる機能について、表9-1-3にまとめました。

表9-1-3　コレクションの種類と機能

コレクションの機能 \ コレクションの種類	Pooled Virtual Desktops Managed	Pooled Virtual Desktops Unmanaged	Personal Virtual Desktops Managed	Personal Virtual Desktops Unmanaged	Session Collection	Personal Session Desktops
テンプレートからの新規作成	○	×	○	×	—	—
仮想デスクトップのロールバック	○	△	△	△	—	—
テンプレートからの再作成	○	×	×	×	—	—
ユーザープロファイルディスク	○	○	×	×	○	×
恒久的なユーザー割り当て	×	×	○	○	×	○
ローカル管理者権限の許可	×	×	○	○	×	○
RemoteFX仮想GPU	○	○	○	○	×	○

9.1.4　リモートデスクトップ接続クライアント

リモートデスクトップサービスが提供するデスクトップやRemoteAppプログラムに接続するには、少なくともリモートデスクトッププロトコル（RDP）6.1以降に対応したクライアントソフトウェアが必要です。最新のRDP 10対応のクライアントは、Windows Server 2016のリモートデスクトップサービスのすべてのエクスペリエンス機能を利用できます。

■ Windowsクライアント

Windows 10バージョン1607およびWindows Server 2016（GUI機能を持たないServer CoreインストールおよびNano Serverを除く）は、最新のRDP 10.2対応のリモートデスクトップ接続クライアント（Mstsc.exe）を標準搭載しています。Windows 10初期リリースおよびWindows 10バージョン

1511はRDP 10.0対応です。Windows 10バージョン1703以降は、RDP 10.3、RDP 10.4のように半期チャネルの新バージョンごとにマイナー番号が増加します（少なくともバージョン1809の10.6まではそうです）。

　Windows 7 SP1およびWindows 8.1では、RDP 8.1対応のリモートデスクトップ接続クライアントを利用可能です。Windows 7 SP1標準はRDP 7.1ですが、以下の更新プログラムによりRDP 8.1対応に更新することが可能です。

Windows 7 SP1向けRDP 8.1用の更新プログラムが利用できます
→https://support.microsoft.com/ja-jp/help/2923545

　また、Windows 8以降のWindowsおよびWindows RT向けにはストアアプリ（モダンアプリ）版の［リモートデスクトップ］アプリがストアを通じて無料提供されています。Windows 10向けには、ユニバーサルWindowsプラットフォーム（UWP）アプリ版の［リモートデスクトップ］アプリおよび次期バージョン［Microsoft Remote Desktop Preview］アプリがストアを通じて無料提供されています。

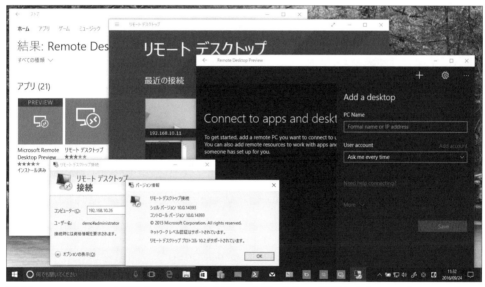

画面9-1-4　Windows 10標準のRDP 10対応のリモートデスクトップ接続クライアント（mstsc.exe）、およびストアから無料で入手できるUWPアプリ

■ マルチデバイス対応クライアント

　マイクロソフトは、Mac、Android、iPhone、iPad向けに、リモートデスクトップ接続クライアントを各プラットフォームのオンラインストア経由で無償提供しており、継続的に更新しています。ネットワークレベル認証、RemoteAppプログラム接続、RD WebアクセスのWebフィード、RemoteFX仮想GPU、RDゲートウェイ、マルチタッチ、Azure RemoteApp（ただし、2017年8月末にサービス終了）への接続などの機能に対応しています。

　各アプリのシステム要件については、アプリの説明を参照してください。本稿執筆時点のバージョンは、Mac OS X（macOS）10.9以降、Android 4.1以降、iOS 8.0以降のiPhoneおよびiPadに対応しています。

Mac用 Microsoft Remote Desktop
→https://itunes.apple.com/us/app/microsoft-remote-desktop/id715768417?mt=12

Android用 Microsoft Remote Desktop
→https://play.google.com/store/apps/details?id=com.microsoft.rdc.android

iPhoneおよびiPad用 Microsoft Remote Desktop
→https://itunes.apple.com/us/app/microsoft-remote-desktop/id714464092?mt=8

画面9-1-5
Android用 Microsoft Remote Desktop

改訂 Windows Phone 8.1 および Windows 10 Mobileのサポート終了について

　本書の初版ではWindows Phone用のリモートデスクトップクライアントに言及していましたが、Windows Phone 8.1は2017年7月11日に製品サポートが終了しました。また、Windowsベースのスマートフォンとして唯一残るWindows 10 Mobileについても2019年12月10日にサポートが終了します。

Windows Phone 8.1のサポート終了：よくあるご質問
→https://support.microsoft.com/ja-jp/help/4036480/

Windows 10 Mobileのサポート終了：よくあるご質問
→https://support.microsoft.com/ja-jp/help/4485197/

9.1.5　リモートデスクトップサービスのライセンス

　リモートデスクトップサービスを運用環境に導入する場合、現行バージョンではWindows Serverクライアントアクセスライセンス（CAL）に加えて、次に示すリモートデスクトップサービス用のライセンスを利用環境に合わせて取得する必要があります。また、RDライセンスサーバーを設置して、ライセンスのインストールとアクティブ化を行う必要があります。

- リモートデスクトップサービスCAL（RDS CAL）
- Windows Virtual Desktop Access（VDA）の権利またはVDAサブスクリプション
- Windows Companionサブスクリプションライセンス（CSL）

なお、Windows Server 2016のリモートデスクトップサービスは、必要なCALの取得やRDライセンスの役割を展開しなくても、120日の期間限定の評価モードで全機能を評価できます。

9.1.6 Windows Server 2016の強化点

Windows Server 2016のリモートデスクトップサービスは、Windows Server 2012 R2のリモートデスクトップサービスのすべての機能を引き継いでおり、次の機能が追加または強化されています。

- **Windows 10バージョン1607のデスクトップエクスペリエンス**── Windows Server 2016のRDセッションホストは、64ビット版Windows 10バージョン1607と同等のデスクトップエクスペリエンスを提供します。ただし、Windows Server 2016はMicrosoft Edgeやストアアプリ、音声アシスタントCortanaを搭載しない長期サービスチャネル（LTSC、旧称LTSB）モデルであるため、Windows 10 Enterprise 2016 LTSBに近い環境です。
- **RDP 10**── Windows Server 2016およびWindows 10バージョン1607は、最新のリモートデスクトッププロトコル（RDP）10.2に対応しています。Windows 10初期リリースおよびバージョン1511はRDP 10.0に対応しています。
- **ペンリモーティング**── Windows Server 2016およびWindows 10のリモートデスクトップ接続クライアント（Mstsc.exe）から接続したWindows Server 2016またはWindows 10へのリモートデスクトップセッションにおいて、ペンの使用（筆圧の認識を含む）がサポートされます。
- **ズーム**── Windows Server 2016およびWindows 10のリモートデスクトップ接続クライアント（Mstsc.exe）において、50%～300%の縮小および拡大表示がサポートされます。接続先のWindowsバージョンは問いません。

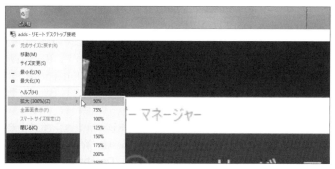

画面9-1-6　リモートデスクトップ接続クライアント（Mstsc.exe）のズーム機能
　　　　　（全画面表示ではなくウィンドウ表示のときに利用可）

- **RemoteFX仮想GPUの機能強化**── RemoteFX仮想GPUにおいて、ビデオメモリ（VRAM）のサイズ調整、4K解像度（3,840×2,160）への対応、第2世代仮想マシンのサポート、Windows Server 2016のRDセッションホストのサポート、OpenGL 4.4およびOpenCL 1.1 APIのサポートが提供されます。

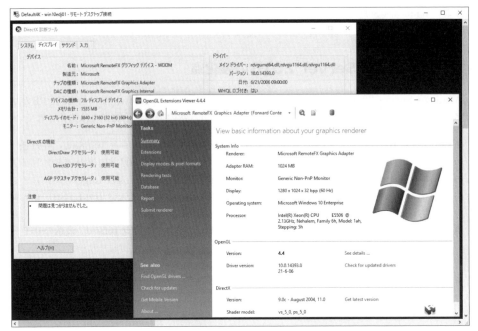

画面9-1-7 RemoteFX仮想GPUは4K解像度、OpenGL 4.4およびOpenCL 1.1 APIをサポート。OpenGL 4.4については、OpenGL Extensions Viewer（GLView、http://realtech-vr.com/admin/glview）で確認できる

- **RemoteFX対応ゲストOSの拡大** —— RemoteFX仮想GPUおよびRemoteFX USBデバイスリダイレクトの機能は、接続先のWindows 7 SP1以降のEnterprise/Ultimateエディションに限定されていましたが、RemoteFX仮想GPUについてはWindows 10バージョン1511以降のPro/Enterprise/EducationエディションおよびWindows Server 2016のRDセッションホスト、RemoteFX USBデバイスリダイレクトについてはWindows 10バージョン1607以降のPro/Enterprise/EducationエディションおよびWindows Server 2012以降のRDセッションホストへと対応範囲が拡張されています。

- **個人用セッションデスクトップコレクション** —— 仮想化されたRDセッションホストを個人用に割り当てることができる個人用セッションデスクトップコレクションを作成できます。

- **RD接続ブローカーにおけるAzure SQLデータベース（Azure SQL Database）のサポート** —— RD接続ブローカーにおいて、高可用性の構成に必要なデータベースインスタンスとして、Microsoft AzureのAzure SQLデータベースの使用がサポートされます。

- **MultiPoint Services** —— サーバーの役割として、MultiPoint Servicesの役割が追加されます。MultiPoint Servicesは、リモートデスクトップサービスの役割サービスを利用しています。MultiPoint Servicesについては、第10章で説明します。

 リモートデスクトップサービス（RDS）のクラウド展開とAzure RemoteAppについて

　RDS CALにソフトウェアアシュアランス（SA）を付けると、「RDS CALの拡張された権利」が利用可能になり、Microsoft AzureのIaaSなどのクラウド環境に展開されたWindows Serverのリモートデスクトップサービスのセッションに接続することができます。RDS CALの拡張された権利により、この章で接続するセッションベースのデスクトップ展開は、すべてをクラウド環境に展開することが可能です。Microsoft Azureの場合、Windows ServerのライセンスおよびWindows Server CALはWindows仮想マシンの料

金に含まれているため必要ありません。また、Active DirectoryドメインにAzure ADのドメインサービスを利用すると、ドメインの構築や管理の手間も省けます。なお、WindowsクライアントOSをベースとしたVDI環境については、WindowsクライアントOSのライセンスの制約上、クラウドに展開することができません。

　Microsoft Azureでは、リモートデスクトップサービスのマネージドサービスとしてAzure RemoteAppを提供していましたが、このサービスの提供は2017年8月31日までに完全に終了しました（新規受付は2016年10月1日に終了）。セッションベースのデスクトップ展開をAzure IaaS上に展開することは、Azure RemoteAppの代替策の1つです。このほかにAzure RemoteAppの代替として、「Citrix Virtual Apps Essentials」（旧称、XenApp "express"）サービスがCitrix社より提供されています。また、Microsoft Azureでは、Windows 10 EnterpriseおよびWindows 7 Enterpriseのデスクトップに対応したフルマネージドサービス「Windows Virtual Desktops」の提供を予定しています（2019年3月21日にパブリックプレビュー開始）。

Application remoting and the Cloud
→https://techcommunity.microsoft.com/t5/Enterprise-Mobility-Security/Application-remoting-and-the-Cloud/ba-p/249927

Citrix Virtual Apps Essentials
→https://docs.citrix.com/ja-jp/citrix-cloud/citrix-virtual-apps-essentials.html

Windows Virtual Desktopプレビュー
→https://azure.microsoft.com/ja-jp/services/virtual-desktop/

改訂 Windows Server 2019のリモートデスクトップサービスの強化点と変更点

　Windows Server 2019のリモートデスクトップサービス（RDS）は、基本的にWindows Server 2016バージョンのものを引き継いだものです。ただし、以下の点が強化または変更されています。

- **Windows 10バージョン1809のデスクトップエクスペリエンス** —— Windows Server 2019のRDセッションホストは、64ビット版Windows 10バージョン1809（Windows 10 Enterprise LTSC 2019）と同等のデスクトップエクスペリエンス環境を提供します。
- **リモートデスクトップ（RD）ライセンスサーバー** —— RDS CALの管理を簡素化する改善が行われています。
- **ビデオキャプチャデバイスのリダイレクト** —— Windows 10バージョン1809およびWindows Server 2019デスクトップエクスペリエンスのリモートデスクトップ接続クライアント（Mstsc.exe）において、ビデオキャプチャデバイスのリダイレクトが新たにサポートされます。
- **Windows 10のアクションセンターの通知** —— Windows 10クライアントのアクションセンターに表示されるRemoteApp接続の通知が改善されます。
- **RemoteFX 3Dビデオアダプターは非推奨** —— Windows Server 2019のリモートデスクトップ（RD）仮想化ホストでは、RemoteFX 3Dビデオアダプターの新規追加はサポートされなくなります。旧バージョンのホスト環境で割り当て済みのデバイスがある場合は、引き続き利用できます。
- **MultiPoint Servicesの役割の削除** —— Windows Server 2019からはMultiPoint Servicesの役割が削除されました。MultiPoint Servicesの役割をサポートするのは、Windows Server 2016 StandardおよびDatacenter、Windows Server 2016 MultiPoint Premium Serverが最後のバージョンです。

9.1.7 Remote Desktop Web Client 改訂

この項は、本書の改訂新版で新たに追加したものです。

RD Webアクセスのポータルで公開されるリソースの実体は、仮想デスクトップやRemoteAppアプリに接続するための接続情報を含むRDPファイルです。そのため、RD Webアクセスで公開されたリソースにアクセスするためには、Windows標準のリモートデスクトップ接続クライアント（Mstsc.exe）、Microsoft Storeで無料提供される「リモートデスクトップ」アプリ、macOS/Android/iOS用のストアで無料提供される「Microsoft Remote Desktop」アプリのいずれかが必要でした。

マイクロソフトは2018年7月（初期バージョンは1.0.0）よりRD Webアクセス向けの無料のアドオンとして、Remote Desktop Web Client（RD Web Client）の一般提供を開始しました。RD Web ClientはHTML5で作成されたRDPクライアント機能であり、HTML5をサポートするブラウザーが利用可能であれば、クライアント側のRDPクライアントアプリなしで利用できます（画面9-1-8、画面9-1-9、画面9-1-10）。対応するブラウザーは、Microsoft Edge、Internet Explorer 11（現状、Internet Explorerではオーディオ機能がサポートされません）、Google Chrome、Safari、およびMozilla Firefox（v55以降）です。

RDP Web ClientはRD接続ブローカー、RD Webアクセス、およびRDゲートウェイを含むWindows Server 2016またはWindows Server 2019のリモートデスクトップサービスの展開環境において、RD Webアクセスサーバーに簡単に追加できます。ただし、RD Web Clientを追加するには、以下の要件を満たす必要があります。

- リモートデスクトップライセンスモードが［接続ユーザー数］（Per Users）で構成されていること。
- Windows Server 2016のRDゲートウェイの場合はKB4025334（ビルド14393.1532）以降であること。
- 有効な証明書がRD WebアクセスとRDゲートウェイ用に適切に構成されていること。

RD Web Clientは、上記の要件を満たすRD WebアクセスサーバーにPowerShellギャラリーのRDWebClientManagementモジュール（PowerShellGetモジュールを使用してインストール）を使用して簡単にインストールして構成し、ユーザーに公開することができます。具体的なコマンドラインについては、以下のドキュメントで説明されています。

画面9-1-8
RD Web ClientのURL（https://<RD Webアクセスサーバー>/RD Web/webclient/）にアクセスし、ドメインアカウントでサインインする

Set up the Remote Desktop web client for your users
→https://docs.microsoft.com/en-us/windows-server/remote/remote-desktop-services/clients/remote-desktop-web-client-admin

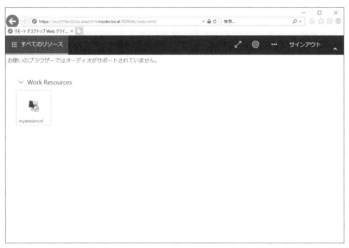

画面9-1-9　RD Web Clientからは、公開済みのデスクトップやRemoteAppアプリにアクセスできる

画面9-1-10　RD Web Clientを使用した仮想デスクトップへのアクセス。
　　　　　　ローカルのクライアントアプリは不要で、HTML5対応ブラウザーだけで利用できる

9.2　リモートデスクトップサービスの展開

　セッションベースまたは（および）仮想マシンベースのデスクトップ環境は、Active Directoryドメインのメンバーサーバーに展開することができます。それには、［サーバーマネージャー］の［役割と機能の追加ウィザード］に統合されたリモートデスクトップサービスのインストールウィザードを使

用します。

　ウィザードでは、展開シナリオに応じて、RD接続ブローカー、RD Webアクセス、RDセッションホストまたはRD仮想化ホストがインストールされます。いずれか一方のシナリオだけを展開する場合は、最小1台のサーバーで構成することが可能です（ただし、Active Directoryのドメインコントローラーとは別のサーバーにすることを推奨します）。両方のシナリオを展開する場合は、2台以上のサーバーが必要です。少なくとも、RDセッションホストとRD仮想化ホストを別のサーバーに展開する必要があるからです。なお、RDセッションホストの役割サービスにはデスクトップエクスペリエンスを含むフルインストール環境が必要ですが、それ以外の役割サービスはServer Coreインストールを使用できます。なお、Nano Serverはリモートデスクトップサービスの役割をサポートしません。

　RDゲートウェイやRDライセンスの展開、追加のRDセッションホストやRD仮想化ホストの展開、RD接続ブローカー、RD Webアクセス、RDゲートウェイ、RDライセンスの冗長化構成は、［サーバーマネージャー］に統合された［リモートデスクトップサービス］の管理コンソールを使用して行います。

　以降では、［役割と機能の追加ウィザード］を2回実行して、セッションベースのデスクトップ展開と仮想マシンベースのデスクトップ展開の両方を展開します。先にセッションベースのデスクトップを展開していますが、順番は問いませんし、いずれか一方のみを展開するのでもかまいません。

9.2.1　セッションベースのデスクトップ展開

　次の手順で、セッションベースのデスクトップ展開に必要な3つの役割サービスを1台または複数のサーバーにインストールします。なお、リモートデスクトップサービスのインストールおよび管理は、ドメイン管理者アカウントでサインインして実行する必要があります。

1. ［サーバーマネージャー］を開き、［ダッシュボード］ページの［③ 管理するサーバーの追加］をクリックして、リモートデスクトップサービスをインストールするサーバーを管理対象として追加します。

画面9-2-1　リモートデスクトップサービスの役割サービスを展開するサーバーを、
　　　　　　［サーバーマネージャー］の管理対象として追加する

2. ［ダッシュボード］ページの［② 役割と機能の追加］をクリックし、［役割と機能の追加ウィザード］を開始します。［インストールの種類の選択］ページでは、［リモートデスクトップサービスのインストール］を選択します。

画面9-2-2
［リモートデスクトップサービスの
インストール］を選択する

3. ［展開の種類の選択］ページで［標準の展開］を選択します。［クイックスタート］は、1台のサーバーにすべての役割サービスを展開して、コレクションの作成までを自動構成してくれる主にデモ環境の構築を目的としたオプションです。自動構成された環境が必要な構成と一致するとは限らないため、1台のサーバーに展開する場合でも［標準の展開］を選択することをお勧めします。

画面9-2-3
［標準の展開］を選択する

4. ［展開シナリオの選択］ページで、［セッションベースのデスクトップ展開］を選択します。

画面9-2-4
［セッションベースのデスクトップ展開］
を選択する

5. ［役割サービスの確認］ページに、セッションベースのデスクトップ展開でインストールされる3つの役割サービスとその説明が表示されます。ウィザードの以降のページでは、各役割サービスをインストールするサーバーを指定していきます。すべての役割サービスを1台のサーバーにインストールするように指定することもできますし、各役割サービスを別々のサーバーに分散配置するように指定することも可能です。

画面9-2-5
セッションベースのデスクトップ展開でインストールされる役割サービス

6. ［RD接続ブローカーサーバーの指定］［RD Webアクセスサーバーの指定］［RDセッションホストサーバーの指定］の各ページで、役割サービスをインストールする物理または仮想サーバーを指定します。RD接続ブローカーおよびRD Webアクセスには、1台のサーバーを指定します。RDセッションホストには、複数のサーバーを指定できます。複数のRDセッションホストを指定すると、導入直後からRDセッションホストのサーバーファームを利用できるようになります。なお、RD接続ブローカーとRD Webアクセスの冗長化、および追加のRDセッションホストは、セッションベースのデスクトップ展開のインストール後は、［サーバーマネージャー］のリモートデスクトップサービスの管理コンソールから追加できます。

画面9-2-6
RD接続ブローカー、RD Webアクセス用に1台、RDセッションホスト用に1台以上のサーバーを指定する。すべてを同じ1台のサーバーに展開することも可能

7. ［設定内容の確認］ページで［必要に応じてターゲットサーバーを自動的に再起動する］チェックボックスをオンにし、［展開］ボタンをクリックしてインストールを開始します。途中、RDセッションホストの役割サービスをインストールするサーバーは、自動的に再起動されます。

画面9-2-7
［展開］をクリックしてインストールを開始する。RDセッションホストの役割サービスのインストールでは、インストール中にサーバーが自動的に再起動される

8. [進行状況の表示]ページにインストールの進行状況が表示されます。すべての役割サービスのインストールが完了し、[成功]と表示されたらインストールは完了です。ウィザードを閉じてください。

9. [サーバーマネージャー]の[リモートデスクトップサービス]-[概要]ページを開くと、[展開の概要]に展開済みの役割サービスが視覚的に表示されます。ここで、[RDセッションホスト]を右クリックして[RDセッションホストサーバーの追加]を選択すると、追加のRDセッションホストをインストールできます。また、RDゲートウェイやRDライセンスの役割サービスは、[展開の概要]の[+]アイコンをクリックしてインストールできます。RD仮想化ホストの役割サービスをインストールするには、もう一度、[役割と機能の追加ウィザード]を実行して、[仮想マシンベースのデスクトップ展開]の展開シナリオを選択します。

画面9-2-8　セッションベースのデスクトップ展開直後の管理コンソールの状態

9.2.2　仮想マシンベースのデスクトップ展開

続いて、セッションベースのデスクトップ展開で構築したリモートデスクトップサービスの環境にRD仮想化ホストを追加して、仮想マシンベースのデスクトップ（VDI）環境を構築します。

1. [役割と機能の追加ウィザード]をもう一度実行し、[インストールの種類の選択]ページで[リモートデスクトップサービスのインストール]を選択します。

2. [展開の種類の選択]ページで既に展開済みのRD接続ブローカーを選択し、[標準の展開]を選択します。

画面9-2-9
既に展開済みのRD接続ブローカーを選択する

3. ［展開シナリオの選択］ページで、［仮想マシンベースのデスクトップ展開］を選択します。既に展開済みの［セッションベースのデスクトップ展開］は選択できない状態になっています。

画面9-2-10
［仮想マシンベースのデスクトップ展開］を選択する

4. ［役割サービスの確認］ページに、仮想マシンベースのデスクトップ展開でインストールされる3つの役割サービスとその説明が表示されます。セッションベースのデスクトップ展開との違いは、RDセッションホストの代わりにRD仮想化ホストが展開される点です。

画面9-2-11
仮想マシンベースのデスクトップ展開でインストールされる役割サービス

5. ［RD接続ブローカーサーバーの指定］［RD Webアクセスサーバーの指定］のページでは、既に展開済みのRD接続ブローカーとRD Webアクセスのサーバーが既定で選択されているので、そのままウィザードを進めます。

6. ［RD仮想化ホストサーバーの指定］のページでは、Hyper-Vのハードウェア要件を満たす、1台以上の物理サーバーを指定します。既にHyper-Vの役割がインストールされていてもかまいません。Hyper-Vの役割がインストールされていない場合は、このウィザードで自動的にインストールされます。［選択したサーバーに新しい仮想スイッチを作成する］チェックボックスをオンにすると、［RDS Virtual］という名前のHyper-V仮想スイッチが自動作成されます。Hyper-V仮想スイッチを自分で構成したい場合は、このチェックボックスをオフにしてください（画面9-2-12）。

7. ［設定内容の確認］ページで［必要に応じてターゲットサーバーを自動的に再起動する］チェック

画面9-2-12
RD仮想化ホストにする1台以上の物理サーバーを指定する

ボックスをオンにし、[展開]ボタンをクリックしてインストールを開始します。途中、RD仮想化ホストの役割サービスをインストールする物理サーバーは、自動的に再起動されます。

9.2.3　展開プロパティの編集

セッションベースまたは（および）仮想マシンベースのデスクトップ展開のインストールが完了したら、他の作業に進む前に、リモートデスクトップサービスの展開プロパティの構成を完了しておきます。

それには、[サーバーマネージャー]の[リモートデスクトップサービス] − [概要]ページを開き、[展開の概要]の[タスク]メニューから[展開プロパティの編集]をクリックします。

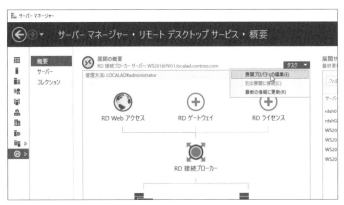

画面9-2-13　展開プロパティの編集を開始する

展開プロパティでは、両方の展開シナリオで証明書の構成が必須です。また、仮想マシンベースのデスクトップ展開では、仮想デスクトップのコンピューターアカウントの作成先となるActive Directoryの組織単位（OU）の構成が必要です。また、必要に応じて仮想デスクトップのテンプレートのエクスポート先を変更します。

■ 証明書の構成

　［展開の構成］の［証明書］-［証明書の管理］では、［RD接続ブローカー - シングルサインオンを有効にする］［RD接続ブローカー - 公開中］［RD Webアクセス］のそれぞれに、適切なSSL/TLS証明書を割り当てます。RDゲートウェイを展開した場合は、［RDゲートウェイ］にも証明書を割り当てる必要があります。

　証明書は、対象サーバーのFQDNをサブジェクト名または代替名に持つ必要があります。証明書は、Active Directory証明書サービスで発行されたWebサーバー証明書をPFX形式でインポートして割り当てることができるほか、自己署名証明書を生成して割り当てることもできます。

　Active Directory証明書サービスを使用したSSL/TLS証明書の発行については、第4章を参照してください。

画面9-2-14
各役割サービスに適切なSSL/TLS証明書を割り当てる

■ Active Directoryの組織単位（OU）の構成

　［展開の構成］の［Active Directory］-［Active Directoryの構成］では、仮想マシンベースのデスクトップ展開における仮想マシンのコンピューターアカウントの作成先の組織単位（OU）を指定します。セッションベースのデスクトップ展開だけを展開した場合、［Active Directory］-［Active Directoryの構成］の設定は表示されません。

　ローカルドメインのComputersコンテナーにコンピューターアカウントを作成する場合は、［組織単位の選択］で［Computers］を選択して［適用］ボタンをクリックします。これにより、Active Directoryの組織単位（OU）に対して、必要なアクセス許可が構成されます。

　Computersコンテナー以外の組織単位（OU）にコンピューターアカウントを作成する予定がある場合は、［組織単位の識別名を指定してください］を選択して、組織単位の識別名（DN）を入力し、［適用］ボタンをクリックします（画面9-2-15）。使用する予定がある組織単位（OU）のすべてについて、この手順を繰り返します。

　［適用］ボタンをクリックしたときに、「指定されたActive Directoryドメインサービスの組織単位が、仮想デスクトップを自動的に作成するのに適切なアクセス許可で構成されていません」のメッセージが「指定されたActive Directoryドメインサービスの組織単位が、新しい仮想デスクトップを自動的に作成するのに適切なアクセス許可で構成されています」に変わることを確認してください。［適

用］ボタンをクリックしても構成に失敗する場合は、［スクリプトの生成］ボタンをクリックしてWindows PowerShellスクリプトを生成し、そのスクリプトをActive Directoryのドメインコントローラーで手動で実行してください。

画面9-2-15　仮想デスクトップのコンピューターアカウントの作成先の組織単位（OU）に必要なアクセス許可を設定する

■|仮想デスクトップのエクスポート先の構成

　仮想マシンベースのデスクトップを展開した場合、既定では、1台目のRD仮想化ホストのC:¥RDVirtualDesktopTemplateパスがRDVirtualDesktopTemplateという名前で共有設定され、仮想マシンのテンプレートのエクスポート先として使用されます。仮想マシンのテンプレートは10GB以上のファイルサイズになることもあるため、C:ドライブの空き領域が少ない場合、仮想デスクトップの作成時にC:ドライブを圧迫してしまうおそれがあります。

　［展開の構成］の［仮想デスクトップのエクスポート先］では、仮想マシンテンプレートのエクスポート先となるUNCパスをカスタマイズできます。新しいエクスポート先には、共有およびファイルシステムのアクセス許可の両方で、RDS Endpoint Serversローカルグループ、Administratorsローカルグループ、およびNETWORK SERVICEビルトイングループにフルコントロールのアクセス許可を設定してください。

　なお、セッションベースのデスクトップ展開だけを展開した場合、［仮想デスクトップのエクスポート先］の設定は表示されません。

画面9-2-16　既定では C:¥RDVirtualDesktopTemplate の共有がエクスポート先として使用される。別のドライブ上のパスを共有設定して、エクスポート先に指定することを推奨

9.2.4　RemoteFX 仮想 GPU の有効化

　仮想マシンベースのデスクトップ展開において、仮想デスクトップの仮想マシンを実行する RD 仮想化ホストは、RemoteFX 仮想 GPU（RemoteFX 3D ビデオアダプター）を仮想マシンに割り当て、仮想マシンへのリモートデスクトップセッション（Hyper-V の拡張セッションモード接続を含む）に高度なグラフィックス機能を提供することができます。Windows Server 2016 の Hyper-V からは、第 2 世代の仮想マシンへの割り当てがサポートされました。

　Windows Server 2016 では、個人用セッションデスクトップを提供する RD セッションホストが RD 仮想化ホスト上の仮想マシンとして実行されている場合は、RD セッションホストに対しても RemoteFX 仮想 GPU のグラフィックス機能を提供できるようになります。これも、Windows Server 2016 の新機能です。

■│サポートされる Hyper-V ホスト環境

　RemoteFX 仮想 GPU を利用するには、RD 仮想化ホストおよび Hyper-V の役割が有効な物理サーバーに、RemoteFX 対応の GPU とビデオメモリ（VRAM）を搭載したグラフィックスカードが必要です。RemoteFX 対応のグラフィックスカードの要件については、以下のブログ記事を参考にしてください。

Microsoft Tech Community｜GPU Requirements for RemoteFX on Windows Server 2012 R2
　https://techcommunity.microsoft.com/t5/Enterprise-Mobility-Security/GPU-Requirements-for-RemoteFX-on-Windows-Server-2012-R2/ba-p/248000

　RemoteFX 対応のグラフィックスカードが利用できる場合、Hyper-V マネージャーの［Hyper-V の設定］で、RemoteFX で使用するグラフィックスカードを指定することで、RemoteFX 仮想 GPU のサポートを有効化できます。このオプションは、RemoteFX 対応のグラフィックスカードが存在しない場合や、RD 仮想化ホストの役割サービスがインストールされていない場合は構成できません。

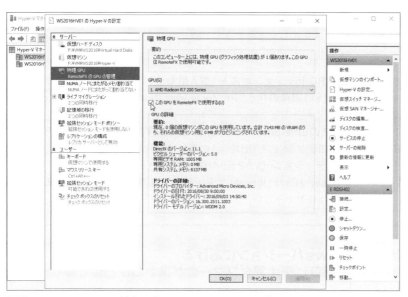

画面9-2-17　RemoteFX対応のグラフィックスカードを利用できるRD仮想化ホストのHyper-Vで、RemoteFX仮想GPUのサポートを有効化する

　また、64ビット版のWindows 10バージョン1511以降に搭載されるHyper-Vは、RemoteFX仮想GPUをサポートするようになりました。Windows 10では、RD仮想化ホストの役割は必要なく、RemoteFX対応のグラフィックスカード（オンボードのグラフィックスを含む）を仮想化して、第1世代および第2世代仮想マシンにRemoteFX仮想GPUを割り当てることができます。

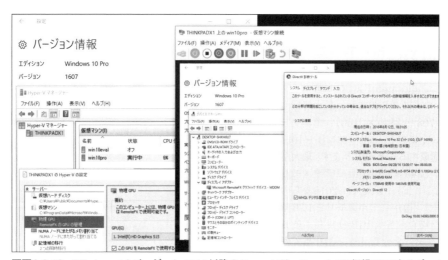

画面9-2-18　Windows 10バージョン1511以降のHyper-Vは、RemoteFX仮想GPUをサポート

■ サポートされるゲストOS

　RemoteFX仮想GPUのデバイスドライバーは、Windows 7 SP1以降のWindowsの一部のエディ

ションにのみ標準搭載されています。仮想マシンがこれらのゲストOSを実行していない場合、RemoteFX仮想GPUのデバイスを正しく認識できず、RemoteFX仮想GPUのグラフィックス機能も利用できません。

- Windows Server 2016のRDセッションホスト（個人用セッションコレクションでの利用を想定）
- Windows 10バージョン1511以降のPro、Pro for workstations、Enterprise、Education、Pro Educationエディション
- Windows 10初期リリースのEnterprise、Enterprise 2015 LTSB、Educationエディション
- Windows 8.1 Enterpriseエディション（RDP 8.1の機能に制限）
- Windows 8 Enterpriseエディション（RDP 8.0の機能に制限）
- Windows 7 SP1 Enterprise、およびUltimateエディション（RDP 7.1の機能に制限、RDP 8.0サーバー機能を有効化した場合利用できない）

> **改訂** 最新のWindowsバージョンにおける
> RemoteFX 3DビデオアダプターのゲストOSとしてのサポート
>
> Windows 10バージョン1809のクライアントHyper-VおよびWindows Server 2019のRD仮想化ホストは、仮想マシンに対するRemoteFX 3Dビデオアダプターの新規追加はサポートしませんが、これらのOS（Windows 10バージョン1809 Pro以上およびWindows Server 2019のRDセッションホスト）を実行する仮想マシンでの、RemoteFX 3Dビデオアダプターの使用は可能です。例えば、Windows Server 2016 Hyper-Vホスト上の仮想マシンに割り当てた場合です。このHyper-VホストをWindows Server 2019にアップグレードした場合、RemoteFX 3Dビデオアダプターを割り当て済みの仮想マシンではRemoteFX 3Dビデオアダプターを使用できます。

■ RemoteFX仮想GPUの割り当て

RemoteFX仮想GPUのサポートを有効化したHyper-Vホストでは、仮想マシンに対して［RemoteFX 3Dビデオアダプター］デバイスを追加し、最大解像度（1024×768〜3840×2160）、モニター数（1〜8）、ビデオメモリ（64MB〜1024MB）を構成することができます。最大解像度4K（3840×2160）とビデオメモリの調整は、Windows Server 2016からの新機能です。専用ビデオメモリを1GB割り当てた場合、最大1GBの共有メモリ（仮想マシンに十分なメモリ割り当てがある場合）と合わせて、最大2GBのビデオメモリを仮想マシンのゲストOSで利用できます。

また、Windows Server 2012 R2以前のRD仮想化ホストでは、第1世代仮想

画面9-2-19　RemoteFX仮想GPUの割り当てと構成

マシンに対してのみRemoteFX 3Dビデオアダプターを割り当てることができました。Windows Server 2016のRD仮想化ホスト、およびWindows 10バージョン1511以降のHyper-Vでは、第1世代仮想マシンと第2世代仮想マシンの両方に割り当てることが可能です。

RemoteFX仮想GPUのトラブルシューティング

RemoteFX仮想GPUが正しく動作しているかどうかを確認するには、仮想マシンへの［仮想マシン接続］ツールによるローカル接続、［仮想マシン接続］ツールによる拡張セッションモードによるローカル接続、またはリモートデスクトップ接続で接続します。

サインイン後にDirectX診断ツール（Dxdiag.exe）を実行し、デバイスが［Microsoft RemoteFXグラフィックデバイス - WDDM］と認識され、DirectXのすべての機能が［使用可能］になっていることを確認してください。デバイスが［Microsoft基本ディスプレイドライバー（Microsoft Basic Display Driver）］（ローカル接続の場合）や［RDPUDD Chained DD］（リモートデスクトップ接続の場合）となっている場合は、RemoteFX仮想GPUが正常に機能していません。

デバイスマネージャーでデバイスに［！］アイコンが付いている、画面が真っ黒、強制切断されるなどの問題は、Hyper-Vホスト側でグラフィックスカードのドライバーを最新のものに更新することで解消できる場合があります。デバイスマネージャーでデバイスが不明（unknown）と表示される場合、ゲストOSがRemoteFX仮想GPUをサポートしていません。

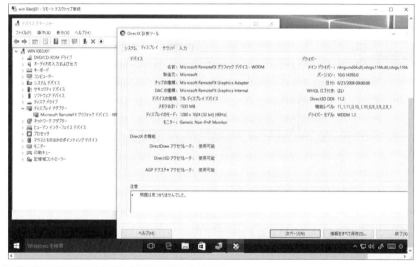

画面9-2-20
DirectX診断ツール（Dxdiag.exe）を実行して診断結果を確認する

9.3 セッションコレクションの作成

RDセッションホストのデスクトップまたはRemoteAppプログラムへの接続をユーザーに公開するには、セッションコレクションを作成します。セッションコレクションを作成すると、RD Webアクセスのポータルにアイコンが公開され、ユーザーはシングルサインオンでデスクトップやRemoteAppプログラムにアクセスできます。

9.3.1　セッションコレクションの作成

　セッションコレクションは、次の手順で作成します。セッションコレクションは1台のセッションホストサーバーに1つ、または複数台のRDセッションホストサーバーをまとめたサーバーファームごとに1つ作成できます。

1. ［サーバーマネージャー］の［リモートデスクトップサービス］−［コレクション］ページを開き、［コレクション］の［タスク］メニューから［セッションコレクションの作成］を選択します。

2. ［コレクションの作成］ウィザードが開始します。［コレクション名の指定］ページでコレクションに付ける名前を入力します。

画面9-3-1　セッションコレクションに名前を付ける

3. ［RDセッションホストサーバーの指定］ページで、コレクションに含める1台または複数台のRDセッションホストを選択します。複数台のRDセッションホストを指定した場合、RD接続ブローカーがユーザーからの接続要求を自動的にサーバー間で負荷分散し、切断されたセッションの再接続を制御します。

画面9-3-2
セッションコレクションで使用する1台以上のRDセッションホストを指定する

4. [ユーザーグループの指定] ページで、コレクションへの接続を許可するActive Directoryドメインのユーザーグループを指定します。ここで指定したユーザーグループは、RDセッションホストのRemote Desktop Usersローカルグループに自動的に追加されます。既定では、Domain Usersグループが設定されています。

画面9-3-3
コレクションへの接続を許可するドメインのユーザーグループを指定する

5. [ユーザープロファイルディスクの指定]ページで、必要に応じてユーザープロファイルディスクを有効化します。ユーザープロファイルディスクは、ユーザーごとに準備される容量可変タイプの仮想ハードディスクファイル（VHDX）で、ユーザーがコレクションに接続する際にユーザープロファイルフォルダーのパスにマウントされます。セッションコレクションに複数のRDセッションホストが含まれる場合は、ユーザープロファイルディスクを有効にすることで、RDセッションホスト間でユーザーデータおよび設定をローミングすることが可能です。

画面9-3-4
ユーザープロファイルディスクを有効化する場合は、VHDXファイルを保存する共有フォルダーのUNCパスと、最大サイズを指定する

ユーザープロファイルディスク用の共有フォルダー
　ユーザープロファイルディスクの保存先の共有フォルダーには、RDセッションホストのコンピューターアカウントがフルコントロールの権限でアクセスできる必要があります。また、ユーザープロファイルディスクの保存先は、コレクションごとに分ける必要があります。

6. [設定内容の確認]ページで[作成]ボタンをクリックして、セッションコレクションを作成します。[進行状況の表示] ページに [成功] と表示されたらウィザードを閉じます。

画面9-3-5
[作成] ボタンをクリックしてセッションコレクションを作成する

7. セッションコレクションが作成されると、[サーバーマネージャー] の [リモートデスクトップサービス] − [コレクション] の下に、作成されたコレクションのページが追加されます。セッションコレクションの [プロパティ] の [タスク] メニューから [プロパティの編集] を選択すると、セッションコレクションの詳細な構成をカスタマイズできます。例えば、ウィザードで設定したユーザーグループやユーザープロファイルディスクの設定の変更のほかに、セッションタイムアウトや自動切断の構成、RDPプロトコルのセキュリティの構成、RDPのデバイスリダイレクトの構成をカスタマイズすることが可能です。

画面9-3-6　セッションコレクションのプロパティを編集し、構成を詳細にカスタマイズする

9.3.2 セッションコレクションへの接続

セッションコレクションおよび後で説明する仮想デスクトップコレクションへの接続には、いくつか方法があります。

■ RD Webポータルの使用

RD Webアクセスが提供するWebポータル（https://<RD WebアクセスのFQDN>/RDWeb/）は、コレクションのデスクトップやRemoteAppプログラムへの接続を開始するアイコンを提供します。ユーザーがアイコンをクリックすると、フォームベースの認証で使用された資格情報に基づいて、シングルサインオンで接続することが可能です。

RD Webアクセスのポータルは、Internet Explorerだけでなく、Google Chrome、Mozilla Firefox、Apple Safariにも対応しています。また、Windows 10の新しいブラウザーであるMicrosoft Edgeからも利用できますが、Microsoft EdgeではRD Webアクセスのシングルサインオン機能が動作しない可能性があります。

なお、RD Webポータルを使用した接続はWindowsクライアントを想定したものであり、コレクションへの接続にはローカルのリモートデスクトップ接続クライアント（Mstsc.exe）が使用されます。「9.1.7　Remote Desktop Web Client」で紹介したRD Web Clientを導入すれば、HTML5対応のブラウザーだけで、さまざまなプラットフォームから接続することが可能です。

画面9-3-7　ブラウザーでRD Webアクセスのポータルを開き、アイコンをクリックして接続を開始する

■ Webフィード（RemoteAppとデスクトップ接続）の使用

RD Webアクセスのポータルは、Windows 7以降のWindowsに対して、コレクションへの接続情報を提供するWebフィード機能を備えています。Windows 7以降のコントロールパネルにある［RemoteAppとデスクトップ接続］にWebフィード用のURLを指定することで、［スタート］メニューやWindows 8/8.1の［スタート］画面にアイコンを登録することができます。

Webフィードによる登録用のURLは、次のとおりです。なお、Webフィードによる登録を正常に行うためには、RD Webアクセスのポータルが、信頼されたSSL/TLS証明書を用いて適切に構成されている必要があります。自己署名証明書ではエラーとなり、設定は完了しません。

```
https://<RD WebアクセスのFQDN>/RDWeb/Feed/WebFeed.aspx
または
https://<RD WebアクセスのFQDN>/RDWeb/Feed/
```

　Windows 8以降では、グループポリシーを使用したWebフィードの配布による自動構成や、Webフィード URL の代わりに電子メールアドレスを入力した構成もできます。詳しくは、「9.5.2 RemoteAppとデスクトップ接続へのWebフィード」で説明します。

画面9-3-8　コントロールパネルの［RemoteAppとデスクトップ接続］でWebフィードURLを構成する

画面9-3-9　WebフィードによりWindows 10の［スタート］メニューに登録されたアイコン

■ RemoteFX USBデバイスリダイレクト

Windows Server 2012 R2以降のセッションコレクション、および仮想デスクトップコレクションへの接続では、RDP 7.1以降のリモートデスクトップ接続のセッションでRemoteFX USBデバイスリダイレクトを利用できます。

RemoteFX USBデバイスリダイレクトは、リモートデスクトップ接続クライアント（Mstsc.exe）を実行するコンピューターに接続されたUSBデバイス（USBカメラやUSBオーディオデバイスなど）を、リモートデスクトップ接続の接続中のリモートセッションにリダイレクトし、ローカルデバイスのように使用できる機能です。RDP 8.1以降のクライアントでは、接続中のセッションにデバイスを接続したり、切断したりできます。それ以前のクライアントは、接続開始時にリダイレクトするデバイスを選択します。

画面9-3-10　RemoteFX USBデバイスリダイレクトを利用したUSBオーディオデバイスのリダイレクト

RDP 7.1以降に対応したリモートデスクトップ接続クライアント（Mstsc.exe）は、RemoteFX USBデバイスリダイレクトをサポートしていますが、既定では無効化されています。クライアントでRemoteFX USBデバイスリダイレクトを有効化するには、グループポリシーまたはローカルコンピューターポリシー（Gpedit.msc）で以下のポリシーを有効化し、リダイレクトを［管理者のみ］または［管理者とユーザー］に許可するように構成します。このポリシーは、コレクション側ではなく、クライアント側に適用される必要があります。

```
コンピューターの構成¥ポリシー¥管理用テンプレート¥Windowsコンポーネント¥リモート デスクトップ
サービス ¥RemoteFX USB リダイレクト¥サポートされている他の RemoteFX USB デバイスの、この
コンピューターからの RDP リダイレクトを許可する：有効
    RemoteFX USB リダイレクトのアクセス権：管理者とユーザー｜管理者のみ
```

デバイスのリダイレクト先がWindows 10 Enterpriseを実行している場合は、接続される側（サーバー側）でもデバイスのリダイレクトに関連するポリシーを構成する必要があります。詳しくは、この後のコラム「RemoteFX USBデバイスリダイレクトの既定のポリシーの変更」を参照してください。

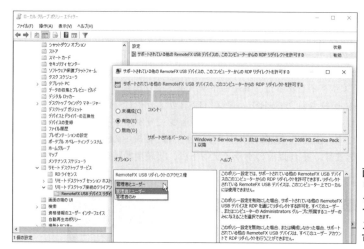

画面9-3-11
リモートデスクトップ接続クライアント (Mstsc.exe) でRemoteFX USBデバイスリダイレクトの使用を許可するポリシー

 RemoteFX USBデバイスリダイレクトの既定のポリシーの変更

　Windows 10およびWindows Server 2016は、リモートデスクトップ接続のサーバーとして、その他のプラグアンドプレイデバイス (MTPおよびPTP対応デバイス) およびRemoteFX USBデバイスのリダイレクトを既定で許可しないという仕様に変更されました。

　この仕様変更により、接続先のWindows 10やWindows Server 2016に対してその他のプラグアンドプレイデバイスおよびRemoteFX USBデバイスのリダイレクトは失敗します。これらのデバイスのリダイレクトを可能にするには、グループポリシーまたはローカルコンピューターポリシーで以下のポリシーを [無効] に設定してください。

> コンピューターの構成¥ポリシー¥管理用テンプレート¥Windows コンポーネント¥リモート デスクトップ サービス¥リモート デスクトップ セッション ホスト¥デバイスとリソースのリダイレクト¥サポートされているプラグ アンド プレイ デバイスのリダイレクトを許可しない：無効

　なお、Windows Server 2016のRDセッションホストまたはMultiPoint Servicesの役割がインストールされたサーバーでは、このポリシーを構成しなくてもRemoteFX USBデバイスリダイレクトの使用が可能です。

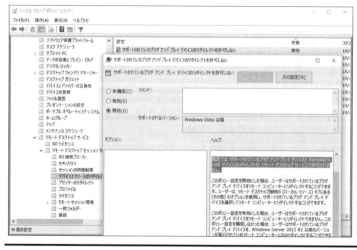

画面9-3-12
デバイスリダイレクトに関する既定のポリシー（未構成の場合の動作）が、Windows 8.1やWindows Server 2012 R2以前とは異なることに注意

9.3.3 コレクションをRemoteAppプログラムとして公開する

セッションコレクションでは、ユーザーにデスクトップ全体へのアクセスを提供する代わりに、コレクションのコンピューターにインストールされている1つ以上のアプリケーションをRemoteAppプログラムとして公開することが可能です。

RemoteAppプログラムは、リモートのデスクトップ全体ではなく、アプリケーションウィンドウに接続し、ローカルのデスクトップにシームレスに統合します。通常のエクスプローラーシェル（Explorer.exe）の代わりに軽量なRemoteApp用のシェル（RdpShell.exe）が使用されるため、デスクトップ環境のリソース消費量が抑制されます。また、デスクトップ全体に接続するのと比較して、ネットワークを転送する必要があるビットマップデータが削減されるため、少ない帯域幅でもストレスなくアプリケーションを操作できるというメリットがあります。

セッションコレクションをRemoteAppプログラムとして公開するには、コレクションの［RemoteAppプログラム］の［タスク］メニューから［RemoteAppプログラムの公開］を選択し、コレクションのコンピューターにインストール済みのアプリケーション一覧から公開したいアプリケーションを選択します（画面9-3-13）。あるいは、パスを直接指定してアプリケーションを公開します。

なお、RemoteAppプログラムとして公開できるのは、Windowsデスクトップアプリケーションに限定されます。Microsoft Edgeを含むユニバーサルWindowsプラットフォーム（UWP）アプリは公開できません。

画面9-3-13　RDセッションホストにインストールされているアプリケーションをRemoteAppプログラムとして公開

RemoteAppプログラムを公開すると、RD WebアクセスのポータルやWebフィードからコレクションのアイコンは消え、代わりにRemoteAppプログラムのアプリケーションアイコンが表示されます。

画面9-3-14 ユーザーはアイコンをクリックしてRemoteAppプログラムに接続する

RDセッションホストへのアプリケーションのインストール

　RDセッションホストにアプリケーションをインストールする場合は、通常の方法ではなく、コントロールパネルの［プログラム］にある［リモートデスクトップサーバーへのアプリケーションのインストール］を使用して、インストールを開始してください。コマンドラインからインストールを開始する場合は、アプリケーションのインストールの前に **change user /install**、後に **change user /execute** を実行してください。

画面9-3-15
RDセッションホストへのアプリケーションのインストール

Office 365 ProPlusの共有デスクトップへのインストール

セッションコレクションやプールされた仮想デスクトップコレクションには、ボリュームライセンス製品のOfficeアプリケーション（Office 2016 Professional PlusやStandard）のインストールが可能です。

また、Office 365サブスクリプションで提供されるクイック実行版（C2R）のOffice 365 ProPlus（Office 2016またはOffice 2013バージョン）についても、これらのデスクトップ環境へのインストールがサポートされています。それには、Office Deployment Toolを使用します。セッションコレクションの場合は、共有コンピューターのライセンス認証（SharedComputerLicensing）オプションの構成が必要です（個人用セッションデスクトップおよびVDI仮想デスクトップの場合は不要）。詳しくは、以下のドキュメントで説明されています。

リモートデスクトップサービスを使用してOffice 365 ProPlusを展開する
→https://docs.microsoft.com/ja-jp/DeployOffice/deploy-office-365-proplus-by-using-remote-desktop-services

Office Deployment Tool
→https://www.microsoft.com/en-us/download/details.aspx?id=49117

9.3.4 個人用セッションデスクトップの作成

　Windows Server 2016では、新しいコレクションの種類として個人用セッションデスクトップ（Personal Session Desktops）がサポートされます。個人用セッションデスクトップは、ユーザー専用にコレクション内のRDセッションホストを1台割り当て、RDセッションホストをシングルユーザーで利用する展開シナリオです。管理されていない個人用仮想デスクトップコレクションの仮想マシンを、物理コンピューターまたは仮想マシンとして展開されたRDセッションホストに置き換えるイメージです。

　WindowsデスクトップOSのライセンス上、マルチテナント環境のクラウドにWindowsデスクトップOSを展開することは許可されていません（2017年8月1日にこの制限が緩和され、Windows 10 Enterprise (E3/E5) per User、Education per User、およびVDA per Userサブスクリプションライセンスを取得したユーザーは、Microsoft Azureおよび認定を受けたホスティングパートナーの提供するマルチテナント環境にWindowsデスクトップOSを展開・実行できるようになりました）。個人用セッションデスクトップは、この制約を回避しながら、RDセッションホストベースのVDI環境をリモートデスクトップサービスの管理基盤に組み込むことができるのです。Microsoft Azureでは、Windows Serverのライセンスはaｚｕre仮想マシンの料金に含まれます。オンプレミスでは、Windows ServerのDatacenterライセンスで仮想化することで、追加のライセンスコストなしで仮想環境に必要な数のRDセッションホストを準備できます。なお、いずれの場合もRDS CALの購入は必要です（Microsoft Azureに展開する場合はソフトウェアアシュアランスも必要）。

　Windows Server 2016の個人用セッションデスクトップはPowerShellを使用して作成および構成します。例えば、2台のRDセッションホストで個人用セッションデスクトップのコレクションを作成し、それぞれのRDセッションホストを特定のユーザーに明示的に割り当て、管理者権限を付与するには、RD接続ブローカー上のWindows PowerShellで次のように操作します（画面9-3-16）。作成した個人用セッションデスクトップのコレクションは、Windows Server 2016の［サーバーマネージャー］には表示されませんが、ユーザーのRD Webアクセスのポータルにはアイコンが表示されます。

```
PS C:¥> New-RDSessionCollection -CollectionName "<コレクション名>"⏎
    -SessionHost @("<RDセッションホスト1のFQDN>","<RDセッションホスト2のFQDN>")⏎
    -PersonalUnmanaged -GrantAdministrativePrivilege ⏎
    -ConnectionBroker <RD接続ブローカーのFQDN>
PS C:¥> Set-RDPersonalSessionDesktopAssignment -CollectionName "<コレクション名>"⏎
    -User <ドメイン名¥ユーザー名1> -Name <RDセッションホスト1のFQDN>⏎
```

```
    -ConnectionBroker <RD接続ブローカーのFQDN>
PS C:¥> Set-RDPersonalSessionDesktopAssignment -CollectionName "<コレクション名>"⏎
    -User <ドメイン名¥ユーザー名2> -Name <RDセッションホスト2のFQDN>⏎
    -ConnectionBroker <RD接続ブローカーのFQDN>
```

2台のRDセッションホストで個人用セッションデスクトップのコレクションを作成し、ユーザーの接続要求時に未割り当てのRDセッションホストをユーザー専用に自動的に割り当て、管理者権限を付与するには、次のように操作します。

```
PS C:¥> New-RDSessionCollection -CollectionName "<コレクション名>"⏎
    -SessionHost @("<RDセッションホスト1のFQDN>","<RDセッションホスト2のFQDN>")⏎
    -PersonalUnmanaged -AutoAssignUser -GrantAdministrativePrivilege⏎
    -ConnectionBroker <RD接続ブローカーのFQDN>
```

画面9-3-16　New-RDSessionCollectionコマンドレットを使用して個人用セッションデスクトップを作成し、RDセッションホストを特定のユーザーに割り当てる（この例はRDセッションホスト1台で構成）

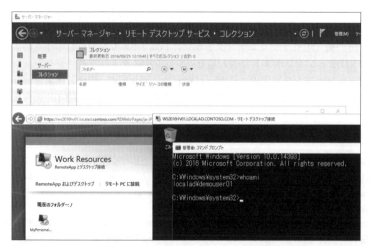

画面9-3-17　ユーザーは管理者権限でRDセッションホストのデスクトップ環境を利用できる

9.3.5 RDセッションホストのシャドウセッション機能

　RDセッションホストでは、シャドウセッション（Shadow Session）機能がサポートされます。シャドウセッション機能とは、RDセッションホストにリモートデスクトップ接続で接続中のユーザーのリモートデスクトップセッションに対して、管理者が表示専用またはマウスとキーボードのリモート制御が可能な状態で接続し、同じセッションに同時接続する機能です。この機能は、ユーザーへのヘルプデスクの提供やトレーニングなどに活用できます。

　シャドウセッション機能を利用するには、［サーバーマネージャー］の［リモートデスクトップサービス］－［コレクション］からセッションコレクションのページを開き、［接続］に表示されているアクティブなセッションの一覧から目的のセッションを右クリックして［シャドウ］を選択します。すると、［シャドウ］ダイアログボックスが表示されるので、［表示］または［制御］（表示とリモート制御）のいずれかを選択し、［ユーザーの同意を要求する］をチェックして、［OK］ボタンをクリックします。

画面9-3-18　アクティブなユーザーのセッションを右クリックして［シャドウ］を選択する

　Windowsの既定では、シャドウセッションを開始するには、接続先のユーザーの同意を必要とします。接続先のセッションには、リモート表示またはリモート制御の要求を求めるメッセージが表示されます。このメッセージにユーザーが［はい］ボタンで同意した場合に、管理者側にユーザーと同じデスクトップが、スマートサイズ指定オプションが有効な状態で表示されます。

画面9-3-19　シャドウセッションへの接続に対する同意をユーザーに求める

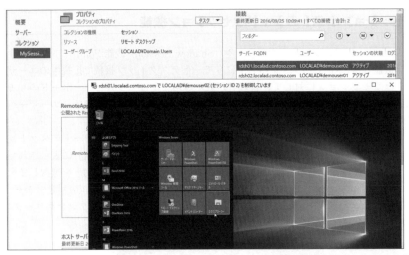

画面9-3-20　接続したシャドウセッションは、スマートサイズ指定によりウィンドウのサイズによって自動的に表示が拡大、縮小される

■ 同意なしの表示/制御

　管理者は、ユーザーの同意なしでシャドウセッションを開始できるように構成することもできます。それには、Active Directoryのグループポリシーや RD セッションホストのローカルコンピューターポリシー（Gpedit.msc）を使用して、以下のポリシーを有効にし、[ユーザーの許可なしでフルコントロール] または [ユーザーの許可なしでセッションを参照する] オプションを選択します。

> コンピューターの構成（またはユーザーの構成）¥ポリシー¥管理用テンプレート¥Windows コンポーネント¥リモート デスクトップ サービス¥リモート デスクトップ セッション ホスト¥接続¥リモート デスクトップ サービス ユーザー セッションのリモート制御のルールを設定する：有効
> オプション：　リモート接続を許可しない | ユーザーの許可によりフル コントロール | ユーザーの許可なしでフル コントロール | ユーザーの許可を得てセッションを参照する | ユーザーの許可なしでセッションを参照する

■ コマンドラインからのシャドウセッションへの接続

　実は、RDセッションホストのシャドウセッションに接続する機能は、RDP 8.1以降に対応したリモートデスクトップ接続クライアント（mstsc.exe）に実装された機能です。管理者は、RDP 8.1以降に対応したドメインメンバーから次のように mstsc.exe コマンドの /shadow パラメーターを使用して、シャドウセッションへの接続を開始できます。表示モードで接続するには /control パラメーターを削除します。また、ユーザーの同意なしで接続を開始するには、/noConsentPrompt パラメーターを使用します。

```
C:¥> mstsc /v:<RDセッションホストのFQDN> /span /shadow:<セッションID> /control
```

　ユーザーのセッションIDを調べるには、リモートデスクトップサービスの役割サービスまたは管理ツールがインストールされているメンバーサーバーのPowerShellで次のように実行します。RDセッ

ションホストのコマンドプロンプトを利用できる場合は、QUERY SESSIONコマンドを実行して確認することもできます。

```
C:¥> Get-RDUserSession -CollectionName "<コレクション名>"
  -ConnectionBroker <RD接続ブローカーのFQDN>
```

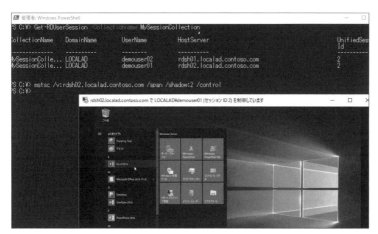

画面9-3-21　RDP 8.1以降に対応したmstsc.exeの/shadowパラメーターを使用してシャドウセッションに接続する

シャドウセッション機能の新旧

　Windows Server 2008 R2以前のリモートデスクトップサービス/ターミナルサービスとWindows Server 2012 R2以降のリモートデスクトップサービスでは、シャドウセッション機能の実装方法が全く異なることに注意してください。

　Windows Server 2008 R2以前は［リモートデスクトップサービスマネージャー］や［ターミナルサービスマネージャー］スナップインにシャドウセッション（リモート制御）の機能が組み込まれており、これらのスナップインを実行するリモートデスクトップ接続セッション内から別のセッションへの接続を開始できました。このような面倒な操作が必要だったのは、シャドウセッション機能が、リモートデスクトップセッション内で実行されるshadow.exeに実装された機能だったからです。

　Windows Server 2012 R2以降のシャドウセッション機能は、RDP 8.1以降に対応したリモートデスクトップ接続クライアント（mstsc.exe）にシャドウセッション機能（**/shadow**パラメーター）が実装されています。そのため、ローカルのコンソールから直接シャドウセッションに接続できるようになりました。なお、Windows Server 2012のリモートデスクトップサービスにはshadow.exeと**mstsc /shadow**のどちらも実装されていないため、シャドウセッション機能は存在しません。

9.4　仮想デスクトッププールの作成

　仮想マシンベースのデスクトップ展開では、WindowsデスクトップOSのEnterpriseエディションを実行するHyper-V仮想マシンを仮想デスクトップコレクションとして、デスクトップ全体またはRemoteAppプログラムへのリモートアクセス環境をユーザーに提供できます。また、Windows Server

2016のRDセッションホストはMicrosoft Edgeやストアアプリを搭載していません。Windows 10の仮想デスクトップを提供することで、完全なWindows 10のデスクトップエクスペリエンスをユーザーに提供できます。

仮想デスクトップには、ユーザーへの仮想デスクトップの割り当て方法の違いによる「プールされた（Pooled）」と「個人用（Personal）」、仮想デスクトップの管理タイプの違いによる「管理されている（Managed）」と「管理されていない（Unmanaged）」を組み合わせた、合計4種類のコレクションがありうます。

「プールされた（Pooled）」コレクションは、複数台の仮想マシンをプール化して、空いている仮想マシンをユーザーに割り当てます。「個人用（Personal）」コレクションは、ユーザーごとに専用の仮想マシンを自動または手動で割り当てます。

「管理されている（Managed）」コレクションは、仮想マシンのテンプレートから仮想デスクトップを自動作成することができ、パッチ管理も簡素化されます。Windows Server 2016からは、第2世代仮想マシンのテンプレートが新たにサポートされます。「管理されていない（Unmanaged）」コレクションは、構成済みの仮想マシンを使用して作成するコレクションです。

以降では、「管理されている（Managed）」「プールされた（Pooled）」仮想デスクトップコレクションの作成手順について説明します。

仮想デスクトップコレクションでサポートされるゲストOSについて

Windows Server 2016のリモートデスクトップサービスの仮想デスクトップコレクションでは、ゲストOSとして、Windows 7 SP1 Enterprise、Windows 8.1 Enterprise、Windows 10 Enterprise、Windows 10 Education、Windows 10 Enterprise LTSBをゲストOSとして利用できます。Windows 10バージョン1607からは、Windows 10 Proエディションもサポートされます。どのWndowsデスクトップOSを利用する場合も、リモートデスクトップ接続で仮想デスクトップに接続するには、「9.1.5　リモートデスクトップサービスのライセンス」で説明したライセンスが必要なことに留意してください。

9.4.1　仮想マシンテンプレートの作成

仮想デスクトップ用のテンプレートを準備すると、仮想デスクトップコレクションの作成と管理において、テンプレートからの仮想デスクトップの自動展開と再作成が可能になります。

■ テンプレート用仮想マシンの準備

仮想デスクトップのテンプレートを準備するには、RD仮想化ホストであるHyper-Vホストの1台に、第1世代または第2世代仮想マシンを作成し、サポートされるWindowsデスクトップOSを新規インストールします。

仮想マシンが使用するホストリソースを最適化するために、仮想デスクトップのテンプレート用仮想マシンでは、動的メモリを有効化しておくことをお勧めします。また、RemoteFX仮想GPUを利用可能にする場合は、テンプレート用仮想マシンに対して［RemoteFX 3Dビデオアダプター］を追加して、構成しておきます。さらに、仮想マシンのチェックポイントの設定を開き、既定の［運用チェックポイント］を［標準チェックポイント］に変更します。

第1世代仮想マシンには、32ビット版（x86）および64ビット版（x64）のWindowsデスククトップOSをインストールできます。ユーザープロファイルディスクはSCSIコントローラーへの仮想ハードディスクのホットアド/リムーブ機能で実現されるため、既定のSCSIコントローラーは未使用（デバイスを未接続）の状態であっても、削除しないでそのままにしておきます。

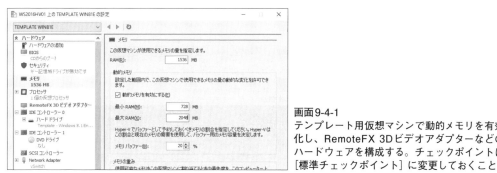

画面9-4-1
テンプレート用仮想マシンで動的メモリを有効化し、RemoteFX 3Dビデオアダプターなどのハードウェアを構成する。チェックポイントは[標準チェックポイント]に変更しておくこと

　第2世代仮想マシンのテンプレートは、Windows Server 2016のリモートデスクトップサービスからサポートされました。しかし、第2世代仮想マシンでユーザープロファイルディスクを利用する場合、標準のハードウェア構成ではユーザープロファイルディスクのホットアドに失敗することがあります。この問題を簡単に回避するには、テンプレートを準備する時点でSCSIコントローラーの場所「0」を未使用の状態にしておいてください。既定では、場所「0」にOSディスク、場所「1」にDVDドライブが接続されます。それぞれ場所「1」「2」になるように再設定してください。なお、ゲストOSのインストール後に接続場所を変更しても、OSの起動に影響はないようです。

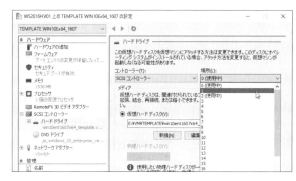

画面9-4-2
第2世代仮想マシンでユーザープロファイルディスクを使用する予定がある場合は、SCSIコントローラーの場所「0」を開けておくこと

■ Windows 10 Enterpriseのテンプレート

　Windows 10 Enterpriseのテンプレートを準備する場合は、Sysprepによる一般化を正常に完了させるために、次の手順で操作することをお勧めします。

1. テンプレート用仮想マシンのネットワークアダプターを未接続にした状態（インターネットから切断した状態）にして、Windows 10 Enterpriseのインストールメディアから仮想マシンを起動し、Windows 10 Enterpriseを新規インストールします。

2. インストールの最終段階では［ローカルのActive Directoryドメインに参加する］を選択して、［このPC用のアカウントの作成］ページでローカルアカウントを作成し、セットアップを完了します。Active Directoryドメインへの参加設定まで行う必要はありません。

画面9-4-3　Windows 10 Enterpriseバージョン1607を仮想マシンに新規インストールする

3. Windows 10 Enterpriseのインストールが完了したら、ローカル管理者アカウントでサインインしてタスクスケジューラを開き、¥Microsoft¥Windows¥AppxDeploymentにあるPre-staged app cleanupタスクを無効化します。この手順を省略すると、後でシステム準備ツール（Sysprep）を実行したときに、「致命的なエラー」が発生して失敗することがあります。タスクスケジューラを使用する代わりに、コマンドプロンプトを管理者として開き、次のコマンドラインを実行することで無効化することも可能です。

```
C:¥> Schtasks.exe /change /disable /tn
"¥Microsoft¥Windows¥AppxDeploymentClient¥Pre-staged app cleanup"
```

4. 次に、[ローカルグループポリシーエディター]（Gpedit.msc）を開き、以下のポリシーを有効にします。この手順は、Windows 10バージョン1511以降で必要です。初期リリースでは必要ありません。

```
コンピューターの構成¥管理用テンプレート¥Windows コンポーネント¥クラウド コンテンツ¥Microsoft コンシューマー エクスペリエンスを無効にする：有効
```

Windows 10バージョン1709以降では、さらに次の2つのポリシーを有効化します。

```
コンピューターの管理¥管理用テンプレート¥Windows コンポーネント¥ストア¥更新プログラムの自動ダウンロードおよび自動インストールをオフにする：有効
コンピューターの管理¥管理用テンプレート¥Windows コンポーネント¥ストア¥最新バージョンの Windows への更新プログラム提供をオフにする：有効
```

管理者として開いたコマンドプロンプトで、以下のコマンドラインを実行します。

```
C:¥> gpupdate
```

5. 仮想マシンのネットワークアダプターをオンラインに戻し、［設定］－［更新とセキュリティ］－［Windows Update］を開いて、Windows Updateによる更新プログラムの確認とインストールを行い、インストール後にコンピューターを再起動します。また、テンプレートのイメージに含めるアプリケーションをインストールします。

6. Windows Updateとアプリケーションのインストールが完了したら、［ローカルグループポリシーエディター］（Gpedit.msc）を開き、以下のポリシーを未構成にします。この手順は、Windows 10バージョン1511以降で必要です。初期リリースでは必要ありません。

コンピューターの構成¥管理用テンプレート¥Windows コンポーネント¥クラウド コンテンツ¥Microsoft コンシューマー エクスペリエンスを無効にする：未構成

Windows 10バージョン1709以降では、さらに次の2つのポリシーを未構成にします。

コンピューターの管理¥管理用テンプレート¥Windows コンポーネント¥ストア¥更新プログラムの自動ダウンロードおよび自動インストールをオフにする：未構成
コンピューターの管理¥管理用テンプレート¥Windows コンポーネント¥ストア¥最新バージョンの Windows への更新プログラム提供をオフにする：未構成

7. この手順はオプションです。［コンピューターの管理］（Compmgmt.msc）スナップインを開き、Administratorアカウントにパスワードを設定して、有効化します。現在のユーザーをサインアウトして、Administratorアカウントでサインインします。ここでまた、［システムのプロパティ］（Sysdm.cpl）の［詳細設定］タブにある［ユーザープロファイル］の［設定］ボタンをクリックし、インストール時に作成された最初のローカル管理者アカウントのユーザープロファイルを削除します。また、［コンピューターの管理］（Compmgmt.msc）スナップインで、インストール時に作成された最初のローカル管理者アカウントを削除します。なお、ここで有効化したAdministratorアカウントは、Sysprepによる一般化により再び無効化されます。

8. コマンドプロンプトを管理者として開き、以下のコマンドラインを実行します。なお、Windows 10バージョン1511のイメージを作成する場合は、**/mode:vm**パラメーターは使用しないことをお勧めします。Windows 10バージョン1511で**/mode:vm**オプションを指定すると、初回起動に時間がかかるという既知の問題があります。

```
C:¥> DEL C:¥Windows¥Panther¥Unattend.xml
C:¥> C:¥Windows¥System32¥sysprep¥sysprep /oobe /generalize /shutdown /mode:vm
```

画面9-4-4
Sysprep /oobe /generalize /shutdown /mode:vm を実行してWindowsインストールを一般化し、仮想マシンをシャットダウンする

以上でWindows 10 Enterpriseの仮想デスクトップ用の仮想マシンテンプレートが完成しました。この時点で、DVDドライブにメディアが接続されていないことを確認しておいてください。ISOイメージやDVDメディアが接続されていると、仮想マシンのプロビジョニング中に仮想マシンの起動に失敗し、コレクションの作成に失敗することがあります。

■ Windows 8.1 Enterpriseのテンプレート

Windows 8.1 Enterpriseの仮想デスクトップテンプレートを準備する場合は、次のような手順で作業してください。

テンプレート用仮想マシンにWindows 8.1 Enterpriseを新規インストールしたら、ローカル管理者アカウントでサインインし、できるだけ早い段階で以下のコマンドラインを実行します。

```
C:\> Schtasks.exe /change /disable /tn
 "\Microsoft\Windows\AppxDeploymentClient\Pre-staged app cleanup"
```

Windows UpdateでWindows 8.1を最新の状態に更新し、イメージに含めるアプリケーションをインストールします。このとき、ゲストコンポーネントであるHyper-V統合サービスを最新バージョンにアップグレードすることを忘れないでください。その方法は、第7章で説明していますが、Windows Server 2016 Hyper-Vに対応した最新のHyper-V統合サービスはWindows Updateを通じて、オプションの更新プログラムとして提供されています（本書の執筆時点ではKB3063109のバージョン6.3.9600.18080）。

最後に、コマンドプロンプトを管理者として開き、以下のコマンドラインを実行してイメージを一般化し、仮想マシンをシャットダウンして停止します。

```
C:\> DEL C:\Windows\Panther\Unattend.xml
C:\> C:\Windows\System32\sysprep\sysprep /oobe /generalize /shutdown /mode:vm
```

■ Windows 7 SP1 Enterpriseのテンプレート

　Windows 7 SP1 Enterpriseの仮想デスクトップテンプレートを準備する場合は、次のような手順で作業してください。

　テンプレート用仮想マシンにWindows 7 SP1 Enterpriseを新規インストールしたら、Windows Updateを実行してWindows 7 SP1を最新の状態に更新します。ただし、新規インストールからのWindows Updateはほとんどの場合、失敗しますし、成功しても非常に長い時間がかかります。Windows 7 SP1を新規インストールする場合は、累積的なロールアップ更新KB3125574を利用することで、2016年4月までにリリースされた重要な更新プログラムを一括で導入することができ、イメージの作成時間を大幅に短縮できます。

Convenience rollup update for Windows 7 SP1 and Windows Server 2008 R2 SP1
→https://support.microsoft.com/en-us/help/3125574

　また、Windows 7 SP1の場合は、以下の2つの更新プログラムをインストールし、［ローカルグループポリシーエディター］（Gpedit.msc）で以下のポリシー設定を構成することで、リモートデスクトップ接続のサーバー機能をRDP 8.0に更新することができます（Windows 7 SP1向けRDP 8.1用の更新プログラムKB2923545もありますが、これはクライアント機能に対する更新プログラムです）。ただし、Windows 7 SP1でサーバー機能のRDP 8.0を有効にした場合、RemoteFX仮想GPUはサポートされなくなります。RemoteFX仮想GPUを利用する場合は、サーバー機能を既定のRDP 7.1のままにしてください。

An update is available that adds support for DTLS in Windows 7 SP1 and Windows Server 2008 R2 SP1
→https://support.microsoft.com/en-us/help/2574819

Remote Desktop Protocol（RDP）8.0 update for Windows 7 and Windows Server 2008 R2
→https://support.microsoft.com/en-us/help/2592687

```
コンピューターの構成¥管理用テンプレート¥Windows コンポーネント¥リモート デスクトップ サービ
ス¥リモート デスクトップ セッション ホスト¥リモート セッション環境¥リモート デスクトップ プロ
トコル 8.0を有効にする：有効
コンピューターの構成¥管理用テンプレート¥Windows コンポーネント¥リモート デスクトップ サービ
ス¥リモート デスクトップ セッション ホスト¥接続¥RDP トランスポート プロトコルの選択：有効（オ
プション： TCP と UDP の両方を使用）
```

　さらに、ゲストコンポーネントであるHyper-V統合サービスを最新バージョンにアップグレードすることを忘れないでください。その方法は、第7章で説明していますが、Windows Server 2016 Hyper-Vに対応した最新のHyper-V統合サービスはWindows Updateを通じて、オプションの更新プログラムとして提供されています（本書の執筆時点ではKB3063109のバージョン6.3.9600.18080）。

　イメージに含めるアプリケーションをインストールしたら、最後に、コマンドプロンプトを管理者として開き、以下のコマンドラインを実行してイメージを一般化し、仮想マシンをシャットダウンして停止します。なお、/mode:vmパラメーターは使用できません。このパラメーターは、Windows 8以降で利用可能になったオプションです。

```
C:¥> DEL C:¥Windows¥Panther¥Unattend.xml
C:¥> C:¥Windows¥System32¥sysprep¥sysprep /oobe /generalize /shutdown
```

9.4.2 仮想デスクトッププールの作成

次に、作成した仮想マシンテンプレートを使用して、仮想デスクトッププールを作成します。

1. ［サーバーマネージャー］の［リモートデスクトップサービス］－［コレクション］ページを開き、［コレクション］の［タスク］メニューから［仮想デスクトップコレクションの作成］を選択します。

2. ［コレクションの作成］ウィザードが開始します。［コレクション名の指定］ページでコレクションに付ける名前を入力します。

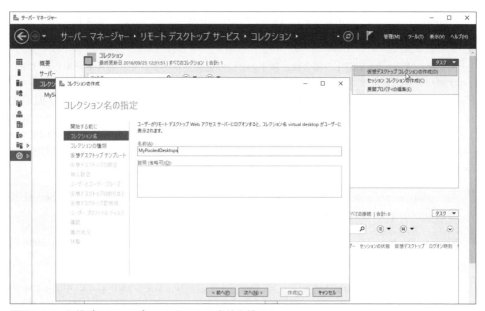

画面9-4-5　仮想デスクトップコレクションに名前を付ける

3. ［コレクションの種類の指定］ページで［プールされた仮想デスクトップコレクション］を選択し、［仮想デスクトップを自動的に作成および管理する］チェックボックスをオンにします。この指定により、「管理されている（Managed）」「プールされた（Pooled）」仮想デスクトップコレクションが作成されます。

画面9-4-6 「管理されている (Managed)」「プールされた (Pooled)」
仮想デスクトップコレクションの作成を指示する

4. ［仮想デスクトップテンプレートの指定］ページで、テンプレート用に事前に準備しておいた、Sysprepで一般化済みの仮想マシンを指定します。

画面9-4-7 テンプレート用に準備した仮想マシンを選択する

 「管理されていない (Unmanaged)」仮想デスクトップコレクションの場合

　［コレクションの種類の指定］ページで［仮想デスクトップを自動的に作成および管理する］を指定しない場合は、構成済みの1台以上の仮想マシンをRD仮想化ホストであるHyper-Vホストから選択してコレクションを作成します。これが、「管理されていない (Unmanaged)」仮想デスクトップコレクションです。構成済みの仮想マシンとは、WindowsデスクトップOSがインストール済みであり、Active Directoryドメインへの参加設定が完了している仮想マシンのことです。

画面9-4-8　「管理されていない（Unmanaged）」仮想デスクトップコレクションは、構成済みの仮想マシンを選択してコレクションを作成する

5. ［仮想デスクトップの設定の指定］ページでは、［無人インストール設定を指定する］を選択します。ゲストOSのセットアップを詳細にカスタマイズしたい場合は、ここで独自の無人応答ファイル（Unattend.xml）を指定することもできます。

画面9-4-9　［無人インストール設定を指定する］を選択する

6. ［無人インストール設定の指定］ページで、仮想マシンのゲストOSを自動プロビジョニングするためのパラメーターを指定します。具体的には、タイムゾーンの指定とコンピューターアカウントの作成先のActive Directoryドメインの組織単位（OU）の指定を行います。Active Directoryドメインの組織単位（OU）は、「9.2.3　展開プロパティの編集」の「Active Directoryの組織単位（OU）の構成」の手順で構成済みである必要があります。

画面9-4-10 タイムゾーンとコンピューターアカウントの作成先の組織単位（OU）を指定する

7. ［ユーザーとユーザーグループの指定］ページで、この仮想デスクトップコレクションへの接続を許可するActive Directoryドメインのユーザーグループを指定します。また、コレクションに作成する仮想デスクトップの数と、仮想マシン名およびコンピューター名の命名規則（プレフィックス）を指定します。

画面9-4-11 コレクションへの接続のアクセス許可と、仮想デスクトップの作成数、
　　　　　　　　仮想マシン名およびコンピューター名の命名規則を指定する

8. ［仮想デスクトップの割り当ての指定］ページで、仮想デスクトップの作成先のRD仮想化ホストと仮想デスクトップの作成数を指定します。複数のRD仮想化ホストが利用できる場合は、各RD仮想化ホストに分散します。仮想デスクトップの作成数の合計は、［ユーザーとユーザーグループの指定］ページで指定した作成数と一致させる必要があります。

画面9-4-12　コレクションに作成する仮想デスクトップの作成先を、RD仮想化ホストに割り振る

9. ［仮想デスクトップ記憶域の指定］ページでは、仮想デスクトップの仮想マシンを保存するローカルパスまたはSMB 3共有のパス、またはクラスター共有ボリュームのパス（RD仮想化ホストがHyper-Vホストクラスターの場合）を指定します。既定では、C:¥ProgramData¥Microsoft¥Windows¥RDVirtualizationHostのパスが使用されます。

管理されているプールされた仮想デスクトップコレクションでは、仮想マシンの自動ロールバックがサポートされます。この機能を有効にするには、［ユーザーのログオフ時に仮想デスクトップを自動的にロールバックする］チェックボックスをオンにします。

画面9-4-13　仮想マシンの保存先パスと自動ロールバックオプションを指定する

10. ［ユーザープロファイルディスクの指定］ページでは、プールされた仮想デスクトップでユーザープロファイルディスクを使用するかどうかを指定します。プールされた仮想デスクトッププールでは、ユーザーは空いている仮想デスクトップに自動的に振り分けられます。ユーザープロファイルディスクを使用すると、異なる仮想デスクトップ間でユーザーデータと設定をローミングできます。

ユーザープロファイルディスク用の共有フォルダー

ユーザープロファイルディスクの保存先の共有フォルダーには、RD仮想化ホストのコンピューターアカウントおよびAdministratorsローカルグループがフルコントロールの権限でアクセスできる必要があります。また、［コレクションの作成］ウィザードを実行しているユーザーは、ローカルAdministratorsローカルグループのメンバーとなっているドメインユーザーである必要があります。なお、ユーザープロファイルディスクの保存先は、コレクションごとに分ける必要があります。

画面9-4-14
ユーザープロファイルディスクを
有効化する場合は、共有パスと割
り当てサイズを指定する

11. ［設定内容の確認］ページで［作成］ボタンをクリックし、コレクションの作成を開始します。

画面9-4-15　コレクションの作成が開始し、Hyper-V仮想マシンが自動プロビジョニングされる

12. ［結果の表示］ページに［＜コレクション名＞コレクションが正常に作成されました］と表示されたら、ウィザードを終了します。この時点で、仮想デスクトップの作成数で指定した数の仮想マシンがRD仮想化ホストのHyper-Vに作成され、実行中の状態になります。

仮想デスクトップの作成が終わらない場合の対処

仮想デスクトップコレクションを作成する前に、テンプレート用の仮想マシンのDVDドライブにISOイメージやDVDメディアが接続されていないことを確認しておいてください。ISOイメージやDVDメディアが接続されていると、仮想マシンのプロビジョニング中に仮想マシンの起動に失敗し、コレクションの作成に失敗することがあります。

13. 仮想デスクトップコレクションが作成されると、[サーバーマネージャー]の[リモートデスクトップサービス]－[コレクション]の下に、作成されたコレクションのページが追加されます。仮想デスクトップコレクションの[プロパティ]の[タスク]メニューから[プロパティの編集]を選択すると、仮想デスクトップコレクションの詳細な構成をカスタマイズできます。プロパティの編集では、ウィザードで設定したユーザーグループやユーザープロファイルディスクの設定の変更のほかに、ユーザーのセッションが切断されてから仮想マシンを自動保存するまでの遅延時間やRDPのデバイスリダイレクトの構成をカスタマイズすることが可能です。

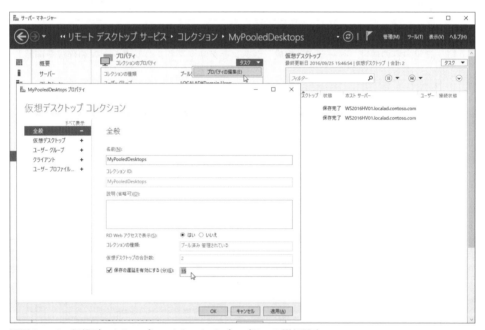

画面9-4-16　仮想デスクトップコレクションのプロパティの詳細設定

9.4.3 仮想デスクトップコレクションへの接続

仮想デスクトップコレクションには、RD Webアクセスのポータルや Webフィードで[スタート]メニューに登録されたアイコンをクリックして、シングルサインオンで接続できます。

プールされた仮想デスクトップコレクションの場合、コレクションへの接続が許可されたユーザーは、現在、RD接続ブローカーにより、空いている仮想デスクトップに自動的に割り振られます。セッションを切断した場合は、同じ仮想デスクトップに再接続されます。また、自動ロールバックが有効な場合、仮想デスクトップからユーザーがログオフすると、以前の状態にロールバックされます。

第9章 リモートデスクトップサービス

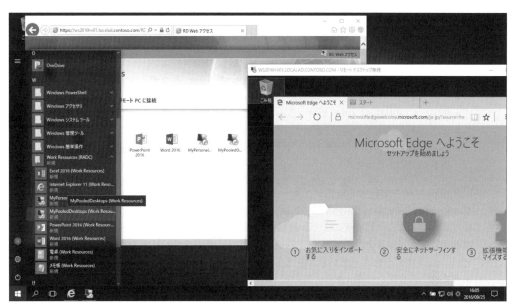

画面9-4-17 プールされた仮想デスクトップコレクションへの接続

■ 仮想デスクトップの自動ロールバック

　仮想デスクトップの自動ロールバックは、仮想マシンごとに自動作成される［RDV_ROLLBACK］から始まる名前のチェックポイントの自動適用により実現されています。仮想デスクトップの自動ロールバック機能は、管理されている、プールされた仮想デスクトップコレクションの機能ですが、管理されていないプールされた仮想デスクトップコレクションや個人用仮想デスクトップコレクションにおいても、［RDV_ROLLBACK］から始まる名前のチェックポイント（標準チェックポイント）を手動で作成しておくことで、自動ロールバックに対応できます。

画面9-4-18
仮想デスクトップの
自動ロールバックは、
チェックポイントに
より実現されている

■ RemoteFX USBデバイスリダイレクト

　仮想デスクトップコレクションへの接続では、セッションコレクションと同様に、RemoteFX USBデバイスリダイレクトを利用できます。その方法は、「9.3.2　セッションコレクションへの接続」の「RemoteFX USBデバイスリダイレクト」で説明したのと同様です。

仮想デスクトップコレクションでは、接続先のゲストOSが以下のWindowsバージョンおよびエディションを実行している場合に、RDP 7.1以降に対応したリモートデスクトップ接続クライアント（Mstsc.exe）からの接続において、RemoteFX USBデバイスリダイレクトを利用できます。

- Windows 10 Enterprise、Enterprise LTSB、Educationエディション
- Windows 10バージョン1607以降のWindows 10 Proエディション
- Windows 8.1 Enterpriseエディション（Windows 8はサポートライフサイクル終了）
- Windows 7 SP1 EnterpriseおよびUltimate（サーバー機能をRDP 8.0に更新した場合）
- RemoteFX仮想CPUが割り当てられたWindows 7 SP1 EnterpriseおよびUltimate（サーバー機能がRDP 7.1の場合）

Windows 10を実行する仮想デスクトップコレクションの場合、Windows 8.1以前とは異なり、既定ではRemoteFX USBデバイスとプラグアンドプレイ（PnP）デバイスのリダイレクトが許可されなくなりました。この仕様変更により、接続先のWindows 10やWindows Server 2016に対してその他のプラグアンドプレイデバイスおよびRemoteFX USBデバイスのリダイレクトは失敗します。これらのデバイスのリダイレクトを可能にするには、グループポリシーまたはローカルコンピューターポリシーで以下のポリシーを［無効］に設定してください。

コンピューターの構成¥ポリシー¥管理用テンプレート¥Windows コンポーネント¥リモート デスクトップ サービス¥リモート デスクトップ セッション ホスト¥デバイスとリソースのリダイレクト¥サポートされているプラグ アンド プレイ デバイスのリダイレクトを許可しない：無効

画面9-4-19　Windows 10を実行する仮想デスクトップコレクションでのRemoteFX USBデバイスリダイレクトの利用

9.4.4　コレクションをRemoteAppプログラムとして公開する

RemoteAppプログラムとしての公開は、セッションコレクションだけでなく仮想デスクトップコレクションでもサポートされます。

仮想デスクトッププールの場合は、すべての仮想デスクトップに同じアプリケーションがインストールされていることが重要です。その上で、コレクションの［RemoteAppプログラム］の［タスク］メニューから［RemoteAppプログラムの公開］を選択し、仮想デスクトップの1台を指定して、その仮想デスクトップにインストール済みのアプリケーション一覧から公開したいアプリケーションを選択します。あるいは、パスを直接指定してアプリケーションを公開します。

なお、RemoteAppプログラムとして公開できるのは、WindowsデスクトップアプリケーションにJvに限定されます。Microsoft Edgeを含むユニバーサルWindowsプラットフォーム（UWP）アプリは公開できません。

画面9-4-20　仮想デスクトップのWindowsデスクトップアプリケーションを
　　　　　　RemoteAppプログラムとして公開する

9.4.5　仮想デスクトップコレクションの更新管理

仮想デスクトップコレクションは、通常のWindowsクライアントと同様に、セキュリティを維持するために、Windows UpdateやWindows Server Update Services（WSUS）、その他の方法により、最新の状態に更新されていることが重要です。

仮想デスクトップの割り当てが「プールされた（Pooled）」ものなのか、「個人用（Personal）」なのか、仮想デスクトップの管理タイプが「管理されている（Managed）」ものなのか、「管理されていない（Unmanaged）」ものなのかによって対応が異なります。

■ 個人用仮想デスクトップの更新管理

「個人用（Personal）」の仮想デスクトップは管理タイプに関係なく、ユーザー個人専用に恒久的に割り当てられるものであるため、通常のWindowsクライアントと同様に、Windows UpdateやWindows Server Update Services（WSUS）の更新対象にすればよいでしょう。

■ 管理された仮想デスクトッププールの更新管理

「管理されている（Managed）」「プールされた（Pooled）」仮想デスクトップの場合は、仮想デスクトップのゲストOS側で更新するのではなく、管理者が計画的に更新管理を行う必要があります。特に、自動ロールバック機能を利用している場合は、ゲストOS側での更新は意味がないので注意が必要です。

具体的には、テンプレートに対して更新を行い（または新しいテンプレートを作成して）、プール内の仮想デスクトップを再作成します。更新されたテンプレートが用意できたら、仮想デスクトップの再作成については、ユーザーの使用に影響しないようにスケジュール実行が可能です。

画面9-4-21　仮想デスクトップの追加や再作成は簡単に実行できる

Windows 10のWindows Updateの既定は自動更新です。更新管理を仮想デスクトップの再作成で行う場合は、Windows Updateの自動更新は運用上、適切ではありません。仮想デスクトップの作成先の組織単位（OU）に関連付けたグループポリシーを作成し、以下のポリシーを［無効］にするとよいでしょう。

```
コンピューターの構成¥ポリシー¥管理用テンプレート¥Windows コンポーネント¥Windows Update¥自動更新を構成する：無効
```

仮想マシンのハードウェア構成（仮想プロセッサやメモリ割り当ての変更や動的メモリの構成、RemoteFX仮想GPUの追加と構成など）する場合も、同じようにテンプレートの構成を変更し、仮想デスクトップを再作成します。

アップグレードインストール（Windows 10の機能更新プログラムのインストールを含む）されたWindowsのインストールでは、Sysprepによる一般化はサポートされません。Windowsのバージョン（ビルド）が新しくなる場合は、新規インストールからテンプレートのイメージの再作成を行う必要があります。

■ テンプレートのオフライン更新

仮想デスクトップのテンプレートに更新プログラムを適用する場合、一般的には、テンプレートを起動して、Windowsのセットアップを完了させ、Windows Updateなどで更新プログラムをインストールしてからSysprepをもう一度実行して一般化するという手順で行うでしょう。しかし、これは時間のかかる作業です。

DISMコマンドを使用すると、テンプレートの仮想マシンを起動することなく、オフラインのまま更新プログラムを適用できます。具体的には、次のようにDISMコマンドを実行して、テンプレートのVHD/VHDXファイルをローカルパスにマウントし、更新プログラムを適用して、マウントを解除するという一連の操作を実施します。

```
C:\> DISM /Mount-Image↵
 /ImageFile: "<VHD/VHDXファイルのパス（例: D:\VM\template\template.vhdx）>"↵
 /Index:1 /MountDir: "<マウントポイントのパス（例: D:\work\mount）>"
C:\> DISM /Image: "<マウントポイントのパス>" /Add-Package↵
 /PackagePath:"更新プログラムのパス（例: D:\work\patch\AMD64-all-windows10.0-kb31
89866-x64.msu）"
C:\> DISM /Unmount-Image /MountDir:"<マウントポイントのパス>" /Commit
```

例えば、適用したい複数の更新プログラムを専用のフォルダーに格納しておき、PowerShellで次のように実行すれば、VHD/VHDXファイルのマウント、複数の更新プログラムのインストール、VHD/VHDXファイルのマウント解除を自動化することができるでしょう。

```
PS C:\> $targetvhd = "D:\vm\template\template.vhdx"
PS C:\> $mountdir = "D:\work\mount"
PS C:\> $patchdir = "D:\work\patch"
PS C:\> $updates = (Get-ChildItem $patchdir | where {$_.extension -eq ".msu"})
PS C:\> DISM /Mount-Image /ImageFile:'$targetvhd' /Index:1 /MountDir:'$mountdir'
PS C:\> ForEach ($update in $updates.FullName) {
DISM /Image '$mountdir' /Add-Package /PackagePath:'$update'
}
PS C:\> DISM /Unmount-Image /MountDir:'$mountdir' /Commit
```

9.5 クライアントアクセスとデスクトップの最適化

セッションベースまたは仮想マシンベースのデスクトップ展開における、クライアントからの接続環境やデスクトップ環境を最適化するカスタマイズ可能な項目について説明します。

9.5.1 RD Webアクセスポータルのカスタマイズ

Windows Server 2016のリモートデスクトップサービスは、RD Webアクセスのポータル、またはポータルが提供するWebフィードを使用してデスクトップやRemoteAppプログラムへの接続を開始するのが基本です。RD Webアクセスのポータルはフォーム認証後、シングルサインオン（SSO）でデスクトップやRemoteAppプログラムへの接続を可能にします。

■ ワークスペース名のカスタマイズ

　RD Webアクセスのポータルの既定の名称（ワークスペース名）は、「Work Resources」です。このワークスペース名は、PowerShellのリモートデスクトップサービス用の**Set-RDWorkspace**コマンドレットを使用して変更することができます。なお、RD接続ブローカーサーバー上で実行する場合、-ConnectionBrokerパラメーターは省略できます。

```
PS C:¥> Set-RDWorkspace -Name "<新しいワークスペース名>"
 -ConnectionBroker <RD接続ブローカーのFQDN>
```

画面9-5-1　ポータルのワークスペース名を既定の「Work Resources」から「社内ポータル」に変更

■ ポータル機能のカスタマイズ

　RD Webアクセスのポータルの機能のカスタマイズは、ASP.NETアプリケーション構成ファイルである、XMLベースのWeb.config（%Windir%¥Web¥RDWeb¥Pages¥Web.config）を編集することで可能になっています。カスタマイズ可能な項目を表9-5-2に示します。Web.configでは、ポータルの認証方法を既定のフォーム認証から、Windows認証に切り替えることも可能ですが、その場合、コレクションやRemoteAppプログラムへの接続時にシングルサインオンが機能しなくなるのでお勧めしません。

表9-5-2　%Windir%¥Web¥RDWeb¥Pages¥Web.configでカスタマイズ可能なポータル機能

カスタマイズ対象	設定項目	既定値	説明
サインインページ	PasswordChangeEnabled	false	期限切れパスワードのリセット機能
	PublicModeSessionTimeoutInMinutes	20（分）	［公共または共有のコンピューター］選択時のポータルのセッションタイムアウト
	PrivateModeSessionTimeoutInMinutes	240（分）	［個人のコンピューター］選択時のポータルのセッションタイムアウト
ヘルプ	LocalHelp	false	オンラインヘルプ（http://go.microsoft.com/fwlink/?LinkId=141038）とローカルヘルプ（./RDWeb/Pages/ja-JP/rap-help.htm）の切り替え
RemoteAppおよびデスクトップ	ShowOptimizeExperience	false	［コンピューターやアプリケーションに接続するときにLANネットワークのエクスペリエンスを最適化します］オプションを表示/非表示
	OptimizeExperienceState	false	［コンピューターやアプリケーションに接続するときにLANネットワークのエクスペリエンスを最適化します］オプションの既定値

カスタマイズ対象	設定項目	既定値	説明
リモートPCに接続	ShowDesktops	true	［リモートPCに接続］タブの表示/非表示
	DefaultTSGateway	なし	［リモートPCに接続］タブからの接続で使用する既定のRDゲートウェイサーバー
	GatewayCredentialsSource	4	RDゲートウェイのログオン設定（0：パスワード認証、1：スマートカード、4：ユーザーが選択）
	xPrinterRedirection	true	［デバイスとリソース］の［プリンター］の既定値
	xClipboard	true	［デバイスとリソース］の［クリップボード］の既定値
	xDriveRedirection	false	［デバイスとリソース］の［ドライブ］の既定値
	xPnPRedirection	false	［デバイスとリソース］の［サポートされているプラグアンドプレイデバイス］の既定値
	xPortRedirection	false	［デバイスとリソース］の［シリアルポート］の既定の選択

9.5.2 RemoteAppとリモートデスクトップ接続へのWebフィード

　RD Webアクセスのポータルは、Windows 7以降のWindowsに対して、コレクションへの接続情報を提供するWebフィード機能を備えています。Windows 7以降のコントロールパネルにある［RemoteAppとデスクトップ接続］にWebフィード用のURLを指定することで、［スタート］メニューやWindows 8/8.1の［スタート］画面にアイコンを登録することができます。なお、Webフィードの登録時には、Windows認証が要求されます。

　Windows 8以降の［リモートデスクトップ］アプリ、AndroidやiPad、iPhone用のMicrosoft Remote Desktopアプリも、Webフィードによる構成に対応しています。

画面9-5-3　Windowsやモバイルデバイスのリモートデスクトップアプリは、RemoteAppとデスクトップ接続のWebフィード設定に対応

Webフィードによる登録用のURLは、次のとおりです。なお、Webフィードによる登録を正常に行うためには、RD WebアクセスのポータルがSSL/TLS証明書を用いて適切に構成されている必要があります。自己署名証明書ではエラーとなり、設定は完了しません。

```
https://<RD WebアクセスのFQDN>/RDWeb/Feed/WebFeed.aspx
または
https://<RD WebアクセスのFQDN>/RDWeb/Feed/
```

Windows 8以降では、グループポリシーの以下のポリシーを使用したWebフィードの配布も可能です。

ユーザーの構成¥ポリシー¥管理用テンプレート¥Windows コンポーネント¥リモート デスクトップ サービス¥RemoteApp とデスクトップ接続¥既定の接続 URL を指定する

Windows 8以降では、WebフィードURLの代わりに電子メールアドレスを入力して構成することもできます。電子メールアドレスによる構成を可能にするには、DNSに「_msradc」という名前のText (TXT) レコードを作成し、このレコードにWebフィード用のURLを設定します。

画面9-5-4　電子メールアドレスによるWebフィードの設定を可能にするには、DNSのテキスト（TXT）レコードとして「_msradc」を作成し、WebフィードURLを指定する

9.5.3　カスタムRDP設定

　Windows Server 2008 R2以前のリモートデスクトップサービスでは、［リモートデスクトップ接続マネージャー］や［RemoteAppマネージャー］スナップインが提供する［カスタムRDP設定］を使用して、GUIの設定画面には用意されていないRDPプロトコルのオプション設定の詳細なカスタマイズが可能でした。

　Windows Server 2012以降では、［リモートデスクトップ接続マネージャー］や［RemoteAppマネージャー］スナップインが廃止され、これらのスナップインが提供していた［カスタムRDP設定］のGUI設定機能が提供されなくなりました。Windows Server 2012以降では、汎用的な設定のみをコレクションのプロパティから編集できるようになっています。

第9章 リモートデスクトップサービス　713

画面9-5-5　汎用的なクライアント設定については、コレクションのプロパティからカスタマイズできる

　Windows Server 2012以降では、リモートデスクトップサービス用のPowerShellコマンドレットを使用して、セッションコレクションと仮想デスクトップコレクションのカスタムRDP設定を行うように変更されました。セッションコレクションは**Set-RDSessionCollectionConfiguration**コマンドレットの**-CustomRdpProperty**パラメーターを、仮想デスクトップコレクションの場合は**Set-RDVirtualDesktopCollectionConfiguration**コマンドレットの**-CustomRdpProperty**パラメーターを使用します。

　現在のカスタムRDP設定を参照するには、次のコマンドラインを実行します。なお、RD接続ブローカーサーバー上で実行する場合、**-ConnectionBroker**パラメーターは省略できます。

```
PS C:¥> (Get-RDSessionCollectionConfiguration
 -CollectionName "<セッションコレクション名>"
 -ConnectionBroker <RD接続ブローカーのFQDN>).CustomRdpProperty
PS C:¥> (Get-RDVirtualDesktopCollectionConfiguration
 -CollectionName "<仮想デスクトップコレクション名>"
 -ConnectionBroker <RD接続ブローカーのFQDN>).CustomRdpProperty
```

　現在のカスタムRDP設定に設定を追加するには、次のコマンドラインを実行します。なお、RD接続ブローカーサーバー上で実行する場合、**-ConnectionBroker**パラメーターは省略できます。

```
PS C:¥> Set-RDSessionCollectionConfiguration
 -CollectionName "<セッションコレクション名>"
 -ConnectionBroker <RD接続ブローカーのFQDN> -CustomRdpProperty "<カスタムRDP設定>"
PS C:¥> Set-RDVirtualDesktopCollectionConfiguration
 -CollectionName "<仮想デスクトップコレクション名>"
 -ConnectionBroker <RD接続ブローカーのFQDN> -CustomRdpProperty "<カスタムRDP設定>"
```

　複数のカスタムRDP設定を追加するには、次の画面の例のように**-ConnectionBroker**パラメーター

の指定の中でカスタムRDP設定ごとに改行してください。

画面9-5-6　複数のカスタムRDP設定は、1行1設定で改行を含めて指定する

すべてのセッションおよび仮想デスクトップコレクションには、既定で**use redirection server name:i:1**というカスタムRDP設定が存在します。この設定は、RD接続ブローカーを経由したコレクションへの接続に必須のカスタムRDP設定であり、**Set-RDSessionCollectionConfiguration**や**Set-RDVirtualDesktopCollectionConfiguration**コマンドレットの**-ConnectionBroker**パラメーターでカスタムRDP設定を行った場合、use redirection server name:i:1を上書きするのではなく、新しい設定を追加することになります。

カスタムRDP設定を既定値に戻すには、次のコマンドラインを実行します。

```
PS C:¥> Set-RDSessionCollectionConfiguration
 -CollectionName "<セッションコレクション名>"
 -ConnectionBroker <RD接続ブローカーのFQDN>
 -CustomRdpProperty "use redirection server name:i:1"
PS C:¥> Set-RDVirtualDesktopCollectionConfiguration
 -CollectionName "<仮想デスクトップコレクション名>"
 -ConnectionBroker <RD接続ブローカーのFQDN>
 -CustomRdpProperty "use redirection server name:i:1"
```

表9-5-7に、リモートデスクトップ接続クライアント（Mstsc.exe）の［エクスペリエンス］タブで設定可能なパフォーマンス設定に対応するカスタムRDP設定、および［ローカルリソース］タブで設定可能なRemoteFX USBデバイスリダイレクトの設定を示しました。

表9-5-7　カスタムRDP設定の例

設定	設定項目	カスタムRDP設定
エクスペリエンス（パフォーマンス）	デスクトップの背景	disable wallpaper:i:0（表示）または1（非表示）
	フォントスムージング	allow font smoothing:i:0（無効）または1（有効）
	デスクトップコンポジション	allow desktop composition:i:0（無効）または1（有効）
	ドラッグ中にウィンドウの内容を表示	disable full window drag:i: 0（表示）または1（非表示）
	メニューとウィンドウのアニメーション	disable menu anims:i: 0（有効）または1（無効）
	視覚スタイル	disable themes:i: 0（有効）または1（無効）
ローカルデバイスとリソース	その他のサポートされているRemoteFX USBデバイス	usbdevicestoredirect:s:*（すべて）

RemoteFX USBデバイスリダイレクトとRemoteAppの併用

RemoteAppプログラムとして公開するコレクションに対して、usbdevicestoredirect:s:*のカスタムRDP設定を追加することで、RemoteAppプログラムとして実行するアプリケーション内でローカルに接続されたUSBデバイス（例えば、USBカメラやUSBヘッドセットなど）を利用できます。

Windows Server 2012 ＞ RemoteFX USB と RemoteApp を併用する方法
➔ https://yamanxworld.blogspot.com/2013/04/windows-server-2012-remotefx-usb.html

9.5.4 RemoteAppプログラムのカスタマイズ

　RemoteAppプログラムとしての公開は、セッションコレクションと仮想デスクトップコレクションのどちらでも同じように可能です。RemoteAppプログラムの公開は、RDセッションホストや仮想デスクトップから取得したプログラムメニューから選択するか、手動でパスを指定するだけで簡単に行えます。公開されたRemoteAppプログラムのプロパティを編集することで、さらに詳細な公開設定をカスタマイズできます。

　RemoteAppプログラムのプロパティは、アプリケーションごとに編集できます。

- **全般** —— RemoteAppプログラムの表示名、RD Webアクセスへのアイコンの表示/非表示、RD Webアクセスでのプログラムフォルダーによる階層表示を構成できます。
- **パラメーター** —— RemoteAppプログラムに［コマンドラインパラメーターを許可しない］（既定）、または［コマンドラインパラメーターを許可する］、または［次のコマンドラインパラメーターを常に使用する］のいずれかに設定できます。次に説明するRDPファイルで任意のコマンドラインパラメーター（remoteapplicationcmdline:s:を使用して）を指定できるようにするには、［コマンドラインパラメーターを許可する］に設定しておく必要があります。
- **ユーザーの割り当て** —— 既定では、コレクションへのアクセスが許可されたユーザーおよびグループは、コレクションで公開されているRemoteAppプログラムのすべてにアクセスできます。

画面9-5-8　RemoteAppプログラムのプロパティの編集

特定のユーザーやグループにだけ、RemoteAppプログラムへのアクセスを許可するように、さらに絞り込むことが可能です。

- **ファイルの関連付け** —— RDPクライアント側のWindows環境で、ファイルの拡張子とRemoteAppプログラムの起動を関連付けることができます。これにより、ローカルファイルをダブルクリックしただけで、それを開くのに必要なRemoteAppプログラムを開始できます。ただし、ファイルの関連付けは、［RemoteAppとデスクトップ接続￥既定の接続URLを指定する］ポリシーを使用してWebフィード設定を行った場合に有効です。コントロールパネルの［RemoteAppとデスクトップ接続］を使用したWebフィード設定や、RD WebアクセスからのRemoteAppプログラムの開始、次に説明するRDPファイルを使用したRemoteAppプログラムの開始には適用されません（画面9-5-8）。

9.5.5 RDPファイルの作成とデジタル署名

リモートデスクトップ接続やRemoteAppプログラムへの接続は、RDPファイル（拡張子.rdp）として配布することができます。また、RDPファイルにデジタル署名を追加することで、RDPファイルの変更や改ざんを防止して、リモートデスクトップ接続を保護することができます。

■ 一般的なRDPファイルの作成

リモートデスクトップ接続クライアント（Mstsc.exe）を開始して［オプションの表示］をクリックすると、現在の接続設定を保存する、あるいは保存された接続設定を開くオプションが表示されます。［保存］ボタンをクリックすると、現在の接続設定（コンピューター名やユーザー名、その他のオプション設定）がユーザーのドキュメント（%USERPROFILE%￥Documents）フォルダーにDefault.rdpというファイル名で保存されます。このDefault.rdpファイルには隠しファイル属性が付いているため、エクスプローラーでドキュメントフォルダーを参照しても、通常は見えません。［名前を付けて保存］ボタンで場所を指定して保存すると、カスタマイズした接続設定をRDPファイルに保存することができます。

RDPファイルは、一般的なRDP設定およびカスタムRDP設定が記述された、単純なテキストファイルであり、リモートデスクトップ接続クライアント（Mstsc.exe）のGUIによる編集だけでなく、メモ帳などのテキストエディターを使用した編集が可能です。

画面9-5-9　リモートデスクトップ接続クライアント（Mstsc.exe）で現在の設定をRDPファイルとして保存し、メモ帳で編集する

■ コレクションに接続するためのRDPファイル

リモートデスクトップサービスのセッションコレクションや仮想デスクトップコレクションへの接続は、最初にRD接続ブローカーに要求が送信され、RD接続ブローカーによって指示されたリダイレクト先に接続または再接続することになります。そのため、これをRDPファイルで記述するには、RD接続ブローカーを使用してコレクションに接続するように設定する必要があります。

セッションコレクションに接続するRDPファイルは、次のように記述します。

```
prompt for credentials on client:i:1
full address:s:<RD接続ブローカーのFQDN>
workspace id:s:<RD接続ブローカーのFQDN>
use redirection server name:i:1
loadbalanceinfo:s:tsv://MS Terminal Services Plugin.1.<セッションコレクションのエイリアス>
alternate full address:s: <RD接続ブローカーのFQDN>
```

仮想デスクトップコレクションに接続するRDPファイルは、次のように記述します。

```
prompt for credentials on client:i:1
full address:s:<RD接続ブローカーのFQDN>
workspace id:s:<RD接続ブローカーのFQDN>
use redirection server name:i:1
loadbalanceinfo:s:tsv://VMResource.1.<仮想デスクトップコレクションのエイリアス>
alternate full address:s:<RD接続ブローカーのFQDN>
```

セッションコレクションや仮想デスクトップコレクションのエイリアスは、RD接続ブローカー上で次のコマンドラインを実行することで確認できます。

```
PS C:\> Get-RDSessionCollection | select CollectionName,CollectionAlias
PS C:\> Get-RDVirtualDesktopCollection | select CollectionName,CollectionAlias
```

■ RemoteAppプログラムに接続するためのRDPファイル

RemoteAppプログラムへの接続をRDPファイルとしてユーザーに配布するには、次のようにRDPファイルを記述します。

```
prompt for credentials on client:i:1
full address:s:<RD接続ブローカーのFQDN>
remoteapplicationmode:i:1
alternate shell:s:||<RemoteAppプログラムのエイリアス名>
remoteapplicationprogram:s:||<RemoteAppプログラムのエイリアス名>
remoteapplicationname:s:<RemoteAppプログラムの名前（表示名）>
remoteapplicationcmdline:s:<コマンドラインパラメーター>
workspace id:s:<RD接続ブローカーのFQDN>
use redirection server name:i:1
loadbalanceinfo:s:tsv://MS Terminal Services Plugin.1.<セッションコレクションのエイリアス>
    またはloadbalanceinfo:s:tsv://VMResource.1.<仮想デスクトップコレクションのエイリアス>
alternate full address:s:<RD接続ブローカーのFQDN>
```

■ RDPファイルにデジタル署名をして保護

RDP WebアクセスのポータルやWebフィードが提供するデスクトップやRemoteAppプログラムへの接続の実体は、デジタル署名されたRDPファイルです。RD Webアクセスが提供するRDPファイルは、リモートデスクトップサービスの［展開の構成］の［証明書の管理］で設定した［RD接続ブローカー - 公開中］の証明書でデジタル署名されます。

デジタル署名されたRDPファイルは、変更や改ざんから保護されます。また、Windowsの場合は、グループポリシーで以下のポリシーを無効にすることで、デジタル署名されていないRDPファイルの使用を接続元でブロックするように強制することができます。

> コンピューターの構成（またはユーザーの構成）¥ポリシー¥管理用テンプレート¥Windows コンポーネント¥リモート デスクトップ サービス¥リモート デスクトップ接続のクライアント¥不明な発行元からの.rdp ファイルを許可する：無効

画面9-5-10
［不明な発行元からの .rdp ファイルを許可する］
ポリシーを無効にした場合、デジタル署名なしの
RDPファイルはブロックされる

RDPファイルにデジタル署名を行うには、RDP接続ブローカーの証明書の拇印（Thumbprint）を確認し、RD接続ブローカー上のコマンドプロンプトまたはPowerShellウィンドウで次のコマンドラインを実行します。

```
C:¥> rdpsign /sha256 <証明書の拇印 (Thumbprint)> /v <RDPファイルのパス>
```

画面9-5-11　RDPファイルにデジタル署名を追加して、変更や改ざんから保護する

9.5.6 ユーザープロファイルディスク、UE-V、およびApp-V

セッションコレクションおよびプールされた仮想デスクトップコレクションでは、ユーザープロファイルディスクがサポートされます。また、セッションコレクションや仮想デスクトップコレクションに、UE-VやApp-Vのマイクロソフトの仮想化テクノロジを組み合わせることで、ユーザー環境やアプリケーション環境をさらに最適化できます。

■ セッションコレクションのユーザープロファイルディスク

ユーザープロファイルディスクは、ユーザープロファイルフォルダー（%USERPROFILE%）にマウントされ、ユーザープロファイルが格納されるコレクションごと、ユーザーごとの仮想ハードディスクです。ユーザープロファイルディスクを利用することで、多数のユーザーが同じRDセッションホストを利用したとしても、ユーザープロファイルのデータがOSの領域（C:ドライブ）を消費することがありません。また、異なるRDセッションホストが割り当てられたとしても、以前と同じユーザー環境が再現され、ユーザーは作業を継続できます。

セッションコレクションのユーザープロファイルディスクは、ユーザープロファイルディスクの格納先の共有パスに作成されるUVHD-template.vhdx（容量可変タイプ）のコピーから、UVHD-<ユーザーのSID>.vhdxというファイル名でユーザーごとに作成されます。ユーザープロファイルディスクは、ユーザーがRDセッションホストにサインインする際に、Windowsの仮想ハードディスクのローカルマウント機能を利用して、サーバーに作成されるユーザーの%USERPROFILE%フォルダーにマウントされます。そして、サインアウト時にマウントが解除されます。移動ユーザープロファイルのように、サインインするたびにダウンロードが行われるということがないため、ネットワーク帯域の節約とサインインエクスペリエンスの高速化が期待できます。ただし、サインアウト中はシステムに存在しない領域であるため、ユーザープロファイルを対象とした非対話型タスクがスケジュールされている場合、タスクが正常に完了しない場合があることに注意してください。

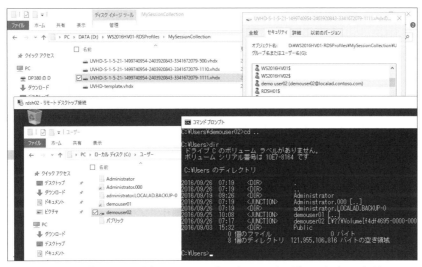

画面9-5-12　セッションコレクションのユーザープロファイルディスク（.vhdx）は、サインイン時にRDセッションホストの%USERPROFILE%にローカルマウントされる

■ 仮想デスクトップコレクションのユーザープロファイルディスク

プールされた仮想デスクトップコレクション（管理されている、および管理されていない）では、ユーザープロファイルディスクがサポートされます。ユーザープロファイルディスクの使用目的は、セッションコレクションの場合と同じです。ただし、仮想デスクトップコレクションのユーザープロファイルディスクは、仮想デスクトップの仮想マシンのSCSIコントローラーにホットアド/リムーブされる方式でサインインユーザーに割り当てられます。

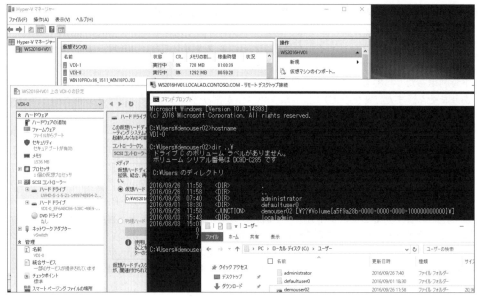

画面9-5-13　仮想デスクトップコレクションのユーザープロファイルディスクは、仮想マシンのSCSIコントローラーへのホットアド/リムーブで実現される

■ 組み込みのUE-VとApp-Vエージェント

Microsoft User Experience Virtualization（UE-V）およびMicrosoft Application Virtualization（App-V）をリモートデスクトップサービスとともに利用すると、ユーザーの作業環境やアプリケーションの利用環境をさらに最適化できます。

Windowsでは、通常のユーザープロファイル（ドメインの移動ユーザープロファイルを含む）とRDセッションホストのユーザープロファイルは別のものです。両方のプロファイルを共有して、セッションベースのデスクトップとWindowsのローカルログオンのユーザー環境をローミングすることはOSの仕様上できません。ユーザー環境の仮想化テクノロジであるUE-Vを使用すると、物理コンピューター、セッションベースのデスクトップ、および仮想マシンベースのデスクトップが混在する環境において、Windows、Microsoft Office、Internet Explorer、他社アプリケーションの個人設定のローミングを実現できます。

App-Vは、アプリケーションの実行環境をOS環境や他のアプリケーションから分離するアプリケーション仮想化テクノロジです。App-Vの仮想アプリケーションはインストールおよび構成済みの実行可能になったイメージであり、クライアントエージェントであるApp-V for DesktopsまたはApp-V for RDSのクライアントにダウンロード（キャッシュ）するだけで、ローカルにインストールされたア

プリケーションと同じように実行できるようになります。クイック実行（C2R）形式のMicrosoft Office 2013および2016はApp-Vのテクノロジを応用したもので、Office Deployment Toolを使用して簡単にApp-Vパッケージに変換することができます。

Office Deployment Tool
→https://www.microsoft.com/en-us/download/details.aspx?id=49117

　UE-VとApp-Vはこれまで、Windowsソフトウェアアシュアランス（SA）の特典として提供されていたMicrosoft Desktop Optimization Pack（MDOP）に含まれるテクノロジでした（App-V for RDSはRDS CALに含まれる）。MDOPは、以前はSA契約者向けのアドオンライセンスでしたが、2015年8月からはSAの特典として無償化されています。

　Windows 10バージョン1607からは、UE-VおよびApp-VのクライアントエージェントがEnterpriseおよびEducationエディションだけにビルトインされました。そして、UE-VおよびApp-Vの新機能は今後、Windows 10バージョン1607以降のEnterpriseおよびEducationエディションだけに提供されることになりました。Windows 10バージョン1511以前はMDOPに含まれるUE-V 2.1 SP1およびApp-V 5.1を利用できますが、Windows 10バージョン1607以降はMDOPに含まれるUE-V 2.1 SP1およびApp-V 5.1はサポートされません（インストールできません）。

　UE-VおよびApp-Vのクライアントエージェントは、Windows Server 2016にもビルトインされています。これらの機能は、リモートデスクトップサービスのRDセッションホストのセッションコレクションで利用可能です。

　Windows 10 Enterprise/Educationバージョン1607、およびWindows Server 2016では、UE-VおよびApp-Vのクライアントエージェントが「ユーザーエクスペリエンス仮想化サービス（UevAgent Service）」および「Microsoft App-V Client（AppVClient）」というサービスとして実装されており、**Enable-UEV**および**Enable-AppV**コマンドレットで有効化することができます。

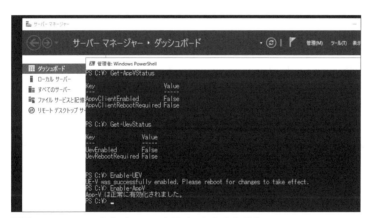

画面9-5-14　UE-VおよびApp-Vクライアントの有効化

　UE-VおよびApp-Vは新しいテクノロジというわけではないため、本書では詳しく説明しません。Windows 10 Enterprise/Educationバージョン1607およびWindows Server 2016には、現時点で、最新のUE-V 2.1 SP1およびApp-V 5.1と同じ機能レベルのコンポーネントが組み込まれています。UE-V 2.1 SP1およびApp-V 5.1の機能や導入手順については、これらの製品のドキュメントで確認してください。

Microsoft User Experience Virtualization（UE-V）2.x
➡ https://docs.microsoft.com/en-us/microsoft-desktop-optimization-pack/uev-v2/

Microsoft Application Virtualization 5.1 Administrator's Guide
➡ https://docs.microsoft.com/en-us/microsoft-desktop-optimization-pack/appv-v5/microsoft-application-virtualization-51-administrators-guide

なお、Windows 10 バージョン 1607 および Windows Server 2016 に対応した UE-V Template Generator および App-V Sequencer は、Windows 10 バージョン 1607 向けの Windows アセスメント＆デプロイメントキット（Windows ADK）に収録されています。App-V のサーバー機能（App-V Server）については、現時点では、MDOP に収録されているものが最新です。

Download and install the Windows ADK
➡ https://docs.microsoft.com/ja-jp/windows-hardware/get-started/adk-install

画面9-5-15　UE-V Template Generator および App-V Sequencer は Windows ADK に含まれる

9.6 リモートデスクトップ（RD）ゲートウェイの展開と管理

　リモートデスクトップ接続は、画面転送が主体の接続方法であり、モバイルユーザーや在宅勤務者にインターネット経由で仕事の環境を提供するのが容易です。しかし、企業内のデスクトップへのリモートデスクトップ接続を、単純にIPマスカレードやプロキシサーバーなどの手段で、RDPプロトコルをそのまま許可するのでは、セキュリティリスクが高くなります。そのような手段によるリモートデスクトップ接続は、ユーザー名とパスワードがわかれば誰でも接続できてしまうからです。

　RDゲートウェイを企業ネットワークの境界に設置すると、リモートデスクトップ接続に証明書ベースの認証をはじめとするセキュリティ機能を追加して、リモートユーザーに安全な接続環境を提供でき、同時に社内リソースへの第三者による不正接続をブロックできます。RDPプロトコル自身、暗号化機能を持っていますが、RDゲートウェイはRDPプロトコルをさらにTLS（443/TCP）またはDTLS（Datagram Transport Layer Security、3391/UDP）で暗号化し、RDP接続をカプセル化して企業内

ネットワークに中継します。

RDゲートウェイは、認証と暗号化の強化だけでなく、接続先の制限や、デバイスリダイレクトの許可または禁止、あるいはスマートカード認証を要求するなどして、セキュリティをさらに強化できます。RD Webアクセスとともに公開すれば、RD WebアクセスのシングルサインオンSSO機能でRDゲートウェイ経由の社内リソースへのアクセスを実現できます。また、第4章で説明したWebアプリケーションプロキシと組み合わせることで、AD FS事前認証に基づいたアクセス制御を適用することも可能です。

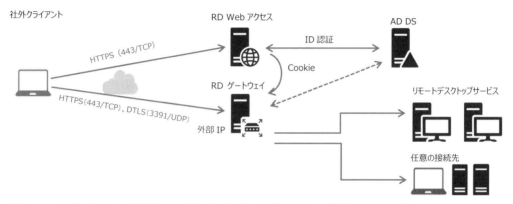

図9-6-1　RDゲートウェイを使用した外部からのリモートデスクトップ接続の安全な中継

9.6.1　役割サービスのインストール

RDゲートウェイの役割サービスは、Active Directoryのドメインメンバーにインストールできます。一般的な構成は、RD Webアクセスとともに、あるいは単体で、インターネットとの境界のDMZ（DeMilitarized Zone、非武装地帯）ネットワークと企業の内部ネットワークの両方にネットワーク接続を持ち、DMZ側にはグローバルなIPアドレスが割り当てられているサーバーに展開します。内部ネットワーク上に設置して、Windows Server 2016のWebアプリケーションプロキシや他社のリバースプロキシ製品を利用して外部に公開することも可能です。あるいは、社内のRDPクライアントのセキュリティを強化するために、内部ネットワークに設置することもあります。

1. RDゲートウェイサーバーとして構成するサーバーを、［サーバーマネージャー］の管理対象に追加します。

2. ［サーバーマネージャー］の［リモートデスクトップサービス］－［概要］ページを開き、［展開の概要］にあるRDゲートウェイの［＋］アイコンをクリックします。

3. ［RDゲートウェイサーバーの追加］ウィザードが開始するので、［サーバーの選択］のページで役割サービスをインストールするサーバーを選択し、インストールを実行します。インストールを完了するために、サーバーの再起動は不要です。

画面9-6-2 ［＋］アイコンをクリックして、RDゲートウェイの役割サービスを1台のサーバーにインストールする

4. ［自己署名SSL証明書の指定］ページでは、RDゲートウェイサーバーに外部からアクセスする際に接続に使用するFQDNを入力します。後で構成するRDゲートウェイ用のSSL証明書は、このFQDNをサブジェクト名(共通名)に持ち、RDゲートウェイサーバーのパブリックなIPv4またはIPv6アドレスはこのFQDNに名前解決できる必要があります。このページには自己署名SSL証明書とありますが、SSL証明書に読み替えてください。自己署名SSL証明書を使用することも可能ですが、通常は外部のパブリックなCAやActive Directory証明書サービスのエンタープライズCAから発行された、SSL証明書を使用します。

画面9-6-3 RDゲートウェイへの外部からのアクセスに使用するFQDNを指定する

5. ［選択内容の確認］ページで［追加］ボタンをクリックして、RDゲートウェイの役割サービスをサーバーにインストールします。インストールを完了するために、サーバーの再起動は不要です。

6. ［進行状況の表示］ページにインストールの成功の結果が表示されたら、［証明書の構成］リンクをクリックします。

画面9-6-4 RDゲートウェイの役割サービスのインストールが完了したら、
［証明書の構成］リンクをクリックする

7. すると、リモートデスクトップサービスの［展開プロパティ］ダイアログボックスの［証明書の管理］ページが開きます。このページで［RDゲートウェイ］の役割サービスに、先ほど指定したRDゲートウェイサーバーのFQDNに対応した証明書を割り当てます。なお、RD WebアクセスとRDゲートウェイの役割サービスを同じサーバーに展開した場合は、両方の役割サービスに同じ証明書を割り当てる必要があります。

画面9-6-5　［展開プロパティ］ダイアログボックスの［証明書の管理］ページで
［RDゲートウェイ］の役割サービスに適切な証明書を割り当てる

8. ［展開プロパティ］ダイアログボックスの［RDゲートウェイ］ページに切り替え、RDPクライアントに提供するRDゲートウェイの以下の構成情報を設定します。この構成は、RD Webアクセスのポータルおよび［RemoteAppとデスクトップ接続］のフィードが提供するRDP接続情報に反映されます。

- **ログオン方法** ── ［パスワード認証］［スマートカード認証］［接続中にユーザーが選択できるようにする］のいずれかを選択できます。既定は［パスワード認証］で、WindowsのNTLM認証を使用します。
- **リモートコンピューター用のRDゲートウェイ資格情報を使用する** ── RDゲートウェイへの接続に使用した資格情報を、RDゲートウェイの先のリモートコンピューターの認証にも使

用します。このオプションは、既定で有効です。

- **ローカルアドレスにはRDゲートウェイサーバーを使用しない** —— クライアントがRDゲートウェイが必要な場合を自動的に検出して、RDゲートウェイを使用する/しないを判断します。例えば、ローカルドメインのFQDN、コンピューター名、ローカルIPサブネットに対する接続にはRDゲートウェイを使用しません。このオプションは、既定で有効です。クライアントに常にRDゲートウェイの使用を要求する場合は、このオプションを無効にします。

画面9-6-6　［展開プロパティ］ダイアログボックスの［RDゲートウェイ］ページでクライアントに展開するRDゲートウェイの構成を設定する

9. ［RDゲートウェイサーバーの追加］ウィザードに戻り、［閉じる］ボタンをクリックしてウィザードを終了します。

9.6.2　RDゲートウェイの使用

　［展開プロパティ］でRDゲートウェイの接続情報を構成すると、RD Webアクセスのポータルおよび［RemoteAppとデスクトップ接続］のWebフィードが提供するアイコン（RDPファイル）にRDゲートウェイの接続情報が反映されます。

　リモートデスクトップ接続クライアント（Mstsc.exe）やRDP互換クライアントから手動でリモートデスクトップ接続を開始する場合は、RDゲートウェイサーバーのFQDNを指定することで、RDゲートウェイ経由での接続が可能です。なお、RDゲートウェイは、RDP 6.0以降に対応したRDPクライアントでサポートされます。

　リモートデスクトップ接続クライアント（Mstsc.exe）の場合は、［リモートデスクトップ接続］ウィンドウの［オプションの表示］をクリックしてオプション設定のUIを表示させ、［詳細設定］タブにある［任意の場所から接続する］の［設定］ボタンをクリックします。すると、［RDゲートウェイサーバー設定］ダイアログボックスが表示されるので、ここで使用するRDゲートウェイサーバーのFQDNやログオン方法などを構成します。

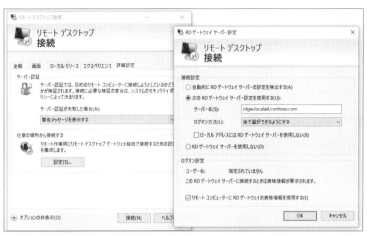

画面9-6-7 リモートデスクトップ接続クライアント(Mstsc.exe)におけるRDゲートウェイの構成

　Windows 8以降のリモートデスクトップアプリやモバイルデバイス向けのMicrosoft Remote Desktopアプリについても、RDゲートウェイに対応しています（この後に説明するゲートウェイメッセージングには非対応のものもあります）。

　RDPファイル（.rdp）を記述して、RDゲートウェイを使用するように構成するには、次の設定を含めるようにしてください。

```
gatewayusagemethod:i:2         （ローカルアドレスにはRDゲートウェイサーバーを使用しない）
gatewayprofileusagemethod:i:1  （次のRDゲートウェイサーバー設定を使用する）
gatewaycredentialssource:i:0   （パスワード認証）
gatewayhostname:s:<RDゲートウェイのFQDN>
```

 証明書のサブジェクト名が一致していること、証明書の失効状態が確認できること

　RDゲートウェイは、外部のRDPクライアントからの要求に対して証明書でサーバー認証を行い、同じ証明書を用いてTLSの暗号化保護を行います。Windowsのリモートデスクトップ接続クライアント（Mstsc.exe）およびWindows 8以降のリモートデスクトップアプリは、証明書の正当性が確認できない場合、RDゲートウェイへの接続を続行しません。

　証明書の正当性を確認するには、FQDNと証明書のサブジェクト名（共通名）または代替DNS名が一致していること、およびその証明書の失効状態を確認できることが必要です。Active Directory証明書サービスのエンタープライズCAで発行された証明書を使用している場合、Active Directoryのドメインにアクセス可能な社内では、LDAPなど複数の方法を用いて失効状態を確認できます。インターネット上のクライアントが証明書の失効状態を確認するためには、証明書失効リスト（CRL）の配布ポイントやオンラインレスポンダーへのアクセスを提供する必要があります。IISを利用した証明書失効リスト(CRL)の配布ポイントの展開方法については、第4章で説明しました。

　なお、RDゲートウェイに対応したRDP互換クライアント（Microsoft Remote Desktop for Androidなど）の場合は、証明書の正当性が確認できなくても、利用者の判断で証明書を信頼することで、接続を続行できるものもあります。

画面9-6-8 証明書の問題によりRDゲートウェイ経由での接続が拒否された様子

9.6.3 RDゲートウェイの監視とゲートウェイメッセージング

　［サーバーマネージャー］の［リモートデスクトップ］－［概要］ページからは、RDゲートウェイを追加するための役割サービスのインストールと基本的なRDゲートウェイ設定を構成できます。しかし、詳細な管理については、［サーバーマネージャー］には統合されていません。以前のバージョンのWindows Serverと同様に、［サーバーマネージャー］の［ツール］メニューの［Remote Desktop Services］－［リモートデスクトップゲートウェイマネージャー］から開始する［RDゲートウェイマネージャー］スナップイン（tsgateway.msc）を使用します。

■ 接続状況とイベントの監視

　［RDゲートウェイマネージャー］スナップインの［監視］を開くと、RDゲートウェイ経由で企業内リソースに接続しているユーザーをリアルタイムに監視することができます。リアルタイムのアクティブなセッションは、［操作］ペインの［最新の情報に更新］をクリックするか、F5キーで最新の状態にリフレッシュできます。［操作］ペインの［自動更新オプションの設定］を使用すると、表示の自動更新の間隔を構成できます。

　管理者は、特定の接続を右クリックして［この接続を切断］を選択することで、ユーザーのセッションをRDゲートウェイで強制的に切断できます。なお、ユーザーのリモートデスクトップ接続のセッションがHTTPS（443/TCP）のカプセル化による3389/TCPの接続に加え、DTLS（3391/UDP）による3389/UDPの接続を使用している場合は、同じユーザーのセッションが複数の接続で中継されます。その場合は、［このユーザーとの接続を切断］を選択することで、すべての接続を同時に切断できます。

　RDゲートウェイでは、既定で監査ログが有効になっています。［RDゲートウェイマネージャー］でサーバーのプロパティを開き、［監査］タブを開くと、ログに記録するイベントの種類を選択できます。既定では、すべての成功、失敗イベントがログに監査ログに記録されます。そして監査ログは、RDゲートウェイサーバーのイベントログのMicrosoft-Windows-TerminalServices-Gateway/Operationalログに書き込まれます。

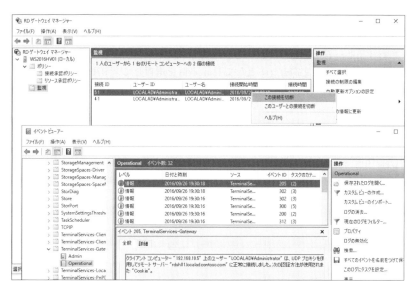

画面9-6-9 ［RDゲートウェイマネージャー］によるアクティブな接続の監視と切断、イベントビューアーによるログの監視

■｜ゲートウェイメッセージングの使用

　RDゲートウェイメッセージングは、RDP 7.0以降のリモートデスクトップ接続クライアント（Mstsc.exe）およびWindows 8以降のリモートデスクトップアプリでサポートされる機能です。この機能を利用すると、RDゲートウェイ経由でリモートデスクトップ接続をしてきたユーザーにメッセージを表示できます。また、RDゲートウェイメッセージングをサポートするクライアントだけに接続を許可することもできます。

　RDゲートウェイメッセージングは、次の2種類があります。なお、Windows 8以降のリモートデスクトップアプリは、ログオンメッセージには対応していますが、システムメッセージには対応していません。

- **システムメッセージ**──システムメッセージは、指定した期間内にRDゲートウェイ経由でリモートコンピューターに接続したユーザーに対して、サインイン時およびメッセージ変更時に表示されます。システムメッセージは、サーバーやサービスのメンテナンスの通知などに利用できます。なお、システムメッセージは、リモートデスクトップ接続のセッション内ではなく、クライアントのローカルデスクトップに表示されます。
- **ログオンメッセージ**──ログオンメッセージは、RDゲートウェイに接続する際にユーザーに表示されるメッセージです。ログオンメッセージは、主に法的な通知や接続要件をユーザーに同意させるために使用します。ユーザーはメッセージに同意しない限り、RDゲートウェイを経由してリモートコンピューターに接続を開始することはできません。

　RDゲートウェイメッセージングを構成するには、［RDゲートウェイマネージャー］スナップインでサーバーのプロパティを開き、［メッセージング］タブで行います。システムメッセージを使用する場合は、［システムメッセージを有効にする］チェックボックスをオンにし、テキストボックスにメッセージを入力します。また、メッセージを表示する期間を設定します。［プレビュー］ボタンをクリッ

クすると、ユーザーに表示される形式でメッセージをテストすることができます。

　ログオンメッセージを使用する場合は、［ログオンメッセージを有効にする］チェックボックスをオンにし、あらかじめメッセージを記述しておいたテキストファイルを設定します。ログオンメッセージに日本語を含める場合は、必ず文字セットとしてUnicodeを選択して、テキストファイルに保存してください。Unicode以外の文字コードで作成されたテキストファイルを指定した場合、メッセージが文字化けする場合があります。

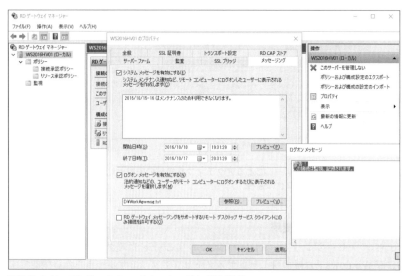

画面9-6-10　RDゲートウェイメッセージングの構成。
　　　　　　ログオンメッセージはUnicodeで保存したテキストファイルを使用すること

画面9-6-11　ログオンメッセージの表示例。同意しないと接続を続行できない

画面9-6-12　システムメッセージの例。接続元のPCのローカルデスクトップに表示される

9.6.4　Webアプリケーションプロキシによる公開

　RD Webアクセスのポータルおよび RDゲートウェイは、第4章で説明した Webアプリケーションプロキシを使用することで、企業の内部ネットワークに設置したものを、Webアプリケーションプロキシのリバースプロキシ機能でインターネットに公開することができます。その方法は、HTTPSのパススルー公開と、AD FS事前認証に基づいた公開です。

**改訂　リモートデスクトップサービスの
　　　　Webアプリケーションプロキシによる公開は非推奨に**

　この項では、RD Webアクセスおよび RDゲートウェイをパススルー公開または AD FS事前認証による公開の両方の手順を説明していますが、現在、オンプレミスのリモートデスクトップサービスの公開には、Webアプリケーションプロキシではなく、Azure AD Application Proxy（Azure AD Premiumが必要）の使用が推奨されています。

How to provide secure remote access to on-premises applications
→ https://docs.microsoft.com/en-us/azure/active-directory/manage-apps/application-proxy

■ パススルー公開

RD Webアクセスのポータルおよび RD ゲートウェイは、HTTPS のパススルー公開を使用すると、簡単にインターネットに公開できます。この場合、実際に接続できるのは正しい資格情報と、RD ゲートウェイに接続するための証明書の信頼が必要ですが、RD Webアクセスのサインインページや、RD ゲートウェイの使用のチャレンジは、不特定多数の誰でも実行できることに留意してください。

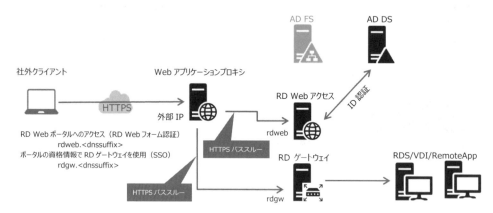

図9-6-13　RD Webアクセスおよび RD ゲートウェイのパススルー公開のイメージ

図9-6-14　RD ゲートウェイのパススルー公開の例。
　　　　　RD Webアクセスのポータルも同じようにパススルー公開できる

■ AD FS事前認証による公開

Windows Server 2016のWebアプリケーションプロキシ（Windows Server 2012 R2は更新プログラムで対応可能）は、AD FS事前認証によるRD WebアクセスおよびRDゲートウェイの公開が可能です。AD FS事前認証を求めることで、AD FS事前認証で認証済みのRD Webアクセスからの要求のみをRDゲートウェイで許可するようにできるため、セキュリティを格段に強化できます。

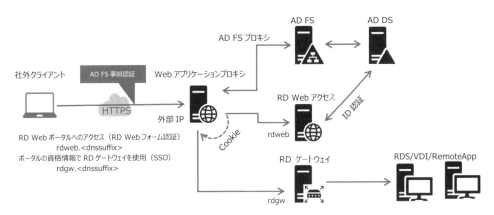

図9-6-15 RD WebアクセスおよびRDゲートウェイのAD FS事前認証による公開イメージ。AD FS事前認証は最初のRD Webアクセスで行われ、その後、RD Webアクセスのフォーム認証を経て、RDゲートウェイ経由の社内へのアクセスをSSOで実現できる

AD FS事前認証によるRD WebアクセスおよびRDゲートウェイの公開は、次の手順で行います。

- 1回のAD FS事前認証でRD WebアクセスおよびRDゲートウェイの両方のHTTPSアクセスをAD FSで事前認証済みとするために、AD FSに要求対応アプリケーションとしてRD Webアクセス用のダミーの証明書利用者信頼を登録します。証明書信頼の識別子としては、RD Webアクセスのhttps://<RD WebアクセスのFQDN>/rdweb とhttps://<RDゲートウェイのFQDN>/rpcを指定してください。その他の項目に特別な設定は必要ありません。RD WebアクセスとRDゲートウェイが同じサーバーの場合は、https://<サーバーのFQDN>/の識別子だけで作成できます。

- RD Webアクセス（https://<FQDN>/rdweb）とRDゲートウェイ（https://<FQDN>/rdc）を、同じ証明書利用者信頼を用いて公開します。RD WebアクセスとRDゲートウェイが同じサーバーの場合は、https://<サーバーのFQDN>/を証明書利用者信頼を用いて公開します。

- RD Webアクセスでアイコンをクリックしたときに呼び出されるActiveXコントロールに対して、RD Webアクセスのフォーム認証のクッキー情報を渡せるように、RD Webアクセスの公開設定でWebアプリケーションプロキシのHttpOnly機能を無効化します。それには、Webアプリケーションプロキシサーバーで以下のPowerShellコマンドレットを実行します。

```
PS C:¥> Get-WebApplicationProxyApplication <アプリケーション公開名> | 
Set-WebApplicationProxyApplication -DisableHttpOnlyCookieProtection:$true
```

- RD接続ブローカーサーバーにおいて、セッションまたは仮想デスクトップコレクションでカスタムRDPプロパティにRD Webアクセスの事前認証を必須とするように構成します。

```
PS C:¥> Set-RDSessionCollectionConfiguration -CollectionName "<コレクション名>" 
-CustomRdpProperty "pre-authentication server address:s:https://<RD WebアクセスのFQDN>/rdweb require pre-authentication:i:1"
```

なお、この方法でAD FS事前認証を有効にした場合、AD FS事前認証（組織のサインインページのフォーム認証など）にパスすると、次にRD Webアクセスのポータルのサインインページが表示されます。RD Webアクセスのシングルサインオン（SSO）機能を利用するためには、RD Webアクセスのフォーム認証をパスする必要があるため、これを省略することはできません。

RD Webアクセスはクレーム非対応アプリケーションであり、AD FS事前認証で認証された資格情報をRD Webアクセスの認証に利用することができません。RD Webアクセスの既定はフォーム認証ですが、C:¥Windows¥Web¥RDWeb¥pages¥Web.configを編集することでWindows認証に変更することは可能です。しかし、RD WebアクセスをWindows認証にした場合、RD Webアクセスの認証後のSSOアクセス機能を利用できなくなります。

AD FS事前認証をフォーム認証にすると、ユーザーは、AD FSの組織のサインインページによるフォーム認証とRD Webサイトのポータルのフォーム認証で二重に認証することになります。デバイス認証やWindows Hello for Business（Microsoft Passport for Work）でAD FS事前認証を行うようにすれば、RD Webアクセスのポータルのフォーム認証に1回資格情報を入力するだけで済みます。

9.7 リモートデスクトップ（RD）ライセンスサーバーの展開とRDS CALの管理

リモートデスクトップサービスを運用環境に導入する場合、RDライセンスサーバーを設置して、RDS CALライセンスをインストールし、ユーザーやデバイスにRDS CALを発行できるようにする必要があります。RDライセンスサーバーを設置しない場合、RDセッションホストおよびRD仮想化ホストの役割サービスは、120日間の評価モードの終了後、機能を停止します。役割サービスの機能が停止すると、セッションベースと仮想マシンベースのデスクトップに対してユーザーは接続できなくなります。つまり、運用環境のリモートデスクトップサービスには、RDライセンスサーバーは必須です。

9.7.1 役割サービスのインストール

RDライセンスの役割サービスは、次の手順でActive Directoryのメンバーサーバーにインストールできます。

1. RDライセンスサーバーとして構成するサーバーを、［サーバーマネージャー］の管理対象に追加します。

2. ［サーバーマネージャー］の［リモートデスクトップサービス］-［概要］ページを開き、［展開の概要］にあるRDライセンスの［+］アイコンをクリックします。

3. ［RDライセンスサーバーの追加］ウィザードが開始するので、［サーバーの選択］のページで役割サービスをインストールするサーバーを選択します。

画面9-7-1　［+］アイコンをクリックして、RDライセンスの役割サービスを1台のサーバーに
インストールする

4. ［選択内容の確認］ページで［追加］ボタンをクリックして、RDライセンスの役割サービスをサーバーにインストールします。インストールを完了するために、サーバーの再起動は不要です。

5. インストールが完了したらウィザードの最後のページに表示される［展開のRDライセンスプロパティの確認］のリンクをクリックします。または、［サーバーマネージャー］の［リモートデスクトップサービス］-［概要］ページで、［展開プロパティの編集］を開きます。

画面9-7-2　［展開のRDライセンスプロパティの確認］のリンクをクリックする

6. ［展開プロパティ］の［RDライセンス］ページを開きます。ここで、RDライセンスサーバーが追加されていることを確認します。また、購入したRDS CALと一致するようにライセンスモードとして［接続デバイス数］(Per Devices) または［接続ユーザー数］(Per Users) を選択します。

画面9-7-3　［接続デバイス数］または［接続ユーザー数］のライセンスモードを選択する

9.7.2 サーバーのアクティブ化とRDS CALのインストール

　RDライセンスの役割サービスをインストールしただけでは、まだRDライセンスサーバーとしては機能していません。RDライセンスサーバーは、オンラインまたは電話でアクティブ化し、RDS CALをインストールすることで、RDライセンスサーバーとして機能するようになります。

　RDライセンスの管理ツールは、［RDライセンスマネージャー］スナップイン (licmgr.exe) です。このスナップインは［サーバーマネージャー］には統合されておらず、［サーバーマネージャー］の［ツール］メニューの［Remote Desktop Services］-［リモートデスクトップライセンスマネージャー］から開始できます。

　［RDライセンスマネージャー］スナップインを開いたら、次の手順でサーバーのアクティブ化とRDS CALのインストールを行います。

1. ［RDライセンスマネージャー］スナップインでサーバーを右クリックして［サーバーのアクティブ化］を選択します。
2. ［サーバーのアクティブ化ウィザード］が開始するので、ウィザードに従って、オンラインまたは電話でサーバーのアクティブ化を行います。サーバーのアクティブ化には、ライセンス費用は発生しません。

画面9-7-4　RDライセンスサーバーをアクティブ化する

3. ［サーバーのアクティブ化ウィザード］が完了したら、続いて［ライセンスのインストールウィザード］が開始します。このウィザードに従って、RDS CALの購入形態やライセンスの種類に合わせてRDS CALをインストールします。RDS CALのインストールにも、オンラインまたは電話によるやり取りが必要になります。なお、「ライセンスのインストールウィザード」の中でRDS CALを購入することはできません。RDS CALは、ボリュームライセンスチャネルなど、正規販売店から購入する必要があります。RDS CALは、サーバーを右クリックして［ライセンスのインストール］を選択して、いつでも追加することができます。
4. RDライセンスサーバーの情報は、Active Directoryドメインにサービス接続ポイント（SCP）として自動登録され、ドメイン内に公開されます。ただし、ドメインにユーザーに対してRDS CAL（接続ユーザー数）を発行するためには、追加のセキュリティ設定が必要です。具体的には、Terminal Server License Servicesドメイングループにライセンスサーバーのコンピューターアカウントをメンバーとして登録する必要があります。それには、［RDライセンスマネージャー］でサーバーを右クリックして［構成の確認］を選択し、［グループに追加］ボタンをクリックします。また、このRDライセンスサーバーをフォレストの複数のドメインで使用する場合は、［スコープの変更］ボタンをクリックして、スコープを［このドメイン］から［フォレスト］に変更します。

画面9-7-5
［構成の確認］を開き、RD
ライセンスサーバーの構
成上の問題を解決する

 単体でインストールしたRDセッションホストやRD仮想化ホストのライセンスサーバーの構成

　RDセッションホストやRD仮想化ホストは、RDライセンスサーバーを構成しないと、120日の評価モードで動作し、評価期間の終了後に一部の機能を停止します。例えば、評価期間が終了すると、RDセッションホストにリモートデスクトップ接続できなくなります（画面9-7-6）。この状態になると、ローカル管理者権限を持つユーザーであっても、**mstsc.exe**の**/admin**オプション（リモート管理用サーバー接続）を明示的に指定するか、あるいはRDセッションホストの役割サービスを削除しなければ、リモートデスクトップ接続は拒否されます。RD仮想化ホストでは、RemoteFX 3Dビデオアダプターが割り当てられた仮想マシンで、このデバイスが正常に機能しなくなるといった影響があります。

画面9-7-6　ライセンスサーバーを指定しないRDセッションホストやRD仮想化ホストは、
　　　　　　120日の評価期間が終了すると一部のサービスが機能しなくなる

　しかし、［サーバーマネージャー］の［リモートデスクトップサービスのインストール］を使用しないでこれらのサービスやRDライセンスの役割サービスを個別にインストールした場合、RDセッションホストやRD仮想化ホストのライセンスモードやライセンスサーバーを指定するGUIが利用できません。その場合は、WMIやレジストリを直接変更することで、ライセンスモードとRDライセンスサーバーを構成することができます。

　RDセッションホストやRD仮想化ホストのライセンスモードを構成するには、Windows PowerShellウィンドウを開き、次のコマンドラインを実行します。接続ユーザー数モードには4、接続デバイス数モードには2を指定します。

```
PS C:\> (gwmi -Class Win32_TerminalServiceSetting -Namespace root\cimv2\
TerminalServices).ChangeMode(4)
```

RDセッションホストやRD仮想化ホストの参照するRDライセンスサーバーを構成するには、次のコマンドラインを実行してRDライセンスサーバーのIPアドレス（同じサーバーの場合はローカルのIPアドレス）を指定します。2行目のコマンドラインは正しく設定されたかどうかを確認するためのものです。

```
PS C:¥> New-ItemProperty "HKLM:¥SYSTEM¥CurrentControlSet¥Services¥
TermService¥Parameters¥LicenseServers" -Name SpecifiedLicenseServers
-Value "<RDライセンスサーバーのIPアドレス>" -PropertyType MultiString
PS C:¥> Get-ItemProperty "HKLM:¥SYSTEM¥CurrentControlSet¥Services¥
TermService¥Parameters¥LicenseServers" -Name SpecifiedLicenseServers
```

リモートデスクトップサービスの冗長構成

Windows Server 2016のリモートデスクトップサービスは、比較的簡単な方法で冗長化と負荷分散を構成でき、スケールと可用性を強化できます。RDセッションホストとRD仮想化ホストについては、複数台のサーバーを展開するだけで、簡単にスケールアップできます。その他の役割サービスについても、基本的には複数台のサーバーを展開し、DNSラウンドロビンやネットワーク負荷分散（NLB）クラスターを構成することで、冗長化と負荷分散を実現できます。

- **RD接続ブローカーサーバー** —— RD接続ブローカーの役割サービスは、リモートデスクトップサービスの中心となる重要なサービスです。1台のRD接続ブローカーの展開では、Windows Internal Databaseを使用して、セッション管理やデスクトップの割り当て管理を行います。2台以上のRD接続ブローカーを展開する場合は、Windows Internal DatabaseをSQL Serverに入れ替えて、2台目以降のRD接続ブローカーを追加し、すべてのRD接続ブローカーが同じデータベースを使用するように構成します。アクセス要求の負荷分散は、DNSラウンドロビンで実装します。Windows Server 2016からは、SQL Serverの代わりにAzure SQLデータベースの使用も可能になりました。

Add the RD Connection Broker server to the deployment and configure high availability
→https://docs.microsoft.com/ja-jp/windows-server/remote/remote-desktop-services/rds-connection-broker-cluster

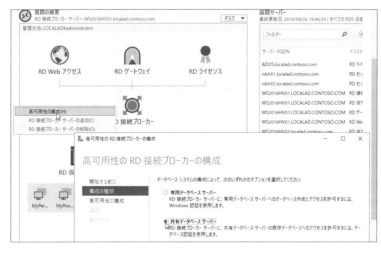

画面9-7-7
RD接続ブローカーのデータベースにAzure SQLデータベースを使用できるようになった。それには、［共有データベースサーバー］を選択し、ODBCの接続文字列を指定する

- **RDセッションホスト** —— RDセッションホストサーバーを複数台展開し、複数のRDセッションホストにまたがるセッションコレクションを作成します。追加のRDセッションホストサーバーのインストールは、［サーバーマネージャー］の［リモートデスクトップサービス］－［概要］ページで、［RDセッションホスト］のアイコンを右クリックし、［RDセッションホストサーバーの追加］を実行します。

複数のセッションホストサーバーを使用するセッションコレクションでは、コレクションのプロパティの［負荷分散の設定の構成］ページで、各サーバーのセッションの最大数と、サーバー間の相対的な重み付けを構成できます。ユーザー要求の負荷分散は、この構成に基づいてRD接続ブローカーが行います。

- **RD仮想化ホスト** ── プールされた仮想デスクトップコレクションの場合は、RD仮想化ホストサーバーを複数台展開し、仮想デスクトップを複数の仮想化ホストサーバーに分散配置します。追加のRD仮想化ホストサーバーのインストールは、［サーバーマネージャー］の［リモートデスクトップサービス］－［概要］ページで、［RD仮想化ホスト］のアイコンを右クリックし、［RD仮想化ホストサーバーの追加］を実行します。ユーザー要求の負荷分散は、RD接続ブローカーが行います。RD仮想化ホストの1台がダウンした場合でも、他のRD仮想化ホスト上の利用可能な仮想デスクトップにリダイレクトされます。

  個人用仮想デスクトップコレクションの場合、仮想デスクトップはユーザー専用で割り当てられるため、仮想デスクトップ自身の可用性を高める必要があります。それには、個人用仮想デスクトップをHyper-Vホストクラスター構成のRD仮想化ホストに作成し、仮想デスクトップのファイルをクラスターの共有ボリューム（CSV）またはスケールアウトファイルサーバー上の共有に配置します。

- **RD Webアクセスサーバー** ── RD Webアクセスサーバーを複数台展開し、DNSラウンドロビンまたはNLBクラスターを使用して負荷分散を構成します。追加のRD Webアクセスサーバーのインストールは、［サーバーマネージャー］の［リモートデスクトップサービス］－［概要］ページで、［RD Webアクセス］のアイコンを右クリックし、［RD Webアクセスサーバーの追加］を実行します。

- **RDゲートウェイサーバー** ── RDゲートウェイサーバーを複数台展開し、DNSラウンドロビンまたはNLBクラスターを使用して負荷分散を構成します。追加のRDゲートウェイサーバーのインストールは、［サーバーマネージャー］の［リモートデスクトップサービス］－［概要］ページで、［RDゲートウェイ］のアイコンを右クリックし、［RDゲートウェイサーバーの追加］を実行します。

- **RDライセンスサーバー** ── RDライセンスサーバーを複数台展開し、RDS CALを分割して管理するように構成します。追加のRDライセンスサーバーのインストールは、［サーバーマネージャー］の［リモートデスクトップサービス］－［概要］ページで、［RDライセンス］のアイコンを右クリックし、［RDライセンスサーバーの追加］を実行します。RDライセンスサーバーを追加したら、そのサーバーのアクティブ化とRDS CALのインストールを行います。また、［展開プロパティ］の［RDライセンス］ページで、RDライセンスサーバーの優先順位を設定します。

第10章
その他の役割と機能

最終章となるこの章では、ここまでの章で触れていない、または詳しく説明していない、Windows Server 2016のその他の役割や機能について説明します。

10.1 Windows Defender

Windows Server 2016には、Windows 8、Windows 8.1、およびWindows 10にも搭載されているWindows Defenderのサーバー版が標準搭載され、フルインストールとServer Coreインストールでは既定で有効化されます。Windows DefenderはWindows Server 2016バージョンのNano Server（2018年10月に既にサポート終了）でもサポートされており、オプション（Microsoft-NanoServer-Defender-Package.cabパッケージの追加）で有効化できます。もちろん、他社のマルウェア対策製品を導入する場合は、機能を削除することが可能です。

Windows Defenderは、ウイルス対策、スパイウェア対策、およびネットワーク検査システム（Network Inspection System：NIS）からなる総合的なマルウェア対策機能であり、Windows UpdateやWindows Server Update Services（WSUS）を通じてエンジンおよび定義ファイルが更新され、Windowsのメンテナンスタスクの一部として定期的なスキャンが自動実行されます。

画面10-1-1　Windows Server 2016には組み込みのマルウェア対策機能としてWindows Defenderが既定でインストールされる

10.1.1 Windows DefenderのGUI

Windows Server 2016のフルインストールには、Windows Defenderのコア機能に加えて、Windows DefenderのGUIツールがインストールされ、GUIツールを使用してスキャンや定義の手動更新を実行できます。このGUIツールは、[スタート]メニューの[Windowsシステムツール] - [Windows Defender]から開始できます。

また、Windows Defenderの設定については、Windows Server 2016の[設定]の[更新とセキュリティ] - [Windows Defender]に統合されており、Windows DefenderのGUIツールの[設定]をクリックすると、Windows Server 2016の[設定]の[更新とセキュリティ] - [Windows Defender]が開くようになっています。

画面10-1-2 Windows DefenderのGUIツールと、
Windows Server 2016の[設定]に統合されたWindows Defenderの設定

改訂 Windows Server 2019の Windows Defender AntivirusのGUI

Windows 10バージョン1703以降、Windows 10のセキュリティ機能はWindows Defenderブランドにまとめられ、ウイルス対策ソフトとしてのWindows Defenderはその一部である「Windows Defenderウイルス対策(Windows Defender Antivirus)」になりました。Windows DefenderのGUIは、Windows Server 2019デスクトップエクスペリエンスの[Windowsセキュリティ]アプリ(Windows 10バージョン1803以前の[Windows Defenderセキュリティセンター]アプリに相当)に統合されています。

10.1.2　コマンドラインによる管理

　Windows Server 2016のServer CoreインストールおよびNano Server（2018年10月に既にサポート終了）では、コマンドラインを使用してスキャンや定義の更新、およびWindows Defenderの設定を行います。もちろん、フルインストール環境でもコマンドラインによる管理が可能です。

■ MpCmdRunコマンドによる更新とスキャン

　Windows DefenderのインストールパスであるC:¥Program Files¥Windows Defenderには、**MpCmdRun.exe**というコマンドラインツールがあります。次のコマンドラインを実行すれば、Windows UpdateまたはMicrosoft Malware Protection Center（MMPC）から最新の定義ファイルをダウンロードして更新し、クイックスキャンを開始することができます。フルスキャンを実行する場合は、**-ScanType 2**を指定します。

```
C:¥> cd "Program Files¥Windows Defender"
C:¥Program Files¥Windows Defender> MpCmdRun -SignatureUpdate -MMPC
C:¥Program Files¥Windows Defender> MpCmdRun -Scan -ScanType 1または2
```

■ PowerShellによる更新とスキャン、および管理

　Windows Defenderによる定義の更新とスキャンの実行は、PowerShell用のDefenderモジュールを使用して行うこともできます。それには、**Update-MpSignature**および**Start-MpScan**コマンドレットを使用します。

```
PS C:¥> Update-MpSignature -UpdateSource MMPC
PS C:¥> Start-MpScan -ScanType QuickScanまたはFullScan
```

　PowerShell用のDefenderモジュールのコマンドレットを使用すると、Windows Defenderの各種設定を確認および変更することも可能です。エンジンや定義ファイルの更新状態（バージョン）、保護の状態、および最後のスキャン実行の情報を確認するには、**Get-MpComputerStatus**コマンドレットを実行します。

```
PS C:¥> Get-MpComputerStatus
```

　スケジュールスキャンの開始時刻や除外する場所、拡張子、プロセスの設定、その他のオプションの構成の確認と変更には、**Get-MpPreference**、**Add-MpPreference**、**Remove-MpPreference**、および**Set-MpPreference**コマンドレットを使用します。

```
PS C:¥> Get-MpComputerStatus
PS C:¥> Add-MpPreference -ExclutionPath "<除外するパス>"
PS C:¥> Add-MpPreference -ExclutionExtension "<除外する拡張子>"
PS C:¥> Add-MpPreference -ExclutionProcess "<除外するプロセス>"
PS C:¥> Set-MpPreference -ScanAvgCPULoadFactor 25
（スキャン時の平均CPU使用率を25％に変更、既定は50％）
```

PowerShell用のDefenderモジュールのコマンドレットのリファレンスについては、以下のドキュメントを参照してください。

Defenderコマンドレット
➡ https://docs.microsoft.com/en-us/powershell/module/defender/?view=win10-ps

10.1.3 グループポリシーによる管理

Windows Defenderの設定は、グループポリシーの次の場所にあるポリシーを使用して、集中的に管理することができます。

```
コンピューターの構成¥ポリシー¥管理用テンプレート¥Windows コンポーネント¥Endpoint Protect
ion
※Windows 10バージョン1703以降は、…¥Windowsコンポーネント¥Windows Defender ウイルス
対策
```

10.1.4 クラウドベースの保護

Windows 10およびWindows Server 2016のWindows Defenderには、「クラウドベースの保護」（Windows 10バージョン1709以降は「クラウド提供の保護」）という新機能が追加されています。クラウドベースの保護は、Microsoft Active Protection Service（MAPS）というクラウドサービスを使用して、脅威の疑いがあるファイルのレポートを送信し、脅威が存在する場合ほぼリアルタイムで対応する定義を使用して脅威から保護する機能です。この機能は、サンプルの自動送信との組み合わせで最適に機能します。

フルインストール環境の場合、Windows DefenderのGUIツールを初めて実行したときに表示される［Windows Defenderの新機能］ダイアログボックスで、この機能を有効化できます。また、［設定］の［更新とセキュリティ］－［Windows Defender］の［クラウドベースの保護］と［サンプルの自動送信］で機能をオン/オフにすることができます。

グループポリシーでクラウドベースの保護を集中的に管理するには、次の2つのポリシーを構成します。

```
コンピューターの構成¥ポリシー¥管理用テンプレート¥Windows コンポーネント¥Endpoint Protect
ion¥MAPS¥Microsoft MAPS に参加する
コンピューターの構成¥ポリシー¥管理用テンプレート¥Windows コンポーネント¥Endpoint Protect
ion¥MAPS¥詳細な分析が必要な場合はファイルのサンプルを送信する
※Windows 10バージョン1703以降は、…¥Windowsコンポーネント¥Windows Defender ウイルス
対策¥…
```

PowerShellで次のコマンドラインを実行すると、クラウドベースの保護とサンプルの自動送信のオン/オフを切り替えることができます。

```
PS C:¥> Set-MpPreference -MAPSReporting 2（オン）または0（オフ）
PS C:¥> Set-MpPreference -SubmitSamplesConsent 1（オン、安全なサンプルを送信する）、
0（オフ、常に確認する）、2（送信しない）、または3（すべてのサンプルを送信する）
```

10.1.5 Automatic Exclusions（自動除外設定）

Windows 10およびWindows Server 2016のWindows Defenderでは、Automatic Exclusions（自動除外設定）の機能がサポートされており、既定で有効になっています。この機能は、Windows 10やWindows Server 2016にインストールされている役割や機能に基づいて、標準的な除外設定を自動的に行ってくれるものです。

例えば、Hyper-Vの役割がインストールされている場合、次の除外設定が適用されます。必要に応じて、**Add-MpPreference -ExclusionPath**を使用して、この自動設定に含まれないパスを追加するとよいでしょう。

```
除外する拡張子：
*.vhd  *.vhdx  *.avhd  *.avhdx *.vsv
*.iso  *.rct   *.vmcx  *.vmrs

除外するパス：
%ProgramData%¥Microsoft¥Windows¥Hyper-V
%ProgramFiles%¥Hyper-V
%SystemDrive%¥ProgramData¥Microsoft¥Windows¥Hyper-V¥Snapshots
%Public%¥Documents¥Hyper-V¥Virtual Hard Disks
除外するプロセス：
%systemroot%¥System32¥Vmms.exe
%systemroot%¥System32¥Vmwp.exe
```

その他の役割や機能に対応した自動除外設定については、次のドキュメントで説明されています。

Configure Windows Defender Antivirus exclusions on Windows Server
⮕https://docs.microsoft.com/en-us/windows/security/threat-protection/windows-defender-antivirus/configure-server-exclusions-windows-defender-antivirus

なお、自動除外設定は、PowerShellで次のコマンドラインを実行することで、有効/無効を切り替えることができます。

```
PS C:¥> Set-MpPreference -DisableAutoExclusion $false（有効、既定）または$true（無効）
```

Nano ServerにおけるWindows Defenderのサポート
　Windows Server 2016バージョンのNano Serverは、物理マシンまたは仮想マシンに展開された環境において、オプションでWindows Defenderによる保護が可能です。しかし、Windows Server 2016バージョンのNano Server、および物理マシンまたは仮想マシンでのNano Serverの利用シナリオは、2018年10月に既に終了しました。

10.2 仮想化ベースのセキュリティ

Windows 10 Enterprise、Windows 10 Education、およびWindows Server 2016には、新しいセキュリティ機能のプラットフォーム「仮想化ベースのセキュリティ（Virtualization-Based Security：

VBS)」が搭載されています。この機能は、Hyper-Vの役割が有効なWindows Server 2016および
Windows 10バージョン1607において既定で有効になります。

10.2.1 仮想化ベースのセキュリティの概要

仮想化ベースのセキュリティは、Hyper-Vのハイパーバイザーテクノロジを利用して、いくつかの新しいセキュリティサービスを提供します。仮想化ベースのセキュリティは、Windowsのセキュリティコンポーネントの一部をWindows 10のオペレーティングシステムから分離し、アクセスが厳しく制限されるセキュアなマイクロカーネル上で動作させます。

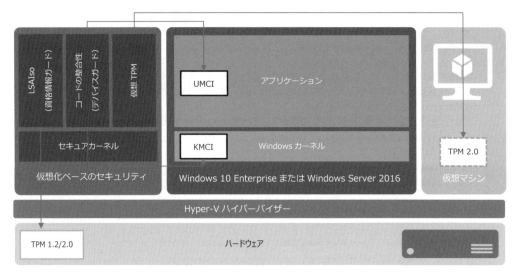

図10-2-1 仮想化ベースのセキュリティのアーキテクチャ

このセキュリティサービスのための分離されたパーティションは、Hyper-Vを実行するオペレーティングシステムからは通常の方法ではアクセスできません。オペレーティングシステムの、セキュリティ関連の最小限のコンポーネントだけがアクセスすることができ、オペレーティングシステムに対して次の3つのセキュリティサービスを提供します。

- **デバイスガード（コードの整合性）**　—— カーネルモードおよびユーザーモードで動作するドライバーやアプリケーションのコードの整合性（Code Integrity）を検証し、信頼できないドライバーやマルウェアの実行をブロックします。
- **資格情報ガード** —— ローカルセキュリティ機関（LSA）をオペレーティングシステムから分離し、Windowsやドメインの資格情報を保護します。
- **仮想TPM** —— Hyper-V上の仮想マシンにTPM 2.0対応のセキュリティチップとして利用できる仮想デバイスを提供します。

 デバイスガードはWindows Defenderアプリケーション制御（WDAC）に

　Windows 10バージョン1709以降、デバイスガードの機能は「Windows Defenderアプリケーション制御（Windows Defender Application Control：WDAC）」と呼ばれるようになりました。なお、Windows 10の新機能としてのデバイスガードは仮想化ベースのセキュリティ（Virtualization-Based Security：

VBS）で保護された「ハイパーバイザーコード整合性（Hypervisor Code Integrity：HVCI）」のことを指しますが、VBSを使用しないコード整合性は以前から存在します。例えば、Windows 8.1 x64の「カーネルモードのコード整合性（Kernel Mode Code Integrity：KMCI）」、Windows RTおよびWindows Phoneの「ユーザーモードのコード整合性（User Mode Code Integrity：UMCI）」です。Windows 10はKMCIとUMCIの両方に対応し、KMCIについてはHVCIでさらにメモリ保護を強化できます。Windows 10バージョン1703で登場したWindows 10 S（Windows 10バージョン1803以降はSモード）は、VBSを使用しないコード整合性ポリシーで実現されています。

　Windows 10バージョン1709から、「Windows Defender Application Guard（WDAG）」（WDACと略称が似ていることに注意してください）と呼ばれるMicrosoft Edgeの分離されたセキュアなブラウジング環境が利用可能になりましたが、この機能にもVBSが利用されています。WDAGはWindows 10バージョン1709のEnterpriseエディションに搭載され、その後、Windows 10バージョン1803でProエディションに拡大されました。Windows 10バージョン1903ではEducationエディションにも拡大される予定です。

■ システム要件

　Windows Server 2016、およびWindows 10バージョン1607のEnterpriseおよびEducationエディションでは、Hyper-Vの役割を有効化すると仮想化ベースのセキュリティの［仮想化の基本サポート］が有効になります（画面10-2-2）。仮想TPMについては、この時点で既に仮想マシンに割り当て可能です。

Windows 10バージョン1511以前の仮想化ベースのセキュリティ

　仮想化ベースのセキュリティは、Windows 10初期リリースおよびバージョン1511のEnterpriseおよびEducationエディションでもサポートされますが、Hyper-Vに加え、［分離ユーザーモード］の機能の追加と［コンピューターの構成￥管理用テンプレート￥システム￥デバイス ガード￥仮想化ベースのセキュリティを有効にする］ポリシーの有効化が必要です。そのため、デバイスガードおよび資格情報ガードのシステム要件が必要です。

　Windows Server 2016およびWindows 10バージョン1607では、Hyper-Vの役割の有効化だけで、BIOSベース、UEFIベース、セキュアブートに関係なく、仮想化の基本サポート（仮想TPMのサポート）が利用できるようになります。

画面10-2-2
Hyper-Vを有効にすると、仮想化ベースのセキュリティの［仮想化の基本サポート］が利用可能になる

　仮想化ベースのセキュリティのデバイスガードおよび資格情報ガードのセキュリティ機能を利用するには、Hyper-Vのシステム要件に加えて、次の要件を満たしている必要があります。

- **UEFI 2.3.1以降のファームウェア** —— BIOSベースのシステムはサポートされません。
- **セキュアブート** —— セキュアブートは有効になっている必要があります。
- **ファームウェアのロック** —— ハードディスクから起動する以外の方法で起動できないように、UEFIファームウェアの設定が変更されないようにロックする必要があります。

以下の要件は必須ではありませんが、利用可能であればセキュリティをさらに強化できます。

- **IOMMU (Input/Output Memory Management Unit)** —— Intel VT-dまたはAMD-Vi。DMA (Direct Memory Access) 保護のサポートのために必要です。
- **TPM 1.2または2.0** —— 資格情報ガードの資格情報をTPMに格納して保護する場合に必要。Windows 10初期リリースはTPM 2.0のみをサポートしています。

■ デバイスガードと資格情報ガードの有効化/無効化

Windows Server 2016およびWindows 10バージョン1607でデバイスガードと資格情報ガードを有効化するには、［Hyper-V］の役割/機能をインストールした上で、ローカルセキュリティポリシー（Gpedit.msc）またはグループポリシーを構成します。

［プラットフォームのセキュリティレベルを選択する］オプションの選択は、ハードウェアの対応状況に依存します。［コードの整合性に対する仮想化ベースの保護］はデバイスガードの有効化または無効化、［Credential Guardの構成］は資格情報ガードの有効化または無効化の選択です。いずれも、［ロックなしで有効化］を選択して有効化した場合に限り、同じポリシーで［無効］を選択して無効化することができます。

［UEFIロックで有効化］を選択した場合、［Hyper-V］の役割/機能を再インストールして、仮想化ベースのセキュリティを初期化する必要があります。なお、［ロックなしで有効化］は、Windows 10バージョン1511からサポートされます。

```
コンピューターの構成¥管理用テンプレート¥システム¥Device Guard¥仮想化ベースのセキュリティを
有効にする：有効
   プラットフォームのセキュリティ レベルを選択する：セキュアブート｜セキュアブートとDMA保護
   コードの整合性に対する仮想化ベースの保護：UEFIロックで有効化｜ロックなしで有効化｜無効
   Credential Guardの構成：UEFIロックで有効化｜ロックなしで有効化｜無効
```

■ Windows 10バージョン1511での有効化/無効化

Windows 10バージョン1511の場合は、［Hyper-V］および［分離ユーザーモード］の機能をインストールした上で、ローカルセキュリティポリシー（Gpedit.msc）またはグループポリシーで次のポリシーを構成します。Windows 10バージョン1511から、［ロックなしで有効化］を選択することで、資格情報ガードのポリシーによる無効化が可能になりました。

```
コンピューターの構成¥管理用テンプレート¥システム¥デバイス ガード¥仮想化ベースのセキュリティを
有効にする：有効
   プラットフォームのセキュリティ レベルを選択する：セキュアブート｜セキュアブートとDMA保護
   コードの整合性に対する仮想化ベースの保護を有効にする：オン
   資格情報ガードの構成：UEFIロックで有効化｜ロックなしで有効化｜無効
```

■ Windows 10初期リリースでの有効化/無効化

　Windows 10初期リリースの場合は、［Hyper-V］および［分離ユーザーモード］の機能をインストールした上で、ローカルセキュリティポリシー（Gpedit.msc）またはグループポリシーで次のポリシーを構成します。なお、仮想化ベースのセキュリティの設定を無効にするには、［Hyper-V］および［分離ユーザーモード］の再インストールが必要です。

> コンピューターの構成¥管理用テンプレート¥システム¥デバイス ガード¥仮想化ベースのセキュリティを有効にする：有効
> 　プラットフォームのセキュリティ レベルを選択する：セキュアブート｜セキュアブートとDMA保護
> 　コードの整合性に対する仮想化ベースの保護を有効にする：オン
> 　資格情報ガードを有効にする：オン

10.2.2　デバイスガード

　「デバイスガード（Device Guard）」は、仮想化ベースのセキュリティの分離環境を利用した、マルウェア対策のためのセキュリティ機能です。デバイスガードを有効化すると、次の2つの機能でカーネルモードドライバーおよびユーザーモードアプリケーションのコードの整合性を検証し、信頼できないデバイスドライバーによりシステムが不安定になったり、カーネルモードまたはユーザーモードで動作するように仕込まれたマルウェアの実行をブロックできます。

- ■ カーネルモードのコードの整合性（Kernel Mode Code Integrity：KMCI）
- ■ ユーザーモードのコードの整合性（User Mode Code Integrity：UMCI）

　カーネルモードのコードの整合性（KMCI）は、デバイスガードを有効にしてコンピューターを再起動した直後から機能し始めます。
　カーネルモードのコードの整合性（KMCI）は、カーネルモードドライバーのコードの整合性を検証します。例えば、デジタル署名のないデバイスドライバーや、デジタル署名の証明書の有効期限が切れているデバイスドライバーは、Windowsの起動時に読み込まれなくなります。

画面10-2-3
カーネルモードのコードの整合性（KMCI）により、有効期限切れのデバイスドライバーの読み込みがブロックされた例

　ユーザーモードのコードの整合性（UMCI）は、デバイスガードの有効化の他に、「コードの整合性ポリシー（Code Integrity Policy）」の作成と展開の手順が必要になります。具体的な手順については、

次のドキュメントを参照してください。

Planning and getting started on the Windows Defender Application Control deployment process
→https://docs.microsoft.com/en-us/windows/security/threat-protection/windows-defender-application-control/windows-defender-application-control-deployment-guide

コードの整合性ポリシーの作成と展開の手順は複雑であるため、概略で説明します。

1. 企業で使用するアプリケーションがインストールされている標準構成のクライアントPC（参照用PC）を使用して、アプリケーションカタログを作成し、監査用のコードの整合性ポリシーを作成します。
2. 監査用のコードの整合性ポリシー（例：DeviceGuardPolicy.bin）を参照用PCのC:¥Windows¥System32¥CodeIntegrityフォルダーにコピーし、ローカルコンピューターポリシー（Gpedit.msc）で次のポリシーを構成して、監査モードでテストします。

```
コンピューターの構成¥管理用テンプレート¥システム¥Device Guard¥コードの整合性ポリシーを展開する：有効
    コードの整合性ポリシーのファイルパス：C:¥Windows¥System32¥CodeIntegrity¥DeviceGuardPolicy.bin
```

3. 監査用のコードの整合性ポリシーから強制用のコードの整合性ポリシーを作成します。コードの整合性ポリシーの改ざんを防止するために、コードの整合性ポリシーにコード署名を追加します。
4. グループポリシーの次のポリシーを構成して、署名済みのコードの整合性ポリシーを企業内のクライアントPCに展開します。

```
コンピューターの構成¥ポリシー¥管理用テンプレート¥システム¥Device Guard¥コードの整合性ポリシーを展開する：有効
    コードの整合性ポリシーのファイルパス：コードの整合性ポリシーのUNCパス
    （例：¥¥サーバー名¥共有名¥EnforcedDeviceGuardPolicy.bin）
```

強制用のコードの整合性ポリシーが展開されたコンピューターでは、検証にパスしないアプリケーションの実行がブロックされます。また、イベントログのMicrosoft-Windows-CodeIntegrity/Operationalにブロックされたことが記録されます。

画面10-2-4
デバイスガードによりブロックされた
ユーザーモードアプリケーション

10.2.3 資格情報ガード

Windowsでは、ローカルアカウントおよびドメインアカウントの資格情報（パスワードや証明書）は「ローカルセキュリティ機関（Local Security Authority：LSA）」に格納され、LSAのプロセスのメモ

リ上に保持されています。「資格情報ガード（Credential Guard）」は、LSAを仮想化ベースのセキュリティの分離されたプロセス（Isolated LSA：LSAIso）として実行し、資格情報への不適切なアクセスをより困難にします。

なお、資格情報ガードは、NTLMおよびKerberosの既定のプロトコルおよび暗号化スイートのみを許可します。NTLMv1、MS-CHAPv2、およびKerberosの弱い暗号化タイプ（DESなど）をサポートしません。その他、資格情報ガードについて詳しくは、以下のドキュメントで説明されています。

Windows Defender Credential Guardによるドメインの派生資格情報の保護
→https://docs.microsoft.com/ja-jp/windows/security/identity-protection/credential-guard/credential-guard

10.2.4 仮想TPM

「仮想TPM（Virtual Trusted Platform Module）」は、仮想化ベースのセキュリティがHyper-Vの仮想マシンに対して提供する仮想デバイスです。

仮想化ベースのセキュリティを有効にすると、Hyper-Vの第2世代仮想マシンの［設定］で仮想TPMを有効化できるようになります。仮想TPMが割り当てられた仮想マシンのゲストOSは、TPM 2.0対応のセキュリティチップとして認識し、BitLockerドライブ暗号化やTPM仮想スマートカード（Windows 8以降のTPM関連機能）などTPMに依存する機能を仮想マシンのゲストOSから利用できるようになります。

第7章で説明したHost Guardianサービスでは、仮想TPMを利用して仮想マシンのシールド（BitLockerドライブ暗号化による保護）を行います。仮想化ベースのセキュリティの既定では、自己署名証明書を利用して仮想TPMが構成されますが、Host Guardianサービスの場合はキー保護サービス（Key Protection Server）から取得した証明書を利用して仮想TPMを構成します。これにより、仮想マシンをシールドするHyper-VホストとHost Guardianサービスにより信頼されたHyper-Vホストのみがその仮想マシンの仮想TPMを初期化でき、仮想マシンを起動できます。それ以外の環境では、仮想TPMを初期化できないため、仮想マシンの仮想ハードディスク内の暗号化ロックを解除することができません。

画面10-2-5　仮想TPMは、仮想化ベースのセキュリティが有効なHyper-Vの第2世代仮想マシンで有効化できる

> **改訂 仮想TPMが有効な仮想マシンを別のホストに移動すると起動できない**
>
> HGSからキー（証明書）を取得することがないスタンドアロンのHyper-Vホストで仮想TPMを有効化すると、そのHyper-Vホストに保存される証明書を用いて仮想TPMが保護されます。そのため、仮想TPMが有効な仮想マシンを別のホストに移動またはエクスポート/インポートすると、そのホストで仮想TPMのロックを解除できずに起動に失敗します。仮想TPMをオフにすると起動できますが、オンにすると再び起動できなくなります。この状態を回避する方法については、以下のブログ記事を参照してください。
>
> Hyper-V Tips：vTPMが有効な仮想マシンのエクスポート/インポート
> ⇒ https://yamanxworld.blogspot.com/2018/11/hyper-v-tips-tpm.html

10.3 IIS 10.0

　Windows Server 2016の［Webサーバー（IIS）］の役割は、インターネットインフォメーションサービス（Internet Information Services：IIS）10.0のWebサーバーおよびアプリケーションプラットフォームを提供します。Windows Server 2012 R2ではIIS 8.5でした。

　IISの役割とその構成については、IISを前提とするさまざまな役割や機能とともに、各章で説明してきました。ここでは、IIS 10.0の新機能について紹介します。

10.3.1 HTTP/2のサポート

　HTTP/2は2015年5月にRFC 7540として文書化されたHTTPプロトコルの新しい標準であり、HTTP/1.1の次のメジャーアップグレードバージョンです。HTTP/2の仕様についてここでは説明しませんが、複数の並列要求やヘッダー圧縮などにより、HTTP/1.1よりも効率的で高速な通信が可能になります。既に、50％以上のWebブラウザーがHTTP/2をサポートしていると言われています（本書初版の時点）。

　Windows 10に搭載されているMicrosoft EdgeおよびInternet Explorer 11、およびWindows Server 2016のフルインストールに搭載されているInternet Explorer 11は、TLS接続において、HTTPプロトコルの新しい標準仕様であるHTTP/2のクライアントサイドのサポートを提供します。IIS 10.0は、HTTP/2のサーバーサイドのサポートを提供します。ただし、次の3つの機能はサポートされません。

- **Windows認証** —— Windows認証が要求されるWebサイトの接続には、HTTP/1.1が使用されます。
- **クリアテキスト認証** —— TLSで保護されていないクリアテキスト認証のWebサイトの接続には、HTTP/1.1が使用されます。IIS 10.0はHTTP/2 over TLSのみをサポートしています。
- **帯域幅の使用制限** —— IISのWebサイトには帯域幅の使用制限を設定できますが（Webサイトの［操作］ペインの［制限］から構成できます）、この制限はHTTP/1.1にのみ適用されます。HTTP/2の接続には制限が適用されません。

画面10-3-1
IIS 10.0はHTTP/2 over TLSをサポート

10.3.2 ワイルドカードホストヘッダーのサポート

　IISのWebサイトにホスト名（ホストヘッダー）を設定すると、単一のIPアドレスで複数のWebサイトやWebアプリケーションを異なるFQDNを使用してサービスできます。IIS 10.0では、ホスト名の指定にワイルドカードの使用がサポートされました。これにより、単一のIPアドレス、複数のFQDNを使用して、単一のWebサイトやWebアプリケーションをサービスできます。

　例えば、*.contoso.comをホストヘッダーとして設定することで、次のようなFQDNからの要求を処理できます。Webアプリケーション側では、クライアントが要求したFQDNを取得して、異なる処理を行うことができます。

- www.contoso.com
- intranet.contoso.com
- blogs.contoso.com

画面10-3-2　ホスト名（ホストヘッダー）として*.contoso.comを設定する

画面10-3-3
単一のIPアドレスを参照する複数のFQDNで同じWebサイトにアクセスできる。この例は、Classic ASPを利用して、Webページに<%= Request.ServerVariables("SERVER_NAME") %>を埋め込んだもの

10.3.3　IISAdministration PowerShellコマンドレット

　IIS 8.0および8.5では、PowerShell用のWebAdministrationモジュールが提供され、PowerShellのシェル環境での対話実行やPowerShellスクリプト（.ps1）を使用してIISやWebサイトの構成と管理を行うことができました。PowerShell用のWebAdministrationモジュールは、IIS 10.0でも引き続き提供されます。

　IIS 10.0では、新たにPowerShell用のIISAdministrationモジュールが提供されます。IISAdministrationモジュールの機能は、WebAdministrationモジュールと多くの部分で重複していますが、より簡素化されており、WebAdministrationモジュールでは実行に時間がかかった大規模な環境においても、実行時間が短縮されるようにパイプライン処理など多くの部分が改善されています。

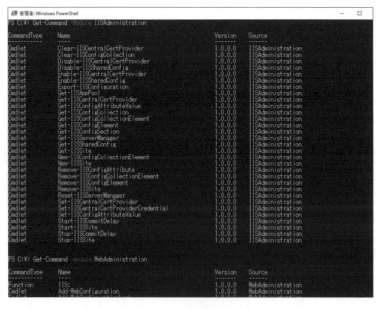

画面10-3-4
WebAdministration（78のコマンドレットと1つのファンクション）よりも簡素化されたIISAdministration（31のコマンドレット）

10.3.4　Nano Serverのサポート

IIS 10.0は、アプリケーションプラットフォームとして最適化されたWindows Server 2016バージョンのNano Serverにおいて、もちろんサポートされる役割です。

> **改訂　Nano ServerにおけるIISのサポート**
>
> 　Windows Server 2016バージョンのNano Server、および物理マシンまたは仮想マシンでのNano Serverの利用シナリオは、2018年10月に既に終了しました。半期チャネル（SAC）バージョン1709以降のNano Serverは、Docker用のベースOSイメージとしてのみ提供されます。Windows Server 2016バージョンのコンテナー用Nano Serverイメージ（microsoft/nanoserver:sac2016）にはIISの役割を追加することができましたが、バージョン1709以降のNano Serverではできません。バージョン1709以降のNano Serverは、.NET Coreアプリケーション用に最適化されており、その他のサービススタックを含めることはできません。PowerShell Core、.NET Core、およびWMIは既定ではイメージに含まれていませんが、PowerShell Coreと.NET Coreのパッケージはコンテナー作成時に含めることができます。また、Nano Serverのコンテナーは、IoT Coreでも実行することができます。

　Nano Serverの展開用イメージを作成する際に、**New-NanoServerImage**コマンドレットで**-Packages Microsoft-NanoServer-IIS-Package**パラメーターを指定することで、展開用イメージにIIS 10.0の役割を含めることができます。

　展開後のNano ServerにIIS 10.0を追加するには、Nano ServerのPackagesフォルダーにあるMicrosoft-NanoServer-IIS-Package.cabパッケージおよび言語サポートパッケージを**DISM**コマンドで追加し、World Wide Web発行サービス（W3SVC）を開始します。この方法は、WindowsコンテナーとしてNano ServerベースのコンテナーにIIS 10.0をインストールする場合にも利用できます。

　なお、筆者の環境では、どちらのコマンドラインの実行も一度目は100％完了後に「Error: 0x800f0922」のエラーが発生しました。同じコマンドラインをもう一度実行することで、どちらもエラーなしでインストールを完了することができました。

```
DISM /Online /Add-Package↵
 /PackagePath:<Packagesフォルダーのパス>¥Microsoft-NanoServer-IIS-Package.cab
DISM /Online /Add-Package↵
 /PackagePath:<Packagesフォルダーのパス>¥<言語名>¥Microsoft-NanoServer-IIS-Package_<言語名>.cab
```

　次のような無人応答ファイルを使用すると、エラーなしでIIS 10.0をインストールすることができます。

nanoiis.xml

```
<?xml version="1.0" encoding="utf-8"?>
    <unattend xmlns="urn:schemas-microsoft-com:unattend">
        <servicing>
            <package action="install">
                <assemblyIdentity name="Microsoft-NanoServer-IIS-Package" version="10.0.14393.0" processorArchitecture="amd64" publicKeyToken="31bf3856a
```

```
d364e35" language="neutral" />
            <source location="D:¥packages¥Microsoft-NanoServer-IIS-Packa
ge.cab" />
          </package>
          <package action="install">
            <assemblyIdentity name="Microsoft-NanoServer-IIS-Package" ve
rsion="10.0.14393.0" processorArchitecture="amd64" publicKeyToken="31bf3856a
d364e35" language="ja-JP" />
            <source location="D:¥packages¥ja-JP¥Microsoft-NanoServer-IIS
-Package_ja-JP.cab" />
          </package>
      </servicing>
    <cpi:offlineImage cpi:source="" xmlns:cpi="urn:schemas-microsoft-com:cpi
" />
</unattend>
```

　無人応答ファイル（この例ではnanoiis.xml）をNano Serverにコピーしたら、次のコマンドライン
を実行してIIS 10.0をインストールし、サービスを開始します。

```
DISM /Online /Apply-unattend:.<パス>¥nanoiis.xml
NET START w3svc
```

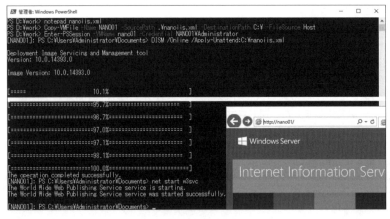

画面10-3-5
無人応答ファイルを使用
したNano ServerへのIIS
10.0のインストール

10.4 バックアップと回復

　Windows Serverのシステムやユーザーデータ、アプリケーションのバックアップと回復のための運
用管理は、操作ミスやマルウェア感染からのデータ保護、ビジネス継続性のための災害対策の面から
極めて重要な管理タスクです。サーバー仮想化テクノロジは、仮想マシンのオンラインバックアップ
やHyper-Vレプリカなど、バックアップ方法の選択肢を拡大しましたが、物理サーバーにおけるバッ
クアップの重要性は仮想化テクノロジが普及する以前とまったく変わりません。ここでは、Windows

Server標準のWindows Serverバックアップによるローカルバックアップと、Azure Backupと呼ばれるクラウドベースのオンラインバックアップについて説明します。

10.4.1 ローカルバックアップとオンラインバックアップ

　Windows Server標準のバックアップツールは、古くはNTBackupと呼ばれていたツールで、テープ装置やディスクへのバックアップが可能でした。Windows Server 2008でバックアップテクノロジが大きく刷新され、現在と同じWindows Serverバックアップに変更されました。このバックアップテクノロジは、Windows Vista以降のデスクトップOSにも搭載され、Windows Complete PCバックアップ（および復元）と呼ばれることもあります。Windows 8以降は「ファイル履歴」がお勧めとなり、Windows Complete PCバックアップの機能は「Windows 7のファイルの回復」「システムイメージバックアップ」「バックアップと復元（Windows 7）」のようにわかりにくい名称になりましたが、引き続き利用可能です。

　Windows Serverバックアップは、ローカルサーバー専用のディスクツーディスクのバックアップツールであり、標準でボリューム、ファイルとフォルダー、システム状態、ベアメタル回復のためのフルバックアップ、およびHyper-V仮想マシンのバックアップに対応しています。その他のアプリケーションデータの保護のためには、アプリケーション自身が備えるバックアップ機能、例えば、SQL ServerデータベースのSQL Server Management StudioやTransact-SQL（BACKUP DATABASE）を使用したバックアップ機能を利用するか、System Center Data Protection Managerや他社のバックアップ製品の導入が必要です。

Windows ServerバックアップによるSQL Serverデータベースのバックアップ
　ボリュームシャドウコピーサービス（VSS）対応のアプリケーションは、アプリケーションのデータがロックされることなく、Windows Serverバックアップでバックアップ可能です。例えば、SQL ServerはSQL Writer Serviceがこの機能を提供します。ただし、アプリケーションの整合性を考慮した場合、SQL Server自身が持つバックアップ機能や他のバックアップ製品を利用したほうがよいでしょう。

　Windows Server 2012以降のフルインストール（Windows Server 2012/2012 R2のGUI使用サーバー、Windows Server 2016のデスクトップエクスペリエンス）環境では、［Windows Serverバックアップ］スナップイン（wbadmin.msc）が標準で利用できますが、Windows Serverバックアップの機能は既定ではインストールされません。［Windows Serverバックアップ］スナップインでローカルサーバーのバックアップを行うには、［役割と機能の追加ウィザード］で［Windows Serverバックアップ］の機能をインストールします。または、PowerShellで以下のコマンドラインを実行します。

```
PS C:\> Install-WindowsFeature -Name Windows-Server-Backup
```

　Microsoft Azureが提供するRecovery Servicesのバックアップエージェントをサーバーに組み込むと、［Windows Serverバックアップ］スナップインに、オンラインバックアップの機能が統合されます。ここで言う「オンラインバックアップ」とはWindows Server Backupの「ローカルバックアップ」と対になる、Azure Backupを使用したバックアップ機能のことです。OSやアプリケーションを実行中（オンライン）のままバックアップする「オンライン（ライブ）バックアップ」のことではありません。

画面10-4-1 ［Windows Server バックアップ］スナップインには、ローカルバックアップと Azure Backup が統合される

　Recovery Services のバックアップサービスは、2013年10月に当時のWindows Azure の復旧サービスの1つとして、現在の Azure クラシックポータル（2018年1月に閉鎖されました）で正式提供が開始された Azure Backup のことです。2015年5月からは復旧サービスのもう1つのサービスである Azure Site Recovery とともに新しい Azure ポータル（https://portal.azure.com/）に Recovery Services として統合されました。Recovery Services は同じ資格情報コンテナーで Azure Backup と Azure Site Recovery の両方を管理でき、新しいリソースマネージャーデプロイにも対応しています。Azure Backup は保護対象のインスタンスごと、および使用したクラウドのストレージごとの課金で利用でき、長期アーカイブ（最大99年と公表されています）にも対応しています。

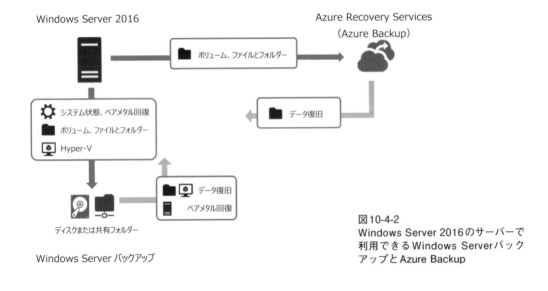

図10-4-2
Windows Server 2016 のサーバーで利用できる Windows Server バックアップと Azure Backup

Azure Backupの価格 | Microsoft Azure
→https://azure.microsoft.com/ja-jp/pricing/details/backup/

　Azure Backupは、オンプレミスのサーバー上のファイルとフォルダーのバックアップ、オンプレミスのアプリケーション（オンプレミス側にSystem Center Data Protection ManagerまたはMicrosoft Azure Backup Serverが必要）、Azure IaaS上の仮想マシンのバックアップに対応しています。［Windows Serverバックアップ］スナップインに統合されるオンラインバックアップ機能は、オンプレミスのサーバー上のファイルとフォルダーを対象としたものです（図10-4-2）。

Windows Serverバックアップはローカルバックアップ専用
　Windows Serverバックアップは、ツールを実行するローカルサーバーのみを対象にできます。［Windows Serverバックアップ］スナップイン（wbadmin.msc）をリモートサーバーに接続して使用することはできません。

　オンプレミスにSystem Center Data Protection Managerを導入している場合、あるいはRecovery Services（Azure Backup）から無料で提供されるMicrosoft Azure Backup Serverを導入することで、Azure Backupを使用してHyper-V仮想マシン、SQL Server、SharePoint、Exchange Serverのアプリケーション、システム状態、ベアメタル回復のためのバックアップをクラウドに転送することが可能になります。System Center 2012 R2 Data Protection Manager更新ロールアップ11（UR11）からは、vCenterで管理されるVMware仮想マシンのバックアップ保護にも対応しました。なお、Microsoft Azure Backup Serverは、System Center Data Protection Manager互換のバックアップソフトウェアです。

画面10-4-3
System Center Data Protection Manager（この画面）またはMicrosoft Azure Backup Serverを導入すると、システム状態やベアメタル回復、アプリケーションのバックアップをクラウドに転送できる

10.4.2　Windows Server バックアップ

　Windows Server 2008以降のWindows Serverバックアップは、ボリュームシャドウコピーサービス（VSS）と仮想ハードディスクのテクノロジを利用して、オンラインバックアップとバックアップの世代管理を行います。

　Windows Server 2003 R2以前のNTBackupはテープ装置またはバックアップファイル（.bkf）へのバックアップであり、コピー、増分、差分、毎日といったバックアップの種類とスケジュールを組み合わせて、世代管理を含めたバックアップを自ら計画して実施する必要がありました。これと比較して、Windows Serverバックアップは非常にシンプルであり、一度、バックアップスケジュールを作成してしまえば後はお任せにできます。

■ パフォーマンスオプション

　［Windows Serverバックアップ］スナップインで構成できるバックアップの種類には、「通常（高速バックアップ）」と「高速（増分バックアップ）」の2種類しかなく、これらはボリューム全体のバックアップを行う際のパフォーマンス最適化のオプションという位置付けです。どちらの場合でも、ボリュームシャドウコピーサービス（VSS）は、変更差分のみをバックアップするため、通常は既定の「通常」のままでよいでしょう。

　パフォーマンス最適化オプションはボリューム全体のバックアップのみに適用されます。言い換えれば、ファイルやフォルダー、システム状態などを個別にバックアップするよりも、ボリューム単位でバックアップを行うのが効率的であり、短時間でバックアップが完了します。

画面10-4-4
バックアップのパフォーマンスオプション

■ バックアップの方法

　Windows Serverバックアップでは、次のいずれかの方法でバックアップを実行できます。

- ■ バックアップスケジュール——1日1回または複数回のスケジュール実行により、サーバーのシステム全体（フルバックアップ）またはカスタム指定で、バックアップを専用のローカルドライブ、ローカルボリューム、または共有フォルダーに作成します。USB外付けディスクなど、リムー

ブルなバックアップ専用のローカルドライブを複数準備することで、ディスクを取り換えるだけでバックアップメディアをローテーションすることができます。

- **単発バックアップ** —— バックアップスケジュールの構成またはカスタム指定で、1回限りのバックアップをローカルドライブ、DVDメディア、または共有フォルダーに作成します。

共有フォルダーへのバックアップは上書きされる

バックアップ専用ディスクおよびローカルボリュームにバックアップを作成した場合、バックアップ先のVSSシャドウコピーにより複数世代（世代数はバックアップディスクのサイズに依存）のバックアップが保存されます。これに対して、VSSを利用できない共有フォルダーへのバックアップは、常に最後のバックアップで過去のバックアップが上書きされることに注意してください。

■|バックアップスケジュールの作成

　Windows Serverバックアップによるバックアップを自動化するには、バックアップスケジュールを作成します。バックアップスケジュールの構成を一度行ってしまえば、後は事実上、バックアップは自動管理されます。フルインストール環境の場合は、次の手順で［Windows Serverバックアップ］スナップイン（wbadmin.msc）を使用してバックアップスケジュールを構成します。Server Coreインストールの場合は、後述する**WBADMIN**コマンドまたはPowerShell用のWindowsServerBackupモジュールのコマンドレットを使用します。

1. ［Windows Serverバックアップ］スナップインを開き、［操作］ペインの［バックアップスケジュール］をクリックして、［バックアップスケジュールウィザード］を開始します。

2. ［バックアップの構成の選択］ページで［サーバー全体（推奨）］または［カスタム］を選択します。システム全体のフルバックアップを作成するには［サーバー全体（推奨）］を選択します。［カスタム］を選択すると、［バックアップする項目の選択］ページが表示されるので、システム状態、ボリューム、ファイルやフォルダー、Hyper-Vの設定（Hyper-V Component）と仮想マシンをバックアップ対象として個別に選択できます。なお、システム状態（Active Directoryドメインコントロー

画面10-4-5
［サーバー全体（推奨）］または［カスタム］を選択する

ラーの場合はディレクトリデータベースを含む）は個別にバックアップ可能ですが、個別にバックアップするよりもボリューム単位でバックアップしたほうが高速な場合があります（画面10-4-5）。

3. ［バックアップの時間の指定］ページで、1日1回または1日複数回のバックアップ開始時刻を設定します。

4. ［作成先の種類の指定］ページで、［バックアップ専用のハードディスクにバックアップする（推奨）］［ボリュームにバックアップする］［共有ネットワークフォルダーにバックアップする］のいずれかを選択します。複数世代のバックアップを確実に取得するには、［バックアップ専用のハードディスクにバックアップする（推奨）］を推奨します。ボリュームへのバックアップは、他のディスク使用がバックアップに利用可能な領域を圧迫することがあります。共有ネットワークフォルダーは、世代管理に対応していません。

5. ［バックアップ専用のハードディスクにバックアップする（推奨）］または［ボリュームにバックアップする］を選択した場合は、［作成先ディスクの選択］ページでバックアップ先のディスクまたはボリュームを指定します。［バックアップ専用のハードディスクにバックアップする（推奨）］を選択した場合、ディスクが再フォーマットされ既存のデータはクリアされることに注意してください。いずれの場合も、バックアップ先のボリュームにWindowsImageBackupフォルダーが作成され、その中にバックアップが保存されます。バックアップの世代はVSSシャドウコピーで管理されるため、バックアップ後にWindowsImageBackupフォルダーを参照しても最後のバックアップしか見えないでしょう。

画面10-4-6
バックアップ先の専用ディスクまたは既存のボリュームを指定する

6. ［確認］ページで設定内容を確認し、［完了］ボタンをクリックしてウィザードを終了します。

バックアップスケジュールを一度作成すると、後はスケジュールに従ってバックアップが自動的に開始されます。バックアップの進行状況や結果は、［Windows Serverバックアップ］スナップインの中央ペインに表示されます。［操作］ペインの［単発バックアップ］をクリックして、いま作成したバックアップスケジュールの構成を選択してバックアップを開始すれば、初回バックアップをすぐに開始できます。

第10章 その他の役割と機能　763

画面10-4-7
［単発バックアップ］を使用して、バックアップスケジュールの構成で初回バックアップをすぐに開始する

 クラスターの共有ボリューム（CSV）は個別のバックアップが必要
　クラスターの共有ボリューム（CSV）は、他のNTFSボリュームやReFSボリュームと同時にバックアップすることができません。そのため、クラスターの共有ボリューム（CSV）があるシステムのフルバックアップを作成しようとすると、メッセージが表示され、クラスターの共有ボリューム（CSV）だけがバックアップ対象から除外されます。カスタムバックアップでクラスターの共有ボリューム（CSV）と他のボリュームを同時に選択しようとした場合も同様です。

画面10-4-8
クラスターの共有ボリューム（CSV）は、他のボリュームと同時にバックアップすることはできない

■ **WBADMINコマンドによるバックアップスケジュールの作成と実行**

　WBADMINコマンドは、［Windows Serverバックアップ］スナップインのコマンドライン版です。例えば、システムのフルバックアップをE:ドライブに、毎日00:00時から開始するようにバックアップスケジュールを構成するには、コマンドプロンプトで次のコマンドラインを実行します。

```
C:¥> WBADMIN ENABLE BACKUP -addTarget:E: -Include:C: -allCritical -vssFull↵
 -schedule:00:00
```

　システムのフルバックアップにデータ用のD:ドライブのバックアップを含めるなら、次のように実

行します。

```
C:¥> WBADMIN ENABLE BACKUP -addTarget:E: -Include:C:,D: -allCritical -vssFull↵
 -schedule:00:00
```

バックアップスケジュールの構成を使用して、すぐにバックアップを開始するには、次のコマンドラインを実行します。

```
C:¥> WBADMIN START BACKUP
```

スケジュールに従って開始されたバックアップの進行状況を確認するには、次のコマンドラインを実行します。

```
C:¥> WBADMIN GET STATUS
```

WBADMINコマンドを使用すると、［Windows Serverバックアップ］スナップインでは実行できない操作も可能です。例えば、次のコマンドラインを実行すると、システム状態やボリュームのバックアップを、過去3世代を残して削除します。

```
C:¥> WBADMIN DELETE SYSTEMSTATEBACKUP -keepversions:3
C:¥> WBADMIN DELETE BACKUP -keepversions:3
```

■ PowerShellによるバックアップスケジュールの作成と実行

　PowerShell用のWindowsServerBackupモジュールが提供するコマンドレットを使用すると、WBADMINコマンドよりも詳細にWindows Serverバックアップのバックアップスケジュールを構成できます。次の例は、システムのフルバックアップ（この例はC:ドライブと関連するボリュームのみの場合）をE:ドライブに、毎日21:00から開始するようにバックアップスケジュールを構成します。

```
PS C:¥> $policy = New-WBPolicy
PS C:¥> Add-WBBareMetalRecovery -Policy $policy
PS C:¥> Add-WBSystemState -Policy $policy
PS C:¥> Add-WBVolume -Policy $policy -Volume (Get-WBVolume C:)
PS C:¥> $backuptarget = New-WBBackupTarget -Volume (Get-WBVolume E:)
PS C:¥> Add-WBBackupTarget -Policy $policy -Target $backuptarget
PS C:¥> Set-WBSchedule -Policy $policy -Schedule 21:00:00
PS C:¥> Set-WBVssBackupOption -Policy $policy -VssFullBackup
PS C:¥> Set-WBPolicy -Policy $policy -AllowDeleteOldBackups
```

バックアップスケジュールの構成を使用して、すぐにバックアップを開始するには、次のように実行します。

```
PS C:¥> $scheduledpolicy = Get-WBPolicy
PS C:¥> Start-WBbackup -Policy $scheduledpolicy
```

　次の例は、サーバーに存在するすべてのHyper-V仮想マシンとHyper-Vの設定を共有フォルダー

￥￥BACKUPSV￥Backupに単発バックアップでバックアップします。

```
PS C:¥> $onetimepolicy = New-WBPolicy
PS C:¥> Add-WBVirtualMachine -Policy $onetimepolicy⤸
 -VirtualMachine (Get-WBVirtualMachine)
PS C:¥> $backuptarget = New-WBBackupTarget -NetworkPath ¥¥BACKUPSV¥Backup
PS C:¥> Add-WBBackupTarget -Policy $onetimepolicy -Target $backuptarget
PS C:¥> Set-WBVssBackupOption -Policy $onetimepolicy -VssCopyBackup
PS C:¥> Start-WBbackup -Policy $onetimepolicy
```

■ アイテムレベルの回復

［Windows Serverバックアップ］スナップインの［操作］ペインにある［回復］をクリックすると、［回復ウィザード］を使用して最新または過去のバックアップからファイルやフォルダー、Hyper-V仮想マシンなどをアイテム単位で回復することができます。バックアップからの回復では、元の場所または別の場所のいずれかを指定してデータを回復できます。また、別のサーバーのバックアップディスクや共有フォルダー上の別のサーバーのバックアップから回復することもできます。

画面10-4-9
［Windows Serverバックアップ］スナップインの［回復ウィザード］を使用したアイテム単位の回復

WBADMINコマンドやPowerShellを使用したアイテムレベルの回復は複雑な操作になるため、バックアップメディアを別のフルインストール環境のサーバーに接続し、［Windows Serverバックアップ］スナップインを使用して別の場所に回復したものを、コピーして戻すのが簡単でしょう。

■ ベアメタル回復

サーバーのフルバックアップを取得してある場合、またはカスタム指定でベアメタル回復を選択したバックアップがある場合は、Windowsのシステム修復環境を使用して、空（ベアメタル）のディスクにシステム全体またはOS環境を回復することができます。この方法はベアメタル回復（Bare Metal Recovery：BMR）と呼ばれます。ベアメタル回復は、バックアップに含まれるイメージをディスクに展開するだけなので、非常に簡単かつ高速にシステムを復旧することができます。

回復対象のシステムにOS環境が残っていて、正常に起動できる場合、コマンドプロンプトで次のコマンドラインを実行してコンピューターを再起動して［オプションの選択］メニューを表示させ、［トラブルシューティング］［イメージでシステムを回復］の順番に選択します。フルインストールの場合は、［スタート］メニューを開いて［電源］アイコンをクリックし、**Shift**キーを押しながら［再起動］をクリックすることでも、同じように［オプションの選択］メニューを表示させることができます。

```
C:¥> shutdown /r /o /t 0
```

回復対象のシステムが正常に起動しない場合は、複数回起動に失敗すると［詳細ブートオプション］メニューが表示されるので、［コンピューターの修復］を選択して［オプションの選択］メニューに進み、［トラブルシューティング］［イメージでシステムを回復］の順番に選択します（画面10-4-10）。なお、起動直後にF8キーを押すことで［詳細ブートオプション］を表示させることは、Windows Server 2012以降できなくなりました。

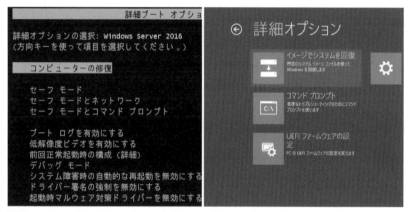

画面10-4-10　［コンピューターの修復］から［イメージでシステムを回復］に進む

新しいディスクに回復する場合は、Windows Server 2016のインストールメディアを使用してサーバーを起動し、［Windowsセットアップ］にある［コンピューターを修復する］を選択して、［オプションの選択：トラブルシューティング］［詳細オプション：イメージでシステムを回復］の順番に進みます（画面10-4-11）。

［コンピューターイメージの再適用］ウィザードが開始し、バックアップ先ディスクにあるベアメタル回復に利用可能な最新のバックアップが自動選択されます。最新のバックアップから回復することもできますし、バックアップディスク上にある過去のバックアップ、あるいは共有フォルダー上のバックアップから回復することができます（画面10-4-12）。

画面10-4-11
F8キーを利用できない場合は、Windows Server 2016のインストールメディアから［イメージでシステムを回復］に進む

画面10-4-12
［コンピューターイメージの再適用］ウィザードを使用して、ベアメタル回復を実行する

■ Active Directoryドメインサービスの復元

　Active Directoryドメインのディレクトリデータベースおよび SYSVOL 共有は、ドメインコントローラーのバックアップに含まれるシステム状態から復元することができます。例えば、誤ってオブジェクトを削除してしまった場合に復元する目的でバックアップを使用できます。ただし、Active Directoryをバックアップから復旧する際にはいくつか注意点があります。

　ドメインコントローラーのシステム状態を復元する場合は、ドメインコントローラーをディレクトリサービスの修復モードで起動して復元操作を行う必要があります。それには、コマンドプロンプトで次のコマンドラインを実行してコンピューターを再起動して［オプションの選択］メニューを表示させ、［トラブルシューティング］［スタートアップ設定］の順番に選択し、［再起動］をクリックして［オプションの選択］メニューを表示させます。フルインストールの場合は、［スタート］メニューを開いて［電源］アイコンをクリックし、Shiftキーを押しながら［再起動］をクリックすることでも、同じように［オプションの選択］メニューを表示させることができます。

```
C:¥> shutdown /r /o /t 0
```

　［詳細ブートオプション］メニューが表示されたら、［ディレクトリサービスの修復モード］を選択します。

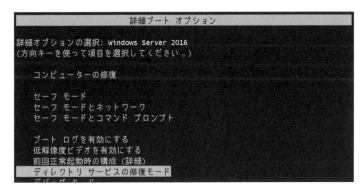
画面10-4-13
Active Directoryの復元は［ディレクトリサービスの修復モード］で起動して行う必要がある

ディレクトリサービスの修復モードで起動したら、**WBADMIN** コマンドを使用して、「権限のない復元（Nonauthoritative Restore）」または「権限のある復元（Authoritative Restore）」のいずれかを実行します。

「権限のない復元」は、次のコマンドラインで実行できます。「権限のない復元」を実行すると、復元されたディレクトリではなく、現在、稼働中のドメインコントローラーにあるディレクトリの内容が優先され、次回正常起動時にレプリケーションを受信します。

```
C:\> WBADMIN GET VERSIONS -BackupTarget:E:
（バックアップディスク（E:）からバックアップのバージョン識別子を確認）
C:\> WBADMIN START SYSTEMSTATERECOVERY -version:<バージョン識別子>
```

「権限のある復元」は、次のコマンドラインで実行できます。「権限のある復元」を実行すると、バックアップに含まれるディレクトリの全内容が最新としてマークされ、次回正常起動時のレプリケーションで優先的に他のドメインコントローラーに反映されます。

```
C:\> WBADMIN START SYSTEMSTATERECOVERY -version:<バージョン識別子>↵
 -AuthSysvol
```

複数のドメインコントローラーが存在する場合、実際には上記のコマンドラインを実行してディレクトリ全体に対して「権限のある復元」を行うことはほとんどないでしょう。いったん、「権限のない復元」でディレクトリを復元したあと、**NTDSUTIL** コマンドを使用して、オブジェクトごとに権限のある復元を実行するのが一般的です。

Active Directory ドメインサービスの復元に関するドキュメント

Active Directory ドメインサービスの「権限のない復元」および「権限のある復元」については、以下のドキュメントで詳しく説明されています。

Performing a nonauthoritative restore of Active Directory Domain Services（AD DSの権限のない復元の実行）
➡ https://docs.microsoft.com/ja-jp/windows-server/identity/ad-ds/manage/ad-forest-recovery-nonauthoritative-restore

Performing an Authoritative Restore of Deleted AD DS Objects（削除されたAD DSオブジェクトの権限のある復元の実行）
➡ https://docs.microsoft.com/en-us/previous-versions/windows/it-pro/windows-server-2008-R2-and-2008/cc755296(v=ws.10)

AD Forest Recovery - Performing an authoritative synchronization of DFSR-replicated SYSVOL（DFSRでレプリケートされたSYSVOLの権限のある同期の実行）
➡ https://docs.microsoft.com/ja-jp/windows-server/identity/ad-ds/manage/ad-forest-recovery-authoritative-recovery-sysvol

---

10.4.3　Azure Backupによるクラウドバックアップ

Windows Server 2016（またはWindows Server 2008 R2 SP1以降）にMicrosoft AzureのRecovery Servicesが提供するエージェントをインストールすると、ボリューム、またはファイルとフォルダーをクラウドのストレージを使用してバックアップできるようになります。Azure Backupの利用環境はAzureポータルで準備します。なお、Azureポータルのインターフェイスや操作手順は予告なく変更されることがあることをご了承ください。

改訂 Windows Admin Centerによる簡単セットアップ

この項の内容は、Windows Server 2016のリリース時点のサービスおよびソフトウェアに基づいています。Windows Admin Center（バージョン1809以降）の［バックアップ］拡張機能を利用すると、Azure Backupによるオンプレミスの Windows Server のファイルやシステム状態のスケジュールバックアップを簡単にセットアップできます。

■ Recovery Servicesコンテナーの作成

次の手順に従って、Microsoft Azure側に、サーバーのバックアップ先となるRecovery Servicesコンテナーを準備します。

1. Azureポータル（https://portal.azure.com/）にサブスクリプション契約（無料試用版を含む）のあるアカウントでサインインします。

2. ナビゲーションペインの［その他のサービス］から［Recovery Servicesコンテナー］を開き、［追加］をクリックして、新しいRecovery Servicesコンテナーを作成します。コンテナーを作成するには、コンテナーの名前、リソースグループの指定（新規作成または既存のものを使用）、および場所（サービスを提供するAzureのリージョン）の指定が必要です。

画面10-4-14
Recovery Services
コンテナーを新規
に作成する

3. Recovery Servicesコンテナーの作成が完了したら、Recovery Servicesコンテナーの［設定］から［バックアップ］を開き、［1 バックアップの目標］で［ワークロードはどこで実行されていますか？］に［オンプレミス］、［何をバックアップしますか？］に［ファイルとフォルダー］を選択して、［OK］をクリックします。なお、［ファイルとフォルダー］以外の項目をバックアップするには、オンプレミスにSystem Center Data Protection ManagerまたはMicrosoft Azure Backup Serverのインフラストラクチャを必要とします。

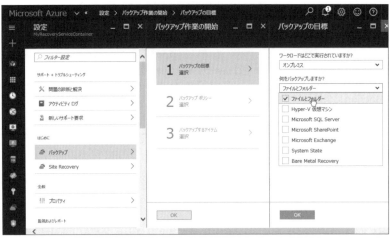

画面10-4-15 ［オンプレミス］の［ファイルとフォルダー］をバックアップするように選択する

4. ［2 インフラストラクチャの準備］に切り替わるので、［Windows ServerまたはWindowsクライアント用エージェントのダウンロード］のリンクをクリックしてMARSAgentInstaller.exeをダウンロードします。また、その下の［ダウンロード］ボタンをクリックして、資格情報ファイル（コンテナー名_年月日.VaultCredentials）をダウンロードします。

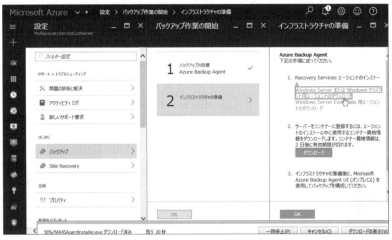

画面10-4-16 エージェントのインストーラーと資格情報ファイルをダウンロードする

Azureポータル側での作業は以上です。Azureポータルでは、バックアップのステータスの確認や、バックアップされた項目の確認、サーバーの登録解除などの作業を行えます。

■ エージェントのインストールとサーバー登録

Azureポータルからダウンロードしたエージェントのインストーラー MARSAgentInstaller.exeと資格情報ファイルをバックアップ対象のサーバーにコピーしたら、次の手順に従ってエージェントのインストールとサーバーの登録を行います。

1. エージェントのインストーラー MARSAgentInstaller.exe を実行し、[Microsoft Azure Recovery Services Agent セットアップウィザード] を開始します。最初に、[インストールフォルダー] と [キャッシュの場所] の確認が求められます。[キャッシュの場所] は、既定のC:ドライブ上のパスではなく、十分に空き領域のある別のドライブ上のパスに変更することをお勧めします。

画面10-4-17 [キャッシュの場所] は十分な空き領域のあるドライブ上のパスに変更することを推奨

2. [プロキシの構成] ページでは、インターネットアクセスのためにプロキシサーバーを経由する必要がある場合に構成します。

3. [インストール] ページで [インストール] ボタンをクリックし、エージェントをインストールします。なお、エージェントは.NET Framework 4.5以降およびWindows PowerShellを前提としますが、Windows Server 2016はどちらも標準搭載しています。

4. インストールが完了したら、[インストール] ページの [登録処理を続行] ボタンをクリックします。

画面10-4-18 [登録処理を続行] をクリックする

5. ［サーバーの登録ウィザード］が開始するので、［資格情報コンテナーの識別］ページで［参照］ボタンをクリックし、事前にダウンロードおよびコピーしておいた資格情報ファイルを指定します。資格情報コンテナーの情報が表示されたら、［次へ］ボタンをクリックします。

画面10-4-19　資格情報ファイルを指定して、Recovery Servicesコンテナーを識別させる

6. ［暗号化の設定］ページで［パスフレーズの生成］ボタンをクリックし、パスフレーズを生成させます。また、パスフレーズの保存先パスを指定します。Azure Backupエージェントはこのパスフレーズを使用してデータを暗号化し、圧縮した上でクラウドに転送します。またこのパスフレーズは、別のサーバーにバックアップからデータを回復する際に必要になります。そのため、ローカルディスクではなく、別の安全な場所に保存するように指定することをお勧めします。［次へ］ボタンをクリックすると、Recovery Servicesコンテナーにサーバーが登録されます。

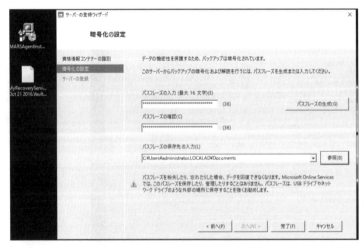

画面10-4-20　パスフレーズを生成し、安全な場所に保存する

7. ［サーバーの登録］ページで［閉じる］ボタンをクリックすると、［Microsoft Azure Backup］スナップインが表示されます。このスナップインは、デスクトップ上に作成される［Microsoft Azure Backup］アイコンから開くこともできますし、［Windows Serverバックアップ］スナップインの［バックアップ］にも統合されます。

画面10-4-21
［Microsoft Azure Backup］スナップイン。このスナップインは［Windows Serverバックアップ］スナップインにも統合される

■ バックアップスケジュールの作成

　Azure Backupによるバックアップは、［Windows Serverバックアップ］スナップインで構成、実行するローカルバックアップと同じように実行できます。［操作］ペインの［バックアップのスケジュール］をクリックすると、［バックアップのスケジュールウィザード］が開始するので、バックアップ対象の項目とスケジュールなどを構成します。

　ローカルバックアップとの違いは、バックアップ対象項目として選択できるのがボリュームまたはファイルとフォルダーだけだという点です。システム状態やベアメタル回復用のバックアップ、Hyper-Vのバックアップは取得できません。スケジュールに関しては、日単位または週単位で1日最大3回までバックアップを実行するように構成できます。また、保持ポリシーとして日単位、週単位、年単位（最大99年）のアーカイブ設定を行うことが可能です。なお、1回のバックアップでバックアップできるサイズは、最大で54400GB（約54TB）以下である必要があります。

画面10-4-22
Azure Backupでバックアップ可能な項目は、ボリューム、ファイル、フォルダーのみ

■ アイテムレベルの回復

　Azure Backupにバックアップされたデータは、同じサーバーまたはエージェントがインストールされた別のサーバーにアイテムレベルで回復することができます。回復方法には［ファイルの参照］と［ファイルの検索］の2種類あり、フォルダー階層から目的のファイルやフォルダーを選択して回復することもできますし、キーワード検索で目的のファイルやフォルダーを探して回復することもできます。なお、別のサーバーのバックアップデータを参照するには、そのサーバーで生成したパスフレーズが要求されます（画面10-4-23）。

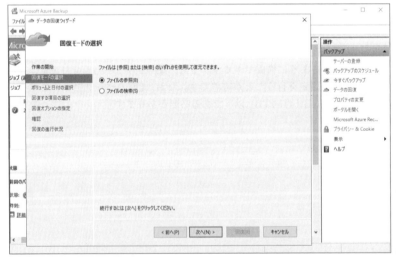

画面10-4-23
［ファイルの参照］または［ファイルの検索］で回復するアイテムを指定する

10.5 フェールオーバークラスタリングのその他の機能

Windows Server 2016のプラットフォームレベルの高可用性サービスであるフェールオーバークラスタリング機能については、クラスター化されたファイルサーバー（第3章）、記憶域スペースダイレクト（第3章）、記憶域レプリカ（第3章）、Hyper-Vホストクラスター（第7章）、Host Guardianサービス（第7章）で構築手順や機能について説明しました。

Windows Server 2016では、フェールオーバークラスタリング機能に以下の新機能が追加されています。ここまでの章でまだ説明していないか、簡単に触れただけの新機能について、ここで説明します。

- **ローリングアップグレード** —— Windows Server 2012 R2ベースのフェールオーバークラスターを、アプリケーションの可用性を維持したまま、Windows Server 2016に移行することができます。第2章および第7章で説明しました。
- **記憶域スペースダイレクト** —— フェールオーバークラスターに参加する各ノードに直結するローカルディスクを束ね、クラスター化された記憶域スペースを構成できます。第3章で説明しました。
- **記憶域レプリカ** —— 記憶域レプリカをクラスター内およびクラスター間で構成できます。第3章で説明しました。
- **ストレージQoSポリシー** —— Hyper-V仮想マシンの仮想ハードディスクのサービスの品質の管理を、スケールアウトサーバー側のポリシーで一元管理できます。第3章および第7章で説明しました。
- **仮想マシンの回復性** —— ノードとの通信や記憶域への接続に障害が発生した場合でも、自動的な復旧を待つために一定時間の障害を許容し、仮想マシンのフェールオーバーを抑制します。第7章で説明しました。
- **仮想マシンの自動均衡化（ノードフェアネス）** —— ノードの参加やリソース使用率に基づいて、仮想マシンを再配置します。第7章で説明しました。
- **仮想マシンの開始順序** —— 多層アプリケーションをサービスする仮想マシンを適切な順番で開始するように構成できます。第7章で説明しました。
- **SMBマルチチャンネルと複数NICのクラスターネットワークのサポート** —— 同じネットワークサブネットに接続された複数のネットワークアダプターを自動的に認識して構成し、SMBマルチチャネルでネットワークスループットを向上します。RSS対応ネットワークアダプターやRDMA対応ネットワークアダプターを利用できる場合は、さらにこれらのハードウェアオフロードの利点を得られます。
- **サイトの識別（フォルトドメイン）** —— クラスター内でサイトを構成してノードをサイトに関連付け、サイト内/サイト間でのフェールオーバーの優先順位やハートビートの確認間隔を調整できます。サイトの識別については、以降で説明します。
- **クラウド監視** —— Microsoft Azureのストレージアカウントをクォーラム監視に利用できます。クラウド監視については、以降で説明します。
- **ワークグループおよびマルチドメインクラスターのサポート** —— ワークグループ構成および複数のドメインにまたがるクラスターの作成がサポートされます。ワークグループ構成のクラスターの作成手順については、以降で説明します。

> **改訂 Windows Server 2019の**
> **フェールオーバークラスタリング機能の強化点**
>
> Windows Server 2019のフェールオーバークラスタリング機能の強化点については、第6章の6.1.3項のコラム「Windows Server 2019のファイルサービスの強化点」でも説明しましたが、その他の強化点について紹介します。
>
> - **USB監視（USB Witness）**——ファイル共有監視が拡張され、SMBv2以降でアクセス可能なネットワークデバイス（ルーターなど）に接続されたUSBメモリにクォーラムを格納できるようになります。
> - **クラスターセット（Cluster Sets）**——クラスターセットは、ソフトウェア定義のデータセンター（SDDC）のノード数を倍増させることができる、新しいスケールアウトテクノロジです。1つのクラスターセットは、コンピューティング、ストレージ、またはHCIの複数のフェールオーバークラスターの緩やかなグループであり、高可用性仮想マシンをクラスターセットの任意の場所に配置、移動することができます。
> - **Active Directoryドメインの切り替え**——クラスターを再構築することなく、別のActive Directoryドメインのメンバーに変更できるようになります。
> - **ファイル共有監視における制限の緩和**——Windows Server 2016以前ではサポートされなかった環境で、ファイル共有監視の使用がサポートされます。例えば、インターネットアクセスの存在しない環境、ディスク監視のための共有ストレージがない環境、DMZへの配置、ワークグループ構成でのローカル認証など。
> - **不要なNTLM認証の削除**——Kerberosおよび証明書による認証を使用するクラスターでは、NTLM認証が完全に使用されなくなります（NTLMを無効化した環境にクラスターを展開できます）。
> - **記憶域スペースダイレクト（S2D）のクラスター対応更新（CAU）**——記憶域スペースダイレクト（S2D）のクラスター環境を、クラスター対応更新（CAU）を用いて、ダウンタイムなしで更新できるようになります。

10.5.1　クラスター対応更新

　Windows Server 2016のフェールオーバークラスタリング機能の新機能について説明する前に、Windows Server 2012から利用可能になったクラスター対応更新（Cluster Aware Updating：CAU）について説明しておきます。この機能は、可用性を維持しながら、プラットフォームを適切に更新するために重要です。

■ クラスター対応更新の機能

　クラスター対応更新を利用すると、クラスター上で実行されるサービスやアプリケーションの可用性を維持したまま、クラスターに参加するノードを1台ずつメンテナンスモードに移行して更新し、必要があれば再起動して、クラスターに復帰させるという一連の管理タスクを自動化できます。

　更新対象のノードがメンテナンスモードに移行する際、そのノードがホストしていたサービスやアプリケーションはアクティブなノードに計画的にフェールオーバーされます。計画的なフェールオーバーは、サービスやアプリケーションの種類に依存しますが、ダウンタイムなしで、あるいは極めて短時間の中断で完了します。Hyper-V仮想マシンの場合はライブマイグレーションで、スケールアウトファイルサーバーの場合は継続的なアクセスを提供できるので、ダウンタイムなしで更新処理を完了できます。

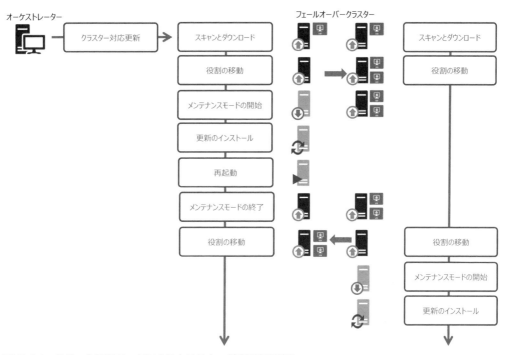

図10-5-1 リモート更新モードによるクラスター対応更新の流れ

　クラスター対応更新には、Windows UpdateまたはWindows Server Update Services（WSUS）による更新を行うWindows Updateエージェント（WUA）対応の更新プログラム用プラグイン（Microsoft.WindowsUpdatePlugin）と、事前にダウンロードして共有フォルダーに配置した更新プログラムや修正プログラム（ホットフィックスやQFEと呼ばれることもあります）をすべてのノードまたは特定のノードにインストールするホットフィックス用プラグイン（Microsoft.HotfixPlugin）による2つの更新方法が用意されています。また、オーケストレーターと呼ばれるクラスター外のコンピューターから開始するリモート更新モードと、クラスター内で自己完結する自己更新モードの2つの更新モードがあります（図10-5-1）。

■│リモート更新モード

　リモート更新モードのクラスター対応更新は、オーケストレーターと呼ばれるクラスターの外部のコンピューター（クラスターに参加しないコンピューター）から実行します。

1. フェールオーバークラスタリング機能の管理ツールがインストールされた、クラスターに参加しないWindows Server 2016のドメインメンバー、またはWindows 10用のリモートサーバー管理ツール（RSAT）がインストールされたWindows 10のドメインメンバーにドメイン管理者アカウントの資格情報でサインインします。

2. ［サーバーマネージャー］の［ツール］メニューから［クラスター対応更新］を開始します。［クラスター対応更新］ツールは、更新対象のクラスターに接続した［フェールオーバークラスターマネージャー］から開始することもできます。

3. ［クラスター対応更新］ツールが起動したら、クラスター名を指定してクラスターに接続し、［クラスターのアクション］から［このクラスターに更新プログラムを適用する］をクリックします。

画面10-5-2 更新対象のクラスターに接続し、［このクラスターに更新プログラムを適用する］をクリックする

4. ［クラスター対応更新ウィザード］が開始します。［詳細オプション］のページで［CauPluginName］のドロップダウンリストから［Microsoft.WindowsUpdatePlugin］または［Microsoft.HotfixPlugin］を選択します。Windows UpdateやWSUSを利用して更新する場合は前者を、事前にダウンロードしておいた更新プログラムや修正プログラムをインストールする場合は後者を選択します。

画面10-5-3 更新方法に応じてプラグインを選択する

5. Microsoft.WindowsUpdatePluginを選択した場合は、次の［追加の更新オプション］ページで、［推奨される更新プログラムについても重要な更新プログラムと同様に通知する］を必要に応じて有効にします。
Microsoft.HotfixPluginを選択した場合は、［追加の更新オプション］ページで更新プログラムを配置した共有フォルダーのルートパスを指定します。なお、クラスター対応更新を実行後にアクセス

許可のチェックでMicrosoft.HotfixPluginの更新がエラーになる場合は、［修正プログラムルートフォルダーおよび構成ファイルへの管理者アクセスのチェックを無効にする］を有効にすることで、回避できる場合があります。

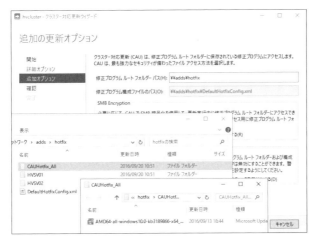

画面10-5-4
Microsoft.HotfixPluginプラグインを選択した場合は、更新プログラムの共有フォルダーのパスを指定する

 Microsoft.HotfixPluginのための共有フォルダーの準備
　個別にダウンロードした更新プログラムや修正プログラムを、Microsoft.HotfixPluginのクラスター対応更新を用いて各ノードにインストールする場合は、更新プログラムや修正プログラムを配置する共有フォルダーを適切に準備する必要があります。
　この共有フォルダーには、クラスターのすべてのノードからローカル管理者権限で書き込みアクセスができる必要があります。
　更新プログラムや修正プログラムは、共有フォルダーのルートにサブフォルダーを作成して配置します。すべてのノードにインストールしたい場合は、CAUHotfix_Allという名前のサブフォルダーを作成して配置します。特定のノードにだけインストールしたい場合は、対象のノードのコンピューター名をサブフォルダー名として使用します。また、共有フォルダーのルートには、C:¥Windows¥System32¥WindowsPowerShell¥v1.0¥Modules¥ClusterAwareUpdatingにあるDefaultHotfixConfig.xmlをコピーして配置します。

6.［確認］ページで［更新］ボタンをクリックします。これにより、ウィザードにより作成された**Invoke-CauRun**コマンドレットのコマンドラインが実行されます。クラスター対応更新の処理が開始したら、ウィザードを閉じて［クラスター対応更新］ツールに戻り、クラスター対応更新の進行状況や結果レポートを確認します。

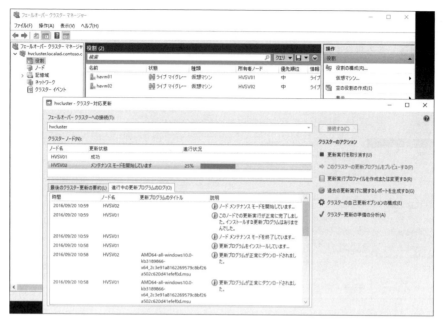

画面10-5-5　クラスターの対応更新の進行状況。メンテナンスモードへの移行のために、仮想マシンがライブマイグレーションで自動的にアクティブノードに退避される

■自己更新モード

　リモート更新モードはInvoke-CauRunコマンドレットを実行することで、クラスターの外部からクラスター対応更新をその都度開始する方法です。この方法とは別に、クラスター対応更新を完全に自動化する方法として、自己更新モードによるスケジュール実行の方法があります。

　自己更新モードは、［クラスター対応更新］ツールの［クラスターのアクション］から［クラスターの自己更新オプションの構成］をクリックし、［自己更新オプションの構成ウィザード］を使用して、クラスター対応更新のクラスター化された役割とスケジュールを構成します。

　自己更新モードを構成すると、クラスターにClusterAwareUpdatingResourceという種類のクラスターリソース（CAUのプレフィックスを持つクラスター名）が登録され、このクラスター化された役割がオーケストレーターとなってノード間を移動しながら、クラスター対応更新を完了するのです。なお、ClusterAwareUpdatingResourceの種類のクラスターリソースは、［フェールオーバークラスターマネージャー］には表示されません。**Get-CauClusterRole**や**Get-ClusterResource**コマンドレットを実行すると、クラスターリソースを確認することができます。

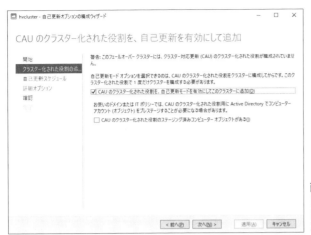

画面10-5-6
[CAUのクラスター化された役割を、自己更新モードを有効にしてこのクラスターに追加] にチェックを入れる

画面10-5-7
自己更新モードのクラスター対応更新の実行スケジュールを構成する

10.5.2　クラウド監視

　Windows Server 2016のフェールオーバークラスターでは、クォーラム監視のオプションとして「クラウド監視」が新たに追加されました。

■ クォーラム構成とクォーラム監視

　フェールオーバークラスターでは、ノードのローカルディスクや共有ストレージ上に配置されたクォーラム（Quorum：定足数）に基づいて、クラスターのサービスを維持します。クォーラムにはクラスター構成データベース（Clusdb）のコピーが保存されており、これを用いてクラスターが機能し続けるために必要な最小ノード数を決定する投票（Vote）数を計算します。クラスターが稼働可能な最小ノード数を下回った場合、クラスターはシャットダウンされ、高可用性サービスやアプリケーションの実行を継続できなくなります。

Windows Serverの古いバージョンでは、クラスターを構成するノード数が奇数であるか、偶数であるかによって、ノードマジョリティ、ノードおよびディスクマジョリティ（推奨構成）、ノードおよびファイル共有マジョリティ、非マジョリティ（共有ストレージにのみクォーラムを配置）のいずれかのクォーラム構成を行うのが一般的でした。

　現在のクラスターでは、これらの構成の分類はあまり意味がありません。Windows Server 2012から導入された動的クォーラム管理（Dynamic Quorum）によるクォーラムの有効投票数の動的な調整が可能になり、Windows Server 2012 R2から導入された動的クォーラム監視（Dynamic Witness）の機能によるクォーラム監視のオン/オフによる有効投票数の動的な調整が可能になったことで、過半数未満のノード数やクラスターの分断が発生しても、可能な限りクラスターの稼働を維持できるようになっています。

　ノード以外にクォーラムを配置するクォーラム監視は必須ではありませんが、構成することが推奨されます。Windows Server 2016では、次の3つのいずれかのクォーラム監視を構成できます。クラウド監視は、Windows Server 2016で新たに追加されたオプションです。

- **ディスク監視** —— クラスターディスクの1台をクォーラム監視として構成する。
- **ファイル共有監視** —— SMB共有にクォーラム監視を配置する。
- **クラウド監視** —— Microsoft AzureのストレージアカウントのBLOBストレージにクラウド監視を配置する。複数のサイトをまたがるマルチサイトクラスターに適している。

■ クラウド監視の構成

　クォーラム監視なしで構成したクラスター、あるいは別のクォーラム監視で構成済みのクラスターは、次の方法でクラウド監視に変更できます。

1. ［フェールオーバークラスターマネージャー］でクラスターに接続し、クラスターを右クリックして［他のアクション］から［クラスタークォーラム設定の構成］をクリックします。

画面10-5-8　［他のアクション］から［クラスタークォーラム設定の構成］をクリックする

2. ［クラスタークォーラム構成ウィザード］の［クォーラム構成オプションの選択］ページで、［クォーラム監視を選択する］を選択します。

第 **10** 章　その他の役割と機能 　783

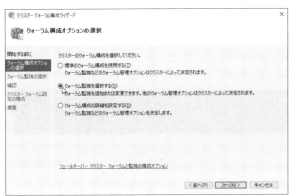

画面10-5-9
［クォーラム監視を選択する］を選択する

3. ［クォーラム監視の選択］ページで、［クラウド監視を構成する］を選択します。

画面10-5-10
［クラウド監視を構成する］を選択する

4. ［クラウド監視の構成］ページで、ストレージアカウント名とアクセスキーを入力します。

画面10-5-11
ストレージアカウント名とアクセスキーを
設定する

　なお、クラウド監視を利用するには、Microsoft Azureの有効なサブスクリプションが必要です。また、クラウド監視はBLOBストレージに作成されますが、BLOBストレージを利用可能な汎用または

BLOBタイプのストレージアカウントを準備しておく必要があります。クラウド監視のためにストレージアカウントに特別な要件はありません。Azureポータル（https://portal.azure.com/）でストレージアカウントを作成し、ストレージアカウントのページからストレージアカウント名とアクセスキーを取得します。

画面10-5-12　クラウド監視のためのストレージアカウントを準備し、アクセスキーを取得する

10.5.3　サイトの識別（フォルトドメイン）

　Windows Server 2016のフェールオーバークラスターでは、複数のサイトにまたがるマルチサイトクラスターにおいて、サイト（Site）という種類のフォルトドメイン（Fault Domain、障害ドメイン）を作成し、ノードとサイトを紐づけることができます。

　クラスターでサイトを構成すると、フェールオーバー発生時に同じサイト内のノードを優先的に使用させることができます。また、複数のクラスターの共有ボリューム（CSV）を構成した場合、同じサイト内にあるクラスターの共有ボリューム（CSV）を優先的に使用させることができます。また、サイト内とサイト間（クロスサイト）で異なるハートビート間隔と障害のしきい値を構成できます。

Microsoft Azureのフォルトドメインとの違い

　Microsoft AzureのPaaSやIaaSを利用したことがある方なら、サービス品質保証（SLA）の対象とするために複数のインスタンスを異なるフォルトドメインに配置するように要求されます。Microsoft Azureにおけるフォルトドメインとは、電源とネットワークスイッチを共有する仮想マシンのグループであり、同じハードウェアの障害が影響する範囲です。Windows Server 2016のフェールオーバークラスターにおけるフォルトドメインはこれとは異なり、ノードとサイトを識別し、より最適なノードにフェールオーバーしたり、より近いストレージにアクセスさせたりするためのグループです。

AzureでのWindows仮想マシンの可用性の管理
→https://docs.microsoft.com/ja-jp/azure/virtual-machines/windows/manage-availability

■ フォルトドメインの設定

4つのノード（node01、node02、node03、node04）からなるマルチサイトクラスターがあり、node01とnode02は東京データセンターに、node03とnode04は大阪データセンターにあるとします。東京データセンターが運用系のプライマリサイトで、大阪データセンターはディザスタリカバリーのためのセカンダリサイトということにします。

PowerShellで次のコマンドラインを実行すると、TokyoとOsakaという2つのサイトを作成し、それぞれにノードを紐づけ、Tokyoサイトを優先的なサイトとして構成することができます。これにより、例えばnode01で障害が発生した場合、クラスターはnode02に優先的にフェールオーバーを実行しようとします。それができない場合に限り、セカンダリサイトであるOsakaにフェールオーバーします。

```
PS C:\> New-ClusterFaultDomain -Name "Tokyo" -Type Site↩
 -Description "Primary Site" -Location "Tokyo DC"
PS C:\> New-ClusterFaultDomain -Name "Osaka" -Type Site↩
 -Description "Secondary Site" -Location "Osaka DC"
PS C:\> Set-ClusterFaultDomain -Name node01 -Parent "Tokyo"
PS C:\> Set-ClusterFaultDomain -Name node02 -Parent "Tokyo"
PS C:\> Set-ClusterFaultDomain -Name node03 -Parent "Osaka"
PS C:\> Set-ClusterFaultDomain -Name node04 -Parent "Osaka"
PS C:\> (Get-Cluster).PreferredSite = "Tokyo"
```

■ ハートビート監視の調整

クラスターは、同一サブネット（SameSubnet）、サブネット間（CrossSubnet）、サイト間（CrossSite）のそれぞれで、ハードビートの間隔（Delay）と障害として認識するハードビート失敗のしきい値（Threshold）を持ちます。既定のハードビート間隔はすべて1秒（1000ミリ秒）で、しきい値は同一サブネット内で10回、サブネット間およびサイト間は20回です。これらのパラメーターは、PowerShellで次のコマンドラインを実行することで調整できます（この例の数字は既定値を変更しません）。

なお、異なるサイトのノード間では、同一サブネット内、サブネット間よりも、サイト間のハードビート設定が優先されます。同じサイトのノード間では、サイト間よりも、同一サブネット内またはサブネット間のハートビート設定が優先されます。

```
PS C:\> (Get-Cluster).CrossSiteDelay = 1000 （既定）
PS C:\> (Get-Cluster).CrossSiteThreshold = 20 （既定）
PS C:\> (Get-Cluster).CrossSubnetDelay = 1000 （既定）
PS C:\> (Get-Cluster).CrossSubnetThreshold = 20 （既定）
PS C:\> (Get-Cluster).SameSubnetDelay = 1000 （既定）
PS C:\> (Get-Cluster).SameSubnetThreshold = 10 （既定）
```

10.5.4 ワークグループ構成のクラスター

Windows Server 2012 R2までのフェールオーバークラスターは、クラスターに参加するすべてのノードが同じActive Directoryドメインに参加するメンバーサーバーである必要がありました。また、［フェールオーバークラスターマネージャー］は、ドメインユーザーアカウントでのみ実行できました。

Windows Server 2016のフェールオーバークラスターでは、すべてのノードがWindows Server 2016の場合に限り、新たに以下の構成がサポートされます。ローカルアカウントによる［フェールオーバークラスターマネージャー］の使用もサポートされます。

- **ワークグループ構成のクラスター** —— Active Directoryドメインに参加しないワークグループ構成のノードどうしのクラスター
- **マルチドメイン構成のクラスター** —— 異なるActive Directoryドメインのメンバーであるノードどうしのクラスター

■ サポートされる役割

ワークグループ構成のクラスターおよびマルチドメイン構成のクラスターでは、次の役割およびアプリケーションの高可用性の構成がサポートされます。

- **ファイルサーバー** —— サポートされますが推奨されません。SMBトラフィックにおいてKerberos認証を使用できません。
- **Hyper-V** —— サポートされますが推奨されません。ライブマイグレーションは使用できません。クイックマイグレーション（仮想マシンが一時的に保存状態になる）は使用できます。
- **SQL Server** —— サポートされます。SQL Server認証による構成を推奨します。

■ ワークグループ構成のクラスターを作成する

マルチドメイン構成のクラスターを作成する必要があるケースはあまりないでしょう。ワークグループ構成のクラスターは、Active Directoryドメインを持たない環境で構築したいというニーズがあると思うので、こちらについて説明します。

次の例は、2ノード（コンピューター名：hvsv01、hvsv02）のHyper-Vホストクラスター（クラスター名：wgcluster）をワークグループ構成で作成する手順です。

1. 各ノードにWindows Server 2016を新規インストールします。［フェールオーバークラスターマネージャー］による管理を行うためには、少なくとも一方をフルインストール（デスクトップエクスペリエンス）オプションでインストールしてください。

2. 各ノードにコンピューター名を設定し、IPアドレスを静的に設定します。また、SASやiSCSI接続などの共有ストレージを準備し、各ノードに接続して、ディスクの初期化とボリュームの作成を行います。クォーラムのディスク監視のためのボリュームとして512MB程度、クラスターの共有ボリューム（CSV）用のボリュームとして十分なサイズのボリュームを準備してください。

3. 各ノードに同じユーザー名、同じパスワードのユーザーを作成し、ローカル管理者（Administratorsグループのメンバー）として構成します。コマンドプロンプトから実行するには、次の2つのコマンドラインを実行します（ユーザー名localadmin、パスワードP@ssw0rdの場合）。

```
C:\> net user localadmin P@ssw0rd /add
C:\> net localgroup Administrators localadmin /add
```

4. 各ノードのコマンドプロンプトで次のコマンドラインを実行し、Windowsリモート管理を有効化します。

```
C:\> winrm qc
C:\> winrm set winrm/config/client @{TrustedHosts="*"}
```
または
```
winrm set winrm/config/client @{TrustedHosts="<もう一方のノードのコンピューター名>"}
```

5. 各ノードのC:\Windows\System32\drivers\etc\hostsファイルをメモ帳などで開き、次の例のようにIPアドレスとコンピューター名の対応、およびクラスターIPとクラスター名の対応を追記して上書き保存します。

```
192.168.10.201    hvsv01
192.168.10.202    hvsv02
192.168.10.200    wgcluster
```

6. 各ノードにフェールオーバークラスタリングの機能、および関連する必要な役割と機能をインストールします。フルインストールのWindows Server 2016をHyper-Vホストクラスターのノードにするには、PowerShellで次のコマンドラインを実行します。

```
PS C:\> Install-WindowsFeature ↩
 -Name Hyper-V, Failover-Clustering, Multipath-IO -IncludeManagementTools
```

Server CoreインストールのWindows Server 2016をHyper-Vホストクラスターのノードにするには、上記コマンドラインを実行するか、次のコマンドラインを実行します。

```
PS C:\> Install-WindowsFeature ↩
 -Name Hyper-V, Failover-Clustering, Multipath-IO, Hyper-V-PowerShell, ↩
 RSAT-Clustering-PowerShell
```

スケールアウトファイルサーバーを構築するには、**Hyper-V**の部分を**FS-FileServer**に置き換えてください。

7. フルインストール環境の一方のノードにローカル管理者（この例ではlocaladmin）の資格情報でサインインし、［フェールオーバークラスターマネージャー］を開きます。［操作］ペインの［構成の検証］をクリックし、［構成の検証ウィザード］で2つのノードを追加し、検証テストを実行します。［Active Directory構成の検証］に［警告］が表示されますが、そのままクラスターの作成に進みます。

画面10-5-13
［Active Directory構成の検証］の［警告］は無視してクラスターの作成に進む

8. ［クラスターの作成ウィザード］では、［クラスター管理用のアクセスポイント］ページで、クラスター名とクラスターIPを指定します。また、［確認］ページで［使用可能な記憶域をすべてクラスターに追加する］オプションのチェックを外し、クラスターを作成します。

画面10-5-14
クラスター名とクラスターIPを設定する（hostsファイルに対応を記述しておくこと）

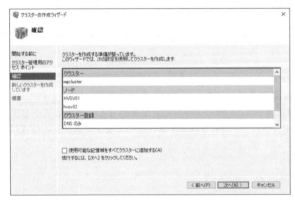

画面10-5-15
［使用可能な記憶域をすべてクラスターに追加する］オプションのチェックを外してクラスターを作成する

［クラスターの作成ウィザード］ではなくPowerShellを使用してクラスターを作成する場合は、次のようなコマンドラインを実行します。次の例は、コンピューター名hvsv01とhvsv02の2ノードクラスターを、クラスターIP 192.168.10.200、クラスター名wgclusterで作成する場合です。

```
PS C:\> New-Cluster -Name wgcluster -Node hvsv01, hvsv02↵
 -AdministrativeAccessPoint DNS -NoStorage -StaticAddress 192.168.10.200
```

9. クラスターの作成が完了したら、［フェールオーバークラスターマネージャー］を使用して、クラスターディスクの追加、クォーラム監視の構成、およびクラスターの共有ボリューム（CSV）の構成を行います。

以上でワークグループ構成のHyper-Vホストクラスターを構築できました。後は、Hyper-Vホストクラスター上に仮想マシンを作成し、高可用性を構成します。

画面10-5-16　ワークグループ構成のHyper-Vホストクラスター

10.6 ｜ Windows Server Essentialsエクスペリエンス

Windows Server 2016 StandardおよびDatacenterエディションは、サーバーの役割として［Windows Server Essentialsエクスペリエンス］を利用できます。この役割は、Windows Server 2016 Essentialsの機能を利用可能にするもので、Windows Server 2016 Essentialsの最大25ユーザー/50デバイスの制限を超える規模の展開や、Windows Server 2016 Essentialsが備えるサーバーの自動セットアップ機能やリモートアクセス（Anywhere Access）環境の導入のために利用することができます。

> **改訂** **Windows Server 2019からの Essentialsエクスペリエンスの削除**
>
> Windows Server 2019 Standard、Datacenter、およびEssentialsからは、[Windows Server Essentialsエクスペリエンス]機能が削除されました。Windows Server 2016は、[Windows Server Essentialsエクスペリエンス]機能をサポートする最後のバージョンです。Windows Server 2019 Essentialsは、小規模環境向けのお得なライセンスオプションであり、[Windows Server Essentialsエクスペリエンス]が提供していた機能や、Windows Server 2016 Essentials以前の簡単なサーバーとサービスのセットアップ機能は一切含みません。

10.6.1 Windows Server 2016 Essentialsエディションの機能

Windows Server 2016のエディションの1つであるWindows Server 2016 Essentialsは、サーバーライセンス(プロセッサ2基ごとに1ライセンス)で提供され、クライアントアクセスライセンス(CAL)なしで最大25ユーザー/50デバイスまで利用可能な、小規模ビジネス環境に最適化されたサーバー製品です。

Windows Server 2016 Essentialsのサーバーを導入すると、次の機能を利用できます。

- **ユーザーおよびグループの管理** —— 自動構成されるActive Directoryドメイン環境でのダッシュボードを使用して、ユーザーおよびグループのシンプルな管理が可能です。

画面10-6-1 [Windows Server Essentialsダッシュボード]によるシンプルな管理

- **サーバーの記憶域と共有フォルダーの管理** —— ダッシュボードを使用して、記憶域スペースの構成、共有の作成が可能です。
- **正常性の監視** —— サーバーの稼働状態およびクライアントの更新プログラムの適用状況などの正常性を確認できます。

- **バックアップと復元** —— サーバー全体、共有フォルダー、ユーザーデータ、クライアントシステム全体のバックアップと復元を一元管理できます。Azure Backupとの統合によるクラウドへのバックアップも可能です。
- **リモートアクセス環境（Anywhere Access）** —— 仮想プライベートネットワーク（VPN）および専用のWebポータルを使用したリモートアクセス環境を提供します。独自のDNSドメイン名を持たない場合でも、マイクロソフトから＜ドメイン名＞.remoteaccess.comを無料で取得できます。

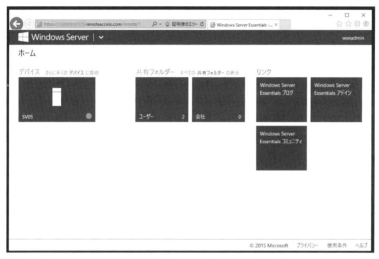

画面10-6-2　Anywhere AccessのリモートWebアクセスのポータル。社内および社外の両方からアクセスできる

- **マイクロソフトのクラウドサービスとの統合** —— Microsoft AzureのAzure Active Directory（Azure AD）、Recovery Services（BackupおよびSite Recovery）、Azure仮想ネットワーク、Office 365、Microsoft Intuneとの統合。Windows Server 2016では、Azure仮想ネットワークおよびAzure Site Recoveryとの統合サポートが追加されたほか、各サービスとの統合のセットアップが簡素化されています。

画面10-6-3　マイクロソフトのクラウドサービスとの統合構成も簡単に行える

- **グループポリシー管理** —— ダッシュボードを使用して、ユーザーのパスワードポリシー、デバイス（クライアントコンピューター）のフォルダーリダイレクト、Windows Update、Windows Defender、およびWindowsファイアウォールのポリシー設定を適用できます。
- **メディアサーバー機能（削除）** —— Windows Server 2012 R2 Essentialsに対しては、別途ダウンロード提供のWindows Server Essentials Media Packでサポートを追加できます。Windows Server 2016 Essentialsに対してMedia Packは提供されていません。
- **その他の製品統合** —— オンプレミスのExchange Serverとの統合、他社のEssentials対応ソリューションとの統合（アドインによる機能拡張）が可能です。

10.6.2 Windows Server Essentialsエクスペリエンスの展開と構成

　Windows Server 2016 StandardおよびDatacenterエディションは、サーバーの役割として［Windows Server Essentialsエクスペリエンス］をサポートします。この役割を展開することで、1台のサーバーをWindows Server 2016 Essentialsエディションとまったく同じようにセットアップすることができます。また、シンプルな共有環境やバックアップ環境、リモートアクセス環境、クラウド統合環境を利用するために、既存のActive DirectoryドメインにWindows Server Essentialsのサーバーを追加してセットアップすることも可能です。

　Windows Server 2016 StandardまたはDatacenterエディションの1台のサーバー（ワークグループ構成）をWindows Server Essentialsのサーバーとしてセットアップするには、次の手順に従います。

1. ［サーバーマネージャー］から［役割と機能の追加ウィザード］を開始し、［Windows Server Essentialsエクスペリエンス］の役割を選択してインストールします。［Windows Server Essentialsエクスペリエンス］の役割は、［Active Directoryドメインサービス］［DNSサーバー］［Webサーバー（IIS）］［リモートアクセス］［リモートデスクトップサービス］［Windows Serverバックアップ］［Windows Searchサービス］［BranchCache］など、Windows Server 2016の役割や機能に基づいており、必要な役割と機能が自動的にインストールされます（後で機能を構成する際にインストールされるものもあります）。

2. ［Windows Server Essentialsエクスペリエンス］の役割のインストールが完了すると、［インストールの進行状況］のページに［Windows Server Essentialsの構成］リンクが表示されるので、これをクリックします。

画面10-6-4
［Windows Server Essentialsエクスペリエンス］の役割をインストールし、構成を開始する

3. ［Windows Server Essentialsの構成］ウィザードが開始します。このウィザードでは、会社名、内部ドメイン名、ネットワーク管理者アカウントのユーザー名とパスワードを指定し、構成を開始します。途中、サーバーの再起動が行われますが、構成を開始したのと同じ管理者アカウントでサインインして続行します。この構成では、指定した内部ドメイン名に基づいて、サーバーが＜内部ドメイン名＞.localのDNS名を持つActive Directoryドメインのドメインコントローラーとしてセットアップされます。

画面10-6-5
内部ドメイン名とネットワーク管理者アカウントを指定して構成を開始する

4. ［Windows Server Essentialsの構成］ウィザードが完了したら、デスクトップに配置される［Windows Server Essentialsダッシュボード］アイコンをダブルクリックして開きます。［ホーム］の［開始する］タブに次に行うべきタスクが示されるので、順番に実行していきます。不要なものはタスクをスキップできます。なお、［クライアント復元サービスのセットアップ］タスクを実行するには、システム復元時にクライアントコンピューターを起動するためのWindowsプレインストール環境（WinPE）の作成ツールを含む、Windowsアセスメント＆デプロイメントキット（Windows ADK）をインストールするように求められ、ダウンロードリンクが示されます。

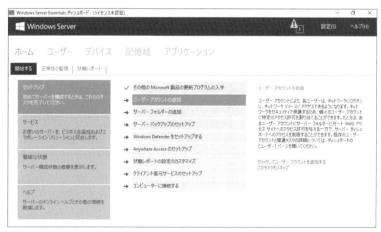

画面10-6-6　［Windows Server Essentialsダッシュボード］に示されるタスクを順番に実行し、サーバーの構成を進める

5. マイクロソフトのクラウドサービスとの統合を行うには、［開始する］の［サービス］に切り替えて、目的のサービスをクリックします。

6. Windows Server Essentialsサーバーには、Windows 7 Service Pack（SP）1以降のWindowsコンピューター、およびOS X 10.5以降 のMacコンピューターを接続することができます。なお、WindowsのHomeエディション（無印のWindows 8/8.1を含む）はドメイン参加機能を持たないため、一部の機能が制限されます。クライアントをWindows Server Essentialsサーバーに接続するには、ユーザーの作成時に示されるhttp://＜サーバー名＞/connectにアクセスし、WindowsまたはMac用ソフトウェア（Windows Server Essentialsコネクター）をダウンロードしてインストールし、接続に使用するユーザー名とパスワードを入力して、コンピューターを再起動します。

画面10-6-7
http://＜サーバー名＞/connectにアクセスし、Windows Server Essentialsコネクターをインストールする

10.7　MultiPoint Services

　Windows Server 2016には、サーバーの新しい役割として［MultiPoint Services］が追加されました。この役割は、マイクロソフトが教育機関向けに提供しているWindows MultiPoint Server製品の機能を、Windows Server 2016 DatacenterおよびStandardエディションで利用可能にするものです。
　教育機関向けの製品であるWindows MultiPoint Serverは、教室や図書室、PCルーム、その他のオープンスペースでの使用を想定したもので、複数のディスプレイ、キーボード、マウスを接続した1台のサーバーの複数ユーザーによる同時使用と、管理者や講師によるデスクトップの集中管理を可能にします。この集中管理には、リモートデスクトップ接続クライアントからの接続やWindowsコンピューターのローカルサインインユーザーのデスクトップ環境を統合することが可能です。

 MultiPoint Servicesに必要なライセンス

　Windows MultiPoint Server 2012は、サーバーライセンスに加えてWindows MultiPoint Server 2012 CAL（WMS CAL）を必要としました。

Windows MultiPoint Server 2012製品サイト（英語）
→https://www.microsoft.com/windows/multipoint/

Windows Server 2016のMultiPoint ServicesおよびWindows Server 2016 Multipoint Premium Serverは、サーバーライセンスと、Windows Server 2016 CALおよびRDS CALで利用できます。Windows MultiPoint Server CALは、Windows MultiPoint Server 2012 CALが最後のバージョンになります。

なお、リモートデスクトップサービスと同様に、RDS CALがなくても、120日間の評価モードでMultiPoint Servicesの機能の評価が可能です。

> **改訂 Windows Server 2019からのMultiPoint Servicesの役割の削除**
>
> Windows Server 2019からはMultiPoint Servicesの役割が削除されました。MultiPoint Servicesの役割をサポートするのは、Windows Server 2016 StandardおよびDatacenter、Windows Server 2016 MultiPoint Premium Serverが最後のバージョンです。なお、MultiPoint Connectorの機能については、Windows Server 2019デスクトップエクスペリエンスおよびWindows 10バージョン1809でもサポートされます。

10.7.1 MultiPoint Servicesの概要

Windows Server 2016のMultiPoint ServicesおよびWindows Server 2016 Multipoint Premium Serverは、サーバー直結のステーション（VGAまたはDVI接続のディスプレイとユーザー専用のUSBハブに接続されたUSBキーボード、USBマウス、USBデバイスのセット）、USBゼロクライアント（MultiPoint Server対応のシンクライアント製品）、リモートデスクトップ接続（RDP）クライアント、MultiPoint Connectorが有効化されたWindows 10コンピューターのデスクトップを集中的に制御できます（図10-7-1、画面10-7-2）。

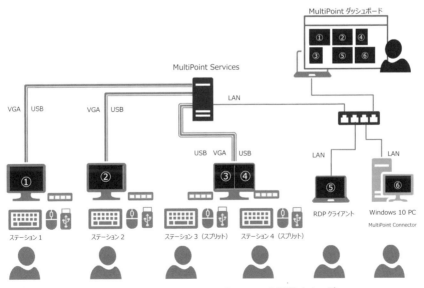

図10-7-1　Windows Server 2016のMutItiPoint Servicesの展開イメージ

■ **デスクトップの集中的な参照とリモート制御**

　MultiPoint ServicesはWindows Serverのリモートデスクトップサービス上に構築されるサービスであり、ユーザーはサーバー直結またはLAN経由で接続する次の種類のステーションからサインインして自分専用のデスクトップ環境を利用できます。

- **サーバー直結のステーション** ── VGAまたはDVI接続のディスプレイとユーザー専用のUSBハブに接続されたUSBキーボード、USBマウス、およびUSBデバイスのセットを1ステーションとして、このステーションからサインインするユーザーのセッション（実体はリモートデスクトップセッション）
- **USBゼロクライアント** ── MultiPoint Server用に開発されたシンクライアントハードウェア。USBとUSB over Ethernetの接続タイプがある
- **RDPクライアント** ── リモートデスクトップ接続でサーバーに接続するユーザーのリモートデスクトップセッション
- **Windows 10コンピューター** ── MultiPoint Connectorを有効化したWindows 10コンピューターのローカルセッション（標準ユーザーのみ）

MultiPoint Connectorについて

　Windows 10用のMultiPoint Connectorは、Windows 10の機能として標準搭載されており、コントロールパネルの［Windowsの機能の有効化と無効化］を使用して有効化できます。なお、Windows Server 2016のMultiPoint Servicesに参加するには、Windows 10バージョン1607のMultiPoint Connectorが必要です。Windows 10バージョン1511および初期リリースに標準搭載されるMultiPoint Connectorはバージョン不一致のため追加できません。

　Windows MultiPoint Server 2012は、Windows 7 SP1およびWindows 8用のMultiPoint Connectorを提供しますが、Windowsの以前のバージョン、およびWindows 10バージョン1511以前に対して、MultiPoint Connectorは提供されていません。

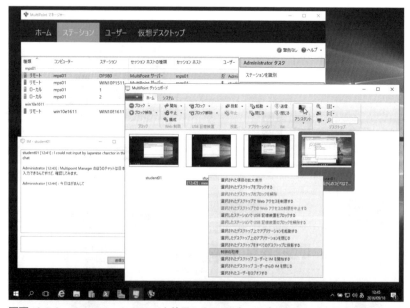

画面10-7-2　MultiPoint Servicesを使用したユーザーのデスクトップの集中制御

MultiPoint Connectorで接続されるWindows 10コンピューター以外は、ユーザーのデスクトップはサーバーに対するリモートデスクトップのセッションです。MultiPoint Connectorで接続されるWindows 10コンピューターは、ユーザーがサインインしたコンピューターのローカルデスクトップです。管理者は［MultiPointマネージャー］を使用してステーションやユーザーを管理することができます。直結ステーションについては、1つのディスプレイを分割（スプリット）して複数ユーザーで共有できるように構成することができます。

管理者や講師は、ステーションの1つにサインインし、［MultiPointダッシュボード］を使用してすべてのユーザーのデスクトップをリアルタイムで参照し、必要に応じてリモート制御やユーザーとのチャット、講師または特定のユーザーのデスクトップの他のデスクトップへの投影、アプリケーションの開始、ホワイトリストまたはブラックリストによるWebアクセスの許可または禁止、ステーションのロック、ユーザーのログオフなどの操作を実行できます（画面10-7-2）。

■ ステートレスなデスクトップ

MultiPoint Servicesの［ディスク保護］機能を利用すると、ユーザーによるデータの書き込みやデスクトップ環境の変更を破棄してサーバーを以前の状態に戻す、ステートレスなデスクトップ環境を実現できます。

ディスク保護を有効化すると、ディスク保護用に特別なパーティションが準備され、ブートボリュームに対する変更はディスク保護用のパーティションに書き込まれます。サーバーを再起動すると、変更内容は破棄され、以前のクリーンな状態に戻ります。管理者は、ソフトウェアのインストールや更新、サーバーの構成変更のために一時的にディスク保護を無効化できます。また、ディスク保護の切り替えを、Windows Updateのスケジュールと連動させることもできます。

画面10-7-3
ディスク保護を有効にすると、システム設定およびユーザーの変更が再起動時にリセットされる

■ VDI仮想デスクトップ

MultiPoint Servicesは、サーバーに直結されたステーションに対してリモートデスクトップセッションホストの役割がWindows 10相当のデスクトップ環境を提供します。MultiPoint Servicesの［仮想デスクトップ］機能を利用すると、リモートデスクトップセッションホストではなく、リモートデスクトップ仮想化ホストの役割でWindows 10の仮想デスクトップ環境をユーザーに提供するように構成できます。

MultiPoint Servicesは、Windows 10の仮想デスクトップを自動プロビジョニングする機能を備えており、Windows 10 EnterpriseまたはProエディション（バージョン1607）のインストールメディアや仮想ハードディスク（VHDまたはVHDX）から仮想マシンテンプレートを作成して、テンプレートから直結ステーションの数の仮想デスクトップを自動生成します。

画面10-7-4　ローカルの直結ステーションごとに仮想デスクトップを割り当て、完全なWindows 10環境をユーザーに提供できる

10.7.2　MultiPoint Servicesの展開

　Windows Server 2016のMultiPoint Servicesをインストールする手順を説明します。Windows Server 2016では、［役割と機能の追加ウィザード］の［リモートデスクトップサービスのインストール］にMultiPoint Servicesの展開シナリオが追加されました。

　MultiPoint Servicesは、［Windows Server 2016（デスクトップエクスペリエンス）］のインストールオプションでインストールされた、完全なGUI環境を備えるWindows Server 2016の物理コンピューターまたは仮想マシンにインストールできます。Active Directoryドメインに参加している場合でも、ワークグループ構成の場合でも展開可能です。なお、仮想デスクトップ機能を利用する場合は、Hyper-Vのシステム要件を備えた物理コンピューターである必要があります。

1. ［サーバーマネージャー］から［役割と機能の追加ウィザード］を開始し、［インストールの種類の選択］ページで［リモートデスクトップサービスのインストール］を選択します。

画面10-7-5
［リモートデスクトップサービスのインストール］を選択する

2. ［展開の種類の選択］ページで［MultiPoint Services］を選択します。

画面10-7-6　展開シナリオとして［MultiPoint Services］を選択する

3. ［サーバーの選択］ページで、MultiPoint Servicesの役割をインストールするサーバーを指定します。

画面10-7-7　MultiPoint Servicesをインストールするサーバーを指定する

4. ［設定内容の確認］ページで［必要に応じてターゲットサーバーを自動的に再起動する］チェックボックスをオンにし、［展開］ボタンをクリックしてインストールを開始します。

画面10-7-8　インストールの途中、サーバーが自動的に再起動する

5. ［進行状況の表示］ページにインストールの進行状況が表示され、インストールを完了するために自動的に再起動されます。

6. サーバーが再起動すると、サーバーのコンソールに次のような画面が表示されます。サーバーに複数のステーションが直結されている場合は、ステーションごとに異なるキーを押すように要求されます。

画面10-7-9　画面に表示されるキーを押し、管理者アカウントの資格情報を入力してサインインする。または、リモートコンピューターからリモートデスクトップ接続でサインインする

ローカルサーバーの［役割と機能の追加ウィザード］でインストールを開始した場合は、1つのステーションで指示されたキーを押し、［役割と機能の追加ウィザード］を開始した管理者アカウントでサインインします。または、別のコンピューターからリモートデスクトップ接続でこのサーバーに管理者アカウントで接続します。サインインすると［役割と機能の追加ウィザード］が自動的に再開します。

7. ［進行状況の表示］ページに［成功］と表示されたらインストールは完了です（画面10-7-10）。ウィザードを終了してください。

画面10-7-10　すべての役割のインストールが成功したことを確認する

MultiPoint Servicesの2つの管理コンソール

　MultiPoint Servicesの管理コンソールには、ステーションやユーザー、MultiPoint Servicesの機能を構成するための［MultiPointマネージャー］と、ユーザーのデスクトップやアプリケーションを制御する［MultiPointダッシュボード］があります。［MultiPointマネージャー］は管理者が、［MultiPoint ダッシュボード］は管理者およびダッシュボードへのアクセス権限が割り当てられたユーザーが使用できます。
　これらのツールは、［サーバーマネージャー］には登録されません。［スタート］メニューから開始してください。Windows 10バージョン1607は、MultiPoint Connectorサービスとともに、これらの管理ツールをインストールして管理者や講師用のステーションとして利用することができます。

画面10-7-11　MultiPoint Servicesの2つの管理コンソール

 コンソールモードとステーションモード

　MultiPoint Servicesの役割をインストールしたサーバーは、ステーションモードになりサーバーに直結されたステーションの1つになります。ステーションモードでは、ローカル管理者アカウントとしてサインインした場合でも一部の管理作業が制限されます。ステーションモードの実体はリモートデスクトップセッションです。リモートデスクトップセッションでサポートされないシステム設定（ローカルディスプレイの設定変更など）や一部のソフトウェアのインストールはできません。

　ステーションモードで実行できない管理作業は、サーバーをコンソールモードに切り替えて実施します。それには、［MultiPointマネージャー］の［ホーム］タブでサーバーを選択し、［コンソールモードに切り替え］をクリックします。なお、コンソールモードへの変更は、サーバーに直結されるすべてのステーションに影響します。また、コンソールモードからステーションモードに戻すには、サーバーの再起動が必要です。

画面10-7-12　ステーションモードからコンソールモードに切り替える

10.7.3 ユーザーの作成

［MultiPointダッシュボード］を使用すると、一般ユーザー（Usersローカルグループのメンバー）でサインイン中のユーザーのデスクトップを制御できます。

MultiPoint Servicesのサーバーにサインインするためのローカルユーザーは、［MultiPointマネージャー］の［ユーザー］ページで作成することが可能です（画面10-7-13）。デスクトップの制御対象の［標準ユーザー］のほかに、［MultiPoint ダッシュボード］の使用を許可する［MultiPointダッシュボードユーザー］、およびサーバーのローカル管理者アカウントである［管理ユーザー］を作成することができます。また、同じ方法で、次に説明するWindows 10コンピューターのローカルユーザーを作成することもできます。

画面10-7-13　MultiPoint Servicesのサーバーにサインインするためのローカルユーザーを作成する

Active Directoryのドメインアカウントの使用

MultiPoint ServicesのサーバーがActive Directoryのドメインメンバーの場合は、Active Directoryのユーザーアカウントを使用してステーションにサインインすることができます。また、ドメインの管理者は、［MultiPointマネージャー］および［MultiPointダッシュボード］を使用できます。ドメインのユーザーアカウントに［MultiPointダッシュボード］を使用できる［MultiPointダッシュボードユーザー］の役割を与えるには、MultiPoint ServicesのサーバーのWmsOperatorsローカルグループにドメインのアカウントを追加してください。

10.7.4 Windows 10コンピューターのデスクトップ制御の統合

Windows Server 2016のMultiPoint Servicesには、Windows 10を実行する同一ネットワークサブネット上のWindowsコンピューターをステーションとして統合し、Windows 10にローカルサインインする一般ユーザーのデスクトップをMultiPoint Servicesのサーバーにサインインしているユーザーのデスクトップとともに制御することができます。

Homeエディションを除くWindows 10（バージョン1607以降）では、MultiPoint Connectorの機能がサポートされており、同一サブネット上のMultiPointサーバーにステーションとして統合できます。コントロールパネルの［Windowsの機能の有効化または無効化］を使用してMultiPoint Connectorを有効化し、［MultiPointマネージャー］の［パーソナルコンピューターの追加または削除］を使用してWindows 10コンピューターをMultiPoint Servicesの環境に統合します。

MultiPoint Servicesを実行する、同一サブネット上の別のWindows Server 2016のサーバーを、［MultiPoint Serverの追加または削除］を使用して追加し、複数のMultiPoint Servicesのサーバーの管理を統合することもできます。

画面10-7-14　Windows 10バージョン1607でMultiPoint Connectorサービスを有効化する

画面10-7-15　［MultiPointマネージャー］の［パーソナルコンピューターの追加または削除］を使用してWindows 10コンピューターを追加する

10.7.5 ディスク保護の有効化

MultiPoint Servicesの「ディスク保護」機能を有効化すると、ユーザーによるデータの書き込みやデスクトップ環境の変更を破棄してサーバーを以前の状態に戻す、ステートレスなデスクトップ環境を実現できます。ディスク保護機能は、サーバー直結のステーションからローカルサインインするユーザー、およびリモートデスクトップ接続でサーバーにリモートからサインインするユーザーに適用されます。

ディスク保護機能を利用するには、[MultiPointマネージャー]の[ホーム]ページで[ディスク保護を有効にする]をクリックし、ディスク保護を有効化します。ディスク保護を有効化すると、ディスク保護用にパーティションが準備され、サーバーが再起動します(画面10-7-16)。

ディスク保護を有効化すると、Windowsのボリューム(C:¥ドライブ)に対する変更はサーバーの再起動時に破棄され、ディスク保護を有効化した時点の状態にロールバックされます。管理者は、ソフトウェアのインストールや更新、サーバーの構成変更のために一時的にディスク保護を無効化できます。また、Windows Updateによる自動更新に合わせて、ディスク保護を自動的に無効化/有効化するようにスケジューリングすることができます(画面10-7-17)。

画面10-7-16　ディスク保護機能を有効化する

画面10-7-17　Windows Updateによる更新と連携してディスク保護の有効化/無効化をスケジューリングできる

10.7.6 仮想デスクトップ機能の有効化

MultiPoint Servicesは、サーバーに直結されたステーションに対して、RDセッションホストの役割が64ビット版Windows 10(Enterprise 2016 LTSB)相当のデスクトップ環境、つまりセッションベースのデスクトップを提供します。サーバーに直結された各ステーションが、別々のリモートデスクトップ接続クライアントとして振る舞うイメージです。

MultiPoint Servicesの仮想デスクトップ機能を有効化すると、RDセッションホストではなく、RD仮想化ホストとHyper-Vの役割を使用して、Windows 10 EnterpriseまたはProエディション（バージョン1607）を実行する仮想マシンベースのデスクトップをユーザーに提供するように構成できます。サーバーに直結されたステーションからのサインインは、Hyper-V仮想マシンへのリモートデスクトップ接続に置き換わります。

ディスク保護機能と仮想デスクトップ機能は共存できない

仮想デスクトップ機能を有効化する前に、ディスク保護機能が無効になっていることを確認してください。ディスク保護機能が有効になっていると、仮想デスクトップ機能の有効化を含むサーバーの変更は次回起動時に破棄されるため、構成上の致命的な問題が発生する可能性があります。

MultiPoint Servicesをセッションベースから仮想デスクトップに切り替えるには、［MultiPointマネージャー］の［仮想デスクトップ］ページにある［仮想デスクトップを有効にする］をクリックして機能を有効化します。仮想デスクトップ機能を有効化すると、MultiPoint Servicesのサーバーに、RD仮想化ホストとHyper-Vの役割がインストールされ、再起動されます。

画面10-7-18　MultiPoint Servicesの仮想デスクトップ機能を有効化する

仮想デスクトップ機能を有効化したら、仮想デスクトップのテンプレートを準備します。リモートデスクトップサービスの仮想マシンベースのデスクトップ展開では、テンプレートを準備するために、仮想マシンを作成し、Windows 10 Enterpriseをインストールして、Sysprepで一般化するという手順が必要でした。MultiPoint Servicesでは、Windows 10 EnterpriseまたはProエディション（バージョン1607）のインストールメディアのISOイメージを指定するだけで、WIMイメージ（Sources¥Install.

wim9をVHD形式に変換して仮想マシンテンプレートを準備できます。既に構成済みのVHDファイルをインポートすることも可能です。

画面10-7-19　Windows 10 EnterpriseまたはProのインストールメディアのISOイメージまたはVHDファイルを指定して、テンプレートを作成する

　テンプレートが作成されたら、［仮想デスクトップテンプレートのカスタマイズ］を実行して、テンプレートを起動し、アプリケーションのインストールやWindows Updateの実行など、必要なカスタマイズを行います。カスタマイズが完了したら、デスクトップにある［COMPLETECUSTOMIZATION］ショートカットを実行します。［COMPLETECUSTOMIZATION］ショートカットを実行すると、システム準備ツール（Sysprep）により、イメージが一般化され、仮想マシンがシャットダウンされます。

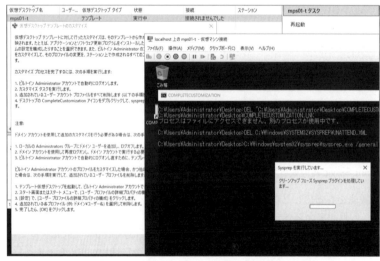

画面10-7-20　仮想デスクトップテンプレートをカスタマイズする

テンプレートのカスタマイズが完了し、テンプレートの仮想マシンが停止したら、［仮想デスクトップステーションの作成］を実行します。これにより、テンプレートを使用して仮想デスクトップ用の仮想マシンが自動プロビジョニングされます。仮想デスクトップ用の仮想マシンは、サーバーに直結されたステーションの数だけ自動作成され、直結のステーションに仮想デスクトップを割り当てることで各ステーションから仮想デスクトップにサインインできるようになります。なお、仮想デスクトップへのサインインに使用するローカルユーザーは、各仮想デスクトップのゲストOSで標準ユーザーとして事前に作成しておく必要があります。

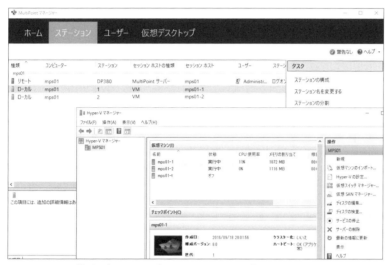

画面10-7-21 ［仮想デスクトップステーションの作成］を実行すると、ローカル直結のステーションの数だけ、テンプレートから仮想マシンがプロビジョニングされる。これを直結のステーションに割り当てる

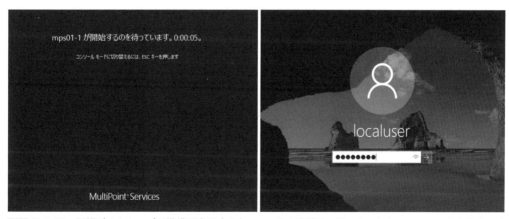

画面10-7-22 仮想デスクトップの準備が完了すると、ローカル直結のステーションにWindows 10のサインイン画面が表示される

改訂新版あとがき

　Windows Server 2016がリリースされた2016年は、Windows NT Server 4.0がリリースされた1996年から数えて20年です。Windows NTの歴史はそれ以前のWindows NT 3.1まで遡ることができますが、Windows NT Server 4.0が登場するまではメジャーなサーバーOSではありませんでした。筆者がWindowsやWindows Serverに関わるようになったのも、ちょうどそのころからです。

　当時は、サーバーといっても32ビットOSの制約から仮想アドレス空間は4GB（カーネル2GB＋ユーザー2GB）しかなく、多くのサーバーがクライアントPCとあまり変わらないスペックで動いていたと記憶しています。あれから20年、Windows Serverは、企業内のサーバーはもちろん、組み込みのアプライアンス製品、プライベートクラウド、そしてパブリッククラウド上で、膨大なコンピューティングリソースを贅沢に、あるいは極めて効率的に利用しながら、無数に稼働しています。今後は、Windowsコンテナーという新しい仕組みを用いたアプリケーションプラットフォームとしての利用も増えていくでしょう。

　本書『Windows Server 2016 テクノロジ入門　改訂新版』ではWindows Server 2016の主要な新機能をひととおり説明していますが、すべてを説明しているわけではありません。本書は入門書であり、クラウドコンピューティング向けの一部の機能（仮想ネットワーク関連）や特定のハードウェアに依存する機能、細かな変更点については、説明していない部分もあります。しかしながら、入門書以上の知識を得ることはできると自負しています。また改訂にあたり、半期チャネル（Semi-Annual Channel：SAC）と長期サービスチャネル（Long Term Servicing Channel：LTSC）というWindows Serverの新しいサービスモデルについての解説や、Windows Server 2019までの新機能や変更点についても加筆しました。

　最後に、筆者執筆による『Windows Server 2019テクノロジ入門』を発行する予定はないことをお伝えします。本書の初版からまだ2年少しですが、Windows Server 2016に関連してさまざまな変更がありました。例えば、本書の初版で多くのページを割いたNano Serverは、物理/仮想環境ではもはやサポートされません。その他にもWindows 10のアップグレードによる仕様の変更や名称の変更、Microsoft Azureの関連サービスの進化や廃止、TechNet/MSDNサイトのdocs.microsoft.comへの移行や公式ブログのプラットフォームの移行に伴う公開ドキュメントのリンク切れなど、かなりの修正を要しました。また本書に加筆したとおり、Windows Server 2016後のWindows Serverは、半年ごとの半期チャネル（SAC）で新機能が次々に追加され、次の長期サービスチャネル（LTSC）に反映されるという新しい開発スタイルになりました。そのため、紙の書籍という形では今後のWindows Serverの進化に追い付いていくのは困難であると考えました。筆者が制作を担当した「Windows Server 2019評価ガイド」が2019年1月末より以下のサイトからダウンロードできますので、Windows Server 2019の評価にはこちらをお役立てください。

Cloud Platform関連コンテンツ｜マイクロソフトクラウドプラットフォーム
⇨https://www.microsoft.com/ja-jp/cloud-platform/Documents-Search

　本書に関連するフォローアップが必要な場合は、以下の筆者の個人ブログでご案内します。定期的にチェックしてください。

山市良のえぬなんとかわーるど
⇨https://yamanxworld.blogspot.com/

索引

■ 記号・数字

- --isolation パラメーター ... 646
- -ComputerName パラメーター ... 73, 88
- -Credential パラメーター ... 73
- -Force パラメーター ... 73
- -IncludeManagementTools パラメーター ... 101
- -RestrictToSingleComputer オプション ... 145
- -Session パラメーター ... 88
- -VMName パラメーター ... 7, 90, 474
- .avhd ... 513, 537
- .avhdx ... 513, 537
- .bin ファイル ... 513
- .NET Framework 3.5 Features ... 99, 101
- .vmcx ファイル ... 511, 513
- .vmgs ファイル ... 514
- .vmrc ファイル ... 511, 514
- .vmrs ファイル ... 513
- .vsv ファイル ... 513
- /Apply-Unattend パラメーター ... 48
- /mode:vm オプション ... 45
- /policynames オプション ... 143
- /rootcerts オプション ... 143
- 3方向ミラー ... 343

■ A

- Active Directory ... 111
- Active Directory Rights Management Services CAL（RMS CAL） ... 446
- Active Directory Rights Management Services External Connectors（AD RMS External Connectors）ライセンス ... 446
- Active Directory Rights Management サービス（AD RMS） ... 112, 441
- Active Directory スキーマ ... 131
- Active Directory 管理センター ... 134, 137, 461
- Active Directory サイトとサービス ... 135
- Active Directory 証明書サービス ... 175
- Active Directory スキーマ ... 135
- Active Directory 統合モードの DNS サーバー ... 251
- Active Directory 登録ポリシー ... 178, 186
- Active Directory ドメインサービス（AD DS） ... 111, 120
- Active Directory ドメインサービス構成ウィザード ... 122, 128
- Active Directory ドメインサービスの復元 ... 767
- Active Directory ドメインと信頼関係 ... 131, 134, 135
- Active Directory ドメインの切り替え ... 776
- Active Directory フェデレーションサービス（AD FS） ... 112, 115, 189
- Active Directory ユーザーとコンピューター ... 131, 135
- Active Directory ライトウェイトディレクトリサービス（AD LDS） ... 111
- Active Directory 証明書サービス（AD CS） ... 111
- ActiveDirectory モジュール ... 139, 147
- AD FS 事前認証 ... 205, 211, 732
- AD RMS Bulk Protection Tool ... 447
- AD RMS クラスター ... 448
- Add-ClusterGroupSetDependency ... 593
- Add-ClusterGroupToSet ... 593
- Add-ClusterVMMonitoredItem ... 588
- Add-Computer ... 141
- Add-DnsServerClientSubnet ... 254
- Add-DnsServerConditionalForwarderZone ... 603
- Add-DnsServerQueryResolutionPolicy ... 254
- Add-HgsAttestationHostGroup ... 605
- Add-KdsRootKey ... 145, 192
- Add-MpPreference ... 743, 745
- Add-PhysicalDisk ... 358
- Add-VMGroupMember ... 475, 542
- Add-VMNetworkAdapter ... 533
- Add-VMNetworkAdapterAcl ... 506
- Add-VMTPM ... 611
- Add-VPNConnectionTriggerApplication ... 303, 304
- Add-VPNConnectionTriggerDNSConfiguration ... 306
- Add-VPNConnectionTriggerTrustedNetwork ... 305
- Add-WBBackupTarget ... 764, 765
- Add-WBBareMetalRecovery ... 764
- Add-WBSystemState ... 764
- Add-WBVirtualMachine ... 765
- Add-WBVolume ... 764
- adprep ... 40, 133, 134
- ADSI Edit（ADSI エディター） ... 136

Anywhere Access	791
AppLocker	14, 23, 157
apt-get	524
Authenticated Users	180
Automatic Exclusions（自動除外設定）	745
Azure Active Directory（Azure AD）	6, 112, 214
Azure Active Directory Connect Health サービス	223
Azure AD Basic	113
Azure AD Connect	116, 220, 226
Azure AD Free	113
Azure AD Identity Protection	114
Azure AD Premium	113
Azure AD Premium P1	114
Azure AD Premium P2	114
Azure AD Privileged Identity Management（PIM）	114
Azure AD参加（Azure AD Join）	6, 113, 115
Azure ADドメインサービス	115
Azure Backup	758, 768
Azure Container Instances	617
Azure Container Registry	652
Azure Container Service（ACS）	617
Azure Information Protection	115, 444
Azure Information Protection for Office 365	446
Azure Kubernetes Service（AKS）	617, 652
Azure Marketplace	63
Azure MFA	224
Azure RemoteApp	115
Azure RMS	444
Azure Site Recovery	65, 569, 758
Azure Site Recoveryプロバイダー	572
Azure SQL Database	662
Azure SQLデータベース	6
Azureポータル	63
Azureリソースマネージャー（ARM）デプロイモデル	64

B

Bash on Ubuntu on Windows	633
bcdboot	62
BCDEDIT	61, 62, 106
BCDストア	472
BIOS（Basic Input/Output System）	31
BitLockerドライブ暗号化	337, 612
BITSADMIN	72
Boot Event Collectorサービス	104
BranchCache	14, 321, 370
BranchCacheクライアント	372

BSD Integration Service（BIS）	521
BYOD（Bring Your Own Device：個人所有デバイスの業務利用）	398

C

ca.pem	632, 636
cert.pem	632, 636
CertIm.msc	177, 185
Certmgr.msc	177, 185
Certsrv.msc	177
Certtmpl.msc	177
CExecSvc.exe	623
CExecSvc.exe（Container Execution Agent）	641
change user	686
CHCP	87
Checkpoint-IscsiVirtualDisk	440
CheckPoint-VM	535
CIFS（Common Internet File System）	23
Citrix Virtual Apps Essentials	663
Clear-SRMetadat	426
cmd	69
CNAMEレコード	248
COMポート	534
Configure-SMRemoting.exe	76
Connect-AzureAD	229
Connect-IscsiTarget	439
Connect-MsolService	225, 229
Containersモジュール	638
Convert-VHD	546
ConvertTo-SecureString	602
Copy-VMFile	89, 521, 523, 526
Cortana（コルタナ）	161
CRL配布ポイント（CRL Distribution Point：CDP）	182, 209
CSVFS	330
CSVキャッシュ	328
curl	72
cURL	16, 22, 72
Current Branch for Business（CBB）	167
Current Branch（CB）	167

D

daemon.json	631, 634
DANE（DNSbased Authentication of Named Entities）	240
Dcdiag.exe	138
Dcgpofix.exe	139, 153
DDPEvalツール	360

Default Domain Controllers Policy 139, 151, 154
Default Domain Policy 139, 151, 153
Default-First-Site-Name 129
DefaultHotfixConfig.xml 779
Defenderモジュール 743
Defrag 348
Desired State Configuration (DSC) 7
DHCP(動的ホスト構成プロトコル) 259
DHCPガード 532
DHCPクライアント 263
DHCPサーバー 259, 264
DHCPサーバーの承認 260
DHCPサーバーのフェールオーバークラスター 265
DHCPサーバーの役割 240
DHCPスコープ 260
DHCPフェールオーバー 265
DHCPポリシー 267
DirectAccess 14, 280, 281, 283
DirectAccess - Laptop only WMI filter 289
[DirectAccess クライアントの設定] 288
[DirectAccess サーバーの設定] 288
DirectAccessクライアント 143, 284, 290, 296, 301
DirectAccessサーバー 283, 292
DirectX診断ツール(Dxdiag.exe) 677
Disable-VMResourceMetering 506
Disconnect-IscsiTarget 439
Discrete Device Assignment(個別デバイスの割り当て)
.... 30, 475
DISKPART 45, 47, 59, 62, 330, 332, 544
DISM ... 45, 46, 47, 48, 53, 81, 100, 102, 103, 104, 486, 488, 709, 755
Dismount-SRDestination 426
DJOIN 142, 143, 297
DNS(Domain Name System) 244
DNS(スナップイン) 136
Dnscmd.exe 255
Dnsmgmt.msc 136
DNSSEC(DNS Security Extensions:DNSセキュリティ拡張機能)
.... 240, 255
DNSクライアント 244, 257
DNSサーバー 244, 246, 251, 294
DNSサーバーの役割 239
DNSサフィックス 286, 306
DNS動的更新 252, 270
DNSドメイン名 123
DNSポリシー 4, 239, 254
DNSリフレクター攻撃(アンプ攻撃) 239

docker(コマンド) 629, 635, 636, 637, 639, 643
Docker 617, 619
docker attach 640
docker build 652
Docker CLI 622, 635
docker commit 620, 646
Docker Community Edition 630
Docker Desktop for Windows 630, 635, 653
Docker EE for Windows Server 627
Docker Enteprise 652
Docker Enterprise 2.1 617
Docker Enterprise Edition(Docker EE) for Windows Server
.... 617
Docker Hub 620, 626, 648
docker images 620, 629
docker inspect 648
docker login 650, 651
docker network 638
docker ps 640, 648
docker pull 620, 626, 629, 649, 651
docker push 620, 650
docker rm 647
docker rmi 647
docker run 620, 626, 641, 643, 645, 648, 649
docker search 649
docker start 640
docker stop 640
Docker Store 630
docker tag 650
docker version 628
dockerd 628
DockerMsftProviderモジュール 627
Dockerエンジン 621, 630, 633
Dockerクライアント 621, 631, 635
Dockerバイナリ 621, 627, 635
Dockerホスト 619
Domain.msc 135
Dsa.msc 135
Dsacls.exe 138
Dsdbutil.exe 138
Dsmgmt.exe 138
dsregcmd 235
Dssite.msc 135
DTLS(Datagram Transport Layer Security) 656, 722

E

- Edsiedit.msc ··· 136
- EFIシステムパーティション（ESP）························ 31, 32
- Enable-BCHostedServer ·· 372
- Enable-BitLocker ··· 337, 612
- Enable-ClusterS2D ··· 355
- Enable-ClusterStorageSpacesDirect ··························· 355
- Enable-DedupVolume ·· 362
- Enable-PSRemoting ·· 83, 87, 90, 195, 236
- Enable-SbecAutoLogger ·· 106
- Enable-SbecBcd ·· 106
- Enable-ServerManagerStandardUserRemoting ········ 76
- Enable-VMIntegrationService ······································ 89
- Enable-VMRemoteFXPhysicalVideoAdapter ············ 494
- Enable-VMResourceMetering ····································· 505
- Enable-WSManCredSSP ·· 81
- EnableAdfsDeviceRegistration ···································· 203
- Enhanced Mitigation Experience Toolkit（EMET）······· 16
- Enter-PSSession ······································· 7, 88, 90, 237, 474, 488
- ESD（Electric Software Delivery）······························ 46
- ESDイメージ ·· 44, 47
- ESP（Encapsulating Security Payload）····················· 281
- EVENTCREATE ··· 588
- exit ·· 87, 640
- Exit-PSSession ··· 87
- Expand-Archive ·· 628
- Expand-DedupFile ·· 364
- Export-IscsiVirtualDiskSnapshot ································ 440
- Export-PfxCertificate ··· 602
- Export-SmigServerSetting ··· 41
- Export-VM ··· 538
- Export-VMSnapshot ··· 535, 538

F

- FederationMetadata.xml ·· 197
- Fibre Channel over Ethernet（FCoE）······················· 349
- Find-Package ··· 627, 629
- FQDN（Fully Qualified Domain Name：完全修飾ドメイン名）
  ··· 244
- FreeBSDゲスト ·· 521
- FreeBSD用統合サービス（BSD Integration Services：BIS）
  ··· 483
- FsGmsa ··· 192
- FSMO（Flexible Single Master Operation）操作マスター ····· 131

G

- Generic Routing Encapsulation（GRE）······················ 4
- Get-ADGroup ·· 604
- Get-BitLockerVolume ·· 612
- Get-CauClusterRole ··· 780
- Get-ChildItem ··· 401, 546
- Get-Cluster ····································· 337, 586, 591, 785
- Get-ClusterResource ·· 780
- Get-Command ·································· 70, 139, 237
- Get-ContainerNetwork ·· 638
- Get-Credential ·· 225, 227
- Get-DAClientExperienceConfiguration ····················· 299
- Get-DAConnectionStatus ··· 299
- Get-DAEntryPointTableItem ······································· 299
- Get-DedupJob ··· 364
- Get-DedupSchedule ··· 363
- Get-DedupVolume ··· 362, 364
- Get-Disk ·· 331
- Get-DnsClientNrptPolicy ······································ 258, 299
- Get-FileHash ··· 628
- Get-FileStorageTier ··· 348
- Get-Help ··· 71
- Get-HgsClientConfiguration ································· 606, 609
- Get-HgsGuardian ·· 609, 611
- Get-IscsiTarget ·· 439
- Get-IscsiVirtualDiskSnapshot ······································ 440
- Get-ItemProperty ··· 739
- Get-MpComputerStatus ·· 743
- Get-MpPreference ·· 743
- Get-MsolGroup ··· 229
- Get-NCSIPolicyConfiguration ····································· 299
- Get-NetAdapter ·· 500, 501
- Get-NetFirewallRule ·· 642
- Get-NetIPAddress ·· 264
- Get-NetNatStaticMapping ·· 642
- Get-PhysicalDisk ··································· 341, 356, 357, 358
- Get-RDSessionCollection ·· 717
- Get-RDSessionCollectionConfiguration ···················· 713
- Get-RDUserSession ·· 691
- Get-RDVirtualDesktopCollection ······························· 717
- Get-RDVirtualDesktopCollectionConfiguration ······ 713
- Get-SRGroup ··································· 424, 425, 426
- Get-SRPartnership ··· 425, 431
- Get-StoragePool ···································· 341, 355, 356, 357
- Get-StorageSubsystem ·· 341, 358

Get-StorageTier 348
Get-VirtualDisk 357, 358
Get-VM 483, 506, 512, 513
Get-VMHardDiskDrive 568, 569
Get-VMHost 496
Get-VMHostSupportedVersion 480, 514
Get-VMNetworkAdapter 533
Get-VMNetworkAdapterAcl 506
Get-VMSnapshot 513
Get-VPNConnection 305
Get-VPNConnectionTrigger 305
Get-WBPolicy 764
Get-WebApplicationProxyApplication 419
Get-WindowsFeature 101
Get-WMIObject 85
Git for Windows 632
Gpfixup.exe 139
gpresult 151
GPT（GUIDパーティションテーブル） 31
GPU（Graphics Processing Unit） 5
gpupdate 46, 694
gpupdate /force 276, 317
GRE（Generic Routing Encapsulation） 281
grub2-mkconfig 525
gwmi 738

H

hid_hyperv 525
Hold Your Own Key（HYOK） 444
Host Guardian Hyper-V サポート 606
Host Guardian サービス（HGS） 6, 479, 480, 598
hostname 640
Hosts ファイル 84
HTTP/2 752
hv_balloon 525
hv_fcopy_daemon 526
hv_kvp_daemon 526
hv_mouse 525
hv_netvsc 525
hv_storvsc 525
hv_utils 525
hv_vmbus 525
hv_vss_daemon 526
hvax64.exe 472
hvix64.exe 472
Hyper-V 3, 24, 471

Hyper-V Administrators グループ 504
Hyper-V Data Exchange Service 521
Hyper-V Extensible Virtual Switch 498
Hyper-V Guest Service Interface 521
Hyper-V Guest Shutdown Service 521
Hyper-V Heartbeat Service 521
Hyper-V PowerShell Direct Service 521
Hyper-V Time Synchronization Service 521
Hyper-V 拡張仮想スイッチ 496
Hyper-V 仮想スイッチ 4, 243
Hyper-V ゲストクラスター 594
Hyper-V コンテナー 479, 622, 623, 624, 626, 630, 643
Hyper-V ソケット（Hyper-V Sockets） 475
Hyper-V ネットワーク仮想化（Hyper-V Network Virtualization：HNV） 4, 24, 243, 479
Hyper-V の管理用の名前空間 86
Hyper-V のプロセッサ要件 29
Hyper-V ビデオ 495
Hyper-V ホスト 40, 480, 484
Hyper-V ホストクラスター 41, 42, 475, 577, 578, 588
Hyper-V ホストクラスターのローリングアップグレード 477
Hyper-V ボリューム シャドウ コピー リクエスター 521
Hyper-V マネージャー 80, 492
Hyper-V リモート デスクトップ仮想化サービス 521
Hyper-V レプリカ 557
Hyper-V レプリカブローカー 558
hyperv-daemons パッケージ 523
hyperv_fb 525
hyperv_keyboard 525
hypervfcopyd 526
hypervisorlaunchtype Auto 472
hypervkvpd 526
hypervvssd 526

I

ICMP エコー要求 85
IDE コントローラー 530
IE のエンタープライズモード 15
IIS 10.0 752
IIS Manager for Remote Administration 1.2 79
IISAdministration モジュール 754
Import-HgsGuardian 609
Import-SmigServerSetting 41
Import-VM 539
Increasing TCP's Initial Window (TFC 6928) 4
Initialize-ADDeviceRegistration 203

索引

Initialize-ADSyncDeviceWriteBack 227
Initialize-ADSyncDomainJoinedComputerSync 227
Initialize-ADSyncNGCKeysWriteBack 227
Initialize-Disk 331
Initialize-HgsServer 602
Install-ADDSDomainController 129
Install-ADDSForest 127
Install-ADServiceAccount 147
Install-HgsServer 602
Install-Module 225, 226, 229, 627
Install-Package 627, 629
Install-WebApplicationProxy 207, 208
Install-WindowsFeature
　............ 101, 103, 104, 127, 147, 226, 360, 366, 371, 372, 388, 422,
　433, 486, 601, 606, 609, 612, 627, 642, 643, 757, 787
Install.esd 44
Install.wim 44
Internet Explorerのエンタープライズモード 171
［Internet Explorer メンテナンス］ 161
Internet Key Exchange version 2 (IKEv2) 281
Invoke-CauRun 779, 780
Invoke-Command 7, 88, 90
Invoke-GPUpdate 276
Invoke-IpamGpoProvisioning 274
Invoke-PSSession 88
Invoke-WebRequest 72, 628
Invoke-WsusServerCleanup 323
InvokeCommand 474
IOPS (Input/Output per Second) 5
IPAMサーバー 272, 278
ipconfig 263, 640
IPv6ルートサーバー 240
IPアドレス管理 (IP Address Management：IPAM) 271
IPアドレス管理 (IPAM) サーバー 240
ISATAP (Intra-Site Automatic Tunneling Addressing Protocol)
　.. 283
iscsicli.exe 432
iscsicpl.exe 436, 438
iSCSIイニシエーター 432, 436
iSCSI仮想ディスク 440
iSCSI仮想ディスクのスナップショット 440
iSCSIターゲットサーバー 326, 431, 432
iSCSIモジュール 432, 439
iwr 72

J

Journal.dll (Microsoft Tablet PC Journal Reader Platform
　Component) 8
Just Enough Administration (JEA) 7, 117, 118, 235

K

Kerberos認証の相互認証の検証
　(RequireMutualAuthentication) 329
key.pem 632, 636
KSK (キー署名キー) 255
Kubernetes 22, 626

L

L2TP/IPSec 281
L2トンネル (l2tunnel) 637
L2ブリッジ (l2bridge) 637
Ldp.exe 139
LF改行コード 22
Linux Containers on Windows (LCOW) 22, 626
Linux Containers (LXC) 619
Linux Integration Service (Linux IS、LIS) 521
Linux Integration Services 4.x for Hyper-V (LIS 4.x) .. 484, 523
LinuxKit 22
Linux仮想マシン 480
Linuxゲスト 521
Linuxゲストのセキュアブートサポート 476
Linuxゲスト用統合サービス (Linux Integration Services for
　Hyper-V：LIS) 483
Linux統合サービス 525
Logoff 68
Long-Term Servicing Branch (LTSB) 167
LUN (論理ユニット番号) 432

M

MACアドレス 532
MACアドレス範囲 503
MACアドレスフィルター 269
MACアドレスプール 503
MADCAP 259
Measure-VM 506
Microsoft 365 114
Microsoft Active Protection Service (MAPS) 744
Microsoft Application Virtualization (App-V) 15, 174, 720
Microsoft Azure Backup Server 759, 769
Microsoft Azure Stack 19

索引

Microsoft Azure ハイブリッド使用特典 ……… 12
Microsoft Container Registry (MCR) ……… 626
Microsoft Desktop Optimization Pack (MDOP) ……… 14
Microsoft Hyper-V Server 2016 ……… 10
Microsoft Identity Manager 2016 ……… 7, 118
Microsoft Identity Manager User CAL (MIM CAL) ……… 11
Microsoft Intune ……… 114
Microsoft iSCSI Initiator Service (MSiSCSI) サービス ……… 432
Microsoft Malware Protection Center (MMPC) ……… 743
Microsoft Passport ……… 6, 116
Microsoft Remote Desktop ……… 660, 664
Microsoft Report Viewer 2012 Runtime 再頒布可能パッケージ ……… 315
Microsoft RMS コネクタ ……… 446
Microsoft Store ……… 162
Microsoft Store for Business ……… 15
Microsoft Update ……… 306
Microsoft User Experience Virtualization (UE-V) ……… 15, 174, 720
Microsoft.HotfixPlugin ……… 777, 779
Microsoft.WindowsUpdatePlugin ……… 777
Microsoft 予約パーティション (MSR) ……… 32
Mini-Setup ……… 48
MMC (Microsoft Management Console) ……… 80
MOF ファイル ……… 91
Mount-SRDestination ……… 426
Move-SmbWitnessClient ……… 387
Move-VM ……… 554
Move-VMStorage ……… 548
MpCmdRun.exe ……… 743
Msinfo32.exe ……… 29
MultiPoint Connector ……… 795, 796, 800, 803
MultiPoint Services ……… 6, 25, 657, 663, 794, 795, 798
MultiPoint ダッシュボード ……… 800, 802
MultiPoint マネージャー ……… 800, 804, 805
MX レコード ……… 248

■ N

Nano Server ……… 2, 3, 12, 22, 27, 28, 50, 103, 107, 240, 329, 478, 487
Nano Server Image Builder ……… 55
Nano Server Recovery Console ……… 55, 68
Nano Server の初期構成 ……… 56
NanoServer.wim ……… 51, 53
NAT (nat) ……… 637, 638
NAT スイッチ ……… 501
net localgroup ……… 787
net share ……… 330
net start ……… 81, 103, 756
net user ……… 787
NetBIOS over TCP (139/TCP) ……… 9
NetCfg API ……… 9
NETDOM ……… 132, 139, 141, 604
NETLOGON 共有 ……… 119, 329
NetNAT ……… 501
netsh advfirewall ……… 85, 86, 87, 105, 559, 588, 632, 634
netsh firewall ……… 85
netsh http ……… 402
netsh namespace show ……… 258
New-ADCentralAccessPolicy ……… 461
New-ADCentralAccessRule ……… 461
New-ADClaimType ……… 461
New-AdfsAzureMfaTenantCertificate ……… 225
New-ADGroup ……… 604
New-ADServiceAccount ……… 145, 192
New-Cluster ……… 355, 581, 789
New-ClusterFaultDomain ……… 785
New-ClusterGroupSet ……… 593
New-ContainerNetwork ……… 638
New-HgsKeyProtector ……… 611
New-IscsiTargetPortal ……… 439
New-ItemProperty ……… 739
New-MsolFederationDomain ……… 220
New-MsolServicePrincipalCredential ……… 225
New-NanoServerImage ……… 53, 487, 755
New-NetFirewallRule ……… 632, 634
New-NetIPAddress ……… 501
New-NetNat ……… 501
New-PSRoleCapabilityFile ……… 236
New-PSSession ……… 88, 90
New-PSSessionConfigurationFile ……… 236
New-RDSessionCollection ……… 687, 688
New-SelfSignedCertificate ……… 175, 602
New-SRPartnership ……… 423
New-StoragePool ……… 341
New-StorageQoSPolicy ……… 397
New-StorageTier ……… 327, 356
New-VHD ……… 544
New-VirtualDisk ……… 345, 346
New-VM ……… 512, 514, 518
New-VMGroup ……… 475, 542
New-VMSwitch ……… 500, 501, 638
New-Volume ……… 356
New-WBBackupTarget ……… 764, 765

索引

New-WBPolicy ……………………………………… 765
NFS（Network File System）………………… 325
NFS共有 ……………………………………………… 365
NICチーミング …………………………… 4, 243, 500, 533
Nltest.exe …………………………………………… 139
NRPT ………………………………………………… 258
nslookup …………………………………………… 418
NTDSUTIL ……………………………………… 129, 139, 768
NTFS ………………………………………………… 333
NTP（Network Time Protocol）サーバー …… 132
NUMA（Non-Uniform Memory Access）…… 494, 530
NVGRE ………………………………………………… 4

O

Office 365 Business ………………………………… 114
Office 365 Enterprise ……………………………… 114
Office Deployment Tool …………………………… 687
OpenSSH …………………………………… 16, 22, 72, 633
OpenSSL …………………………………………… 632
Operations Management Suite（OMS）………… 18
Optimize-StoragePool ……………………………… 358
Optimize-VHD ……………………………………… 546
Optimize-Volume …………………………………… 348
OSE（Operating System Environment：オペレーティングシステム環境）…………………………………… 12

P

PCI Express（PCIe）………………………………… 30
PCIExpressデバイスのパススルー割り当て …… 475
PDCエミュレーター ………………………………… 131
Pen Remoting ………………………………………… 5
Pingコマンド ………………………………………… 85
Pkiview.msc ………………………………………… 177
Point to Pointトンネリングプロトコル（PPTP）…… 281
powershell ……………………………………………… 69, 70
PowerShell Core 6.0 …………………………………… 8
PowerShell Direct ……………………………… 7, 90, 474, 521
PowerShell DSC ……………………………………… 90
PowerShell Remoting ……………………… 7, 9, 83, 87, 90, 106, 236
PowerShellウィンドウ ……………………………… 69, 70
PPP（Point to Point）プロトコル ………………… 280
PsExec ………………………………………………… 96
PsTools ………………………………………………… 96

Q

QoS（Quality of Service：サービス品質）……… 396

R

RAIDコントローラー ………………………………… 35
RD Web Client ……………………………………… 664
RD Webアクセス …………………………………… 656
RD Webアクセスサーバー ………………………… 740
RD Webアクセスポータル ……………………… 681, 709
RDMA（Remote Direct Memory Access）…… 4, 243
RDP 10 ……………………………………………… 5, 661
rdpsign ……………………………………………… 718
RDPファイル（.rdp）…………………………… 716, 727
RDS CAL …………………………………………… 736
RDS CALの拡張された権利 ……………………… 662
RDWebClientManagementモジュール ………… 664
RD仮想化ホスト ………………………………… 5, 656, 740
RDゲートウェイ ……………………………… 656, 722, 726, 728
RDゲートウェイサーバー ………………………… 740
RDゲートウェイメッセージング …………………… 729
RDセッションホスト ……………………… 655, 689, 739
RD接続ブローカー ……………………… 6, 655, 662, 739
RDライセンス ……………………………………… 656
RDライセンスサーバー ………………………… 734, 740
［RDライセンスマネージャー］スナップイン（licmgr.exe）…… 736
Receive-SmigServerData …………………………… 41
Recovery Services ………………………………… 757, 768
Recovery Servicesコンテナー …………………… 570, 769
ReFS（Resilient File System）………………… 328, 333, 345
reg add ……………………………………… 81, 106, 607
Register-PSSessionConfiguration ……………… 236
Remote Desktop Web Client …………………… 664
RemoteAppプログラム ……………… 685, 706, 715, 717
RemoteApp用シェル（RdpShell.exe）…………… 685
RemoteFX 3Dビデオアダプター（RemoteFX vGPU）
………………………………………… 24, 535, 663, 674
RemoteFX USBデバイスリダイレクト ……… 662, 683, 705
RemoteFX仮想GPU ……………… 5, 30, 476, 535, 661, 674
RemoteFX仮想GPUのトラブルシューティング …… 677
Remove-ContainerNetwork ……………………… 638
Remove-IscsiTargetPortal ………………………… 439
Remove-IscsiVirtualDiskSnapshot ……………… 441
Remove-Item ……………………………………… 628
Remove-MpPreference …………………………… 743
Remove-MsolGroup ……………………………… 229
Remove-PhysicalDisk ……………………………… 358
Remove-SRGroup …………………………………… 426
Remove-SRPartnership …………………………… 425

818　索引

Remove-VMNetworkAdapterAcl ······················· 507
Remove-VMSnapshot ·· 535
Remove-VPNConnectionTriggerApplication ················· 305
Remove-VPNConnectionTriggerTrustedNetwork ············· 305
Rename-VMNetworkAdapter ······························· 533
Repadmin.exe ·· 139
Repair-VirtualDisk ·· 358
Reset-DAClientExperienceConfiguration ············ 299
Reset-DAEntryPointTableItem ·························· 299
Reset-VMResourceMetering ······························· 506
Resolve-DnsName ·· 258
Restart-Computer ······················· 73, 88, 106, 488, 613, 627
Restart-Service ································· 225, 632, 634
Restore-VMSnapshot ··· 535
RIDプールマスター ·· 131
RMS Protection Tool ··· 446
RMS暗号化 ·· 455
Role Capability File（ロールの機能の定義ファイル） ············· 236
RPL（Response Rate Limiting） ·························· 239
RSoP（Resultant Set of Policy） ·························· 151

■ S

SAC（Special Administration Console） ················ 58
SAN（Storage Area Network：記憶域ネットワーク） ···· 349, 432
sandbox.vhdx ·· 641
Save-Help ··· 71
sc config ·· 81, 439
Schtasks.exe ································· 46, 694, 696
Sconfigユーティリティ ····························· 9, 76, 140
Scregedit.wsf ·· 9
SCSIコントローラー ·· 531
Secure Socketトンネリングプロトコル（SSTP） ·········· 281
Send-SmigServerData ··· 41
Serial Attached SCSI（SAS） ······················ 348, 350
Server Core ·· 2, 25, 27
Server Core App Compatibility Featureof Demand（FoD） ···· 77
Server Coreインストール ······················ 2, 27, 67
server-cert.pem ·· 632
server-key.pem ··· 632
ServerCertification.asmx ·································· 455
set ··· 637
Set-AdfsAzureMfaTenant ································· 225
Set-AdfsDeviceRegistration ······························· 226
Set-AdfsProperties ·· 197
Set-ADFSRelyingPartyTrust ······························ 414
Set-ADUser ·· 453

Set-ClusterFaultDomain ··································· 785
Set-DAServer ·· 296
Set-DedupSchedule ·· 363
Set-Disk ··· 331
Set-FileIntegrity ·· 356
Set-FileStorageTier ··· 348
Set-HgsClientConfiguration ······························· 606
Set-Item ··· 84
Set-MpPreference ··································· 743, 744
Set-MsolDirSyncEnabled ································· 229
Set-PhysicalDisk ······················ 341, 355, 356, 358
Set-RDPersonalSessionDesktopAssignment ········· 687, 688
Set-RDSessionCollectionConfiguration ········· 713, 714
Set-RDVirtualDesktopCollectionConfiguration ······· 713, 714
Set-RDWorkspace ·· 710
Set-SbecActiveConfig ······································· 105
Set-Service ·· 439
Set-SRPartnership ·································· 425, 431
Set-StoragePool ··· 346
Set-SyncServerSetting ······································· 411
Set-SyncShare ·· 406
Set-VMComPort ·· 534
Set-VMFirmware ·· 523
Set-VMHardDiskDrive ····································· 397
Set-VMHost ··· 496
Set-VMNetworkAdapter ··································· 491
Set-VMProcessor ······················ 478, 479, 491
Set-VMReplication ·································· 568, 569
Set-VMTPM ··· 611
Set-VPNConnection ································· 303, 305
Set-WBPolicy ··· 764
Set-WBSchedule ·· 764
Set-WBVssBackupOption ······················ 764, 765
Set-WebApplicationProxyApplication ················ 419
shutdown ······················· 73, 106, 607, 766, 767
SIS（Single Instance Storage） ····························· 9
SISフィルタードライバー（SIS-Limited） ·············· 9
SMB 1.0/CIFS ··· 23
SMB（Server Message Block） ·················· 23, 325
SMB共有 ··· 365
SMB共有 - アプリケーション ··················· 387, 391
SMB共有 - 簡易 ··· 366
SMB共有 - 高度 ··· 369
SMB署名による整合性の検証（RequireIntegrity） ············ 329
SMBのバージョン ·· 326
ssh-keygen.exe ··· 633

索引

start cmd ········· 69
start powershell ········· 69
Start-BitsTransfer ········· 72
Start-ClusterNode ········· 591
Start-DedupJob ········· 364
Start-DscConfiguration ········· 92
Start-MpScan ········· 743
Start-Service ········· 105, 439, 628, 629
Start-VM ········· 611
Start-WBbackup ········· 764, 765
Stop-Computer ········· 73, 613
Stop-Service ········· 105
Storageモジュール ········· 331
Sysinternals Suite ········· 97
Sysprep ········· 44, 46
System Center ········· 507
System Center 2016 ········· 16, 107
System Center Configuration Manager ········· 17
System Center Data Protection Manager ········· 9, 17, 759, 769
System Center Endpoint Protection ········· 17
System Center Operations Manager ········· 17, 107
System Center Orchestrator ········· 17
System Center Service Management Automation ········· 17
System Center Service Manager ········· 17
System Center Virtual Machine Manager
········· 17, 108, 277, 488, 503, 507, 608, 614
Systeminfo.exe ········· 29
SYSVOL共有 ········· 119, 135, 148, 156, 329

■ T

tar ········· 16, 22, 72
TCP Fast Open（RFC 7413）········· 4
TCP LEDBAT（RFC 6817）········· 4
TCP RACK（IETFドラフト）········· 4
Telnetサーバー ········· 9
Teredo ········· 295
Test-ADServiceAccount ········· 146, 147
Test-SRTopology ········· 422
TLP（IETFドラフト）········· 4
TLS/SSL用証明書テンプレート ········· 180
TLSリモート接続 ········· 632, 636
TPM（Trusted Platform Module）········· 6, 14, 30
TrustedHosts ········· 84

■ U

UEFI（Unified Extensible Firmware Interface）········· 30, 31

Uninstall-ADServiceAccount ········· 147
Uninstall-WindowsFeature ········· 101
Unknownレコード ········· 240
［Update Services］スナップイン ········· 317
Update-ClusterFunctionalLevel ········· 43, 588
Update-Module ········· 629
Update-MpSignature ········· 743
Update-VMVersion ········· 511, 588
USB監視（USB Witness）········· 776
USBゼロクライアント ········· 796
usoclient ········· 317
UVHD-template.vhdx ········· 719

■ V

VHD ········· 59, 544
VHDX ········· 59, 544
VHDセット ········· 543, 544, 595
VHDブート ········· 59
VHDブート環境の削除 ········· 61
Virtual Extensible Local Area Network（VXLAN）········· 4
Virtual Hard Disks with Native Boot ········· 59
VPN ········· 280
VPNサーバー ········· 296
VSC（Virtual Service Client）········· 473
VSP（Virtual Service Provider）········· 473
VSS（ボリュームシャドウコピーサービス）········· 555

■ W

WBADMIN ········· 38, 761, 763, 768
Web.config ········· 710
WebAdministrationモジュール ········· 754
Webアプリケーションプロキシ（Web Application Proxy：WAP）
········· 205, 414, 731
Webフィード ········· 681, 709, 711, 726
wget ········· 72, 609
WIMイメージ ········· 44, 47
Windows 10 ········· 13, 141, 161, 198, 240, 312, 630
Windows 10 Education ········· 13
Windows 10 Enterprise ········· 13, 46
Windows 10 Enterpriseの仮想デスクトップテンプレート ········· 693
Windows 10 Home ········· 13
Windows 10 Pro ········· 13
Windows 7 SP1 Enterpriseの仮想デスクトップテンプレート
········· 697
Windows 8.1 Enterpriseの仮想デスクトップテンプレート ········· 696
Windows Admin Center ········· 21, 93, 330, 570, 769

Windows AutoPilot … 16
Windows Azure Pack … 18
Windows Companion サブスクリプションライセンス（CSL）
　… 660
Windows Defender … 6, 16, 741
Windows Defender Advanced Threat Protection（ATP）… 22
Windows Defender Antivirus（Windows Defender ウイルス対策）
　… 16, 21
Windows Defender Application Guard（WDAG）… 16, 747
Windows Defender Exploit Protection … 16, 21
Windows Defender アプリケーション制御（Windows Defender
　Application Control：WDAC）… 16, 21, 23, 172, 746
Windows Defender の GUI（MSSACui.exe）… 23
Windows Defender ブランド … 16
Windows Hello … 6
Windows Hello for Business … 6, 15, 116, 173, 229
Windows Information Protection … 15, 446
Windows Internal Database（WID）… 197
Windows Management Framework（WMF）… 7
Windows MultiPoint Server … 794
Windows PowerShell … 7, 9, 101, 127, 129, 139
Windows PowerShell Desired State Configuration（DSC）… 90
Windows PowerShell 分類子 … 381
Windows Remote Management（WS-Management）… 83
Windows Server 2003 機能レベル … 8, 119, 135
Windows Server 2016 … 1, 2, 27
Windows Server 2016 Active Directory Rights Management
　Services CAL（RMS CAL）… 11
Windows Server 2016 CAL … 11
Windows Server 2016 Datacenter … 10, 11
Windows Server 2016 Essentials … 10, 790
Windows Server 2016 MultiPoint Premium Server … 10
Windows Server 2016 Remote Desktop Services CAL（RDS CAL）
　… 11
Windows Server 2016 Standard … 10, 11
Windows Server 2016（デスクトップエクスペリエンス）… 2, 27
Windows Server 2016 のインストール … 33
Windows Server 2016 のリリースノート … 33
Windows Server 2019 … 21, 112
Windows Server 2019 Essentials … 25
Windows Server Essentials Media Pack … 792
Windows Server Essentials エクスペリエンス … 25, 789, 792
Windows Server Gateway … 4
Windows Server Update Services（WSUS）… 156, 169, 306, 308
Windows Server Update Services（WSUS）クライアント … 316
Windows Server Update Services（WSUS）サーバー … 240, 308
Windows Server 移行ツール … 41
Windows Server コンテナー … 622, 623, 626, 630, 639, 641
Windows Server ソフトウェアアシュアランス（SA）… 12
Windows Server バックアップ … 38, 555, 757, 759, 760
［Windows Server バックアップ］スナップイン（wbadmin.msc）
　… 757, 759, 761
Windows Storage Server 2016 Workgroup … 10
Windows Subsystem for Linux（WSL）… 16, 22, 632, 633
Windows Sysinternals … 96
Windows To Go … 14
Windows To Go ワークスペース … 14
Windows Update … 156, 165, 306
Windows Update Agent API … 77
Windows Update for Business … 166, 169, 308
Windows Update エージェント（WUA）… 306, 315
Windows Update の手動スキャンの無効化 … 170
Windows Virtual Desktop … 24, 663
Windows Virtual Desktop Access（VDA）… 11, 14, 660
Windows サンドボックス … 16
WindowsServerBackup モジュール … 761, 764
Windows イメージング（WIM）… 45
Windows 回復環境のイメージ（WinRE.wim）… 33
Windows コンテナー … 3, 22, 617, 621, 622, 626, 637, 639
［Windows セキュリティ］アプリ … 23
Windows セットアップ（Setup.exe）… 27, 44
Windows 展開サービス（WDS）… 241
Windows 認証 … 752
Windows ブートマネージャー … 61
Windows ブートローダー … 31
Windows プレインストール環境（Windows PE）… 45, 47, 62
Windows リモート管理（WinRM）… 80, 83
Windows リモートシェル（WinRS）… 83, 87
winrm … 81
winrm qc … 787
winrm quickconfig … 83, 87
winrm set … 84, 787
WinRM.vbs … 9
winrs … 87
WMI（Windows Management Instrumentation）… 85, 150
WMI（Windows Management Instrumentation）プロバイダー
　… 473
WMIC … 85
WMI フィルター … 149
Workfolders.exe … 407
WS-Management（WS-MAN）プロトコル … 80, 474
WUA_SearchDownloadInstall.vbs … 77

索引

wuauclt /detectnow ································· 317

■X
x64の機能更新プログラム ···················· 323

■Z
ZSK（ゾーン署名キー）···························· 255

■あ
アクセス拒否アシスタンス ···················· 375
アクセス拒否アシスタンスメッセージ ······ 374
アクセス制御エントリ（ACE）················ 369
アクセス制御リスト（Access Control List：ACL）········· 325, 369
アクセスベースの列挙（Access-Based Enumeration：ABE）
·· 369
新しい共有ウィザード ················· 365, 373
アップグレードインストール ·················· 37
アップグレードパス ································ 37
アドレス（A）レコード ·························· 248
アプリケーションサーバーの役割 ············ 9
アプリケーション制御ポリシー（AppLocker）······· 157
アプリケーションデータ用の高可用性ファイルサーバー ······ 326
一般化 ··· 44
委任（DNS）··· 253
イベントコレクター ······························· 104
イメージでシステムを回復 ···················· 766
入れ子構造の仮想化（Nested Virtualization）········· 478, 489, 625
インストールオプション ··························· 27
インターネットインフォメーションサービス（IIS）マネージャー
·· 81
インターネットインフォメーションサービス（Internet Information Services：IIS）···················· 752
インフラストラクチャマスター ················ 131
インプレースアップグレード ······ 37, 39, 40, 133
［ウイルスと脅威の防止］······················· 23
運用チェックポイント（Production Checkpoint）···· 474, 535, 536
永続ストレージ ····································· 626
エンタープライズCA ····························· 175
エンタープライズPKI ··························· 175
エンタープライズPKI（スナップイン）···· 177
エンタープライズ契約（Enterprise Agreement：EA）···· 113
エンタープライズモビリティ（Enterprise Mobility）······ 189
オーケストレーター ······························· 777
オフラインドメイン参加 ················ 142, 143
オペレーティングシステムのシャットダウン ······ 521
親（ペアレント）パーティション ············ 472

オンデマンド機能 ··································· 99
オンライン証明書状態プロトコル（Online Certificate Status Protocol：OCSP）···················· 182
オンラインドメイン参加 ················ 140, 143
オンラインバックアップ ··············· 555, 757

■か
カーネルモードのコードの整合性（Kernel Mode Code Integrity：KMCI）···················· 172, 747, 749
外部（External）································· 497
回復ウィザード ···································· 765
回復パーティション ································ 32
拡張セッションモード ·············· 480, 495, 521
カスタマーエクスペリエンス向上プログラム（CEIP）············ 8
カスタムRDP設定 ································ 712
カスタムイメージ作成ツール ··················· 53
仮想TPM（Virtual Trusted Platform Module）·· 6, 476, 746, 751
仮想アカウント（Virtual Accounts）······ 145
仮想化バックアップサーバー ················ 362
仮想化ベースのセキュリティ（Virtualization-Based Security：VBS）······················· 6, 172, 476, 745
仮想スイッチ ·························· 496, 531, 637
仮想スイッチマネージャー ···················· 498
仮想ディスク（記憶域スペース）············ 338
仮想ディスクの作成（記憶域スペース）···· 341
仮想デスクトップ（MultiPoint Services）····· 797
仮想デスクトップインフラストラクチャ（VDI）サーバー ······ 362
仮想デスクトップインフラストラクチャ（Virtual Desktop Infrastructure：VDI）················· 5, 655
仮想デスクトップ機能（MultiPoint Services）····· 805
仮想デスクトップコレクション ·············· 720
仮想デスクトップコレクションの更新管理 ··· 707
仮想デスクトップコレクションへの接続 ··· 704
仮想デスクトップテンプレートのオフライン更新 ···· 709
仮想デスクトップのエクスポート先 ······· 673
仮想デスクトップの自動ロールバック ···· 705
仮想デスクトッププール ······················· 698
仮想ハードディスク ····························· 543
仮想ハードディスクの共有（Shared VHDX）····· 395, 595
仮想ハードディスクの最適化（圧縮）···· 546
仮想ハードディスクの編集ウィザード ···· 544
仮想プロセッサ ···································· 472
仮想フロッピーディスク（.vfd）············ 535
仮想マシン ································· 509, 514
仮想マシン管理サービス（Hyper-V Virtual Machine Managementサービス、vmms.exe）······ 472, 495

仮想マシングループ（VMGroup） ………………… 475, 541
仮想マシン接続（Vmconnect.exe） ………………… 480, 495
仮想マシンテンプレート ……………………………………… 692
仮想マシンのインポート ……………………………………… 539
仮想マシンのエクスポート …………………………………… 538
仮想マシンの開始順序（Virtual Machine Start Order）
　……………………………………………………………… 479, 593, 775
仮想マシンの回復性（Virtual Machine Resiliency）
　……………………………………………………………… 479, 589, 775
仮想マシンの構成バージョン ……………………………… 479, 511
仮想マシンの構成ファイル …………………………………… 512
仮想マシンの自動均衡化（ノードフェアネス） … 479, 591, 775
仮想マシンの自動ドレイン …………………………………… 585
仮想マシンの自動ライセンス認証（Automatic Virtual Machine
　Activation：AVMA） ……………………………………… 12
仮想マシンの新規作成ウィザード ………………………… 515
仮想マシンの世代 ……………………………………………… 509
仮想マシンのバックアップ …………………………………… 555
仮想マシンのフェールオーバー …………………………… 585
仮想マシンのライブマイグレーション ………………… 549, 586
仮想マシンバス（Virtual Machine Bus：VMBus） ……… 473
仮想マシンベースのデスクトップ展開 ………………… 657, 669
仮想マシンモニター（Virtual Machine Monitor） ……… 471
仮想マシンワーカープロセス（vmwp.exe） …… 472, 495, 623, 644
仮想マシンを復元 ……………………………………………… 556
ガベージコレクション ………………………………………… 363
可用性 …………………………………………………………… 357
監査ログ ………………………………………………………… 469
完全仮想化 ……………………………………………………… 471
管理OS …………………………………………………………… 472
管理された仮想デスクトッププールの更新管理 ……… 708
管理されたサービスアカウント（Managed Service Accounts）
　…………………………………………………………………… 145
管理されていない（Unmanaged）仮想デスクトップコレクション
　……………………………………………………………… 658, 692, 699
管理されている（Managed）仮想デスクトップコレクション
　………………………………………………………………… 658, 692
管理用テンプレート ………………………………………… 147, 161
キー回復ドライブ ……………………………………………… 24
キー配布サービス（KDS） …………………………………… 145
キー保護サービス（Key Protection Server） …… 599, 606, 608
キーロールオーバー …………………………………………… 257
記憶域QoSリソース（Storage QoS Resource） ………… 397
記憶域クラスメモリ …………………………………………… 480
記憶域サービス ………………………………………………… 327
記憶域スペース（Storage Spaces） ……………………… 327, 338

記憶域スペースダイレクト（Storage Spaces Direct：S2D）
　……………………………………… 328, 330, 352, 357, 775, 776
記憶域の移行 …………………………………………………… 495
記憶域の移行サービス（Storage Migration Service） …… 330
記憶域のライブマイグレーション ………………………… 547
記憶域プール（Storage Pool） ……………………………… 338
記憶域レプリカ（Storage Replica：SR） 5, 328, 330, 419, 426, 775
記憶域レプリカの管理 ………………………………………… 424
記憶域レプリカの構成 …………………………………… 422, 427
既定のパーティション構成 …………………………………… 31
機能更新プログラム ……………………………………… 240, 306, 322
機能レベル ………………………………………………… 124, 133
逆引き参照ゾーン ………………………………………… 247, 252
共有SASストレージ …………………………………………… 24
共有ストレージ装置 …………………………………………… 349
［共有と記憶域の管理］スナップイン（StorageMgmt.msc） …… 8
共有ドライブ ……………………………………………… 475, 595
共有ドライブの作成と接続 …………………………………… 596
共有フォルダー ………………………………………………… 391
緊急管理サービス（Emergency Management Services：EMS）
　………………………………………………………………… 58, 534
クォータの管理 ………………………………………………… 376
クォーラム（Quorum：定足数） …………………………… 781
クォーラム監視（Quorum witness） …………………… 431, 781
クライアントアクセスライセンス（CAL） ………………… 11
クライアント側のターゲット ……………………………… 318
クライアント管理ライセンス（CML） ……………………… 16
クラウド監視（Cloud witness） ……………… 431, 775, 781, 782
クラウド提供の保護 …………………………………………… 744
クラウドベースの保護 ………………………………………… 744
クラシックデプロイモデル …………………………………… 64
クラスター化された記憶域スペース（Clustered Storage Spaces）
　………………………………………………………………… 24, 348
クラスター機能レベル ………………………………………… 44
クラスター構成データベース（Clusdb） ………………… 781
クラスターセット（Cluster Sets） ………………………… 776
クラスター対応更新（Cluster Aware Updating：CAU） …… 776
クラスターの共有ボリューム（Cluster Shared Volume：CSV）
　……………………………… 327, 329, 335, 337, 349, 357, 387, 427, 763
クラスターのローリングアップグレード ………………… 41
クラスターリソース …………………………………………… 780
クリアテキスト認証 …………………………………………… 752
グループの管理されたサービスアカウント（Group Managed
　Service Accounts：gMSAs） ……………………… 145, 192
グループポリシー …………………………………… 14, 15, 147
グループポリシーオブジェクト（GPO） …… 139, 148, 152, 316

索引

グループポリシー管理エディター ……………………… 149
［グループポリシーの管理］スナップイン（Gpmc.msc）
　　　　　　　　　　　　　　　　　　 136, 148, 152, 177
グループポリシーの基本設定（Group Policy Preferences） … 159
グループポリシーの脆弱性 ……………………………… 329
グローバル分類プロパティ …………………………… 462, 467
クロスバージョンライブマイグレーション …………… 477, 554
計画フェールオーバー …………………………………… 565
ゲートウェイ（SDN） …………………………………… 243
ゲストOS ……………………………………… 472, 481, 519, 521
ゲストサービス ……………………………………… 521, 526
権限のある復元（Authoritative Restore） ……………… 768
権限のない復元（Nonauthoritative Restore） ………… 768
権利アカウント証明書（RAC） ………………………… 452
権利ポリシーテンプレート ……………………………… 453
子（チャイルド）パーティション ……………………… 472
公開キー基盤（Public Key Infrastructure：PKI） ……… 175
公開キーのポリシー ……………………………… 157, 178
高可用性仮想マシン ……………………………… 583, 587
更新プログラムの承認 …………………………………… 320
更新ロールアップ（Update Rollup） ……………………… 18
構成証明サービス（Attestation Server） …… 599, 604, 605, 606
構成バージョン …………………………………………… 474
高速（Express）インストールファイル ………………… 321
高速（増分バックアップ） ……………………………… 760
コードの整合性（Code Integrity） ……………………… 746
コードの整合性ポリシー（Code Integrity Policy） …… 749
個人用仮想デスクトップコレクション（Personal Virtual
　Desktop Collection） ……………………………… 658, 692
個人用仮想デスクトップの更新管理 …………………… 707
個人用セッションデスクトップ（Personal Session Desktops）
　　　　　　　　　　　　　　　　　　　　　 5, 657, 687
個人用セッションデスクトップコレクション ………… 662
固定ライフサイクルポリシー ……………………………… 19
個別のデバイスの割り当て（Discrete Device Assignment：DDA）
　　　　　　　　　　　　　　　　　　　　　　　　 24
細かな設定が可能なパスワードポリシー ……………… 154
コマンドプロンプト ……………………………………… 69
コレクション ……………………………………………… 657
コンシューマーエディション（Windows 10） ………… 323
コンソールモード ………………………………………… 801
コンテナー ………………………………………… 618, 647
コンテナーイメージ ……………………………………… 647
［コンテナー］機能 ……………………………… 621, 625
コンテナーテクノロジ …………………………………… 617
コンテナーホスト ………………………… 621, 623, 625, 627, 630, 637

コンテンツ分類子 ………………………………………… 381
コンピューターアカウントのパスワード ……………… 154
コンピューターイメージの再適用 ……………………… 766
コンピューターグループ ………………………………… 318
コンピューターの構成 …………………………………… 149

■さ

サーバー側のターゲット ………………………………… 318
サーバー管理ライセンス（SML） ………………………… 16
サーバーマネージャー …………………………………… 73, 121
サーバーライセンス ………………………………………… 10
サービス監視 ……………………………………………… 588
サービス接続ポイント（SCP） ………………………… 451
サービスとしてのWindows（Windows as a Service） …… 19
サービスロケーション（SRV）レコード ……………… 251
再起動 ……………………………………………………… 73
最適化処理の手動実行（データ重複除去） …………… 364
サイト ……………………………………………………… 121
サイト（Site） ……………………………………………… 784
サイトの識別（フォルトドメイン） …………………… 775
サインアウト（Sign out） ………………………………… 67, 68
サインイン（Sign in） …………………………………… 67, 68
削除できない同期オブジェクトを削除 ………………… 229
サブドメイン ……………………………………………… 249
差分ディスク ……………………………………… 513, 537, 544
シールドされた仮想マシン（Shielded Virtual Machine）
　　　　　　　　　　　　　　　 6, 479, 599, 608, 612, 614
資格情報ガード（Credential Guard） ……… 6, 14, 172, 746, 751
時刻の同期 ……………………………………… 132, 521, 525
自己更新モード …………………………………………… 780
自己署名証明書 …………………………………………… 175
システム準備ツール（Sysprep.exe） …………………… 44, 46
［システム情報］ユーティリティ（Msinfo32.exe） …… 29, 172, 607
システムパーティション ………………………………… 32
システム要件 ……………………………………………… 28
自動VPN接続（Auto-triggered VPN） ………………… 281, 302
自動承認規則 ……………………………………………… 319
自動チェックポイント ……………………………… 480, 538
自動デバイス登録 ………………………………… 15, 198, 229
自動フェールオーバー …………………………………… 430
自動プライベートIPアドレス（Automatic Private IP Addressing：
　APIPA） ………………………………………………… 264
自動ライセンス認証（AVMA）キー ……………………… 35
シャットダウン …………………………………………… 73
シャドウセッション（Shadow Session） ……………… 689
社内参加 ……………………………………… 115, 116, 198, 202

索 引

集約型アクセス規則（Central Access Rule） 463
集約型アクセスポリシー（Central Access Policy） 460, 466
準仮想化 472
障害ドメイン 784
条件付きフォワーダー 251, 253, 279, 603
詳細ブートオプション 766, 767
証明機関（Certificate Authority：CA） 175
［証明機関］スナップイン 177, 185
証明書 672
証明書 - 現在のユーザー 177
［証明書 - ローカルコンピューター］スナップイン（Certlm.msc）
　.. 177, 187
証明書失効リスト（Certificate Revocation List：CRL） ... 181, 209
［証明書］スナップイン（Certlm.msc） 185, 193
証明書テンプレート 179
証明書テンプレートコンソール 177
証明書登録ポリシー 178
証明書の自動登録 178
証明書の配布 179
証明書の発行要求 185
署名付き仮想ハードディスクテンプレート（Signed Disk
　Template） 600
新規インストール 33
シングルサインオン（SSO） 6
シングルパリティ 343
シンプル 343
信頼されたホスト（Guarded Host） 6, 599, 605, 614
［信頼されたルート証明機関］証明書ストア 188
信頼されるホスト（TrustedHosts） 75
スキーママスター 131
スクラブ 363
スクリプト（スタートアップ／シャットダウン） 155
スクリプト（ログオン／ログオフ） 156
スケーラビリティ 13, 477
スケールアウトファイルサーバー 41, 42, 328, 329, 386
スコープの分割 264
スタートアップRAM 528
［スタート］画面 14
スタンドアロンCA 175
ステーションモード 801
ステートフル設定 263
ステートレス設定 263
ストアアプリの禁止 15
ストアの非表示 15
ストレージQoS 5, 396
ストレージQoSポリシー（Storage QoS Policy）
　................................... 328, 396, 478, 775
ストレージ層（記憶域階層） 327, 347
スナップショット（Snapshot） 535
制御フローガード（Control Flow Guard：CFG） 16, 21
生体認証 6
静的メモリのホットアド／リムーブ 475
製品条項（PT） 10, 12
セキュリティが強化されたWindowsファイアウォール ... 155
セキュリティ構成ウィザード（SCW.exe） 8
セキュリティゾーン 451
セキュリティフィルター 119, 149, 289
世代（Generation） 130
世代ID（Generation ID） 130
セッションコレクション（Session Collection） 657, 677, 719
セッションベースのデスクトップ展開 657, 666
セットアップおよびブートイベント収集（Setup and Boot Event
　Collection：Sbec） 104
セントラルストア 148, 161
前方参照ゾーン 246, 251
早期起動マルウェア対策（Early Launch Anti-Malware） 6
操作マスター 131
双方向ミラー 343
ゾーン転送 250
ゾーンの署名 255
組織単位（OU） 148
ソフトウェアアシュアランス（SA） 11
ソフトウェア定義のストレージ（Software-Defined Storage：SDS）
　.. 5, 325, 338
ソフトウェア定義のネットワーク（Software-Defined
　Networking：SDN） 4, 24, 242
ソフトウェアのインストール（グループポリシー） 155
ソフトウェアの制限のポリシー（Software Restriction Policy：
　SRP） 16, 23, 157
ソフトウェアロードバランサー（Software Load Balancer：SLB）
　.. 4, 243

■た

第1世代仮想マシン 473, 481, 509, 527, 530, 531, 533, 534, 575
第2世代仮想マシン 5, 475, 481, 495, 509, 518, 522, 527,
　531, 532, 534, 575, 599, 610
第2レベルアドレス変換拡張（Second Level Address
　Translation：SLAT） 29, 40, 472, 480
帯域幅の使用制限 752
ダイナミックアクセス制御（Dynamic Access Control：DAC）
　... 325, 458

ダイレクトホスティングSMB ································ 9
多要素認証（Multi-Factor Authentication：MFA）・112, 113, 224
単発バックアップ ···································· 761
チェックポイント（Checkpoint）················· 513, 535
チェックポイントID ································ 513
長期サービスチャネル（Long-Term Servicing Channel：LTSC）
································· 2, 17, 19, 167
通常（高速バックアップ）···························· 760
ディスク監視（Disk witness）················· 431, 782
［ディスクの管理］スナップイン················· 330, 544
ディスクの初期化 ···································· 331
ディスク保護（MultiPoint Services）········· 797, 804
ディレクトリサービスの修復モード ··············· 767
ディレクトリサービス復元モード（DSRM）······· 124, 129
ディレクトリ統合 ························· 6, 115, 214
データ交換 ·································· 521, 526
データ重複除去（Data Deduplication）··· 5, 327, 328, 359
データ重複除去の最適化処理 ·························· 362
データセンターファイアウォール ················· 4, 243
データセンターブリッジング（Data Center Bridging：DCB）
··· 243
デスクトップエクスペリエンス ························ 2
テストフェールオーバー ···························· 566
テナント ·· 599
テナントのHyper-V環境 ···························· 599
デバイスガード（Device Guard）······· 6, 14, 16, 172, 606, 746, 749
デバイス登録 ·· 116
デバイス登録サービス（Device Registration Service：DRS）
··· 198, 202
デバイスの名前付け ································ 533
デバイスライトバック ······························ 226
デュアルスキャン（Dual Scan）問題 ············· 170
デュアルパリティ ···································· 343
電子ソフトウェア配布（Electronic Software Delivery：ESD）
··· 155
テンプレート（仮想マシン）·························· 63
テンプレート用仮想マシン ·························· 692
透過（transparent）··························· 637, 638
同期共有 ······································ 403, 410
同期サーバー ·· 400
統合サービス（Integration Service）········ 473, 474, 483, 520, 526
統合デバイス（Synthetic Device）············· 473, 520, 531
動的メモリ ···································· 525, 528
投票（Vote）·· 781
ドキュメント用のファイルサーバー ················· 325

特権アクセス管理（Privileged Access Management：PAM）
··· 7, 117, 118
ドメイン機能レベル ································ 124
ドメインコントローラー ········ 39, 121, 127, 128, 130, 145, 148, 767
ドメイン参加 ······························ 116, 139, 141
ドメイン名前付けマスター ·························· 131
トラストアンカー ···································· 256

■な
内部（Internal）····································· 497
名前解決ポリシーテーブル（NRPT）················· 258
名前付きパイプ ······································ 534
任意のコードガード（ACG）·························· 21
認証局 ·· 175
ネイティブブート仮想ハードディスク ··············· 59
ネットワークアクセス保護（NAP）············· 9, 240
ネットワークアダプター ···························· 531
ネットワークアダプターのデバイスの名前付け ··· 475
ネットワークアダプターのホットアド/リムーブ ··· 475
ネットワークアドレス変換（NAT）············· 243, 501
ネットワーク仮想化（Network Virtualization）··· 244
ネットワーク検査システム（Network Inspection System：NIS）
··· 741
ネットワークコントローラー ············· 4, 25, 243
ネットワーク情報サービス（NIS）··················· 9
ネットワークロケーションサーバー ··············· 294
望ましい状態の構成（DSC構成）····················· 91

■は
バージョン（Version）（仮想マシン）··············· 130
ハードウェア仮想化支援 ······················ 29, 480
ハードウェア強制データ実行防止（Hardware-enforced Data
  Execution Prevention：DEP）··············· 29, 480
ハートビート ····························· 521, 525, 785
配信の最適化 ·· 321
ハイパーコンバージドインフラストラクチャ（HCI）··· 22
ハイパーバイザー型（Hypervisor）················· 471
ハイパーバイザーコード整合性（Hypervisor Code Integrity：
  HVCI）······································ 172, 747
パススルー公開 ······························ 208, 732
パスワードの書き戻し ······························ 226
パスワードポリシー ························ 153, 406
バックアップ（ボリュームシャドウコピー）····· 521, 526
バックアップスケジュール ·························· 760
バックアップのスケジュールウィザード ··········· 773
半期チャネル（Semi-Annual Channel：SAC）········ 2, 17, 19, 167

汎用ファイルサーバー ……………………… 362, 387
ビジネスエディション (Windows 10) ………………… 323
ビジネス向け Microsoft Store (Microsoft Store for Business)
　………………………………………………………… 164
ビデオ RAM (VRAM) ………………………………………… 5
ビデオキャプチャデバイスのリダイレクト …………… 663
標準チェックポイント ……………………………… 474, 536
ビルトインドライバー ……………………………………… 35
品質更新プログラム ………………………………… 240, 306
ファームウェアブートマネージャー ……………………… 31
ファイアウォールプロファイル ………………………… 302
ファイバーチャネル (Fibre Channel：FC) …………… 348
ファイバーチャネルアダプター ………………………… 535
ファイル管理タスク ……………………………………… 384
ファイル共有監視 (File Share Witness) …… 330, 431, 776, 782
ファイルサーバー ………………………………………… 365
ファイルサーバーリソースマネージャー …… 373, 376, 377, 379
ファイルサービス ………………………………………… 325
[ファイルサービスと記憶域サービス] の管理コンソール … 330
ファイルスクリーンの管理 ……………………………… 377
[ファイルの検索] ………………………………………… 774
[ファイルの参照] ………………………………………… 774
ファイル分類インフラストラクチャ (File Classification
　Infrastructure：FCI) …………………………… 325, 373, 379
ファイルレプリケーションサービス (File Replication Services：
　FRS) ………………………………………………… 24, 135
ファブリックコントローラー …………………………… 599
ブート構成データ (BCD) …………………………… 31, 61, 62
ブートパーティション ………………………………… 31, 32
プールされた仮想デスクトップコレクション (Pooled Virtual
　Desktop Collection) ……………………………… 658, 692
フェールオーバー …………………………………… 565, 566
フェールオーバークラスター …………………………… 328
フェールオーバークラスターマネージャー
　…………………………… 335, 350, 355, 427, 586, 587, 592
フェールオーバークラスタリング ……………………… 775
フェールオーバーの TCP/IP ……………………… 558, 564
フェデレーション認証 …………………………………… 410
フォルダー管理プロパティ ……………………………… 374
フォルダー所有者の電子メール ………………………… 374
フォルダーの使用法 ……………………………………… 374
フォルダー分類子 ………………………………………… 381
フォルトドメイン (Fault Domain) ……………………… 784
フォレスト機能レベル …………………………………… 124
フォワーダー ………………………………………… 250, 253
プライベート (Private) ………………………………… 497

プライベートクラウド ……………………………………… 18
プライマリ仮想マシン ……………………………… 563, 565
プライマリサーバー ………………………………… 557, 558, 559
フルインストール …………………………………… 2, 27, 67
プロセッサ仮想化支援機能 ……………………………… 472
プロビジョニングパッケージ (.ppkg) ………………… 241
分散キャッシュモード …………………………………… 371
分散スキャンサーバー ……………………………………… 25
分散ネットワーク名 (Distributed Network Name：DNN) … 387
分散ファイルシステムレプリケーション (DFSR) …… 24, 135
分離されたプロセス (Isolated LSA：LSAIso) ………… 751
分離ユーザーモード ……………………………………… 172
分類プロパティ …………………………………………… 379
ベアメタル環境 …………………………………………… 47, 62
ベアメタル回復 (Bare Metal Recovery：BMR) ……… 765
ベース OS イメージ …………………… 621, 623, 626, 630, 649
ヘルス (Health) サービス ……………………………… 397
ペンリモーティング ……………………………………… 661
ポインター (PTR) レコード ……………………………… 248
ポート ACL ……………………………………………… 506
ポートミラーリング ……………………………………… 532
保護されているネットワーク …………………………… 532
ホスト OS ………………………………………………… 472
ホスト型 (Hosted) ……………………………………… 471
ホスト型キャッシュサーバー …………………………… 372
ホスト型キャッシュモード ……………………………… 371
ホストキー ………………………………………………… 601
ホストヘッダー …………………………………………… 753
ホストリソース保護 ……………………………………… 479
ポリシーの結果セット …………………………………… 151
ポリシーの優先順位 ……………………………………… 148
ボリュームシャドウコピーサービス (VSS) ……… 440, 760
ボリューム署名カタログファイル (.vsc) ……………… 600
ボリュームスナップショットサービス (VSS) ………… 474
ボリュームの作成 ………………………………………… 332

■ま

マルチキャストアドレスの動的クライアント割り当てプロトコル
　(MADCAP) …………………………………………… 259
マルチサイトクラスター ………………………………… 431
マルチドメインクラスター …………………………… 3, 775
マルチドメイン構成のクラスター ……………………… 786
無人応答ファイル (Unattend.xml) ………… 44, 45, 48, 143
メモリバッファー ………………………………………… 528
モダンライフサイクルポリシー ………………………… 20
モバイルデバイス管理 (MDM) ………………………… 410

索引

■や

役割と機能の削除	98
役割と機能の追加	98
ユーザーの構成	149
ユーザープロファイルディスク	719, 720
ユーザーモードのコードの整合性（UserModeCodeIntegrity：UMCI）	172, 747, 749
要求の種類（Claim Types）	461
容量可変	544
容量固定	544
「読み取り専用」属性をクリア	332
読み取り専用ドメインコントローラー（RODC）	128

■ら

ライセンス	10
ライトバックキャッシュ	345
ライブマイグレーション（Live Migration）	495, 546, 586
リソースプロパティ（Resource Properties）	462
リソースメータリング（Resource Metering）	505
リソースレコード	248, 279
リゾルバー	244
リダイレクトI/O	335
リモートアクセス管理コンソール	300
リモート管理	74, 301
リモート更新モード	777
リモートサーバー管理ツール（Remote Server Administration Tool：RSAT）	8, 78, 141
リモートサーバーの管理	74
リモートデスクトップ（RD）仮想化ホスト	663, 656
リモートデスクトップ（RD）ゲートウェイ	656, 722
リモートデスクトップ（RD）ライセンス	25
リモートデスクトップ（RD）ライセンスサーバー	663, 734
リモートデスクトップWebアクセス	656
［リモートデスクトップ］アプリ	659
リモートデスクトップサーバーへのアプリケーションのインストール	686
リモートデスクトップサービス（RDS）	5, 25, 98, 655
リモートデスクトップサービスCAL（RDS CAL）	660
リモートデスクトップサービスの冗長構成	739
リモートデスクトップサービスの展開プロパティ	671
リモートデスクトップセッションホスト	655
リモートデスクトップ接続	74
リモートデスクトップ接続クライアント（Mstsc.exe）	5, 6, 612, 658, 661, 663, 690, 714, 716, 726
リモートデスクトップ接続ブローカー	655
リモートデスクトッププロトコル（RDP）	5
リモートデスクトップライセンス	656
リンクの順序	149
ルーターアドバダイズ（Router Advertisement：RA）	259
ルーターガード	532
ルーター要請（Router Solicitation：RS）	259
ルーティングとリモートアクセスサービス（RRAS）	280
ルートCA証明書	188
ルートキー	145
レガシネットワークアダプター	533
レプリカ仮想マシン	563, 565, 575
レプリカサーバー	557, 558
レプリケーションの拡張	558, 567
レプリケーションの手動反転	430
レプリケーションの正常性	563
ローカルインターネットゾーン	452
ローカルグループポリシーエディター（Gpedit.msc）	46, 81
ローカルコンピューターポリシー	149
［ローカルコンピューターポリシー］スナップイン（Gpedit.msc）	148, 317
ローカルセキュリティ機関（Local Security Authority：LSA）	750
ローカルセキュリティポリシー	154
［ローカルセキュリティポリシー］スナップイン（Secpol.msc）	154
ローカル接続ストレージ（Direct Attached Storage：DAS）	353
ローカルバックアップ	757
ローリングアップグレード	3, 134, 328, 588, 775

■わ

ワークグループクラスター	3
ワークグループ構成のクラスター	775, 786
ワークフォルダー（Work Folders）	326, 398
ワークフォルダーのクライアント	399
ワークプレース参加（Workplace Join）	115, 198, 202
ワイルドカードホストヘッダー	753

索引 | 改訂 コラム

Hyper-Vのスケーラビリティとパフォーマンスの最大化について	478
Linux仮想マシンの拡張セッションモードのサポート	496
Microsoft Azureのサーバー管理ツールはプレビューのまま終了	96
Nano ServerにおけるIISのサポート	755
RMS Protection ToolおよびAD RMS Bulk Protection Toolのサポート終了	448
System Centerの長期サービスチャネル（LTSC）と半期チャネル（SAC）、そしてSACの廃止	17
Windows 10バージョン1703以降のNATの拡張	501
Windows 10バージョン1709以降の自動チェックポイント	538
Windows 10バージョン1803での証明書要求に関する既知の問題	187
Windows 10バージョン1809以降はRSATがWindows 10のオンデマンド機能に	79
Windows Admin Centerによる簡単セットアップ	769
Windows Phone 8.1およびWindows 10 Mobileのサポート終了について	660
Windows Server 2016はFRSをサポートする最後のバージョンであることに注意	40
Windows Server 2016バージョンのNano Serverはサポート終了	50, 103, 107, 487
Windows Server 2019 Hyper-Vには［物理GPU］の項目がない	494
Windows Server 2019 Standardの記憶域レプリカ	419
Windows Server 2019からのEssentialsエクスペリエンスの削除	790
Windows Server 2019からのMultiPoint Servicesの役割の削除	795
Windows Server 2019ではcURLツールによるダウンロードが可能に	72
Windows Server 2019のActive Directoryドメイン環境	112
Windows Server 2019のHost Guardianサービスの新機能	601
Windows Server 2019のHyper-Vの強化点	479
Windows Server 2019のSDNソリューション	244
Windows Server 2019のServer CoreインストールにはGUI管理ツールやIEを追加可能	77
Windows Server 2019のWindows Defender AntivirusのGUI	742
Windows Server 2019のWindowsコンテナーの新機能	626
Windows Server 2019の記憶域レプリカのテストフェールオーバー機能	426
Windows Server 2019のファイルサービスの強化点	329
Windows Server 2019のフェールオーバークラスタリング機能の強化点	776
Windows Server 2019のリモートデスクトップサービスの強化点と変更点	663
Windows Server 2019はReFSボリュームのデータ重複除去をサポート	359
WSUSに同期されるWindows 10の機能更新プログラムの名前について	323
仮想TPMが有効な仮想マシンを別のホストに移動すると起動できない	541, 752
共有SASディスクによるクラスター化された記憶域スペースはサポートされなくなる	348
現在の推奨パーティション構成	32
コンテナーホストでサポートされるコンテナーイメージ	624
最新のWindowsバージョンにおけるRemoteFX 3Dビデオアダプターのゲスト OSとしてのサポート	676
サポートされるゲストOSの最新のリスト	482
ソフトウェアの制限のポリシー（SRP）はWindows 10でサポートされなくなった	157
内部ネットワーク用ドメイン名のベストプラクティス	245
ハイブリッドID環境の最新情報とチュートリアル	214
ホストの既定の構成バージョンとサポートする構成バージョン	514
リモートデスクトップサービスのWebアプリケーションプロキシによる公開は非推奨に	213, 731
ワークフォルダーの展開と公開に関する公式ドキュメント	419

著者紹介

山内 和朗（やまうち かずお）

フリーランスのテクニカルライター。大手SIerのシステムエンジニア、IT専門誌の編集者、地方の中堅企業のシステム管理者を経て、2008年にフリーランスに。過去に「山市良」「三華和夫」の筆名でIT専門誌に多数の記事を寄稿。最近はIT系のWebメディアへの寄稿、ITベンダーのWebコンテンツの制作、技術文書（ホワイトペーパー）の執筆、ユーザー事例取材などを中心に活動。2008年10月から現在までMicrosoft MVP - Cloud and Datacenter Management（旧カテゴリ：Hyper-V）を毎年受賞。岩手県花巻市在住。

■ 主な著書・訳書
『Windowsトラブル解決コマンド＆テクニック集』（日経BP社、2018年）
『インサイドWindows　第7版　上』（訳書、日経BP社、2018年）
『Windows Sysinternals徹底解説　改訂新版』（訳書、日経BP社、2017年）
『Windows Server 2016テクノロジ入門　完全版』（日経BP社、2016年）
『Windows Server 2016テクノロジ入門　Technical Previewエディション』（日経BP社、2015年）
『Windows Server 2012 R2テクノロジ入門』（日経BP社、2014年）
『Windows Server 2012テクノロジ入門』（日経BP社、2012年）
『Windows Sysinternals徹底解説』（訳書、日経BP社、2012年）
『Windows Server 仮想化テクノロジ入門』（日経BP社、2011年）
『Windows Server 2008 R2テクノロジ入門』（日経BP社、2009年）

■ ブログ
山市良のえぬなんとかわーるど（https://yamanxworld.blogspot.com/）

● 本書についてのお問い合わせ方法、訂正情報、重要なお知らせについては、下記Webページをご参照ください。なお、本書の範囲を超えるご質問にはお答えできませんので、あらかじめご了承ください。
　　http://ec.nikkeibp.co.jp/nsp/

● ソフトウェアの機能や操作方法に関するご質問は、ソフトウェア発売元または提供元の製品サポート窓口へお問い合わせください。

Windows Server 2016 テクノロジ入門　改訂新版

2016年12月27日　初版第1刷発行
2019年5月7日　改訂新版第1刷発行

著　者　　山内 和朗
発 行 者　　村上 広樹
編　集　　生田目 千恵
発　行　　日経BP社
　　　　　東京都港区虎ノ門4-3-12　〒105-8308
発　売　　日経BPマーケティング
　　　　　東京都港区虎ノ門4-3-12　〒105-8308
装　丁　　コミュニケーションアーツ株式会社
DTP制作　　株式会社シンクス
印刷・製本　図書印刷株式会社

本書に記載している会社名および製品名は、各社の商標または登録商標です。なお、本文中に™、®マークは明記しておりません。
本書の例題または画面で使用している会社名、氏名ほかのデータは、すべて架空のものです。
本書の無断複写・複製（コピー等）は著作権法上の例外を除き、禁じられています。購入者以外の第三者による電子データ化および電子書籍化は、私的使用を含め一切認められておりません。

© 2019 Kazuo Yamauchi
ISBN978-4-8222-5393-6　Printed in Japan